《暨南大学年鉴》编辑委员会

《暨南大学年鉴》编辑部

办公地址： 广州市石牌暨南大学行政办公楼八楼（党政办公室秘书科）

联系电话： 020－85228572

电子邮箱： onj@jnu.edu.cn

2018

暨南大學年鉴

JINAN UNIVERSITY

《暨南大学年鉴》编辑部 编

暨南大學出版社
JINAN UNIVERSITY PRESS

中国·广州

图书在版编目（CIP）数据

暨南大学年鉴．2016/《暨南大学年鉴》编辑部编．—广州：暨南大学出版社，2017.2
ISBN 978-7-5668-2020-4

Ⅰ.①暨… Ⅱ.①暨… Ⅲ.①暨南大学—2016—年鉴 Ⅳ.①G649.286.51-54

中国版本图书馆 CIP 数据核字（2016）第 311494 号

暨南大学年鉴．2016
JINAN DAXUE NIANJIAN 2016
编 者：《暨南大学年鉴》编辑部

出 版 人：徐义雄
责任编辑：黄圣英 黄 斯 郑晓玲 黄 颖 黄 球
责任校对：王嘉涵 邓丽藤 林冬丽
责任印制：汤慧君 周一丹

出版发行：暨南大学出版社（510630）
电 话：总编室（8620）85221601
营销部（8620）85225284 85228291 85228292（邮购）
传 真：（8620）85221583（办公室） 85223774（营销部）
网 址：http://www.jnupress.com http://press.jnu.edu.cn
排 版：广州市天河星辰文化发展部照排中心
印 刷：深圳市新联美术印刷有限公司
开 本：787mm×1092mm 1/16
印 张：21.5
彩 插：12
字 数：720 千
版 次：2017 年 2 月第 1 版
印 次：2017 年 2 月第 1 次
定 价：70.00 元

1978 年叶剑英元帅为在广州复办的暨南大学题写的校名

暨南大学校徽

11 月 14 日，原国务委员、学校董事会董事长戴秉国出席暨南大学第七届董事会第二次会议并致开幕辞

11 月 14 日，暨南大学第七届董事会第二次会议在广州召开。原国务委员、学校董事会董事长戴秉国，国务院侨办主任裘援平、副主任何亚非及海内外校董出席会议。图为全体领导和嘉宾合影

12 月 22 日，“侨梦苑”揭牌仪式暨“侨梦苑”创新创业交流会在广州增城举行。国务院侨办主任裘援平、副主任谭天星，广州市市长陈建华出席活动。图为裘援平（左三）、谭天星（左二）参观学校在“侨梦苑”创新中心举办的科技创新成果展

3 月 25 日，深圳旅游学院院务委员会 2015 年会议在深圳召开，国务院侨办副主任、深圳旅游学院院务委员会主任任启亮（左一），深圳市副市长吴以环，以及暨南大学、华侨城股份公司领导出席会议

7 月 25 日，“华侨华人与世界反法西斯战争”国际学术研讨会在校召开。图为国务院侨办副主任何亚非（左一）出席开幕式并讲话

12 月 18 日，国务院侨办党组成员江岩（左三）、广东省委组织部副部长郑庆顺（右三）到校，在曾宪梓科学馆国际会议厅召开的干部大会上宣布，林如鹏任暨南大学党委书记，以及夏泉、洪岸、张宏、蒋述卓、叶勤的任免决定

11月12日，广东省委常委、宣传部部长慎海雄莅校视察，现场调研新闻与传播学院马克思主义新闻人才培养情况，广东省委教育工委副书记景李虎陪同。图为慎海雄听取新闻与传播学院的汇报

11月9日，广东省委常委、统战部部长林雄莅校看望党外代表人士，在学校召开党外代表人士队伍建设专题调研座谈会

9 月 29 日，广东省高水平大学建设目标责任书签署仪式在广州举行，广东省副省长陈云贤（正中）出席仪式并讲话，校长胡军（左三）代表暨南大学与广东省教育厅厅长罗伟其（左二）签署责任书

11 月 13 日，学校在南校区举行暨南大学校董捐赠及捐赠项目揭牌仪式。马有恒、李国华、彭磷基、霍震寰、古润金、余国春等校董合计捐资 5 000 万元支持南校区建设、2 000 万港币支持学科建设。图为原国务委员、暨南大学董事长戴秉国（右七），国务院侨办副主任何亚非（右六）与捐赠人及嘉宾合影

7月20日，全国政协经济委员会副主任、香港经纬集团主席、校董陈经纬捐助2 000万港币，用于设立暨南大学“经纬粤港澳经济研究中心”。图为陈经纬（左二）、广东省副省长招玉芳（右二）、国务院侨办文化司副巡视员梁智卫（左一）、校长胡军共同为“经纬粤港澳经济研究中心”揭牌

7月31日，学校举行暨南大学网络空间安全学院成立暨揭牌仪式。图为广东省委宣传部副部长、省网信办主任黄斌（左一），校长胡军共同为网络空间安全学院揭牌

11 月 13 日，体育学院揭牌暨苏炳添、莫有雪颁奖仪式在邵逸夫体育馆举行。图为校领导胡军、宋献中、张荣华，与广东省体育局副局长刘克军（左三）共同为体育学院成立揭牌

1 月 22 日，南沙开发区管委会与学校共建暨南大学中国（广东）自由贸易试验区研究院框架协议签约暨揭牌仪式在广州南沙举行。校领导胡军、宋献中，广州市委常委、南沙开发区管委会主任丁红都（右五）和区长袁桂扬（右四）出席仪式

学校作为第一完成单位的项目“节材耐磨损钢铁材料制造技术研发与工业应用”获2015年度国家科学技术进步奖二等奖。图为理工学院李卫教授作为成果第一完成人参加国家科学技术奖励大会并领奖

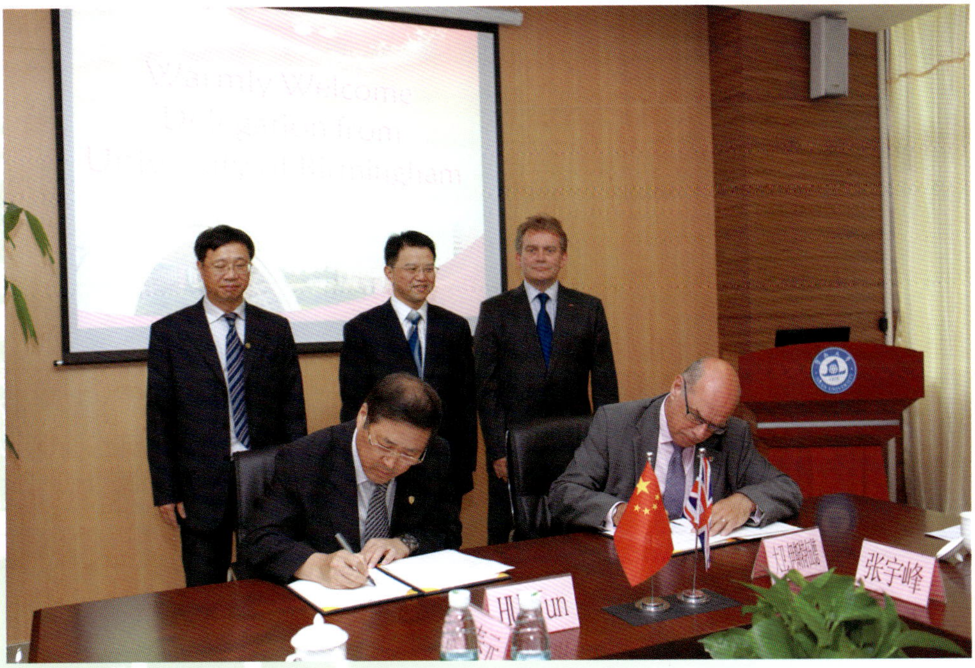

9月7日，英国伯明翰大学校长大卫·伊斯特伍德爵士一行来访。校长胡军和大卫·伊斯特伍德（右一）签署两校共建联合学院的协议

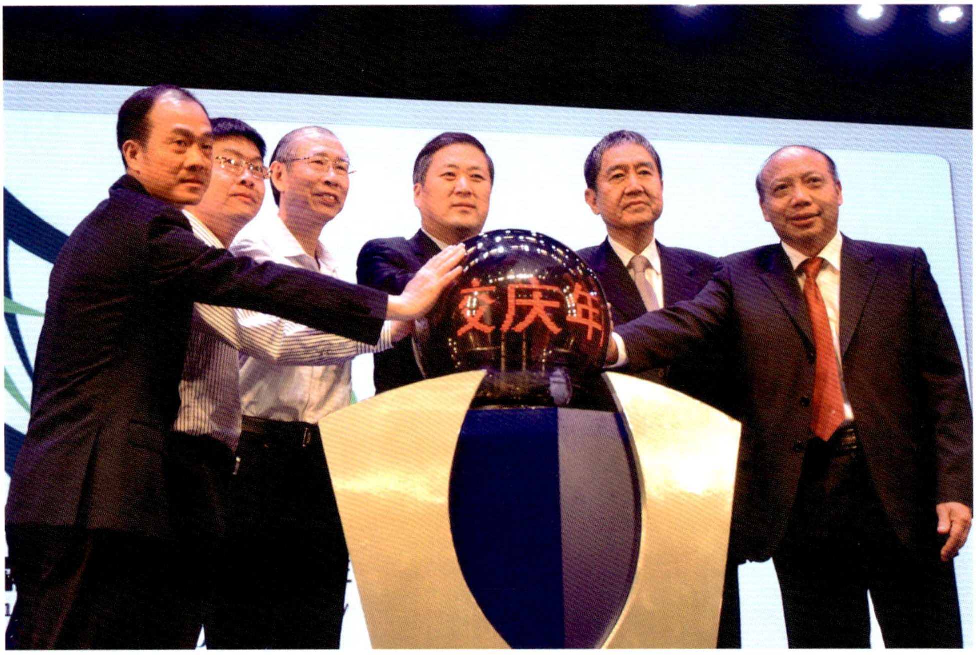

11 月 15 日，暨南大学 110 周年校庆启动仪式在礼堂举行。图为学校董事会副董事长、校友总会会长马有恒（右二），校董叶惠全（左一），南方报业传媒集团总编辑、南方日报社社长、校友张东明（左三），校领导胡军（右三）、蒋述卓（右一）共同启动 110 周年校庆年

9 月 23 日，校长胡军敦聘诺贝尔生理学与医学奖获得者、英国剑桥大学约翰·戈登教授为学校名誉教授

12 月 15 日，校长胡军敦聘诺贝尔化学奖获得者、耶鲁大学西德尼·奥尔特曼教授为名誉教授

2 月 25 日—3 月 10 日，以学校学生艺术团为班底的 2015 “文化中国·四海同春”大洋洲艺术团赴澳大利亚、新西兰开展慰侨访演。图为学校党委书记蒋述卓率领的演出团队与墨尔本校友会代表合影留念

8 月 23 日，学校学子苏炳添以 9 秒 99 的成绩跑进 2015 年北京田径世锦赛百米决赛，并以 10 秒 06 的成绩获得第九名，成为第一个进入世界大赛百米决赛的亚洲人

9 月 19—20 日，由教育部主办的第八届全国大学生创新创业年会在哈尔滨工业大学举办。学校共获 6 项大奖，位列全国第一。图为学校参加会议的师生合影

编 辑 说 明

《暨南大学年鉴》是资料性综合性汇编，自2006年开始，每年出版一卷，旨在反映暨南大学年度教育教学、学科建设、科学研究、对外交流、社会服务等各方面的发展进程和最新成就，供全校各单位及海内外社会各界了解和研究学校现状与发展情况时参考使用，同时也是暨南大学发展概况的历史记载。

《暨南大学年鉴》（2016）是暨南大学组织编纂的第十卷学校年鉴。本卷年鉴采用分类编辑法，主体内容设栏目、类目、条目三个结构层次，以文章和条目为基本体裁，以条目为主。

《暨南大学年鉴》（2016）的框架基本保持稳定，设置18个栏目，分别为：特载，专文，重要文件，暨南大学概况，机构与干部，校区、学院、研究机构概况，教育教学，科学研究与产业开发，学生工作，管理与服务，党建与思想政治工作，人物，表彰与奖励，2015届毕业生，统计资料，2015年大事记，附录，索引。另外，本卷年鉴在卷首还设有彩色图片专辑，生动展示学校年度重要事件和工作。

2015年，学校入选广东省高水平大学重点建设高校，中央政治局委员、广东省委书记胡春华莅校视察，学校第七届董事会第二次会议召开，国务院侨办、国家卫计委、教育部共建暨南大学医学院等，本卷年鉴设置特载一栏，收录了与此相关的文献材料。

《暨南大学年鉴》（2016）主要收录了各单位2015年1月1日至2015年12月31日期间发生的重要事件和活动，部分内容依据实际情况在时限上略有延伸。

本卷年鉴所刊内容由学校各单位负责提供，并经单位负责人审定，各条目的作者全部署供稿单位的名称。

《暨南大学年鉴》（2016）由《暨南大学年鉴》编辑部组织编写，在编写过程中，得到了学校各单位的大力支持，在此谨表深深的谢意。

《暨南大学年鉴》编辑部

2016年12月

目　录

·教育教学·

·科学研究与产业开发·

·学生工作·

·管理与服务·

·党建与思想政治工作·

·特　　载·

暨南大学入选广东省高水平大学重点建设高校

2014年4月4日，中共中央政治局委员、广东省委书记胡春华到中山大学、华南理工大学调研时指出，广东要办更多高水平的名牌大学，暨南大学、华南师范大学等省内高校近些年发展势头不错，要有意识地扶持，坚持扶优扶强，争取能有几所进入国家重点大学行列。4月25日，学校在中层干部中传达胡春华书记的讲话精神，使全校干部和师生受到极大鼓舞。随后，广东省委、省政府相关部门启动高水平大学建设调研和方案制订工作。

2015年4月23日，中共中央政治局委员、广东省委书记胡春华主持召开全省高水平大学建设工作会议，在会上指出，广东力争用5～10年时间，建成若干所具有较高水平和影响力的大学，培育一批在全国乃至全世界占有一席之地的特色重点学科，带动全省高等教育整体水平实现新的跨越。会前正式下发《关于建设高水平大学的意见》。校长胡军参加会议并发言，表示暨南大学高水平大学建设思路是“一个中心，双轮驱动，三个重点”，即以提高人才培养质量为中心，以师资队伍建设和学科建设调整为驱动，重点推进人事制度改革、体制机制改革、评价体系改革。5月29日，校长胡军接受《南方日报》记者专访，阐述暨南大学高水平大学建设的蓝图与举措。7月，学校成立高水平大学建设领导小组，办公室挂靠发展规划处。

2015年6月，广东省教育厅印发《高水平大学建设实施方案》，并着手组织高水平大学的遴选答辩，省财政计划2015—2017年三年投入高水平大学建设专项资金50亿元，学校对照要求参加申报和评审。6月30日，广东省人民政府办公厅发布《关于公布广东省高水平大学重点建设高校和重点学科建设项目名单的通知》，暨南大学等7所在粤高校入选广东省高水平大学重点建设高校。9月上中旬，校领导分头带队赴各学院、校区就高水平大学建设工作进行调研，听取教师对高水平大学建设的意见和建议。9月29日，广东省政府举行高水平大学建设目标管理责任书签署仪式，校长胡军代表学校签署责任书。2015—2017年三年期间，广东省财政预计支持暨南大学高水平大学建设专项经费10亿多元。暨南大学高水平大学建设将分三步走：2015—2017年，完成向高水平大学的转型；到2020年，综合实力接近“985工程”同类高校水平，形成向国内一流高水平大学冲击的强劲势头；到2030年，争取跻身国内一流高水平大学行列。10月28日，学校举行高水平大学学科组团目标管理责任书签署仪式，13个学科组团负责人与学校签署责任书。

中央政治局委员、广东省委书记胡春华莅校视察

2016年9月8日上午，中央政治局委员、广东省委书记胡春华莅临暨南大学看望慰问教师代

表并开展调研。

胡春华分别看望中国工程院院士姚新生和学校大气环境安全与污染控制研究所所长周振。81岁的姚新生院士长期从事中药与天然药物化学教学及科研工作，科研成果丰硕，培养了众多专业人才。周振教授及其团队专注质谱仪器技术，是国家创新人才推进计划——重点领域创新团队带头人。胡春华详细了解了他们的工作和生活情况，感谢他们为广东教育事业进步和经济社会发展作出的贡献，希望他们再接再厉、再创辉煌。

胡春华参观了学校校史展、华侨华人研究院、新闻与传播学院、传统优势学科与特色学科研究成果和科技创新展、光子技术研究所等，充分肯定了学校多年来的发展成就和积极推进高水平大学建设工作。

随后，胡春华听取校长胡军有关工作情况汇报。他强调，要坚定不移地推进高水平大学建设，为广东实施创新驱动发展战略提供科技与智力支撑。要把科研工作和学科建设摆到突出位置，狠抓特色优势学科建设，培育更多高素质创新型人才，产出更多高质量科研成果，推动人才与成果“走出去”。要认真做好高校思想政治工作，加强社会主义核心价值观教育，把培养中国特色社会主义事业合格建设者和可靠接班人这一根本任务落到实处。要高度重视教师队伍建设，帮助解决实际困难，为他们创造良好的工作和生活环境。

暨南大学第七届董事会第二次会议召开

2016年11月14日，暨南大学第七届董事会第二次会议在广州召开。会议听取并审议《暨南大学工作报告》《暨南大学第七届董事会工作报告》《暨南大学建校110周年校庆筹备工作报告》，围绕高水平大学建设、制定“十三五”规划及举办110周年校庆等进行座谈，共商学校未来发展大计。

原国务委员、学校董事会董事长戴秉国，国务院侨办主任裘援平、副主任何亚非，中央政府驻香港联络办公室副主任仇鸿，中央政府驻澳门联络办公室副主任孙达，学校董事会副董事长余国春、马有恒，校董陈永棋，校领导胡军、蒋述卓、叶勤、刘洁生、林如鹏、宋献中、饶敏、张荣华、叶文才，以及其他校董，各机关部处相关负责人出席会议。会议由马有恒主持。

戴秉国董事长致开幕词，表示暨南大学进入了广东省高水平大学重点建设行列，希望各位董事继续奉献智慧和力量，共同把暨南大学办得更好。裘援平主任在致辞中希望“十三五”期间暨南大学发挥优势，助力国家“一带一路”发展战略，服务地方经济社会发展，促进港澳地区繁荣稳定，为实现全面建设小康社会的目标、为实现中华民族的伟大复兴作出应有的贡献。何亚非副主任宣读了国务院侨办六个关于增聘暨南大学董事会董事的批复。胡军校长在会上作《暨南大学工作报告》，陈永棋校董作《暨南大学第七届董事会工作报告》，林如鹏副校长作《暨南大学建校110周年校庆筹备工作报告》。

国务院侨办、国家卫计委、教育部共建暨南大学医学院

2015年，国务院侨办促成与国家卫计委、教育部共建暨南大学医学院，使医学院跻身为国家部委共建的20所国内重点医学院校之一。2015年10月，国务院侨办、国家卫计委、教育部联合印发《关于共建暨南大学医学院的意见》，指出三部委经过共同协商，决定共建暨南大学医学院，主要任务是进一步加快将医学院建成海内外知名的一流医学院，把医学院建设成为培养港澳台侨医学人才的重要基地，使学院的人才培养质量、科学研究水平、社会服务能力显著提高。暨南大学的医学教育有着30多年面向海外办学的历史，在港澳台侨社会尤其是港澳地区有着良好的口碑和声誉，借着部委共建的契机，将迎来快速发展、再攀高峰的新机遇。

学校110周年校庆筹备工作启动

2015年，学校启动新百年的第四次校庆庆典筹备工作。3月，面向全体师生、海内外校友及社会各界人士征集暨南大学110周年校庆标识设计方案。11月15日下午，在109周年校庆日来临之际，暨南大学110周年校庆筹备启动仪式在大礼堂隆重举行，现场发布学校110周年校庆标识和“逐梦高水平，暨情创未来”的校庆主题词。“世界暨南人故事”全球征集与全媒体报道计划同时拉开帷幕，学校还宣布将设立“蒙古包重建基金”，在南校区重建老建筑“蒙古包”。11月18日，《暨南大学110周年校庆公告第一号》在《人民日报》（海外版）、《南方日报》和香港《大公报》刊登，同时在校报、新闻网、官方微博和微信等多平台同步发布。11月19日，学校印发《关于启动建校110周年校庆筹备工作的通知》，通知将于2016年11月举行建校110周年庆典，将2015年11月至2016年11月定为校庆年，校庆原则为隆重热烈，俭朴务实，办出特色；公布建校110周年校庆筹备委员会、校庆办人员组成名单。校庆办下设会务组、秘书组、宣传组、联络接待组、校友工作组、学术组等12个工作组。

· 专 文 ·

校长胡军在全省高水平大学建设工作会议上的讲话

——科学谋划　深化改革　扎实推进高水平大学建设

（2015 年 6 月 6 日）

尊敬的各位专家：

大家好！下面我代表暨南大学，汇报我校高水平大学建设的相关情况，汇报内容分为以下四部分：

第一部分：目标与任务

坚持“侨校＋名校”的发展战略，瞄准学科前沿、国家和广东经济社会发展的重大需求，通过全面深化改革，完善学校治理体系，进一步凝练学科方向，创新运行机制，优化学科布局，构建一批国内一流、国际上有影响力的重点学科，汇聚一批具有突出创新能力和区域竞争力的学术团队，建设一批高水平产学研深度融合的创新平台和基地，培养一批具有拔尖水平的创新人才，产出一批具有重大影响的标志性成果。重点打造九大学科群，带动学校办学水平整体提升。

2017 年，学校综合实力力争进入全国 45 名左右；2020 年，综合实力力争接近或达到同类型“985 工程”高校水平。

1. 学科建设方面

注重学科集成发展，有效整合学科资源，围绕龙头学科打造优势特色学科群，通过 3 ~ 5 年的建设，力争 10 个学科进入教育部学科评估前 10%，10 个学科进入前 20%，10 个学科进入 ESI 全球前 1%。

2. 师资队伍方面

继续推进“宁静致远工程”，立足培养，积极引进，通过 3 ~ 5 年的建设，力争培养和引进两院院士、“千人计划”、“长江学者”、国家杰出青年等国家级领军人才 40 ~ 50 人，组建 20 ~ 30 个高水平学术创新团队。

3. 人才培养方面

构建价值塑造、能力培养、知识传授“三位一体”的拔尖创新人才培养体系，人才培养质量、就业质量显著提升。培养一批能够维护港澳繁荣稳定、支持国家“一带一路”发展战略的可靠力量，为国家和广东输送一批学业基础扎实、具备国际视野、能够引领行业发展的优秀创新人才。

4. 科研能力方面

全面发挥大学传承、创新和引领三大社会功能，通过 3 ~ 5 年的建设，力争获批 1 ~ 2 个国家级协同创新中心、科研平台和高端智库；承担国家级项目超过 900 项；科研经费达到 20 亿元；国家级奖励和重大重点项目有新的突破。与政府和企业共建 6 ~ 10 个新型研发机构、10 ~ 20 个联合研发平台，全面推动科研成果的产业化。

5. 治理体系方面

以构建现代大学治理体系，全面提高治理能力为目标，深化学校综合改革，切实推进依法治校；构建行政与学术协调互补的中国特色现代大学治理体系和运行机制。

第二部分：基础与条件

广东省委调研报告指出：“近年来，暨南大学综合实力跃升明显，部分指标已接近或超过‘985 工程’高校，已具备建设高水平大学的良好基础。”目前，我校作为教育部、国侨办、广东省共建的“211”重点综合性大学，排名位居全国 50 名左右、广东第三，最具实力和竞争力向高水平大学挺进。

1. 学科建设成效显著

目前有国家重点学科 4 个；广东省重点学科

24个，数量位居全省第三；4个学科进入ESI全球排名前1%，数量位居全省第三；有3～5个学科接近ESI全球排名前1%；在参加教育部评估的7个学科中，中药学、应用经济学、新闻传播学在全国排名前十位。

2. 师资队伍建设跨越发展

学校国家级人才的数量从2011年的45人次提升至目前的108人次，省级人才的数量从40人以提升至127人次，总量增长近3倍。目前，我校国家级高层次人才的数量在广东省高校中位列第二，并有加快提升的明显趋势。

3. 人才培养质量稳步提升

本科生录取分数线稳居广东省文科第二、理科第三；研究生生源60%以上来自全国重点高校。在2014年全国高校通用就业力排行榜上，暨南大学位列全国第十一，广东第二。多项学生创新成果获得国家最高奖。在历史上，暨南园走出了李岚清、吴学谦、江上青、许敦茂等著名人物。改革开放以来，造就了一大批两院院士、国家杰出青年、长江学者以及省部级领导、大学校长和工商业精英，培养出的6万余名港澳校友已成为维护港澳繁荣稳定的一支重要力量。

4. 科研创新能力不断提升

2014年国家社科基金重大项目立项数居全国第六，广东第一；在2014年中国大学人文社科创新竞争力排名榜中，我校位列第二十，广东第二；获批第六届高校人文社科优秀成果奖10项，位居全国第十四，广东第二；省人文社科重点研究基地数量位居全省第一。学校连续3年获得国家三大科技奖；国家自然科学基金重大重点项目连续3年持续增加；专利申请量和各类科研总经费连续多年位居全省第三。与美、俄、法及港澳著名高校和研究机构共建11个联合试验室。

5. 国际化特色日益彰显

学校与48个国家及港澳台地区的高校或机构签订了336份合作协议，设立了35个海外教学点，全球合作网络逐渐形成；在校境外生数量位居全国高校首位，获全国“来华留学教育先进高校”称号；师资队伍国际化水平不断提升，32%的教师具有海外留学经历；获批2个“111计划”项目，国家专项引智项目及经费稳居全省高校第三；在南非的孔子学院成为全球八大示范孔子学院之一。

6. 社会服务作用更加明显

我校光电信息团队为华为公司技术研发及占领欧洲市场作出了重大贡献；以4位院士领衔的创新药物团队，已孵化4个生物医药上市公司，研发了广东省第一个基因工程新药；节能环保团队开发的环境监测关键技术及高端环保装备，在全国40多个城市应用；水生生物团队建立了全省水库监测体系，确保全省和港澳供水安全。

在广东省主要城市设立八大地方研究院；充分发挥新型智库作用，相关团队提交的系列研究报告得到国家主要领导人的重要批示；产业经济团队为我省产业转型升级提供了200多份咨询报告；全国首家应急管理学院为国家培训了处级以上干部2 000余名，输送了200多名专业人才。

第三部分：改革措施

我们改革的主要思路是，以提高人才培养质量为主题，以改革人事制度体系为核心，以构建科学的评价机制为突破，以完善大学内部治理体系为动力。

1. 创新人才培养模式

（1）以立德和创新为中心，全面修订人才培养方案和标准。

（2）积极实施“互联网+”战略，突破“两个课堂”传统概念，构建“四个课堂”协同培养模式。

（3）继续完善和推行暨南大学独创的“三三三本科教学治理体系”。

（4）以质量和创新为导向，继续实施“卓越导师”和“菁英学子”计划，优化港澳台侨管治人才培养体系。

（5）全面实施“研究生海外游学制度”，实现学术学位和专业学位双轨培养。

2. 深化人事制度改革

以科学的评价标准和机制为切入点，推行“两化六制”。“两化”是指“本土教师国际化”“国际教师本土化”。“六制”是指实施准聘长聘制、多元工资制、流动退出制、师资博士后制、职员制、立体考评制（包括职称评审代表作制度、教学准入制度和国内外同行评价制度），进一步完善高层次人才一站式服务体制与机制。

3. 改革科研体制机制

（1）构建面向应用、面向市场的新型研发机构。

（2）构建以创新质量和社会贡献为导向的评价体系。

（3）引入多元评价主体和国际评价体系，制定针对基础研究、应用研究、技术转移、成果转化的分类评价方法。

(4) 创新科研成果转化模式，推进科研成果处置权和收益权改革，激发科研人员活力。

4. 完善学校内部治理体系

(1) 落实暨南大学章程，建设现代大学制度，继续坚持和完善暨南大学独特的董事会制度。

(2) 健全以学术委员会为学术中枢的管理体系和组织架构，保障学术组织相对独立行使职权。

(3) 推动权力和资源向二级单位下放，激发二级单位自主办学的活力与动力。

5. 塑造优秀大学文化

(1)“止于至善”的价值追求。

(2)“宁静致远”的超然心态。

(3)“忠信笃敬”的行为准则。

(4)“革故鼎新”的创新精神。

第四部分：支撑项目

1. 创新药物与中药现代化

依托中药学、药学、化学，建成华南地区最大的天然药物研发中心和化学成分样品库，获批5~6个新药证书并在广东省投入生产。中药学和药学学科进入全国前10%，新增1~2个相关学科进入ESI全球前1%。

2. 面向大数据的光电信息与信息安全技术

依托光学工程和计算机科学与技术，重点解决大数据源头——信息获取、传输与存储、信息安全等核心技术问题，为国家信息安全战略和华为公司等广东省领军企业提供原创性技术解决方案。光学工程进入全国前十名，计算机科学与技术进入全国前十五名，新增的网络（空间）安全一级学科进入全国前5%，工程学科的ESI排名进一步提升。

3. 大数据平台建设与产业转型升级

以应用经济学广东省攀峰重点学科为核心，建设产业大数据公共服务平台，构建国内一流、国际领先的产业转型升级理论体系、学科集群和新型智库，应用经济学学科进入全国前5%，带动理论经济学、统计学和计算机科学与技术等学科进入全国前10%。

4. 基因工程技术创新与分子转化医学

依托生物学等省重点学科，在3年内建成我国生物大数据整合研究中心；开发6~8种重大疾病治疗的生物新药；为我省百亿生物医药产业提供源头创新。5年内建成“分子医学转化国家科学中心”，孵化一批生物技术开发公司和基因工程药物上市公司。保持临床医学ESI全球前1%的地位，力争生物学和生物医学工程进入全国前10%。

5. 非线性力学及其工程应用

依托广东省攀峰重点学科——力学等四个工科一级学科，重点瞄准城市生命线工程防灾减灾与公共安全领域的关键力学问题和核心技术，发展新的非线性力学理论、分析方法和监测手段。力争建成一个国家重点实验室和一个国家工程中心，获得国家级科学技术奖励2~3项，力学学科进入全国前10%。

6. 生态环境理论及关键技术创新

依托生态学和环境科学与工程学科，以全球领先的科学仪器核心技术以及世界首个流域生态—水文集成和水资源管理平台的突破为支撑，开展前沿理论创新研究；保障粤港澳水环境和供水安全；在污染治理、碳汇资源以及科学仪器产业方面创造千亿级的经济效益。力争生态环境学科进入ESI全球前1%。

7. 传播与国家治理创新

依托新闻传播学、法学、公共管理学科，围绕国家治理体系和治理能力现代化这一主线，实现三个突破，建成国内领先、国际有影响的相关高端智库。力争新闻传播学科进入全国前5%。

8. 企业转型与公司治理

主要依托广东省攀峰重点学科——工商管理及管理科学与工程，围绕广东省创新驱动发展战略，针对工业4.0、大数据、最新科技给企业发展提出新的挑战，打造根植广东、辐射全国的首个企业转型发展研究与服务平台。力争工商管理学科进入全国前10%。

9. 华侨华人与中国创新发展

进一步巩固和提升华侨华人研究的国际领先地位，建成全球最大规模的侨务大数据中心，为广东乃至国家战略决策、政策制定和实施及突发事件应对提供智力支持，助力全球华文传播联盟、华商网络、华文教育、华侨华人创业园等平台建设，打造涉侨战略与政策的新型国家智库。

各位专家，虽然我们已具备了建设高水平大学的良好基础，但跟我们所选取的标杆高校，以及“985工程”高校的平均水平相比，在部分核心指标方面还存在一定的差距。我们坚信，在省委、省政府的大力支持下，学校经过科学谋划、深化改革、重点突破，我们有信心、有决心、有能力实现高水平大学的建设目标。

我的汇报完毕，谢谢！

校长胡军在2015年春季全校中层干部会议上的讲话

（2015年3月3日）

同志们：

上午好。今天，我们在这里召开新学期工作会议。在这里，我代表学校领导班子，将学校党委理论中心组学习会的精神，以及今年的主要工作向大家做一个通报。我的讲话分为四个部分：

一、我国高等教育总体形势

首先跟大家分析、通报一下我国高等教育的总体形势。从2013年下半年开始，高等教育领域发生了很大变化，可以说中国高等教育的发展进入了一个新阶段，有些政策和变化将对暨大未来的发展产生重要影响。主要变化为国家和广东省开始着眼于大学自主办学的制度性构建。政府简政放权，推行了一系列的改革措施，主要目的是促进大学内部治理体系和能力的现代化，激发大学自主办学活力，全面提高高等教育质量，这是一个总趋势，它包括以下几个方面的特点：

第一，简政放权，落实和扩大高校自主办学权，为建设中国特色现代大学制度释放活力。目前，从国家到广东省都下发了有关放权的一系列文件，准备把权力下放给大学；广东省教育厅也在探索制定“负面清单”，所谓“负面清单”，也就是法无禁止皆可为。

第二，转变管理方式。一是通过制定标准来监管大学，包括国家标准、行业标准和学校标准。二是通过改进评估来监管，如加强学科评估，强调管办评分离，特别是通过第三方来评估大学，包括大学排行榜等。三是要求院校加强信息公开。

第三，加强顶层设计，建立健全规章和政策体系，为完善高校治理结构提供科学指导。一是高校章程的制定和实施，《暨南大学章程》已经上报到教育部，并得到核准，大学章程将成为暨南大学未来办学的“基本法”。二是引导和推进学术委员会的建设，明确学术委员会的学术权，学术委员会将对大学的发展起到很大的作用。三是改进评价制度，暨大已经被列入科技评估综合改革试点院校，这既是对我们的信任，也是一种挑战，我们要做好相关工作。

第四，引导和督促高校领导全身心投入学校的管理工作，抓好重大项目的引导和经费投入管理，为建设中国特色现代大学提供保障。一是坚持转型不转向，不转向就是明确对大学的导向，牢牢把握服务经济转型升级这个方向，一流大学必须与国家经济发展的战略需求紧密结合；转型就是今后国家重大项目的支持重点将不再是简单的规模扩大、数量增加、水平提升，更重要的是根据国家的需求，采取集成整合的方式建立开放平台，引入竞争机制，改进管理方式，倒逼学校进行治理结构、管理体制、学科结构、创新机制和人才培养模式的改革。二是面向需求、重在培育、推进系统创新。国家已经明确“2011计划”是一个较为长期的计划，并考虑把高等教育相关改革措施汇聚到协同创新中心，形成综合改革特区，率先实行科研经费管理新模式，在研究生招生指标、人才培养计划以及国际交流合作等方面给予优先支持。我们要高度重视这种趋势，做好协同创新中心的培育工作。三是转机制、增效益，健全经费投入机制。一方面，要完善本科生和研究生科研经费投入机制，今后经费的投入可能会与高校的教育质量和评估挂钩。另一方面，要加强高校经费管理，加强审计监督，强化教育经费的监管。

二、国内著名高校开展综合改革的经验和做法

接下来，我将国内一些大学的经验做法，结合暨大的情况，给大家作一个介绍。

（1）国内高校改革的主要思路是完善治理体系、依法治校，广泛的民主参与，以及公正、公开、公平的评估与监督。靠制度和法律来治理学校，这是一个全局性、根本性和长期性的任务。一个好的治理体系，就是要做到办学行为有法可依、有章可循。同时，大学的建设不能仅靠校领导和机关部处，而是需要大家的广泛参与，我们的院系一定要参与进来。大学的治理体系包括大学章程、学术委员会等，它们都将在学校治理结构的构建中发挥重要作用。根据其他大学的经验，学术委员会下面可以设立专业委员，以及设立独立的办事机构，关键是把德高望重的、处事公正公平的、具有一定学术水平的教授推荐到学术委员会中来。我们还要考虑如何理顺院系治理模式，扩大院系权力。院系需要什么权力、应该具有什么权力？都需要认真思考。学校的部门设置也要作为一个课题来研究，主要原则是面向教学、科研以及师生的需求来设立和调整，减少管理层次，比如实行大部制，强化服务职能。我们要出台“负面清单”，向院系下放权力。

（2）改革的主题是提高人才培养质量。对于暨大来说，提高人才培养质量是我们全部工作的核心。目前我们的校风、教风、学风还存在一些问题，这些问题不容忽视；我们的教学思想、教学理念仍需明确并贯彻下去。有的学校提出通识教育基础下的专业教育，有的提出知识传授、能力培养、价值塑造为一体，这些都是很好的教育思想。

（3）改革的核心是人事制度改革。它的主要问题是高水平大学建设中人才队伍建设的规律是什么，怎么建设？薪酬体系是什么，特点是什么？这些问题我们需要认真思考。现在很多学校实行预聘—长聘制和对教师的分类管理、分类评价，我们也要认真考虑是否可以实施。

（4）改革的突破口是科学的评价制度，这是配置资源的基础。目前一些学校采纳的都是国际评价标准。暨大要提高水平，办学的评价标准必须提高。还有一个问题是，现有的科研模式怎么打破？现在我们的科研组织模式都是以行政单位为主体，以学院为主体，考核对象是学院，这就造成了学院之间不愿意协同配合的问题。今后如何打破院系阻隔，如何分配资源，这个问题要解决。我们建设协同创新中心，是要实现校外协同，这要求我们首先要做到校内协同。

暨大目前面临这样的形势：一是人才培养质量与社会发展不相适应的矛盾日益突出，如何提高本科生和研究生的教育质量将成为今后改革的核心和重点。二是国家“双一流”建设即将启动，暨大要加快建设一流学科。我们要尽快明确暨南大学高水平学科是哪些，尽快提升这些学科的竞争力。三是广东省对于高水平大学建设高度重视，各个高校之间的竞争也非常激烈，我们要争取加入高水平大学建设的行列，这对我们是一个考验和挑战，更是一个不容错过的重要历史机遇。

在这样的形势下，当前暨大主要存在以下几个方面的问题：

一是学校的执行力和效率有待进一步提高。搞综合改革首先执行力要上去，所以今后要加强督办，要有时间表。校领导每人抓几项主要工作，有时间，有进度，有督查，有评估。

二是全体教职工的责任心和进取精神有待进一步强化。现在我去外面开会，看到别人做得比我们好，我就会感觉到压力，希望大家能够将这种压力转化为动力，要奋发有为，要有精气神，要有责任心，把暨南大学的事业当作是自己的事业，尽力做好自己的事情。

三是人才队伍建设任重道远。对于这项工作的重要性，全校需要进一步达成共识，需要得到大家的理解和支持。尽管最近两年我们加大了人才队伍建设的力度，引进人才对大学发展作出了贡献，但是和顶尖高校相比还是有很大差距，特别不要忽略我们现有年轻老师的培养。没有人能够保证引进的所有团队都能成功，也没有谁能保证引进的所有人才都能成功，但是至少到今天为止，我们是成功了。我们仍然应该看到，暨大的人才队伍建设存在很多危机，有的学院人才梯队已经断层，希望作为人才引进主体的学院要严肃看待这个问题，尽快采取行动。搞好人才队伍建设，关键是看用心不用心、用力不用力、用情不用情。有些学院做得就比较不错，院长很有胸怀，宁愿自己不做院长也要引进别人，也很有成效，但不是所有的学院都能做到这一点。有些学院说人才不好找，学校可以帮忙做广告招贤纳才。

四是部分院系人才培养工作要求不严，教学工作有待进一步加强。我们有些院系还存在“底线思维”，以最低标准要求自己，教学事故时有发生，有些教师在教学工作中犯了些低级错误，这些问题我们要严肃对待，严肃处理。

三、今年学校的重点工作

第一，开展综合改革。学校将成立综合改革领导小组，全面推动暨大的综合改革，统筹学校“十二五”总结，“十三五”规划制定，以及学科布局优化工作。局部的改革、就事论事的改革已经不起作用，改革已经进入深水区，头痛医头、脚痛医脚已经不行了，体制机制一定要有变化，甚至有大的变化。我们还要规划学科的发展，现在学校有些学科还是空白，特别是工科。工科的问题，很久以前我们已经讨论过，不知大家是否记得就在这个地方，大约10年前我说过，根据我的理解，一个大学没有理科就没有水平，没有工科就没有实力，没有文科就没有氛围。那个时候我就谈了工科的问题，希望大家重视。我记得至少三年前的一次规划战略研讨会上，大家也讨论到暨大工科的发展问题。实事求是地讲，我们虽然是综合性大学，有文经管、理工医，但工科是短板，对国家和地方经济社会建设的支撑不够。按照目前国家和地方发展的需求，我们应该在现有学科基础上，适当地加大力度发展工科，增强服务能力和水平。

第二，继续推进南校区建设。要加快建设学生宿舍及相关配套设施，使校区布局和规划尽快得到实现，南校区的功能更加齐全，服务更加完善，如果明年不建好至少4栋学生宿舍，那计划入学的新生就没地方住宿，与此相配套的饭堂和体育场地建设也要跟上。

第三，启动学校110周年校庆的筹备工作。通过校庆，促进高水平学术交流、增强校董校友的凝聚力，进一步提升学校的知名度和影响力。时间过得真快，百年校庆还历历在目，明年就到了110周年校庆。这次校庆我们不可能像百年校庆那样轰轰烈烈，那样隆重，但是不意味着校庆不能办。现在一流大学都十分重视通过校庆搭建高水准的学术交流平台，以提升学校的声誉，增强校友的凝聚力。我们也要按照这个思路，现在就要着手准备，办一个节俭的、有特色的校庆，来促进学校发展，提升学校声誉。

第四，强化学校财务管理，加大预算执行力度。要尽量避免因为预算执行不力而被政府收回经费，这个对学校来说是非常大的损失。大家要清醒地认识到，学校的财务仍然偏紧，我们仍然要开源节流，办学资金的使用仍然要保证重点，希望大家对这个要重视。

第五，迎接本科教学工作评估。今后的办学，评估是常态，明年可能又要开展教学工作的本科评估，所以我们现在就要开始布置任务，要抓紧。另外南校区目前以本科生为主，很多学院的本科生都入驻了，教学工作一定要抓好，延伸管理一定要跟上，切实保证教学质量。

第六，继续推进研究生教育综合改革，迎接专业学位点评估，加大对博士后的培养和支持力度。

第七，推进学校信息化建设。现在是大数据的时代，要重视和加强信息化工作，打破学校各部门之间的信息孤岛，加强对全校信息资源的统筹使用，实现数据的共享使用。另外，要推进资源的有偿使用，提高资源使用效益，进一步美化校园环境。

四、学校党委今年的重点工作

因为蒋书记出差在外，我代表蒋书记和学校领导班子对党建工作进行布置。今年学校党委的重点工作包括九项内容。

第一，认真学习十八大，十八届二中、三中、四中全会精神及习近平总书记系列重要讲话精神，深刻领会“全面建成小康社会、全面深化改革、全面依法治国、全面从严治党”内涵。党建是学校党委工作的主线。学校各级党组织抓好党建工作就是要补足共产党员精神上的“钙”，要培养和选拔党和人民需要的好干部，要认识到意识形态是党的一项重要工作，要有踏石留印、抓铁有痕的劲头抓好作风建设，要以零容忍的态度惩治腐败，要用铁的纪律维护党的团结统一。党建工作主要包括以下几个方面。一是要坚持从严治党。从严治党的核心是要把握正确的办学方向，要紧紧围绕为谁培养人、培养什么人、如何培养这个根本。二是坚持党要管党。党要管党的重点是从严管理干部，特别是要严明党的政治纪律、政治规矩，坚持防止自由主义、分散主义、好人主义、个人主义。三是抓好制度建设。关键是夯实基层基础，最重要的是抓落实。

第二，加强理论学习，构建社会主义核心价值观教育长效机制。继续深入开展学习党的十八大、十八届四中全会精神、习近平总书记系列讲话精神等活动。完善基层党委中心组学习制度，增强基层党委的理论学习成效。制订关于建立健全师德建设长效机制的实施方案，推动我校师德建设工作。加强对思想政治理论课的领导，推动社会主义核心价值观融入课堂主渠道。实施“青年马克思主义者培养工程”，办好“大学生骨干培训班”，大力开展爱国主义教育、理想信念教育和民族团结教育。加强网络建设，管理好宣传思想文化阵地。

第三，抓好“旗帜工程”，培育党建品牌项目，加强基层党组织工作。继续推进社区党建“旗帜工程”，完善社区党建工作机制，创新社区党建工作新载体。结合中层干部换届总结述职工作，尝试组织全校二级党组织负责人集中开展抓基层党建工作述职评议活动。建立健全适合高校改革发展新形势的党组织设置模式。建设一支党性强、作风正、理论素养好、业务过硬的兼职党校教师队伍。以纪念世界反法西斯战争及抗战胜利70周年为契机，在暨南园开展寻访老党员、抗战老兵活动，弘扬革命传统教育。

第四，完善机制、规范管理，进一步加强干部队伍建设。特别要健全完善学校、院系会议制度和议事规则，以加强干部建设为突破口，完善学校内部治理结构。修订学校干部工作条例，以法治精神推进、规范干部工作的制度创新。完成2015年学校中层干部届满考核和换届工作。

第五，做好校内外宣传，推进文化素质教育，建设文明校园。学校教育教学改革的报道在《人民日报》登出之后，产生了良好的正面影响，提高了学校知名度。未来大学的排名，社会认可度、知名度很重要。评价一个大学时，会想到这个大学的社会声誉怎么样。2015年还要拟订110周年校庆的宣传方案，启动110周年校庆宣传工作。全面推进文化素质教育工作，继续组织和策划高水平的文化素质教育工作。

第六，加强作风建设，落实两个责任，推进党政廉风建设。反腐败是一项长期的重要任务。要强化党委管党治党的主体责任和纪委执纪问责的监督责任，坚持领导班子成员一岗双责，深化学校纪律检查体制改革。继续组织纪律教育月活动，做好反腐倡廉宣传教育月工作。要继续做好廉政风险防控监督工作，着力构建廉政风险预警机制。进一步贯彻落实“三重一大”决策制度，推进学校民主决策进程，加强对涉及“三重一大”决策事项的检查监督。创新监督检查方式，建立监督检查工作新常态，抓住基建工程、物资采购、招生考试、科研经费等重点领域、关键环节、重要问题展开监督检查。

第七，加强学习培训，提高参政议政能力，提高统战工作水平。学校的统战工作做得不错，广大的民主党派的老师，参政议政积极性高，提的建议质量好，不是出于自己个人利益，都是为学校发展考虑。要进一步选派骨干外出培训，邀请专家来校讲课，加强对党外人士依法参政、议政能力的培养。

第八，以人为本、开拓创新，做好工会、共青团、离退休、扶贫工作。首先是工会工作。要召开第八届教职工代表大会、第十二届工会会员代表大会第一次会议，做好新一届“双代会”代表的换届选举工作。工作重点在换届，选举出来的代表素质一定要高，一定要真正关心学校，不是只关心自己；关键在议题，教代会是学校民主管理的主要形式，要以讨论改革为主。要关注青年教职工成长，全面推进青年教职工工作委员会的工作。建立高校女性发展研究中心，做好女性发展理论研究工作；组织开展关爱女性职工的联谊活动；要继续开展教职工体育、文艺活动，进一步推进校园文化建设；进一步理顺附属中小学、幼儿园的办学体制和管理模式，认真做好附属学校师资队伍和教学管理工作。

其次是共青团与学生工作。加强以“挑战杯”为龙头的学生学术科技创新和创业工作。稳步推进大学生就业创业见习基地建设，实施“展翅计划”就业创业能力提升行动，切实提高大学生创业就业能力。继续组织开展新学期本科生返校情况大排查，加强“三生教育”，做好少数民族学生的关爱和教育服务工作，进一步健全学生安全工作的体制机制。以“5A卓越引领计划”为载体，做好第三届优秀学子奖励计划、第二届5A卓越班集体和首届暨南好班长的评选活动。以教育部出台的《高等学校辅导员职业能力标准（暂行）》为指导，开展专题培训，举办辅导员论坛，全面推进学校辅导员队伍的专业化、职业化建设。完善优秀港澳台侨学生的培养计划，实施港澳学生“千百十育人工程”，做好港澳台侨学生管理工作。

再次是离退休工作。要继续实施“关爱工程”，积极开展文体活动，推进老人进修学院工作，切实做好离退休人员的服务管理工作；强化业务能力、提升素质，继续做好离退休管理队伍的建设工作。学校离退休教师的队伍越来越庞大，始终支持学校的发展。学校应该尽最大努力为他们提供好的条件。另外，要继续发挥优势，整合资源，做好扶贫工作。

第九是加强管理，构建和谐，做好安全、保密工作。保密工作无小事，涉及每个人。要加强制度建设，建立保密检查长效机制，深入开展保密法制宣传教育，确保国家秘密安全。要探索综合治理工作机制创新、思路创新、方法创新，维护校园安全稳定环境。

因为时间关系，我今天主要就讲这么多，还有一些没讲到的，以学校印发的全年工作要点为准。最后，祝大家新年快乐，新的一年里大家为高水平大学建设共同努力，将暨南大学建设得更好！谢谢大家！

· 重要文件 ·

暨南大学党委转发中共国务院侨办党组关于林如鹏等5名同志职务任免的通知

暨党干〔2015〕13号

校机关各部、处、院、室、中心，各直属单位，各学院，各校区管理委员会：

接中共国务院侨办党组2015年12月15日《中共国务院侨办党组关于林如鹏等5名同志职务任免的通知》（国侨党发〔2015〕37号），现转发如下：

"经研究决定：林如鹏同志任暨南大学党委书记；夏泉同志任暨南大学党委常委、副书记，纪委委员、纪委书记；张宏同志任暨南大学党委常委；免去蒋述卓同志的暨南大学党委书记、常委职务；免去叶勤同志的暨南大学党委副书记、常委、纪委书记职务。林如鹏、夏泉和张宏同志任职试用期一年。"

中共暨南大学委员会

2015年12月18日

暨南大学转发国务院侨办关于洪岸等4名同志职务任免的通知

暨干〔2015〕24号

校机关各部、处、院、室、中心，各直属单位，各学院，各校区管理委员会：

接国务院侨务办公室2015年12月15日《国务院侨办关于洪岸等4名同志职务任免的通知》（国侨人发〔2015〕287号），现转发如下：

"经研究决定：洪岸、张宏同志任暨南大学副校长；免去蒋述卓、叶勤同志的暨南大学副校长职务。洪岸和张宏同志任职试用期一年。"

暨南大学

2015年12月18日

中华人民共和国教育部高等学校章程核准书第64号（暨南大学）

暨南大学：

根据《中华人民共和国高等教育法》《高等学校章程制定暂行办法》，你校讨论通过，并经国务院侨务办公室同意，报我部核准的《暨南大学章程》，经教育部高等学校章程核准委员会评议，2015年1月20日经教育部2015年第3次部务会议审议通过，现予核准。

核准书所附章程为最终文本，自即日起生效，未经法定程序不得修改。你校应当以章程作为依法自主办学、实施管理和履行公共职能的基本准则和依据，按照建设中国特色现代大学制度的要求，完善法人治理结构，健全内部管理体制，依法治校、科学发展。

中华人民共和国教育部

2015年6月26日

暨南大学章程

序　言

暨南大学是由国家举办的以华侨高等教育为鲜明特色的全日制普通高等学校。学校1906年创建于南京，原名“暨南学堂”，1911年停办，1918年复办，更名为“国立暨南学校”。1921年迁至上海真如，1927年更名为“国立暨南大学”。抗日战争时期，先后迁往上海租界和福建建阳办学，1946年复迁上海，1949年并入复旦大学、交通大学等院校。1958年在广州重建，启用“暨南大学”校名。1970年停办，1978年复办。1996年，被确定为国家“211工程”重点建设的高校。

学校自创建以来，始终秉承“朔南暨，声教讫于四海”的办学使命和“知行合一、经世致用”的育才理念，形成了“重视基础、突出应用、注重创新”的办学传统和“忠信笃敬、知行合一、自强不息、和而不同”的暨南精神，为海内外输送了一大批高素质专门人才，被誉为“华侨最高学府”和“海外学子成才的摇篮”。

学校坚持“质量是生命，创新是灵魂”的办学理念，实施“侨校＋名校”的发展战略，以追求真理、培养人才、研究学术、服务社会和传承创新文化为己任，致力于建设特色鲜明、海内外知名的高水平大学，努力成为高质量人才培养、高水平科学研究和成果转化、高层次决策咨询的重要基地，成为服务国家和地方经济社会发展、推动国家侨务事业发展、引领国家华侨高等教育发展的重要力量。

第一章　总　则

第一条　为保障学校依法办学和自主管理，根据《中华人民共和国教育法》《中华人民共和国高等教育法》等法律法规和文件精神，结合学校实际，制定本章程。

第二条　学校由国家举办，由国务院侨务行政部门主管，接受国务院教育行政部门的业务指导与管理，由国务院侨务行政部门、国务院教育行政部门与广东省人民政府共建。

第三条　学校名称为暨南大学，简称为暨大；英文名称为JINAN UNIVERSITY，英文名称缩写为JNU；网址为www. jnu. edu. cn。

第四条　学校注册地址为广东省广州市黄埔大道西601号。设有石牌校区（广东省广州市黄埔大道西601号）、南校区（广东省广州市番禺区兴业大道东855号）、广园东校区（广东省广州市天河区瘦狗岭路377号）、珠海校区（广东省珠海市前山路206号）和深圳校区（广东省深圳市华侨城内）。

第五条　学校为非营利性事业组织，具有独立法人资格，在招生、学科与专业设置、教学活动、科学研究、技术开发、社会服务、文化传承创新、国际交流与合作、机构设置与人员配备、财产管理与使用等方面依法享有办学自主权，独立承担法律责任。

校长为法定代表人。

第六条 学校坚持社会主义办学方向，全面贯彻国家教育方针和侨务政策，坚持“面向海外，面向港澳台”的办学方针和“宏教泽而系侨情”的办学宗旨，依法自主办学，实行教授治学，实施民主管理，自主开展人才培养、科学研究、社会服务、文化传承创新活动。

第七条 学校坚持为侨服务、为经济和社会发展服务的办学方向，彰显和发展为侨服务的办学特色。

第八条 学校校训为“忠信笃敬”。

第九条 学校校徽包括徽志和徽章。

学校徽志为圆形徽标，外环上方是叶剑英题写的“暨南大学”校名，下方是暨南大学的大写英文校名。中间字母“JNU”构成一艘具有中国特点的帆船图形，寓传播中华文化至五洲四海之意。帆船下方的“1906”字样，表示学校建校年份。

学校徽章为教职工和学生佩戴的由学校徽志构成的圆形证章和题有校名的长方形证章。

第十条 学校校歌是《暨南大学校歌》，由龙吟作词，相西源作曲。

第十一条 学校校庆日为每年 11 月 16 日。

第二章 学校功能与教育形式

第十二条 学校以人才培养为根本任务，坚持立德树人，致力于培养具有学习能力、实践能力、创新创业能力的高素质复合型人才。学校建立健全质量保障体系，优先保障教育教学，保证人才培养质量。

第十三条 学校以实施全日制本科和研究生教育为主，根据社会需要，适当开展其他形式的教育。

学校依法自主确定和调整学历教育修业年限，实行学分制。

第十四条 学校依法自主设置学科专业，自主调整或撤销学士、硕士和博士学位授权学科、专业，自主制定学位授予标准，依法授予学位并颁发证书。

学校可向为社会发展和人类文明进步作出卓越贡献的杰出人士授予荣誉称号，依法授予国内外卓越学者或者著名社会活动家名誉博士学位。

第十五条 学校根据国家核定的办学规模、社会需要和办学条件自主制定招生方案，自主调节招生比例。

第十六条 学校根据国家规定，招收港澳台学生、华侨华人学生、外国留学生和中国内地的学生。

学校按照“因材施教、分类培养”的原则，对不同类别的受教育者提出不同的教育目标，实施不同的教育途径。

第十七条 学校组织和鼓励师生开展科学研究，建立科学的评价体系，推动学术进步、科技创新和成果转化，不断提高科研水平和创新能力。

第十八条 学校利用办学资源和办学优势，采取多种形式，主动对接国家和地方经济社会发展需求，加强与政府部门、科研院所、社会团体、行业组织、企事业单位及其他社会组织的沟通与合作，为国家和地方经济社会发展提供服务和支撑。

第十九条 学校根据办学宗旨和建设目标，将文化传承创新作为办学的重要使命，积极弘扬中华优秀传统文化，推进国际文化交流与合作，加强对学生特别是港澳台侨生及华人与留学生的中华传统文化教育，为提升国家文化软实力和中华文化国际影响力作出贡献。

第二十条 学校实施国际化发展战略，积极开展国际合作与交流，培养具有国际视野和竞争力的人才及教师队伍，提升教育国际化水平。

第三章 组织机构

第二十一条 党政联席会议是学校的最高决策机构，按照《暨南大学党政联席会议议事规则》，对学校发展的重大事项进行决策。党政联席会议由校长或受校长委托的校领导召集和主持，成员包括校长、党委书记、副校长、副书记、纪委书记、校长助理等。纪检监察部门主要负责人列席会议。

学校下列重大事项由党政联席会议集体决策：

（一）学校章程的制定和修订；

（二）学校基本管理制度的确定；

（三）学校发展战略、发展规划和重大改革方案的制定和调整；

（四）学校内部组织机构的设置与调整；

（五）学校年度工作计划、预算方案、招生计划；

（六）教学、科研、行政管理中的重大事项；

（七）师资培训和引进；

（八）人事变动、考核和奖惩；

（九）重大项目投资和大额资金使用；

（十）其他需要提交党政联席会议讨论决定的重大事项。

学校实行校务公开，校长向校教职工代表大会和校董事会报告工作。

第二十二条 学校实行校长负责制，建立校长领导、副校长分工负责、职能部门组织实施的工作机制。

第二十三条 中国共产党暨南大学委员会（以下简称学校党委）是学校的政治核心，按照《中国共产党章程》开展活动，保证党的路线、方针、政策在学校得以贯彻执行，保障学校各项工作顺利开展。

学校党委的主要职权和职责是：

（一）宣传和执行党的路线、方针、政策，宣传和执行党中央、上级组织和本级组织的决议，依法治校，团结依靠全校师生员工推进学校科学发展；

（二）领导学校的思想政治工作和德育工作、精神文明建设和校园文化建设，培养和践行社会主义核心价值观，维护学校稳定，构建和谐校园；

（三）参与讨论和决定学校的发展战略及学校改革与发展中的重大事项；

（四）按照干部管理权限，负责干部的选拔、任免、培养、考核、监督；

（五）领导学校各级党组织的思想建设、组织建设、作风建设、反腐倡廉和制度建设；

（六）领导学校工会、共青团、学生会、研究生会等群众组织和教职工代表大会、学生代表大会、研究生代表大会，对校内民主党派的基层组织实行政治领导；

（七）法律、法规规定的其他职权和职责。

学校党委由中共暨南大学党员代表大会选举产生，每届任期五年。学校党委对党员代表大会负责并报告工作。

学校党委设立常务委员会。常务委员会由学校党委全体委员会议选举产生，并报上一级党委（党组）批准。学校党委全体委员会议闭会期间，常务委员会履行全体委员会职责，对其负责并定期报告工作。常务委员会决策实行民主集中制，按照集体领导、民主集中、个别酝酿、会议决定的原则，由常务委员会委员集体讨论，作出决定。

第二十四条 中国共产党暨南大学纪律检查委员会（以下简称学校纪委）是学校的党内监督执纪机构，在学校党委和上级纪委的领导下，围绕学校中心工作，履行监督、执纪、问责职责，检查党的路线、方针、政策、决议及学校重大决策的执行情况，保障和促进学校各项事业健康发展。学校纪委由学校党员代表大会选举产生，任期与学校党委相同。

第二十五条 学校设立董事会。董事会是学校办学的重要组织机构，其职责是协助国务院侨务行政部门办好暨南大学，具体包括：联络海外侨胞、港澳台同胞和国内社会各界热心人士捐资助学，协助学校开展海内外教育合作与交流，审议学校发展规划和工作报告，为学校的改革和发展建言献策等。

第二十六条 校董事会由热心于华侨高等教育、关心和支持学校发展的上级领导、海内外社会知名人士和著名校友组成。设董事长一名，副董事长若干名，秘书长由暨南大学校长兼任。董事会董事的增补，由董事会提名，报国务院侨务行政部门批准。董事会全体会议原则上每年召开一次。董事会闭会期间，授权秘书长主持日常工作。董事会依据国家有关规定和其章程开展活动。

第二十七条 学校设立学术委员会。学术委员会是学校最高学术机构，统筹行使对学术事务的决策、审议、评定和咨询等职权。学校尊重并保障学术委员会独立行使学术权力。学术委员会依其章程组建，成员由校内各学科领域在国内外学术界有较高声望的专家学者组成，每届任期四年。其主要职责是：

（一）审议学校发展规划，包括学校中长期发展规划以及学科、教学、科研、队伍建设等规划；

（二）审议学校学科、专业、重要学术机构的设置，招生标准与办法以及其他学术发展的重大措施和项目；

（三）指导学位评定委员会、教学指导委员会、专业技术资格评审与聘任专家委员会等专门委员会和学院学术委员会的工作，包括明确专门委员会的职责和工作范围，审定专门委员会组织规程和学院学术委员会章程，审议专门委员会提交的重大问题等；

（四）审定学校教学科研的学术评价标准，专业技术职务聘任、岗位设置与考核的学术条件，学院（系）学术工作评估办法以及学术奖励制度等；

（五）审定学校学术道德规范，调查和裁决学术争议，调查和评定学术不端行为；

（六）组织开展学校学术发展战略和政策研究，为学校学术发展提供决策咨询与建议；

（七）其他需要学术委员会处理的重大事项。

第二十八条 学校依法设立学位评定委员会。学位评定委员会行使学位评定、授予等职权，其成员由学校主要负责人和教学科研人员组成，原则上在教授中遴选。校长兼任学位评定委员会主席。学位评定委员会主要职权是：

（一）审定学校学位授予规则和标准；

（二）审议申报硕士、博士学位授予学科、专业的设置和调整；

（三）作出批准授予学士、硕士、博士学位的决定，作出撤销已授学位的决定；

（四）审议研究生指导教师遴选标准和办法，作出撤销研究生指导教师资格的决定；

（五）审议授予名誉博士学位建议人员名单；

（六）处理授予学位的争议；

（七）其他需要学位评定委员会决策的重大事项。

学校根据需要设立学位评定分委员会。学位评定分委员会根据学校学位评定委员会授权和相关规定开展工作。

第二十九条 学校设立教学指导委员会。教学指导委员会是学校教学管理工作的咨询和决策机构，其成员由教师以及相关管理机构、学生代表组成。教学指导委员会主要职责是：

（一）审议人才培养与提高教学质量的重大政策与措施；

（二）审定研究生、本科生培养方案；

（三）审议专业建设规划，指导专业评估和教学评估；

（四）审定各类课程建设的标准，指导课程建设；

（五）审议各类教学奖的评选标准和办法，评审各类校级教学奖，推荐省级、国家级教学奖；

（六）审议关于教师岗位任职和教师岗位职称申报的教学工作规定以及教学职称系列设岗和评聘办法；

（七）审议与教学有关的经费预算及教学经费使用的方案；

（八）其他需要教学指导委员会处理的重大事项。

第三十条 学校设立专业技术资格评审与聘任专家委员会。专业技术资格评审与聘任专家委员会是学校专业技术职务聘任的决策机构，依照法律和有关规定负责专业技术职务聘任的相关工作。专业技术资格评审与聘任专家委员会成员由学校主要负责人和校内各学科领域专家学者组成。

第三十一条 学校根据需要设立专门委员会或组织。各专门委员会或组织根据校长授权履行职责。校长对各专门委员会或组织的决议有提请复议权。

第三十二条 学校设立教职工代表大会（以下简称教代会），教代会是教职工参与学校民主管理和监督的基本形式，依照法律和有关规定在学校权限内行使以下职权：

（一）听取学校章程草案的制定和修订情况报告，提出修改意见和建议；

（二）听取学校发展规划、教职工队伍建设、教育教学改革、校园建设以及其他重大改革和重大问题解决方案的报告，提出意见和建议；

（三）听取学校年度工作、财务工作报告以及其他专项工作报告，提出意见和建议；

（四）讨论通过学校提出的与教职工利益直接相关的福利、校内分配实施方案以及相应的教职工聘任、考核、奖惩办法；

（五）审议学校上一届（次）教职工代表大会提案的办理情况报告；

（六）按照有关工作规定参与评议学校领导干部；

（七）通过多种方式对学校工作提出意见和建议，监督学校章程、规章制度和决策的落实，提出整改意见和建议；

（八）讨论法律、法规、规章规定的以及学校与学校工会商定的其他事项。

教代会的意见和建议形成会议决议。

学校建立健全沟通机制，全面听取教代会提出的意见和建议，并合理吸收采纳；不予采纳的，需作出说明。

学校工会委员会为教代会的工作机构，负责教代会的日常工作。

学校建立二级教代会制度。

第三十三条 学校设立学生代表大会（以下简称学代会）和研究生代表大会（以下简称研代会）。学代会和研代会是学生行使民主权利和参与学校民主管理的基本形式，依照有关规定行使以下职权：

（一）审议学代会、研代会章程及修改草案；

（二）审议学生会、研究生会工作报告；

（三）讨论学校与学生权利有关的重大改革方

案和重要规章制度；

（四）讨论决定学生会、研究生会工作任务，审议通过学生会、研究生会工作计划；

（五）收集和处理学生代表关于学校工作的意见和建议；

（六）讨论和决定应由学代会、研代会决议的其他重大事项。

学生会、研究生会分别是学代会、研代会的工作机构，依据有关法律法规和自身章程独立开展工作。

第三十四条 学校支持校工会委员会、学生会、研究生会、共青团等群众组织按照各自章程开展活动，充分保障其参与学校管理与事务的合法权益。

第三十五条 学校支持校内民主党派基层组织、社会团体和无党派人士依据法律法规和各自章程规定开展活动，参与学校民主管理和监督。

第三十六条 学校根据精简、统一和效能的原则，自主确定内部组织机构的设置和人员配备。各内部组织机构根据学校规定履行管理、保障和服务等职责。

第三十七条 学校设立的具有独立法人资格的单位，依照法律和学校规定进行运营和管理。

第三十八条 学校实行校、院两级为主的管理体制。

学校根据人才培养和学科建设的需要设置若干学院，并根据发展需要适当予以调整。学院设置应有较宽的学科包容量，原则上应涵盖多个相近或相关的学科领域。

学院下可设系、所、中心等学术机构。

学院作为人才培养、科学研究、社会服务、文化传承创新的具体组织实施单位，在学校授权范围内实行自主管理。学校按照管理重心下移的原则，逐步扩大学院办学自主权，并定期对学院进行评估。

第三十九条 学院实行院长负责制。

学院党政联席会议对学院的重大事项进行决策。院长主持党政联席会议，参加人员为学院院长、党委书记、副院长、副书记等。

学院下列重大事项由党政联席会议集体决策：

（一）学院改革与发展目标、发展规划的制定；

（二）学科建设、专业设置；

（三）师资培训和引进；

（四）干部任用建议；

（五）人事变动、考核和奖惩；

（六）教学、科研、社会服务等活动的组织和实施；

（七）学生教育和管理；

（八）较大数额经费的收支；

（九）其他需要提交党政联席会议决策的事项。

学院实行院务公开，院长定期向本学院全体教职工或教职工代表大会报告工作。

学院院长人选通过民主推荐或学校组织公开招聘等方式产生，经学校组织部门考察、党委常委会批准，由校长聘任。

第四十条 中国共产党学院委员会（以下简称学院党委）是学院的政治核心，履行下列职责：

（一）保证监督党和国家的方针、政策及学校各项决定在本单位的贯彻执行；

（二）贯彻、执行学校党委的决议、决定和指示；

（三）参与讨论和决定本单位教学、科研、行政管理等工作中的重要事项，支持院长在其职责范围内独立负责地开展工作；

（四）加强党组织的思想、组织、作风建设，具体指导党总支部委员会的工作；

（五）领导本单位的思想政治工作和德育工作；

（六）按照干部管理权限做好本单位干部的任免、教育和管理工作；

（七）领导本单位工会、共青团、学生会等群众组织。

第四十一条 学院可根据教授治学原则和学校的学术管理规定，设立学术委员会、教授委员会、教学指导委员会等相关学术组织，在学校相关学术组织领导下，依其章程和有关规定开展工作。

第四十二条 独立建制的部、系、研究院、所、中心等教学科研机构，根据学校规定，享有与学院同等或相应的权利和义务，并参照学院的管理模式在学校授权范围内自主管理。

第四章 教职工

第四十三条 学校教职工由教师、其他专业技术人员、管理人员和工勤人员等组成。学校根据需要依据国家有关规定合理确定教职工总量和各类教职工比例。

第四十四条 学校对教职工实行下列任职制度：

（一）教师实行资格认证和专业技术职务聘任

制度；

（二）其他专业技术人员实行专业技术职务聘任制度；

（三）管理人员实行行政职务聘用制度；

（四）工勤人员实行劳动合同制度。

第四十五条 教职工享有下列权利：

（一）按工作职责和有关规定使用学校的公共资源；

（二）依法获取工资报酬，享受国家和学校规定的福利待遇；

（三）公平获得自身发展所需的工作机会和条件；

（四）在品德、能力和业绩等方面获得公正评价；

（五）公平获得与其贡献相称的各种奖励和荣誉称号；

（六）知悉学校改革、建设和发展及关涉切身利益的重大事项；

（七）参与学校民主管理和监督，对学校工作提出意见和建议；

（八）对职务聘任、福利待遇、评优评奖、纪律处分等事项提出异议或申诉；

（九）法律法规、学校规章制度或聘约规定的其他权利。

第四十六条 教职工履行下列义务：

（一）不得损害学校名誉，维护学校权益；

（二）自觉履行聘约或岗位职责，完成岗位聘任任务；

（三）尊重爱护学生，维护学生正当利益；

（四）遵守职业道德和学术规范；

（五）法律法规、学校规章制度或聘约规定的其他义务。

第四十七条 学校制定人事管理制度，对教职员工定期进行考核，考核结果作为对各类人员聘任、解聘、晋升和奖惩的依据。

第四十八条 学校尊重和爱护人才，维护学术民主与学术自由，为教师开展工作提供必要的条件和保障。学校设立荣誉奖项，对在教学科研工作中作出突出贡献者给予奖励。

第四十九条 学校关心教职工切身利益，依法建立教职工权利保护和救济机制，保障教职工合法权益。

第五十条 学校根据教学、科研等工作需要，可以采取其他用工形式。

第五章 学 生

第五十一条 学生是指学校依法录取，并取得学校入学资格，具有学籍的受教育者。

第五十二条 学生享有下列权利：

（一）参加学校教育教学计划安排的各项活动，使用学校提供的教育教学资源；

（二）按规定条件和程序选择专业，跨学科、学院选修课程；

（三）参加社会服务、勤工助学，在校内组织、参加学生团体及文娱体育等活动；

（四）申请奖助学金、助学贷款和其他形式的社会资助；

（五）在思想品德、学业成绩等方面获得公正评价，完成学校规定学业后获得相应的学历证书、学位证书；

（六）获得就业创业指导和职业生涯规划指导；

（七）对学校给予的处分或处理有异议，向学校、教育行政部门提出申诉，对学校、教职员工侵犯其人身权、财产权等合法权益，提出申诉或依法提起诉讼；

（八）参与民主管理，知悉学校改革发展及关涉切身利益的重大事项，对学校工作提出意见和建议；

（九）法律、法规和规章规定的其他权利。

第五十三条 学生履行下列义务：

（一）努力学习，完成学业；修德践行，完善人格；

（二）自觉遵守学校规章制度和学生行为规范；

（三）珍惜和维护学校名誉，维护学校利益；

（四）爱护并合理使用教育设备和生活设施；

（五）按规定交纳学费及有关费用，履行获得资助所承诺的相关义务；

（六）法律、法规和规章规定的其他义务。

第五十四条 学校建立和完善学生民主管理的组织形式，支持和保障学生依法参与学校民主管理。

第五十五条 学校建立、健全学生权利保护和救济机制，保障学生合法权益。

第五十六条 学校为学生成长成才提供必要的条件和保障，为在学习和生活中遇到特殊困难的学生提供必要的指导和帮助。

第五十七条 学校对取得突出成绩和为学校争得荣誉的学生集体或个人给予表彰或奖励；对

违法、违规、违纪学生给予批评教育或纪律处分。

第六章　资产、财务、后勤

第五十八条　学校资产为国有资产，包括用国家财政资金形成的资产、国家无偿调拨给学校的资产、按照国家政策规定运用国有资产组织收入形成的资产、接受捐赠等经法律确认为国家所有的其他资产；其表现形式为流动资产、固定资产、在建工程、无形资产和对外投资等。

第五十九条　学校按照国家相关政策和规定，建立“统一领导、归口管理、分级负责、责任到人”的国有资产管理制度，合理配置和有效利用资源，依法保护学校的资源不被侵占、破坏和流失。

第六十条　学校的经费来源包括财政补助收入、事业收入、附属单位上缴的收入、经营收入和其他收入。

学校积极拓展办学经费来源渠道，鼓励和支持校内各单位面向社会筹措教学、科学研究经费及各类奖助基金。

第六十一条　学校实行统一领导、集中核算、分级管理的财务管理体制，建立、健全财务预决算、内部控制管理、经济责任审计监督等财务管理制度，控制财务风险，保证资金运行安全和使用效益。

第六十二条　学校保护并合理利用校名、校誉等知识产权。

第六十三条　学校不断完善校园基本建设条件保障，注重保护校园文化环境与优秀历史建筑，建设有利于促进教学科研活动和便利师生生活的可持续发展校园。

第六十四条　学校不断完善后勤管理和服务体系，提高管理水平和服务质量，为学生和教职工的学习、工作和生活提供保障。

第七章　外部关系

第六十五条　举办者支持学校依照法律法规和本章程独立、自主办学。学校接受举办者的指导和监督。

第六十六条　举办者综合应用立法、拨款、规划、信息服务、政策指导、质量评估等手段，指导学校办学；任免学校主要负责人；对学校执行国家法律法规、依据章程自主办学等行为进行监督。

第六十七条　举办者依法保护学校的办学自主权不受任何非法干预，支持学校依法自主办学，为学校提供必备的办学条件，保障学校办学经费来源，维护学校合法利益和良好的办学环境、办学秩序，支持学校发展。

第六十八条　学校的分立、合并、终止以及变更名称，须经国务院侨务行政部门审批。

第六十九条　学校承担社会责任，主动接受社会监督和评价，依法实行信息公开制度，及时向社会发布办学信息。

第七十条　校友是指在暨南大学学习过的毕（结、肄）业生；在暨南大学工作过的教职工；暨南大学名誉教授、名誉博士、客座教授、兼职教授等。校友是学校的宝贵财富和重要资源。学校向对社会发展作出重大贡献的校友授予荣誉称号并设志纪念。

第七十一条　学校设立校友会，以多种方式联系和服务校友，积极创造条件，鼓励校友参与学校建设与发展，支持校友事业发展，增进校友与母校、校友与校友之间的感情。

校友会依照国家有关规定及其章程开展活动。学校鼓励和支持校友成立具有届别、行业、地域特点的校友分会。

第七十二条　学校依法设立教育发展基金会，吸引校友和社会捐赠，募集资金，增加办学资源。基金会遵循捐赠自愿的原则，坚持专款（物）专用、账目公开，充分发挥基金使用效能。

第八章　附　则

第七十三条　本章程经校教职工代表大会讨论，校党政联席会议审定，国务院侨务行政部门审核后，报国务院教育行政部门核准。

第七十四条　学校章程的修订，需由校长提出，或由学校党委1/3以上委员提议、学术委员会1/3以上委员提议、教代会1/5以上代表提议。章程修订案经校教职工代表大会讨论，校党政联席会议审定，国务院侨务行政部门审核后，报国务院教育行政部门核准。章程经核准后，学校重新发布。

第七十五条　本章程是学校依法办学和自主管理的基本准则，学校其他规章应依据本章程制定、修改，不得与本章程相抵触。

第七十六条　本章程由校党政联席会议负责解释。

第七十七条　本章程经核准，自发布之日起施行。

暨南大学学术委员会章程（修订）

暨发规〔2015〕9号

第一章　总　则

第一条　为发扬学术民主，加强学术权力，规范学术管理，建立和完善现代大学制度，根据《中华人民共和国高等教育法》《高等学校学术委员会规程》和《暨南大学章程》，特制定本章程。

第二条　学校学术委员会是学校最高学术机构，统筹行使对学术事务的决策、审议、评定和咨询等职权。

第三条　学校学术委员会遵循的根本理念是：坚守大学理想，维护学术自由，规范学术行为，促进学术繁荣。学校学术委员会工作的原则是：坚持公开、公正、公平，遵守学术规范，维护学术声誉，鼓励学术创新。

第二章　组织与机构

第四条　学校学术委员会在学院（部）设立学院（部）学术委员会，作为学院（部）学术事务的咨询、审议和决策机构。根据学校学科发展需要，在条件成熟的时候，将设置以学科群为单位的学部学术委员会，承担学校学术委员会委托的相应职责。

第五条　学校学术委员会设置以下专门委员会：教学指导委员会、专业技术资格评审与聘任专家委员会、学术道德委员会等。经学校学术委员会同意，可增设其他专门委员会。

第六条　学院（部）学术委员会和各专门委员会在学校学术委员会的领导下根据自身职能开展工作，将审议通过的事项报学校学术委员会备案，并向学校学术委员会报告年度工作。

第七条　学校学术委员会委员应具备以下条件：

（一）学术造诣深，学术声望高；

（二）学风端正，治学严谨；

（三）责任心强，办事公正；

（四）原则上在退休前能够完成一届学术委员会工作，能履行委员职责。

第八条　学校学术委员会下设秘书处作为日常办事机构，负责具体落实相关事务。学校学术委员会秘书处设在发展规划处。秘书处成员单位包括：发展规划处、科学技术研究处、社会科学研究处、教务处、研究生院、人力资源开发与管理处、学生处。

第三章　职　责

第九条　学校学术委员会履行以下职责：

（一）审议学校发展规划，包括学校中长期发展规划以及学科、教学、科研、队伍建设等规划；

（二）审议学校学科、专业、重要学术机构的设置，学位授予标准及细则，招生标准与办法以及其他学术发展的重大措施和项目；

（三）指导学校教学指导委员会、专业技术资格评审与聘任专家委员会、学术道德委员会等专门委员会和学院（部）学术委员会的工作，包括明确专门委员会的职责和工作范围，审定专门委员会组织规程和学院（部）学术委员会章程，审议专门委员会提交的重大问题等；

（四）审定学校教学科研的学术评价标准，审定专业技术职务聘任、岗位设置与考核的学术条件，审定学院（系）学术工作评估办法，审定学术奖励制度；

（五）审定学校学术道德规范，调查和裁决学术争议，调查和评定学术不端行为；

（六）组织开展学校学术发展战略和政策研究；

（七）其他需要学校学术委员会处理的重大事项。

第十条　专门委员会的基本职责是：讨论、审议与本专门委员会相关的学术事务。具体职责在专门委员会章程中规定。

第十一条　学院（部）学术委员会的基本职责是：审议本单位学科建设、人才培养、科学研究、队伍建设、学术交流、学术道德等学术事务。具体职责在学院（部）学术委员会章程中规定。

第四章　组成与产生

第十二条　学校学术委员会设主任1名，副主任若干名，秘书长1名（由委员兼任）。学校学术委员会实行定额席位制，每个学院（部）一般至少拥有1个学校学术委员会委员席位。学校学术委员会组成人数应为奇数。校级领导和职能部门负责人担任学校学术委员会委员人数不得超过委员总人数的25%，学院（部）党政负责人担任学校学术委员会委员人数不得超过委员总人数的25%。

第十三条 学校学术委员会委员分为三种：

（一）学院（部）民主推荐委员；

（二）校长推荐委员；

（三）列席学生委员。

第十四条 学院（部）民主推荐委员产生程序如下：

（一）组织教师报名。报名坚持自愿的原则，采用个人报名和单位推荐两种形式。

（二）学院（部）召开党政联席会议审核报名人的资格，符合条件者成为委员候选人。候选委员人数与正式委员人数差额比例不得低于20%。

（三）候选委员名单要进行公示，公示期为7个工作日。

（四）召开副高以上职称教师大会，进行无记名投票选举产生本学院（部）正式委员，当选委员得票票数要超过到会人数的半数。

（五）报学校党政联席会议审批，由校长聘任委员。

第十五条 校长按照学校学科发展布局与需要推荐委员，人数不得超过委员总数的20%。

第十六条 学校科学技术研究处、社会科学研究处协同研究生院、教务处，负责遴选在学术研究上有潜力的学生列席学校学术委员会的相关活动。列席学生委员任期一年，不可连任。

第十七条 学校学术委员会主任、副主任、秘书长由学校党政联席会议在正式委员中提出建议名单，经委员会全体委员无记名投票表决产生，得票超过出席委员总人数半数以上的方为有效，并报学校党政联席会议审批。

第十八条 学校学术委员会委员每届任期4年，与行政领导同期换届，委员可连选连任，最多不超过两届。每届新委员数原则上不少于委员总数的三分之一。

第十九条 学校学术委员会委员有下列情形之一的，不再担任委员：

（一）本人书面申请辞去委员职务的；

（二）工作调离且不方便继续担任工作的；

（三）连续2次无故缺席委员会会议的；

（四）违反本章程有关规定的；

（五）有学术不端行为的；

（六）因其他原因不能担任委员职务的。

出现委员缺额的，由学校学术委员会主任提出增补人选，经委员会全体委员讨论投票表决后确定，报学校党政联席会议审批。

第二十条 凡年满60周岁的现任委员，任期届满时，一般不再留任。在本学科领域享有较高威望的离任委员，经本人同意并经学校党政联席会议提名，经学校学术委员会投票表决后可聘为学校学术委员会顾问。

第二十一条 各专门委员会设主任1名、副主任若干名，组成人数应为奇数。各专门委员会主任由学校学术委员会委员担任，专门委员会委员由学院（部）学术委员会推选和校长推荐产生，经学校党政联席会议确定。其中，校长推荐名额不超过委员人数的三分之一。各专门委员会委员每届任期4年，与行政领导同期换届，委员可连选连任，最多不超过2届。每届新委员数原则上不少于委员总数的三分之一。相关校领导及职能部门负责人为委员人选，依职务替代原则更换。

第二十二条 学院（部）学术委员会委员实行定额席位制。各学院（部）学术委员会的定额席位结构由学院（部）党政联席会议根据学院系所、学科设置情况，在征询全体副高以上职称教师意见的基础上提出并确定。学院（部）学术委员会委员中学院（部）党政领导担任委员人数不得超过40%。

各学院（部）学术委员会由该学院（部）副高以上职称教师的5～11人奇数组成，由学院（部）全体副高以上职称教师选举产生。教职员工人数在50人以内的学院（部），学术委员会委员人数一般为5或7人；50人以上的，一般为9或11人。学院（部）学术委员会设主任1名，副主任1名。委员每届任期4年，与行政领导同期换届，可连选连任。

第五章　议事规则

第二十三条 学校学术委员会通过全体委员会议履行职责；特殊情况下，经主任提议，可以采用通信表决的方式履行职责。

第二十四条 学校学术委员会实行例会制度，每学年召开一次全体委员会议。学校学术委员会秘书处负责会议组织工作，秘书处须提前两周发放相关会议材料。根据工作需要，学校学术委员会主任可提议临时召开学校学术委员会全体委员会议。学校学术委员会委员一般不得无故缺席全体委员会议。因特殊原因不能出席的，须经学校学术委员会主任批准并在校学术委员会秘书处备案。连续两次未能出席者视为自动退出学校学术委员会。各专门委员会、学院（部）学术委员会会议根据工作职责和需要自行安排。

第二十五条 学校学术委员会会议由主任主持。主任不能出席会议的，应指定副主任代为主持。

第二十六条 学校学术委员会按照民主集中制的原则审议事项，议决事项采取少数服从多数的原则，以不记名方式进行表决，出席会议的委员可以投赞同票、反对票或者弃权票，出席会议的委员人数达到委员总数的三分之二方可进行投票表决，同意票不少于与会者三分之二的票数方为通过。列席学生委员有建议权，无投票权。

第二十七条 学校学术委员会在一次会议中遵循“一事不二议”的原则。有关当事人如对表决结果有异议，须在一周内向秘书处提出复议，征得不少于三分之一的委员同意，方可召开全体委员会议复议。经复议后作出的结论不再复议。

第二十八条 根据议题内容，可由学校学术委员会主任确定邀请相关人员列席。讨论与学生事务直接相关的议题，须邀请学生委员列席会议。

第二十九条 学校学术委员会审议有关事项时，职能部门负责人列席与本部门工作相关的会议，对相关事项说明情况，但不参加讨论。

第三十条 学校学术委员会会议实施回避制度。在审议与委员本人及其亲属有关的事项时，该委员须回避。

第三十一条 学校学术委员会实行年度报告制度，每年度对学校整体的学术水平、学科发展、人才培养质量等进行全面评价，提出意见、建议；对学术委员会的运行及履行职责的情况进行总结。学术委员会年度报告提交教职工代表大会审议，有关意见、建议的采纳情况，校长应当作出说明。

第六章　附　则

第三十二条 本章程的制定和修改须经学校学术委员会全体会议审议通过。

第三十三条 各专门委员会、学院（部）学术委员会章程不得与本章程相违背。

第三十四条 本章程自公布之日起施行。

第三十五条 本章程由学校学术委员会负责解释。

2015 年 6 月 23 日

暨南大学新聘教学科研人员管理暂行办法

暨人〔2015〕118 号

为贯彻实施“人才强校”战略，引进并培养一批符合学科发展方向、具有国际国内竞争力的优秀人才，造就一支可持续发展的高水平师资队伍，特制定本办法。

一、适用范围

本办法适用于自实施之日起新引进在校全职工作的教学科研单位的教研人员（以下简称新聘教师），采用准聘、长聘制的方式，实施合同管理。

二、招聘原则

学校鼓励各单位引进高层次人才和具有海外留学经历的博士、博士后人员。各学院、直属单位新聘教师中，各学科各类高层次人才、外籍教师、海外博士后、海外博士等比例应超过 2/3。

三、招聘条件

各学院、直属单位新聘教师的，应在学校基本应聘条件基础上，制定本单位相应岗位的招聘条件，报学校批准后执行。

（一）基本条件：

热爱高等教育事业，遵纪守法，具有良好的道德品质和团队合作精神、严谨的学术态度、强烈的事业心和责任感，服从聘用单位安排，认真履行岗位职责，满足岗位所需的专业、能力、技能条件和身心健康要求，具有较为突出的学术发展潜力和合作精神。

（二）讲师、助理研究员应聘条件：

1. 在相关学术领域已有明显业绩，具有成为学术骨干的潜质；

2. 学历、资历条件满足下列条件之一：

（1）海外知名大学或研究机构博士毕业生；

（2）学科排名前列的国内著名高校博士毕业生或博士后。

3. 提交应聘申请时，应聘者年龄一般不超过35周岁，特殊学科可适当放宽。

（三）副教授、副研究员应聘条件：

1. 在相关学术领域已有突出业绩，具有成为学术带头人的潜质；

2. 学历、资历条件满足下列条件之一：

（1）海外知名大学或研究机构助理教授及以上或优秀博士后；

（2）国内著名高校或研究机构具有副高级专业技术职务人员，业绩特别优异者可适当放宽。

3. 提交应聘申请时，理工医类学科应聘者年龄一般不超过38周岁，人文社会科学类、经管类学科应聘者年龄一般不超过40周岁。

（四）教授、研究员应聘条件：

1. 在相关学术领域已有突出业绩，可以成为某个学科方向的学术带头人；

2. 学历、资历条件满足下列条件之一：

（1）海外知名大学或研究机构副教授及以上，业绩特别优异者可适当放宽；

（2）国内著名高校或研究机构具有正高级专业技术职务人员，业绩特别优异者可适当放宽。

3. 提交应聘申请时，理工医类学科应聘者年龄一般不超过42周岁，人文社会科学类、经管类学科应聘者年龄一般不超过45周岁。

四、聘任管理

（一）准聘和长聘。

新聘教师均纳入准聘、长聘轨道。《暨南大学人才引进实施办法》（暨人〔2014〕34号）中第三层次及以上的高层次人才直接进入长聘轨道，按其合同约定进行聘任管理。

已获评副高及以上任职资格，并由学校发文聘任的新进人员，以及到校后需确认正高任职资格的新进人员，纳入准聘轨道，准聘期为3年，如准聘期考核合格，则可申请进入长聘轨道。

具中级职称的新进人员，通过学校绿色通道短期聘任副高及以上职称但未获评副高及以上任职资格的新进人员，以及到校后需确认副高及以上任职资格的新进人员，纳入准聘轨道，首聘期3年，准聘期一般不超过6年。如准聘期内经学校评审取得副高及以上任职资格，则可申请进入长聘轨道。

新进人员在准聘期内达到人才引进第三层次及以上层次条件的，可申请直接进入长聘轨道。

（二）聘用管理。

1. 新聘教师严格按合约管理。新聘人员、学院、学校签署三方工作协议，明确新聘人员的工作任务和各自的权利与义务。

2. 准聘期内，由所在学院（学科）按校内职工对其进行日常管理，参与所在单位的教学、科研与公共活动。

3. 学院、系、所须按学校有关规定和合同内容落实对新聘教师的教学、科研和综合能力的培养责任，优先提供参与学术交流和各种学术活动的机会，帮助申请校外科研课题，建立和保障基本科研环境与条件。

4. 新聘教师在准聘期内如违反学校有关规定，学校将解除与其签署的聘用合同。

5. 准聘期结束前3个月，受聘人递交总结报告，提出申请进入长聘轨道、延长聘期或不再续聘的要求。学院人才引进机构对新聘教师进行准聘期考评，提出是否长聘、续聘或终止聘用的意见，报学校审批。

（三）聘期考核。

1. 新聘教师须参加学校年度考核。年度考核随全校教师一起进行，每年一次。聘期内两次年度考核不合格的，终止聘用合同。

2. 三年准（首）聘期期满，由学校委托学院根据合同规定的岗位目标和任务进行考评，报学校审定。经考评，完成合同规定的目标任务，具备良好的教师素养和职业能力、有较好的学术潜力和学术表现，具备独立开展学术研究、独立承担国家研究项目能力者，可继续聘用。三年准（首）聘期考核不合格的，聘用合同终止。个别因学科发展等特殊原因，经学院提出申请、报学校研究批准后，可适当延长聘用期限，但最长不得超过1年。如一年后仍未达到合同目标任务要求，则终止聘用合同。

3. 中级职称人员如首聘期考核合格，或在首聘期内晋升副高级专业技术职务的可续聘，并与学校继续签订准聘期合同，进入下一个三年聘期。如准聘期（6年）结束时仍未能获得副高级及以上专业技术职务，则终止聘用合同。

（四）职称晋升。

1. 新聘教师依据职称管理相关规定由学校确认初始职称，准聘期内可参加学校职称评审。

2. 新聘教师到校第一年可不参加相关教学工作（公共课教师除外），在职称评审和岗位考核中可减免第一年的课时工作量。

五、聘期目标和任务

各单位需根据学校制定的聘期任务（见附

件），结合自身实际制定新聘教师聘期目标和任务，分别在教学时数、项目层次及经费、教学科研成果等方面提出明确要求，人才引进第四、五层次的任务要求应高于普通层次的要求，报学校审批后执行。

六、聘期待遇

（一）新聘教师首聘期内的工资均增加新聘人员津贴，列入第四、第五层次人员在年薪制的基础上，直接增加6万元/年；列入第六层次人才引进的人员，在学校同岗同级别事业编制人员工资待遇的基础上，根据学校认定的职称中级增加2万元/年，副高增加3万元/年，正高增加4万元/年。学院可根据本学科情况，在学校提供的工资待遇基础上提供配套支持。首聘期结束考核合格后，按学校同岗同级别人员享受待遇。

（二）享受子女入托、中小学入学等方面的待遇，并可申请享受租房补贴。

（三）满足《暨南大学优秀青年教师支持计划实施办法》中有关条件的35岁以下新聘副高人员及32岁以下新聘中级人员，到校后可申请享受“暨南大学优秀青年教师支持计划”岗位津贴。

本办法自2015年9月开始施行，由人力资源开发与管理处负责解释。学校已有文件中与本办法不一致的，以本办法为准。

附件：新聘教师三年聘期目标及任务基本条件

2015年8月18日

新聘教师三年聘期目标及任务基本条件

各单位可根据学校制定的基本条件，结合自身实际制定新聘教师聘期目标和任务，分别在教学时数、项目层次及经费、教学科研成果等方面提出明确要求，人才引进第四、五层次的任务要求应高于普通层次的要求，报学校审批后执行。

中级聘期目标和任务：

在聘期内完成下列工作：

一、教学：教学科研岗位人员承担本科生教学任务，每学年至少为本科生或研究生讲授1门课程。

二、教学科研工作同时满足以下条件：

1. 项目：理工医类主持国家级项目（国家自然科学基金为青年基金及以上）1项，文经管类主持省部级及以上项目一项。

2. 满足下列条件之一：

（1）论文：以第一作者或通讯作者文经管类发表A3类及以上期刊1篇（获奖成果和应用类成果可参照相关标准折算论文），理工医类发表A2类及以上期刊2篇。各学科可根据学科情况进行调整。

（2）专利：以第一完成人授权专利发明1项，且至少1项发生实质转化≥20万元/项。

（3）国家标准：颁布实施国家标准1项（暨南大学为第一起草单位，个人排名前三）。

（4）人才工程：获批厅局级及以上人才工程1项。

（5）负责校级及以上教学质量工程建设项目，或获得校长奖，或省级及以上教学奖励排名前三。

副高聘期目标和任务：

在聘期内完成下列工作：

一、教学：教学科研岗位人员承担本科生教学任务，每学年至少为本科生或研究生讲授1门课程。

二、教学科研工作同时满足以下条件：

1. 项目：理工医类主持国家级项目（国家自然科学基金为面上及以上项目）1项，文经管类主持国家级项目1项。

2. 满足下列条件之一：

（1）论文：以第一作者或通讯作者文经管类发表A3类及以上期刊2篇（获奖成果和应用类成果可参照相关标准折算论文），理工医类发表A1类期刊2篇。

（2）专利：以第一完成人授权专利发明2项，且至少1项发生实质转化≥30万元/项。

（3）国家标准：颁布实施国家标准1项（暨南大学为第一起草单位，个人排名前二）。

（4）获奖：文经管类获得省部级三等奖及以上奖励1项（排名第一），理工医类获得省部级及以上奖励1项（排名第一）、国家级奖励（排名前三）。

（5）人才工程：获批省部级及以上人才工程1项。

（6）主持省级及以上教学质量工程建设项目，或获得校长奖，或省级及以上教学奖励排名前二（教学成果奖排名前三）。

正高聘期目标和任务：

在聘期内完成下列工作：

一、教学：教学科研岗位人员承担本科生教学任务，每学年至少为本科生或研究生讲授1门课程。

二、教学科研工作同时满足以下条件：

1. 项目：主持国家级项目（国家自然科学基金为面上及以上项目）1项，或理工类年均科研经费不少于50万元，文经管类年均科研经费不少于30万元。

2. 满足下列条件之一：

（1）论文：以第一作者或通讯作者文经管类发表A1类论文1篇或者A2、A3类期刊各1篇（应用类成果可参照相关标准折算论文），理工医类发表A1类及以上期刊3篇。各学科可根据学科情况进行调整。

（2）专利：以第一完成人授权专利发明3项（暨南大学为完成单位），且至少1项发生实质转化≥50万元/项。

（3）国家标准：以第一起草人颁布实施国家标准2项（暨南大学为第一起草单位）。

（4）获奖：文经管类获得省部级三等奖及以上奖励1项（排名第一），理工医类获得省部级二等奖及以上奖励1项（排名第一）、国家级奖（排名前二）。

（5）人才工程：获批国家级人才工程1项。

（6）主持省级及以上教学质量工程建设项目，或获得校长奖，或省级及以上教学奖励排名第一（教学成果奖排名前二）。

暨南大学本科内招学生转专业实施办法（试行）

暨教〔2015〕25号

为了充分发挥综合性大学学科专业优势，更好地满足本科学生修读专业的需求，激发学生的学习积极性，促进我校人才培养更好地适应社会经济发展，特制定本办法。

第一条 转专业工作应符合学校的办学条件，有利于专业建设，有利于人才培养。

第二条 转专业工作必须坚持公开、公平、公正的原则，操作规范。

第三条 新生入学后，一般应在被录取的专业完成学业。有下列情况之一者，可申请转专业：

1. 对申请转入专业确有特长和兴趣，转入专业更能发挥其专长。

2. 患病或有其他特殊困难，在当前就读专业无法继续学习。

3. 学校根据社会人才需求情况进行了专业调整，调整后学生所读专业被替换或取消。

第四条 学生应提前了解不同专业培养方案之间的差异，以及转专业可能导致延迟毕业等情况。一旦提出转专业申请，即视为学生认可并接受学校转专业的所有要求和程序，以及学校教务部门的解释。

第五条 申请转专业应具备以下基本条件：

1. 暨南大学全日制本科在校学生。

2. 在校学习满一学期，且取得学籍未超过两学年。

3. 已按当前就读专业的人才培养方案的进度修读所有规定的必修课程，并按规定进度取得了所有通识教育必修课程的学分。

第六条 有下列情况之一者，不允许转专业：

1. 正在休学的。

2. 招生时已有明确规定不能转专业的，含定向、艺术、体育等类学生。

3. 招生时有特殊要求，被提前批次录取专业录取的。

4. 受学校处分且处分尚未解除的。

5. 在校期间已转过一次专业的。

6. 身体条件不符合转入专业要求的。

7. 其他不符合转专业要求及规定条件的。

第七条　申请转专业的绩点排名要求：

1. 平均学分绩点在当前就读专业同年入学学生排名前10%（含）的学生，可申请跨校区转专业或本校区内转专业。

2. 平均学分绩点在当前就读专业同年入学学生排名10%（不含）~30%（含）的学生，原则上只能申请本校区内转专业。

3. 平均学分绩点未达当前就读专业同年入学学生排名前30%的学生，一般不允许转专业；如确有特长或其他特殊原因，原则上只能申请本校区内转专业。

第八条　学院负责转专业学生的资格审查、考核等工作，教务处负责指导和审核。转专业申请及接收工作安排在春季学期进行，每学年一次。在规定时间之外，不接受转专业申请。

第九条　各学院须按学校要求报送转专业工作小组成员名单、接收条件、考核规则和计划接收人数。计划接收人数一般应控制在各专业当年新生报到人数的10%~30%，如突破此比例，须经教务处审批。

第十条　教务处发布当学年转专业工作通知。学生应仔细了解各学院专业的接收条件和考核办法，在规定时间内填写转专业申请表，提交相关材料至当前所在学院，逾期不予受理。

第十一条　学生当前所在学院审核转专业申请资格，汇总后报教务处；教务处将转专业申请表和材料转至转入学院。

第十二条　学院组织申请转入的学生参加考核，择优录取，并将拟接收转入学生名单及材料在规定时间内报教务处。接收转专业学生人数由各学院根据当年考核情况和专业情况确定，如需调整比例，须经教务处审批。

第十三条　各学院接收跨校区转专业的学生人数原则上不超过转入专业当年新生报到人数的10%。

第十四条　学生确有特长或其他特殊原因，必须提供充分的依据和证明材料，经转入学院全面考核，及学校严格审批，在条件许可的情况下，予以考虑。

第十五条　教务处对各学院提交的拟接收转专业学生名单及材料进行审核，并报学校审批。

第十六条　学校对初步确定的转专业学生名单进行公示，无异议后公布最终转专业学生名单。

第十七条　跨校区转专业的学生在公示期内须提交由宿舍主管部门提供的宿舍安排意见。

第十八条　学生在新学期到转入专业注册和选课，并填写《转专业学生课程及学分认定申请表》。

第十九条　转专业学生的课程及学分认定工作由转入学院负责组织，各学院要在学生转入后当学期内完成该项工作，并将认定结果报备教务处。

第二十条　转专业学生在原专业所修读的全部课程及学分经认定后，将作为转入专业毕业审核的依据。

第二十一条　转专业须由学生本人提出，学生在校期间最多有两次申请转专业的机会，分别在入学后第一、二学年春季学期；一次只能申请一个专业，不允许填报多个专业。

第二十二条　转专业申请在未得到正式批准前，学生应按当前就读专业人才培养方案继续学习。

第二十三条　转专业申请得到正式批准后，学生从新学期开始按转入专业的学费标准缴费。

第二十四条　跨校区转专业是指学生原专业和申请专业不在同一校区，原专业所属校区以学生入学当年学校公布的该专业所属校区为准。

第二十五条　每学年转专业的程序和时间安排，由教务处另行通知。

第二十六条　本办法从2015年4月27日起执行。其他有关规定与本办法不符的，以本办法为准。

第二十七条　本办法由学校教务处负责解释。

2015年4月30日

· 暨南大学概况 ·

暨南大学是中国第一所由政府创办的华侨学府，是国务院侨务办公室、教育部、广东省共建的“211 工程”重点综合性大学，直属国务院侨务办公室领导。

学校校名中的“暨南”二字出自《尚书·禹贡》：“东渐于海，西被于流沙，朔南暨，声教讫于四海。”意即面向南洋，将中华文化远播到五洲四海。

学校的前身是1906 年清政府创立于南京的暨南学堂。后迁至上海，1927 年更名为国立暨南大学。抗日战争期间，迁址福建建阳。1946 年迁回上海，1949 年 8 月合并于复旦大学、交通大学等高校。新中国成立后，暨南大学于 1958 年在广州重建，“文革”期间一度停办，1978 年在广州复办。改革开放后，学校快速发展。1996 年 6 月，暨南大学成为全国面向 21 世纪重点建设的大学。2011 年 4 月，国务院侨务办公室、教育部、广东省政府签署共建暨南大学协议。2015 年 6 月，学校入选广东省高水平大学重点建设高校。

素有“华侨最高学府”之称的暨南大学，恪守“忠信笃敬”之校训，注重以中华民族优秀的传统道德文化培养造就人才。学校积极贯彻“面向海外，面向港澳台”的办学方针，建校至今，共培养了来自世界五大洲 160 个国家和港澳台地区的各类人才近 30 万人，堪称桃李满天下。

作为中国历史最悠久的大学之一，暨南大学在中国高等教育史上创下多个第一：第一所由国家创办的华侨高等学府，校名一直沿用的百年名校之一，全国首批试行学分制的高校，最早在综合性大学里开办医学院的大学，最早设立华侨华人问题研究机构的大学，最早创设商科的大学……

目前，学校学科齐全，文理工医兼备，涵盖除军事学、农学外的所有学科门类，设有 28 个学院和研究生院，有 62 个系；有本科专业 89 个，硕士学位授权一级学科点 38 个，博士学位授权一级学科点 15 个，专业学位授权类别 24 种；有博士后流动站 16 个，博士后科研工作站 1 个。

近年来，在师生的努力下，学校学科建设和实力明显提升。目前，学校有国家二级重点学科 4 个、国务院侨办重点学科 8 个、广东省一级学科重点学科 20 个、广东省二级学科重点学科 4 个。学校的工程学、化学、临床医学、药理与毒理学 4 个学科进入 ESI 世界排名前 1% 。2013 年 1 月教育部公布的全国高校学科评估排名中，我校 7 个一级学科上榜，其中应用经济学、新闻传播学、中药学并列全国第五，中国语言文学、统计学并列全国第八，基础医学列第十一，光学工程列第十四。

学校师资力量雄厚，结构优化，有专任教师 1 960人，其中中国科学院院士 2 人，中国工程院院士 6 人，“长江学者” 8 人，“千人计划”专家 8 人，国家杰出青年基金获得者 14 人，教授 541 人，副教授 731 人，博士生导师 570 人，硕士生导师 1 255 人。

学校的办学影响日益扩大，面向全国 31 个省（市、自治区）招生，已经成为海外华裔及港澳台地区学生报考深造首选的热门高校和国内规模最大的港澳台侨高素质人才培养基地。学校构建了“因材施教、分类培养”的教学体系，致力于将国内学生和港澳台侨学生两类学生都培养成才。学校有国家级特色专业 8 个，“卓越教育”国家级培养项目 3 个，国家级综合改革试点项目 12 项，国家级精品类课程 19 门，国家级实验教学示范中心 2 个，是国家大学生文化素质教育基地、国家对外汉语教学基地、国务院侨办华文教育基地。

截至 2015 年 9 月，在校各类学生 49 432 人，其中全日制本科生 23 759 人，研究生 9 724 人

(博士生 1 368 人、硕士生 8 356 人)。在校的华侨、港澳台和外国留学生 12 219 人，高居全国第一。学校校园文化丰富多彩，社团活动精彩纷呈，创新创业氛围浓厚。学生在“挑战杯”、全国大运会等多种国内外文体艺等赛事中屡创佳绩，“暨南双星”苏炳添、莫有雪在北京田径世锦赛上以中国速度为国争光，令国人振奋。暨南大学毕业生深受海内外用人单位好评，就业率一直位居同类院校前列。

学校科研实力逐步增强，现设有国家工程中心 2 个，教育部人文社会科学重点研究基地 1 个，部、省级重点实验室 20 个，部、省级工程中心 14 个，广东省人文社科重点研究基地 8 个，国际联合实验室 10 个。科研成果硕果累累，学校近年获得国家科技进步奖、国家技术发明奖各 1 项，国际科技合作奖 1 项，国家自然科学基金项目立项数、SCI 等权威索引收录的国际论文数量持续增长；2011—2014 年，学校共获批国家社会科学基金重大项目 10 项、教育部重大攻关项目 2 项，获得第六届全国高校人文社科优秀成果奖 10 项，在《中国社会科学》杂志发表论文 7 篇。

学校积极开展国际交流合作，国际化特色突出，已同世界五大洲 50 个国家和港澳台地区的 271 家高等院校和文化、科研机构签订了学术交流合作协议。学校是中国政府奖学金来华留学招生院校，在全球 50 多个国家设立 90 多个招生报名点，设有全英语授课的国际学院，在校外国留学生 2 442 人，其中本科生 1 528 人、研究生 152 人。

学校学风浓郁，人才辈出，校友遍布世界各地，“有海水的地方，就有暨南人”，尤以香港、澳门等地较为集中。前国务院副总理吴学谦、李岚清，著名侨领、新加坡大学首任校长李光前，前泰国议会主席、副总理许敦茂，中国两院院士谭其骧、邓锡铭、侯芙生、曾毅，烈士江上青、陈镇和（华侨）、符保卢、符克（华侨），以及近年来内地和港澳台地区许多政府、工商及文教界知名人士均是暨南大学不同时期的杰出校友。

学校在广州、深圳、珠海三地设有五个校区，校本部在广州市石牌。校园占地总面积 210.70 万平方米，校舍建筑面积 131.31 万平方米，学生宿舍面积 34.68 万平方米。学校图书馆藏书 362.6 万册。学校设有 19 所附属医院，其中三甲医院 7 所。

21 世纪是中华民族实现伟大复兴的世纪，肩负着为海外华侨华人和港澳台地区培养人才光荣使命的暨南大学更加任重道远。在新的世纪，全体暨南人将继续坚持“面向海外、面向港澳台”的办学方针，弘扬“忠信笃敬、知行合一、自强不息、和而不同”的暨南精神，坚持“质量是生命、创新是灵魂”的办学理念，与时俱进，开拓创新，大力实施“侨校 + 名校”的发展战略，为建设国内一流、国际知名的高水平大学而努力奋斗。

（党政办公室供稿）

· 机构与干部 ·

暨南大学校级领导干部名单

校长、党委副书记
胡　军
党委书记、副校长
蒋述卓（2015. 11 免）
林如鹏（2015. 11 任）
党委副书记、纪委书记、副校长
叶　勤（2015. 11 免）
副校长
周天鸿
副校长
刘洁生
副校长
宋献中
副校长
饶　敏
副校长
张荣华
副校长
叶文才
党委副书记、纪委书记
夏　泉（2015. 11 任）
副校长
洪　岸（2015. 11 任）
副校长
张　宏（2015. 11 任）

校长助理
王志伟

中共暨南大学第九届委员会委员名单
（按姓氏笔画排序）

王力东　王志伟　区向丽　卢　远　叶　勤　刘洁生　杜金岷　李世云　李弘剑　李兴昌　李招忠
邱向欢　宋献中　张安国　张　宏　张国林　张荣华　张渊明　陈为刚　林如鹏　周长忍　郑文杰
胡　军　查振刚　饶　敏　夏　泉　蒋述卓

中共暨南大学第九届纪律检查委员会委员名单
（按姓氏笔画排序）

卢　远　叶　勤　刘远忠　李伯侨　李华东　李　霆　杨广生　陈　斌　林晓灵　欧传峰　罗良平
侯宏伟　程炎明

暨南大学第七届学术委员会名单

主　任

胡　军

副主任

蒋述卓　刘洁生　林如鹏

委　员（按姓氏笔画排序）

王玉强　王列耀　王志伟　王国庆　王　聪　叶文才　叶　勤　朱卫平　刘人怀　刘少波　刘　明
刘金山　刘洁生　刘增合　关柏鸥　苏国辉　杜金岷　李　卫　李扬秋　李伯侨　杨雪松　何庆瑜
宋献中　张晓辉　张耀辉　陆大祥　陈志平　陈志南　陈星旦　陈奕平　范以锦　林如鹏　周天鸿
郑文杰　赵国平　胡　军　宫　齐　洪　岸　姚新生　莫测辉　钱清泉　徐安定　郭　熙　曹云华
章　牧　彭青玉　蒋述卓　韩博平　覃成林　程国赋　蔡冬青

秘书长

杜金岷（兼）　洪　岸（兼）

暨南大学第十届学位评定委员会名单

主　席

胡　军

副主席

蒋述卓　林如鹏

委　员（按姓氏笔画排序）

马宏伟　王列耀　王志伟　叶文才　刘人怀　刘少波　刘洁生　纪宗安　李从东　宋献中　张　宏
陆大祥　罗焕敏　周天鸿　周长忍　郑文杰　姚国祥　姚新生　郭　熙　黄　力　曹云华　韩兆洲

学校行政党群机构负责人名单

党政办公室
主　任：王力东（2015.7免）　孙　彧（2015.7任）

教务处
处　长：张　宏（2015.7免）　马宏伟（2015.7任）

研究生院
院　长：林如鹏（兼）

执行院长：郑文杰（2015.7免）　张　宏（2015.7任）

党委研究生工作部部长：卢　远

发展规划处
处　长：杜金岷

评估中心
主　任：甘焕英（2015.1免）

副主任（主持工作）：张桂国（兼，2015.1任，2015.7免）

高等教育研究中心
主　任：张桂国（2015.7免）

高教研究与评估中心
主　任：张桂国（2015.7任）

人力资源开发与管理处
处　长：张荣华（兼，2015.7免）　王　兵（2015.7任）

财务与国有资产管理处
处　长：陈为刚（2015.7免）　丁友刚（2015.7任）

审计处
处　长：李华东

科学技术研究处
处　长：洪　岸（兼）

社会科学研究处
副处长（主持工作）：潘启亮（2015.7免）

处　长：潘启亮（2015.7任）

学生处 / 学生工作部
处长 / 部长：区向丽

国际交流合作处 / 港澳台侨事务办公室
处长 / 主任：蒲若茜

实验室与设备管理处
处　长：徐石海

招生办公室
主　任：黄跃雄

总务后勤管理处
处　长：李兴昌（2015.3免）

副处长（主持工作）：黄沿忠（2015.3任，2015.7免）

处　长：黄沿忠（2015.7任）

党总支书记：廖剑辉（2015.7免）　何　雯（2015.7任）

基建处

处　长：姜煜东（2015.1免）

副处长（主持工作）：李海云（2015.1任，2015.7免）

处　长：李海云（2015.7任）

保卫处/政治保卫部

处长/部长：杨广生

离退休工作处

处　长：黄晓明（2015.7免）　周　敏（2015.7任）

党委书记：周　敏（2015.7免）　朱家明（2015.7任）

学生就业指导中心

主　任：何清文

对外联络处

处　长：梁　燕（2015.7任）

组织部/机关党委

部长/党委书记：夏　泉（兼）

宣传部/新闻中心

副部长（主持工作）/副主任（主持工作）：卢健民（2015.7免）　麦尚文（2015.7任）

统战部

部　长：李招忠（2015.7免）　庄汉文（2015.7任）

纪检与监察办公室

副书记/主任：欧传峰

校团委

书　记：成品兴

工会委员会

主　席：饶　敏（兼）

副主席：程炎明（2015.7免）　龚红月（2015.7免）

常务副主席：侯宏伟（2015.7任）

直属单位负责人名单

图书馆

馆　长：朱丽娜（2015.7免）　史小军（2015.7任）

网络与教育技术中心

副主任（主持工作）：张焕明（2015.7免）

主　任：张焕明（2015.7任）

实验技术中心

主　任：尹平河

学报编辑部

主　编：刘　颖（2015.9免）

副主编（主持工作）：孙升云（2015.9任）

体育部

主　任：李淑芬（2015.7免）

副主任（主持工作）：徐　泽（2015. 7 任，2015. 10 免）
党总支书记：李淑芬（2015. 7 任，2015. 10 免）

社会科学部

主　任：程京武
党总支副书记（主持工作）：柏元海（2015. 7 免）
党总支书记：柏元海（2015. 7 任）

医学部

主　任：陆大祥（兼，2015. 1 免）　叶文才（兼，2015. 1 任）
副主任：罗焕敏（兼）　黄　力（兼）　陈　剑

心理健康教育中心

主　任：张将星

资产经营有限公司

董事长：陈为刚
总经理：徐义雄
党委书记：徐义雄（兼，2015. 7 免）
党委副书记（主持工作）：林明亮（2015. 7 任）

广州暨南大学出版社有限责任公司

社　长：徐义雄（兼）
总编辑：史小军（2015. 7 免）
副总编辑（主持工作）：晏礼庆（2015. 7 任）
党总支书记：胡跃生（2015. 7 免）　黄圣英（2015. 7 任）

信息技术研究所

所　长：刘　明
党委书记：张巧专（2015. 7 免）
党委副书记（主持工作）：刘远忠（2015. 7 任）

产业经济研究院

院　长：朱卫平（2015. 7 免）　顾乃华（2015. 7 任）

光子技术研究所

所　长：关柏鸥

粤港澳中枢神经再生研究院

院　长：苏国辉

生物医学转化研究院

院　长：尹芝南

大气环境安全与污染控制研究所

所　长：周　振

校区、学院、系、所、中心负责人名单

文学院

院　长：王列耀（2015. 7 免）　程国赋（2015. 7 任）
党委书记：邱向欢

中国语言文学系 / 中国语言文学研究所

系主任 / 所长：苏桂宁

党总支书记：倪列怀

历史学系

系主任：刘增合

中国文化史籍研究所

所　长：刘正刚

中外关系研究所

所　长：马建春

历史学系与古籍所联合党总支

党总支书记：周正庆

学生党总支

党总支书记：李瑞金（兼）

新闻与传播学院

院　长：范以锦

执行院长：支庭荣

党委书记：杨先顺

新闻学系

系主任：林爱珺

广告学系

系主任：星　亮

广播电视学系

系主任：申启武

外国语学院

院　长：宫　齐

党委书记：古伟芳

英语语言文学系

系主任：王全智（2015. 12 免）　汤　琼（2015. 12 任）

商务英语系

系主任：戴灿宇（2015. 12 免）　梁瑞清（2015. 12 任）

日语系

系主任：罗晓红

法语语言文学系

系主任：马利红

大学英语教学部

主任：胡慕辉

第一党总支

党总支副书记（主持工作）：巫剑锋（2015. 7 免）　饶　红（2015. 7 任）

第二党总支

党总支书记：胡慕辉（兼）

国际学院

院　长：唐书泽（2015. 7 免）　王立伟（2015. 7 任）

党总支副书记（主持工作）：邓永忠（2015. 7 免）

党委书记：邓永忠（2015. 7 任）

理工学院

院　长：马宏伟（2015.7 免）　陈振强（2015.7 任）
党委书记：周长忍（2015.7 免）　张国林（2015.7 任）

力学与土木工程系

系主任：王　璠
党总支副书记（主持工作）：黄　睿（兼）

食品科学与工程系

系主任：吴希阳（2015.11 免）　白卫滨（2015.11 任）
党总支书记：晏日安

光电工程系 / 电力电子研究所 / 光电工程研究所

系主任 / 所长：陈　哲（2015.11 免）　狄红卫（2015.11 任）
党总支副书记：幸江涛

物理学系

系主任：刘彭义（2015.11 免）　麦文杰（2015.11 任）
党总支书记：唐振方

应用力学研究所

所　长：刘人怀

材料科学与工程系

系主任：罗丙红（2015.11 免）　屠　美（2015.11 任）
党总支书记：容建华

环境学院

院　长：曾永平
党总支副书记（主持工作）：莫测辉（2015.7 免）
党委书记：莫测辉（2015.7 任）

信息科学技术学院

副院长（主持工作）：翁　健（2015.7 免）
执行院长：翁　健（2015.7 任）
党委书记：张国林（2015.7 免）　卢健民（2015.7 任）

电子工程系

系主任：黄君凯
党总支书记：郑力明（兼）

数学系

系主任：赵逸才（兼）
党总支书记：高凌云

计算机科学系

系主任：周继鹏
党总支副书记（主持工作）：肖东胜

计算中心

主　任：全渝娟

生命科学技术学院

院　长：陈志南
执行院长：何庆瑜

党委书记：李弘剑

生物工程学系

系主任：闫道广

党总支副书记（负责工作）：程龙球

化学系

系主任：刘春元

党总支副书记：查海燕

生物医学工程系

系主任：薛　巍

党总支副书记：郭海卿

生态学系/水生生物研究所

系主任/所长：韩博平

党总支副书记：钟丽英

免疫生物学系

副系主任：邢飞跃

发育与再生生物学系

系主任：蔡冬青

细胞生物学系（生物医药研究院）

院　长：陈志南（兼）

系主任（执行院长）：洪　岸（兼）

赤潮与海洋生物学研究中心

主　任：吕颂辉

生化与分子生物学系（生命与健康工程研究院）

系主任（院长）：何庆瑜（兼）

经济学院

院　长：刘少波

党委书记：谭其学（2015. 1 免）　张　志（2015. 7 任）

党委副书记（主持工作）：张　志（2015. 1 任）

国际经济与贸易系

系主任：陈红蕾

党总支副书记（主持工作）：张小康

经济学系

系主任：王　兵（2015. 12 免）　王春超（2015. 12 任）

党总支书记：李郁芳

金融学系

系主任：王　聪（2015. 12 免）　蒋　海（2015. 12 任）

党总支副书记（负责工作）：李共先

金融研究所

所　长：刘少波（兼）

统计学系

系主任：郑少智

党总支书记：柳向东

财税系

系主任：沈肇章

党总支书记：高艳荣

特区港澳经济研究所

所　长：陈　恩（2015.12免）　钟　韵（2015.12任）

法学院/知识产权学院

院　长：朱义坤

党委书记：谢　恬（2015.7免）　刘　颖（2015.7任）

法律学系

系主任：乔素玲

知识产权系

副系主任（主持工作）：赵克祥

学生党总支

学生党总支书记：侯　蕾（2015.7任）

国际关系学院/华侨华人研究院

院　长：曹云华（2015.7免）　张振江（2015.7任）

党委书记：陈　斌

教育部人文社会科学重点研究基地

执行主任：曹云华（兼，2015.11免）

主　任：张振江（兼，2015.11任）

东南亚研究所

所　长：邓应文（2015.11免）　庄礼伟（2015.11任）

国际政治学系

系主任：李皖南

管理学院

执行院长：谭　跃（2015.5免）

党委书记：张耀辉

企业管理系/人力资源研究所

系主任/所长：易余胤

会计学系

系主任：丁友刚（兼）

市场学系

系主任：杨德锋

旅游管理系

系主任：王　华

系统工程研究所

所　长：林福永

教工党总支

党总支书记：翁作敏（兼）

研究生第一党总支

党总支书记：徐咏梅

研究生第二党总支

党总支书记：丁友刚（兼）

本科生党总支
党总支书记：孙　彧（兼）

公共管理学院/应急管理学院
院　长：蔡立辉
党委副书记（主持工作）：庄汉文（2015.7免）
党委书记：谢　恬（2015.7任）
行政管理系
系主任：胡辉华
应急管理系
系主任：卢文刚

医学院
执行院长：罗焕敏
党委书记：陈利国
临床医学系
系主任：杨雪松
党总支副书记：黄晓霞
中医学系
系主任：赵国平
党总支副书记（主持工作）：陈　席（兼）
口腔医学系
系主任：黄世光
护理学系
系主任：李泽楷
应急医学系/应急医学研究所
系主任/所长：柏志全（兼）
脑科学研究所
所　长：陆大祥
《中国病理生理学杂志》编辑部
主　任：胡巢凤
机关党总支
党总支书记：马　洁（兼）
基础党总支
党总支书记：陈卓松

药学院
院　长：叶文才（兼）
党委书记：李　霆
中药学系
系主任：于荣敏
中药及天然药物研究所
所　长：姚新生
药学系
系主任：于　沛

海洋药物研究中心
主　任：吴　军
肿瘤药理学研究所
所　长：潘景轩
学生党总支
党总支书记：王雪霏（兼，2015.9 任）

第一临床医学院（附属第一医院）

院　长：黄　力
党委书记：查振刚
机关后勤党总支
党总支书记：昌　伟
手术科室党总支
党总支书记：卓育敏
门诊医技科室党总支
党总支书记：徐　浩
非手术科室党总支
党总支书记：周　毅

华文学院

院　长：郭　熙（2015.7 免）　邵　宜（2015.7 任）
执行院长：邵　宜（2015.7 免）
党委书记：李世云（2015.7 免）
党委副书记（负责工作）：史学浩（2015.7 任）
汉语系
系主任：童盛强
华文教育系
系主任：张　军（2015.1 免）　周　静（2015.1 任）
党总支副书记（主持工作）：余志远
应用语言学系
系主任：李　军
党总支副书记（主持工作）：陈　争
招生与社会合作部
主　任：温明亮
预科部
主　任：温宗军
党总支副书记（主持工作）：岑　文
汉语国际推广中心
主　任：班　弨（2015.7 免）　曾毅平（兼，2015.7 任）
华文教育研究院
院　长：郭　熙（兼，2015.7 免）　邵　宜（兼，2015.7 任）
海外华语研究中心
主　任：郭　熙
机关党总支
党总支书记：谢　红（兼）

珠海校区

校区管理委员会

主　任：刘洁生（兼）

执行主任：李从东

校区党工委

书　记：刘洁生（兼）

常务副书记：张安国（2015.7免）　王力东（2015.7任）

机关及直属单位党总支

党总支书记：滕　斌（兼）

校本部学生党总支

党总支副书记：郭力立

人文学院

院　长：危　磊（2015.7免）　钟瑞栋（2015.7任）

党总支书记：刘秉国

翻译学院

院　长：赵友斌

党总支书记：刘凤霞（2015.9免）

党总支副书记（负责工作）：肖　云（2015.9任）

国际商学院

院　长：熊　剑

党总支书记：刘治江

电气信息学院

院　长：王　博

党总支书记：武建华（2015.9免）

党总支副书记（负责工作）：冯璐秀（2015.9任）

轨道交通研究院

常务副院长：武建华（2015.7任）

深圳旅游学院

院　长：刘平春

常务副院长：李广明（2015.7免）

执行院长：李广明（2015.7任）

党委书记：段开成（2015.7免）　程　斌（2015.7任）

教工党总支书记：黄宝琴

学生党总支书记：蓝　蔚

旅游管理系

系主任：吴克祥

英语系

副系主任（主持工作）：罗　靖

教育学院

院　长：韩兆洲（2015.7 免）　李世云（2015.7 任）
党委书记：廖仕湖

艺术学院

院　长：张铁林
常务副院长：李学武
党总支副书记（主持工作）：蔡显良（2015.7 免）
党总支书记：蔡显良（2015.7 任）

新媒体艺术系

系主任：李　杰

音乐系

系主任：刘弋珩

美术系

系主任：蔡显良（兼，2015.5 免）
副系主任（主持工作）：朱圭铭（2015.5 任）

影视系

系主任：李学武（兼，2015.5 免）　张　豫（2015.5 任）

大学生艺术素质教学部

主　任：王红主

体育学院

副院长（主持工作）：徐　泽（2015.10 任）
党总支书记：李淑芬（2015.10 任）

（党委组织部、研究生院、科学技术研究处供稿）

2015 年学校机构设立与调整情况

5 月 18 日，成立暨南大学大数据决策研究所，不设行政级别，直属学校管理。

6 月 4 日，评估中心和高等教育研究中心合并为高教研究与评估中心，正处级建制，挂靠发展规划处。

6 月 4 日，校友与社会合作办公室、董事会办公室、驻北京办事处、驻香港办事处、驻澳门联络处整合为对外联络处，正处级独立建制，专职对外联系与合作。同时撤销驻北京办事处。

6 月 4 日，撤销信息管理办公室，技术部分归入网络与教育技术中心，在党政办公室下设立信息科，保留少量工作人员，主要从事数据分析工作，为学校决策提供数据支撑。

6 月 9 日，成立暨南大学政务大数据开放与社会创新创业研究中心，隶属公共管理学院 / 应急管理学院，不定行政级别，不增加人员编制，不增加场地，经费自筹。

6 月 19 日，成立暨南大学地方研究总院，挂靠科学技术研究处。

6 月 24 日，成立暨南大学网络（空间）安全学院，与暨南大学信息科学技术学院实行“一套人马、两块牌子”的运作模式。

6 月 28 日，校友与社会合作办公室更名为校友会办公室，隶属对外联络处。

7 月 23 日，暨南大学网络（空间）安全学院更名为暨南大学网络空间安全学院。

9 月 23 日，成立暨南大学体育学院。

10 月 14 日，成立暨南大学附属河源医院，与河源市人民政府合作共建。

10 月 27 日，成立暨南大学南校区饮食服务中心，正科级建制，隶属南校区后勤办公室管理。

11 月 6 日，成立药物化学生物学研究所，隶属药学院。

11 月 10 日，华文学院海外教学部更名为华文学院招生与社会合作部。

11 月 10 日，南方传媒研究院更名为传播与国家治理研究院。

11 月 10 日，在对外联络处另设综合事务部、联络服务部、信息拓展部，正科级建制。

11 月 10 日，成立经济与社会研究院，直属学校管理。

11 月 10 日，成立中国文艺评论基地，为科研机构，挂靠文学院。

11 月 11 日，成立物联网与物流工程研究院。

11 月 16 日，光子技术研究所更名为光子技术研究院，下设办公室。

11 月 16 日，成立竞争法与产业发展研究中心，不定行政级别，不设专职岗位，不提供办公场所，经费自筹。

11 月 16 日，成立食品安全与营养研究院，隶属理工学院。

12 月 9 日，成立招标采购中心，正处级建制，直属学校管理。

12 月 15 日，经广州市天河区教育局批准，成立暨南大学附属实验学校，隶属工会委员会，下设小学部、中学部；同时撤销附属小学、附属中学。

12 月 28 日，宣传部增设综合科；新闻中心下设网络宣传科；宣传部宣传科更名为新闻科，与校刊编辑室一并归入新闻中心管理。

12 月 28 日，珠海校区学生工作办公室下设心理健康教育中心和学生社区教育管理中心，均为正科级建制。

12 月 28 日，轨道交通研究院下设办公室，正科级建制。

（人力资源开发与管理处供稿）

· 校区、学院、研究机构概况 ·

校 区

南校区

暨南大学南校区位于广州市番禺区新造镇，校园占地面积64.6万平方米。2012年5月19日，南校区破土动工奠基；2014年9月建成一期工程首批项目，建筑面积26万平方米。建成的首批项目有教学楼、实验楼、院系楼、图书馆、体育场等教学设施；学生宿舍、学生食堂、后勤楼、医务室及生活服务区等基础服务设施。校区环境优美，教学实验设备齐全，图书馆藏丰富，体育、活动和生活设施先进，管理完善。

暨南大学南校区是学校办学的延伸，2015年，有14个学院入驻，除四海书院外，信息科学技术学院、国际学院、经济学院、管理学院、公共管理学院/应急管理学院、法学院/知识产权学院、国际关系学院/华侨华人研究院、外国语学院、药学院、生命科学技术学院、理工学院、环境学院、体育学院有部分学生在南校区就读，校区现有本科生约5 000人。各学院教学和学生管理工作实行校本部延伸管理，行政主体和科研主体仍在校本部。

学校设南校区管理委员会（以下简称管委会）和党工委，管委会下设党政事务办公室、财务办公室、教学科研办公室、学生工作办公室、后勤办公室和保卫办公室六个办公室。南校区在教学安排、师生互动、图书资源、网络服务等方面实现与校本部的全方位无缝对接与资源共享，日常管理实行“统一领导，校区统筹，条块结合，职能延伸，综合服务”的模式。

2015年，大批校董、校友到南校区视察、访问、交流，捐资出力，大力支持南校区建设。11月13日，暨南大学校董捐赠及揭牌仪式在校区举行，霍震寰、余国春、马有恒、李国华、彭磷基、古润金等校董向学校捐款5 000万人民币、2 000万港币助力学科建设及基础建设，南校区食堂、图书馆、门诊楼、学院楼、学生宿舍等6栋捐建项目揭牌。5月9日，“根系暨南”2015年植树活动暨绿色使者及微信支付平台上线启动仪式在南校区图书馆湖边广场举行，200多名校友参加仪式和植树活动。10月28日，由校董、四洲集团董事局主席戴德丰资助的学校首个粤港学子联合创业项目、暨南大学大学生创新创业实践基地——四洲紫菜生活馆在南校区揭牌。

按照暨南大学“十三五”校区总体布局，南校区主要发展外国语言文学、法学、政治学、体育学、药学、化学、生态学、材料科学、生物医学工程、食品科学、环境科学、数学、计算机科学、电子科学等学科、新兴交叉学科，以及管理学、经济学的本科教育。计算机、生物医药工程、光电工程等重点学科建设和研究生教育也将在南校区发展。

2015年南校区第二批建设项目陆续启动，包括4栋学生宿舍及相应生活服务设施。第二食堂（蒙古包）、实验楼F组团、体育馆、标准田径场等项目的建设也在筹备中。

（南校区供稿）

珠海校区

珠海校区的前身为暨南大学珠海教学点，位于珠海市唐家湾。2000年4月，根据暨南大学与珠海市人民政府共建暨南大学珠海学院的协议，珠海学院正式成立，办学地点搬迁至珠海市前山地区。全国政协原副主席、暨南大学董事会董事长钱伟长为学院奠基。2009年4月，珠海学院更名为暨南大学珠海校区，全面实施校区化管理模式，建设具有特色的专业化学院，走国际合作办学道路，打造高水平的教师队伍，培养创新型人才，主动服务地方经济建设。2015年，学校全力推进与珠海市的战略合作。校长胡军等校领导，与珠海市市委、市政府主要领导及分管领导，就珠海市与暨南大学共建高水平大学多次洽商。

2015年，珠海校区积极开展高水平大学建设，组织各学院申报高水平大学建设项目，编写《珠海校区高水平大学建设规划（2015—2020）》，校区被整体纳入学校高水平大学建设，并获首期800万元建设资金。11月，珠海校区引进中组部“千人计划”入选者黄国全教授及其团队，成立物联网与物流工程研究院，旨在培育物联网工程特色学科，并承担区域或地方物联网工程的技术创新，产生一批国内领先的原创性成果，成为区域创新的龙头和高层次人才培养的基地。

学科建设方面，在2015年珠海市“四重”项目申报中，获批14个项目。其中，优势学科4个，重点实验室、重点研究基地和协同创新中心各1个，特聘学者7位；获批项目数位居珠海高校第二，总资助金额为1 310万元，是珠海校区建立以来获得珠海市项目资助金额最高的一次。

科研方面，获批科研项目59项，经费为663.28万元（不含珠海“四重”建设项目），较2014年增长45%。其中，纵向项目34项，经费为454.6万元（国家级项目3项，省级项目11项）；横向项目25项，经费为208.68万元。发表论文90篇，其中A1类3篇，A2类10篇；出版著作4部，其中译著2部；获4项奖励，其中高等学校科学研究优秀成果奖（人文社会科学）三等奖1项；获国家发明专利1项。

教学方面，成立慕课建设指导委员会，2015年设立首批慕课建设项目7项。入选广东省精品开放课2门，入选广东省精品教材2项，入选2014年度广东教育教学成果奖（高等教育）培育项目8项，获批广东省教改项目6项，入选学校本科教材资助项目（普通教材资助项目）2项，获批学校第一批滚动资助教学改革研究项目2项，获批学校第十七批教学改革研究项目12项。建成1个广东省校外实践基地，新增1个广东省专业综合改革试点、1个广东省战略新兴产业特色专业、1个广东省教学团队。

2015年，珠海校区引进人才10人，其中“千人计划”专家1人，教授4人。目前，校区在编教职工255人，其中专任教师168人，具有正高职称教师26人，副高职称教师65人，博士生导师8人，硕士生导师49人；60%以上的教师具有博士学位或海外留学经历；45岁以下教师占63%；有珠海市特聘学者7人。

2015年，校区组团访问澳大利亚西悉尼大学、卧龙岗大学，新西兰惠灵顿维多利亚大学、怀卡托大学及台湾地区高校，在学生互换、师资交流、研究生培养、协同创新等方面谋求合作，签署协议，拓展校区的国际化办学。

校区学生获2015年美国大学生数学建模竞赛国际一等奖5项，国际二等奖9项，国际三等奖2项；获2015年全国大学生数学建模竞赛国家一等奖3项，国家二等奖7项，省一等奖12项，省二等奖8项，省三等奖9项；获中国机器人大赛一等奖、二等奖和三等奖各2项；获第二十七届韩素音青年翻译奖竞赛优秀奖5项；获第十四届“挑战杯”全国大学生课外学术科技作品竞赛三等奖1项，全国第二届中国青年志愿服务项目大赛铜奖1项，第十三届“挑战杯”广东大学生课外学术科技作品竞赛特等奖和一等奖各1项；2015年获批国家级大学生创新创业训练计划项目18项、省级35项；在“珠海市第九届大学生文化艺术节”书画大赛中获一等奖1项，二等奖3项；在珠海市大学生足球赛和辩论赛中获冠军；和一群集“云支教”公益团队获2015年团省委“益苗计划”重点资助项目和团中央知行计划2015首批重点团队等。

校区积极开展高层次文化素质教育活动。邀请华语作家张德芬、中国社会科学院学部委员梁慧星、中国社会科学院研究员陈一筠等专家名人到校区举办学术讲座。

（珠海校区供稿）

学院、直属教学单位

国际学院

国际学院于2001年6月成立，现已成为一所独具特色的全英语、多学科、国际化的专业学院。学院采取与校内各专业院系联合办学的模式，按照国际化办学的理念和标准，开办全英语授课专业，所开设的各类专业课、专业基础课及公共课（汉语课除外）均采用英语授课。学院实行标准学分制，在课程设置和教学管理上与国际接轨。经过多年的建设与发展，学院在学生来源、教师队伍、教材选用、管理队伍、网站信息、学生就业等各方面已形成了较浓厚的全英语教学环境。

学院下设学生工作办公室、教学科研办公室、语言课教研室和公共基础课教研室、行政管理办公室、国际合作项目办公室、中国学硕士项目办公室和全英语授课教师俱乐部。

2015年，学院开设全英语授课硕士专业中国学，本科专业共9个：国际经济与贸易、临床医学、会计学（CPA-Canada方向）、食品质量与安全、药学、金融学、计算机科学与技术、医学（MBBS）及新闻学（国际新闻方向）。所有全英语授课专业均为相关中文专业优势学科：国际经济与贸易和金融学2个专业属于国家重点学科；会计学属于国家级特色专业（工商管理类）、广东省名牌专业；食品质量与安全专业是广东省名牌专业；新闻学是广东省一级学科优势重点学科、教育部特色专业和广东省名牌专业；国际经济与贸易、金融学、会计学、临床医学、计算机科学与技术、新闻学6个专业均具有博士学位授予权，所有专业都具有硕士学位授予权。

学院在编专职教师10人，其中教授3人、副教授1人；长短期外籍教师27人，行政管理人员15人。为确保全英语授课专业师资队伍水平，学院每年均举行全英语授课教师上岗资格证考试，通过考试者将获得由学校颁发的资格证书并具备上岗资格。截至2015年底，已有318名教师取得上岗资格证。

从2001年起已招收来自76个国家和地区的4 100余名学生。2015年新生到校341人，在校学生总数1 704人，其中内招生700人（41.1%）、港澳台侨生481人（28.2%）、留学生523人（30.7%）。2015年成立国际学院北京同学会和印度校友会。由国际学院学生组建的暨南大学创行团队在2015创行全国决赛中获总冠军并在南非举行的世界杯中获三等奖。

学院全年接收交换交流境外学生88名，来自9个国家和地区；共有29批次来自12个国家和地区的高校和机构的专家学者来访并进行学术交流。

（国际学院供稿）

文学院

文学院创办于1929年，是暨南大学最早成立的学院之一。下设中国语言文学系、历史学系、中国文化史籍研究所、中外关系研究所4个系级教学科研单位。

学院现有汉语言文学、戏剧影视文学、历史学3个本科专业，其中汉语言文学是国家文科基础学科人才培养和科学研究基地、广东省名牌专业和教育部高校特色专业建设点。设有2个师范教育方向：汉语言文学和历史学。有文艺学1个国家重点学科，中国语言文学、中国史2个省部级重点学科。在学位点方面，有中国语言文学、中国史、世界史3个一级学科博士点、博士后科研流动站；16个二级学科博士点；16个二级学科硕士点。“外国文学史”课程为国家级精品资源共享课程，“《红楼梦》的空间艺术”课程为国家级精品视频公开课，有4门省级精品课程。2015年，“中国文艺评论基地”在学院挂牌，成为全国首批22家共建单位之一；学院成立暨南大学生活方式研究院。

学院现有在职教工141人，其中教学科研人员121人，具有博士学位者101人，硕士学位者14人；正高职称58人，副高职称40人；博士生导师46人，硕士生导师88人。学院另聘有兼职专业博士生导师14人，硕士生导师20人。教师中有教育部中文学科教学指导委员会副主任1人，国家社会科学基金评委3人，中宣部文化名家暨“四个一批”人才1人，教育部“新世纪优秀人才支持计划”入选者6人，“新世纪百千万人才工程”国家级人选2人，广东省优秀社会科学家3人，广东省高校“千百十人才培养工程”国家级培养对象、省级培养对象4人，广东省高校“珠江学者”特聘教授1人，国家级教学名师1人，国务院侨办优秀教师2人，广东省“南粤优秀教师”3人，“当代岭南文化名人五十家”1人，国务院特殊津贴专家6人。

2015年，学院招收本科生166人，研究生197人，博士生53人，硕士生144人。现有在校本科生529人，其中港澳台侨学生161人；在校研究生803人（博士生186人，硕士生617人），其中港澳台侨及留学生103人（博士生76人、硕士生27人）、高级研修学员181人。

2015年，学院获批纵向科研项目资助36项，其中获批国家社科基金重大项目1项，国家社科基金项目11项（其中重点项目2项），教育部人文社会科学研究项目6项。程国赋教授入选中宣部2014年文化名家暨“四个一批”人才；蒋述卓教授获评广东省第二届“优秀社会科学家”；饶芃子教授获“中国比较文学终身成就奖”；刘增合教授入选2014年度“新世纪百千万人才工程”国家级人选，并获“国家有突出贡献中青年专家”荣誉称号；学院获广东省第六届哲学社会科学优秀成果奖共计7项，其中一、二等奖各3项，三等奖1项；辅导员王潇潇获评“2014年广东高校辅导员年度人物”。

学院举办了中国民族语言学会第11届全国研讨会、“中国文艺评论基地”揭牌仪式、“海上丝绸之路与环南海社会文化史”学术探讨会、“近代中国制度变迁近代历史研究的拓展”高峰论坛和“冷战时期美国与亚太地区军事关系”国际研讨会等；引进“齐鲁青年学者”贺仲明教授，聘任章清、李怀印、许光秋等为讲座教授。学院邀请多位国外学者来学院讲学。陈晓锦教授等赴欧美调查研究。赵静蓉、曾肖、李云飞和吴青分赴英国、德国、美国访学。

2015年，学院学生获批“大创”项目国家级2项，省级4项。正式启动实施“暨南大学未来史学精英”项目；10月，“史学精英文献研习班”师生一行13人前往福建周宁县进行文献考察。3月和11月，学院先后组织优秀港澳台侨学生和部分内招生赴广东韶关和梅州开展社会实践与历史文化考察活动。1名研究生获中国人民大学清史研究所举办的第九届“青年学者论坛”参会论文二等奖。学生陈润攀获第五届全国高校征文大赛小说三等奖、广东省校园作家杯诗歌节二等奖。在第十届全国大学生作文大赛中，学院学生获二等奖3篇、三等奖26篇。

（文学院供稿）

新闻与传播学院

新闻与传播学院的前身是1946年暨南大学在上海创办的新闻学系。2001年，学校在新闻学系的基础上组建新闻与传播学院。

学院下设新闻学系、广告学系、广播电视学系，有7个本科专业（方向）。具有新闻传播学一级学科博士、硕士授予权，新闻与传播硕士专业学位授予权，艺术专业硕士学位（MFA广播电视方向）授予权，建有新闻传播学博士后科研流动站。拥有国家级实验教学示范中心（媒体实验中心）、广东省一级学科优势重点学科（新闻传播学）、教育部特色专业和广东省名牌专业（新闻学）、广东省协同育人平台（华南新闻传媒协同育人中心）、2个广东省特色专业（新闻学与广告学）、1个国家级大学生校外实践基地、2个广东省大学生校外实践基地、1个广东省文科研究生创新培养基地、1个广州市人文社会科学重点研究基地（舆情与社会管理重点研究基地）。学院是中央宣传部、教育部确定的首批10所由地方党委宣传部门与高等学校共建的新闻学院之一，并入选国家级专业综合改革试点专业，新闻学、广告学、广播电视学专业在“中国大学本科教育专业竞争力排行榜”中获得5星级评价，跻身全国前六强。

学院现有专任教师60多人，其中有全国模范教师、教育部“新世纪优秀人才支持计划”入选者、教育部“马克思主义理论研究和建设工程”首席专家、广东省高校“千百十人才培养工程”国家级培养对象、全国新闻出版行业领军人才、全国广播电视“十佳百优”理论人才、广东省南粤优秀教师、广东省宣传思想文化领军人才、广东省青年文化英才、广东高校优秀青年教师培养对象、广东新闻终身荣誉奖获得者、广东省“金钟奖”获得者、中国新闻奖获得者等。学院现有兼任教师和专业学位研究生兼职导师80多人，其中“珠江学者”讲座教授1人。

2015年，学院招收本科生292人，研究生269人（其中硕士研究生256人、博士研究生13人），高级研修班学员44人。截至2015年12月，全院共有在校本科生1 185人，其中港澳台侨生及外国留学生502人；在校研究生674人，其中博士研究生39人、硕士研究生635人；在校高级研修班学员186人。

2015年获批纵向课题9项，其中国家社科基金重大项目2项、一般项目1项，教育部社科项目1项，广东省社科项目3项。出版教材3部、专著（含合著）12部、编著11部；发表论文226篇，其中A1类7篇、A2类22篇、A3类7篇。8份研究报告获政府采纳，其中3份获中央领导批示。2015年，学院林如鹏教授、支庭荣教授获批国家社科基金重大项目各1项，获广东省哲学社科优秀成果奖一等奖2项、二等奖2项、三等奖1项。刘涛教授获评第24届中国新闻奖三等奖。在2015年的新闻与传播专业硕士学位点评估中，学院通讯评审得分并列第三名。

学院2015年举办的主要学术活动有：部校共建发展战略研讨会议、第三届数字营销传播研究与应用国际研讨会、第二届粤港澳传媒高峰论坛、第一期“中华青年学者研修班”、广州新观察系列研讨会议（共六期）、舆情与国家治理——暨南卓越智库论坛、第五届全国广播学术研讨会暨中国新闻史学会视听传播研究委员会成立大会等。2015年以来，学院先后与西安交通大学、同济大学等兄弟院校，就高水平大学建设和部校共建项目相互交流与分享。学院选派十多位青年教师赴香港中文大学、台湾世新大学、美国天普大学、比利时布鲁塞尔自由大学等院校研修。

学院重视学生实践教学活动。举办新闻学、广告学专业训练营，移动媒体实战专训营；2015年5月至6月，学院与南方日报共同开展“抗战中的海外赤子”大型专题报道，获中央宣传部评阅小组的表扬；7月至8月，学院在井冈山和延安挂牌成立马克思主义新闻人才实践培训基地；12月，与羊城晚报组成“一带一路”联合采访团，赴印度尼西亚采访；“我是记者”团队赴云南省迪庆藏族自治州拍摄“侨爱工程”电视专题片，得到国务院侨办国内司肯定。

2015年，学院组织的“三下乡”团队获评广东省优秀团队；获批大学生创新创业训练计划项目国家级3项、省级1项；获第十四届“挑战杯”全国大学生课外学术科技作品竞赛三等奖1项，第十三届“挑战杯”广东大学生课外学术科技作品竞赛一等奖1项、二等奖1项；获第17届齐越节朗诵比赛三等奖1项、优秀题材奖1项。

（新闻与传播学院供稿）

外国语学院

外国语学院的前身是创办于1927年的外国语言文学系，历史上执教的著名学者有叶公超、梁实秋、钱锺书、许国璋等。外国语学院于2001年5月在原外语系和大学英语教学中心基础上组建，现设有英语系、商务英语系、日语系、法语系、大学英语教学部5个教学单位；有外国文学研究所、语言学研究所、跨文化与翻译研究所、日语语言文化研究所和外语教学研究所5个科研机构。

学院现有英语（语言文学）、商务英语、日语和法语4个本科专业，同时面向全校开设英语、日语、法语、西班牙语等公共外语课程。有外国语言文学一级学科硕士学位授权点，外国语言学及应用语言学、英语语言文学、日语语言文学3个二级学科硕士学位授权点及翻译硕士专业学位（MTI）授权点。英语语言文学硕士点是暨南大学最早取得硕士学位授予权的硕士点之一，著名学者曾昭科、翁显良、张鸾铃、谭时霖、黄均、黄锡祥等教授先后担任导师。外国语言文学一级学科为广东省优势重点学科。2015 年，翻译硕士专业学位授权点通过评估。

学院现有教职工 144 人，其中专任教师 128 人，有教授 10 人、副教授 46 人、讲师 69 人。有博士生导师 2 人、硕士生导师 40 人，具有博士学位教师 45 人、在读博士 20 余人。在读全日制本科生 774 人，其中境内生 317 人，港澳台侨生 450 人，留学生 7 人；全日制研究生 178 人，高级研修班学生 130 人。

2015 年，学院敦聘翻译学界著名学者、香港岭南大学孙艺风教授担任跨文化及翻译研究所名誉所长、讲座教授；敦聘国际著名词典学家伯根霍兹博士、美国加州大学凌津奇教授、美国诺威治大学副校长黄桂友、斯特林大学副校长兼艺术与人文学院院长 Douglas Brodie 为客座教授；敦聘丽塔·达夫（Rita Dove）教授为名誉教授、教育部“长江学者”乔国强教授与王杰教授为兼职教授。学院多数教师都曾经在主要语种对象国学习或从事过教学科研工作，所有导师都有在国外大学和学术机构从事科学研究或有相关进修经历。宫齐教授现任广东省外国语言学会常务副会长、广东省翻译协会副会长、广东省本科高校外语类专业教学指导委员会副主任委员；王琢教授现任中国世界海外华文文学学会理事；胡慕辉副教授担任广东省大学英语课程教学指导委员会副主任委员。学院聘请长期外国文教专家 8 名，敦聘 23 名优秀校友为首批学生就业指导导师，建立外语教学与翻译实践基地 14 个。

2015 年，学院获国家级社科项目 1 项，省级项目 6 项；发表 A 类论文 5 篇，B 类论文 34 篇；出版译著 9 部，编写教材 34 部。主编的《暨南外语论丛》出版；出版“暨南大学外语博士文库”10 部（世界图书出版公司出版）。举办国际性会议“外国文学高层论坛”“全球化时代的日语教育·日本学研究”；先后邀请国内外著名专家教授到校开展学术讲座与交流 30 余场；“翻译研究高端人才培育基地”顺利运行。

学生参加英语专业八级考试内招生通过率达 90%，英语专业四级考试内招生通过率达 77.27%；首次法语专业四级考试通过率为 100%。宫齐教授被评为 2015 年广东省“南粤优秀教育工作者”；商务英语系学生萧振盛的“可帮 App——一款提倡互相帮助的社交网络平台”项目获得国家级创新项目立项。

（外国语学院供稿）

艺术学院

艺术学院成立于 2005 年 1 月，张铁林教授担任首任院长。学院下设美术系、新媒体艺术系、影视系、音乐系 4 个系，开设美术学、动画、戏剧影视导演、音乐学 4 个本科专业，附设中国书法研究所、大学生艺术素质教学部。2010 年 6 月，获美术学、动画文学学士学位授予权；2011 年 6 月，获音乐学文学学士学位授予权；2012 年 6 月，获导演文学学士学位授予权。2013 年，学校决定新增艺术学学科门类，设置艺术学学士学位。2014 年 1 月，学校增列艺术硕士专业学位授权点。2015 年 4 月，曹宝麟书法工作室、方楚乔水墨工作室正式挂牌；7 月，学院与美国纽约电影学院签订“3 +2 本硕连读学位合作培养项目”协议。

学院现有在职教工 47 人，其中专职教师 39 人，教授 9 人，副教授 11 人，讲师 15 人，助教 4 人；博士生导师 3 人，硕士生导师 13 人。聘请外国专家 1 人，返聘教授 2 人。有在读学生 375 人，其中全日制本科生 364 人，专业硕士生 11 人；内招生 329 人，境外学生 46 人。

2015 年，学院共发表作品 349 件；出版专著 9 部（其中学术专著 2 部、作品集 2 部、教材 5 部）、论文 21 篇（其中 B 类 6 篇）；获批项目（包括横向项目）25 项；举办展演 25 批次；教师获得各类奖项 20 项；师生受学校表彰 76 人次。其中，陈志平教授著作《北宋书家丛考》获全国优秀古籍图书二等奖、2015 中国书坛“风云榜”最受读者欢迎的书法学术著作；李杰教授受聘广东省本科高校动画、数字媒体专业教学指导委员会任副主任委员；在广东省第四届大学生艺术展演中，叶志海副教授、王红主教授论文获艺术教育科研论文音乐类一等奖，李杰教授、周斌仲副教授论文获科研论文美术类三等奖；王红主教授、叶志海副教授作品《飘落》获2015广东省首届“腾飞彩虹”文艺汇演、广州市第十二届“美在金秋”风采大赛金奖；胡杨副教授纪录片作品《双城问道：上海与佛罗伦萨》在上海、广州、意大利佛罗伦萨出版发行和展映，并参展中国（广州）国际纪录片节；李鹏飞副教授网络课程“三维动画”获第十五届全国多媒体课件大赛高教组三等奖；刘星老师作品《伴途》获第五届“印象羊城”广州国际微电影大赛年度总决赛最佳摄影奖；陈志平教授获广东省文联“新世纪之星”荣誉称号；叶志海副教授指导的辩论队获2014年全国大学生税收辩论赛华南赛区冠军、全国优秀奖，其本人获最佳辅导奖。

2015年，学院学生获国内外各类各级专业竞赛奖项59项。其中，包括第23届美国音乐公开赛青年组第三名、中国高级作品组第一名；第八届上海国际青少年钢琴大赛总决赛青年B组第二名；第四届德国欧米勒国际钢琴公开赛总决赛青年组最佳诠释奖及第三十四届香港电影金像奖最佳新演员奖提名。

2015年，学院邀请国内外专家举办学术讲座5场，教师受邀参加讲学报告47场，社会交流68批次。

（艺术学院供稿）

经济学院

1918年，暨南大学的前身国立暨南学校即开设商业科，1927年商学院成立，1959年学校设立经济系，1980年经济学院成立。

学院下设经济学系、金融学系、统计学系、国际经济与贸易系、财税系、特区港澳经济研究所6个教学单位，有金融研究所、广东产业发展与粤港澳台区域合作研究中心、资源环境与可持续发展研究所等17个研究机构以及《产经评论》杂志社，《产经评论》为CSSCI扩展版来源期刊。

学院设有7个本科专业方向；应用经济学、统计学2个一级学科有博士授予权，政治经济学二级学科有博士点、理论经济学一级学科有硕士授予权，有金融、应用统计、税务、国际商务、资产评估等5个专业硕士，应用经济学、统计学2个博士后流动站。金融学、产业经济学（与产业经济研究院共建）为国家二级重点学科；应用经济学、理论经济学、统计学3个一级学科为广东省重点学科。金融学、统计学、国际经济与贸易专业为省级名牌专业。有3个广东省人文社科重点研究基地。“货币银行学”“统计学原理”“公司金融”为省级精品课程，“经济管理实验教学中心”是国家级实验教学示范中心。在2012年教育部开展的全国学科评估中，应用经济学学科排名并列全国第十；统计学并列全国第二十。

学院现有在职教工179人，其中教学科研人员138人，教授38人、副教授61人；有教育部“长江学者”讲座教授1名、“千人计划”专家1名、“万人计划”青年拔尖人才1名、教育部“新世纪优秀人才支持计划”入选者4名、“新世纪百千万人才工程”国家级人选1名、“珠江学者”4名、全国优秀教师及南粤优秀教师8名、广东省高校“千百十人才培养工程”省级培养对象6名、广东省高校教学名师及广东省高校优秀辅导员2名。2015年，敦聘讲座教授20名，获批文教类“高端外国专家项目”1项。

2015年，学院有在校本科生1 736人（其中境外生680人）；研究生1 782人，其中硕士生1 021人（境外生66人）、博士生170人（境外生44人）、高级研修课程项目班学员591人。2015年招收本科生369人（其中境外生130人）；研究生524人，其中博士生36人、硕士生385人、高级研修课程项目班学员103人。1个项目获第十四届“挑战杯”全国大学生课外学术科技作品竞赛二等奖和“累进创新奖”；学生苏炳添在新华社“中国十佳运动员”评选中位居榜首。本科生就业率为94.5%，研究生就业率为96.09%。

2015年，学院获科研项目资助80项，资助总额约900万元。其中，国家社会科学基金项目4项（其中重大项目1项，重点项目2项），国家自然科学基金项目4项，广东省自然科学基金项目3项，软科学研究项目2项，广东省哲学社会科学规划项目2项，横向项目30多项。出版学术专著12部。在A类期刊发表论文50多篇，其中4篇发表在《经济研究》，9篇发表在SSCI期刊，10篇发表在SCI期刊，1篇发表在《成果要报》。获教育部第七届高等学校科学研究优秀成果奖（人文社会科学）三等奖1项。获广东省第六届哲学社会科学优秀成果奖一等奖1项、二等奖3项，获全国优秀金融研究成果奖二等奖、三等奖各1项。学院教师积极参加社会服务，提供政策咨询，有广东省政府参事、省人大代表、省政协委员多人，广东省改革研究咨询专家2人、广东省政府决策咨询顾问专家委员会委员3人，广州市政府决策咨询专家6人，广东省国家税务局特邀监察员1人。

2015年，学院举办的学术会议有：第一届“改革、转型与增长”国际论坛、第六届中国能源经济与管理学术年会、第十届亚洲区域创新与合作论坛等。共派出3名中青年骨干教师赴美国斯坦福大学、美国加州州立大学等院校研修一年。邀请美国耶鲁大学经济增长中心主任马克·罗森茨维格教授，澳大利亚昆士兰大学应用统计系首席教授王友乾，奥地利维也纳经济大学经济与信息系统运营管理系系主任 Alfred Taudes 教授等20多位专家来学院讲学。

（经济学院供稿）

管理学院

“始有暨南，便有商科。”管理学院的院史可上溯至1918年国立暨南学校设立的商业科。民国国立暨南大学时期，商学院一直开办。1998年，学校整合工商管理、会计等学科成立管理学院。

学院下设企业管理系、会计学系、市场学系、旅游管理系4个系；会计学是国务院侨办重点学科，工商管理是广东省攀峰重点学科。有工商管理、会计学、旅游管理、人力资源管理等10个本科专业（方向）。其中工商管理是国家级、省级特色专业，工商管理、会计学、旅游管理是广东省名牌专业。工商管理、管理科学与工程2个一级学科有博士授予权，心理学有一级学科硕士授予权，有7个二级学科博士点，开办 MBA、MPAcc、MTA 等9种专业学位教育。拥有工商管理、管理科学与工程2个一级学科博士后流动站。

学院现有专职教师134人，其中113人具有博士学位；教授52人，副教授57人；博士生导师44人，硕士生导师54人。有财政部“会计名家工程”培养对象1人、会计领军（后备）人才5人、国家旅游局“旅游业青年专家”培养计划入选者1人、教育部“新世纪优秀人才支持计划”入选者1人、广东省教学名师2人、南粤优秀教师2人、广东省高等学校杰出青年教师培养计划入选者1人、广东高校“千百十人才培养工程”培养对象16人（其中国家级1人、省级1人），柔性引进高端人才22人（含讲座教授12人），“珠江学者”1人，兼职（客座）教授65人。

现有在读本科生2 507人，其中内招学生1 440人、外招学生1 067人；博士研究生185人；硕士研究生2 520人，其中科学学位硕士研究生380人、专业学位硕士研究生1 451人、高级研修课程班学员689人。

2015年，学院“企业转型与公司治理”团队获批为学校高水平大学建设重点学科团队。宋献中教授团队获批国家哲学社会科学基金重点项目1项，王国庆教授团队获批国家哲学社会科学基金重大委托项目1项，卫海英教授获批广东省自然科学基金重点项目1项，填补了学院在省级自然科学基金重点项目上的空白；还获批国家自然科学基金面上项目6项，经费总额289.8万元；获批教育部人文社科基金规划项目2项、青年项目1项。教师发表 A1 类文章7 篇，A2 类文章17 篇，A3 类文章19 篇。研究生提交 A 类成果14 篇，其中 A1 论文5 篇。

2015年，学院结合国家“一带一路”发展战略，在东南亚国家拓展 MBA 教育，缅甸 MBA 班有5人获得硕士学位，与泰国、印度尼西亚相关机构签订 MBA 招生代理协议，推进与老挝的合作。与5所大学（学院）就学生交换签订协议或达成合作意向，选派15名学生分别参与学习交换和实习交换；MEM 和 MTA 项目评估获得优秀；2篇案例入选第六届全国“百篇优秀管理案例”，入选案例篇数蝉联华南地区高校榜首。

学院专注人才培养，2015年获批国家级、省级大学生实践教学基地各1个，省级教师核心团队1个；大学生创新创业训练计划项目国家级9项，省级10项；广东省教学成果奖培育项目5项；省级教改项目3项；省级精品教材3部。会计学本科生获海峡两岸大学生会计辩论邀请赛冠军；学院学生在广东省“挑战杯”创业大赛中获金奖1项，银奖3项，铜奖2项。

（管理学院供稿）

公共管理学院/应急管理学院

暨南大学公共管理学科始建于20世纪80年代，2009年，暨南大学应急管理学院成立，为国内首家应急管理学院，起初挂靠管理学院。2011年11月，公共管理学院成立，与应急管理学院实行“一套人马，两块牌子”的运作模式，2012年5月，学校明确学院下设公共管理系、应急管理系2个系。

公共管理学院/应急管理学院已建立起“本科—硕士—博士”完整的人才培养体系和多学科渗透、立体交叉的公务员培训体系，是华南地区应急管理培训的重要基地。设有转型与国家治理研究中心、公共管理案例研究中心和公共管理数据库、教育经济与管理研究所等研究机构，以及MPA教育中心、公务员培训中心。

学院有行政管理、应急管理2个全日制本科专业，行政管理、人力资源管理、社会工作3个成人教育本科专业；有应急系统工程与金融工程博士点，行政管理等5个硕士点和公共管理硕士（MPA）专业硕士学位点，公共管理为广东省一级优势重点学科，应急管理研究中心为省级人文社会科学重点研究基地，拥有省级决策咨询中心——大数据社会治理创新研究中心和行政管理省级教学团队。

现有教职工37人，其中教授8人，副教授17人，讲师5人；广东高校“千百十人才培养工程”国家级培养对象1人，教育部“新世纪优秀人才支持计划”入选者2人；博士研究生导师3人，硕士研究生导师21人。全院40%以上的教师具有1年以上的海外留学经历。胡涤非副教授、颜昌武副教授分别获得全国MPA优秀教师和优秀教学管理工作者表彰。聘请客座教授2人、研究生实践导师12人。

现有在校学生1 000余人。举办了公务员培训班42个，培训学员2 000多人次。2010级陈嘉泳同学的毕业论文被评为第六届全国MPA优秀学位论文，获“挑战杯”全国大学生课外学术科技作品竞赛三等奖1项。

2015年，学院获批各类科研项目54项，经费726.8万元，较上年增长22.60%，其中国家社科基金项目1项，广东省自然科学基金项目5项，其他省部级项目18项。发表B1以上论文27篇，其中A1论文2篇、A2论文4篇、A3论文1篇。蔡立辉教授获广东省哲学社会科学优秀成果一等奖，启动《暨南应急管理评论》《中国城市公共安全评估报告》的编写。与广州市应急管理办公室签订全面合作协议。

学院积极拓展境外学术交流与合作，与境外院校联合举办“公共安全与全球治理”国际学术论坛，举办学术讲座23次，其中有境外学者参与5次。

（公共管理学院/应急管理学院供稿）

法学院/知识产权学院

暨南大学法学学科始于1927年，1930年创立法学院，是中国最早设立的法学院校之一。2001年复设法学院，2004年设立知识产权学院，是华南地区首家知识产权学院。2011年，法学院和知识产权学院正式合并为暨南大学法学院/知识产权学院。

学院是全国首批卓越法律人才教育培养基地、全国大学生校外实践基地，拥有广东省地方立法研究评估与咨询服务基地、广东省知识产权培训基地、广州知识产权人才基地、广东省发改委反垄断执法合作基地、广东省电子商务协会电子商务法律培训基地。法学学科为广东省优势重点学科，知识产权与法治研究中心为广东省人文社会科学重点研究基地。

学院下设法律学系、知识产权系2个系，有中国（广东）自贸实验区研究院法治化营商环境研究中心、法治广东智库、产业发展与竞争法研究中心、侨务法、港澳基本法研究中心等11个研究机构。有法学和知识产权2个本科专业、法学硕士一级学科授权点，开办法律硕士专业学位

（JM），与经济学院和产业经济研究院共建法律经济学博士点，有国际法与国际关系、知识产权管理2个博士生招生方向。

现有教职工63人，其中专任教师50人，教授14人，副教授25人，具有博士学位者39人；博士生导师3人，硕士生导师40人；聘有客座教授10人、兼职教授35人、研究生实践导师62人。有首届“广东特支计划”领军人才教学名师1人，教育部“新世纪优秀人才支持计划”入选者1人，首批“全国知识产权领军人才”1人，广东高校“千百十人才工程”培养对象1人，广东省教学名师1人，广州“十大中青年法学家”2人。1人任教育部高等学校教学指导委员会法学类专业教学指导委员会委员，1人任全国性法学学术组织副会长，5人任全国性法学学术组织常务理事。2015年，学院实施第二批国家“双千互聘计划”，聘任兼职副教授1人、讲座教授2人；朱义坤教授入选2014年“广东特支计划”教学名师；胡鹏翔和刘文静教授分别获评全国法律硕士优秀管理工作者和优秀教师。

2015年，学院有在校学生1 241人，包括本科生705人、研究生536人；招收本科生80人，全日制硕士生96人，在职法律硕士生75人。本科生和研究生就业率达98%；司法考试通过率达50%。1人获评2014—2015学年度广东省优秀学生；1名研究生获“第十届泛珠三角合作与发展法治论坛”论文一等奖。

2015年，学院获批国家社科基金项目1项、省部级科研项目5项、教育部人文社科项目1项、广东省哲学社会科学“十二五”规划2015年度项目2项；发表B类以上论文13篇，其中1篇发表在《中国社会科学》；资助教师出版专著3部；新增广东省第六届哲学社会科学优秀成果奖二等奖、三等奖各1项。

2015年，学院成功进入广东省高水平大学建设的学科组团；学院起草的《广东省华侨权益保护条例》获广东省第十二届人民代表大会常务委员会第十九次会议通过，是我国首部保护华侨权益的省级地方性综合性法规；受国务院侨办委托起草《中华人民共和国海外侨胞权益保护法（草案）》。设立暨南大学“地方立法与法治智库”，向广东省人大提交47份地方立法草案修改意见稿或表决前评估报告；参加全国人大常委会主持的《慈善法》等多项重要立法调研和广东省人大组织的各类立法调研。学院获批广东教育教学成果奖（高等教育）培育项目2项、广东省“质量工程”建设项目3项；与广东康浩律师事务所等7家单位签署校外实践教育基地协议。

2015年，学院举办中国知识产权法学研究会年会、“中共十八届三中、四中全会以来经济法新问题研究”高峰论坛暨第十七届经济法学博士论坛、广东省法学会经济法学研究会2015年年会、广东省法学会诉讼法学研究会2015年年会、“地方立法与法治”论坛、广东省电子商务协会政策法律专业委员会成立大会等学术活动。举办暨南法学论坛讲座17场。

（法学院/知识产权学院供稿）

国际关系学院/华侨华人研究院

国际关系学院/华侨华人研究院的前身可追溯到1927年成立于上海的国立暨南大学南洋文化教育事业部。2011年7月，学校整合学科资源成立国际关系学院/华侨华人研究院。2014年11月，学校成立21世纪丝绸之路研究院，与国际关系学院/华侨华人研究院实行“一套人马，两块牌子”。

学院下设华侨华人研究院（教育部人文社会科学重点研究基地）、东南亚研究所、国际政治学系以及《东南亚研究》杂志社4个教学科研单位，设美国研究中心、非洲研究中心、海峡两岸关系研究中心、南海战略研究基地等十几个研究机构，与学校图书馆共建华侨华人研究文献中心。有国际政治、国际事务与国际关系2个本科专业，国际关系学科博士点1个，硕士点7个及政治学博士后科研流动站1个。公开出版的学术刊物有全国中文核心期刊《东南亚研究》（双月刊）及《海外侨情观察》（原《世界侨情报告》）。

学院现有教职工48人（含返聘），其中教授14人，副教授18人；博士生导师11人，硕士生导师27人。有第四届国务院侨办专家咨询委员会委员1人，教育部政治学专业教学指导委员会委员1人，教育部“新世纪优秀人才支持计划”入选者1人、“广东特支计划”宣传思想文化领军人才1人。有在读本科生124人，硕士生82人，博士生101人，非学历教育研究生15人。2015年毕业授予学位学生75人，包括博士14人、硕士33人（非学历教育4人）、学士28人。

2015年，学院学科组团入选学校广东高水平大学建设项目，参与中联部牵头的“一带一路”智库联盟并受聘为理事单位。以学院顾问刘泽彭为首席专家、陈奕平教授主持的教育部重大攻关项目顺利结题。廖小健教授获批国家社科基金重点项目1项，王子昌教授和梁茂春副教授获批国家社科基金一般项目各1项。周聿峨教授等的论文获全国统战理论政策研究创新成果二等奖，是广东省唯一获全国统战理论政策研究创新成果奖的论文。学院品牌项目“世界华侨华人研究文库”“暨南东南亚研究文库”、《海外侨情观察》《南海地区形势报告》等继续组稿出版。学院与出版社共同策划的“华侨华人与抗日战争系列”（3种）入选中宣部、新闻出版广电总局“纪念中国人民抗日战争暨世界反法西斯战争胜利70周年”重点选题。

2015年，学院派出36批次师生团队赴26个国家及港澳台地区访问，开展学术交流和调研；接待来自16个国家及地区的外国学者及政府官员团组2批，共84人次。举办及参与3场双边会议、6场国内国际学术研讨会及大型活动，包括“华侨华人与世界反法西斯战争”国际学术研讨会、“中国与印尼全面战略伙伴关系：机遇与挑战”国际学术研讨会、第二届欧华高峰论坛等。10月，承办国务院侨办侨务干校第66期全国侨务干部培训班暨第5期侨务公共外交专题研讨班，来自全国各地的100多名侨务干部参加培训。

（国际关系学院 / 华侨华人研究院供稿）

理工学院

理工学院的历史可追溯到1929年成立的国立暨南大学理学院，是暨南大学成立最早的学院之一。学院现设有物理学系、力学与土木工程系、食品科学与工程系、材料科学与工程系、光电工程系5个教学系，应用力学研究所、光电工程研究所、电力电子研究所3个研究所，公共安全研究中心、食品科技研究中心2个研究中心，核科学与工程技术研究院、食品安全与营养研究院（2015年11月成立）2个研究院。

学院现有应用物理学、光电信息科学与工程、食品科学与工程等11个本科专业，工程力学、生物医学物理与生物医学信息技术2个博士点，力学、光学工程、物理学、食品科学与工程、材料科学与工程5个一级学科硕士点，理论物理、光学工程等16个二级学科硕士点，建筑与土木工程等4个工程硕士专业学位点。建有力学学科博士后科研流动站。

工程力学是国家级特色专业、广东省重点学科，力学、生物医学工程是广东省攀峰重点学科，光学工程、食品科学与工程是广东省优势重点学科，信息工程是广东省名牌专业，光电信息科学与工程是广东省战略新兴产业特色专业。拥有“重大工程灾害与控制”教育部重点实验室、“人工器官与材料”教育部工程中心等14个国际及省部级重点实验室（研究中心、教学示范中心），建有国际联合实验室2个，有3个广东省级产学研基地和6个联合培养研究生示范基地。2015年，工程学学科进入ESI世界前1%排名。

学院现有在职教工193人，其中院士2人，具有正高职称者46人、副高职称者64人、中级职称者56人，博士学位获得者107人、硕士学位获得者58人，博士生导师28人、硕士生导师69人。有两院院士2人，“长江学者”特聘教授1人、“千人计划”专家1人、教育部轻工类专业教学指导委员会副主任委员1人、力学类专业教学指导委员会委员1人，国务院学科评议组成员1人、青年“千人计划”专家1人。

学院现有在读全日制本科生1 516名、研究生445名，其中境外生237名。学生在各类学术科技竞赛中获国际奖2项、国家奖1项、省部级以上奖项30余项，在大学生创新创业训练计划项目中获国家级立项11项，省级立项16项；发表SCI论文6篇，申请专利3项。研究生彭作声等在国际知名刊物 *Journal of Materials Chemistry A* 发表封面论文。

2015年，学院获批科研经费3 700万元，申报专利59项，获授权29项。李卫教授作为学术带头人完成的项目“节材耐磨损钢铁材料制造技术研发与工业应用”获2015年度国家科学技术进步奖二等奖。钟金钢教授课题组，陈哲教授、余健辉副教授团队分别在知名刊物 *Nature Communications*、*Scientific Reports* 发表论文，袁鸿教授位列“2015年中国高被引学者”通用工程学术领域第10名，刘明贤副研究员实现学院教师“863计划”青年科学家专题项目零的突破。

学院主办或承办3次全国性学术研讨会；举办22期学术报告，其中5期学术报告为院士、千人专家、“长江学者”、国家杰出青年等主讲。学院全年有师生32人次赴国外或港澳台地区进行学术交流或短期学习，境外专家、学者28人次到学院进行学术交流，有31名港澳台学生到学院学习。

（理工学院供稿）

环境学院

2014年4月，学校引进国家杰出青年基金获得者曾永平教授，在环境工程系的基础上成立环境学院。

学院有环境科学（工学）、环境工程、给排水科学与工程3个本科专业；有环境科学与工程一级学科硕士点，2个二级学科硕士点，1个专业学位点，有生态学一级博士点（与校内联合），1个博士后流动站（与校内联合）。有广东省教育厅创新团队1个，建有广东省重点实验室1个，广东省工程中心2个，广东省高校重点实验室1个，广东省产学研基地1个，广东省教学示范中心1个。

学院有教职工35人，其中教授9人、副教授14人、讲师2人、实验人员5人、行政人员5人。具有博士学位者24人（平均年龄不到45岁），博士生导师6人，硕士生导师19人。拥有国家杰出青年科学基金获得者、“百名南粤杰出人才培养工程”培养对象、国家创新群体项目学术带头人、“长江学者”（讲座教授）、国家“千人计划”入选者、广东高校“千百十人才培养工程”国家级培养对象、广东省自然科学杰出青年基金获得者各1人；国际SCI杂志主编、国家自然科学基金优秀青年基金获得者、“百人计划”入选者各2人；国际SCI杂志副主编、编委15人次。2015年，学院“生态环境理论及关键技术创新”学科组团获批为学校广东省高水平大学建设学科组团，广东省环境暴露与健康创新团队获批为广东省创新团队。2015年，学院聘任讲座教授2人。

学院现有在读本科生217人，其中境外生55人；硕士研究生169人，其中全日制研究生141人，科学学位研究生99人。获批大学生创新创业训练计划项目国家级2项、省级3项。学生获第八届全国大学生创新创业年会“最佳创意项目”及“我最喜爱项目”奖，获2015年“挑战杯”广东大学生课外学术科技作品竞赛二等奖1项。

2015年，学院获批科研项目经费3 000多万元，其中获批国家自然科学基金项目9项，经费652万元。曾永平院长入选“南粤百杰”，获批经费100万元。

国际交流方面，学院有教师10人次参加国际学术会议，出国留学和交换学生10余人，境外院校的教授专家来访10余人次，主办国际会议1次。

（环境学院供稿）

信息科学技术学院

信息科学技术学院成立于2001年4月，2015年7月，学校成立广东省首家网络空间安全学院，与信息科学技术学院实行“一套班子，两块牌子”的运作模式。

学院下设数学系、电子工程系、计算机科学系和计算中心。有9个本科专业，计算机科学与技术博士学位授权一级学科，计算机科学与技术等5个硕士学位授权一级学科，12个科学学位硕士专业，4个专业学位招生专业领域，与管理学院共建管理科学与工程博士和硕士学位授权一级学科，与经济学院共建概率与数理统计硕士点。有广东省优势重点学科 1 个、教育部高等学校特色专业 1 个、广东省名牌专业 2 个，电子信息类专业被列入广东省人才培养实验区。网络空间安全与计算机应用团队为学校高水平大学建设重点建设的 13 个学科团队之一。现拥有广东省高校卫星导航芯片及应用工程技术研究中心、广东高校网络安全检测与防护工程技术研究中心等 4 个省级工程中心，2 个广东省实验教学示范中心。

学院现有教职员工 192 人，其中，具有正高职称的 33 人，副高职称的 59 人；具有博士学位的 94 人，硕士学位的 50 人；有博士生导师 14 人，硕士生导师 80 人，包括 IEEE Fellow 2 名（美国纽约州立大学布法罗分校任奎教授、原新加坡信息安全首席科学家邓慧杰教授）、广东省领军人才 3 名（邓慧杰教授、美国工程院院士李凯教授、Alexander A. Potapov 教授）、教育部“新世纪优秀人才计划”入选者 1 名（翁健教授）、广东省教学名师 2 名、广东省杰出青年基金获得者 2 名。

2015 年，学院获批各类科研项目 50 项，经费达 3 180 万元。其中获批科技部 2015 年国际科技合作专项 1 项，经费 234 万元；国家自然科学基金项目 10 项，经费 363 万元；广东省基础与应用基础研究项目 4 项，经费 130 万元；广东省应用型科技研发重大专项 2 项，经费 1 600 万元；广东省协同创新与平台环境建设项目 2 项，经费 150 万元；广东省前沿与关键技术创新项目 1 项，经费 150 万元；横向项目 2 项，经费 20 万元。在 SCI、EI 等四大检索系统收录学院论文 189 次。申报发明专利 15 项，获授权 12 项。

学院引进的以马建峰教授领衔的“移动云计算安全团队”入选广东省“珠江人才计划”引进第五批创新创业团队，获得 1 000 万元的专项工作经费资助；Alexander A. Potapov（亚历山大 · A. 波特波夫）教授入选“珠江人才计划”引进第五批领军人才，获得 600 万元的资助经费；赖俊祚教授入选“2015 年广州市珠江科技新星”及获得“2015 年广东省杰出青年科学基金”；徐毅副研究员获得“2015 年广东省杰出青年科学基金”；刘双乾教授入选 2015 年“广东省培养高层次人才特殊支持计划”；王晓明教授获第七届广东省高校教学名师奖；樊锁海教授获 2015 年“南粤优秀教师”称号。

2015 年，学院有在读全日制本科生 1 333 人，其中内招生 1 192 人、外招生 141 人。有在读硕士研究生 390 人，其中科学学位研究生 200 人、专业学位研究生 190 人。获批大学生创新创业训练计划项目国家级 15 项、省级 3 项。获 2015 年美国大学生数学建模竞赛一等奖 5 项、二等奖 8 项；在电工杯数模竞赛中，获得一等奖 3 项、二等奖 1 项、三等奖 1 项；在全国大学生数学竞赛中，获得广东省二等奖 4 项、三等奖 5 项；在全国电子设计竞赛中，获得全国二等奖 3 项，省二等奖 1 项、三等奖 5 项。获“强网杯”广东省第一届网络安全大赛高校组冠军。

2015 年，学院主办、承办 5 场国际学术会议，举办 58 场学术讲座。俄罗斯沃罗涅什国立大学 Anatoly M. Bobreshov 教授、澳大利亚迪肯大学周万雷教授等学者到院做学术报告。与白俄罗斯 KomplITeh 有限公司、俄罗斯科学院无线电工程及电子学研究所、加拿大滑铁卢大学等合作的科技项目均取得重大进展。

（信息科学技术学院供稿）

生命科学技术学院

生命科学技术学院成立于 1999 年 5 月，前身可追溯至 20 世纪二三十年代成立的国立暨南大学生物学系、化学系。

学院现下设八系一中心：生物工程学系、化学系、生物医学工程系、生态学系、细胞生物学系、生化与分子生物学系、发育与再生生物学系、免疫生物学系，赤潮与海洋生物学研究中心。有 7 个本科专业（方向），包括生物技术、生物科学、应用化学、生物医学工程、生态学、化学工程与工艺 6 个专业和化学—生物学创新班，其中生物技术为国家高等学校特色专业、广东省特色专业和名牌专业，生态学为广东省特色专业，应用化学为广东省名牌专业。有 3 个博士学位授权一级学科（生物学、生态学、生物医学工程），4 个硕士学位授权一级学科（生物学、生物医学工程、生态学、化学），10 个博士学位授权二级学科，22

个硕士学位授权二级学科，3个硕士专业学位（生物工程、生物医学工程、化学工程）。学院设3个博士后科研流动站（生物学、生态学、生物医学工程）、1个博士后科研工作站［广州（暨南）生物医药研究开发基地］，4个博士后创新实践基地。拥有1个国家重点学科（水生生物学），4个广东省重点学科（生物学、化学、生态学、生物医学工程），1个国务院侨办重点学科（免疫学）。有1个国家级实验教学示范中心（生命科学与技术实验教学中心），2个省级实验教学示范中心（化学、生物学），2门省级精品课程（有机化学、分子生物学）。

学院重大科研平台包括：基因工程药物国家工程研究中心、再生医学教育部重点实验室、热带亚热带水生态教育部工程中心、广东省生物工程药物重点实验室、水体富营养化与赤潮防治广东普通高校重点实验室、功能蛋白质研究广东省普通高校重点实验室和广东省分子免疫与抗体工程重点实验室、生物材料广东省教育厅重点实验室。

学院现有教职工287人，其中正高职称教师91人，副高职称教师78人；博士生导师74人，硕士生导师82人；有中国工程院院士1人，“长江学者”特聘教授1人，“千人计划”学者3人，中组部“万人计划”青年拔尖人才2人，“新世纪百千万人才工程”国家级人选4人，广东省领军人才2人，广东高校“珠江学者”2人；广东省杰出青年基金获得者5人，“广东特支计划”入选者5人，广东省青年优秀教师计划入选者5人，“广州市珠江科技新星”10人，全国优秀教师1人，国务院侨办系统先进个人1人，广东省高校教学名师1人，南粤优秀教师2人，南粤教坛新秀2人。

学院现有在校学生1 964人，其中本科生960人，研究生1 004人（博士生174人、硕士生830人）；在站博士后24人。2015年学院本科生获全国第八届大学生创新创业年会“优秀学术论文”奖2项、“最具眼光奖”1项、“优秀创业项目”1项；获“挑战杯”广东大学生课外学术科技作品竞赛特等奖1项、二等奖1项；获批广东大学生科技创新培育专项（攀登计划）2项；在广东省生物化学实验技能竞赛中获一等奖1项、三等奖1项。

学院申报获批各类科研项目经费6 282.2万元，其中获批国家自然科学基金项目30项，经费1 598.2万元；广东省自然科学基金项目10项，经费400万元；广东省科技项目31项，经费3 370万元。申报发明专利59项，获授权16项。

2015年，学院启动与英国伯明翰大学“2+2”本科生联合培养项目，有6名学生赴伯明翰大学学习，该校化学学院4名教师访问学院，就教学事宜达成一致意见，拟开展本科生“4+0”项目，研究生“2+2+1”“2+3”项目等。生物医学工程系与以澳大利亚 Curtin University 副校长 Brett Kirk 教授为首的澳大利亚团队、香港艺美达公司协商成立中澳生物医学工程联合实验室，并于2015年11月16日召开中国（内地和香港）、澳大利亚生物医学工程联合实验室讨论会，就合作事项达成初步意向。

（生命科学技术学院供稿）

医学院

医学院成立于1978年。1984年，学院在世界卫生组织注册，毕业生可直接参加世界各国的执业医师资格考试。2015年，医学院成为国家卫生计生委、教育部共建的重点医学院校之一。

学院下设临床医学系、口腔医学系、护理学系、中医学系、应急医学系、公共卫生与预防医学系，拥有36个教研室（学术系）、7个研究所（中心）、1种全国科技核心期刊——《中国病理生理杂志》。现有4个本科专业（其中临床医学为教育部特色专业、中医学为广东省特色专业）、7个一级学科硕士点、52个二级学科硕士点、2个一级学科博士点、21个二级学科博士点、2个博士后流动站，4个省部级重点学科，以及1个省部级重点实验室。学院拥有19家附属医院，其中广州华侨医院为直属附属医院，非直属附属医院有：深圳市人民医院、珠海市人民医院、广州市红十字会医院、清远市人民医院、江门市五邑中医院、深圳市眼科医院、深圳华侨医院、惠州市口腔医院等。

院本部有在编教职工209人，其中具有正高职称的42人、副高职称的73人；专任教师127人，其中高级职称者109人，有硕士研究生以上学历者121人；硕士研究生导师83人、博士研究生导师21人；中国工程院院士1人、双聘中国科学院院士1人、国家级教学名师1人，教育部“跨世纪优秀人才”2人、广东省教学名师1人。2015年，学院新进人员7人，其中博士5人。

全院有在校学生2 053人，其中博士生57人、硕士生368人、本科生1 628人；研究生就业率100%，本科生就业率78.08%。2015年招生401人，其中硕士生86人、博士生11人、本科生304人。2015届毕业生有398人，其中博士生10人、硕士生99人、本科生289人。2015年，学院有2个项目获批为广东省高等教育教改项目；中医学专业成功入选教育部、国家中医药管理局卓越医生教育培养计划。2012级博士生王晓钰获评2015年广东省优秀学生。在第十四届“挑战杯”全国大学生课外学术科技作品竞赛中获二等奖1项，在第五届“天堰挑战杯”全国高等医学院校中医药创意设计大赛中获二等奖1项。

学院全年获批各类科研项目76项，获批经费1 831.25万元。其中国家自然科学基金项目19项，获批经费600.5万元；“863计划”子项目1项，获批经费187.75万元；中国博士后基金特别资助项目1项，获批经费15万元；中国博士后基金2项，获批经费13万元；广东省自然科学基金项目6项，获批经费60万元；广东省科技计划项目8项，获批经费590万元；广州市科技计划项目4项，获批经费90万元；广州市科技计划项目重大项目（合作）1项，获批经费80万元；广东省医学科研基金项目12项，获批经费7万元；广东省中医药局课题6项，获批经费4万元；暨南大学科研培育与创新基金研究项目16项，获批经费184万元。获发明专利授权4项。

2015年，学院举办第一届（广州）传染病与公共卫生国际研讨会、纪念《中国病理生理杂志》创刊30周年系列座谈会等学术活动。

（医学院供稿）

第一临床医学院

第一临床医学院即暨南大学附属第一医院、广州华侨医院，于1981年正式建立，目前已发展成为集医疗、教学、科研、预防、保健、康复功能于一体的面向海内外的综合性现代化医院。1994年，医院被卫生部评为三级甲等医院。2015年，医院获评“全国2015改善服务创新医院”，在南非开展“医疗惠侨”活动，拓展海外医疗布点工作；10月，与天河区卫生和计划生育局签订共同建立区域医疗联合体框架协议。

2015年，医院有职工2 303人，其中正式编制和人事代理制员工1 228人、合同制聘用员工1 075人（含91名住院医师培训人员）；医疗人员586人，护理人员1 105人，医技人员273人；具有正高职称者94人，副高职称者165人；具有博士学位者170人，硕士学位者414人。有硕士生导师544人、博士生导师166人（含各研究生培养基地导师），2015年新增临床医学专业学位博士生导师15人、临床医学专业学位硕士生导师28人。有中华医学会二级学会候任主任委员1人，委员11人；中国卒中学会副会长1人；在广东省医学会、广东省医师协会等各类省级学会中，有会长1人，副会长8人次，主任委员7人，副主任委员50人次。2015年，15名专家获评“羊城好医生”。

2015年，医院实际开放床位1 494张，院本部门急诊量1 313 939人次，年出院51 040人次，住院手术22 709例；平均住院日10.26天，病床使用率98.38%；东圃分院门急诊量166 359人次，年出院3 215人次；校门诊部门诊量10.24万人次。医院全年业务收入较2014年增长12.12%。

2015年，医院获批各类纵向基金项目120项，其中国家自然科学基金项目8项，经费260万元；省部级项目46项，经费868万元，其中广东省重点项目1项，经费100万元；厅局级项目31项。获纵向项目经费1 472万元。医院职工发表SCI论文137篇。新增省级工程技术研究中心2个，分别是：广东省神经功能康复工程技术研究中心和广东省血液净化临床工程技术研究中心。临床医学虚拟仿真实验教学中心获批广东省虚拟仿真实验教学示范中心。医院承办的《中华肥胖与代谢病》电子杂志正式出版创刊号。

教学方面，医院现有在读研究生1 288人，新招收研究生438人，其中硕士研究生286人、博士研究生152人，港澳台生31人。为校内医学、药学专业学生开课118门。获批临床医学博士及硕士专业学位授权点。学生获第六届全国高等医学院校临床技能竞赛华南赛区二等奖。新增3个研究生培养基地：海南省人民医院、中山市陈星海医院、珠海市妇幼保健院，医院的研究生培养基地增至23家。

新增精神科、眼科、整形外科3个国家级住院医师规范化培训基地，专业基地数量达25个。2015年有规范化培训学员401人，其中本院招录和委培住院医师118人，35名住院医师获得广东省卫生厅颁发的住院医师规范化培训合格证。

举办学术讲座22场，国际性会议5场，包括“慢性脊髓损伤的康复与治疗国际研讨会”“精准医学与肿瘤和代谢病国际研讨会”“第九届亚太听力言语语言国际大会”等；承办全国临床/口腔医学专业学位研究生教育政策与业务培训会。

为加强信息化建设，医院上线广东省云医院，接入银联现代医院“医程通”App，率先在技术上实现医保手机个账支付。为深化对口扶贫、帮扶工作，医院医疗队赴云南和西藏开展医疗服务，派遣专家赴河源市人民医院、阳西县人民医院、新丰县人民医院、连平县第二人民医院挂职，全年完成34次省内外大型义诊。

（第一临床医学院供稿）

药学院

药学院成立于2001年4月，现设有药学和中药学2个系，以及中药及天然药物研究所、新药研究所、基因组药物研究所、中药生物技术研究所、暨南大学—香港科技大学神经科学和创新药物研究联合实验室、海洋药物研究中心、肿瘤药理学研究所、药物化学生物学研究所、药物经济与卫生技术评估中心9个研究机构和1个实验教学中心。2015年，药学虚拟仿真实验教学中心获批广东省虚拟仿真实验教学示范中心。

学院现有药学、中药学2个本科专业和药学本硕博连读班，同时在国际学院设有药学专业（全英授课）。中药学一级学科有博士授权，中药学、药学2个一级学科有硕士授权，有药事管理学博士点，制药工程（在职）、中药学2个专业学位硕士点，及中药学博士后科研流动站。

教师队伍有正高职称教师38人，副高职称教师39人；博士生导师37人，硕士生导师68人。具有博士、硕士学位的教师达100%，有海外留学和海外学习或工作经历的专任教师占70%。有中国工程院院士1人，“长江学者”特聘教授1人，国家杰出青年基金获得者4人，“千人计划”专家1人，“新世纪百千万人才工程”人选2人，“珠江学者”特聘教授1人，国家优秀青年科学基金获得者2人，科技部“863计划”青年科学家1人，“千人计划”青年人才1人，教育部“新世纪优秀人才支持计划”入选者9人，广东高校“千百十人才培养工程”省级培养对象5人，广东省杰出青年基金获得者9人，“广州市珠江科技新星”15人。2015年，栗原博、何蓉蓉、李怡芳获第十七届“中国专利优秀奖”；高昊获广东省南粤优秀教师称号；王磊获广东省自然科学基金杰出青年科学基金；高昊、何蓉蓉入选“广东特支计划”科技创新青年拔尖人才项目；王磊入选“广东特支计划”百千万人才工程青年拔尖人才项目。

2015年，学院有在读本科生388人，其中香港学生39人、澳门学生66人；硕士及博士研究生545人，其中香港学生3人、澳门学生11人。

学院获批各类科研项目经费总计2 843.3万元，其中纵向项目58项，经费2 408.5万元；横向项目27项，经费434.8万元。获批国家自然科学基金项目21项，经费913万元；广东省自然科学基金项目8项，包括1项广东省杰出青年科学基金项目，经费190万元；广州市科技计划项目7项，包括2项“广州市珠江科技新星”计划项目，总经费400万元。教师发表SCI论文192篇，申报发明专利14项。

邀请多名专家学者来学院作学术报告。瓜多尔高等教育委员会大学和工艺学校常设委员会主席Marcelo Cevallos Vallejos博士和亚马逊大学校长Julio Cesar Vargas Burgos来学院访问。学院代表团访问美国威斯康星大学麦迪逊药学院，药学本科教育申请马来西亚认证获受理。与美国克莱蒙特大学联盟的KGI学院就人才培养事宜达成共识。聘任阿姆斯特丹自由大学Somsen教授、比利时烈日大学 Fillet 教授为客座教授，敦聘厦门大学张晓坤教授为兼职教授。

截至 2015 年底，学院建有广东省药品检验所、广州市药品检验所、白云山和记黄埔中药有限公司等教学实习基地，并在新疆建立全国最大的肉苁蓉繁育产学研结合基地。

（药学院供稿）

社会科学部

社会科学部的前身马列主义教研室成立于 1958 年，1984 年改为社会科学理论基础部，1993 年与德育中心合并为社会科学部。社会科学部负责全校本科生、研究生的思想政治理论课教学和境外学生的“国情教育”课程教学工作，承担学校马克思主义理论学科建设工作。

社会科学部设马克思主义基本原理、毛泽东思想和中国特色社会主义理论体系概论、思想道德修养与法律基础、中国近现代史纲要、形势与政策、国情教育、研究生公共课等 7 个教研室；马克思主义理论研究室、国学研究所等 2 个研究机构。拥有思想政治教育、马克思主义中国化 2 个二级学科硕士点。

现有教职员工 29 人，其中专任教师 26 人、行政管理人员 3 人。其中教授 7 人、副教授 14 人（2015 年新增 1 人）；具有博士学历者 18 人；博士生导师 2 人，硕士生导师 15 人。2015 年，赖松龄教授入选广东省“百名优秀德育教师”。2015 年，招收全日制硕士研究生 7 人；毕业硕士研究生 8 人。

程京武的课题“广东特色高校思政课（本科）微课程体系构建”获批 2015 年广东省省级德育创新项目；田明的课题“本科院校思想政治理论课微课资源开发”（《马克思主义基本原理概论》）获批 2015 年广东省省级学校德育能力提升项目；张龙平的课题“晚清旅粤西人的岭南文化印象研究”获批 2015 年广州市社会科学规划项目；黄聘的课题“当代大学生个人品德的生成机理与社会支持研究”获批 2015 年广东省高校思政研究会一般课题。2015 年，在广东省“百系列”学校德育优秀成果展示活动中，陈联俊的论文获“高校百篇优秀德育论文”展示活动二等奖；赖松龄的论文获三等奖；金焱的课例“加强道德修养　锤炼道德品质”和张龙平的课例“战争的缘起与早期发展”获“百个优质高校德育课课例”展示活动三等奖。在权威期刊《马克思主义研究》《马克思主义与现实》《光明日报（理论版）》发表论文 4 篇。

邀请北京大学郭建宁教授来校作题为“中华优秀传统文化与社会主义核心价值观”的专题讲座。邀请山东大学周向军教授、兰州大学王学俭教授、华中科技大学欧阳康教授来部开展学术交流。举办 2015 年“马克思主义与当代中国”学术研讨会。

（社会科学部供稿）

体育学院

学校从 1907 年建校之初就有体育教学建制，1988 年体育部成立。2015 年 9 月，学校在体育部的基础上成立体育学院。学院承担着全校的公共体育教学、体育专业人才培养、体育科学研究、运动队训练、大学生体质健康测试、师生体育健身、校园体育文化建设和对外体育文化交流等任务。暨南大学是传统体育强校，体育已成为暨南大学作为华侨最高学府的特色之一。2015 年 11 月 19—21 日，学院组织举办暨南大学第四十二届田径运动会，还完成对全校内外招本科生进行体质健康测试的年度工作。

学院现有教职工 57 人，专任教师 49 人。教授 8 人、副教授 24 人；具有博士学位者 6 人，硕士学位者 12 人；国家级裁判 6 人。多人在各级各类体育组织中任职。体育教育专业有本科生 140 人，其中内地生 97 人、境外生 43 人；新生 34 人。本科生就业率达 100%。学院学生获 2015 年广东省第二届体育教育本科专业学生基本功大赛团体二等奖及个人三等奖16项。学院与南海实验中学、广州育才实验中学等7所重点示范性中小学签署共建本科教学实习基地协议，其中南海实验中学、广州东风西路小学2个实习基地建设被评为A级。

2015年，学院首次获批教育部人文社会科学研究项目，教师发表学术论文10篇，其中权威期刊收录论文1篇、CSSCI收录论文4篇。聘任国务院学位委员会体育学科评议组第一召集人黄汉升为兼职教授。

学校体育竞赛成绩突出。在全国大学生运动会上连续五次获得“校长杯”，其中，在2000年第六届全国大学生运动会上以16金、12银、5铜，3人次破大运会纪录的优异成绩，获得“校长杯”第二名。2005年，学校成功举办首届亚洲大学生田径锦标赛，来自亚洲19个国家和地区40所高校的300多名运动员参加男子20项、女子20项赛事的角逐，开创了我国高校承办国际性体育赛事的先河。2015年，在世界及世界大学生运动会、全国及全国大学生比赛、广东省各项比赛中获奖牌279枚，其中金牌127枚、银牌84枚、铜牌68枚。

学校有着丰富的校园体育文化。2015年5月和9月，学院先后参与举办“经典国球辉煌暨南”——国乒暨南行活动和“中国梦　暨南情”——中国跳水梦之队暨南行活动。5月18日至23日，接待新加坡南洋理工大学体育代表团到校访问。

（体育学院供稿）

华文学院

（详见“华文教育与汉语国际教育”栏目）

人文学院

人文学院于2010年8月成立，位于暨南大学珠海校区。学院下设文学教研室、法学教研室、管理学教研室，以及香山文化研究所、华人留学文化研究所，暨南大学珠海汉语教学中心、暨南大学法治化营商环境研究中心、暨南大学少年及家事法研究中心、暨南大学珠海校区法律与政策实践中心、暨南大学人文学院妇女发展研究中心7个研究机构。有6个本科招生专业（方向）：行政管理（城市管理方向）、法学（律师方向）、汉语言文学（高级文秘方向）、汉语言文学（编辑与出版方向）、广告学（网络与新媒体方向），以及文化产业管理本科专业方向。

学院现有教职工54人，其中高级职称教师23人，博士生导师1人，硕士生导师14人，拥有博士学位和在读博士的教师比例达75%。学院在职教师中有全国优秀教师1人，珠海市先进教师3人。2015年，钟瑞栋教授、张鸿巍教授获聘“珠海特聘学者”。现有在校学生1 040人。

2015年，学院有在研国家社科基金项目5项，省部级、厅局级在研科研项目多项；有广东省高校精品课程1门。8月，法学专业获批珠海市重点学科，暨南大学法治化营商环境研究基地获批珠海市重点研究基地。学院教师张朝华、李琴的课题获批2015年度教育部人文社会科学研究项目；危磊的科研成果“太极图蕴含的审美思想与中国书法艺术”获教育部第七届高等学校科学研究优秀成果奖（人文社会科学）三等奖。

2015年，邀请专家学者13人次到学院进行学术交流或讲学，举办或参与举办珠海仲裁发展动态与仲裁实务研讨会、儿童保护论坛（珠海）暨海峡两岸少年及家事法研讨会、民法法典化与法治化营商环境建设理论研讨会。

学院学生获中国文化新业态（深圳）峰会暨首届全国大学生文化创意创业大赛三等奖，在第十三届贸仲杯全英文国际商事模拟仲裁庭辩论赛中获“团队突出贡献奖”。

（人文学院供稿）

翻译学院

翻译学院于2010年6月成立，位于暨南大学珠海校区。学院下设基础课教研室、专业课教研室、大学英语教学部、学院办公室，以及翻译研究所、翻译中心、外语实践中心、翻译实验室、《晨星英文报》（*Morning Star*），建有9个校外教学实习基地。现有翻译专业本科学位点（BTI）和翻译专业硕士学位点（MTI）（与外国语学院共建）。根据社会机构公布的2015—2016年度中国大学及学科专业排名，学校翻译专业在国内122所开设翻译专业的高校中位列全国第八、广东省第二。

学院现有在职教职工33人，外教3人，校外实践导师5人；2015年，敦聘Roberto A. Valdeón教授、孙艺风教授为客座教授。

2015年，学院获批课题7项（其中国家级2项、省部级1项、厅局级1项），经费165.8万元。出版著作4部（专著1部、教材1部、译著2部），论文26篇（其中A2论文3篇、A3论文3篇）。赵友斌教授领衔申报的“中国绘画思想史”编译项目获批国家社科基金“中华学术外译项目”，经费50万元。陈毅平教授与中国社会科学出版社联合申报的《秦汉称谓研究》（英文版）获批2015年度国家社科基金“中华学术外译项目”。施佳胜副教授的“中国典籍翻译‘方向性’研究——以《文心雕龙》英译为例”获批教育部人文社科基金项目，经费10万元。7月，学院获批为珠海市六个人文社科类“优势学科”建设单位之一，建设经费100万元。

2015年，学院获批省级教学团队项目1项、广东省高等教育教学改革项目1项、精品资源共享课项目1项、省级大学生校外实践教学基地项目1项、省级教学成果奖（高等教育）培育项目1项。成功举办暨南大学第五届翻译竞赛，共有5个校区学生的233份稿件参赛；指导学生参加第27届韩素音青年翻译奖竞赛，5名参赛学生获得优秀奖，获奖人数在国内71所参赛高校中位列全国第三、广东省第一。2名学生获得广东省笔译大赛二等奖。举行5场校外实践导师讲座和1场“暨南大学名师讲坛”系列讲座。

西班牙奥维耶多大学Roberto A. Valdeón教授和澳大利亚西悉尼大学人文与传播艺术学院院长Peter Hutchings访问学院。

（翻译学院供稿）

国际商学院

国际商学院成立于2010年8月，位于暨南大学珠海校区。学院下设金融学、国际商务、工商管理3个教研室，管理科学与工程研究所、港珠澳服务业发展研究中心、国际金融与商务研究所3个研究机构及国际合作交流中心、教育培训中心、实验中心。有金融学（金融工程）、财务管理、国际经济与贸易、国际商务、工商管理和市场营销6个本科专业。

学院现有教职工40人，专职教师34人，其中教授7人、副教授19人，博士生导师4人、硕士生导师18人。

现有本科生约1 800人，双学位学生200余人。学院学生在研究生推免、优异生培养、出国深造、就业等方面成绩显著，每年就业率均保持在98%以上。2015年，学院开始招收国际商务专业国际商贸服务与国际投融资管理2个方向的全日制硕士研究生，首届招生11人；高级研修项目学员87人。

2015年，学院发表论文23篇，其中A类论文4篇；获批项目16项，获批经费124.05万元；其中纵向项目14项，获批经费114.05万元；纵向项目中含省部级项目6项，获批经费51万元。

2015年学院获批省部级教学成果奖培育项目、教学改革项目、质量工程项目7项；1名教师在第三届“暨南大学本科教学校长奖”评选中获教学贡献奖，1名教师在第六届本科课程全英语教学竞赛中获得优秀奖。2015年，获批大学生创新创业训练计划项目31项，其中国家级8项、省级8项。

学生参加国际级竞赛获奖2项，国家级竞赛获奖6项，省部级竞赛获奖1项；学院1名学生作为第一作者在A类期刊发表国际级学术论文。本科生获国家级创新活动奖3项，省部级奖1项。2015年，学院举办“两岸四地”商业领袖论坛暨校企协同育人与创新创业研讨会，联合校外机构搭建产学研政资协同育人和协同创新创业平台，成立校企协同创新创业实践中心，继续举办商业领袖论坛和商业精英挑战赛。

2015年，学院访问澳大利亚西悉尼大学、卧龙岗大学，新西兰惠灵顿维多利亚大学、怀卡托大学，我国台湾台北商业大学、东华大学、暨南国际大学、义守大学等高校，就进一步加强学生互换、师资交流等展开磋商合作。邀请3位境外合作院校教师来学院访学交流。派出19名学生赴英美合作院校参加交换学习；连续第五次组织优秀本科生暑期赴台湾台北商业大学及相关企业进行实践教育；组织第四届美国威斯康星大学访学团来学校进行“全球学习营”活动。

（国际商学院供稿）

电气信息学院

电气信息学院成立于2010年8月，位于暨南大学珠海校区。下设数学、计算机基础、计算机技术、电子信息与物联网4个教研室和包装工程、电气自动化2个研究所（教研室）。已建成21个教学科研实验室，数学建模基地、机器人竞赛基地、电子设计竞赛基地和程序设计竞赛基地4个校内实践教学基地以及27个校外实习基地。

学院现有电气工程及其自动化、包装工程、自动化、信息安全、软件工程、电子信息学科与技术、物联网工程7个本科专业。已建成包装工程和智能信息处理2个自主设置二级学科硕士学位授权点。

学院现有教职员工62人，其中中国工程院院士1人，教授/研究员8人，副教授20人；博士生导师3人，硕士生导师18人。教师队伍中，获博士学位者28人，获硕士学位者24人。在读学生中，全日制本科生1 485人，其中内地生1 443人、境外生41人、留学生1人；硕士研究生28人。

2015年，学院获批国家自然科学基金项目1项、省部级项目2项、横向项目1项，经费125.5万元。教师获授权发明专利2项，作为第一作者或通讯作者发表A1论文3篇、A2论文1篇。学院教师林勤保、吕广庆、马提亚斯·图诺（Matthias Thürer）获聘珠海市特聘学者，信息安全和包装工程学科获评珠海市优势学科，产品包装与物流实验室获批珠海市重点实验室，珠海市轨道交通健康运营协同创新中心获批珠海市协同创新中心，学院共获批珠海市“四重建设”项目经费890万元。

2015年，学院教师孔锐的项目“物联网卓越工程师培养模式探索与实践”获广东教育教学成果奖培育奖。学院获批大学生创新创业训练计划项目国家级4项、省级9项。学生在国内外学术科技竞赛中斩获颇丰，获得第十三届“挑战杯”广东大学生课外学术科技作品竞赛特等奖、一等奖各1项，第十四届“挑战杯”全国大学生课外学术科技作品竞赛三等奖1项。获2015年美国大学生数学建模竞赛国际一等奖5项，国际二等奖9项，国际三等奖2项；2015年全国大学生数学建模竞赛国家级一等奖3项、国家级二等奖7项，省一等奖12项、省二等奖8项、省三等奖9项；第十三届广东省大学生程序设计竞赛优胜奖3项；2015中国机器人大赛暨RoboCup公开赛一等奖2项，二等奖2项，三等奖2项；全国大学生电子设计竞赛省级三等奖3项，优胜奖1项；ARM ST全国大学生智能设备创新大赛一等奖。学院还获“强网杯”广东省第一届网络安全大赛一等奖。

（电气信息学院供稿）

深圳旅游学院

深圳旅游学院位于旅游文化城区深圳华侨城，是国内首家通过世界旅游组织旅游教育质量认证的旅游学院。学院原名中旅学院，1993 年经国家教育委员会批准成立，1996 年建成并正式开学。2003 年 1 月，学院启用现名，5 月，在深圳登记事业单位法人。深圳旅游学院由深圳市政府、暨南大学和华侨城集团共建，学院院务委员会主任由国务院侨办副主任任启亮兼任，院长为华侨城股份有限公司董事长刘平春，执行院长为李广明教授。

学院下设旅游管理系、英语系、电子商务系、酒店管理系，旅游政策与法规研究中心、高尔夫与体育休闲产业研究中心、旅游开发研究中心，开办旅游管理、旅游管理（高尔夫管理方向）、酒店管理、会展经济管理、风景园林、商务英语和电子商务本科专业，并培养旅游管理专业的硕士、博士研究生。

学院有教职工 83 人（不含实习酒店），专任教师 47 人。专任教师中有博士学位者 28 人，高级职称者 23 人；2015 年聘任暨南大学讲座教授 2 名、客座教授 2 名，深圳鹏城学者 2 名。2015 年，学院执行院长李广明入选广东省高等学校本科教学指导委员会，吴池业副教授获全国高校数学微课程教学设计竞赛全国总决赛二等奖。

2015 年，学院教师发表学术论文 45 篇。承担纵向科研项目 12 项，其中国家基金项目 6 项，包括国家社会科学基金重大项目子项目 1 项，青年项目 2 项；参与一般项目 1 项，国家自然科学基金项目青年项目 2 项，省部级项目 4 项，厅级项目 1 项。承担横向项目 14 项，其中董观志教授团队承担的“乌鲁木齐南山旅游产业基地总体规划”项目经费 430 万元，是学校人文社科类横向课题获经费最多的项目。承担教育教学改革与研究项目 18 项，其中新立项国家级 1 项、省级 13 项、厅级 1 项。出版学术专著 2 部，出版教材 1 部。获批国家级教学建设项目 1 项，获批广东省“质量工程”建设项目 5 项，创近年来新高。

2015 年，学院有在校学生 1 508 人，其中本科生 1 492 人，研究生 16 人；内地生 1 304 人。2015 年招收本科生 408 人，其中境外生 49 人；毕业学生 297 人，其中获学士学位者 292 人、获硕士学位者 5 人；51 名毕业生被北京大学、香港大学等国内外知名大学录取为研究生。毕业生总体就业率 100%。获批大学生创新创业训练计划项目国家级 6 项、省级 2 项。获世界遗产保护与开发提案大赛一等奖。完成景观规划专业学生工作室的建设，为学生创造更好的学习与创业空间。

2015 年，学院成立暨南大学—华侨城集团博士后创新实践基地；通过全国 MTA 教学指导委员会组织的 MTA 教学评估。承办国务院侨办第一期港澳侨务工作干部专题研讨班和海外华人文化社团中华才艺文化培训班。4 月，学院学生张建亮发起的全国 MTA 联盟成立仪式暨首届峰会在学院举行。

2015 年，接待美国宾夕法尼亚州立大学、荷兰蒂尔伯格大学 TIAS 商学院等国际院校来访 10 批次。与美国宾夕法尼亚州立大学签署共建暨南—宾州深圳学院合作意向书，并共同举办都市休闲与旅游国际论坛。暨南大学深圳旅游学院同学会在学院成立，开展校友返校活动 6 次。

（深圳旅游学院供稿）

教育学院

（详见“成人教育”栏目）

研究院所

产业经济研究院

产业经济研究院于 2006 年 4 月成立，前身是 1994 年成立的暨南大学工业经济研究所，以产业组织与企业理论、产业结构与经济增长、产业市场与区域创新体系、产业政策与政府规制为主要研究方向，现任院长为顾乃华研究员。暨南大学是华南地区应用经济学研究重镇，1981 年，工业经济学专业获硕士学位授予权，1986 年获博士学位授予权。1996 年，产业经济学学科被评为广东省重点学科。1998 年，学校设立应用经济学博士后流动站。2002 年，产业经济学学科被批准为国家二级重点学科。

产业经济研究院下设产业发展与规划研究所、产业组织与规制研究所、现代服务业研究所和《产经评论》杂志社。2015 年，产业经济学被学校确定为广东省高水平大学重点建设学科。

研究院现有专职研究人员 13 人，其中教授（研究员）5 人、副教授（副研究员）5 人、讲师 3 人；博士生导师 7 人，硕士生导师 11 人；具有博士学位者 12 人（占 92.31%）；“千百十人才培养工程”省级培养对象 1 人；“广东特支计划”青年文化英才项目入选者 1 人；广东省高等学校人才引进项目入选者 2 人；广东省高校优秀青年教师培养对象 2 人。2015 年，研究院教师发表 A 类论文 10 篇，其中 SSCI 收录 4 篇；获得国家社科基金项目 2 项，广东省科技计划项目 1 项，中国博士后科学基金项目 1 项，暨南大学“宁静致远工程”项目 5 项。

2015 年，研究院招收硕士研究生 32 人，境内博士研究生 9 人，境外博士研究生 2 人；在读博士生 36 人（其中境外博士生 15 人），在读硕士生 91 人；获得博士学位 10 人，获得硕士学位 33 人；入选广东省优秀博士学位论文名单 1 人。根据《中国研究生教育及学科专业评价报告：2013—2014》，研究院产业经济学专业被评为 5 星级专业，研究生教育竞争力在全国 198 个高校中排名第 9 位。

研究院现建有中国工业企业数据库、海关进出口数据库、经济普查数据库、“广东省产业发展数据库”4 个数据库。以计量经济学软件为教学工具，加强“三高”（高级宏观经济学、高级微观经济学、高级计量经济学）课程建设，形成以现代产业体系、创新理论与政策、产业组织为主要研究对象，以博弈论、计量经济学和实验经济学为主要研究方法的学术传统。

2015 年，研究院举办“暨南大学 2015 年产业组织与国际贸易 Workshop”、黄德鸿教授百年诞辰纪念会。

（产业经济研究院供稿）

光子技术研究院

暨南大学光子技术研究院是学校直属科研单位，其前身是 2009 年 4 月成立的暨南大学光子技术研究所，2015 年 11 月更名为光子技术研究院。研究院致力于光子技术在信息获取、信息传输与处理、信息存储方面的应用研究，重点开展光传感与生物光子学、光通信与光信号处理、微波光子学技术、纳米光子学及器件、高密度光存储等领域研究。

研究院现有教职工 22 人，其中正高职称者 7 人，副高职称者 4 人，讲师 6 人，全部具有博士学位；博士生导师 5 人，硕士生导师 10 人。2015 年，研究院新增国家杰出青年基金获得者 1 人，“青年千人计划”入选者 1 人，国家优秀青年基金获得者 1 人，“广东特支计划”科技创新领军人才 1 人，“广东特支计划”科技创新青年拔尖人才 2 人，“珠江学者”特聘教授 1 人，“广州市珠江科技新星”1 人。

2015 年，研究院获批科研项目 24 项，获批经费 2 454 万元；发表 SCI 收录论文 42 篇，其中 SCI 一区和二区论文 26 篇；发表国际会议论文 26 篇；获授权发明专利 3 项，申报专利 2 项。

招收硕士研究生 24 人，博士研究生 3 人，现有在校研究生 78 人，其中博士研究生 13 人。研究生参加学术会议或交流项目 29 人次，获各类荣誉或奖励 14 人次，其中 2012 级刘甫和 2013 级蔡忠岳、张学军、徐坚组成的团队获暨南大学第六届“挑战杯”大学生课外学术科技作品竞赛特等奖、第十三届“挑战杯”广东大学生课外学术科技作品竞赛特等奖、第十四届“挑战杯”全国大学生课外学术科技作品竞赛一等奖。

研究院与香港理工大学联合主办学术研讨会 2 次，分别为第四届国际特种光纤研讨会（WSOF2015）和“下一代光互连技术”研讨会；共接待境内外学者来访 14 人次，邀请外籍专家讲学 3 人次；教师出席境内外学术会议 47 人次。

（光子技术研究院供稿）

粤港澳中枢神经再生研究院

粤港澳中枢神经再生研究院成立于2012年11月，前身为2008年10月成立的暨南大学—香港大学脑功能与健康联合实验室。现任院长是中国科学院院士苏国辉。研究院现有全职研究人员14名，高层次柔性引进人才3名，讲座教授2名，技术员系列人员6名，其中中国科学院院士1人、英国皇家工程院院士1人、“千人计划”专家2人、教育部“新世纪优秀人才支持计划”入选者1人、广东高校“千百十人才培养工程”入选者1人、“广东特支计划”百千万工程领军人才1人、广东省自然科学杰出青年1人、广东省高等学校优秀青年教师1人。在职科研骨干均毕业于境外知名高校或具有境外研究工作经历。

2015年，粤港澳中枢神经再生研究院进一步凝练研究方向，聚焦“中枢神经再生与修复”，形成神经生长的分子调控、脊髓损伤与修复、脑缺血的机制与干预、视觉损伤与修复4个研究方向。研究院申报的教育部“中枢神经再生国际合作联合实验室”获批。积极参与学校高水平大学建设，配合多个学院，完成医学学科组团任务。

2015年，研究院获批科研项目7项；发表SCI论文22篇；获批人才项目包括中组部“千人计划”1项、“广东特支计划”百千万工程领军人才项目1项、广东省自然科学杰出青年基金项目1项、广东省高等学校优秀青年教师培养计划1项、“广州市珠江科技新星”项目1项。毕业研究生5人。

举办2015国际脑功能与健康研讨会暨神经再生高峰论坛，2012年诺贝尔生理学或医学奖得主、英国剑桥大学教授约翰·戈登到校做报告，海外著名专家学者来访交流40余人次，研究院师生境外学术交流15人次，外派研究生境外短期合作研究2人次。

（粤港澳中枢神经再生研究院供稿）

生物医学转化研究院

生物医学转化研究院成立于2013年7月，其前身为广东省分子免疫与抗体工程重点实验室，院长由“长江学者”特聘教授、国家杰出青年基金获得者尹芝南教授担任。研究院下设国际免疫学中心、肿瘤中心、抗体工程中心3个研究中心，分别由Richard A. Flavell、Michael Karin、James D. Marks 3位美国国家科学院院士任主任。研究院积极拓展与国际知名科研院所的合作，目前建立长期合作交流关系的知名科研机构有耶鲁大学、加利福尼亚大学圣地亚哥分校、加利福尼亚大学旧金山分校、基尔大学、得克萨斯大学、新加坡国立大学。

建院以来，研究院陆续引进11位来自美国、加拿大、我国香港等境外高层次人才，组成“分子免疫和转化医学”研究团队，形成老中青结合、合理配置的师资队伍，现有全职科研人员10人，专职技术人员9人，博士后青年教师6人（外籍人员2人），行政办公人员3人。其中研究员6人，副研究员4人；博士生导师5人，硕士生导师8人，具有博士学位者10人。研究院有“长江学者”特聘教授1人、国家杰出青年基金获得者1人、优秀青年科学基金获得者1人、国家人力资源和社会保障部“高层次海外留学归国创业人才”1人、国家人力资源和社会保障部新“百千万”人才工程“有突出贡献中青年专家”1人、中国侨联第五届中国侨界（创新人才）贡献奖获得者1人、广东省创新创业团队带头人1人；从美国、澳大利亚等国外知名高校聘请客座教授3人，讲座教授1人。研究院现有在读研究生33人，其中博士研究生10人，硕士研究生23人；与南开大学联合培养2人。

2015年，研究院获批项目8项，经费701万元。其中国家自然科学基金项目4项（重大国际合作专项1项、面上项目2项、青年基金1项），经费471万元；广东省重大基础研究培育基金项目1项，经费100万元；广州市科技项目2项，经费120万元。发表高水平学术论文3篇。

2015年，研究院主办第三届免疫与健康国际学术研讨会、2015 暨南大学—赛诺菲中国研发中心转化医学与新药研发论坛，举办生命科学前沿讲座系列论坛 4 场次。科研人员参加国际学术会议 4 人次，参加国内学术会议 12 人次。派出 1 名青年教师，1 名博士后，1 名博士出国访问、开展学术交流。

（生物医学转化研究院供稿）

大气环境安全与污染控制研究所

大气环境安全与污染控制研究所于 2013 年 6 月成立，所长由“千人计划”专家周振教授担任。研究所现有正式教职工 13 人，其中国家“千人计划”专家 1 人，广东高校“千百十人才培养工程”省级人才 1 人，“广东特支计划”青年拔尖人才 1 人；正高职称者 3 人，副高职称者 3 人，中级职称者 6 人；博士生导师 2 人，硕士生导师 10 人；获博士学位者 11 人。研究所柔性引进教授 1 人。2015 年，周振教授入选国家“百千万”人才工程。2015 年，研究所招收博士生 2 人，硕士生 14 人；现有在读硕士研究生 35 人，博士研究生 5 人。

2015 年，研究所人员作为第一作者或通讯作者发表学术论文 26 篇（含接收），其中 SCI / EI 收录 13 篇，A1－I 区 3 篇。吴兑教授作为第一作者发表的论文《三种霾日统计方法的比较分析——以环首都圈京津冀晋为例》获中国环境学会颁发的中国环境科学 2014 年优秀论文奖，并提名领跑者 5 000 候选论文。研究所获批各级科研项目 15 项，经费 1 619 万元；其中国家级 4 项，省部级 4 项，省部级及以上经费 1 303 万元。申请发明专利 15 项。研究所与产学研合作单位共同申报，获批组建广东省环保厅“广东省环境保护大气污染在线源解析工程技术研究中心”；以暨南大学为第一单位，获省部级奖励 2 项（2015 年中国仪器仪表学会一等奖、2015 年环境保护部科学技术奖三等奖）；参加国际学术会议 4 人次（做特邀报告 1 次）、国内学术会议 10 余人次、评审会议 19 人次。境内外学者到所访问和学术交流 10 余人次。

（大气环境安全与污染控制研究所供稿）

· 教育教学 ·

本科生教育

【概况】 教务处主要负责学校本科教学的组织、管理和质量监控工作，是暨南大学教学指导委员会的日常办事机构。下设教学研究科、教学质量科、实践教学科、学籍科、教务科、综合科6个科室，有职工28人。2015年，继续深化“三三三本科教学治理体系”改革，推出“卓越未来”本科创新人才培养体系（2.0版），加强本科教学内涵建设，优化课程体系建设，推进质量工程建设，健全激励机制。全年以“暨教”文号发布文件72份，以“暨教通”文号发布文件64份。

截至2015年底，学校共有国家级特色专业建设点8个、省级特色专业18个；国家级精品课程5门、省级精品课程38门、校级精品课程（含双语教学示范课程）164门、国家级双语教学示范课程3门；国家级精品视频公开课4门、省级精品视频公开课15门；国家级精品资源共享课5门、省级精品资源共享课55门；国家级专业综合改革项目12个、省级专业综合改革试点15个、省级精品教材21项、省级应用型人才培养示范专业1个、省级战略新兴产业特色专业3个、省级试点学院1个；国家级卓越人才培养计划3项、省级卓越人才培养计划4项；国家级教学名师2名、省级教学名师12名；国家级教学团队1个、省级教师教学发展中心1个、省级教学团队20个。

2015年，获批2015年度广东省高等学校教学质量与教学改革工程本科类立项建设项目49项，其中专业综合改革试点项目6项、卓越人才培养计划2个、战略新兴产业特色专业1个、教学团队9个、大学生校外实践教育基地5个、人才培养模式创新实验区1个、应用型人才培养示范基地1个、精品视频公开课3门、精品资源共享课9门、精品教材12项。法学院/知识产权学院朱义坤教授入选“广东特支计划”教学名师。

开展第三届“暨南大学本科教学校长奖”的申报及评选工作，沈洪涛等13名教师获第三届“暨南大学本科教学校长奖”教育教学奖，余丽琳等4名教学管理人员获优秀教学管理个人奖，管理学院本科教学管理团队等3个本科教学管理团队获优秀教学管理集体奖。5月21日至22日，举办第六届本科课程全英语教学竞赛决赛，评选出一等奖3名、二等奖7名、优秀奖7名。12月11日，举办第三届本科课程新任教师教学竞赛决赛，评选出特等奖2名、一等奖4名、二等奖8名、优秀奖8名。

课程建设方面，朱淑华老师主讲的“开启‘智慧生活’的大数据”和李香平老师主讲的“汉字的奇妙世界”课程入选教育部第七批“精品视频公开课”。

教材建设方面，截至2015年底，有262部教材编写项目获国务院侨办和学校专项资助，已出版教材116本，其中2015年新增项目33项、新增出版教材12本。

教育教学改革研究项目方面，学校立项资助2015年度第一批滚动资助教学改革研究项目14项；第十七批教学改革研究项目综合类项目23项、实践教学专项10项、外招生专项20项、本科课程建设与管理中心专项66项。

质量监督方面，3月，学校公布首轮本科教学教风学风分级预警巡视意见，各教学单位成立教风学风建设小组，针对巡视报告中提出的问题进行整改，并自查2014—2015学年第一学期的本科教学情况。5月，学校组织巡视专家对首轮预警结果为橙色的教学单位进行回访，检查整改效果。10月，学校要求全校教学单位开展第二轮教风学风自查，并组织两组巡视专家巡视首轮预警结果为蓝、黄等级的20个教学单位。

实践教学与创新方面，立项国家级大学生校外实践教育基地建设项目2项、省级项目5项，广东省人才培养模式创新实验区建设项目1项、应用型人才培养示范基地建设项目1项。组织实施"国家级—省级—校级"三级大学生创新创业训练计划项目的立项、检查、结题工作，立项国家级项目110项、省级项目196项、校级项目434项。完成项目中期检查43项，其中国家级18项、省级11项、校级14项。294项国家级、省级、校级项目结题，其中65项被评为优秀项目。全校本科生全年公开发表论文120余篇，获得省部级以上科技学术竞赛奖项100余项。

组织"卓越未来"创新人才孵化项目的建设，2015年新增"未来数据科学家""未来结构英才""未来物理科学家"3个项目。参与"未来科学家"培养项目的学生发表高水平学术论文7篇、申请发明专利5项，王颖薇、秦子夕等同学获第八届全国大学生创新创业年会2项大奖。组织2015年"本科优异学生"选拔工作，遴选72名学生进入培养计划，完成2013届"本科优异学生"培养计划的验收工作，39名学生成绩显著，共有20余篇论文被SCI / EI收录，获省部级以上科技学术竞赛奖58项，半数以上的学生被境外名校、"985工程"高校录取，就业的学生基本在顶尖跨国公司和世界500强工作。

教务管理方面，2014—2015学年第二学期开设课程总数1 785门，其中通识教育选修课170门，开课班数3 495班，选课学生人数21 593人。2015—2016学年第一学期开设课程总数1 889门，其中通识教育选修课167门，开课班数3 759班，选课学生人数22 973人。组织2015年6月、12月全国大学英语四、六级考试工作。2015年全校共有5 989名学生参加四级考试，其中校本部1 907名、珠海校区1 582名、深圳校区433名、南校区2 067名；11 818名学生参加六级考试，其中校本部6 865名、珠海校区2 875名、深圳校区855名、南校区1 223名。

学籍管理方面，2015年春季140人获学士学位、1人获结业证书、2人获辅修双学位证书。2015年夏季第一批3 505人获学士学位、6人获结业证书、392人获辅修双学位证书；夏季第二批755人获学士学位、1人获毕业证书、7人获结业证书、49人获辅修双学位证书。2015年冬季46人获学士学位、3人获毕业证书、10人获结业证书、7人获辅修双学位证书。2015年共计4 446人获学士学位、4人获毕业证书、24人获结业证书、450人获辅修双学位证书、42人获辅修证书。推荐274名优秀本科生免试攻读硕士学位，其中支教团3人，东北师范大学补偿计划1人。

在南校区教学运行方面，有14个学院的一、二年级学生进驻南校区，各项教学工作有序稳定开展。10月29日，南校区"博雅大讲坛"系列学术讲座第一期正式开讲，全年共举办5期。11月，南校区大学生创新创业基地筹备建设工作正式启动。

（教务处供稿）

【招生工作】 招生办公室负责全校本科、预科的招生工作。2015年，为扩大境外招生规模，学校在委内瑞拉、玻利维亚、乌拉圭、津巴布韦、斯里兰卡、汤加、新加坡等9个国家增设10个境外招生处，境外招生处达到92个。

2015年，学校计划对海外及港澳台地区招收本科生1 800名，实际报到1 806人。境外招生工作呈现以下特点：一是报考人数稳定，台湾学生增加。港澳台侨和其他留学生报考人数达5 422人，其中台湾考生数量继续上升，达到589人，比2014年增长10%，共录取3 270名港澳台侨本科学生和909名预科学生。二是录取报到人数基本稳定。录取外招本科生3 270人，其中香港学生1 818人、澳门学生514人、台湾学生374人、华侨华人和其他外籍学生564人，实际报到1 727人，其中香港学生888人、澳门学生256人、台湾学生136人、华侨华人和其他外籍学生447人。三是择优录取空间大，生源质量稳定提高。在"全国联招"中有180名考生投档暨南大学，实际录取126人，录取最低分420分，比全国重点大学录取控制分数线高出20分。在香港录取的中六文凭试学生中，暨南大学最低录取标准为5科12分，实际录取分数大部分在15～20分。在教育部组织的免试招生中有1 521名考生报读暨南大学，占考生总数的46.81%，继续居全国各高校第一。

内地招生方面，在广东的文科投档分610分，高出重点线37分，理科投档分626分，高出重点线49分，文理分数线均为广东高校第三。在内地其他省市区，投档分数线在2014年大幅走高的基础上，文科录取平均分超出当地重点线50分的省份达到21个，理科达到28个。

学校有美术学、动画、导演、音乐学、播音与主持艺术、戏剧影视文学6个艺术类招生专业，在全国12个省和香港、澳门设立招考点。2015年报名人数达到8 245人，录取159人，其中艺术学院录取108人（外招19人）、新闻与传播学院播音与主持艺术专业录取36人（外招3人）、文学院戏剧影视文学专业录取15人。报考暨南大学高水平运动员的考生有654人，实际录取21人，其中健将级运动员3人、一级运动员11人、二级运动员7人；体育教育专业录取38人，其中录取并实际到校的港澳台侨学生9人。

受广东省教育考试院委托，学校作为广东省2015年普通高考美术考试统考考场之一，完成5 000多名考生的考试考务工作。受中国普通高校联合招生办公室委托，学校组织了对港、澳、台招生的全国联招考试广州考点2 000多人的考务工作，并负责该考试4 400多人的试卷批阅工作，批阅试卷2万多份。

【2015年暨大华大联招考试举行】 2015年5月，暨南大学华侨大学联合招收港澳台、华侨、华人及其他外籍学生考试在广州、厦门、香港、澳门四地同时举行，共有3 134人参加考试，其中第一志愿报考暨南大学的考生人数达2 938人，占总数的90.15%。

（招生办公室供稿）

【2015年本科教学日】 2015年5月14日是学校第3个“本科教学日”，本次“本科教学日”以“新时期人才培养需瞄准‘创新’”为主题，集中开展以教师和学生为主体的系列活动，多角度、多层次为本科教学提供交流展示的互动平台，包括“品味教学”、“‘赢在创新’——暨南大学本科生创新大赛”、各校区“荣誉墙”挂牌等校级活动，以及48场院级活动、14场教师教学发展促进会自发组织活动和10场学生自发组织活动，共同营造全员创新的良好氛围，在校内培育自由探索、勇于创新的土壤。

【2015年“品味教学”——教师教学系列培训活动】 为夯实教师教育基本功、推广先进教学理念、鼓励教师参与教学研究和教育创新实践，基于本科教学核心团队平台的“品味教学”系列活动继续开办。全年共在校本部及珠海校区举办7期10场活动，包括张宏主讲的“新时期的创新教育与深化教学改革”，王华东、陈填烽、曹晨主讲的“创新教育，我们何去何从”，孙立、刘绘主讲的“多媒体课件的应用艺术”，邵敬敏、高昊、王媛主讲的“那些年，我们一起上过的课”，李学武、孔锐、于沛、方赛迎、刘骏骁主讲的“跨越海峡的教学观”，刘涛教授教学观摩课，喻季欣教授教学观摩课。吸引专任教师609人次参与。

【2015年“赢在创新”——暨南大学本科生创新大赛】 2015年，“赢在创新”第五季、第六季再掀校园创新热潮。全年举办10场比赛，有90个项目团队参赛，2 000多人次直接参与。在第五季总决赛中，国际学院杜威团队的“绿动未来”项目及生命科学技术学院冯天雅团队的“能源微藻高效产油方法探索”项目获得特等奖。在第六季总决赛中，理工学院刘思琨团队的“Deep Breath（迪佰瑞）环保科技公司”项目和生命科学技术学院袁娃思祺团队的“通过代谢工程构建高产虾青素藻株的研究”项目获得特等奖。

【学校设立国内首个大学生“众创”平台】

3月26日，学校与冠昊生物科技股份有限公司携手共建的“WE创空间”正式挂牌。这是国内首个平台型创业基地项目，也是学校创新创业教育体系的重要组成部分。学校通过“WE创空间”和“赢在创新”大赛、创业训练营、创新创业孵化基地等板块协同运作，打造一个具有一定规模和体系的“众创”平台。通过平台的推动，把创新创业教育融入人才培养全过程，为学生提供便捷的“零门槛”创客空间、开放互动的创新展示舞台、以成长为核心的创业训练营、完备的市场化创新创业孵化基地，积极鼓励、扶持、指导大学生创新创业。到2015年底，参加“WE创空间”的创业团队达64个，其中正式注册公司15个。穿透传媒、U+教育、龙泓广告、多米文化等创业项目运营收入均超过100万元。

【学校在全国大学生创新年会上获6项大奖】

9月19日至20日，由教育部、科技部主办的第八届全国大学生创新年会召开，学校选送作品《纳米硒双载siRNA和顺铂逆转A549/DDP多药耐药性的研究》获评“优秀学术论文”，《组织工程板层角膜的体外快速三维重建》获评“优秀学术论文”及“最具眼光奖”，《基于活性炭吸附—微波紫外高级氧化工艺的有机气体高效处理设备》获评“最佳创意项目”及“我最喜爱项目”，《蚓动未来》获评“优秀创业项目”。学校5个项目参会，共获6项大奖，项目入选数及获奖数均位列全国第一。这是暨南大学继第六、七届年会获奖后连续第三次登上全国年会最高领奖台。

【中医学专业通过教育部认证】 8月，教育部高等学校中医学类专业教学指导委员会二届三次会议在西安召开，全国中医教指委向全国13所通过中医学专业认证、教育质量达到国家本科医学教育标准的高校颁发牌匾。全国中医教指委委员、学校医学院中医系教授杨钦河代表暨南大学上台受牌。中医学成为自教育部启动对全国医学类专业开展认证制度以来，暨南大学第一个通过教育部认证的专业。

（教务处供稿）

【四海书院工作】 四海书院负责暨南大学外招本科生通识教育阶段的教学管理和学生管理工作。书院下设综合管理办公室及教学研究与改革中心、学生学习与发展中心、学生创业与服务中心、学生文化与创作中心。2014年9月，四海书院从珠海校区转入南校区。到2015年底，已培养港澳台侨华人及外籍学生近4 000名。

第六届四海书院的院系包括：经济学院、管理学院、公共管理学院/应急管理学院、法学院/知识产权学院、国际关系学院/华侨华人研究院。有来自朝鲜、西班牙、日本、印度、老挝、巴西、菲律宾、法国、南非、巴拿马、委内瑞拉、印度尼西亚、斐济、马来西亚、缅甸、多哥、车臣及我国港澳台共20个国家和地区的学生457人，分为5个班，每个班聘任1名指导老师和2名专业导师，实现“学院领导—指导老师—专业导师—学生干部”的完整管理模式。第六届四海书院的课程体系包括通识教育课程和基础教育课程，总学分为40学分，每一学期修读不超过22学分。

本届书院以第一课堂为基础，全面推进文化熏陶和传播等第二课堂的协同培养，逐步培育出“三个一”的文化品牌：“一个体验式学习环境”，通过建设“四海之家”学习交流中心，开展“书院日”特色活动，突出四海书院的包容文化；“一种服务式活动平台”，引导学生结合兴趣爱好，打造四海嘉年华等品牌活动，突出四海书院的开放特色；“一场纪念性结业典礼”，以结业手册为载体，通过主题晚会记录学子成长足迹，突出四海书院的凝聚特色。

重点探索第二课堂思想教育工作。学生工作主要围绕“中国传统文化教育，爱国爱校教育，全人教育”开展教育工作。书院借助学校“千百十育人工程”和中华才艺培训基地两大平台，以“四海之家”文化教育基地为依托，以“六种能力”为目标，创新书院人才培养模式，完善培养机制。完成两大精品课程体系的建设：一是优秀港澳台侨学生干部培养课程，通过领导素质提升、团队熔炼、社会实践等模块，重点培养一批优秀港澳台侨学生骨干；二是四海书院中华才艺培训课程，通过开设书法班和舞蹈班，提升学生的中华传统文化素养。

（四海书院供稿）

【创业学院工作】 2015年，创业学院以“三创”（创新、创意、创业）教育为中心任务，以“爱、赢、商、信”为指引，以外围孵化器、风投基金为支撑，以创业精神培育为目标，构建具有暨南大学特色的创新创业教育体系。

开展创新创业通识教育课程、国家精品课程和国际暑期学校等创新创业教育专项工作，举办四届创业训练营、省内商业游学、商业模型论坛和创业文化节（创新创业成果展）等专项活动，参与学生达到5 000人次。

面向全校开放创业实验室。通过预约，全校学生可以使用创业实验室或约请创业实验室导师进行项目讨论。讨论时间为每周四下午2：30—5：30，由创业学院院长主持，创业项目成员组织，以启发学生思维、形成项目思路、丰富项目内涵为主要目标开展头脑风暴。

开设创新创业通识教育课程。面向全校学生开设4门创新创业通识教育课程，培养和引导当代大学生的创业思维和素养。同时聘请校外导师参与课程建设，设置创新创业第二学位课程及培养方案。

举办创业训练营。举办4期暨南大学创业训练营，每期招收28～42名海内外不同专业背景的在校学生，参加学生涵盖本科生、硕士生、博士生，学历跨度大，专业覆盖面广。每期训练营分别从口才与情商训练、商业观察、创业动机、知识价值发现、商业模型与财商训练、创新性思维与创意方法训练、逆商与商业谈判等14个模块对营员进行培养和集训。全体营员以推销自己、自行组队的方式形成团队，完成两周内的各项挑战和活动，最终形成以团队为单位的6 000字创业计划书。

开展商业游学活动。组织80余名学生参与省内商业游学活动，参观考察广州首弘电子科技有限公司、广州软件科技园和广州联炬科技企业孵化器有限公司，对当天参加游学的学员进行观察和评分，评出最佳印象奖3人、最佳表现奖3人。在游学结束后两周内，每个同学完成500字左右的商业机会分析报告。

举办商业模型论坛。每月与广东创意经济研究会合作举办商业模型论坛，面向全校师生开放，现已持续8年，运行70余期。每期论坛邀请2位来自公司的高层或高校教授作为主讲嘉宾，邀请企业家们和其他高校学生参与，由创业学院院长张耀辉教授作为主持人，并针对嘉宾所阐述的商业模型进行公司商业逻辑分析，指出其逻辑上的困境并给出诊断与改进方案，通过多人评、多人议、多人听，使交流不断深化。

创办商业科学研究机构，包括商业模型研究所、商会研究所、互联网技术与商业创新研究所、孵化器研究所、体育商业研究所，均运行良好。

（创业学院供稿）

2015年本科专业设置一览表

序号	专业名称	学位授予门类	序号	专业名称	学位授予门类
1	经济学	经济学	23	数学与应用数学	理学
2	经济统计学		24	信息与计算科学	
3	财政学		25	应用物理学	
4	金融学		26	应用化学	
5	国际经济与贸易		27	生物科学	
6	法学	法学	28	生物技术	
7	知识产权		29	生态学	
8	国际政治		30	工程力学	工学
9	华文教育	教育学	31	材料科学与工程	
10	体育教育		32	材料物理	
11	汉语言文学	文学	33	高分子材料与工程	
12	汉语言		34	电气工程及其自动化	
13	汉语国际教育		35	电子信息工程	
14	英语		36	电子科学与技术	
15	法语		37	通信工程	
16	日语		38	光电信息科学与工程	
17	翻译		39	信息工程	
18	商务英语		40	电子信息科学与技术	
19	新闻学		41	自动化	
20	广播电视学		42	计算机科学与技术	
21	广告学		43	软件工程	
22	历史学	历史学	44	网络工程	

（续上表）

序号	专业名称	学位授予门类	序号	专业名称	学位授予门类
45	信息安全	工学	68	国际商务	管理学
46	物联网工程		69	人力资源管理	
47	土木工程		70	文化产业管理	
48	化学工程与工艺		71	公共事业管理	
49	包装工程		72	行政管理	
50	环境工程		73	物流管理	
51	环境科学		74	电子商务	
52	生物医学工程		75	旅游管理	
53	食品科学与工程		76	音乐学	艺术学
54	食品质量与安全		77	戏剧影视文学	
55	建筑学		78	戏剧影视导演	
56	临床医学	医学	79	播音与主持艺术	
57	口腔医学		80	动画	
58	中医学		81	美术学	
59	针灸推拿学		82	税收学	经济学
60	药学	理学	83	网络与新媒体	文学
61	中药学		84	生物制药	工学
62	护理学		85	酒店管理	管理学
63	信息管理与信息系统	管理学	86	会展经济与管理	
64	工商管理		87	国际事务与国际关系	法学
65	市场营销		88	给排水科学与工程	工学
66	会计学		89	风景园林	
67	财务管理				

注：①修业年限方面，临床医学为五年或六年，建筑学、口腔医学、中医学、针灸推拿学为五年，其他专业均为四年。②华文教育、体育教育专业可以开展师范教育。

（教务处供稿）

2015 年暨南大学全国普通高考录取分数情况表

省份/自治区	批次	科类	计划人数	录取人数	最高分	最低分	平均分
北京	本科一批	文史	9	9	632	623	626.44
		理工	15	15	648	617	627.27
天津	本科一批 A 类	文史	13	13	613.12	601.13	606.27
		理工	26	27	622.12	608.11	612.82
河北	本科提前批 A 类	文史	26	26	624	601	607.62
		理工	62	64	646	607	616.69
	本科提前批 B 类	文史	5	5	585	577	580.8
		理工	4	4	601	588	594.5
山西	本科一批 A 类	文史	15	16	563.11	554.1	557.79
		理工	53	54	603.13	566.13	578
内蒙古	本科提前批 A 类	文史	23	23	596	565	577.87
		理工	47	47	610	561	581.28
	本科提前批 B 类	文史	5	5	544	531	537.6
		理工	4	4	548	532	539.5
辽宁	本科一批 A 类	文史	14	15	605.11	597.12	601.45
		理工	31	30	615.13	586.14	598.4
吉林	本科一批 A 类	文史	18	19	625.14	595.12	600.75
		理工	24	24	631.13	560.13	596.92
黑龙江	本科一批 A 类	文史	18	18	598.13	588.12	591.06
		理工	23	23	626.14	598.12	608.3
上海	本科一批	文史	10	11	462	446	452.36
		理工	10	11	448	440	443
江苏	本科一批	文史	12	12	374	342	355.67
		理工	25	25	380	349	360.12
浙江	本科一批	文史	17	18	680	669	673.27
		理工	33	34	680.98	661.98	668.05
安徽	本科提前批	文史	52	52	652	639	644.65
		理工	54	55	647	620	626.64
福建	本科一批	文史	23	24	620	609	612.96
		理工	29	29	638	618.99	624.62

（续上表）

省份/自治区	批次	科类	计划人数	录取人数	最高分	最低分	平均分
江西	本科一批	文史	15	15	587	581	583.2
		理工	27	27	630	606	612.3
山东	本科一批	文史	17	17	626.13	607.12	615.83
		理工	32	32	656.12	633.11	638.87
河南	本科一批	文史	13	14	578.12	567.11	569.41
		理工	30	32	612.11	598.11	603.36
湖北	本科一批	文史	21	23	580.12	569.12	573.43
		理工	38	39	608.11	575.12	592.48
湖南	本科一批	文史	21	22	614	593	599.27
		理工	23	24	629	611	615.75
广东	本科提前批	理工	10	10	617	578	596
	本科一批	文史	697	700	633	600	612.43
		理工	1 419	1 444	661	626	631.9
广西	本科一批	文史	25	25	611	590	596.48
		理工	40	40	608	580	589.35
海南	本科一批	文史	16	16	805	683.01	763.69
		理工	32	34	766.01	722	734.27
重庆	本科提前批	文史	22	22	645	631	635.73
		理工	54	54	662	629	636.7
四川	本科提前批	文史	41	41	614	589	595.17
		理工	57	57	622	583	591.65
贵州	本科一批	文史	19	20	641.1	620.1	627.2
		理工	39	39	602.1	563.1	572.64
云南	本科一批	文史	23	24	632.97	611.98	619.12
		理工	47	49	619.96	587.97	598.56
西藏	本科提前批（国家专项计划）	文史	3	3	497	446	473.67
陕西	本科一批	文史	15	16	599.32	585.32	591.32
		理工	27	26	601.32	578.31	586.54
甘肃	本科一批	文史	21	24	599.11	577.11	584.11
		理工	36	39	579.13	549.11	556.53
青海	本科一批	文史	18	20	566	538	549.45
		理工	29	29	564	416	511.07
宁夏	本科一批	文史	20	21	593.23	575.22	581.08
		理工	27	28	563.19	527.21	537.24
新疆	本科一批	文史	14	14	602.12	583.11	586.98
		理工	27	27	577.13	557.12	563.67

暨南大学境外报名点一览表

序号	境外报名点	联系方式
1	暨南大学日本校友会招生处	地址：东京都新宿区高田马场 4 – 22 – 46 THE TERRACE No. 105，邮编：169 – 0075 电话：03 – 5338 – 8612，传真：03 – 5338 – 8613 E-mail：jinan_ japan@ yahoo. co. jp 网址：http：/ / jp. jnu. edu. cn
2	日本横滨山手中华学校招生处	地址：横滨市中区吉滨町 2 – 66，邮编：231 – 0024 电话：045 – 641 – 0393，传真：045 – 641 – 3776 E-mail：jinan_ japan@ yahoo. co. jp 网址：www. yokohamayamate – chineseschool. ed. jp
3	日本神户中华同文学校招生处	地址：神户市中央区中山手通 6 – 9 – 1，邮编：650 – 0004 电话：078 – 341 – 7885，传真：078 – 341 – 7910 网址：http：/ / www. tongwen. ed. jp
4	韩国华侨青年总会招生处	地址：首尔市龙山区梨泰院洞 34 – 151 电话：0082 – 2795 3529，传真：0082 – 2798 9990 E-mail：fanotang@ hotmail. com
5	蒙古国旅蒙华侨友谊学校招生处	地址：Mongolia，Ulaanbaatar P. O. Box：455 电话：00976 – 11 – 350041
6	马来西亚董总学生事务局招生处	地址：Lot5，SekSyen10，Jalan Bukit，43000 Kajang，Selangor D. E.，Malaysia 电话：603 – 87362337 – 293
7	马来西亚古晋中华中学校友会招生处	地址：Lot119，No. 21，Tingkat Satu，Jalan Datuk Abang Abdui Rahim，93450 Kuching 电话：006 – 082 – 338210，传真：006 – 082 – 338210
8	暨南大学马来西亚校友会招生处	地址：166A，Jalan Choo Cheeng Khay，50460 Kuala Lumpur，Malaysia 电话：00603 – 40441135，传真：00603 – 40441137
9	马来西亚培思腾学院招生处	地址：29th Floor，Sunway Putra Tower，100 Putra Place Jalan Putra，50350 Kuala Lumpur 电话：00603 – 40436000，传真：00603 – 40431360
10	马来西亚 GEN Education 招生处	地址：Unit 16. 03，16th Floor，Wisma MCA，163 Jalan Ampang，50450 Kuala Lumpur，Malaysia 电话：00603 – 2161 – 5875 E-mail：enquiry@ gen – education. com / demo 网址：gen – education. com

（续上表）

序号	境外报名点	联系方式
11	文莱中华中学招生处	电话：00673－2235494，传真：00673－2235492
12	泰国曼德琳教育集团 泰国汉语教学中心招生处	地址：曼谷篮甘杏路12巷 电话：0066－27185144，0066－8－31239479 E-mail：info@ ma－ed. com 网址：www. ma－ed. com
13	泰国华人青年商会招生处	地址：曼谷是隆路ITF大厦31楼门牌160之808－811号 电话：0062－2356136－9 E-mail：info@ tycc. org 网址：www. tycc. org
14	泰国Access Worldwide Company Limited招生处	地址：122 Ekudom Building Room 7 / 1 Sipraya Road Bangrak Bangkok Thailand 电话：0066－85－6465010
15	越南胡志明市培智书店招生处	电话：0084－8－8558729，0084－8－8556269 E-mail：hemlyh@ hotmail. com
16	老挝万象市寮都公学招生处	电话：00856－21－212173、00856－21－214712
17	柬埔寨华文教育总会招生处	地址：321EO. Preah Monivon Blvd. Phonm Penh，Cambodia 电话：00855－23－218999、00855－12－878488，传真：00855－23－426538
18	缅甸瓦城福庆语言电脑学校招生处	地址：82nd Streed，Bet：35th & 36th Street，Mandalay，Myanmar 电话：00952－31832 E-mail：zuqing. mdy@ gmail. com
19	缅甸仰光招生处	地址：No. 163. Top Floor，37th Street，Kyauktada Township Yangon，Myanmar 电话：00951－2－31832、0095－990－61291
20	缅甸腊戍招生处	地址：No. 196 / 12 Block（12）Thein Ni Road Lashio Myanmar 电话：0095－82－22857
21	菲律宾华教中心招生处	地址：1253J. S. Abad Santos St. Tondo，Manila，Philippine 电话：00632－251－1803、00632－254－0814
22	印度尼西亚智民中文专业学院招生处	地址：Cerdas Angsa College，Megamal，3rd FI，Suite 58A，JI Pluit Indah Raya—Jakarta 14440，Indonesia 电话：0062－21－66670262、0062－21－6683935，传真：0062－21－66670137

（续上表）

序号	境外报名点	联系方式
23	印度尼西亚北京学院招生处	地址：Rukan G7，Mangga Dua Square，Jl Gunung Sahari Raya No. 1，Jakarta 电话：0062－21－62311384、0062－21－62311394 网址：www. blci. or. id，www. studidichina. com
24	印度尼西亚坤甸共同希望教育基金会招生处	地址：JL. Teuku Umar No. 45 Pontianak 78117 Indonesia 电话：0062－56－174－9258、0062－56－701－3912，传真：0062－56－173－8215 E-mail：xijiaxietiao11@ yahoo. com. cn
25	印度教育在线公司招生处	地址：Soundarya Paramount，1st floor，102，#83 / 87，5th Cross，Malleswaram，Bangalore－560003 电话：0091－80－23349689、0091－80－23343169 / 207，传真：0091－80－23349683 网址：www. saraswationline. com E-mail：partha@ saraswationline. com
26	阿联酋华商联合会（迪拜）招生处	地址：Office No. 636，Business Village，Port Saeed，Dubai，UAE P. O. BOX：184437 Dubai－U. A. E 电话：00971－4－2282568，传真：00971－4－2212771 E-mail：info@ ua－me. com
27	土耳其维吾尔工商协会招生处	地址：19 Mayis Mah. Halaskargazi Cad. Ünsal Çarşişi No. 164 Şisli / LST 电话：0090－212－2503069、0090－533－3179177 E-mail：s. bogda@ hotmail. com
28	俄罗斯圣彼得堡中国中心招生处	电话：007－812－4412968，传真：007－812－4412960
29	俄罗斯中国北方华人商会招生处	地址：俄罗斯莫斯科下五一大街66号，邮编：105203 电话：007－495－9132549，传真：007－495－9132549
30	乌克兰基辅国际大学招生处	电话：0038－067－713－71－62
31	英国华文教育基金会招生处	电话：0044－177－2822－914，传真：0044－779－888－858
32	法国潮州会馆招生处	电话：0033－670－619104
33	西班牙广东（粤港澳）同乡会招生处	电话：0034－915002323，传真：0034－915000612 E-mail：kawaspain@ yahoo. cn
34	葡萄牙中华总商会招生处	电话：00351－962388757

（续上表）

序号	境外报名点	联系方式
35	德国汉堡中国文化协会招生处	电话：0049－40－49094896，传真：0049－40－49094896 E-mail：Weiping. Mei@ Beiersadorf. com
36	奥地利中国和平统一促进会招生处	地址：Floristenweg 1 \ 10，1220 Vienna，Austria 电话：0043－1－9074943、0043－6506627698 E-mail：ojit@ gmx. net、zhang. weiqing@ 163. com
37	希腊华侨华人总会招生处	地址：Kolokinthous 21、10436. Athens，Greece 电话：0030－6938454883 E-mail：zouyong2002@ msn. com
38	捷克华商联合会招生处	地址：Libusska 319 / 126 Praha 4，142 01 Czech Republic 电话：00420－543－213772、00420－602－512288、0086－139－29554241，传真：00420－543－213555 E-mail：raffywang@ besteco. cz
39	匈牙利温州商会招生处	电话：0036－1－239－3338、0036－1－239－3339，传真：0036－1－239－3337 E-mail：hoteloriental@ curoweb. hu
40	波兰华人青年联合会招生处	地址：ul. M. Swiatkiewicz 49d box6 05－552 woolka kosowska poland 电话：0048－22－5781971，传真：0048－22－5781072 E-mail：yh163yh@ 126. com
41	暨南大学欧洲荷比卢校友会招生处	地址：Andromedastraat31，2401HA Alphen aan den Rijn 电话：0031－0－628－496558 E-mail：jnuaab@ jnuren. com 网址：www. jnuren. com / jnuaab
42	荷兰中文教育协会招生处	E-mail：wding@ caiway. nl
43	意大利佛罗伦萨华人华侨商贸联谊会招生处	地址：Via Righi 28 Sesto Firenze－Italy 电话：0039－055－374489，传真：0039－055－7098052 E-mail：a. i. c. italia @ gmail. com
44	丹麦丹中文化交流协会招生处	电话：0045－35853061，传真：0045－35853062 E-mail：sally. lihua@ gmail. com、sally@ hhimport. dk
45	瑞士日内瓦中文学校招生处	E-mail：hoteloriental@ curoweb. hu
46	暨南大学瑞典招生处	电话：0046－0－7088－99489 E-mail：peiquanye@ j－group. se
47	暨南大学挪威招生处	电话：0047－22760238，传真：0047－22273734 E-mail：gong_ xiu_ ling@ hotmail. com

（续上表）

序号	境外报名点	联系方式
48	美国南加州校友会招生处	电话：001－213－6262387、001－818－5859168，传真：001－818－5717325、001－818－9121889
49	美国纽约（亚洲文化中心）招生处	地址：15 E 40th Street 1 / FL New York，N. Y 10016 电话：001－212－6798833，传真：001－212－6866363 E-mail：ny@ acngusa. com 网址：www. asiancc. net
50	美国芝加哥希林协会（美国芝加哥中国和平统一促进会）招生处	电话：001－630－3554322，传真：001－630－3554326
51	加拿大汇萃顾问有限公司招生处	地址：Pacific Plaza Suite 2405－8888，nt Richmond，B. C. Canada V6x 328 Odlin Cresce 电话：001－604－279－1812，传真：001－604－279－2313
52	加拿大3E专业培训中心招生处	电话：001－647－8382677，传真：001－416－9018539
53	加拿大杰瑞文化教育与国际经贸合作服务公司招生处	地址：7907－144th Street，Surrey，BC，V3W 5T2 电话：00604－4334588，传真：00604－4334588 E-mail：1149783799@ qq. com、gerryguo2002@ yahoo. ca
54	加拿大商业与专业议会招生处	电话：00613－296－3368，传真：00613＋739－4501 E-mail：lu_ henry@ ymail. com
55	墨西哥合众国招生处	电话：005255－5511－5379，传真：005255－5511－5380 E-mail：business@ icbss. com
56	墨西哥墨中文化交流中心招生处	地址：CA. Azucenas 4061，Plaza Estancia Local 7，Fracc. Del Prado，Tijuana，B. C. CP. 22105 电话：0052－6646080188，传真：0052－6643792219 E-mail：willy_ ccm@ hotmail. com
57	巴西广东同乡总会招生处	电话：0055－11－22953834，传真：0055－11－32587526
58	阿根廷华侨华人联合总会招生处	电话：0054－911－65395999，传真：0054－11－50810888 E-mail：crp9956@ 163. com
59	秘鲁利马招生处	电话：00511－4613092、00511－8678538，传真：00511－4604592
60	厄瓜多尔瓜亚基尔招生处	电话：5934－2－518311，传真：5934－2－326146
61	巴拿马华人工商总会招生处	电话：00507－6612－6053，传真：00507－260－6426 E-mail：antochong@ hotmail. com

（续上表）

序号	境外报名点	联系方式
62	暨南大学澳大利亚悉尼校友会招生处	电话：001－61－2－92649666，传真：001－61－2－92649665
63	澳大利亚新金山中文学校招生处	电话：001－613－98867042，传真：001－613－95609288
64	澳大利亚华夏传媒集团招生处	电话：0061－3－96701818，传真：0061－3－96706868
65	暨南大学新西兰校友会招生处	地址：P. O. Box 64108，Botany，Manukau，Auckalnd，New Zealand 电话：0064－9－2728188，传真：0064－9－2728189 E-mail：jnaanz@gmail.com
66	新西兰广东同乡会招生处	电话：0064－21－781638，传真：0064－9－5290051
67	新西兰番花会馆招生处	电话：0064－4－3842－928，传真：0064－27－231－6839
68	南非中国文化和国际教育交流中心招生处	地址：386B Orient Street，Arcadia，Pretoria，South Africa 电话：0027－12－3420814，传真：0027－86－5432452 E-mail：luzhilei@189.cn
69	马达加斯加塔马塔夫华侨学校招生处	电话：00261－20－53－333－98，传真：00261－20－53－333－99 E-mail：frigota@moov.mg
70	塞舌尔中国和平统一促进会招生处	地址：塞舌尔共和国马埃岛维多利亚市1338# 电话：00248－620388，传真：00248－620668
71	斐济劳托卡中华学校招生处	电话：00679－6662155 E-mail：kmlowint@connect.com.fj
72	斐济华人文化体育协会招生处	电话：00679－3311515、00679－9999437，传真：00679－3303498
73	毛里求斯新华学校招生处	地址：Koon Tin Chun Sin Yeou 32，Avenue Des Oeillets Swanville Tombeau Bay Mauritius 电话：00230－2429275，传真：00230－2472916
74	毛里求斯海外教育中心招生处	地址：Riverview Villa，Gentilly，Moka，Mauritius 电话：00230－433220、00230－4339800，传真：00230－4332006 E-mail：pchitson@intnet.mu，ovec@intnet.mu 网址：www.overseaseducationcentre.com
75	暨南大学招生办公室台北联络处	地址：台北市万华区开封街二段24号2楼，邮编：10841 电话：886－2－2311－8247，传真：886－2－2371－9687 E-mail：cyhsieh119@gmail.com

（续上表）

序号	境外报名点	联系方式
76	暨南大学台湾校友会招生处	电话：0932－322－320
77	玻利维亚圣克鲁斯中华工商总会招生处	E-mail：ironhl8119@ gmail. com
78	委内瑞拉委京中华总会馆招生处	地址：Av Principal el Bosque，con Calle Gloria，Caracas Venezuela 电话：0058－212－7313004，传真：0058－202－7313851 E-mail：muralla13@ hotmail. com 网址：www. asoccs. com
79	乌拉圭华人协会招生处	地址：18 de Julio 1070，L61 Montevideo Uruguay 电话：00598－29005084，传真：00598－29006618 E-mail：carlosjin2000@ gmail. com
80	津巴布韦 RiartEnterpaises（Pvt）Ltd. 招生处	地址：4249 Knowe Norton Harare Zimbabwe 电话：00263－782－007344、00263－772－628637 E-mail：riart－pvt－ltd@ outlook. com
81	斯里兰卡 Win Lanka World（Pvt）Ltd. 招生处	地址：38，Madiwela Road，Embuldeniya，Nugegoda，10250，Sri Lanka. 电话：0094－117－549－050、0094－117－549－051 E-mail：info@ winlankaworld. com 网址：www. winlankaedu. com
82	阿根廷新太阳全日制中西英三语学校招生处	地址：Dr. Gregorio Araoz Alfaro 373，CABA，Argentina 电话：0054－11－4903－4378、0054－11－4904－0772 E-mail：wj@ wj－consulting. com

（招生办公室供稿）

2015 年精品开放课程一览表

序号	项目名称	负责人	单位	项目类别	项目等级
1	开启“智慧生活”的大数据	朱淑华	信息科学技术学院	精品视频公开课	国家级
2	汉字的奇妙世界	李香平	华文学院		
3	“企业医生”——管理咨询的诊与疗	李从东	国际商学院	精品视频公开课	省级
4	会说话的茶文化	李　舟	深圳旅游学院		
5	跨文化商务中的“到”与“道”	罗　靖	深圳旅游学院		
6	材料分析与表征	容建华	理工学院		
7	宏观经济学	王春超	经济学院	精品资源共享课	
8	旅游电子商务	章　牧	深圳旅游学院		
9	魅力科学——天文物理基础	李　莹	华文学院		
10	微观经济学	王　兵	经济学院		
11	药物化学	孙平华	药学院		
12	英语读译	陈毅平	翻译学院		
13	语法与写作	朱湘军	外国语学院		
14	自然保护概论	黄柏炎	生命科学技术学院		

2015 年教材建设情况一览表

序号	项目类别	教材名称	主编姓名	单位
1	重点教材资助项目	语言学概论	刘新中	文学院
2		外科临床技能学	姜海平	第一临床医学院
3		新编中国传统文化概论	龚红月	社会科学部
4		《计算机科学基础》实验教程	全渝娟	信息科学技术学院
5		地方政府学：治理与实践	李伟权	公共管理学院/应急管理学院
6	青年教师编写教材资助项目	西方行政学说史	颜昌武	公共管理学院/应急管理学院
7		篮球运动教程	岳文言	体育部
8		跨文化交流简明教程	罗晓英	华文学院
9		岭南风物写意花鸟画技法	陈天硕	艺术学院
10		微观经济学：知识点、典型案例与练习	唐飞鹏	经济学院
11		实用商务汉语案例教程	刘　峰	华文学院
12	外招生使用教材资助项目	汉语基础写作	李丹丹	华文学院
13		实用心律失常图谱（英文版）	郭　军	第一临床医学院
14		中医学教程（外招生专用）	朱晓峰	第一临床医学院
15	普通教材资助项目	国际商务	林学军	国际商学院
16		城市旅游管理	文　彤	管理学院
17		水污染控制工程	叶林顺	环境学院
18		药物化学创新实训（双语教程）	孙平华	药学院
19		街舞	吴延年	体育部
20		营销策划实务	叶生洪	管理学院
21		英语词汇学教程	王全智	外国语学院
22		网络营销	王　玮	管理学院
23		数据分析及 EXCEL 应用	王斌会	管理学院
24		保健针灸学	何扬子	第一临床医学院
25		网络传播学	曾凡斌	新闻与传播学院
26		中国外交史	何新华	国际关系学院/华侨华人研究院
27		电视新闻学	刘　涛	新闻与传播学院
28		文科基础物理学——生活中的物理	张　伟	理工学院
29		大学生心理健康教育（学生用书）	张将星	心理健康教育中心
30		旅游电子商务	章　牧	深圳旅游学院
31		问诊学	马洪明	第一临床医学院
32		文科高等数学	苏保河	电气信息学院
33		植物生物学	马三梅	生命科学技术学院

（教务处供稿）

研究生教育

【概况】 暨南大学拥有学士、硕士、博士3个层次的学位系统，依法设立暨南大学学位评定委员会。学校有博士学位授权一级学科15个、二级学科4个，硕士学位授权一级学科37个、二级学科5个；1种博士专业学位授权类别，21种硕士专业学位授权类别。学位授权点覆盖哲学、经济学、法学、教育学、文学、历史学、理学、工学、医学、管理学和艺术学11个学科门类。设有博士后科研流动站16个，博士后工作站1个。学校有学术学位研究生导师1 566人，包括学术学位博士生导师499人（含校外兼职博士生导师59人），学术学位硕士生导师1 067人（含校外兼职硕士生导师162人）；专业学位研究生导师1 170人，包括临床医学专业学位博士生导师169人（含校外兼职博士生导师72人）、专业学位硕士生导师1 001人（含校外兼职硕士生导师188人）。

研究生院负责全校学位与研究生教育管理工作，主要包括研究生招生工作、培养管理工作以及全校学位工作；党委研究生工作部负责全校研究生思想政治教育工作。研究生院下设办公室、学位办公室、培养管理办公室、招生办公室、专业学位办公室、博士后管理办公室、学位与研究生教育发展中心，有在编干部29人。

【招生工作】 全年录取各类各层次研究生4 448人，其中学历研究生3 215人，包括内招硕士生2 743人、内招博士生227人、外招硕士生181人、外招博士生64人；另有硕士学位单证班学生276人，高级研修课程班学生957人。

实施优质生源质量工程。来自1 100多所高校的11 520名本科毕业生报考暨南大学硕士研究生，报考规模与2014年基本持平，考录比平均达5.3∶1，高出全国平均考录比3∶1。录取的硕士生有60%来自“985工程”“211工程”及一本线重点高校，其中包括推免生522人。录取专业学位硕士1 556人（含双证1 280人、单证276人）、学术型硕士1 463人，专业学位与学术型硕士比例为1.06∶1，专业学位硕士招生规模连续2年超过学术型硕士。硕士新生男女比例为4∶6，博士新生男女比例为6∶4，在职攻读博士生比例大幅降低至16%。招收“少数民族高层次骨干人才计划”博士生4人、硕士生28人。面向理、工、医及新闻与传播学等学科，继续举办全国优秀大学生暑期学术夏令营，有来自全国102所重点高校近300名优秀大学生参加。

【培养工作】 截至12月20日，学校有在校研究生14 641人，其中学历教育9 724人（博士1 368人、硕士8 356人），在职攻读硕士学位1 292人，高级研修项目学员3 625人。在学历教育研究生中，有外招生1 215人（博士422人、硕士793人）、内招生8 509人（博士946人、硕士7 563人）。本年度毕业研究生2 744人，其中博士216人（含外招生29人）、硕士2 528人（含外招生122人）；在职攻读研究生完成学业290人，高级研修项目结业474人（含博士课程进修结业人员80人）。

在研究生国际交流与合作方面，加大对优秀研究生短期出国（境）研究、参加高水平国际学术会议的资助力度，扩大资助面，研究生参加国际交流与合作人数达学校历史最高，较2014年增长9.01%。有12名研究生获得公派留学资助，2人获得广州市“菁英计划”项目资助，49人获得研究生短期出国（境）研究项目资助，31人获得“研究生参加高水平国际学术会议”项目资助。派出交换生39人，评选出2016年交换生59人。

继续实施“菁英学子”行动计划，资助“优秀博士研究生攀登计划”9项，资助校级精品课程建设15门。建立健全管理规章制度，制定《暨南大学科学学位研究生学位论文开题规定》《暨南大学研究生课程学分认定与成绩转换管理办法》，发出《暨南大学关于加强研究生教材选用工作的通知》，完善过程管理和教学管理工作。12月，启用研究生中英文版“在校证明”的自助打印工作，对研究生管理系统中各专业的英文名称进行核对、补充及完善。

【学位管理工作】 2015年，授予博士学位238人、硕士学位2 886人，其中授予博士专业学位45人、硕士专业学位1 429人。授予外招研究生学位162人，其中博士30人、硕士132人。

出台《暨南大学博士、硕士学位论文抽检结果处理办法》，进一步完善学位与研究生教育质量保障机制。严格学位论文查重制度，通过“学位论文学术不端检测系统”，在论文评阅和答辩前对申请学位人员的学位论文先后进行2次文字重合率检测。继续实施博士学位论文预答辩工作，规范博士学位论文答辩流程，加强学位论文质量监控。

根据国务院学位委员会教育部《关于开展2014年学位授权点专项评估工作的通知》要求，组织中药学博士授权点开展学位授权点自评工作，撰写评估报告和相关评估材料报教育部。开展专业学位授权点专项评估工作，金融硕士、应用统计硕士、税务硕士、国际商务硕士、资产评估硕士、审计硕士、翻译硕士、新闻与传播硕士、旅游管理硕士、工程管理硕士和临床医学博士11个专业学位授权点通过国家的合格评估。根据国家学位授权点评估办法，学校通过校内外调研，确定学位授权点自我评估方案，公布《暨南大学学位授权点合格评估管理办法》。

组织广东省学位委员会第六届学位委员候选人推荐工作，胡军、林如鹏、叶文才入选广东省学位委员会第六届学位委员。组织广东省学位委员会第六届学科评议组和专业学位教育指导委员会委员候选人推荐工作，推荐胡军等48人为广东省第六届学科评议组成员候选人，林如鹏等54人为广东省专业学位教育指导委员会委员候选人。

【专业学位教育】 通过动态调整，自主撤销口腔医学硕士学位授权一级学科和中药学硕士专业学位授权点，增列公共卫生硕士专业学位授权点和药学硕士专业学位授权点；调整确认临床医学（博士、硕士）、中医硕士专业学位授权点。学校现有1种博士专业学位授权类别，24种硕士专业学位授权类别。

组织新增专业学位授权点开展专业学位导师遴选工作，遴选艺术硕士专业学位研究生指导教师13名、护理硕士专业学位研究生指导教师12名；新增临床医学专业学位（含中医、中西医结合）硕士研究生指导教师33名，临床医学专业学位博士研究生指导教师21名。新选聘专业学位研究生校外实践指导教师254人，续聘118人。

组织2015年专业学位优秀硕士学位论文评审工作，评定24篇论文为2015年暨南大学专业学位优秀硕士学位论文。组织申报国家级专业学位研究生联合培养实践基地，会计硕士专业学位示范性联合培养实践基地获批，成为全国首批十家示范性联合培养实践基地之一。组织2015年学校学位与研究生教育研究和改革项目申报、评审、立项工作，立项特别委托项目5项、重点项目8项、面上项目36项。

按照5月国务院学位委员会颁布的《关于印发临床医学、口腔医学和中医硕士专业学位研究生指导性培养方案的通知》，组织临床医学、口腔、中医硕士及时按要求修订培养方案。签订广东省研究生联合培养基地（中山、佛山）合作协议书，在中山和佛山成立研究生联合培养基地。

公共管理学院/应急管理学院硕士研究生陈嘉泳的学位论文《政策执行视角下的广东省援外医疗队派遣难问题研究》获“第六届全国公共管理硕士（MPA）优秀学位论文”；公共管理学院/应急管理学院颜昌武获2015年“全国优秀公共管理硕士（MPA）教学管理工作者奖”、公共管理学院/应急管理学院胡涤非获2015年“全国优秀公共管理硕士（MPA）教师奖”、管理学院石水平开发的教学案例《“同舟共济”抑或“同床异梦”：阿里巴巴并购新浪微博案例分析》获评“2015年全国MPAcc优秀教学案例”。

【研究生导师队伍建设】 开展2016—2017年学术型学位研究生指导教师岗位选聘工作，新增学术型学位博士生导师92人，其中学校引进高层次人才确认博士生导师资格26人；新增校内学术型学位硕士生导师182人。审议通过原在岗校内学术型学位博士生导师257人、学术型学位硕士生导师862人在2016—2017年招收培养研究生。

继续实施“卓越导师”计划项目，36位研究生指导教师获得“卓越导师”计划项目资助，经费达451.5万元，其中含广东省优秀博士学位论文指导教师资助项目2项；发表高水平科研论文获资助63项，包括人文社科领域（A1论文）7项、自然科学领域（SCI1区论文）56项。

组织2批博士生导师申报2015年国家留学基金委博士生导师短期出国交流项目，董军等4位博士生导师获资助。组织博士生导师访学团出访美国、加拿大和韩国高校，了解派出攻读博士学位研究生、联合培养博士生学习情况，并与美国马里兰大学和索尔兹伯里大学，加拿大多伦多大学和纽芬兰纪念大学，韩国仁济大学等就研究生教育培养合作、导师科研合作进行洽谈。

【研究生思政教育及事务管理】 加强校园学术文化建设，搭建师生互动平台。推动落实导师责任制，以导学关系为重点，对导师责任制进行宣讲，引导导师树立“导师是研究生思想政治教育首要责任人”的意识，推动研究生思政教育与业务培养的深度融合。支持各学院组织开展“师生面对面”活动和学术活动品牌项目，从人生规划、学术经验、工作方向、做人做事等方面，选择不同导师、教师、管理干部与学生座谈交流。继续举办研代会提案咨询会，促成学校领导、相关部处负责人与学生面对面交流。继续打造“师生杯”羽毛球赛、足球赛、篮球赛三大体育赛事，与华南理工大学、华南师范大学、华南农业大学联合举办首届四校研究生会明星篮球对抗赛，提升研究生体质和心理素质，强化团队意识。举办20期周六电影院、周末舞会、模特大赛、模拟招聘大赛、元旦晚会、“粤说越有趣”等活动，丰富研究生校园文化生活，为研究生展现才艺、加强交流、丰富课余生活提供平台。继续开展研究生志愿服务活动，举行旭日青年志愿者服务队十周年纪念活动，提升研究生志愿服务意识。

组织开展研究生爱国主义教育，支持各单位举办爱国主义教育和集体活动近50场。以“科学道德和学风建设”为主题开展研究生新生入学教育，举办博士入学专场教育、心理健康教育男女生专场、博士之家活动和“暨大人生”关爱长者系列活动。组织少数民族研究生、社团骨干、优秀学生开展暑期专业实践活动之“岭南古建筑文化之旅”，29 名来自不同学院的研究生同学参加调研。

推进研究生辅导员队伍与兼职辅导员队伍建设。坚持2周一次的研究生辅导员工作例会，实行思想政治教育月度汇报制度和例会内容公开制度。继续推进兼职研究生辅导员队伍建设，聘用25名高年级研究生，从事研究生兼职辅导员工作，作为专职辅导员的助手，并对其进行岗前培训，开展团队建设。

建设舆论阵地，继续完善研究生德育网。依托研究生德育网，继续提升思政工作管理规范化、制度化、程序化水平，网站全年总访问量超过120万人次。出版《暨南研究生》、研代会专刊、暑期调研特刊、新生特刊和交换生特刊等8期报纸。

做好2015级研究生新生奖助金等级的评定，完成全年的国家助学金、国家奖学金、学业奖学金的评定发放工作。42 名博士和 186 名硕士获2015年国家奖学金，283 名研究生获优秀研究生干部奖学金，19 名研究生获 2014—2015 学年度“广东省优秀学生”称号。推荐 16 名优秀研究生参加“粤港澳青年文化之旅”，评选出 80 名优秀毕业研究生，253 名研究生的 332 篇论文获得科研论文奖励。评选出 3 名梁奇达研究生奖学金获得者，3 名研究生获邓瑞林优秀研究生奖学金、5 名研究生获顺丰奖学金、4 名研究生获卓越励志学长奖学金、16 名研究生获 2015 年度广东省政府来粤留学生奖学金、20 名研究生获“南航”十分关爱励学金。全年设置三助岗位 522 个，含导师配套共发放酬金 199 万元。完成 2015 年助学贷款工作以及夏季应届毕业生国家助学贷款还款协议签署工作，继续购买 2015 年研究生校方责任险。20 人次获研究生困难补助，发放困难补助金 21 700 元；慰问入院手术、突发困难等的研究生 37 人次，发放38 200 元慰问款，对新春留校研究生和毕业研究生发放专项补贴。

继续加强研究生社团及干部建设。召开第 32 届研究生代表大会，继续健全研究生会的委员会、常委会例会制度和培训制度。基本形成以研究生委员会为主导的研究生组织运作模式。开展新一届研究生会成员素质拓展。积极组织研究生会与社团组织赴澳门大学等境外高校进行交流，组织粤澳五校高校研究生会交流会。

【博士后管理】 学校有 16 个博士后流动站，在站人员 173 人，含企业联合培养 37 人。分布情况为：中药学 26 人、生物学 24 人、中西医结合 19 人、中国语言文学 18 人、临床医学 18 人、应用经济学 8 人、工商管理 10 人、生物医学工程 11 人、新闻传播学 9 人、生态学 12 人、政治学 4 人、中国史 6 人、世界史 2 人、统计学 3 人、管理科学与工程 1 人、力学 2 人。

在站博士后获批国家社会科学基金项目 2 项、国家自然科学基金项目 11 项，发表高水平论文 12 篇。组织在站博士后申报第 8 批中国博士后科学基金特别资助项目，4 人获得立项资助。组织申报第 57、58 批中国博士后科学基金面上资助项目，获 16 项资助。组织“香江学者计划”申报工作，中药学博士后胡显镜入选。依照《暨南大学博士后高水平论文奖励及科研项目资助暂行办法》，组织开展申报、审核和奖励、资助工作，资助奖励高水平论文及项目 14 项。

【全面深化博士后工作改革】 10 月 26 日，学校出台《暨南大学全面深化博士后工作改革办法（试行）》，规定在站博士后实行绩效工资制，根据科研成果水平，基本工资分为Ⅰ、Ⅱ、Ⅲ三个层级，Ⅰ级 13 万元 / 年，Ⅱ级 18 万元 / 年，Ⅲ级 28 万元 / 年，达到相应的层级从进站之日起补发工资。同时博士后在站时间延长为 3 年，即第三年博士后由于科研原因未出站，仍然享受学校的工资福利等各项待遇。通过以上举措，为博士后潜心科研创造良好的条件。加大对博士后短期出国研究、参加国际会议、科研成果奖励等方面资助，吸引国内、国际知名高校和科研机构的博士进学校流动站从事博士后科研工作，提升博士后招收质量及科研水平。

【学校2015年学位授权点动态调整工作】 2015年，学校具有博士学位授权一级学科15个，博士学位授权二级学科4个，硕士学位授权一级学科37个，硕士学位授权二级学科5个；1种博士专业学位授权类别，21种硕士专业学位授权类别。经学校自主调整，并经国务院学位委员会审核批准，撤销口腔医学硕士学位授权一级学科和中药学硕士专业学位授权点，增列公共卫生硕士专业学位授权点和药学硕士专业学位授权点并获国家批准。学位评定委员会审议通过自主设置目录外“侨务法学”硕士授权二级学科，报国家公示备案。

【广东省“创新计划”】 2015年1月，广东省教育厅、广东省学位委员会公布2014年广东省研究生教育创新计划项目立项名单，学校获批广东省学位与研究生教育改革重点项目1项、面上项目2项，研究生示范课程建设项目1项，其他类型项目4项。

【第32次研究生代表大会召开】 2015年5月30日下午，学校在曾宪梓科学馆国际会议厅召开暨南大学第32次研究生代表大会，276名会议代表与会。校长胡军、副校长林如鹏出席并讲话。会议听取审议第31届研究生会财务报告、提案报告、工作报告。根据研究生会章程，会议选举许大同、潘磊、徐肖颖、刘艳婷、林士丰、黄警、赵国森7名同学为第31届研究生委员会常务委员会成员。会议还进行表彰活动，第一临床医学院、经济学院、管理学院、生命科学技术学院、华文学院、文学院、药学院、新闻与传播学院8个学院研究生会获评“2014—2015学年暨南大学优秀学院研究生会”，法学院/知识产权学院研究生会获得“最佳创新活动奖”和“最佳贡献奖”。校研究生会秘书部、财务部、人力资源部、文娱部获得“2014—2015学年暨南大学研究生会优秀部门”荣誉。

2015年暨南大学学位授权学科情况表

序号	一级学科	二级学科	授权类别
1	应用经济学		博士一级学科授权
2	中国语言文学		
3	新闻传播学		
4	中国史		
5	世界史		
6	生物学		
7	生态学		
8	统计学		
9	计算机科学与技术		
10	生物医学工程		
11	临床医学		
12	中西医结合		
13	中药学		
14	管理科学与工程		
15	工商管理		

（续上表）

序号	一级学科	二级学科	授权类别
16	理论经济学	政治经济学	博士二级学科授权
17	政治学	国际关系	
18	力学	工程力学	
19	基础医学	病理学与病理生理学	
20	理论经济学		硕士一级学科授权
21	法学		
22	政治学		
23	心理学		
24	外国语言文学		
25	数学		
26	物理学		
27	化学		
28	力学		
29	光学工程		
30	材料科学与工程		
31	电子科学与技术		
32	信息与通信工程		
33	环境科学与工程		
34	食品科学与工程		
35	软件工程		
36	基础医学		
37	公共卫生与预防医学		
38	中医学		
39	药学		
40	护理学		
41	公共管理		
42	哲学	美学	硕士二级学科授权
43	马克思主义理论	马克思主义中国化研究	
44		思想政治教育	
45	土木工程	结构工程	
46	化学工程与技术	应用化学	

2015年暨南大学专业学位博士、硕士授权点情况表

<table>
<tr><th>序号</th><th>类别（领域）</th><th>序号</th><th colspan="2">类别（领域）</th></tr>
<tr><td>1</td><td>临床医学博士</td><td rowspan="13">20</td><td rowspan="13">工程硕士</td><td>光学工程</td></tr>
<tr><td>2</td><td>金融硕士</td><td>材料工程</td></tr>
<tr><td>3</td><td>应用统计硕士</td><td>电子与通信工程</td></tr>
<tr><td>4</td><td>税务硕士</td><td>计算机技术</td></tr>
<tr><td>5</td><td>国际商务硕士</td><td>软件工程</td></tr>
<tr><td>6</td><td>资产评估硕士</td><td>建筑与土木工程</td></tr>
<tr><td>7</td><td>审计硕士</td><td>化学工程</td></tr>
<tr><td>8</td><td>法律硕士</td><td>环境工程</td></tr>
<tr><td>9</td><td>汉语国际教育硕士</td><td>生物医学工程</td></tr>
<tr><td>10</td><td>翻译硕士</td><td>食品工程</td></tr>
<tr><td>11</td><td>新闻与传播硕士</td><td>制药工程</td></tr>
<tr><td>12</td><td>临床医学硕士</td><td>工业工程</td></tr>
<tr><td>13</td><td>口腔医学硕士</td><td>生物工程</td></tr>
<tr><td>14</td><td>公共卫生硕士</td><td rowspan="2">21</td><td rowspan="2">工商管理硕士</td><td>工商管理硕士</td></tr>
<tr><td>15</td><td>护理硕士</td><td>高级管理人员工商管理硕士</td></tr>
<tr><td>16</td><td>药学硕士</td><td>22</td><td colspan="2">旅游管理硕士</td></tr>
<tr><td>17</td><td>中医硕士</td><td>23</td><td colspan="2">工程管理硕士</td></tr>
<tr><td>18</td><td>公共管理硕士</td><td>24</td><td colspan="2">艺术硕士</td></tr>
<tr><td>19</td><td>会计硕士</td><td></td><td colspan="2"></td></tr>
</table>

注：2015年调整确认临床医学（博士、硕士）、中医硕士专业学位授权点；自主撤销中药学硕士，增列药学硕士和公共卫生硕士2个硕士专业学位类别。

2015 年博士后科研流动站（工作站）一览表

博士后科研流动站（16 个）	应用经济学
	统计学
	中西医结合
	临床医学
	中国语言文学
	中国史
	世界史
	生物学
	生态学
	生物医学工程
	工商管理
	新闻传播学
	政治学
	力学
	中药学
	管理科学与工程
博士后科研工作站（1 个）	广州（暨南）生物医药研究开发基地

暨南大学研究生组织

暨南大学第32届研究生委员会

姓名	职务	学院
刘艳婷	委员长	新闻与传播学院
黄　警	副委员长	新闻与传播学院
潘　磊	常务委员	经济学院
徐肖颖		管理学院
许大同		信息科学技术学院
林士丰		经济学院
陈立凯		信息科学技术学院
刘锡赟	委员	外国语学院
黄炜杰		信息科学技术学院
耿欣然		药学院
汪雅静		新闻与传播学院
孙曙涛		经济学院
李炳呈		文学院
曾　希		华文学院
甄健荣		理工学院
房佩华		法学院/知识产权学院
周晶晶		马克思主义学院
钟福维		国际关系学院/华侨华人研究院
刘冀楠		公共管理学院/应急管理学院
许华冲		医学院
张涵瑜		第一临床医学院
赵海杰		生命科学技术学院
胡瑞文		环境学院
吴国彬		管理学院

（研究生院供稿）

华文教育与汉语国际教育

【概况】 暨南大学华文学院于1993年6月经教育部、国务院侨办批准成立，是暨南大学面向港澳台地区和海外开展华文教育、汉语国际教育及预科教育的专门学院，设有应用语言学系、汉语系、华文教育系、预科部等教学单位，以及华文教育研究院、应用语言学研究院2个科研单位，形成教学和科研团队相互支持的良好发展局面。学院占地147 129平方米，建筑面积56 394.05平方米，所在区域是暨南大学五大校区之一。学院有教职工189人，其中教授17人、副教授39人、讲师63人、助教2人；具有博士学位者61人、硕士学位者81人；有博士生导师8人、硕士生导师43人。

2015年，有来自世界105个国家和地区的3 765名学子在华文学院就读。学院在欧洲、东南亚的7个国家设立28个教学点，招收兼读制研究生及华文教育、对外汉语、汉语言专业本科生。截至2015年底，2 117名海外学生通过“面授+函授”的形式攻读暨南大学本科、研究生学位。

【科研成果与教材建设】 2015年，华文学院成功申报省部级课题10项，邀请国内外知名教授举行18场高水平的学术讲座；于6月和11月举办3场大型华文教育国际学术会议，就“华文教育发展”主题进行深层次、多角度、全方位的探讨。

教材建设方面，1月7日，由暨南大学华文学院/华文教育研究院华文教材研发中心编写的《华文》（柬埔寨初中版）专家审稿会在广州召开。专家组对教材样书逐章节进行了评审，对教材编写工作给予充分肯定和高度评价。国务院侨办立项的《中文》（高中版）、澳大利亚《中文》（高中版）和《华文写作》（柬埔寨小学、初中版）等教材项目均进展顺利。

【学历教育】 招收本科生452人，其中内招本科生92人、外招本科生360人；招收硕士研究生117人，其中内招硕士生80人、外招硕士生37人，分别来自印度尼西亚、缅甸、泰国、柬埔寨、文莱、新加坡等多个国家；招收博士研究生6人，其中内招博士生5人、外招博士生1人。

在读本科学生共1 663人，其中应用语言学系本科生538人、华文教育系华文教育专业本科生789人、汉语系留学生（含港澳台地区）本科生（汉语言B本科专业学生）336人。海外函授学历教育的本科在读生1 339人。在读硕士研究生共343人，其中内招生228人、外招生115人；在读博士研究生20人，其中内招生14人、外招生6人。

383名学生顺利毕业，其中本科毕业生244人、硕士毕业生137人、博士毕业生2人。

【预科教育】 2014—2015学年，预科部招收A班学生218人，结业直升185人，升学率达到85%左右；招收B班学生110人，保送11人，参加联考的学生升学率达到70%以上。2015—2016学年，招收A班学生188人、B班学生103人、补习班学生171人。

预科部每年春季开办联招考试强化班（半年制），秋季开办联招考试补习班（一年制）。1月招收强化班学生82人；2014—2015学年，招收补习班学生137人。通过品牌教学和名师授课，强化班和补习班的升学率达到85%以上，受到广大考生和家长的好评。

5月，出版《暨南大学华侨大学联合招收港澳地区、台湾省、华侨、华人及其他外籍学生入学考试复习大纲（2016—2020）》。7月，出版两校联招考试复习丛书一套八本，包括《中国语文》《数学》《英语》《历史》《地理》《物理》《化学》《生物》，该套教材已成为国内港澳台侨学生参加联招考试的主要教材之一，也是港澳地区发行量较大的联考教材。

【短期培训项目】 承办由国务院侨办、中国海外交流协会、中国华文教育基金会等单位委托的各类中国语言文化短期培训项目12项，累计培训海外华裔青少年、华校管理人员等800余人。承办由国务院侨办、中国海外交流协会主办的2015“华文教育·华文教师证书班”一系列教师培训活动，共培训海内外华文教师约4 000人次。

9月，在柬埔寨金边承办“中华文化大乐园”活动，在当地掀起学习中华文化的旋风。活动计划招收营员280人，由于当地学生参营愿望非常强烈，每间课室都挤满旁听的当地华文教师和非参营学生，实际培训人数接近400人。据本次活动柬方承办单位金边客属会馆反馈，因本次活动产生良好的社会效应，该校下一学期的招生人数出现较为明显的增长。

【孔子学院】 2月，原华文学院华文教育系主任张军教授接任南非罗德斯大学孔子学院中方院长一职，赴南非罗德斯大学孔子学院，任期4年。2015年，3名华文学院在读研究生通过孔子学院总部/国家汉办的选拔，被派往罗德斯大学孔子学院担任汉语教师，协助中方院长开展汉语教学工作；继续建设“中国研究”专业，该专业的开设标志其汉语教学已进入学历教育阶段。7月，在孔子学院总部的资助下，南非罗德斯大学孔子学院分别组织2期学生共28人赴广州参加“中国历史文化之旅”夏令营活动，学院为学员安排丰富的中华语言文化课程，并带领他们访问北京、西安及珠三角的各大城市，以期通过参观访问，使南非学生了解现代中国的发展变化，体验中华文化的博大精深。在9月的孔子学院“中国周”活动中，学校派出多名教师和艺术团学生赴罗德斯大学，在该校开展多场学术讲座，组织中国文化节目演出，受到该校师生的欢迎。

汉语教师志愿者方面，学校第11年接受孔子学院总部的汉语教师外派任务，选派49名学生赴美国、南非、泰国、蒙古、塞尔维亚等10个国家的高校孔子学院、中小学等学校及教育机构担任汉语教师志愿者，8名学生获得了孔子学院总部/国家汉办授予的“优秀汉语教师志愿者”称号。

【应用语言学研究院揭牌】 6月19日至21日，首届亚太语言文化国际会议暨暨南大学应用语言学研究院揭牌仪式在华文学院举行，共有来自国内外33所高校及科研机构的近80名代表与会。应用语言学研究院下辖语言文化生态研究中心、语言能力发展研究中心、语料库中心，与华文学院、华文教育研究院合署办公，采用团队协同创新与首席研究员负责下的课题制运作模式，为华文学院打造华文教育研究、应用语言学研究的“双发引擎”。

【“海外华裔青少年华文水平测试”项目正式获批】 6月29日，“海外华裔青少年华文水平测试”项目正式获得国务院侨办批准，第一、二阶段的立项经费为370万元。华文学院华文水平测试中心成立于2012年，中心成立的目标是研发针对海外华裔青少年的华文水平测试，以测试促“留乡音”“留祖文”，以“留音留文”促“留根”。经过华文学院/华文教育研究院的积极申报、详细论证，以及初步取得的相关研究成果，终获国务院侨办论证通过。这是继“华文教师证书”研发项目获批后，华文学院再次获得国务院侨办“标准化、正规化、专业化”建设支持的大型研究项目。

【“华文教师证书”首次欧洲考试在德国举行】 6月26日至7月7日，由国务院侨办文化司组团，人事司副司长张兵义领队，华文学院“‘华文教师证书’考试题库建设”项目组成员组成的讲学团，赴德国斯图加特、汉堡两地进行“华文教师证书”培训与考试工作，这是“华文教师证书”考试首次在欧洲开考。来自慕尼黑、法兰克福、斯图加特、汉堡、都灵、海德堡、柏林、波鸿、波恩等城市近30所中文学校的170多位中文教师参加培训和考试。

【《华文教学与研究》成为首批获得国家认定的学术期刊】 11月25日，中国学术期刊认定名单公布，暨南大学华文学院的《华文教学与研究》顺利通过评审，被认定为A级，成为首批获得国家认定的学术期刊。为严格学术期刊出版资质，优化学术期刊出版环境，促进学术期刊健康发展，国家新闻出版广电总局组织开展此次学术期刊认定工作。经过广东省新闻出版广电局及广东省高校学报研究会联合初审上报，国家新闻出版广电总局组织有关专家严格审定，最终确定了第一批认定学术期刊名单，《华文教学与研究》顺利通过认定。

【推出“海外华人青少年军”项目】 10月18日上午，由暨南大学教育发展基金会创办的“海外华人青少年军”项目新闻发布会在华文学院举行。“海外华人青少年军”评审中心主任、华文学院院长邵宜，“海外华人青少年军”会员管理中心总监王菁，课程管理中心总监张礼，家长代表及省内知名媒体记者莅临此次发布会。

邵宜介绍“海外华人青少年军”的性质、目的、教育方法，强调海外华人青少年军是一个自愿参加的非政治性的课外教育团体，它以人为中心，通过富挑战性和有进度的训练和活动，促进青少年德、智、体、美、群的全面发展。

发布会上举行授旗仪式，由邵宜与王菁颁发营旗，4位来自美国、加拿大等国家和我国香港地区的准青少年军代表侣文、Owen Su、张思瑶、吴彦铭上台受旗。随后，4位准青少年军代表上台展示了海外华人青少年军的教材、勋章及服装。

【暨南大学—西悉尼大学双语联合研究实验室揭牌】 11月3—4日，由暨南大学华文学院与澳大利亚西悉尼大学人文学院联合举办的“中澳双语研究学术研讨会暨暨南大学—西悉尼大学双语联合研究实验室揭牌仪式”在华文学院举行。国务院侨办文化司司长雷振刚、华文教育中心主任邱立国，副校长林如鹏出席大会，并为双语联合研究实验室揭牌。研究院将开展中澳双语教育研究，培养既适合华侨华人所在地区需要又有民族之根的复合型人才。

（华文学院供稿）

成人教育

【概况】 暨南大学成人高等教育始于20世纪80年代初，经过30多年的发展，已在20多个地区设置教学点，开设文、理、经、医、工、管、法等90多个学科专业，形成多专业、多层次、多形式的成人高等教育格局。学院现有专任教师7人，有职工32人。

2015年，教育学院新旧领导班子平稳顺利交接，开展以下工作：一是继续拓展国内招生工作和境外成人教育，扩大海内外招生规模。二是继续做好教学管理和服务，做好教学质量监控管理。三是完善网络教务管理系统，改善新计算机教务管理系统。四是加大继续教育和培训工作力度，增加培训项目，举办各种培训班，扩大培训市场。五是加强自学考试管理工作，按时完成广东省自考办交予学校的命题及评卷任务，开设自学考试独立办班及自考辅导班。六是开设适应市场需求的新专业，提升校外教学点管理水平，深化教学管理改革。

【招生工作】 12月，2016级内地新生录取工作完成，共录取新生2 399人，其中高中起点本科170人、专科升本科1 067人、高中起点专科1 162人。努力扩大海外成人教育招生规模，录取境外新生260人，其中在印度尼西亚、泰国招收新生164人，在中国澳门招收新生65人，在中国香港招收新生31人。

2015年内地招生专业设置和录取情况

办学层次	序号	专业名称	录取人数
高中起点本科（170人）	1	工商管理	42
	2	国际经济与贸易	26
	3	会计学	58
	4	金融学	17
	5	人力资源管理	27
高中起点专科（1 162人）	1	财务管理	11
	2	电气工程及其自动化	1
	3	电子商务	42
	4	法学	33
	5	工商企业管理	164
	6	国际经济与贸易	33
	7	护理学	4
	8	会计学	319

（续上表）

办学层次	序号	专业名称	录取人数
高中起点专科（1 162 人）	9	计算机网络技术	18
	10	金融学	155
	11	酒店管理	2
	12	旅游管理	5
	13	人力资源管理	104
	14	商务管理	124
	15	商务英语	83
	16	市场营销	39
	17	物业管理	1
	18	行政管理	23
	19	中医学	1
专科升本科（1 067 人）	1	电子商务	16
	2	法学	138
	3	工商管理	147
	4	国际经济与贸易	28
	5	国际商务	1
	6	护理学	56
	7	会计学	310
	8	计算机科学与技术	23
	9	金融学	38
	10	经济学	4
	11	人力资源管理	90
	12	商务策划管理	15
	13	社会工作	48
	14	市场营销	24
	15	投资学	19
	16	网络工程	9
	17	物流管理	7
	18	物业管理	5
	19	项目管理	22
	20	行政管理	11
	21	英语	53
	22	中医学	3

2015 年海外招生专业设置和录取情况

招生时间	专业名称	办学层次	录取人数	生源国 / 地区
春季	华文教育	高中起点本科	46	印度尼西亚
秋季	食品质量与安全	专科升本科	11	中国香港
	社会学	高中起点本科	4	
	工商管理		13	
	旅游管理		3	
	社会学		24	中国澳门
	翻译（中英翻译）		27	
	金融学（理财规划）		14	
	汉语言		24	泰国
	华文教育		94	印度尼西亚

【学历教育】 成人学历教育有在校学生 9 970 人，其中境内学生 264 个班 7 939 人，教学点分设在广州校本部、珠海、深圳、中山、河源、东莞、顺德；境外成人教育在英国、德国、印度尼西亚、泰国、菲律宾及中国港澳地区开办 12 个专业，在读学生 2 031 人。有函授学生 2 298 人、业余学生 7 672 人。有本科生 6 676 人、专科生 3 294人。有毕业生 2 930 人，其中专科毕业生 1 131人、本科毕业生 1 799 人；境内毕业生 2 699 人、境外毕业生 231 人。另有获学校副署公章毕业证书的自学考试毕业生 2 228 人。2015 年获学士学位毕业生 1 270 人，其中夏季 413 人、冬季 857 人；成人教育学生 810 人、自学考试学生 460 人。

2015 年，授予高瑞凤等 69 名同学“优秀学生”称号，韩毅等 91 名同学“优秀学生干部”称号；授予海外教育部港澳生陈小平等 6 位同学“优秀学生”称号，陈儒兴同学“优秀学生干部”称号。

【自学考试】 2015 年，暨南大学主考的自学考试专业有：会计（本科、专科）、新闻学（本科、专科）、物业管理（本科、专科）、商务管理（本科、专科）、金融管理（本科、专科）、会展管理（本科、专科）、市场营销（专科）、公共事业管理（本科）。

做好继续教育、自考助学和培训工作。完成广东省自考办自学考试命题、组题和审题的联系和组织工作。完成 2015 年广东省自学考试 4 次考试的评卷组织工作，共评阅试卷 3 万多份。完成自学考试学校主考专业毕业生资格审核工作，共有 2 228 人获学校副署公章的自学考试毕业证书。接受自学考试由学校主考的本科专业毕业生申请学士学位审核工作，有 460 名自考本科毕业生获学校学士学位证书。完成学校主考的自学考试专业毕业论文和实践考核的组织及相关课程成绩接收、计算机录入和上报工作。与广东科贸职业学院、广东科学技术职业学院、广东涉外职业技术学院、广东农工商职业学院、珠海城市职业学院合作办学，举办自学考试与高职高专相沟通辅导班。与珠江管理专修学院、深圳赣冠培训中心、广州市天河区维多利亚培训中心合作自学考试独立办班。与广州市东方标准培训中心、广州青年经济文化交流中心、广东省南方电子信息技术培训中心合作举办自学考试全日制辅导班。举办 2015 年成人教育专升本及高起专考前辅导班。完成 2015 年全国计算机等级考试考务工作，共有 1 499 人报考。

【海外教育】 继续贯彻“面向海外，面向港澳台”的办学方针，积极开展海外、港澳成人教育，继续在印度尼西亚、泰国、菲律宾、英国、中国港澳开办汉语言、华文教育、对外汉语、社会学、英语（语言文学）、物流管理、应用心理学（犯罪心理学方向）、翻译（中英翻译）、金融学（理财规划）、工商管理、旅游管理、食品质量与安全专业；在读学生 2 031 人，其中中国香港学生 134 人、中国澳门学生 710 人、印度尼西亚学生 885 人、泰国学生 239 人、英国学生 38 人，菲律宾学生 24 人、德国学生 1 人。

2015 年春、秋季共有印度尼西亚、泰国、菲律宾等国家华文教育专业本科毕业生54人，汉语言专业本科毕业生12人、对外汉语专业本科毕业生11人；香港食品质量与安全专业本科毕业生20人；澳门物流管理、社会学、应用心理学（犯罪心理学方向）、英语（语言文学）、翻译（中英翻译）、金融学（理财规划）、会展管理等专业毕业生134人，其中本科毕业生130人、专科毕业生4人，获学士学位130人。11月8日下午，2015届教育学院澳门班毕业典礼在珠海校区举行，共有毕业生及学生家长代表300多人出席典礼。

【2015年广东省普通高校成人教育研究会工作】 暨南大学教育学院是广东省普通高校成人教育研究会理事长单位。3月，召开研究会第一次常务理事会，决定4月下旬组织召开专题研讨会，并于4月中旬前一次性下拨广东省普通高校成人教育研究会2014年度成人教育研究专项课题经费，其中重点课题17项，每项资助经费5 000元，一般课题6项，每项资助经费3 000元。

4月23日，研究会召开广东省普通高校深化继续教育改革实践与探索专题研讨会，来自中山大学、华南理工大学、暨南大学、华南师范大学等24所院校的90多名代表参加会议。

9月9日下午，广东省普通高校成人教育研究会常务理事会2015年第二次会议在暨南大学教育学院召开，来自华南师范大学、华南理工大学、华南农业大学、暨南大学、中山大学、广东工业大学、广东外语外贸大学、广州中医药大学、广州大学等10所常务理事单位的16位代表参加会议。会议主要讨论上调成教学费标准相关材料事宜。

12月21日至23日，广东省普通高校成人教育研究会2015年年会在广州召开。来自全省34所普通高校成人（继续）教育学院、广东省成人教育协会的代表及特邀嘉宾共100余人参加会议，广东省成人教育协会名誉会长杨炳生应邀出席会议。年会内容包括研究会工作报告、学术报告、分组讨论与交流、小组汇报、专题报告及大会总结等。同时表彰来自中山大学等21个单位共22名成人教育先进工作者，暨南大学教育学院栗万里名列其中。

（教育学院供稿）

· 科学研究与产业开发 ·

理工医科科研

【概况】 科学技术研究处（以下简称“科技处”）是学校负责科研管理的职能部门，主要职责是负责全校科研项目的立项、检查、验收、结题、知识产权保护、成果鉴定、报奖、专利申报和科研基地（机构、实验室）建设以及科技开发与成果转化等管理工作，学校学术委员会的日常工作以及学术交流活动等。科技处现有成果专利综合科、高新技术开发科、基础研究科和重点实验室管理办公室，挂靠有地方研究总院，有专职管理人员16名。

【科研项目与成果】 2015年，学校获批科研经费4.64亿元。获批基础类项目198项，项目经费12 165万元；国家自然科学基金获资助项目129项，获批经费7 500万元，其中杰出青年科学基金项目1项、优秀青年科学基金项目1项、NSFC－广东联合基金重点项目3项、重大研究计划（重点项目）1项；获批各级各类纵向科技计划项目346项，项目经费19 656万元；签订横向项目197项，项目经费11 803万元。获批中央高校基本科研业务费2 420万元，其中青年基金（35岁以下）项目的资助率达到95%以上，资助额度从2012年的5万元/项增加到8万元/项，为青年教师潜心治学创造良好条件。高水平论文数量快速增长，共发表A1类452篇，较2013年的377篇增长了20%，其中1区106篇，含作为第一作者/通讯作者73篇。申报专利152项，获授权101项。

【平台建设与管理】 中枢神经再生教育部国际合作联合实验室获批立项建设，实现零的突破；新增广东省重点实验室1个——广东省光纤传感与通信技术重点实验室，获批经费300万元，至此学校广东省重点实验室增至3个；新增广州市重点实验室2个——广州市环境暴露与健康重点实验室、广州市心脑血管疾病创新化学药物研发重点实验室，各获批经费200万元；组织177场学术沙龙活动，为科技工作者提供交流和沟通的平台。

【社会服务与成果转化】 为加快科技成果转化提供政策指引，出台《暨南大学促进科技成果转化管理办法》《暨南大学经营性领域技术入股改革试点实施方案》《暨南大学地方研究院管理办法》等文件的征求意见稿，成立暨南大学技术转移中心和成果转化咨询委员会，加大科研成果转化力度。

【学校新增中枢神经再生教育部国际合作联合实验室】 12月，学校粤港澳中枢神经再生研究院依托“暨南大学—香港大学中枢神经再生联合实验室”和国家外专局“中枢神经再生与修复引智创新基地”组建的“中枢神经再生教育部国际合作联合实验室”获教育部立项建设，实现学校在教育部国际合作联合实验室方面零的突破。

【2个团队入选“珠江人才计划”第五批引进创新创业团队】 学校生命科学技术学院引进刘奋勇教授领衔的“新型抗病毒核酸分子研究团队”、信息科学技术学院引进马建峰教授领衔的“移动云计算安全团队”入选广东省“珠江人才计划”第五批引进创新创业团队，分别获得3 000万元和1 000万元的专项工作经费资助。截至2015年底，“珠江人才计划”已成功引进了五批次116

支科研创新创业团队，暨南大学4个团队入选该计划，数量位居广东省高校第二位。

【成立地方研究总院　服务创新驱动】　6月19日，学校成立地方研究总院，挂靠科技处，其职能是服务国家和地方创新驱动发展战略，统筹管理学校与地方的合作，探索与地方共建研究院的建设模式和联动机制，并依托地方研究院推动建设重大科研项目的中试和产业基地，增强对地方区域创新发展的支撑和服务能力，主要工作是负责规划、协调、管理全校已成立和在建的新型研发机构。

【学校创新创业成果亮相增城“侨梦苑”】　12月22日，“侨梦苑”揭牌仪式暨“侨梦苑”创新创业交流会在广州增城国家级经济技术开发区举办。国务院侨办主任裘援平、副主任谭天星，广州市委副书记、市长陈建华，校领导胡军、林如鹏、洪岸出席活动。

学校牵头的“国家分子医学转化科学中心·广州中心”项目和“抗流感病毒鼻腔喷雾器产业化”项目作为拟落户“侨梦苑”项目在签约仪式展示，项目负责人陈志南院士、刘奋勇教授受聘成为“侨梦苑”智库专家。

当天，学校在“侨梦苑”创新中心举办创新创业成果展，展示学校高层次人才队伍和科研平台建设情况，在高端电子、资源环境、高端装备、创新药物、食品和包装工程、医疗器械等领域取得的一批科技创新成果，以及在海外学生培养和大学生创新创业驿站建设成果及校友资源情况等。裘援平和陈建华在展厅听取项目介绍和相关工作汇报，对学校取得的成绩表示肯定。

【学校成为广东省首批经营性技术入股的试点单位】　为破除制约科技成果转化的制度性障碍，打通科技成果转化“最后一公里”，提出系列破解科技成果转化难的创新政策，广东省政府于7月18日出台《广东省经营性领域技术入股改革实施方案》，暨南大学成为广东省首批经营性领域技术入股的试点单位。根据文件精神，暨南大学将在探索经营性领域技术入股改革新思路、新举措方面得到广东省政府的支持。

【学校召开2014年科技工作会议】　1月12日，学校召开2014年科技工作会议。会议总结2014年学校科技工作情况，传达宏观科技改革政策精神，解读学校科技工作“新政”，同时针对如何盘活学校医学和临床资源，利用校本部科技资源助力附属医院科研发展，附属医院和校本部如何开展科研合作等问题展开研讨。校领导蒋述卓、刘洁生、叶文才出席会议并讲话，学校相关职能部处、各相关学院负责人、广大科研人员、科技管理人员，以及首次应邀参会的附属医院代表参加本次会议。

蒋述卓做“国家科技项目经费管理新形势”的报告，指出在全力推进科技综合实力提升的同时，不能忽视质量建设和规范管理，尤其是科技经费规范管理的问题。刘洁生通报2014年学校科技工作情况，肯定科研人员、管理干部为学校科研事业所做出的贡献和取得的成绩。叶文才宣读有关表彰决定，对过去一年在科研工作和科研管理取得突出成绩的单位和个人进行表彰，并举行首届“暨南大学基础研究工作咨询专家”聘任仪式和“暨南大学医学联合基金”签约仪式。洪岸做“暨南大学国家基金工作情况分析及新政解读”，对近三年学校国家基金获批情况进行分析，以利于进一步做好申报工作。

此外，为盘活附属医院科研存量，推动学校医学发展，密切附属医院科研工作与校本部的交流，本次会议由生物医学转化研究院与各附属医院进行对接，促进双方开展实质性科研合作。

重点实验室、工程中心、联合实验室一览表

<table>
<tr><td colspan="6">重点实验室</td></tr>
<tr><td>序号</td><td>名称</td><td>负责人</td><td>所属单位</td><td>级别</td><td>批准部门</td></tr>
<tr><td>1</td><td>重大工程灾害与控制教育部重点实验室</td><td>刘人怀</td><td>理工学院</td><td rowspan="4">部级</td><td rowspan="3">教育部</td></tr>
<tr><td>2</td><td>再生医学教育部重点实验室</td><td>蔡冬青</td><td>生命科学技术学院、医学院</td></tr>
<tr><td>3</td><td>中枢神经再生教育部国际合作联合实验室</td><td>苏国辉</td><td>粤港澳中枢神经再生研究院</td></tr>
<tr><td>4</td><td>国家中医药管理局病理生理实验室（三级）</td><td>陆大祥</td><td>医学院</td><td>国家中医药管理局</td></tr>
<tr><td>5</td><td>生物材料广东省教育厅重点实验室</td><td>薛　巍</td><td>生命科学技术学院</td><td rowspan="11">省级</td><td rowspan="8">广东省教育厅</td></tr>
<tr><td>6</td><td>工程结构故障诊断广东普通高校重点实验室</td><td>刘人怀</td><td>理工学院</td></tr>
<tr><td>7</td><td>水体富营养化与赤潮防治广东普通高校重点实验室</td><td>刘洁生</td><td>生命科学技术学院</td></tr>
<tr><td>8</td><td>中药药效物质基础及创新药物研究广东普通高校重点实验室</td><td>叶文才</td><td>药学院</td></tr>
<tr><td>9</td><td>光电信息与传感技术广东普通高校重点实验室</td><td>陈　哲</td><td>理工学院、信息科学技术学院、生命科学技术学院</td></tr>
<tr><td>10</td><td>水土环境毒害性污染物防治与生物修复广东普通高校重点实验室</td><td>莫测辉</td><td>环境学院</td></tr>
<tr><td>11</td><td>产品包装与物流广东普通高校重点实验室</td><td>王志伟</td><td>珠海校区</td></tr>
<tr><td>12</td><td>功能蛋白质研究广东普通高校重点实验室</td><td>何庆瑜</td><td rowspan="2">生命科学技术学院</td></tr>
<tr><td>13</td><td>广东省生物工程药物重点实验室</td><td>洪　岸</td><td rowspan="3">广东省科技厅</td></tr>
<tr><td>14</td><td>广东省分子免疫与抗体工程重点实验室（培育基地）</td><td>向军俭</td><td>生命科学技术学院、医学院</td></tr>
<tr><td>15</td><td>广东省光纤传感与通信技术重点实验室</td><td>关柏鸥</td><td>光子技术研究院</td></tr>
<tr><td>16</td><td>广东省脑功能与疾病医学重点实验室</td><td>苏国辉</td><td>粤港澳中枢神经再生研究院</td><td>厅级</td><td>广东省卫生厅</td></tr>
</table>

（续上表）

17	广州耐磨蚀及特种功能材料重点实验室	李　卫	理工学院	省级	广州市科信局
18	广州市环境暴露与健康重点实验室	曾永平	环境学院		
19	广州市心脑血管疾病创新化学药物研发重点实验室	王玉强	药学院		

工程中心

序号	名称	负责人	所属单位	级别	批准部门
1	基因工程药物国家工程研究中心	刘洁生	生命科学技术学院	国家级	国家发改委
2	基因组药物教育部工程研究中心			部级	教育部
3	人工器官及材料教育部工程研究中心	周长忍	理工学院		
4	热带亚热带水生态工程教育部工程研究中心	杨　扬	生命科学技术学院		
5	广东高校耐磨材料与功能材料工程技术研究中心	李　卫	理工学院	省级	广东省教育厅
6	广东高校网络安全检测与防护工程技术研究中心	周继鹏	信息科学技术学院		
7	广东高校血液净化技术与设备工程技术研究中心	尹良红	第一临床医学院		
8	广东高校卫星导航定位与位置服务工程技术研究中心	石　敏	信息科学技术学院		
9	广东高校油脂生物炼制工程技术研究中心	汪　勇	理工学院		
10	广东省网络安全检测与防护工程技术研究开发中心	翁　健	信息科学技术学院		广东省科技厅
11	广东省耐磨及特种功能材料工程技术研究开发中心	李　卫	理工学院		
12	广东省工业机器人智能控制工程技术研究中心	柳　宁	信息科学技术学院		
13	广东省大气污染在线源解析系统工程技术研究中心	周　振	大气环境安全与污染控制研究所		
14	广东省环境污染控制与修复材料工程技术研究中心	莫测辉	环境学院		
15	广东省神经功能康复工程技术研究中心	陈卓铭	第一临床医学院		
16	广东省血液净化临床工程技术研究中心	尹良红			
17	广东省纳米化学创新药物工程技术研究中心	陈填烽	生命科学技术学院		
18	广东省水处理工艺与材料工程技术研究中心	李明玉	环境学院		
19	广州市智能建筑检测技术行业工程研究中心	刘　明	信息技术研究所		广州市科信局

（续上表）

联合实验室				
序号	名称	负责人	所属单位	合作单位
1	再生医学联合实验室	蔡冬青	生命科学技术学院	香港中文大学
2	神经科学和创新药物研究联合实验室	叶文才	药学院	香港科技大学
3	中枢神经再生教育部国际合作联合实验室	苏国辉	粤港澳中枢神经再生研究院	香港大学
4	天体测量、动力学与空间科学研究联合实验室	彭青玉	信息科学技术学院	法国天体力学与历表计算研究所
5	信息技术和分形信号处理联合实验室	张　卫	信息科学技术学院	俄罗斯喀山联邦大学
6	光纤光子学联合实验室	关柏鸥	光子技术研究所	香港理工大学
7	城市生命线工程结构安全国际联合实验室	刘人怀	理工学院	美国加利福尼亚大学圣地亚哥分校
8	创新药物联合实验室	黄亚东	生命科学技术学院	香港浸会大学
9	海洋天然产物研究与药物开发联合实验室	吴　军	药学院	德国维尔茨堡大学
10	油料生物炼制与营养联合实验室	汪　勇	理工学院	加拿大萨斯喀彻温大学
11	水生态学与流域管理联合实验室	刘正文	生命科学技术学院	丹麦奥胡斯大学

2015 年理工医科科研项目情况简表

项目级别	项目来源	新获批项目数（项）	新获批经费（万元）	本年到位经费（万元）
国家级	国家自然科学基金项目	129	7 500	5 629.9
国家级	国家科学计划项目	0	0	1 624.1
省部级	广东省自然科学基金项目	64	1 040	1 030
省部级	广东省重点科技项目	179	18 439	18 439
省部级	其他省部级项目	49	2 638.72	1 726.02
厅局级	广东省教育厅项目	1	400	400
厅局级	其他厅局级项目	77	2 198.07	2 198.07
横向项目		197	11 803	10 503
教育部	中央高校基本科研业务费项目	61	2 420	2 420
合计		757	46 438.79	43 970.09

2015 年国家自然科学基金项目简表

序号	项目名称	项目类别	资助金额（万元）	负责人	所属学院
1	珠三角地区农田土壤有机污染物的环境生物地球化学行为及农艺修复原理	NSFC－广东联合基金重点项目	240	莫测辉	环境学院
2	红树林特境植物与微生物来源抗感染药物先导化合物的发现与结构优化		235	吴　军	药学院
3	高风险新兴复合有机污染物在珠江三角洲水生食物网中的分布、迁移与控制机理		230	杨　扬	生命科学技术学院
4	2015 年度水下科学、技术与教育国际会议	国际（地区）合作与交流项目	1.2	吕颂辉	
5	多维光信息传输与处理	国家杰出青年科学基金项目	350	李朝晖	光子技术研究院
6	中草药女贞子调节肾脏维生素 D_3 代谢活性成分确认以及作用机理研究	海外及港澳学者合作研究基金项目	18	黄文秀	药学院
7	邻苯二甲酸酯（PAEs）高/低累积水稻品种吸收和代谢 PAEs 差异及其机理	面上项目	73	蔡全英	环境学院
8	智能体交互合作的逻辑建模与验证技术研究		63	陈清亮	信息科学技术学院
9	AML 中免疫抑制受体介导的 TCR Vβ T 细胞克隆功能缺陷及其逆转调控		55	陈少华	医学院
10	基于内容感知型去重 Cache 的磁盘能耗管理策略研究		65	邓玉辉	信息科学技术学院
11	内控缺陷认定标准：指标设计、影响因素与经济后果		47.5	丁友刚	管理学院
12	税制结构与可持续经济增长：基于地方政府行为的研究		48	冯海波	经济学院
13	CRMPs 结合 spastin 调控轴突侧枝形成机制的研究		57	郭国庆	医学院
14	孕妇对环境内分泌干扰物的暴露、来源解析及健康风险评价		65	郭　英	环境学院

（续上表）

序号	项目名称	项目类别	资助金额（万元）	负责人	所属学院
15	人类新蛋白 UBAP1 - AST6 的发现及其功能研究	面上项目	62	何庆瑜	生命科学技术学院
16	纳米金属/金属氧化物—聚烯烃食品包装材料中纳米成分向食品迁移的预测		63	胡长鹰	理工学院
17	硒蛋白 K - 钙流—钙蛋白酶环路对动脉粥样硬化血管炎症巨噬细胞的双向调控作用与分子机制研究		57	黄　峙	生命科学技术学院
18	三种蟾酥中蟾蜍二烯内酯类化合物抑制 Na^+/K^+ - ATP 酶活性的立体选择性研究		54	江仁望	药学院
19	高管团队水平薪酬差距：影响因素、经济后果及其机理研究		47	江　伟	管理学院
20	钛基植入体自组装纳米胶束抗菌表面的构建及其应答式骨修复作用的研究		64	柯　渔	生命科学技术学院
21	宿主和病毒通过 E3 泛素连接酶 TRIM25 调控 RLR - MAVS 固有免疫信号通路的结构基础和干预分子研究		50	邝志和	
22	具有特殊性质和选择密文安全的全同态加密的研究		65	赖俊祚	信息科学技术学院
23	"时间贫穷"对跨期决策和前瞻行为的影响及其机制研究——基于注意力资源的理论视角		49.3	李爱梅	管理学院
24	成骨细胞在仿 Osteoid 结构上生物矿化及其调控机制研究		64	李　红	理工学院
25	三角褐指藻的油体建成及调控机制的研究		66	李宏业	生命科学技术学院
26	面向弹性光网络的高性能光频梳研究		66	李建平	光子技术研究院
27	表面微结构微纳光纤光栅生物传感器的机理与实现研究		64	李　杰	
28	导向基团辅助的金属催化的 C—H 键官能团化的理论分析		66	李　娟	生命科学技术学院
29	基于线粒体 Mfn2/MAVS 研究应激负荷诱导流感病毒易感性及清热消炎宁的干预作用		65	栗原博	药学院

（续上表）

序号	项目名称	项目类别	资助金额（万元）	负责人	所属学院
30	南亚热带水库滤食性鱼类在磷循环再生与分配中的作用	面上项目	73	林秋奇	生命科学技术学院
31	基于多巴胺设计多重生物活性分子修饰的微/纳纤维互穿多孔支架及高度血管化骨形成的机制研究		61	罗丙红	理工学院
32	基于微纳结构和石墨烯增强的SPR光纤传感研究		74	罗云瀚	
33	我国南海有毒底栖甲藻蛎甲藻属（Ostreopsis）系统学和产毒特性研究		73	吕颂辉	生命科学技术学院
34	含高代数树枝状聚赖氨酸的超分子水凝胶构建及其高效基因转染机制研究		64	马　栋	
35	土壤—蔬菜系统中全氟化合物的环境行为及其机制		74	莫测辉	环境学院
36	PXR介导河口水体中PhACs暴露对阿部鲻鰕虎鱼的化学致敏/致耐性效应及其调控机制		66	聂湘平	生命科学技术学院
37	局部RAS在角膜纤维化中作用的分子机制及靶向RAS防治角膜混浊的研究		57	潘红卫	医学院
38	心脏靶向敲除FoxO3a基因调控心肌梗死及其修复的作用机制		57	齐绪峰	生命科学技术学院
39	基于人PBLs亚群SLC25A13编码的AGC亚型结构、功能和定位分析的NICCD患儿分子诊断研究		52	宋元宗	第一临床医学院
40	基于群体感应系统新型信号分子IQS的小分子探针研究		50	孙平华	药学院
41	肺炎链球菌锌离子摄取关键脂蛋白AdcA和AdcAⅡ金属结合特性的研究		60	孙雪松	生命科学技术学院
42	时滞耦合神经网络动力学研究与应用		65	谭满春	信息科学技术学院
43	miR－483－5p上调IGF－Ⅱ基因表达的调控机制及与肝细胞癌预后关系的研究		57	汤绍辉	第一临床医学院
44	支架中昆布多糖对巨噬细胞的免疫调控活性及其用于慢性难愈皮肤缺损修复的研究		61	汤顺清	生命科学技术学院

（续上表）

序号	项目名称	项目类别	资助金额（万元）	负责人	所属学院
45	产业技术路线图的知识框架结构、知识互动过程及其定制化方法	面上项目	48	汤勇力	管理学院
46	钩吻生物碱抑制呼吸中枢的结构—毒性关系和毒理机制研究		56	王　磊	药学院
47	还原氧化石墨烯—白藜芦醇纳米复合体干预骨关节炎软骨退变的分子机制研究		57	王小平	第一临床医学院
48	新型 Hsp90 抑制剂阻碍 HSV－1 组装与释放的分子机制研究		50	王一飞	生命科学技术学院
49	基于多参照点的库存和供应链行为决策研究		50	魏　莹	管理学院
50	外排转运蛋白影响葡萄糖醛酸化代谢及其作用机制研究		54	吴宝剑	药学院
51	bFGF 通过 Galectin－1 介导胃癌化疗耐药的分子机制及相关靶向新药研究		54	吴晓萍	生命科学技术学院
52	4－1BB 在 γδ T 细胞介导的抗肿瘤免疫中的作用和机制研究		60	向　征	生物医学转化研究所
53	二维氧化钼原子晶体的氢化机制及其场效应器件的光电特性研究		73	谢伟广	理工学院
54	混合营养型甲藻的微捕食行为及机制研究		68	徐　宁	生命科学技术学院
55	基于肠源性内毒素血症探讨参苓白术散对 NAFLD 大鼠 TLR4 / NLRP3 信号通路作用的分子机制		25	杨钦河	医学院
56	双壳贝类细胞色素 P450 及其在腹泻性贝毒代谢解毒机制中的作用研究		69	杨维东	生命科学技术学院
57	高糖环境导致胚胎神经管缺陷的机制研究		25	杨雪松	医学院
58	人工湿地根际界面微生态过程与磺胺类抗生素的环境行为研究		63	杨　扬	生命科学技术学院
59	三苯基锡酶催化转化的量子特性和分子机制		65	叶锦韶	环境学院
60	网络外部性环境下的供应链竞争演化博弈模型研究		48	易余胤	管理学院

（续上表）

序号	项目名称	项目类别	资助金额（万元）	负责人	所属学院
61	随机系统的滞留时间和有限时间内滞留概率分析与区域目标控制	面上项目	49	尹居良	经济学院
62	基于银杏细胞培养体系的白果内酯和银杏内酯生物合成下游途径及其代谢调控机理研究	面上项目	62	于荣敏	药学院
63	石墨烯双金属羟基化合物的定向合成及电解水性能的研究	面上项目	75	袁定胜	生命科学技术学院
64	蟾毒内酯化合物14α－artebufogenin靶向LRP6抑制结肠癌上皮间质转化作用机制研究	面上项目	60	张冬梅	药学院
65	滤食性双壳类对浅水湖泊底栖—水层耦合作用的影响：水体变清的机理	面上项目	25	张修峰	生命科学技术学院
66	基于TLR2/4－NFKB信号通路探讨针刺对TBI神经炎症及胶质瘢痕修复的作用与机制	面上项目	59	张毅敏	医学院
67	地骨皮中氮杂糖类成分的抗糖尿病作用、机理和构效关系研究	面上项目	55	周光雄	药学院
68	运动干预对皮质脊髓束缺失小鼠脊髓局部微环境和神经网络可塑性的影响	面上项目	57	周立兵	粤港澳中枢神经再生研究院
69	PU/液晶复合材料3D打印力学传导型组织工程支架及其细胞力学响应	面上项目	61	周长忍	理工学院
70	基于率相关弹性—粘塑性损伤动态本构关系的复合材料渐进失效分析	青年科学基金项目	22	陈静芬	理工学院
71	基于亲和整体柱的药物选择性杀伤MDR肿瘤细胞靶标蛋白的垂钓研究	青年科学基金项目	17.9	陈维佳	药学院
72	中成药血必净注射液调控重症中暑循环血中单核细胞活性功能和表面分子表达异常的研究	青年科学基金项目	18	陈　怿	医学院
73	高脂溶性中药活性成分肠分泌排泄的机制研究	青年科学基金项目	18	董　栋	生命科学技术学院
74	CFTR调控γδ T细胞的机制及其在肠道黏膜防御中的功能研究	青年科学基金项目	20	段媛媛	生物医学转化研究所

（续上表）

序号	项目名称	项目类别	资助金额（万元）	负责人	所属学院
75	基于多层雕塑薄膜的亚波长高折射率差光栅高反射器件研究	青年科学基金项目	20	关贺元	理工学院
76	基于 LasR 受体在线筛选中药黄芩中细菌生物膜抑制活性成分的研究		17.9	郭嘉亮	药学院
77	城镇化过程中老龄化发展与退休政策研究		18	郭凯明	经济学院
78	面向大容量长距离波分复用系统的相位敏感光放大器研究		22	郭晓洁	光子技术研究院
79	苋菜品种对土壤 Cd、Pb、Cr 同步低吸收的根际微生物机制		20	何宝燕	环境学院
80	基于 MEMS 加速度传感器的智能终端手势识别及三维交互模型		20	何振宇	信息科学技术学院
81	海洋中药毛蚶新多肽 H3 在乏氧微环境下抗肝癌作用及其机制研究		18	胡显镜	药学院
82	维甲酸致腭裂的关键作用节点及 Wnt 信号通路的分子关联研究		18	胡　晓	医学院
83	女贞子中调控 mGluR5 蛋白的裂环环烯醚萜类成分研究		18.5	黄晓君	药学院
84	miR－197－3p 在川崎病冠状动脉内皮细胞损伤中的功能及其作用机制研究		18	贾红玲	生命科学技术学院
85	不对称催化合成烷基氟杂环化合物		21	江晓间	药学院
86	DLX3 基因修饰 iPS 细胞膜片在放疗后种植体骨愈合中的作用及机制研究		18	黎俊媛	第一临床医学院
87	脂联素调控成体海马可塑性与抗抑郁机制的研究		17.5	李　昂	粤港澳中枢神经再生研究院
88	枸杞多糖对小胶质细胞在视神经轴突继发性溃变中作用的调节		17.5	李洪英	医学院
89	何首乌中二苯乙烯苷类化合物神经保护的作用机制和构效关系研究		17.9	李硕果	药学院
90	广东省森林地区异戊二烯生成的二次有机气溶胶的观测和模拟		19	李云鹏	大气环境安全与污染控制研究所

（续上表）

序号	项目名称	项目类别	资助金额（万元）	负责人	所属学院
91	应用单链特异性核酸酶检测血清 miRNA 标志物进行肺癌早期诊断	青年科学基金项目	16.5	凌　凯	医学院
92	基于控制挥发自组装过程的埃洛石纳米管有序表面的构建及其诱导细胞取向生长的研究		20	刘明贤	理工学院
93	基于微加工生物芯片的细胞共培养系统研究线粒体转移在干细胞修复心肌细胞中的作用		18	刘秋英	生命科学技术学院
94	紫外催化湿式氧化降解垃圾渗滤液及生物毒性减量研究		20	陆　钢	环境学院
95	SCN1A 基因剪切突变导致不同功能表型和癫痫临床表型差异的机理研究		20.5	孟　珩	第一临床医学院
96	光刺激实现神经纤维选择性刺激的方法研究及理论模拟		20	牟宗霞	生命科学技术学院
97	ERRγ 小分子激动剂的设计、合成及促白色脂肪棕色化的活性研究		17.9	彭丽洁	药学院
98	2 型糖尿病小鼠肠道菌群宏转录组及代谢组对 GLP－1 类药物干预应答特征研究		19	冉艳红	生命科学技术学院
99	αβT 细胞对 γδT 细胞产生 IL－17 的调控作用及分子机制研究		20	石绮屏	第一临床医学院
100	无需监控信号扰动量 QKD 协议的实际安全性关键问题研究		20	宋婷婷	信息科学技术学院
101	新型硝酮类化合物的化学合成与构效关系研究		17.9	孙业伟	药学院
102	湿地植物对磺胺类抗生素的吸收与代谢机制研究		20	邰义萍	生命科学技术学院
103	动态多信道无线网络中节点信道交汇及网络容量最大化问题研究		20	谈海生	信息科学技术学院
104	二亚硝基哌嗪（DNP）通过 CTSB 调控 EMT 参与鼻咽癌转移的分子机制研究		18	谭功军	医学院
105	CRMP－2 与 Plexin－A3 相互作用调控树突发育机制的研究		20	谭明会	

（续上表）

序号	项目名称	项目类别	资助金额（万元）	负责人	所属学院
106	低浓度的全氟化合物在天然矿物上的吸附—解吸机理研究	青年科学基金项目	21	王　飞	环境学院
107	函数数据变换模型及降维方法的研究		18	王国长	经济学院
108	大型海藻规模栽培对桡足类休眠卵形成和萌发的影响及其机理研究		21	王　庆	生命科学技术学院
109	基于光纤延迟线环和光栅的智能光子射频存储器		23	王旭东	光子技术研究院
110	双相障碍Ⅰ型患者执行功能损伤机制的多模态神经影像研究		18	王　颖	第一临床医学院
111	容迟网络中基于无状态社交关系的路由协议研究		21	魏凯敏	信息科学技术学院
112	炎症微环境通过ELP2引起成骨分化抑制的机制研究		18	许长鹏	医学院
113	基于扎根理论和内容分析法的肝郁证候定性和定量研究		18	薛飞飞	
114	基于ER信号通路研究miRNA介导槲皮素促骨形成的分子机制		18	杨　丽	药学院
115	侧扁软柳珊瑚三株共生菌中抗海洋污损活性代谢产物		20	张　军	理工学院
116	胰泌素对小脑浦肯野神经元发育的调节作用及其相关机制的研究		20	张　力	粤港澳中枢神经再生研究院
117	拉莫三嗪抑制阿尔茨海默病病理进展的作用及机制研究		17.5	张茂营	第一临床医学院
118	地乌皂苷治疗类风湿性关节炎的体内药效物质基础及其代谢机制研究		18	赵慧男	药学院
119	具有低错误平层的多元LDPC码的构造和译码算法研究		21	赵山程	信息科学技术学院
120	免标记的SERS微阵列芯片对病原菌的高通量快速检测		21	周海波	药学院
121	高低温下不同细观结构的泡沫金属及复合结构的冲击力学行为的研究		20	刁会峰	理工学院

（续上表）

序号	项目名称	项目类别	资助金额（万元）	负责人	所属学院
122	The Key to Successful Manufacturing Strategy: Deconstructing Hoshin Kanri	外国青年学者研究基金	33.5	Matthias Thürer	珠海校区电气信息学院
123	miR－576－3p 靶向调控 STING / MAVS / TRAF3 对 HPV 致宫颈癌进程影响的分子流行病研究	应急管理项目	10	荆春霞	医学院
124	纳米 TiO_2 改性的聚乳酸复合材料设计及增材制造应用		10	张静娴	生命科学技术学院
125	矢量光场操控反法拉第效应及纳米尺度光磁反转新机制	优秀青年科学基金项目	130	李向平	光子技术研究院
126	PM2.5 特异菌群激活 TLR / TSLP 天然免疫通路诱发哮喘的机制	重大研究计划（培育项目）	74	杨　光	医学院
127	基于人体吸入和呼出气中颗粒物粒径谱和成分谱无损、实时分析的大气细颗粒物暴露评价新方法研究		74	李　雪	大气环境安全与污染控制研究所
128	光化学反应活跃区森林挥发性有机物的组成特征、二次污染成因及贡献研究	重大研究计划（重点项目）	230	王伯光	
129	生命科学中两类反问题的计算方法及应用	专项基金项目	3	吴乐秦	信息科学技术学院

2015 年专利授权情况表

序号	名称	发明人	专利号
1	直立白薇苷 C 在制备杀灭鱼类体外寄生纤毛虫药物的应用	张其中、付耀武	ZL2014101508834
2	一种可注射型生物活性人工骨材料及制备方法和应用	李志忠、孙国栋、焦延鹏	ZL2013107293155
3	一种可注射的纳米羟基磷灰石 / 壳聚糖复合水凝胶及其制备方法与应用	屠　美、曾　戎、查振刚、杨慎宇、吴　昊	ZL2014105887187
4	一种纳米硫银复合溶胶及其制备方法与应用	谢新媛、梁　鸣、谢树明、郑文杰、陈洁梅	ZL2013107177582

（续上表）

序号	名称	发明人	专利号
5	氧化镁晶须/生物降解聚酯复合材料及其制备方法和应用	罗丙红、文 伟、刘 桦、周长忍	ZL2013103013460
6	一种PET/PC合金材料及其制备方法和应用	张秀菊、沈俊才、丁成磊	ZL2013102651464
7	一种网络服务中保护用户访问隐私的票据生成方法	卢建朱、杨菁菁、姚国祥、周继鹏、陈 婷	ZL2013101365037
8	一种预防和治疗神经退行性疾病的新型脑部靶向制剂	黄亚东、项 琪、张齐好、苏志坚、郑 青	ZL2012101112448
9	基于足式爬壁的智能玻璃清洁机器人	黄元亮、张东平、朱建文、罗权涛、陈金辉、陈佳浩、罗祥华、黄振雄、刘宇杰	ZL201210584759X
10	一种生物功能化羟丙基纤维素酯类液晶膜的制备及其应用	屠 美、查振刚、曾 戎、吴 昊、韩婉清	ZL2013107139966
11	一种车辆产品机械装配的动态故障诊断方法	吕广庆、罗治辉、蒋俊钢、周 斌、庞冬梅	ZL2013103965609
12	莱克多巴胺适配体与检测莱克多巴胺的适配体电化学生物传感器	刘大岭、陈 丹、周 妮、谢春芳、姚冬生	ZL2013103064015
13	一种基于布里渊散射的分布式应变和温度光纤传感器	梁 浩、李 杰、程凌浩、关柏鸥	ZL2012104650230
14	桑酮G和/或桑酮O在制备杀灭鱼类寄生虫药物中的应用	张其中、梁靖涵	ZL201410183152X
15	一种层析柱的装填方法	蒲含林	ZL2013107288778
16	针对微小RNA-21种子序列的反义寡聚核苷酸及应用	费 嘉、胡海燕、张 洹、骆小闯、丰茂晓、古春明、阴 钊、朱容萱、李天夫、赵于渔、王瑞瑞、梁伟鹏	ZL2013103041329
17	一种面向web集群的低能耗调度系统和方法	邓玉辉、方 名、孟小华、周继鹏	ZL2012105176330
18	一种多功能应急灯控制系统及其控制方法	潘小萍、陈舜儿、黄伟英、邓声游、吴梓欢、谭炜丰、陈建辉、李秀丽	ZL2012103090636
19	一种监测处理物质对水体影响的方法	许忠能、夏新建、阮惠扳、梁建新、靳祖雷	ZL2011102148052

（续上表）

序号	名称	发明人	专利号
20	一种有机薄膜太阳能电池及其制作方法	侯林涛、夏玉欣、王　标、刘彭义、王二刚、甄红宇	ZL2012102573386
21	除氮素生物过滤装置及其在处理微污染水源水中的应用	李明玉、唐　慧、唐晓玲、谢　辉、王琪瑶	ZL2014101272696
22	一种用于废旧轮胎低温粉碎的高压天然气压力能制冷方法	熊永强	ZL201310513654X
23	一种多功能环境友好型噻虫嗪水剂及其制备方法	张子勇	ZL2014100522196
24	一种表面等离子体共振免疫传感芯片及其制备方法与应用	李　莹、钟金钢、马　骁、齐　攀	ZL2014100405597
25	多孔石墨烯/氢氧化镍/聚苯胺复合电极材料及制备方法	谭绍早、张劲林、蔡　祥、麦文杰、黄浪欢、谢瑜珊	ZL2013100663503
26	一种利用植物碳源强化人工湿地对低碳高氮污水脱氮的方法和系统	杨　扬、钟胜强、陶　然、乔永民、张　敏	ZL2014101702073
27	赖氨酸芽孢杆菌FS1在染料降解方面的应用	杨　扬、苏　萌、陶　然、张　敏、乔永民	ZL2014100158015
28	一种吲哚生物碱加合物及其制备方法和在制备抗肿瘤药物中的应用	陈河如、叶文才、张冬梅、陈敏锋、肖绪枝、许男徽、雷雪萍、胡坚杨	ZL2013101382418
29	一种同时测定河流浮游藻类和附生藻类初级生产力的装置和应用	杨　扬、田时弥、乔永民、陶　然、王　赛	ZL2014101714668
30	一种用于蛋白质药物传输的仿生纳米载体系统及制备方法	曾　戎、董宏伟、梁　昊、屠　美、赵剑豪	ZL2013104519179
31	可降解镁合金微细管的半固态挤压触变成型模具及方法	滑有录、李　卫	ZL2013101541255
32	一种从含络合铜废液里回收超微细铜粉的方法	李文聪、潘涌璋	ZL2013104513596
33	蟾毒灵糖基化衍生物及其制法和在制备抗肿瘤药物中的用途	江仁望、唐红进、田海妍、曹　威、叶文才	ZL2013102175203
34	PEG/磷酸盐双水相体系分离乳源乳清蛋白的方法	徐明芳、成希飞、李子超、李昀锴、向明霞	ZL201310460499X
35	含生物碳酸钙的β晶聚丙烯复合材料及其制备方法与应用	林志丹、管子现、徐宝峰、曹　琳、王雨靓、高孙文彬	ZL2013103090861

（续上表）

序号	名称	发明人	专利号
36	利用液化天然气冷能捕集二氧化碳的联合动力循环方法及其系统	熊永强	ZL2013106183073
37	一种桑枝活性部位及其制备方法和应用	周光雄、焦呈亮、宋　婕、张亚群、温锦涛、叶春玲	ZL2013102975054
38	一种能监测成膜过程的平板式刮膜机	侯林涛、吴明晓、王　标	ZL2013102328105
39	一种无线传感器网络中复制节点的检测方法	王晓明、徐帅文、廖耀华	ZL2012105153451
40	一种智能水质监测与水面清理船	侯林涛、余剑方、梁俊杰、吴明晓、吴木铭、陈美銮、黄晓霞	ZL2013101229189
41	一种阿魏酸的制备方法	欧仕益、赵升强、黄才欢、彭喜春	ZL2013101916010
42	一种人血管 eNOS 基因启动子改构体及其制备方法和应用	邢飞跃、樊振华	ZL2011100751261
43	一种基于 RSSI 改进的 APIT 定位方法	周继鹏、陈　涛、张懿瑶、黄书强	ZL2012101948337
44	一种正压送风半开放式净化空气头盔面罩	黄耀熊、侯增涛	ZL2013100851220
45	一种环状生物降解脂肪族聚酯及其制备方法	罗丙红、徐　湾、何杰祥、李慧华、周长忍	ZL2013103302992
46	一种低吸水导热耐磨聚合物合金及其制备方法与应用	林志丹、邓淑玲、徐保峰	ZL201310325578X
47	一种转鼓式静电纺丝装置	谢德明、郭　瑞、毛　萱、敖宁建	ZL2013100136420
48	一种公有云与私有云之间的访问控制系统及方法	姚国祥、罗伟其、黄彩婷、官全龙、魏林锋、朱淑华、詹　丽、叶　林	ZL2013100137368
49	一种低能耗集群环境下的服务质量保证方法	邓玉辉、胡　杨、孟小华、周继鹏、梁倬骞	ZL2013100303404
50	一种具有光学活性的蒜氨酸的合成方法及其反应装置	周　华、周美云、欧仕益、吴建中	ZL2013104261398

（续上表）

序号	名称	发明人	专利号
51	一种低温环境下快速响应的可复用光纤氢传感器	关柏鸥、齐　麟、金　龙	ZL2013103110329
52	一种类辅脂酶2基因的干扰片段及其应用	禹艳红、陈　雷、曹佐武、蔡冬青、廉滋珍、秦俊文、齐绪峰、武　征	ZL2013103828796
53	一种血管新生蛋白及其应用	禹艳红、陈　雷、薛樱子、蔡冬青、秦俊文、齐绪峰、武　征	ZL2013102875268
54	耦合型微米光纤起偏器及其制备方法	余健辉、杜　垚、陈　哲、张　军、李浩智	ZL2012101730110
55	移动增值服务系统中保护用户访问隐私的访问控制方法	卢建朱、邓盛源、姚国祥、范修伟	ZL2012101258488
56	一种能降解无定形纤维素的基因重组酿酒酵母	刘泽寰、龚映雪、唐根云、黎惠忠、肖文娟、李晶博、林蒋海	ZL2013100335180
57	HMG－CoA还原酶抑制剂氟伐他汀在制备抗淋巴瘤药物中的应用	齐绪峰、金寿起、李奎在、蔡冬青、秦俊文、禹艳红、武　征	ZL2012104397340
58	一种阿魏酸的制备方法	欧仕益、赵升强、姚胜文、黄才欢、彭喜春	ZL2013101967192
59	一种多环芳烃和有机锡复合污染治理菌剂及其制备与应用	叶锦韶、尹　华、彭　辉、马嘉雯	ZL201310390454X
60	一种汽车产品整车装配的动态质量检测方法	吕广庆、蒋俊钢、王　雷、周　斌、庞冬梅、吕新广	ZL2013101238012
61	一种沙苁蓉提取物及其制备方法和应用	马志国、杨振亚、李承花、卢丹逸	ZL2013101688688
62	分级多孔壳聚糖/聚乳酸复合材料及其制备方法与应用	李立华、李　娜、周长忍	ZL2014100913039
63	一种将鱼骨架分离成鱼肉、鱼骨和鱼汁的分离设备及方法	吴建中、欧仕益、周　华、颜儿作	ZL201310085163X
64	一种防治老年痴呆症的化合物及其制备方法和用途	姚新生、钟　毅、高　昊、刘振宇、穆祯强、杜书文、肖高铿	ZL2013101626018

（续上表）

序号	名称	发明人	专利号
65	一种填料塔式连续表面发酵装置及其发酵方法	傅　亮、陈宇哲	ZL201310301612X
66	利用磁性絮凝纳米微粒快速收集藻体的方法与应用	江天久、温众杰、李宏业	ZL2012104649534
67	移动 Ad-Hoc 网络中的双信道预约接入控制方法	张多英、刘　凯	ZL2012100636342
68	一种治疗抑郁症的中药组合物及其制备方法	张荣华、王廷春、马仁强、马艺华、李淑琴、杨　丽	ZL2013104948846
69	一种磷光染料掺杂的有机太阳能电池	侯林涛、王　平、王　标	ZL2012100104798
70	一种双层复合型聚合物基耐磨轴承及其制备方法	林志丹、李　卫、徐保峰	ZL2013100286216
71	正交偏振光纤光栅矢量扭转传感装置及其检测方法	郭　团、关柏鸥、尚立彬、刘　甫	ZL2012105257982
72	基于候选肽段区分度标记图谱的蛋白质二级质谱鉴定方法	肖传乐、杜阳利、陈晓舟、何庆瑜	ZL2013100974790
73	基于能量共振转移的荧光试纸条及制备方法与应用	唐　勇、付强强	ZL2012103368637
74	基于光纤光栅激光器的磁场传感器及测量方法	程凌浩、金　龙、关柏鸥、韩建磊、郭贞贞	ZL2012105605069
75	基于移动蜂窝电话网和 Ad-Hoc 网的应急通信系统	郑力明、谢　波、任凯强	ZL2011100053912
76	一种纳米微晶纤维素增强胶原复合基质的制备与应用	张渊明、郭　瑞、李卫昌	ZL2012103565391
77	垃圾焚烧发电厂电子束辐照降解二噁英装置及方法	张春磷、沈沙亭、张　杰、郑冬琴、钟伟荣	ZL2012104993705
78	一种能降解结晶纤维素的基因重组酿酒酵母	刘泽寰、林蒋海、胡　佳、黎惠忠、李晶博、龚映雪、肖文娟	ZL2013100334775
79	冰片—姜黄素脂质体及其制备方法与应用	董　军、邓钦莹	ZL2012103627913
80	一种含有卡拉胶的创伤修复敷料及其制备方法和应用	汤顺清、易静楠、王小莺、毛　萱	ZL2013103305100

（续上表）

序号	名称	发明人	专利号
81	一步法制备环糊精有机聚合物毛细管整体柱的方法及应用	江正瑾、孙平华、张乔轩、郭嘉亮、彭咏波、赵祥龙、饶龙意、姚　哲、何　腾	ZL2012104057599
82	抗癌症干细胞特异性蛋白CD44的单链抗体及其应用	魏　星、马　欢	ZL2013100961466
83	一种以消旋体蒜氨酸为原料制备大蒜油的方法及其装置	周　华、李文清、周美云、晏日安	ZL2013104261542
84	一种消除CCD天文图像中宇宙射线的方法	孟小华、张庆丰、彭青玉、区业祥	ZL2012103168700
85	一种甜菜碱衍生物改性粘土及其制备方法和应用	杨维东、李赟辉、李宏业、刘洁生	ZL2013100872814
86	一种双氢青蒿素倍半氧锗化合物及其制备方法和应用	杨培慧、姚述光、尹华斌、蔡继业	ZL2012102572720
87	一种苏打碱化水田土壤改良剂	李取生、王　玥、张乾坤、秦利鹏	ZL2011103943884
88	一种高效克隆及表达的微藻叶绿体载体及其应用	李宏业、谢伟红、朱聪聪、杨维东、刘洁生	ZL2013102633254
89	胶原/纳米纤维素皮肤再生材料及其制备方法与应用	郭　瑞、张渊明、李卫昌	ZL2013100208147
90	一种原位絮凝分离微藻的方法及其应用	张渊明、朱　毅、刘洁霞、陶玉君、张成武、李爱芬、李　涛	ZL2013102289295
91	一种利用磁性絮凝微粒收集藻体的方法与应用	江天久、温众杰、杜克梅、曹洁茹、李宏业、段琤琛	ZL2013100226770
92	通过翻译暂停序列理性重设计改善蛋白质可溶性表达的方法	张　弓、陈　伟、熊　盛、金静洁	ZL2013101644548
93	一种梯级利用液化天然气冷能发电的方法	熊永强	ZL2012104455011
94	一种平板式缝模涂布机	侯林涛、王　标	ZL2012104160693
95	一种吡嗪类衍生物和其制备方法及在制药中的应用	王玉强、孙业伟、于　沛、杜　静、张高小	ZL2010102173327

注：以上专利类型均为发明。

2015 年主要学术会议一览表（理工医科）

序号	时间	会议名称	主办单位
1	1 月 9 日至 10 日	应用分析国际学术会议	暨南大学、武汉大学
2	1 月 31 日至 2 月 1 日	第一届小分子体系电子及能量转移研讨会	暨南大学
3	5 月 29 日	第一届（广州）传染病与公共卫生国际研讨会	暨南大学医学院
4	6 月 2 日	精准医学与肿瘤和代谢病国际研讨会	暨南大学第一临床医学院
5	9 月 23 日	2015 国际脑功能与健康研讨会暨神经再生高峰论坛	暨南大学粤港澳中枢神经再生研究院
6	10 月 29 日至 30 日	泛在网络空间安全国际研讨会	暨南大学网络空间安全学院
7	10 月 31 日至 11 月 1 日	2015 年度南方药物经济学论坛	暨南大学、广东省药学会
8	11 月 6 日至 8 日	“一带一路”中医传承与创新暨肿瘤多药耐药治疗国际学术研讨会	暨南大学第一临床医学院
9	11 月 12 日	2015 年第二届亚太地区益生菌与人类健康学术研讨会	暨南大学理工学院食品科学与工程系
10	11 月 12 日至 13 日	第六届能源经济与管理学术年会暨第九届中国能源资源开发利用战略学术研讨会	暨南大学、国家自然科学基金委管理科学部、中国“双法”研究会能源经济与管理研究分会
11	11 月 20 日	国际湖沼学会 2015 年浮游生物生态学会议	暨南大学、中国生态学会
12	11 月 21 日至 22 日	第三届免疫与健康国际学术研讨会	暨南大学第一临床医学院、生物医学转化研究院、广东省分子免疫与抗体工程重点实验室

（科学技术研究处供稿）

文科科研

【概况】 社会科学研究处是学校负责人文社会科学研究管理工作的职能部门，主要职责是把握人文社会科学研究发展方向，制定科研政策，推动科研体制改革；组织人文社会科学各级各类项目的申报，做好科研项目的服务和管理、成果评奖、数据统计，介绍学校人文社会科学研究的成果、特色及优势等。下设项目管理科、重点建设科，在岗人员7人。

【科研项目与成果】 学校全年获批各类项目370项，到位经费5 200万元，较2014年增长近11%。获批国家社会科学基金重大委托项目1项、重大项目4项，立项数居全国第7位；获批国家社会科学基金年度项目22项，立项数并列全国第14位，广东第2位，其中重点项目5项、一般项目15项、青年项目2项。获批教育部哲学社会科学项目18项，立项数并列全国高校第12位；签订横向项目239项，合同经费达4 100万元，较2014年增长37%。

出版著作91部，其中教材（含工具书）21部、整理古籍2部。在国内发布论文（含调查报告）1 371篇，在国外及港澳台地区发表论文61篇，其中A类论文202篇，包括发表于《中国社会科学》1篇。

【重点基地建设】 获批广东省普通高校哲学社会科学重点实验室2个，即管理学院刘耀中教授主持的“神经管理学实验室”和产业经济研究院顾乃华教授主持的“产业大数据应用与经济决策研究实验室”。暨南大学是广东省2015年唯一获批2个文科实验室的高校。至此，学校已有10个广东高校重点研究基地和实验室，数量并列广东高校第一。完成广州市人文社会科学重点研究基地的验收和申报工作，广州市舆情与社会管理重点研究基地评估等级为“优秀”，得分位列全市8个考核“优秀”基地之首，顺利进入下一轮广州市人文社会科学重点研究基地建设周期。在新一轮广州市人文社会科学重点研究基地的评审中，学校广州区域低碳经济研究基地、广州南沙自由贸易试验区研究基地2个基地成功获批。至此，学校共有3个基地进入2015—2018年度广州市人文社会科学重点研究基地建设名单，基地总数并列广东省第二。

【智库建设】 2015年，学校对智库建设提出具体目标，即每年至少向中央部委提交1篇研究报告；召开1次研究报告会，邀请中央部委领导参加，并在《中国社会科学报》主要版面整版报道。经校外专家评审，“地方立法与法治”“大都市治理与政府转型”“舆情与国家治理”“新工业革命”“沿边侨情与国家安全”和“海外华文与侨务文化战略”6个项目获批立项建设。11月到12月期间，6个智库项目的成果发布会陆续召开，在《中国社会科学报》的整版报道陆续推出。学校国际关系学院/华侨华人研究院基地智库的2份研究报告，获得中央领导同志的批示。

为推进学校的智库建设，充分了解国家相关职能部门智库建设的政策和措施，学习先进单位的智库建设经验，10月，社会科学研究处和国际关系学院/华侨华人研究院代表一行5人赴教育部社科司、国侨办政策法规司、中联部研究室，中国人民大学国家发展与战略研究院、国际关系学院、重阳金融研究院，北京大学国际关系学院，清华大学国家战略研究院等单位围绕智库建设工作进行调研，并提出推进暨南大学智库建设的初步设想。

【华侨华人研究】 围绕学校高水平大学建设目标，整合政治学、中国语言文学、世界史、计算机科学技术等学科力量，组建“华侨华人与国际问题研究”学科组团，华侨华人与“一带一路”、中国外交与侨务、华侨华人与国际政治、华侨华人研究与国际移民、东南亚研究、南海问题与地缘政治、中外政治制度比较7个研究团队，开展高水平大学建设相关工作。在科研项目方面，教育部重大攻关项目“华侨华人在国家软实力建设中的作用研究”顺利结题，廖小健老师的“华侨华人在中国大国外交建设中的作用与对策研究”获得国家社科基金重点项目资助，王子昌老师的“中国南海岛屿主权的关键证据研究”、梁茂春老师的“东南亚华人眼中的中国”获得国家社科基金一般项目资助。品牌项目“世界华侨华人研究文库”“暨南东南亚研究文库”、《海外侨情观察》等继续组稿出版；“华侨华人与抗日战争系列”（3

种）入选中宣部、国家新闻出版广电总局“纪念中国人民抗日战争暨世界反法西斯战争胜利70周年”重点选题。在人才队伍建设方面，鞠海龙教授入选2014年“广东特支计划”宣传思想文化领军人才。在学术交流方面，3月21日上午，国际关系学院/华侨华人研究院以“中国与区域经贸合作”为主题，与台湾中山大学社会科学院共同举办第一届两岸高校亚太事务论坛。11月7日，为庆祝中国与印度尼西亚建交65周年，国际关系学院/华侨华人研究院举办“中国与印度尼西亚全面战略伙伴关系：机遇与挑战”国际学术研讨会，对海洋强国战略下的中国与印度尼西亚合作关系进行研讨。11月15日至17日，国际关系学院/华侨华人研究院携手全英华人社团联合总会，在英国曼彻斯特召开第二届欧华高峰论坛。12月19日至20日，国际关系学院/华侨华人研究院与海国图智研究院联合举办“中国外交转型”学术研讨会，针对“中国外交转型：机遇与挑战”的主题展开讨论。

【学校获第七届教育部高等学校科学研究优秀成果奖8项】 12月1日，第七届教育部高等学校科学研究优秀成果奖（人文社会科学）获奖名单正式公布。学校共有8项成果获奖，其中二等奖1项、三等奖7项。新闻与传播学院刘涛的著作《环境传播：话语、修辞与政治》荣获二等奖；蒋述卓、覃成林、黎文靖、危磊、蒋建国、支庭荣、鞠海龙的论文或著作荣获三等奖。

【学校获广东省第六届哲学社会科学优秀成果奖29项】 12月17日，广东省第六届哲学社会科学优秀成果奖的获奖名单正式公布。学校有29项成果获奖，获奖数量仅次于中山大学，居广东省第二位。获奖成果包括论文17篇、著作11部、研究报告1份，其中邵敬敏教授的《汉语语法的动态研究》等8项成果获一等奖，蒋海教授等的《中国上市银行资本缓冲的逆周期性研究：1998—2011》等13项成果获二等奖，朱羿锟（朱义坤）教授的《董事问责标准的重构》等8项成果获三等奖。

【中国文艺评论基地揭牌】 11月10日，中国文艺评论基地揭牌仪式暨“南方文艺的气象构建”研讨会在暨南大学举行。中国文艺评论家协会主席仲呈祥，广东省文联党组书记程扬，广东省作家协会主席、中国文艺评论基地主任、校党委书记蒋述卓，广东省作协专职副主席杨克，广东省委宣传部文艺处处长许永波，广东省文学院院长熊育群，副校长刘洁生出席研讨会。为繁荣社会主义文艺，引导文艺评论的健康发展，经中国文联批准，中国文艺评论家协会于4月启动“中国文艺评论基地”建设计划。蒋述卓以暨南大学为依托单位，召集学术精英，组建一支覆盖多领域、多学科的人才队伍并积极申报。经过严格的初审、复审程序，最终暨南大学从全国100多家单位中脱颖而出，成为首批22家共建单位之一。

【暨南大学中国（广东）自由贸易试验区研究院设立】 1月22日上午，南沙开发区管理委员会与暨南大学共建“暨南大学中国（广东）自由贸易试验区研究院”框架协议签约暨揭牌仪式在南沙区委党校举行。广州市委常委、南沙开发区管理委员会主任丁红都，副主任李自根、曾进泽，南沙区区长袁桂扬，校长胡军、副校长宋献中等出席仪式。仪式上，宋献中和李自根代表双方签订协议。仪式由袁桂扬主持，丁红都、胡军分别致辞。

胡军在致辞中强调，研究院将紧密结合南沙经济社会和自贸区发展的重大需求，为广东自贸试验区建设和南沙新区发展提供决策咨询和技术支撑。丁红都指出，研究院的设立有助于进一步加快广东自贸区建设，希望研究院尽快制订出一套行之有效的工作方案，力争建设成为全国甚至世界知名的自贸区研究院。

【学校承担《中华人民共和国华侨权益保护法（草案）》起草任务】 为贯彻落实党的十八届四中全会关于“依法维护海外侨胞权益”的要求，全面推进侨务法治建设，国务院将华侨权益保护立法列入2015年度立法的研究计划。5月，国务院侨办下达重大委托课题通知，委托学校法学院/知识产权学院起草《中华人民共和国华侨权益保护法（草案）》。此次学校承担全国性法律草案的起草工作，对于健全涉侨政策法律体系，充分发挥华侨华人助力实现“中国梦”和实施“一带一路”战略具有深远的意义。

【“华侨华人与世界反法西斯战争”国际学术研讨会召开】 7月25日上午，由国务院侨办政策法规司、暨南大学主办，国际关系学院/华侨华人研究院、中国华侨华人历史研究所、暨南大学出版社承办，历史系协办的“华侨华人与世界反法西斯战争”国际学术研讨会在校举行。国务院侨办副主任何亚非、政策法规司司长董传杰，校长胡军、中国华侨华人历史研究所副所长张秀明等出席大会开幕式，副校长林如鹏主持会议。何亚非在开幕式致辞中指出，在中国人民抗日战争和世界反法西斯战争胜利70周年之际，我们不能忘记华侨华人这一特殊群体在中华民族反侵略战争、在与住在国民众共同抵御外敌中所做出的卓越贡献。他们与祖（籍）国人民共赴国难，铸就中华民族的钢铁长城。当前我们应该汇聚起包括海外侨胞在内全体中华儿女的共识和力量，积极投身中国改革开放和现代化建设事业，为实现中华民族的伟大复兴贡献力量。

本次会议共邀请到来自美国、日本、新加坡、马来西亚、菲律宾以及中国香港、台湾、大陆等地学者近百名，围绕海外主要侨居国的华侨华人与“二战”、华侨华人与中国抗战、抗战时期华侨华人与民族意识、抗战时期华侨华人的经济活动、华侨华人史料与文献等8个专题展开讨论。

【学校召开2014年文科科研工作会议】 1月23日，学校2014年文科科研工作会议在行政楼826会议室召开。校长胡军、副校长林如鹏、文科各学院分管科研工作的领导、文科基地主任等40余人出席会议。会上，社会科学研究处处长潘启亮汇报学校2014年人文社会科学发展情况和今后的工作思路。2014年，学校文科到位经费突破5 000万元，国家社会科学基金重大项目立项数居广东高校之首，广东省文科基地评估取得良好成绩，社会服务能力显著增强。2015年，学校人文社会科学研究要在此基础上，结合体制机制创新，实现新增长，争取新突破。胡军在讲话中充分肯定学校人文社会科学研究取得的成绩，并代表学校对文科教师和工作者的辛勤工作表示衷心的感谢。他表示，学校将继续在人、财、物等方面大力支持人文社会科学事业的发展。林如鹏在讲话中对学校在国家社会科学基金重大项目方面取得的突破表示祝贺，鼓励老师们再接再厉，产出更多的优秀科研成果。会上，林如鹏为文学院等5个文科优秀科研单位、凌少群等7位优秀科研管理工作者颁奖，优秀科研单位就文科科研工作做了经验介绍。

2015年文科研究机构简表

教育部人文社会科学重点研究基地		
机构名称	批准时间	基地负责人
华侨华人研究院	2000年12月	刘泽彭、曹云华
广东省高校人文社会科学重点研究基地		
机构名称	批准时间	基地负责人
企业发展研究所	2003年7月	卫海英
金融研究所	2005年12月	刘少波
海外华文文学与华语传媒研究中心	2007年6月	蒋述卓
汉语方言研究中心	2008年5月	甘于恩
广东产业发展与粤港澳台区域合作研究中心	2009年3月	胡　军
应急管理研究中心	2010年1月	林如鹏
知识产权与法治研究中心	2010年1月	徐　瑄
资源环境与可持续发展研究所	2011年12月	张　捷
广东省普通高校哲学社会科学重点实验室		
机构名称	批准时间	基地负责人
神经管理学实验室	2016年1月	刘耀中
产业大数据应用与经济决策研究实验室	2016年1月	顾乃华

（续上表）

广州市人文社会科学重点研究基地		
机构名称	批准时间	基地负责人
广州市舆情与社会管理重点研究基地	2013 年 7 月	林如鹏、支庭荣
广州区域低碳经济研究基地	2015 年 7 月	宋献中
广州南沙自由贸易试验区研究基地	2015 年 7 月	杜金岷
研究院		
产业经济研究院	旅游规划设计研究院	
华文教育研究院	南方传媒研究院	
广东低碳与可持续发展研究院	韶关研究院	
佛教文化研究院	21 世纪丝绸之路研究院	
经济与社会研究院		
研究所		
中国语言文学研究所	现代文学研究所	中国文化史籍研究所
外国语言文学研究所	金融研究所	财税研究所
特区港澳经济研究所	台湾经济研究所	华文教育研究所
国际经济研究所	人力资源管理研究所	企业发展研究所
财务与会计研究所	旅游研究所	公共管理研究所
教育经济与管理研究所	社会保障与管理研究所	东南亚研究所
香山文化研究所	华人留学文化研究所	系统工程研究所
哲学与社会科学研究所	国际金融与商务研究所	中印比较研究所
侨务研究所	国际移民研究所	中外关系研究所
应用语言学与外语教学研究所	翻译研究所	社会保障与保险研究所
马万祺研究所	国学研究所	金融工程研究所
研究中心		
华侨华人与中国和平发展协同创新中心	品牌战略与传播中心	投资咨询（研究）中心
日本经济研究中心	企业资源规划中心	战略管理研究中心
广东产业发展与粤港澳区域合作研究中心	港珠澳服务业发展研究中心	城市与区域经济研究中心
产业技术经济与管理研究中心	现代流通研究中心	中国海洋发展研究中心·南海战略研究基地
旅游研究开发中心	管理人才培训中心	中国区域规划与管理研究中心
快递业研究中心	领导行为研究中心	文化产业研究与发展中心
海外华语研究中心	高等教育研究中心	美国研究中心
欧盟研究中心	非洲研究中心	历史地理研究中心

（续上表）

中国基督教史研究中心	海外华人社区语言资源监测与研究中心	公共安全研究中心
心理健康教育中心	港澳台侨青年学生研究中心	学位与研究生教育研究中心
高级秘书和公务人员培训与研究中心	旅游政策法规研究中心	邓小平理论研究中心
公务员考试培训与研究中心	广东外贸服务研究中心	翻译研究中心
高尔夫与体育休闲产业研究中心	研究咨询中心	知识产权与法制研究中心
海外华文文字与汉语传媒研究中心	汉语方言研究中心	应急管理研究中心
珠三角品牌战略协同创新中心	中国文艺评论基地	政务大数据开放与社会创新创业研究中心

2015 年文科科研项目情况简表

项目级别	项目来源	新获批项目数（项）	本年到位经费（万元）
国家级	国家社会科学基金项目	26	836
	其他国家级项目	1	30
省部级	教育部社会科学基金项目	18	94
	广东省社会科学基金项目	15	19
	其他省部级项目	27	735
厅局级	广东省教育厅项目	29	350
	广州市社会科学规划项目	8	8
	其他厅局级项目	7	60
横向项目		239	3 068
合计		370	5 200

2015 年国家社会科学基金项目简表

序号	项目名称	项目类别	资助经费（万元）	负责人	所属单位
1	提升中国政治话语体系的国际影响力研究	重大项目	80	林如鹏	新闻与传播学院
2	我国重点生态功能区市场化生态补偿机制研究			张　捷	经济学院
3	中国历代小说刊印文献汇考与研究			程国赋	文学院
4	互联网群体传播的特点、机制与理论研究		60	支庭荣	新闻与传播学院

（续上表）

序号	项目名称	项目类别	资助经费（万元）	负责人	所属单位
5	企业国际化经营实践研究——以华为公司为例	重大委托项目	30	王国庆	管理学院
6	SNA2008：中国 R&D 支出纳入 GDP 核算研究	重点项目	35	韩兆洲	教育学院
7	加洛林帝国政治制度史研究	重点项目	35	李云飞	文学院
8	华侨华人在中国大国外交建设中的作用与对策研究	重点项目	35	廖小健	国际关系学院/华侨华人研究院
9	7 至 14 世纪东南沿海多元宗教、信仰教化与海疆经略研究	重点项目	35	王元林	文学院
10	国际碳排放权市场行为特征、价格波动规律及均衡价格研究	重点项目	35	杨　星	经济学院
11	明清民国方言辞书及其所录方言词研究	一般项目	20	曾昭聪	文学院
12	近代澳门灾害史研究（1840—1949）	一般项目	20	陈伟明	文学院
13	宋代易学与诗学关系研究	一般项目	20	程　刚	产业经济研究院
14	多重融合背景下扩大我国服务业对外开放的机制与政策研究	一般项目	20	顾乃华	产业经济研究院
15	《申报》文人社会分层及其文学谱系研究	一般项目	20	花宏艳	文学院
16	钱锺书翻译思想研究	一般项目	20	蓝红军	外国语学院
17	基于政治关联视角的中国企业跨国并购的战略选择和绩效度量研究	一般项目	20	李　杰	产业经济研究院
18	东南亚华人眼中的中国	一般项目	20	梁茂春	国际关系学院/华侨华人研究院
19	中国共产党城市办报史研究（1921—1949）	一般项目	20	刘家林	新闻与传播学院
20	元朝官制研究	一般项目	20	屈文军	文学院
21	中国证券市场隐性交易成本测算以及市场运行绩效评估研究	一般项目	20	田存志	经济学院
22	中国南海岛屿主权的关键证据研究	一般项目	20	王子昌	国际关系学院/华侨华人研究院
23	美国圣经公会在华活动及影响研究	一般项目	20	吴　青	文学院
24	英国公使威妥玛与近代中国	一般项目	20	张　坤	文学院
25	国家记忆与文化表征研究	一般项目	20	赵静蓉	文学院

（续上表）

序号	项目名称	项目类别	资助经费（万元）	负责人	所属单位
26	中缅中老边境地带汉语方言及少数族群语言生态调查研究	青年项目	20	肖自辉	文学院
27	香港特别行政区人权司法保障机制研究			沈太霞	法学院
28	武鸣壮语语音实验研究	后期资助项目		杨　锋	华文学院
29	中国建设用地使用权制度研究			田　丰	人文学院
30	尼克松结束越南战争的秘密外交研究（1969—1975）			邵　笑	文学院
31	中国绘画思想史	中华学术外译项目	50	赵友斌	翻译学院

2015年教育部人文社会科学基金项目简表

序号	项目名称	项目类别	资助经费（万元）	主持人	所属单位
1	中国典籍翻译“方向性”研究——以《文心雕龙》英译为例	规划基金	10	施佳胜	翻译学院
2	汉语国际教育中的汉字观及汉字教学研究			李香平	文学院
3	道教八经与唐宋文学			张振谦	
4	家庭生命周期、保障策略与农户消费行为			张朝华	人文学院
5	职业女性工作时间匹配与幸福体验的双路径模型研究——基于资源保存理论的视角			饶　敏	校长办公室
6	品牌资产视角的生态创新信用的形成及影响机制			姚　琼	管理学院
7	开放式基金锦标赛作用机理研究——理论拓展与经验证据			肖继辉	
8	大数据解析香港反对势力舆论动态、规律、特点及影响			冯广超	新闻与传播学院
9	近代中日体育交流研究（1840—1937）			潘　冬	体育学院
10	全球五旬节运动在近代中国的处境研究	青年基金	8	陈明丽	文学院
11	家族文化视域下的北宋熙丰新党文学研究			吴肖丹	
12	辽金元文学家族研究			陈伟庆	
13	阅读史视野下的近代出版机构与小说研究——以近代商务印书馆为研究中心			江　曙	
14	祝允明人生与书学考论			朱圭铭	艺术学院
15	5—7世纪拜占庭与萨珊波斯关系研究			邵兆颖	文学院

（续上表）

序号	项目名称	项目类别	资助经费（万元）	主持人	所属单位
16	基层官员政策执行力对社会救助政策效果的影响研究	青年基金	8	李　琴	人文学院
17	本土文化情境下包容型领导与员工创新行为的关系——理论模型与跨层次纵向实证研究			朱　瑜	管理学院
18	民事诉讼请求研究			闫庆霞	法学院
19	大学践行社会主义核心价值观与文化引领研究	专项任务项目	3	庄汉文	统战部
20	大学生创业教育的探索与实践	高校思想政治工作专项	1	文李黠	国际商学院

2015 年广东省哲学社会科学规划项目简表

序号	项目名称	项目类别	资助经费（万元）	主持人	所属单位
1	亚洲竞争法发展研究	一般项目	4	郭宗杰	法学院/知识产权学院
2	公司重整中债权人利益保护的理论与实证研究		3	廖焕国	
3	创新驱动战略框架下的粤港澳跨境区域协同创新体系构建研究		4	谢宝剑	经济学院
4	遗产地农村社区旅游参与的制度嵌入性研究		3	王　华	管理学院
5	大数据时代城市公共安全风险演化路径与治理机制研究		5	李从东	珠海校区
6	基于协同创新理念与实践的拔尖创新人才培养模式研究		3	孙清忠	发展规划处
7	圣经汉译过程文化博弈论			颜方明	外国语学院
8	译者的翻译语言对其创作语言的影响			朱湘军	
9	汉语双字复合词识别中语法信息激活的认知机制		4	张金桥	华文学院
10	新媒体背景下的广东区域形象塑造研究		3	郑　越	新闻与传播学院
11	隐性契约与内部人交易的经济后果研究			吴战篪	管理学院
12	东南亚主要华文媒体特用字词研究		4	徐新伟	华文学院

（续上表）

序号	项目名称	项目类别	资助经费（万元）	主持人	所属单位
13	广播电视媒介的环境风险议题再现研究	青年项目	3	王　媛	新闻与传播学院
14	互联网使用与中国中间阶层的政治参与研究	后期资助项目	4	曾凡斌	
15	《史记》情采研究			田　蔚	华文学院

广东省第六届哲学社会科学优秀成果奖获奖项目

序号	成果名称	作者	所在学院	出版、发表或采用单位	出版、发表或采用时间	获奖等级	成果类型
1	内联外接的商贸经济——岭南港口与腹地、海外交通关系研究	王元林	文学院	中国社会科学出版社	2012 年 7 月	一等奖	著作类
2	环境传播：话语、修辞与政治	刘　涛	新闻与传播学院	北京大学出版社	2011 年 12 月		
3	汉语语法的动态研究	邵敬敏	文学院	商务印书馆	2013 年 5 月		
4	电子政务应用中的信息资源共享机制研究	蔡立辉	公共管理学院 / 应急管理学院	人民出版社	2012 年 2 月		
5	国企内部薪酬差距激励了谁？	黎文靖等	管理学院	《经济研究》	2012 年第 12 期		论文类
6	器物之喻与中国文学批评——以《文心雕龙》为中心	闫月珍	文学院	《中国社会科学》	2013 年第 6 期		
7	论民国新闻界对国际新闻自由运动的响应及其影响和结局	邓绍根	新闻与传播学院	《新闻与传播研究》	2013 年第 9 期		
8	空间外溢与区域经济增长趋同——基于长江三角洲的案例分析	覃成林等	经济学院	《中国社会科学》	2012 年第 5 期		

（续上表）

序号	成果名称	作者	所在学院	出版、发表或采用单位	出版、发表或采用时间	获奖等级	成果类型
9	多元视阈中的河湟——族群互动、文化认同与地缘关系	马建春	文学院	社会科学文献出版社	2013年5月	二等奖	著作类
10	中国古典小说论稿	程国赋		中华书局	2012年12月		
11	广东文化产业发展战略研究	陈伟军	新闻与传播学院	暨南大学出版社	2013年8月		
12	批准（登记）生效合同、“申请义务”与“缔约过失”——《合同法解释（二）》第8条评注	汤文平	法学院/知识产权学院	《中外法学》	2011年第2期		论文类
13	货币政策对银行信贷与商业信用互动关系影响研究	饶品贵等	管理学院	《经济研究》	2013年第1期		
14	自愿委身与十一世纪法国底层社会的依附关系	李云飞	文学院	《中国社会科学》	2012年第10期		
15	晚清时期“外国戏”广告传播与西方娱乐观念的建构	蒋建国	新闻与传播学院	《新闻与传播研究》	2013年第10期		
16	Duopoly Competitions with Capacity Constrained Input	聂普焱等	产业经济研究院	*Economic Modelling*	Vol. 29, No. 5, 2012		
17	When are Cities Engines of Growth in China? Spread and Backwash Effects across the Urban Hierarchy	陈安平等	经济学院	*Regional Studies*	Vol. 47, No. 8, 2013		
18	中国上市银行资本缓冲的逆周期性研究：1998—2011	蒋海等		《金融研究》	2012年第9期		
19	消费文化、认知偏差与消费行为偏差	叶德珠等		《经济研究》	2012年第2期		
20	太极图蕴含的审美思想与中国书法艺术	危磊	人文学院	《文艺理论研究》	2013年第6期		
21	广东省电子商务发展研究报告	陈海权等	管理学院	广东省经济和信息化委员会	2013年5月		研究报告类

（续上表）

序号	成果名称	作者	所在学院	出版、发表或采用单位	出版、发表或采用时间	获奖等级	成果类型
22	董事问责标准的重构	朱羿锟（朱义坤）	法学院/知识产权学院	北京大学出版社	2011 年 7 月	三等奖	著作类
23	中国海权战略参照体系	鞠海龙	国际关系学院/华侨华人研究院	中国社会科学出版社	2012 年 6 月	三等奖	著作类
24	全媒体融合模式研究——中国报业转型的理论逻辑与现实选择	麦尚文	新闻与传播学院	中国人民大学出版社	2012 年 3 月	三等奖	著作类
25	现代汉语形名组合研究	赵春利	文学院	暨南大学出版社	2012 年 8 月	三等奖	著作类
26	社会互动中的品牌至爱生成机制——基于释义学的研究	卫海英等	管理学院	《中国工业经济》	2012 年第 11 期	三等奖	论文类
27	不同促销方式对产品购买决策的影响——基于解释水平理论视角的研究	刘红艳等	管理学院	《心理学报》	2012 年第 8 期	三等奖	论文类
28	Industry Efficiency and Total Factor Productivity Growth under Resources and Environmental Constraint in China	陶锋等	产业经济研究院	*The Scientific World Journal*	2012 年 12 月	三等奖	论文类
29	海外华语语言生活状况调查及华语多媒体语言资源库建设	刘华等	华文学院	《语言文字应用》	2012 年第 4 期	三等奖	论文类

2015 年主要学术会议一览表（文科）

序号	会议时间	会议名称	主办和承办单位
1	5月9日至10日	第三届数字营销传播研究与应用国际研讨会	暨南大学新闻与传播学院
2	7月5日	第二届粤港澳传媒高峰论坛	暨南大学香港新闻传媒同学会发起，暨南大学新闻与传播学院、校友与社会合作办公室承办
3	7月25日	“华侨华人与世界反法西斯战争”国际学术研讨会	国务院侨办政策法规司、暨南大学
4	8月19日	第二期“广州新观察”圆桌会议	广州市社会科学界联合会、暨南大学、南方日报社
5	9月19日	中国知识产权法学研究会2015年年会	中国知识产权法学研究会主办，暨南大学法学院/知识产权学院、知识产权与法治研究中心承办
6	11月7日	第一届“改革、转型与增长”国际论坛	暨南大学经济学院
7	11月7日至8日	第二届华文教育国际学术研讨会	暨南大学华文学院
8	11月20日	“创新发展：提升城市核心竞争力”圆桌会议	广州市社会科学界联合会、暨南大学、南方日报社
9	11月21日	广东省法学会诉讼法学研究会2015年年会	广东省法学会诉讼法学研究会主办，暨南大学法学院/知识产权学院、广州市天河区人民检察院承办
10	11月28日至29日	“两岸四地”第七届当代诗学论坛·代际经验与呈现国际学术研讨会	暨南大学文学院、中国文艺评论基地、海外华文文学与华语传媒研究中心，中国当代文学研究会
11	11月30日至12月1日	第七届中国MPAcc教育发展论坛	全国会计专业学位研究生教育指导委员会主办，暨南大学承办
12	12月5日	第五届全国广播学术研讨会	中国广播电影电视社会组织联合会、中央人民广播电台广播学会、广东广播电视台、中国新闻史学会、暨南大学主办，暨南大学新闻与传播学院承办
13	12月5日	“全球视野下澳门、香港与海上丝绸之路”学术研讨会	暨南大学港澳历史文化研究中心、广东人民出版社

（续上表）

序号	会议时间	会议名称	主办和承办单位
14	12月5日	马克思主义与当代中国全国学术研讨会	暨南大学社会科学部
15	12月5日至6日	2015都市休闲与旅游国际论坛	暨南大学、美国宾夕法尼亚州立大学、深圳华侨城集团
16	12月12日	“两岸四地”商业领袖论坛暨校企协同育人与创新创业研讨会	暨南大学国际商学院

（社会科学研究处供稿）

资产经营与科技产业开发

【概况】 2015年，资产经营有限公司围绕学校工作重点与企业实际，加强班子建设，推进企业改革，重点扶持市场竞争型企业，推动服务型企业发展建设步伐，协助教学科研型企业搭建平台，实现国有资产的保值增值。截至12月，资产经营有限公司净资产达10 594万元，全年实现收入8 312万元，盈利816万元；上缴利润总额198.3万元、资源占用费261.15万元。

【企业合作与发展】 截至2015年底，资产经营有限公司有所属企业16家，包括10家全资企业、3家控股企业、3家参股企业。主要企业发展状况如下：

广州暨南大学出版社有限责任公司（参阅“图书出版”条目）。

暨南大学建筑设计研究院（以下简称“设计院”）。办公地点迁至明湖商业中心三楼，办公条件得到改善，主营业务收入达590.17万元，实现利润35万元。设计院再次取得工程设计甲级资质证书，完成广州万科萝岗永和区YH－K9－7、YH－I1－7地块项目一期设计，建筑面积约25万平方米，合同金额约640万元，是设计院成立以来合同金额最大的项目；完成南沙第六人民医院综合楼、广瀚龙华御府商住楼项目等重点工程设计；完成学校总务后勤管理处、华文学院多项施工图设计任务。

广东暨大基因药物工程研究中心有限公司。变更法人、董事长及新一届董事会成员。作为主要参与单位组织筹建“抗体药物协同创新中心”；获2015年“默克新兴生物技术公司资助计划”支持。

广州暨南大学医药生物技术研究开发中心。实现营业收入398.16万元，获批科研项目经费70万元，包括广东省产学研项目1项、广州市民生项目1项。开展3种新药的临床前研究工作；申请发明专利3项，3项专利获授权。在国内外期刊上发表文章5篇，全部被SCI收录。扩大位于华景新城科技园的实验室面积，对实验室配备化妆品检测和功能检测的相关仪器设备进行试运行。

广州暨南生物医药研究开发基地有限公司。实现营业收入384.64万元。进行细化管理部署，建立SOP标准化规范管理，继续开展虎贞痛风胶囊的临床试验。申请获批项目10项，与广州赛莱拉生物基因工程有限公司、惠州市康祥生物技术开发有限公司达成专利合作协议；申请专利47个，协助合作单位申请专利24个，2项专利获得授权，其中1项PCT专利申请进入指定国家。

暨南大学招待所、劳动服务公司、外国专家楼。全年分别实现营业收入1 545.14万元、1 648.13万元、326.65万元，实现净利润14.38万元、10.4万元、24.82万元。

广州暨南数字传媒有限公司。配合出版社推进“世界华侨华人资源整合及服务”重大项目建设；重点规划华文教育数字出版，寻求战略合作伙伴；积极拓展图书内容资源版权合作，开展网络图书出版；配合学校开展电影放映业务。

暨南大学印刷厂。经广州暨南大学资产经营

有限公司董事会决议并报学校批准，印刷厂停业关闭，保留试卷中心。由资产经营有限公司负责清理整顿，清退富余人员并支付补偿金、清理到期债务、处置资产等。

【图书出版】 出版图书 575 种，其中新书 324 种、重印 224 种、再版 27 种；总印数 118.82 万册，出版码洋 4 958.55 万元。通过实施“专业化”战略，华侨华人、华文教育、语言文化类以及学术出版亮点频频。“华侨华人与抗日战争系列”等入选中宣部、国家新闻出版广电总局、教育部主题出版项目。2014 年度国家出版基金项目“世界华侨华人研究文库（第二批）”通过结项验收，2015 年度再次获批“世界华侨华人研究文库（第三批）”、《天朝异化之角：16—19 世纪西洋文明在澳门（上、下）》2 个项目。受国务院侨办委托，加快《华文》（柬埔寨初中版）、《天山华语》出版进度，出版“汉语四字经丛书”及面向港澳台地区及其他外籍学生的系列教材。广东省文化产业发展专项资金资助项目“岭南文化书系”出版子系列“客家文化丛书”10 种，项目整体结项，通过验收；广东省原创精品出版资金扶持项目 2015 年获批项目 2 项，在建项目“汉字中国”丛书出版图书 15 种。策划出版《语言服务书系·辞书研究》《出土文献语言研究（第二辑）》《看得见的粤方言》《还乡文丛（第二辑）》、“岭南创作文丛”“客家学研究丛书”“韶文化研究丛书”“潮学研究丛书”等，岭南文化类出版物规模进一步扩大。《大国空村》荣获首届广东省“有为杯”报告文学奖优秀奖，并获广东省原创文艺精品出版资金扶持项目资助。积极探索“互联网＋出版”新模式，策划实施《花与月光：英文名诗新译 50 首》众筹出版。出版社再次入选“中国图书海外馆藏影响力出版 100 强”。

2015 年资产经营有限公司所属企业一览表

企业名称	企业类型	成立时间	企业负责人
广州暨南大学出版社有限责任公司	全资企业	1989 年 1 月	徐义雄
暨南大学建筑设计研究院		1986 年 6 月	钟　超
广州暨南大学科技园管理有限公司		2008 年 9 月	林明亮
广州暨南大学医药生物技术研究开发中心		1999 年 7 月	黄亚东
暨南大学外国专家楼		1989 年 1 月	余少卿
暨南大学招待所		1981 年 6 月	付　军
暨南大学劳动服务公司		1986 年 6 月	钟志刚
广州暨南数字传媒有限公司		2011 年 5 月	黄圣英
暨南大学印刷厂		1985 年 1 月	麦家海
暨南大学科学技术服务公司		1986 年 3 月	刘达明
广州暨达物业管理有限公司	控股企业	2009 年 1 月	金凤强
广州暨南生物医药研究开发基地有限公司		2001 年 6 月	王一飞
广东暨大基因药物工程研究中心有限公司		2006 年 8 月	黄亚东
广州暨大美塑生物科技有限公司	参股企业	2006 年 11 月	许　英
广州暨华医疗器械有限公司		2000 年 5 月	张力华
广州暨科拓源生物材料科技开发有限公司		2010 年 8 月	罗晓琳

2015 年暨南大学出版社获奖书目一览表

序号	书名	奖项名称
1	华侨华人与抗日战争系列·走过日据——120 位幸存者的泣血记忆	国家“纪念中国人民抗日战争暨世界反法西斯战争胜利 70 周年重点出版物”、教育部“高校出版社主题出版项目重点选题”、广东省原创精品出版资金扶持项目
2	华侨华人与抗日战争系列·丰碑永铸——华侨华人与抗日战争图片集	
3	华侨华人与抗日战争系列·历史丰碑——海外华侨与抗日战争	
4	少数民族华侨华人与“一带一路”	国家“2015 年主题出版重点出版物”
5	世界华侨华人研究文库（第三批）	2015 年度国家出版基金资助项目
6	天朝异化之角：16—19 世纪西洋文明在澳门（上、下）	
7	中国文化心理学（增订本）	教育部“第七届高等学校科学研究优秀成果奖（人文社会科学）”三等奖
8	云南布依族传统宗教经典《摩经》译注与研究	
9	暨南大学年鉴（2012）	第五届全国年鉴编纂出版质量评比二等奖
10	上古音及相关问题综合研究——以复辅音声母为中心	第十六届北京大学王力语言学奖二等奖
11	大国空村	2015 年广东省原创文艺精品出版资金扶持项目、首届广东省“有为杯”报告文学奖优秀奖

（资产经营有限公司供稿）

· 学生工作 ·

【概况】 暨南大学全校全日制本科学生思想教育与日常学生事务管理由学生处负责。学生处下设学生学习与发展中心、港澳台侨学生管理办公室、外国留学生管理办公室、学生活动辅导科、学生资助管理中心（下设学生资助管理办公室、勤工助学管理办公室）、学生社区教育管理中心、学生艺术团，另有国务院侨务办公室中华才艺（武术·龙狮·书画）培训基地管委会办公室挂靠学生处。

思想政治教育

【概况】 学习贯彻党的十八大及十八届三中、四中、五中全会精神和习近平总书记系列重要讲话精神，开展“三严三实”专题教育。通过内容丰富、形式多样的校园文化活动和社会实践活动，教育和引导学生践行社会主义核心价值观。做好学生教育、管理、服务工作，营造良好育人氛围，构建和谐校园。

继续做好“暨南大学学生学习与发展”官方微信平台的建设和管理，2015 年，学生工作企业号正式上线运行，微信平台与企业号相互配合，积极探索互联网时代学生思想政治教育工作新模式。重视形势与政策课程建设，做好教师培训，创新授课方式，提升教学质量。及时组织开展学生特殊情况排查及返校学生思想调查工作，对发现的个别不稳定因素进行跟踪和处理。在全校范围开展思想政治状况滚动调查，撰写完成思想政治状况调查报告，掌握学生思想动态。

认真做好特殊时期的校园稳定工作，实施敏感时期在岗值班、走访宿舍、每日一报或两报及 24 小时值班的制度，及时处理突发现象十余起，力求把危机消灭在萌芽状态；在毕业季举办“青春印记”系列活动，做好毕业生教育工作；依托学校学生违纪处理委员会，依法依规、妥善处理学生违纪事件，2015 年度处理学生重大违纪事件 5 起。

【辅导员队伍建设】 制定《暨南大学学生工作领导干部、专兼职辅导员、班主任听课制度》，促进辅导员深入课堂。依据《暨南大学本科生兼职辅导员聘用实施办法》，加强对兼职辅导员的业务指导，强化月度考核。评选出程涵等 8 名优秀兼职辅导员并给予绩效奖励。

2015 年，选送 22 名辅导员和学生工作干部参加广东省教育厅组织的职业能力培训，选送 7 名辅导员参加教育部和国务院侨办组织的学生事务管理培训，选派 1 名辅导员参加教育部高校辅导员访问学者计划，选派 2 名辅导员参加 2015 年美国俄克拉荷马州立大学学生事务国际培训研讨会；暑假期间，组织院系主管学生工作领导及全校辅导员赴上海、嘉兴和杭州开展理想信念主题教育活动；下半年，组织 42 名辅导员和学生工作干部参加网络培训，提升他们的综合素质；在学院支持下，学生处共举办 8 期辅导员论坛，围绕谈心谈话技巧、心理健康教育、社区教育管理等热点问题进行交流和分享。

举办学校第二届本科生辅导员职业能力大赛。大赛主要包含笔试、案例分析、主题班会、谈心谈话和主题演讲五个环节。信息科学技术学院的杨雨晨、医学院的许丹丹和经济学院的杨凌梓三位辅导员获一等奖。

2015 年初，2014 年广东高校辅导员年度人物评选活动结果揭晓，文学院辅导员王潇潇获评“年度人物”荣誉称号，国际关系学院 / 华侨华人研究院辅导员吴晓华和国际商学院辅导员文李黠获得提名奖；在广东省教育厅主办的第四届广东高校辅导员职业技能大赛中，文李黠获二等奖，理工学院辅导员王勇获三等奖，文李黠还获得“主题演讲”十佳荣誉称号。学生处获 2014 年广东省高校学生工作优秀团队，学生处处长区向丽获广东省高校学生工作“红棉奖”，深圳旅游学院学生党总支书记蓝蔚获 2014 年广东省高校学生工作先进个人，学生处报送的“扬帆暨南——新生训练营计划”获广东省第三届高校学生事务管理精品项目。

【社会主义核心价值观教育】 2015 年，贯彻落实《中共教育部党组共青团中央关于在各级各类学校推动培育和践行社会主义核心价值观长效机制建设的意见》，推进社会主义核心价值观培育践行工作长效化、常态化和科学化。积极组织全校学生参加广东省教育厅主办的“我的中国梦——立志・修身・博学・报国”主题教育系列活动，在征文大赛、社会关爱行动博客大赛、宿舍文化创意 PPT 大赛等赛事中获得一等奖 4 项、二等奖 5 项、三等奖 8 项和优秀奖 8 项，学校获优秀组织奖。面对新媒体蓬勃发展现状，指导学生组织举办学校首届新媒体（微信平台、微视频）评选大赛，通过对校内各级学生组织官方微信平台和学生原创微视频的培育、指导和评优奖励，拓宽社会主义核心价值观的宣传和学习交流的平台，将社会主义核心价值观教育实践活动引向深入。

【2015 年本科新生训练营】 9 月 13—21 日，新生训练营活动同时在全校五个校区共 6 000 多名新生中开展。活动旨在通过体验教育、知识讲座、体育锻炼、团队活动、集体竞赛、互动交流等方式，强化新生爱国爱校主题教育，帮助新生树立学习与发展的大学理念，培养新生的纪律意识、团队意识、责任意识和创新意识。此次新生训练营在体验教育培训、知识讲座、拔河比赛、创意造型设计、给未来的自己写“时空信”、多元文化交流工作坊、定向越野学院赛、5A 卓越引领计划宣讲会等传统 10 大类、50 个项目的基础上，将原来的五步拳创编为 16 式暨南拳，将中国传统文化讲座改为中国传统礼仪与服饰展示，增强了趣味性和观赏性。活动在内容和形式上进一步拓展和优化，扩大了院系教育活动的自主性，工作机制更加人性化和多元化。截至 2015 年，学校已成功举办四届本科新生训练营，根据调查评估，四年来学校新生入学教育满意度由 2012 年的 88% 上升到 2015 年的 98%，远高于普遍高校 40% 左右的新生入学教育满意度。

【2014—2015 学年先进班集体及优秀学生表彰大会召开】 5 月 7 日下午，学校在礼堂举行 2014—2015 学年先进班集体及优秀学生表彰大会。校领导蒋述卓、叶勤、刘洁生、宋献中、饶敏、叶文才等，各相关部处、各院系领导，本科生辅导员及 1 500 余名师生参加大会。大会还通过网络向五个校区进行视频直播。

在表彰大会上，有 30 名学校各类奖学金获得者代表、10 名 5A 卓越班集体获奖班级代表、10 名暨南“好班长”荣誉称号获得者和 100 名优秀学子奖励计划标兵奖获得者受到表彰。大会创新组织形式，首次采取颁奖环节和原创情景剧交叉的形式进行，情景剧由暨南学子自编、自导、自演，讲述先进班集体及优秀学子在广场、课室、实验室、图书馆等场景发生的励志故事。颁奖典礼上播放了 5A 卓越班级、暨南“好班长”和优秀学子奖励计划 10 项获奖学生的宣传片和风采片，并通过“点亮星路”的环节增加了大会的仪式感。

【第十八届学生代表大会第一次全体会议召开】 5 月 17 日上午，学校第十八届学生代表大会第一次全体会议在惠全楼召开，校党委书记蒋述卓、党委副书记叶勤、学校相关部处和各学院主管学生工作的领导、各学院本科生辅导员，以及 330 余名各学院学生代表参加会议，中华全国学生联合会副主席陈慧雯、广东省学生联合会主席姜昊旻列席会议。蒋述卓和陈慧雯分别致辞。会议听取并审议通过学生代表大会常务委员会及学生会工作报告，并选举产生第二十三届第一任期暨南大学学生会主席候选人。会上，蒋述卓、叶勤和各部处领导分别为优秀学生代表团、优秀学生代表团团长、优秀学生代表颁奖。

校园文化与学生活动

【概况】 继续擦亮以“国际文化聚暨南”和“中国文化节”为龙头的校园文化品牌。5月17日，第十四届国际文化聚暨南系列活动开幕，该活动以“一带一路”战略构想为主题，通过东南亚泼水节、模拟联合国大会、舞台节目表演、厨王争霸赛以及开幕式当天的游园会等，全方位、多层次地展现不同国家的风土人情、地域文化和社会发展等，在活动中开阔暨南学子的视野，深化“和而不同”的暨南文化。为营造喜迎学校建校110周年的良好氛围，学生处重点打造了“我要上校庆”主题系列活动，包括2015年国际土风舞大赛。本次土风舞大赛增设纪录片、海报宣传评比活动，丰富了形式，扩大了大赛影响力。5月23日晚比赛现场，有2 000余人到场观看比赛。本次大赛得到社会各界人士的广泛关注，凤凰网、网易、搜狐、中国侨网等进行了报道。

11月29日开幕的中国文化节，围绕“诸子瑰粹朔南暨，百家风华古今扬”的主题，内容包括《望江亭》京剧表演、书法知识讲堂、花灯会、汉字拼写大赛、中国特色文化巡游、主题文化展等，吸引了近万名师生参与，让广大暨南师生切身感受到中华优秀传统文化的魅力。学校中国文化节项目在第二届广东省大学生优秀校园文体品牌项目评选活动中被评为“文化艺术品牌项目”。作为“我要上校庆”主题系列活动之一，第30届“北极光”校园歌唱大赛于10月底拉开帷幕，共有千余名来自五个校区的学生报名参加比赛，体现了暨南侨校特色，同时也为校庆晚会提供了丰富的节目素材。

继续指导和支持校学生会“时代书声”读书分享会系列活动，引导广大学生热爱阅读，品味经典，提升涵养。指导学生会举办第23届“暨南园”院际辩论赛，活动历时1个多月，共有22支队伍参赛，辩题涉及大学生创业、学业培养目标等校园热点话题和教育改革、反腐倡廉、司法公正等社会改革热点，引导暨南学子关注生活、社会、时代，树立社会责任感和担当意识。

【体育竞赛获奖情况】 2015年，暨南大学在校学子在国内外体育比赛中，共取得奖牌279枚，其中金牌127枚、银牌84枚、铜牌68枚。在第十七届CUBA中国大学生篮球联赛（广东赛区）中取得女子组第三名；在广东省第九届大学生运动会上，学校派出由247名运动员组成的体育代表团参加10个大项的比赛，共赢得40枚金牌、37枚银牌、30枚铜牌，取得甲组、乙组团体总分第三名，奖牌总数居全省高校第二名，打破六项广东省大学生运动会纪录，被组委会授予“体育道德风尚奖”；在第28届世界大学生运动会上，暨大学子张志君、徐作鹏参加羽毛球项目比赛，取得混合团体第二名；在第二十届中国大学生网球锦标赛暨中国高校“校长杯”网球比赛中，学校取得女子甲组团体第一名、女子甲组双打第一名、男子丁组双打第三名等成绩；在第19届中国大学生羽毛球锦标赛上，取得甲A组女子单打第二名、女子团体第二名，乙组男子团体第二名、男子双打第二名；在第八届中国大学生舞龙舞狮锦标赛上，取得团体总分第一名、乙组男女团体总分第一名、舞龙自选套路第一名、奥运五环龙第一名、传统项目第二名，同时被授予“体育道德风尚奖”；在2015年广东省大学生田径锦标赛上，取得乙组团体第二名、男子乙B组团体第四名、女子乙B组团体第二名；在第三届中国—东盟武术节中取得5个一等奖、1个二等奖；在第六届全国大学生阳光体育乒乓球比赛中，学校代表团取得混合团体第二名。

2015年，暨大学子、著名短跑运动员苏炳添、莫有雪频传捷报。苏炳添在美国尤金举行的2015年国际田联钻石联赛尤金站比赛中以9秒99的成绩获得季军，成为历史上首位突破10秒大关的亚洲本土运动员，也打破了百米全国纪录；苏炳添代表中国队参加北京世界田径锦标赛男子100米比赛，在半决赛中以9秒99的成绩闯进决赛，在决赛中以10秒06的成绩获得第九名，成为第一个进入世界大赛百米决赛的亚洲人；苏炳添、莫有雪领衔的中国队在男子4×100米接力决赛中以38秒01的成绩摘得银牌，创造了中国田径历史上4×100米接力项目的最佳成绩。

【学校第四十二届田径运动会召开】 11月19—21日，暨南大学第四十二届田径运动会在旭日运动场举行。运动会为期两天半，全校共30个代表队、1 382 名师生参加比赛。153 名裁判员、400 余名师生参加裁判计分、后勤保障、志愿服务和文艺表演等工作。

【中华才艺培训基地建设】 5 月，承办 2015 海外华人文化社团中华才艺（武术）培训班，来自美国、巴拿马、印度尼西亚、泰国、毛里求斯等 17 个国家和地区的 35 名海外华侨华人文化社团学员来校开展为期半个月的培训学习。本次培训班借鉴以往经验，课程安排更加科学系统，住宿、餐饮和辅助教学等方面服务更加贴心周到。7 月，承办海外华人文化社团中华才艺（茶文化）培训班，本次培训为期 5 天，来自美国、德国、墨西哥、新西兰等 14 个国家和地区的近 20 名华人学员共同参与。在培训期间，学员们学习了茶文化简史、茶叶分类与冲泡技术、茶席设计与布展等课程。11 月，承办海外华人文化社团中华才艺（书画）培训班，来自美国、加拿大、澳大利亚、阿联酋等 16 个国家和地区的 28 名学员参加。广东省美术家协会主席许钦松教授和南京艺术学院研究院副院长黄惇教授分别为学员们讲授中国书画艺术的文化知识，曹宝麟教授、方楚乔教授等书画名家亲自指导学员学习。

武术龙狮馆订制专用支撑架和挂钩摆放龙狮道具，使场馆更加整洁美观；并添置龙狮武术道具、表演服装等。书画基地改建 200 平方米的书画培训课室，增设学习桌椅、投影仪、投影幕布、作品展示墙板等设备设施。开展“中华才艺（书画）系列教材”和“中华才艺（茶文化）系列教材”的编写工作，依托深圳旅游学院，积极申办国务院侨办中华才艺（茶文化）培训基地。基地下属的武术、龙狮队多次参加国内外重大赛事和文化交流活动，取得较好成绩。

【中国文化节入选教育部优秀传统文化特色展示项目】 2015 年 1 月，教育部办公厅公布以“文化根 · 民族魂 · 中国梦”为主题的“礼敬中华优秀传统文化”系列活动评选结果，暨南大学“中国文化节”校园文化品牌活动入选全国高校“礼敬中华优秀传统文化”特色展示项目。本次评选旨在大力加强中华优秀传统文化教育，引导高校学生自觉传承和弘扬中华优秀传统文化，努力培育和践行社会主义核心价值观，共评选出示范项目 10 项、特色展示项目 50 项。

【“文化中国 · 四海同春”澳大利亚巡演】 2015 年 2 月 23 日—3 月 10 日，受国务院侨办委托，以学校学生艺术团、武术队为主要班底组建的 2015“文化中国 · 四海同春”澳大利亚艺术团，先后赴澳大利亚的悉尼、墨尔本、珀斯、布里斯班和新西兰的奥克兰市开展慰侨访演活动。本次慰侨访演在国务院侨办秘书行政司司长赵昆和学校党委蒋述卓书记的率领下，前后历时 16 天，先后有 13 000 多名侨胞和各界观众走进剧院观看精彩的演出，感受来自祖国温暖的新春问候，演出取得圆满成功。

港澳台侨学生与留学生管理

【概况】 2015 年 4 月，学校正式实施优秀港澳台侨学生“千百十育人工程”，其中“中华梦飞翔”系列活动，以文化认同为纽带组织 1 000 名优秀港澳台侨学生参加国情教育和实践考察活动；“星动暨南梦”系列活动，组织 100 名港澳台侨学生领袖参加研修班和研习营；“侨校梦工场”系列活动，以多面发展为目标，在学术、学习、文体等领域开展 10 个特色项目，旨在培养学生成为促进海外华侨华人社区及港澳台地区社会发展的多元化杰出人才队伍。

继续组织开展优秀港澳台侨学生中国文化之旅及广东社会实践活动。以“礼敬中华 · 情牵‘一带一路’”为主题，组织中国文化之旅冬夏令营 15 支团队，分赴全国各地参观考察，共有近 500 名优秀港澳台侨学生参加活动，引导学生深入了解国家“一带一路”战略。广东社会实践与历史文化考察方面，组织客侨文化等 8 条线路，共有 1 217 名学生参加。活动结束后，开展微博、微信等系列新媒体推送及优秀视频征集活动，挑选学生作品，结集出版《2015 年文化之旅冬令营优秀文章选》《2015 年文化之旅冬令营感言集》。部分优秀侨生围绕社会实践考察在印尼《国际日报》等媒体发表多篇相关文章，抒写侨生眼中的中国故事，展望“一带一路”未来发展前景。另外，还完成各类港澳台侨及留学生奖学金的评审与发放工作，编辑出版《2014 年暨南大学优秀港澳台侨及留学生成长集》，树立学习榜样和楷模，引导广大港澳台侨学子和留学生追求卓越，求实奋进。

奖励与资助工作

【概况】 2015 年，学校严格按照相关规定，公开、公平、公正地做好各类奖学金的评审发放工作，全年评审出获得国家奖学金学生 184 人，奖励金额 147.2 万元；优秀学生及优秀学生干部奖学金学生 3 439 名，奖励金额 296.39 万元；毕业班优秀学生及优秀学生干部奖学金学生 1 288 名，奖励金额 59 万元；校级社会类奖学金 2 项、获得者 34 人，奖励金额 15 万元；评选出优秀毕业生荣誉称号获得者 95 人，“有作为、有贡献”毕业生荣誉称号获得者 57 人，梁奇达暨南教育奖获得者 5 人；评选出优秀学生、优秀学生干部和优秀班长荣誉称号获得者 893 人，本科新生训练营优秀营员和优秀学生干部 568 名；评选获本科生科研论文奖论文 38 篇，累计奖励 7 万元。做好 40 余项比赛共 1 200 人次 87 万余元的体育 / 文艺 / 科技类专项奖学金的审核发放工作。

通过学生一体化系统认定家庭经济困难学生 3 251 人，保障绿色通道的畅通，为 219 名家庭经济困难学生办理缓缴学费和住宿费 213.98 万元；先后为 328 名家庭经济困难学生发放爱心生活用品和临时生活补贴近 7 万元；联系中国银行和国家开发银行，为 1 206 名在校贫困学生成功申请国家助学贷款，发放贷款资金 831 万元；评审各类助学金 19 项，其中，国家类和政府类项目 3 项，社会类项目 16 项，受助人数 3 645 人，项目总金额1 228.4 万元，切实保障广大家庭经济困难学生正常的学习生活；帮助全校 22 159 名本科生购买校方责任险和附加无过失保险，总计金额近 18 万元；成功理赔 2 起校方责任险，保障学生的合法权益，减轻学校的风险压力。全年设立勤工助学岗位1 399 个，发放勤工助学工资 450 万余元。

积极开展家庭经济困难学生“诚信、感恩、励志”主题教育活动。通过讲演、班会等传统形式与微信、微故事等现代形式相结合，提高学生的诚信意识，传递诚信正能量，营造良好的育人环境。依托勤工助学管委会组织开展素质拓展、征文比赛、联谊晚会等活动，培养学生的感恩意识和责任意识。

学生社区教育管理

【概况】 做好学生宿舍的管理服务工作，努力打造温馨和谐的社区家园。床位资源管理方面，做好毕业生离校退宿和新生入住工作，为 5 600 多名毕业生办理退宿手续；加大床位资源的管理和整合力度，通过合并、腾挪等方法，使得校本部宿舍入住率达 99%，南校区达 96%，最大限度地满足学生的入住需求；学校设立学生宿舍专项维修经费 150 万元，用于保障设施维护和日常维保，在暑假期间粉刷学生宿舍 1 500 多间，改善住宿条件、节省办学成本；累计为 5 500 余名学生的火车票优惠卡充磁，补办损坏的优惠卡 2 700 余张。

依托学生社区党工组，确保社区的安全稳定。2015 年，走访宿舍 6 600 多间，查出床位异常情况 45 例、违纪行为 65 例，解决 232 例硬件问题和 27 例宿舍矛盾；利用宣传栏、网站、微信等平台，持续开展学生宿舍日常纪律宣传教育活动，提升广大学生的纪律意识和责任意识；通过楼栋管理员访谈、室友访谈、参加国际国内时事热点座谈会等方式进行党员发展的社区考察工作，累计考察学生预备党员 792 人、入党积极分子 1 121 人；继续办好“时事热点座谈会”，先后组织座谈会 6 场、参加者 211 人次。

推出“学生宿舍结伴成长计划”，为不同学院、培养层次、生源的学生搭建可以共同学习、共同成长的平台。学生以宿舍为单位报名，社区管理中心将不同的学生宿舍组合成新的班级，以班级为单位，参与项目的各项活动。该项目得到各学院的支持，各学院为项目提供具有学院特色的通识活动。首期报名人数309人，设立8个班级，参与学院16个。

继续推进以多元文化交流工作坊为龙头、以分享交流为特色的社区文化建设。继续开展“家—家”摄影展活动，收到参赛作品2 500余幅，最终评选出一等奖20名、二等奖40名、三等奖118名。开展学生宿舍卫生检查及文明宿舍评比活动，评出410间校级“文明宿舍”、50间“美化宿舍”，引导广大学生共创美好的宿舍生活环境；承办广东省教育厅“立志·修身·博学·报国”主题教育系列活动——“青春同伴·筑梦社区”宿舍文化新媒体创意大赛，共收到全省71所高校的841件作品，学校有20件作品获奖。

（学生处供稿，其中体育相关条目由体育学院供稿）

心理健康教育

【概况】 2015年，学校心理健康教育中心面向全校师生举办多场各类培训，普及心理健康知识。面向学生工作队伍举办“积极心理学角度下的大学生抑郁的干预”和“个体危机干预的基本概念与技术”培训，并对辅导员在工作中遇到的危机案例处理进行督导。邀请国内外知名心理学专家到校，面向学生举办5场“暨南心晴讲坛”，主题包括：压力调节、积极心理、榜样的力量、催眠、曼陀罗绘画；针对2015级新生开展系列适应活动，进行为期3次的自我探索系列团体辅导，共77个班级3 848名学生全程参与。

面向全校学生开设大学生心理健康教育课程，由心理中心专职教师为主进行授课。校本部、珠海校区、华文校区共开设30个班级，累计3 800名学生选修。尝试心理课程的进阶授课，在选修过大学生心理健康教育课程的学生中择优挑选50名学生，为其开设心理咨询师培训班，传授系统课程知识。12月，该中心的教师刘淳在广东省心理课教学基本功比赛决赛中获一等奖。

组织20名专家提供1 142人次心理咨询，处理危机事件12例，对27名学生进行休学复学类心理评估。开展新生心理测试、研究生入学前心理测量、推免生心理测试等3类心理测试，共12 496人参与测试，并完成837人的心理访谈。还组织2 761名学生参观心理健康教育中心，增进学生对该中心的了解。

【红十字会工作】 2014年，学校采用流动献血车的方式组织献血活动，共组织流动献血车12次进校园，有1 459人次参与无偿献血，献血2 918 000毫升。组织2次急救培训，有200人次参加培训，并取得心肺复苏急救合格证书。

【艾滋病日宣传活动】 2015年12月1日是第二十八个世界艾滋病日。当日，学校医疗青年志愿者服务队在食堂附近开展为期两天以“与艾同行，让世界更美好”为主题的艾滋病知识科普活动。活动分手语表演、有奖问答、爱心祝福语、展板宣传等六个部分，参加活动者在祝福墙写满祝福，活动获师生一致好评。

【心理健康教育中心获评“全国大学生心理健康教育工作优秀机构”】 5月28日，由中国心理卫生协会大学生心理咨询专业委员会主办的全国第十二届大学生心理健康教育与咨询会议在北京召开。会议表彰为我国高校心理健康教育事业做出突出贡献的集体和个人，学校心理健康教育中心获2010—2015年度“全国大学生心理健康教育工作优秀机构”荣誉称号，心理健康教育中心主任张将星被评为“大学生心理健康教育工作优秀工作者”。近年来，学校心理健康教育中心遵循“生命至上，危机免疫”的学生心理工作理念，建立心理健康教育的三大体系、四层次工作机制、五级心理危机预警干预系统，构建由师生共同参与、共同维护的“全员健心”体系，为营造学校和谐的心理健康氛围做出贡献。

（心理健康教育中心供稿）

毕业生就业指导

【概况】 2015 年，暨南大学参加内地派遣的毕业学生 5 374 人，其中应届本科毕业生 3 096 人、应届硕士毕业生 2 174 人、应届博士毕业生 104 人。截至 2015 年 12 月 10 日，2015 届毕业生就业人数为 5 219 人，全校就业率 97.12%，其中本科毕业生就业率为 97.03%，硕士毕业生就业率为 97.24%，博士毕业生就业率为 97.12%。

暨南大学 2015 年就业率概况

类别	学历		
	本科	硕士	博士
参加就业人数	3 096	2 174	104
已就业人数	3 004	2 114	101
就业率	97.03%	97.24%	97.12%

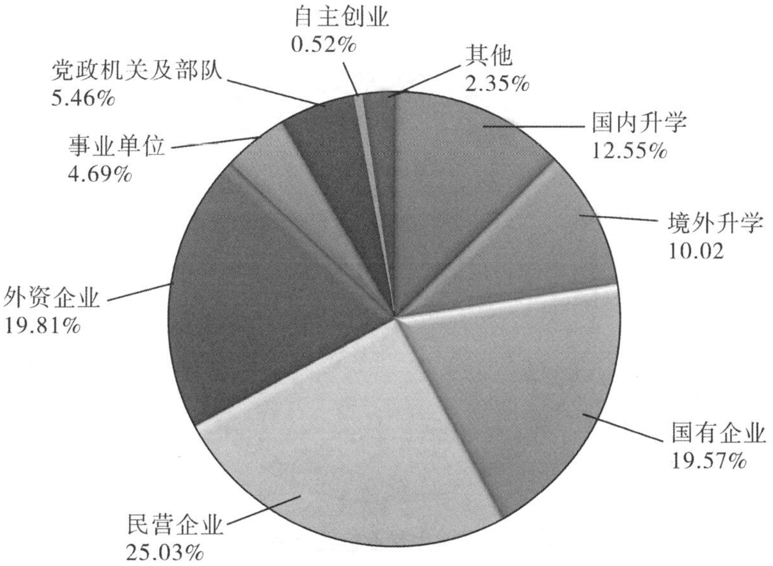

2015 年本科毕业生就业行业（去向）分布

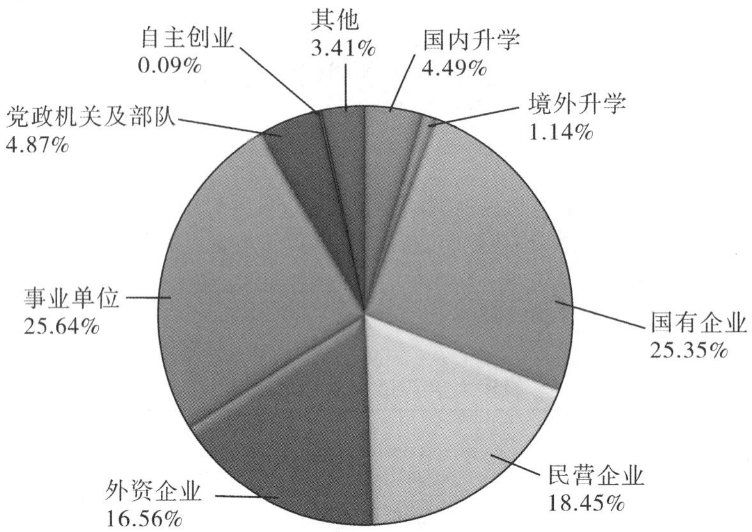

2015 年硕士毕业生就业行业（去向）分布

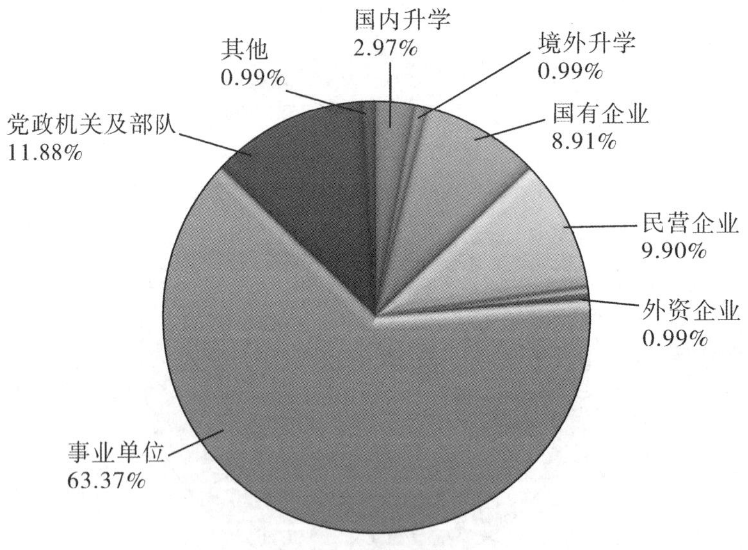

2015 年博士毕业生就业行业（去向）分布

完成2015年校长与广东省教育厅厅长、校领导与学院负责人间的毕业生就业工作目标责任书签订工作。实行就业率动态统计和定期通报制度，按时发布就业质量报告。学校入选“2015年度50所全国毕业生就业典型经验高校”。

完善就业指导服务体系。2015年，“大学生职业素养与就业指导”课程开课班次增至31班次，覆盖2 459名低年级学生。搭建新型就业指导活动平台，强化现有就业指导品牌，着力打造校企俱乐部、实习精英训练营和职业精英训练营，强化简历大赛暨模拟面试大赛、朋辈辅导活动等活动的实效性和体验性。适应新形势依托移动互联网等新媒体技术，开展OTO专场供需见面会，开发App手机应用。大幅度增加供需见面会的数量和行业专场，2015年学校组织350余场校园专场宣讲会和见面活动，举（承）办28场大中型供需见面会，提供需求信息7万余个。

针对2015届毕业生举办8场毕业生就业政策讲座，举办就业形势政策宣传月，编写并发放2 000余本就业政策宣传小册子，将重要的就业政策、就业手续办理流程汇总成专刊，张贴在宿舍宣传栏中；积极宣传国家和广东省出台的相关文件和基层就业政策，确保基层项目报考信息全覆盖。2015年学校参与西部就业毕业生6人，参与“大学生服务西部地区”计划毕业生3人，参与“志愿服务西部研究生支教团”毕业生3人。持续迭代开发就业管理系统，在操作方便迅速、统计精准全面等方面突出使用体验，对毕业生进行有效分类管理。

加大对应届毕业生就业情况分析调研，走访学院了解毕业生就业状况，特别关注求职屡遭挫折、突遭重大变故、经济困难、身体残疾等特殊毕业生群体，建立“动态就业不顺利学生信息库”和“离校未就业毕业生信息库”，重点指导推荐，帮助其强化综合素质，坚定就业信心；为城乡困难家庭毕业生、申请国家助学贷款毕业生和残疾毕业生提供每人1 500元求职补贴，共为157名家庭经济困难毕业生资助23.5万元。

加强就业工作队伍职业化培训。选送2名成员参加广东省人力资源和社会保障厅SYB（创办你的企业）认证培训，组织43名学院辅导员和专职就业工作人员参加暨南大学和北森公司联合举办的为期3天的高校职业规划教学认证培训。

联合发起成立广东省大学生创业就业促进会，推动建设青年创新创业服务平台。举（承）办首届中国“互联网+”大学生创新创业大赛广东省分赛和广州市“创业中国　赢在广州”第四届大学生创业大赛，推动学校毕业生更高质量创业就业。

【学校迎接教育部高校毕业生就业总结宣传工作专家组实地调研】　5月28日，教育部高校毕业生就业总结宣传工作专家组一行4人到学校实地调研，专家组以中南财经政法大学副校长刘茂林为组长，成都理工大学副校长郭朝辉、黄冈师范学院副校长陈年友、全国高校学生信息咨询与就业指导中心副处长王大成为成员。学校校长胡军、党委书记蒋述卓、党委副书记叶勤陪同调研。反馈会上，专家组对学校毕业生就业工作给予充分肯定。一是学校领导班子高度重视就业工作，深入落实“一把手”工程，取得较好的成效；二是积极探索人才培养模式改革，人才培养有特点；三是学校积极开展创新创业教育，创新创业教育成果显著。专家组也对进一步加强学校学生就业工作提出明确的指导意见和建议，对进一步提升学校学生就业工作水平和质量起到积极的推动作用。

【学校入选“2015年度50所全国毕业生就业典型经验高校”】　教育部2015年度高校毕业生就业总结宣传工作于2014年12月启动，经过申报推荐、专家初选、社会调查、实地调研等环节，推选产生50所全国毕业生就业典型经验高校（“全国高校毕业生就业工作50强”）。在参评过程中，学校毕业生就业创业和人才培养工作得到教育部专家组的充分肯定，最终学校成功入选“2015年度50所全国毕业生就业典型经验高校”。

【学校承办首届中国“互联网+”大学生创新创业大赛广东省分赛】　9月13日，由广东省教育厅主办、暨南大学承办的“首届中国‘互联网+’大学生创新创业大赛广东省分赛决赛”在曾宪梓科学馆国际会议厅举行。来自29个高校的50支团队分为创意组和实践组进行角逐。广东省教育厅副厅长王创、学校党委副书记叶勤等出席指导本次大赛。学校有6个团队入围决赛，2个团队获大赛优胜奖，4个团队获优秀奖，并获优秀组织奖。

（学生就业指导中心供稿）

暨南大学学生代表大会

暨南大学第18届第一任学生代表大会成立于2015年5月，是全校学生的最高权力机关，其常设机构是学生代表大会常务代表委员会（以下简称“常委会”）。

暨南大学学生代表大会第18届第一任常委会名单

职位	姓名	性别	年级	学院	专业
委员长	陈俊君	男	2012	体育学院	体育教育
副委员长	马暄越	女	2013	药学院	药学（本硕博连读班）
	张　润	女	2012	经济学院	经济学（投资经济）
常委	徐媛媛	女	2014	经济学院	国际经济与贸易
	王佳琪	女	2012	国际学院	会计学（CGA）
	黄　睿	女	2012	国际学院	会计学（CGA）
	徐　洋	男	2012	文学院	历史学
	潘婷婷	女	2013	外国语学院	英语（语言文学）
	邹　璇	女	2013	新闻与传播学院	广播电视学
	杨　欢	女	2013	艺术学院	钢琴表演
	刘文财	男	2013	管理学院	会计学
	杨雯雯	女	2013	公共管理学院/应急管理学院	公共事业管理（应急管理）
	伍金凤	女	2012	法学院/知识产权学院	法学
	韩敬涛	男	2013	国际关系学院/华侨华人研究院	国际政治
	赵子瑶	女	2013	理工学院	应用物理学
	陈晓冰	女	2013	信息科学技术学院	信息管理与信息系统
	黄靖雯	女	2013	生命科学技术学院	生物学
	卢英杰	男	2013	医学院	中医学
	冼思华	男	2013	华文学院	汉语国际教育
	陈　垆	女	2013	人文学院	法学
	黄梦娇	女	2013	翻译学院	翻译
	杨晓璇	女	2013	国际商学院	金融工程
	张彩云	女	2014	电气信息学院	自动化
	林永魏	女	2012	深圳旅游学院	酒店与会展管理
	陈嘉韵	女	2012	环境学院	环境科学
秘书长	邹瑞意	女	2013	经济学院	金融学

（续上表）

职位	姓名	性别	年级	学院	专业
副秘书长	秦申奥	男	2014	国际学院	食品质量与安全（FQS）
	赵志浩	男	2014	文学院	戏剧影视文学
	林铃芳	女	2013	新闻与传播学院	新闻学
	李　敏	女	2014	管理学院	人力资源管理

暨南大学学生会

暨南大学第23届第一任学生会成立于2015年10月，下设13个部门。

暨南大学学生会第23届第一任主席团名单

职位	姓名	性别	年级	学院	专业
主席	唐开源	男	2012	国际学院	国际经济与贸易
副主席	李天齐	男	2013	信息科学技术学院	信息管理与信息系统
	胡宗发	男	2013	体育学院	体育教育
	刘宗翰	男	2013	经济学院	金融学
	张鹏展	女	2013	公共管理学院/应急管理学院	行政管理
	李　洁	女	2013	新闻与传播学院	新闻学
	王依漪	女	2013	医学院	临床医学
副主席兼珠海执委会副主席	甄思铭	男	2012	国际商学院	金融工程
副主席兼深圳旅游学院学生会主席	丁　玲	女	2013	深圳旅游学院	电子商务
副主席兼华文学院学生会主席	贾　伟	男	2013	华文学院	汉语国际教育

暨南大学学生会第23届第一任各部门部长名单

部门	姓名	性别	年级	学院	专业
办公室	许莹莹	女	2014	经济学院	经济学（投资经济）
	汪家同	女	2014	国际学院	国际新闻
人力资源部	吴柏竖	男	2014	理工学院	高分子材料与工程
	陈国骥	男	2014	医学院	临床医学

（续上表）

部门	姓名	性别	年级	学院	专业
调研部	梁梓挺	男	2014	经济学院	国际经济与贸易
	唐熠龙	男	2014	华文学院	汉语国际教育
财务管理中心	孙诗媚	女	2014	管理学院	会计学（ACCA）
	李佳玮	女	2014	新闻与传播学院	广播电视学
传媒资讯中心	符　雷	男	2014	理工学院	高分子材料与工程
	陈玉琪	女	2014	国际学院	国际新闻
宣传部	余　洋	男	2014	国际学院	计算机科学与技术
	文　怡	女	2014	理工学院	建筑学
学术部	黄丹婷	女	2014	管理学院	会计学
	闵一多	女	2014	医学院	临床医学
体育部	马一可	男	2014	外国语学院	英语（语言文学）
	刘庆龄	女	2014	新闻与传播学院	播音主持与艺术
文娱部	陈　彤	女	2014	公共管理学院/应急管理学院	公共事业管理（应急管理）
	邝靖汶	女	2014	新闻与传播学院	新闻学
文化交流合作部	刘夏茹	女	2014	管理学院	市场学
	汤擎阳	女	2013	国际关系学院/华侨华人研究院	国际政治
外招生部	张泽楷	男	2014	经济学院	财政学
	谷艳红	女	2014	理工学院	土木工程
生活部	陈嘉倩	女	2014	经济学院	经济统计学
	齐　明	男	2014	药学院	药学（本硕博连读班）
心理健康服务部	田向梅	女	2014	公共管理学院/应急管理学院	公共事业管理（应急管理）
	冯颖妍	女	2014	新闻与传播学院	广播电视学

暨南大学学生会第23届第一任珠海校区执行委员会主要干部名单

部门	姓名	性别	年级	学院	专业
主席	李思腾	男	2013	国际商学院	金融工程
副主席	甄思铭	男	2012	国际商学院	金融工程
	朱梓腾	男	2013	国际商学院	金融工程
	蔡荣伟	男	2013	国际商学院	国际商务
	吴秋娟	女	2013	国际商学院	工商管理

（续上表）

部门	姓名	性别	年级	学院	专业
秘书长	马梦笛	男	2014	电气信息学院	物联网工程
副秘书长	罗子扬	男	2014	电气信息学院	信息安全
	陈　煜	女	2014	翻译学院	翻译
人力资源部	吴雪妮	女	2014	国际商学院	国际经济与贸易
学生服务部	陈晓婷	女	2014	翻译学院	翻译
文娱部	胡昊贤	男	2014	电气信息学院	自动化
体育部	叶　敏	男	2014	国际商学院	工商管理
公关部	吕浩嘉	男	2014	国际商学院	金融工程
学习部	熊子昊	男	2014	国际商学院	金融工程
心理服务部	张爽桐	女	2014	国际商学院	工商管理
外招生部	赖　平	男	2014	国际商学院	工商管理
宣传部	丁一凡	男	2014	电气信息学院	物联网工程
编辑部	王雅茵	女	2014	人文学院	行政管理

暨南大学学生社团联合会

暨南大学第31届学生社团联合会成立于2015年9月29日，下设95个社团。

暨南大学第31届学生社团联合会主要负责人名单

职位	姓名	性别	年级	学院	专业
理事长	邱嘉伦	男	2013	国际学院	国际经济与贸易
副理事长	常珺妍	女	2013	文学院	戏剧影视文学
	李杨葭	女	2013	生命科学技术学院	生物学（本硕博连读班）
	许玥祺	女	2013	药学院	药学
	麦永益	男	2013	生命科学技术学院	生态学

暨南大学第31届学生社团联合会各部门部长名单

部门	姓名	性别	年级	学院	专业
活动部	刘志鑫	男	2014	医学院	口腔医学
	陈逸枫	男	2014	公共管理学院/应急管理学院	公共事业管理（应急管理）
社团交流调研部	区亮泉	男	2014	生命科学技术学院	生物科学
	谢　玥	女	2014	经济学院	金融学

（续上表）

部门	姓名	性别	年级	学院	专业
外联部	郑裕宁	女	2014	新闻与传播学院	广告学
	张益平	男	2014	国际学院	计算机科学与技术
财务部	林　斌	男	2014	理工学院	土木工程
	石佳予	女	2014	管理学院	会计学（ACCA）
媒体采编部	黄乐轩	男	2014	新闻与传播学院	广告学
	吴艺萱	女	2014	公共管理学院/应急管理学院	公共事业管理（应急管理）
礼仪队	林碧玉	女	2014	医学院	临床医学
	欧颖如	女	2014	管理学院	工商管理
秘书部	龙培冠	男	2014	理工学院	信息工程
	林哲丽	女	2014	管理学院	会计学
人力资源部	李蔚榆	女	2014	医学院	口腔医学
	余子贤	女	2014	管理学院	工商管理

暨南大学第31届学生社团联合会各社团负责人名单（校本部）

社团名称	姓名	性别	年级	学院	专业
应急青年协会	梁婧愉	女	2013	公共管理学院/应急管理学院	行政管理
中医协会	潘利钦	男	2013	医学院	中医学
和一群集网络公益支教协会	陈洁明	女	2013	管理学院	会计学（注册会计师）
跆拳道协会	潘宇兴	女	2014	医学院	中医学
龙狮协会	龙殿波	男	2012	医学院	临床医学
爱牙协会	陈润鑫	男	2013	医学院	口腔医学
Skyland 英语协会	谢凌云	女	2014	医学院	中医学
魔术协会	黄祺颖	男	2013	理工学院	建筑学
武术协会	温永杰	男	2012	文学院	历史学
羽毛球协会	周毓杰	男	2014	医学院	中医学
萌樱日语协会	闫陶然	男	2013	华文学院	华文教育
电子竞技协会	梁晓冰	女	2012	医学院	临床医学
动漫社	丁家业	男	2014	管理学院	会计学
国际扯铃社	黄秋易	女	2013	艺术学院	音乐钢琴表演
推理馆	张尧亮	男	2013	信息科学技术学院	数学与应用数学
轮滑协会	庄家琪	女	2012	医学院	临床医学
法律援助中心	彭　臣	男	2013	法学院/知识产权学院	法学

（续上表）

社团名称	姓名	性别	年级	学院	专业
模拟联合国协会	胡　湛	男	2012	信息科学技术学院	软件工程
暨南剧社	郑紫尢	女	2014	管理学院	会计学
乐韵坊	顾宁越	女	2012	国际学院	临床医学
书画协会	潘慎刚	男	2014	艺术学院	美术学（中国书画鉴赏）
棒垒球协会	叶睿宁	男	2012	医学院	临床医学
双节棍协会	郑国御	男	2013	体育学院	体育教育
天文社	彪　扬	男	2012	管理学院	会计学（注册会计师）
阳光爱心队	杨雪莉	女	2014	新闻与传播学院	新闻学
吉他协会	邓博铭	男	2012	医学院	中医学
天元棋社	陈纳淳	男	2013	医学院	临床医学
街舞协会	吴南静	女	2014	教育学院	艺术设计
定向越野旅游协会	朱丽娜	女	2014	新闻与传播学院	新闻学
排球协会	王　颂	女	2014	新闻与传播学院	广告学
人声协会	蓝　星	男	2014	教育学院	商务管理
网络空间安全协会	钟智华	男	2013	信息科学技术学院	网络工程
猎狐无线电协会	何冠贤	男	2013	信息科学技术学院	电子信息工程
乒乓球协会	苏颖彤	女	2014	生命科学技术学院	生命科学（中科先进班）
校园新媒体工作室	蔡燕月	女	2013	外国语学院	日语
自行车协会	陈志锋	男	2014	环境学院	环境科学
暨梦协会	伦应焯	男	2013	理工学院	工程力学
性格色彩协会	林杏仪	女	2014	医学院	临床医学（省二医）
光影协会	周存锋	男	2012	信息科学技术学院	计算机科学与技术
瑜伽协会	蓝玲怡	女	2012	理工学院	食品科学与工程
击剑协会	陈浩欣	女	2012	法学院 / 知识产权学院	法学
网络技术研讨会	甘流卓	男	2013	信息科学技术学院	计算机科学与技术
花艺协会	卢玉敏	女	2015	文学院	中国史
韩语社	刘海霞	女	2013	医学院	临床医学

暨南大学第 31 届学生社团联合会各社团负责人名单（南校区）

社团名称	姓名	性别	年级	学院	专业
魔术协会	尚惠锋	男	2014	外国语学院	商务英语
音悦社	陈煜轩	男	2014	管理学院	财务管理
暨南剧社	郑紫尢	女	2014	管理学院	会计学
韩文韩舞协会	王小萱	女	2014	药学院	药学

（续上表）

社团名称	姓名	性别	年级	学院	专业
国际舞蹈协会	吴静雯	女	2014	管理学院	工商管理
摄影协会	陶　轲	男	2014	管理学院	人力资源
吉他协会	梁飞鹏	男	2014	外国语学院	商务英语
电子竞技协会	李明慧	女	2014	经济学院	金融学
天元棋社	黄雪桃	男	2014	管理学院	会计学
街舞协会	王佳敏	女	2014	外国语学院	日语
乒乓球协会	佘懿禄	男	2014	管理学院	市场营销
动漫社	丁家业	男	2014	管理学院	会计学
推理馆	刘　桑	男	2014	经济学院	经济统计学
哲学协会	卢逸名	女	2014	经济学院	经济统计学
模拟联合国协会	王　争	男	2014	管理学院	会计学（注册会计师）
法律援助中心	聂志刚	男	2014	法学院/知识产权学院	知识产权
Skyland 英语协会	杨秀婷	女	2014	管理学院	物流管理
潮音社	陈泳龙	男	2014	生命科学技术学院	应用化学
性格色彩协会	孙　玥	女	2014	生命科学技术学院	化学工程与工艺专业
科技发明促进协会	刘佳佳	女	2014	法学院/知识产权学院	知识产权
诗书画学会	伍晓婷	女	2014	管理学院	会计学（注册会计师）
星暨天文社	廖邱雪	女	2014	管理学院	会计学（注册会计师）
网络技术研讨会	钟协利	男	2014	信息科学技术学院	网络工程
日语俱乐部	詹镇宇	男	2014	外国语学院	日语
粤文化协会	何嘉韵	女	2014	理工学院	食品质量与安全
怡然阅读协会	王沁怡	女	2014	法学院/知识产权学院	知识产权
魔方协会	赵肖宇	男	2015	信息科学技术学院	软件工程
凤凰文学社	吴家盛	男	2014	理工学院	食品质量与安全
古韵社	陈　偲	女	2014	经济学院	金融学
影视协会	王萃苑	女	2015	国际关系学院/华侨华人研究院	国际政治
阳光爱心队	曾友庚	男	2014	管理学院	物流管理
DIY 手工社	梁景兰	女	2014	生命科学技术学院	生物医学工程
应急青年协会	彭怡亮	男	2014	公共管理学院/应急管理学院	行政管理
金融实业投资协会	林哲丽	女	2014	管理学院	会计学
园艺艺术社	曾敏珊	女	2014	药学院	药学

（续上表）

社团名称	姓名	性别	年级	学院	专业
烹任美食社	朱希瑶	女	2014	管理学院	工商管理
旅行协会	陈韵莹	女	2014	管理学院	财务管理
和一群集网络公益支教协会	陈羽逸	女	2014	经济学院	经济统计学
网球协会	梁俊鹏	男	2014	国际学院	计算机科学与技术
国际扯铃社	黄展裕	男	2014	经济学院	国际经济与贸易
轮滑协会	李惠名	女	2014	药学院	药学
足球协会	翁　杰	男	2014	经济学院	金融学
棒垒球协会	陈凯怡	女	2014	经济学院	金融学
猎狐无线电协会	张植潮	男	2014	信息科学技术学院	电子科学与技术
跆拳道协会	符欣怡	女	2014	管理学院	会计学（ACCA）
健身社	黄权辉	男	2014	经济学院	国际经济与贸易
羽毛球协会	谭　园	男	2014	信息科学技术学院	数学与应用数学
剑道社	梁可宜	女	2014	国际学院	会计学
排球协会	郭浩贤	男	2014	管理学院	工商管理
桌球社	黄梓聪	男	2014	理工学院	食品质量与安全
自行车协会	陈志锋	男	2014	环境学院	环境科学

暨南大学学生社团联合会珠海分会

暨南大学第7届第一任学生社团联合会珠海分会成立于2015年9月，下设40个社团。

暨南大学学生社团联合会珠海分会第7届第一任主要负责人名单

职位	姓名	性别	年级	学院	专业
理事长	冯博文	男	2013	电气信息学院	电子信息科学与技术
副理事长	黄　虹	女	2013	国际商学院	金融工程
	陈昱栋	男	2013	电气信息学院	电子信息科学与技术
	郑　柱	男	2013	国际商学院	金融工程
秘书长	林乐智	男	2014	电气信息学院	电气工程及其自动化

暨南大学学生社团联合会珠海分会第7届第一任各部门部长名单

部门	姓名	性别	年级	学院	专业
秘书处	林乐智	男	2014	电气信息学院	电气工程及其自动化

（续上表）

部门	姓名	性别	年级	学院	专业
人力资源部	纪晓丹	女	2014	电气信息学院	电气工程及其自动化
编辑部	刘晨曦	女	2014	人文学院	汉语言文学（高级文秘）
宣传部	赵葆杨	女	2014	人文学院	法学（律师）
公关部	许媚婷	女	2014	国际商学院	工商管理
社团交流促进部	张宇萌	女	2014	国际商学院	国际商务
信息部	苏　灼	女	2014	国际商学院	工商管理

暨南大学学生社团联合会珠海分会第7届第一任各社团负责人名单

社团名称	姓名	性别	年级	学院	专业
乒乓球协会	赵欧逸	男	2014	翻译学院	翻译
健美操协会	陈春竹	女	2013	电气信息学院	电气工程及其自动化
羽毛球协会	陈少锋	女	2014	电气信息学院	自动化
网球协会	周静思	女	2014	电气信息学院	电气工程及其自动化
篮球协会	张志鹏	男	2014	人文学院	广告学
足球协会	关文俊	男	2012	国际商学院	工商管理
Fitness Club 健身协会	袁卓辉	男	2013	电气信息学院	软件工程
翔翎毽球协会	谢光骏	男	2013	国际商学院	国际经济与贸易
516 轮滑社	赵志伟	男	2014	电气信息学院	电气工程及其自动化
静之韵瑜伽协会	黄晓芬	女	2014	国际商学院	市场营销
追梦者电子竞技社	刘嘉雯	女	2014	人文学院	汉语言文学（高级文秘）
吉他协会	许鹏腾	男	2013	人文学院	法学（律师）
无名漫画社	高耀源	男	2013	电气信息学院	电气工程及其自动化
R&G 舞蹈协会	叶舒琪	女	2014	国际商学院	国际商务
八部半电影协会	卢　莹	女	2014	国际商学院	市场营销
摄影协会	黄嘉城	男	2014	国际商学院	金融工程
风云话剧社	朱震宇	男	2013	翻译学院	翻译
爱琴海口琴社	袁亚丽	女	2014	电气信息学院	包装工程
魔术协会	王珍珍	女	2014	国际商学院	金融工程
星雨文学社	邢宛婷	女	2014	国际商学院	国际商务
纵横联盟	梁正华	女	2014	人文学院	广告学
文化素质教育协会	张　悦	男	2014	人文学院	广告学
计算机协会	刘　东	男	2014	电气信息学院	物联网工程
法律援助中心	廖满华	女	2014	人文学院	法学
英语协会	石韵秋	女	2014	人文学院	行政管理

（续上表）

社团名称	姓名	性别	年级	学院	专业
韵墨飘香书法协会	黄日艺	男	2013	国际商学院	市场营销
演讲学社	王　晶	男	2014	人文学院	汉语言文学
模拟联合国协会	李琪琦	女	2014	国际商学院	国际经济与贸易
心理健康协会	刘逵萍	女	2014	电气信息学院	电气工程及其自动化
柔荑编织协会	陈　静	女	2014	国际商学院	财务管理
C 立方礼仪协会	李思雨	女	2014	人文学院	广告学
自行车协会	刘　姗	女	2014	翻译学院	翻译
和一群集网络公益支教协会	庄宜琦	女	2013	电气信息学院	电子信息科学与技术
美食协会	陈翔斌	男	2013	国际商学院	金融工程
步行者户外运动协会	李　楠	男	2014	电气信息学院	软件工程
行知记者团	欧阳鸣鹂	男	2014	人文学院	法学
±2℃环保社	孙　可	女	2014	人文学院	广告学
南枝汉服社	张　萌	女	2014	国际商学院	国际贸易
Aiesec	韩子涵	女	2014	人文学院	行政管理
相声协会	康铭祥	男	2014	人文学院	广告学

暨南大学深圳旅游学院学生社团组织

暨南大学深圳旅游学院第 14 届第一任社团负责人名单

社团名称	姓名	性别	年级	专业
篮球协会	林粲舒	男	2013	旅游管理
台球协会	秦榕辰	男	2013	旅游管理
轮滑协会	刘舜满	男	2013	旅游管理
足球协会	邓锦辉	男	2013	酒店与会展管理
羽毛球协会	邓新潼	男	2013	电子商务
乒乓球协会	姚　远	男	2012	商务英语
跆拳道协会	何　炜	男	2013	商务英语
动漫社	龙　果	女	2013	商务英语
广播站	王艺璇	女	2013	电子商务
编辑社	杨程程	女	2013	酒店与会展管理
辩论队	丁　嘉	女	2013	旅游管理与景观设计
演讲学社	李春风	女	2013	旅游管理与景观设计

（续上表）

社团	姓名	性别	年级	专业
音乐沙龙	张锐濠	男	2013	高尔夫管理
摘星剧社	马雪涵	女	2013	酒店与会展管理
舞蹈协会	赖洁茹	女	2013	旅游管理与景观设计
主持礼仪团	杨雪萍	女	2013	酒店与会展管理
摄影协会	胡正燚	男	2012	商务英语
膳食委员会	谷一凡	女	2014	商务英语
电脑维修小组	李毅东	男	2012	旅游管理
葡萄酒协会	杨晋杰	男	2013	酒店与会展管理

（学生处供稿）

· 管理与服务 ·

党政办公室工作

【概况】 党政办公室是学校行政党群事务综合办事机构，负责学校文秘、信息、督查、调研及重要活动组织、综合事务管理等工作，具有承上启下、协调左右、联系内外的作用，具备研究政策、传递信息、服务领导决策、服务大局和服务基层的职能。党政办公室下设5个科室：秘书科、行政科、督办科、信息科、机要保密室；挂靠副处级单位2个：信访办公室、档案馆。2015年，党政办公室有在编在岗人员45人，合同工3人，返聘人员3人。

推进超标办公用房整改工作，牵头发布在全校范围内推进超标办公用房整改工作的通知，会同相关职能部门，出台超标办公用房整改方案，多次提交校长办公会研究。加快推进整改工作进度，11月10日前完成了对行政办公楼办公用房面积的测算工作。

按照国务院侨办和学校的统一安排，做好甘肃积石山定点帮扶工作。2015年11月5日—2016年1月15日，组织、协调附属第一医院承办积石山医务人员进修培训班1期，接收17名来自积石山县的医务人员来校进修学习。

【文秘工作】 针对全校各部门文秘工作人员推出文秘工作提升计划，通过开展业务培训、优化工作流程、组织召开办公室工作经验分享会等举措，构建培训、交流平台，推动文秘工作向规范化、科学化、精细化发展。

积极参与高水平大学建设工作。统筹组织高水平大学建设校内调研工作，协调全体校领导到16个学院展开调研，编发16期调研简报，系统梳理学院高水平大学建设中存在的困难和问题，为领导决策参考。参与起草校长在高水平大学建设工作会、汇报会上的讲话，整理归纳高水平大学建设主要思路。

负责校内外来文的流转、办理和学校重要公文、文稿的撰写，指导、规范全校党政系统的文秘工作。2015年，负责起草学校年度党政工作总结、大事记、计划，开学、毕业典礼校长讲话，董事会、双代会校长工作报告等学校重要文稿200篇，共计完成40万字的文字材料，包括中央政治局委员、广东省委书记胡春华到校视察讲话代拟稿，国务院侨办任启亮副主任与广东省陈云贤副省长的会谈材料，董事会会议各级领导讲话，110年校庆筹备工作报告，110周年校庆启动仪式各级领导讲话等材料。

规范优化办文程序，提高办文效率。根据中央办公厅、国务院办公厅的公文处理条例规定和中央“八项规定”精神，出台《学校党政公文处理办法》。通过OA系统和信息化平台，登记受理、批转校内外各类来文来函2 230份；对校内请示做出书面批复127份；完成1 497份党政公文的核稿工作。

负责学校党政联席会议、党委全委会、党委全委扩大会议、基层党委书记会议的会务工作。完成26次学校党政联席会议的召集、议题收集、记录整理及会议决议的拟制和印发。

做好服务校领导工作。有10名文秘人员负责联系校领导（其中秘书科7名），在完成本职岗位工作的同时，负责安排校领导的行程和公务活动，承担校领导日常公文的流转，负责校领导讲话材料、报告的撰写、审核，陪同校领导调研和现场办公，承担会议纪要整理、审核，调研报告撰写、审核。

做好《暨南大学简报》的编辑和信息报送工作，全年编发《暨南大学简报》《侨务专报》《教育信息》共20期，并向上级主管部门报送。负责学校信息的采集、报送工作，指导全校各部门的信息工作。

编制《暨南大学值班工作手册》（2015），完善各级部门负责人值班和信息报送工作职责，规范工作流程，常态化值班工作落到实处。完成2015年《暨南大学工作联系电话本》的编印、发放工作。负责学校年鉴编辑工作，完成《暨南大学年鉴2015》的组稿、初审和《暨南大学年鉴2014》的出版及发放。

为机关各单位和广大师生提供文印服务，印制党政公文1 497份，复印各类文档材料16万份。完成机要交换工作，保证学校机要交换渠道的安全、畅通。

【综合事务】 负责学校重要会议、活动的组织和接待服务。发挥综合协调作用，加强与学院、机关部门的沟通联系和协调配合，会前积极协调，精心筹备，会中灵活应对，本着“以人为本、热情、简朴、周密有序”的原则做好各类会议、活动的组织和接待服务工作。全年接待来校视察调研的各级领导有：中央政治局委员、广东省委书记胡春华；原国务委员、暨南大学董事会董事长戴秉国；国务院侨务办公室主任裘援平，副主任任启亮、何亚非；全国人大常委会副秘书长、港澳特区基本法委员会主任李飞；人力资源与社会保障部副部长张建国；广东省委常委、统战部部长林雄；广东省委常委、宣传部部长慎海雄；广东省人大常委会副主任肖志恒；广东省政协副主席唐豪；澳门特别行政区卫生局局长李展润；香港特别行政区教育局局长吴克俭等。承办学校109周年校庆、学校第七届董事会第二次会议、学校2015年新学期工作会议、2015年春季研究生开学典礼、2015年开学典礼和毕业典礼等40多项重大活动。此外，还接待南京师范大学、北京中医药大学、苏州大学、西南财经大学等20多所兄弟院校来访、调研、洽谈合作。

公章使用及管理。按照学校印章管理条例，坚持规范、精简、高效的原则，加强学校公章、领导签名章、党政办公章的管理，严格执行审批、使用和登记工作。配合学校机构调整，审核刻制新设机构印章21枚。印章室全年使用公章11万余次，其中学校公务、公文用印5万多次。为学生服务用印涵盖录取通知书、学生证、毕业证、学位证、结业证、学习证明、奖学金等，用印约6万次。

收发服务。收发室全年面向各院系、机关收发的报刊、信件、文件约190万件，其中分发报刊约90万份、校内交换文件22万份、邮寄邮件约6.5万件、发放杂志约4.3万份、投放印刷品64.8万份。每天接待师生近110人次，完成收寄邮件、解答咨询、查询邮件和领取邮品工作等。

通信保障。电话室完成电信局提供的全校代维电话线路9 900多台的工作任务，定期维护保养通信基站18处，管理全校1 800多台办公电话，为全校安装、迁移办公电话300多台次，维修大小通信线路故障2 000多台次，办理电话特种业务300多台次，为学校通信服务提供强有力的保障。为学校追缴办公电话费用41.3万元，为学校创收代维费18万多元，节约电话初装费2万多元。

【督查督办工作】 继续加强督查督办工作，督促相关职能部门落实党政联席会决议的各项重点工作。全年编撰《督办快报》8期，承办督查督办事项42项，办结39项，办结率93%，其中，领导批示件3项，学校新学期重点工作4项，包括：高水平大学申报与建设、完成学术委员会的构建工作、全面改进教风学风等，各事项执行率达到100%。跟进督办南校区交通车乘坐难问题，跟进督办原附中楼搬迁腾空装修、建阳17栋1楼搬迁腾空等事项。承担教代会提案的办理、流转和督办工作，2015年学校教代会有27份提案上传至OA系统办理，目前尚在流转当中。5月，党政办公室获学校第七届教职工代表大会“2014年度提案承办工作先进单位”称号。

【信息统计】 负责完成国家教育部、国务院侨务办公室、广东省教育厅、广东省统计局等上级主管部门部署的关于招生、各类学生情况、办学条件和产业经济等报表的数据统计和上报工作，向学校主要职能部门提供统计数据。

在信息统计方面，推进统计工作规范化，制定严格的数据报送流程，明确数据报送负责人，确保各项工作落实到位，按时按质完成统计报表任务。加强学校各部门沟通协调和信息反馈，召开学校统计工作座谈会，建立学校数据统计工作联系群，确保统计任务及时下达，数据上报按时完成。加强统计队伍建设，开展统计知识培训，提高统计人员思想政治素质和业务技术水平。圆满完成2016年教育事业重要统计数据核查工作，学校统计管理工作得到广东省教育厅核查专家组的一致赞扬。

在信息分析方面，及时更新学校网页数据，开展统计专项调查和研究工作，整理学校的各类统计资料和重要数据信息，撰写《暨南大学信息统计简报》，为学校决策提供依据。进一步加强统计调查，创新思维，完成学校基本情况一览表的改版编制工作，增加 OA 系统发放一览表功能。加强统计调查，强化基础工作，编制每学期《暨南大学统计与概览》。

【保密工作】 负责机要文件的收转和传阅以及学校保密委员会日常工作；起草有关保密工作的规章制度、年度工作计划、工作总结；组织保密委员会成员学习上级保密工作精神和文件；落实国务院侨办和广东省保密委员会 2015 年保密工作的部署，深入推进定密管理、网络保密管理和涉密人员管理（简称“三大管理”），扎实做好经常性、基础性工作。

学校保密委员会围绕“三大管理”，继续抓好宣传教育和制度建设。3 月 1 日学校党委中心组学习中，加入专题保密讲座，由广东省国家保密局饶青处长作“关于定密工作培训”的专题讲座；3 月 9 日党政联席会议中学习中央领导同志重要讲话、《党政领导干部保密工作责任制规定》和《普通手机使用保密守则》等文件；3 月 27 日召开学校保密工作会议，贯彻落实中央和广东省保密工作会议精神，认真深入推进“定密管理、网络管理、涉密人员”三大管理，并再次邀请饶青处长为学校保密委员会委员作定密工作专题培训；10 月 15 日纪律教育月期间开展保密专题讲座及保密技术演示，全校处级以上领导干部 241 人，以及全校涉密人员、重要岗位管理人员和科级干部 91 人参加；学校保密办组织 3 批共选派 12 人参加广东省组织的保密教育培训，全年共投入各项保密宣传教育经费 30 088 元。制定《暨南大学涉密科研项目保密管理暂行办法》《暨南大学国家秘密定密管理实施细则》等管理制度。

2015 年是“十二五”时期保密事业发展规划和“六五”保密法制宣传教育工作收官之年，五年中学校保密委员会在保密队伍建设、保密宣传教育培训、保密制度建设、定密工作、涉密人员管理、涉密载体管理、要害部门管理等方面做了大量工作，特别是队伍建设方面和涉密载体管理受到了广东省国家保密局和广东省委机要局的多次（每年）表扬。

【信访工作】 坚持将群众路线及“三严三实”工作要求贯穿信访工作全过程，积极构建“信、访、网、电”于一体的多层次、多渠道群众诉求表达平台，通过畅通信访渠道、实施诉访分离制度、规范走访程序、维护信访秩序、实施信访终结、强化工作责任、创新工作方法，切实解决师生合理诉求，维护师生合法权益。全年共受理信访事项 137 项，接待人次共 185 人，其中日常来访 43 项、信件受理 31 项、电话信访 34 项、网络信访 29 项，办结率为 95%，并向广东省教育厅等上级部门提交信访回复 21 份，重点疏导印刷厂职工集体信访、肄业学生来访来诉、交换生选拔、毕业生个人档案遗失、加建电梯工程引发的遗留问题、教工反映医疗报账时间过长等问题，内容涉及校园交通、教学管理、学术交流、人事调动、赔偿申诉、医疗报账、噪音污染、收费管理等领域。

【信息公开与校务党务公开工作】 学校通过学校校务党务公开网、信息公开网以及校务党务公开工作板报主动集中公开各种信息 400 余条。其中干部任免信息 40 余条、人事管理信息 80 余条、公费医疗支出信息 80 余条、各类招投标信息 100 余条。

【普法宣传与依法治校工作】 围绕学校中心工作，继续开展以“贯彻落实十八大精神，增强依法治国理念”为主题的系列法制宣传教育活动。组织各单位开展了“六五普法”总结工作，圆满完成“六五普法”工作任务，为落实中央依法治国战略，开展“七五普法”奠定了良好的基础。充分利用“3·15”国际消费者权益日、“4·26”世界知识产权日、“6·26”国际禁毒日、“12·4”全国法制宣传日等主题活动日，开展大型法制宣传活动。

【《暨南大学年鉴》获第五届全国年鉴编纂出版质量评比二等奖】 2 月，在中国出版协会年鉴工作委员会举办的第五届全国年鉴编纂出版质量评比中，《暨南大学年鉴 2012》获综合二等奖及三个单项奖，包括框架设计二等奖、条目编写三等奖、装帧设计三等奖。这是《暨南大学年鉴》2009 年创刊六年来再次在全国年鉴评比中获奖。据了解，全国高校仅有 5 所重点院校的年鉴获奖，学校是广东唯一获奖的高校。

（党政办公室供稿）

档案工作

【概况】 暨南大学档案馆隶属党政办公室管理，学校核定档案馆编制9人，现有专职档案人员9人，其中博士1人、硕士研究生5人、大学本科2人，中级职称7人、初级职称2人。档案馆返聘退休职工1人，聘用短期合同工8人。华文学院、珠海校区、深圳旅游学院及财务与国有资产管理处、出版社等设档案分室，配备有专职档案员，全校共有专兼职档案员167人。

3月，为规范学校外事和档案管理，提高立卷质量，保证归档材料的齐全完整，档案馆联合国际交流合作处修订《暨南大学外事档案管理办法》，联合审计处制定《暨南大学审计档案工作细则》。5月，档案馆配合国务院侨务办公室完成国家档案局科研项目《电子文件全程监管模式的探索与实践》申报评奖工作，10月通过国家档案局专家评审，获得国家档案局优秀科技成果奖二等奖。11月，档案馆通过广东省档案局组织的省直单位档案工作年度评估检查，获广东省档案局颁发省直单位档案工作年度评估优秀等级。12月，档案馆完成中央级普通高校改善基本办学条件专项资金项目、“清末、民国及珍藏档案抢救”项目，完成珍藏字画仿真100幅和清末、民国珍贵档案仿真100页；完成照片563张、录音带121盒、录像带26盒声像档案的数字化；完成校史珍贵档案裱糊修复2 083页、数字化96 164页。

【档案收集与利用】 2015年，档案馆共接收整理档案15 236卷又1 797件，其中新生档案8 425卷；全年整理接收文书档案367卷又1 494件，接收整理上级文件资料1 295件；整理2015届毕业生档案7 604卷，寄发档案5 593卷，回架档案2 011卷。截至12月，馆藏档案共计127 097卷又21 942件，其中新中国成立前档案134卷又6件，新中国成立后档案126 963卷又21 936件。

2015年档案馆馆藏档案基本情况年报表

全宗		5个				本年度移交进馆档案数	15 236卷又1 797件			
类型		数量				类型	数量			
		室藏档案数		本年度增加数			室藏档案数		本年度增加数	
		卷	件	卷	件		卷	件	卷	件
文书档案	永久	2 111	4 039	0	1 085	会计档案	19 899	0	2 030	0
	30年（长期）	3 037	9 716	367	95	基建档案	2 190	0	106	0
	10年（短期）	539	1 308	0	314	出版档案	4 238	0	352	0
科研档案		3 073	0	150	0	教学档案	33 108	544	3 644	287
声像档案		0	5 117	0	10	学生档案	57 491	0	8 425	0
实物档案		0	1 218	0	6	其他档案	1 411	0	162	0
馆藏档案合计		127 097卷又21 942件								
寄发毕业生档案		5 593卷								

2015年档案馆接待查询利用档案3 258人次；查阅档案共7 391卷/件，其中教学档案1 416卷/件、学生人事档案2 185卷/件、财会档案3 500卷/件、其他门类档案290卷/件。此外，2015年档案馆接受网络查询利用档案344卷/件；接听电话查询利用档案3 600人次；出具学历认证720份；零星寄发毕业生档案319份。

【档案馆信息化建设】 2015年学校馆藏档案数字化工作持续开展。截至12月，完成1977—1993年党群档案数字化2 449卷和2014年文书档案1 781件共计254 613页；完成2005—2015届本科毕业生学籍表、成绩单，2005—2014届毕业名册，2014级新生录取名册的数字化扫描、加工、上传工作，扫描档案1 470卷，共计73 078页。现有案卷级计算机目录127 097条，文件级目录近47万条，实现档案目录100%的计算机检索。馆藏电子文件近29万份，其中室藏档案扫描26万余份（主要包括：党群类、行政类、教学类、校史和基建图纸），实现脱机备份。馆藏电子文件中可进行全文检索的有24 967份。

（档案馆供稿）

发展规划工作

【概况】 发展规划处是负责学校总体发展规划以及学科建设的职能部门，下设综合科、事业发展规划科、学科发展规划科3个科室。6月，学校对部分机构调整，评估中心和高等教育研究中心合并为高教研究与评估中心，正处级建制，挂靠发展规划处。

发展规划处负责组织制订学校中长期发展规划和阶段性规划，为学校改革与发展提供战略性和前瞻性的研究报告、方案设计、政策建议和决策咨询；负责学校发展规模、办学层次、办学类型的整体设计；负责高水平大学和重点学科建设工作；负责“2011协同创新中心”的遴选、立项和建设工作；协调相关部门对学校资源进行科学、合理配置。

高教研究与评估中心主要研究学校改革发展问题，为学校决策提供依据，为校院领导提供高等教育咨询和国内外高校信息；编印高等教育刊物，宣传学校在教学、科研、管理等方面的成就、经验和办学特色；根据学校发展战略规划研究制定评估政策，建立评估指标体系，设计评估方案，重心在于评估工作的顶层设计和统筹规划，组织实施有关学校发展事项的评估，为学校决策提供理论依据和数据支持。

2015年出版《暨南高教研究》2期，印发《暨南高教参考》4期，编印《高教简讯》13期，编写《暨南大学事业发展白皮书2013—2014》《暨南大学办学影响蓝皮书2015》《暨南大学ESI分析报告2015》《高等教育综合改革形势与动态概略》《院系评估指标体系研究》等。根据学校重大项目投资统筹小组要求，组织专家对申报2016—2018年中央高校改善基本办学条件专项资金共6.82亿元217个项目进行评审，对提高申报项目的获批率和提升获批资金的额度具有积极的影响。

【高水平大学建设工作】 召开高水平大学建设方案专家论证会。7月19—20日，学校邀请中山大学、华南理工大学、南方医科大学等5位校外专家莅校指导38个一级学科答辩工作，以明确各学科建设目标和任务，提前做好高水平大学建设方案的论证。8月22日，由广东省教育厅组织的来自复旦大学、中山大学、湖南大学等8所高校的15位知名专家组成的专家组，对学校高水平大学建设的总体规划、改革方案和9个重点学科建设项目进行论证。校长胡军从“基础条件、总体思路、建设目标、存在问题、改革举措、支撑项目”6个方面对学校高水平大学建设做总体汇报。经分组论证、评议，专家组对学校高水平大学建设提出6条建议意见。

高水平大学建设专项资金申报与划拨。8月，完成与高水平大学学科组团的约谈工作，初步确定13个学科组团的建设方案。9月，根据“大整合、大协同、大组团”的工作思路，围绕高原建高峰的学科建设理念，学校确定由13个学科组团、9个统筹项目、8个专项任务组成的高水平大学建设总体框架。10月28日，学校召开高水平大学学科组团目标管理责任书签署仪式，校长胡军代表学校与13个学科组团负责人签订目标管理责任书。11月，共划拨2015年高水平大学项目建设经费2.98亿元。

高水平大学建设校内外专项调研。4月，校领导赴华北、华东、中南地区9所“985工程”高校就高水平大学建设、综合改革等问题开展专项调研。9月，校领导分头带队赴各学院就高水平大学建设进行校内调研，了解基层教师对高水平大学建设的诉求与建议，编制16期《高水平大学建设调研简报》。此外，召开高水平大学学科组团资源建设协调会，了解各个团队资源紧缺情况及迫切需要，达成资源共建、共管、共享的理念。

【“2011计划”协同创新中心建设】 一是做好“华侨华人”“抗体药物”协同创新中心申报2015年度国家级协同创新中心的相关工作，包括商定中心的工作思路、成立国家级协同创新中心申报领导小组和工作小组、编写中心手册、制定相关管理办法等。二是根据《广东省教育厅关于报送首批广东省国家级“2011计划”协同创新中心培育建设规划项目实施情况的通知》（粤教科函〔2015〕25号）要求，组织校内3个广东省国家级“2011计划”协同创新中心完成协同创新中心实施情况材料的撰写，并报送省教育厅。三是学习兄弟学校的建设和申报经验，组织召开厦门大学副校长李建发等关于协同创新中心建设交流会。四是根据《广东省教育厅关于报送2016年部门预算项目支出安排计划的通知》和学校财务处要求，申报高水平大学重点建设高校生均定额提标所对应增量资金，组织广东省国家级协同创新中心培育对象（3个）和省级协同育人平台（2个）等5个单位进行2016年省级预算项目绩效目标申报，拟申报总金额4 720万元。五是根据《广东省教育厅关于开展2015年广东省协同育人平台申报认定工作的预通知》要求，协调并配合教务处组织申报2015年协同育人平台材料。六是做好校级协同创新中心的日常管理。

【《暨南大学章程》获教育部核准发布】 1月20日，《暨南大学章程》经国务院侨务办公室同意，教育部高等学校章程核准委员会评议，教育部2015年第3次部务会议审议通过。6月26日，教育部下发《中华人民共和国教育部高等学校章程核准书（第64号）》，核准发布《暨南大学章程》。

【学校印发《暨南大学学术委员会章程（修订）》】 6月，《暨南大学学术委会员章程（修订）》经学校第八届教代会第一次会议讨论、2015年第十一次校长办公会议审定，面向全校印发。这是学校推进现代大学制度建设，完善内部治理结构的一项重要举措。

【制订综合改革方案　深化综合改革】 5月，学校成立全面深化综合改革领导小组，由校长胡军、校党委书记蒋述卓担任组长，其他副校长担任副组长。领导小组下设综合改革管理办公室，挂靠发展规划处。8—9月，研究制订《暨南大学高水平大学建设与综合改革方案（2015—2020年）》《暨南大学高水平大学建设的改革措施方案》，内容涉及人事组织、人才培养、学科建设、科学研究、国际交流、综合保障等六大部分，明确各部门高水平大学建设的目标任务。10—11月，对上述两个文稿进行修订和完善。12月，面向全校征求意见。

【开展“十二五”规划自评及“十三五”规划编制工作】 1月，组织校内各学院、部处、直属单位，结合《暨南大学“十二五”发展规划暨2020年中长期改革与发展规划》及各单位的“十二五”规划开展自评工作，在各单位自评报告的基础上编制《暨南大学“十二五”规划实施情况自评报告》。9月，学校启动“十三五”规划的编制工作。11月，在《暨南大学“十二五”规划实施情况自评报告》的基础上，贯彻《国家中长期教育改革和发展规划纲要（2010—2020年）》、《国务院关于印发统筹推进世界一流大学和一流学科建设总体方案的通知》（国发〔2015〕64号）和《中共广东省委广东省人民政府关于建设高水平大学的意见》（粤发〔2015〕3号）等文件精神，结合学校改革发展目标，起草完成《暨南大学“十三五”发展规划》（含“十三五”建设预期量化核心指标一览表）。同时，要求学校各部处、学院编制各自“十三五”发展规划，注重编制规划的体系性。

【学校发布2015年本科教学质量报告】 根据广东省教育厅有关文件要求，高教研究与评估中心作为牵头单位，组织党政办公室、教务处、人力资源开发与管理处等十几个相关部处，将本科数据资料汇编成《暨南大学2015年本科教学质量报告》，按要求上报并发布在学校网站首页。此份报告紧扣学校本科教学工作，分析教学基本状态，突出教学改革亮点、成就和经验，准确把握存在的问题，全面展示学校本科教学质量和人才培养状况。

【2015年学校发展规划战略研讨会召开】10月10—11日，以“深化机制体制改革，扎实推进高水平大学建设”为主题，组织召开2015年发展规划战略研讨会，邀请复旦大学党委副书记刘承功做“高校综合改革：思考和实践”的专题报告。校领导胡军、蒋述卓、叶勤、刘洁生、林如鹏、宋献中、饶敏、叶文才，校长助理王志伟和学校机关部处、直属单位、学院党政负责人以及珠海校区、南校区管委会领导和高水平大学学科组团代表等参加会议。会上，与会代表围绕《暨南大学高水平大学建设与综合改革方案（2015—2017年）》、博士后工作改革办法、高水平大学建设过程中领导干部的责任与担当3个议题提出意见及建议。

暨南大学重点学科一览表

序号	类别	数量（个）	学科名称
1	国家重点学科	4	金融学、产业经济学、文艺学、水生生物学
2	国务院侨办重点学科	8	国际关系、新闻学、中国古代史、工程力学、免疫学、内科学（血液病学）、眼科学、会计学
3	广东省一级重点学科	20	应用经济学、中国语言文学、力学、生物医学工程、工商管理、理论经济学、政治学、新闻传播学、中国史、化学、生物学、生态学、统计学、光学工程、计算机科学与技术、食品科学与工程、中药学、公共管理、法学、外国语言文学
4	广东省二级重点学科	4	病理学与病理生理学、眼科学、影像医学与核医学、外科学
5	国家中医药管理局重点学科	2	中西医结合基础、中医老年病学

暨南大学协同创新中心与协同育人平台一览表

序号	类别	数量（个）	名称
1	广东省省级培育协同创新中心	2	广东产业转型升级协同创新中心、粤港澳中药和天然药物协同创新中心
2	广东省国家级协同创新中心培育对象	3	广东产业转型升级协同创新中心、粤港澳中药和天然药物协同创新中心、华侨华人与中国和平发展协同创新中心
3	校级协同创新中心	15	舆情与社会管理协同创新中心、抗体药物协同创新中心、粤港澳组织再生与修复协同创新中心、光纤传感协同创新中心、公共安全协同创新中心、华侨华人与“海上丝绸之路”协同创新中心、应急管理与社会治理协同创新中心、世界华人文学与中华文化凝聚力协同创新中心、广东地方金融机构转型升级协同创新中心、信息安全协同创新中心、华南水域生态协同创新中心、先进耐磨材料协同创新中心、大气污染在线源解析协同创新中心、肿瘤新靶点新治疗转化研究协同创新中心、食品制造与安全保障协同创新中心

（续上表）

序号	类别	数量（个）	名称
4	广东省省级协同育人平台	2	华南新闻传媒协同育人中心、重大疾病转化医学协同育人基地
5	校级协同育人平台	4	多元文化交融的会计拔尖创新人才协同育人基地、华文教育域内外协同育人中心、应急管理协同育人中心、经济类高层次应用型人才协同育人平台

（发展规划处供稿）

人力资源开发与管理

【概况】 人力资源开发与管理处是开展学校人事工作的职能部门，主要负责全校编制计划、人员调配、机构设置、奖惩考核、工资福利、师资建设、职称职务、退休退职、外聘返聘、计划生育等工作。下设人事科、师资管理科、工资福利科3个科室，学校人才工作办公室、人才交流中心、教师发展中心、人口和计划生育委员会办公室挂靠人力资源开发与管理处。

截至2015年12月31日，学校有教职工4 797人，其中专任教师1 976人，占41.19%；行政人员789人，占16.45%；教辅人员349人，占7.28%；工勤人员97人，占2.02%。在专任教师队伍中，拥有正高级职称者592人、副高级职称者744人、中级职称者545人。

学校离退休人员有2 719人，其中附属第一医院470人；2015年办理退休人员69人。流出人员128人，其中辞职31人、调出6人、博士后出站28人、死亡51人。

高层次人才引进方面，学校共举行26次绿色通道评审会，受理58名拟引进高层次人才的材料，包括人文社科17名、理工信息医药41名。全职引进4名中组部“千人计划”入选者、5名“青年千人计划”入选者、2名教育部“长江学者”特聘教授、4名国家杰出青年基金获得者、2名国家自然科学基金优秀青年科学基金获得者。普通层次人才引进方面，学校共举行4次人才引进专家会，受理25个单位共计107名上会人选申报材料，包括教研96人、教辅11人。经校内外专家评审，上报学校人才引进领导小组会审批，同意引进145名人员，其中教研系列人员134人、博士131人、正高职称23人、副高职称40人、具有海外留学背景80人、外国籍6人、实验系列人员11名。

有222人通过职称评审，包括正高级职称58人、副高级职称105人、中级职称59人。

新聘请讲座教授59名。目前全校共聘请讲座教授128人，其中院士2人、美国工程院院士1人、“长江学者”10人、国家杰青7人、国家海外杰青2人。

接收人事档案112卷，调出档案45卷，办理退休人员档案76卷，办理去世人员档案59卷，接收档案材料6 524份（包括入党材料13份、学历职称材料385份、考核表3 126份、工资表2 507份、其他材料493份），借查阅档案827人次。

【人事制度改革】 在高水平大学的建设中，将人才作为学校发展的根本动力，继续实施人才强校发展战略，坚持培养与引进并重，出台“暨南双百英才计划”、《暨南大学新聘教学科研人员管理暂行办法》等措施，大力引进海外高层次人才和高水平创新团队，打造人才高地。

发布“暨南双百英才计划”，面向海内外开放200个招聘岗位，重点引进和培养30名左右院士、“千人计划”入选者、“长江学者”、杰出青年基金获得者等在国际国内相关学术领域有较大影响力的学科领军人才，50名左右“青年千人计划”入选者、优秀青年科学基金获得者、青年拔尖人才、“珠江学者”等在相关学术领域崭露头角的优秀青年学术带头人，120名左右具有较大学术发展潜力和海外学术背景的优秀青年学术骨干。

实行《暨南大学新聘教学科研人员管理暂行

办法》。副高及以上教学科研人员准聘期为三年，考核合格后纳入学校长聘轨道。中级人员准聘期为六年，六年内完成目标任务且晋升到副高级职称，则纳入长聘轨道。如准聘期内未晋升到副高及以上职称，则解除聘任合同，不再续聘。长聘岗位实行结构化协议工资制，构建与物价水平具有一定关联的薪酬增长机制。建立长聘后评审制度，保证长聘制度有效发挥作用。

【计划生育工作】 暨南大学人口和计划生育委员会办公室挂靠人力资源开发与管理处，有专职干部2人，负责全校教职工、流动人口和在校学生的婚育管理和服务工作。2015年度职工结婚66人，晚婚率100%；生育124人，晚育率100%。2015年获评广州市政府2014年度广州地区机团单位人口与计划生育工作考核先进单位；获评石牌街2015年度人口与计划生育综合治理工作先进单位。

【一批专家学者入选各类人才工程】 程国赋教授入选2015年度"长江学者奖励计划"特聘教授；张弓、陈填烽和陈光慧3位青年教师入选2014年"万人计划"青年拔尖人才；程国赋教授和鞠海龙教授作为理论类人才入选中宣部2014年文化名家暨"四个一批"人才；陈安平、吴军、刘增合3人入选2014年国家"百千万人才工程"。刘奋勇教授领衔"新型抗病毒核酸分子研究团队"、马建峰教授领衔"移动云计算安全团队"入选广东省"珠江人才计划"引进第五批创新创业团队；Alexander A. Potapov（亚历山大·A. 波特波夫）入选广东省"珠江人才计划"引进第五批领军人才；王兵、关柏鸥获聘2015年广东省高等学校"珠江学者"特聘教授；马彦源获聘2015年广东省高等学校"珠江学者"讲座教授；无机化学、文艺学、信息安全3个学科获批设置广东省高等学校"珠江学者"岗位；曾永平教授等22人入选2014年"广东特支计划"相关层次的人才项目；田海妍等63名青年教师入选第二批暨南大学"优秀青年教师支持计划"。

【学校选派第三批系主任赴英国学习】 9月，学校选派第三期系主任培训团，由副校长张荣华带队对英国高等教育进行21天的培训和考察。来自18个学院和直属单位的25位培训成员参加此次培训。

此次培训先后走访牛津大学、帝国理工大学等6所高校，与40多位主讲人围绕英国高等教育的架构、高等教育的发展与现状、财务管理模式、人才培养机制、教师培训和专业发展、学生体验等方面进行全面深入的了解和探讨，同时也与部分高校的领导层进行交流和座谈。

【学校召开2015年庆祝教师节暨表彰大会】 9月10日上午，学校在曾宪梓科学馆国际会议厅召开庆祝教师节暨表彰大会。校领导胡军、蒋述卓、刘洁生、林如鹏、饶敏、张荣华、叶文才出席。会议由副校长刘洁生主持。会上校长胡军就学校发展建设情况作报告。光子技术研究所优秀青年教师李朝辉教授、国际学院唐开源同学分别作为教师代表和学生代表发言。校党委书记蒋述卓宣读系列表彰文件，伍国基、纪宗安等教师接受教学督导委员会聘书，陈安平、柳宁等优秀教师代表及先进个人接受表彰。300余名获奖教师代表、教职工代表以及学生代表参加本次大会。

（人力资源开发与管理处供稿）

财务与国有资产管理

【概况】 暨南大学实行统一领导、分级管理、集中核算的财务管理体制。财务与国有资产管理处（以下简称"财务处"）是学校一级财务机构，对华文学院、珠海校区、教育学院、第一临床医学院/附属第一医院、工会委员会5个二级经济独立核算单位实行会计委派。财务处根据国家、学校财务政策和财务制度，开展和管理学校日常财经工作；建立与公共财政体制、学校内部管理体制相适应的财务管理体制和运行机制，充分发挥财务工作在学校教育资源配置中的基础性调节作用，确保学校教学科研事业的可持续健康发展。

财务处是学校国有资产一级归口管理部门，在学校国有资产管理委员会及分管校长的领导下，对学校的国有资产实行监督管理，保证事业性资产在教学、科研、行政等活动中的安全完整，以及经营性资产在经营活动中的保值增值。主要负责制定和完善学校国有资产管理规章制度，并组织对执行情况的检查；组织并协调国有资产的产权登记、资产清查、产权界定、资产评估等工作；做好国有资产产权变动、资产处置等事项的审核及申报工作；由学校国有资产管理委员会授权，代表学校行使经营性资产出资人的职能，对校办企业进行监管，对经营性资产进行保值增值考核，维护学校的合法权益。

财务处现下设财务管理中心、会计核算和服务中心、事业资产科、经营资产科。其中财务管理中心、会计核算和服务中心具体负责财务工作，事业资产科和经营资产科具体负责国有资产管理工作。财务管理中心设预算科、资金科、综合管理科、基建财务科；会计核算和服务中心设核算科、出纳科、薪酬结算科、财务信息科、总务后勤核算科。

收入情况。本年度总收入 296 049.2 万元，包括中央财政拨款 120 941.5 万元，占总收入的 40.85%；事业收入 85 175.3 万元，占总收入的 28.77%；经营收入 3 686.6 万元，占总收入的 1.26%；附属单位上缴收入 57.1 万元，占总收入的 0.02%；其他收入 86 188.7 万元，占总收入的 29.11%。

支出情况。本年度总支出 240 688.5 万元，包括基本支出 197 152.5 万元、项目支出 43 107.6 万元、经营支出 258.3 万元，以及对附属单位补助支出 170.1 万元。

财政预算执行情况。2015 年暨南大学中央财政预算总额 136 188.55 万元，包括基本支出 86 662.6 万元、项目支出 49 525.95 万元。截至 12 月 31 日，中央财政预算执行率为 88.41%。2015 年省级财政预算 93 979.54 万元，其中基本支出预算 21 472 万元、项目支出预算 72 507.54 万元。2015 年省财政共支付 41 615.62 万元，省级财政预算执行率为 44.28%。

校级预算情况。按照“确保重点、适度从紧”原则编制学校校内预算，保证重点人才团队引进、重点学科建设、重点平台建设和重点项目培育以及改善民生所需资金，确保了南校区一期后续建设资金的投入，同时适度控制常规经费的消耗性支出，压缩“三公”经费，厉行节约，规范津补贴发放，规范经费的审批管理，学校财务状况得到持续改善。2015 年全校收入预算 24.8 亿元，支出预算 28.3 亿元，其中南校区基建支出预算 4.4 亿元。

国有资产情况。2015 年全校新增设备 9 289 台件、原值 1.68 亿元，家具 5 292 件、原值 645.71 万元，交通运输工具 9 辆、原值 189.35 万元，应用软件 180 件、原值 1 608.66 万元，低值资产 14 355 台件、原值 803 万元，房屋构筑物无新增。2015 年底，全校在账固定资产（不含图书）43.59 亿元，无形资产（应用软件）8 038.65 万元，低值资产 8 738.39 万元。呈报固定资产报废申请，共计 1 956 台件、原值 2 145.84 万元。截至 12 月 31 日，暨南大学全资及控股校办企业共 13 家，包括科技型 3 家、技术型 4 家、服务型 6 家。校办企业所有者权益总额 15 511.55 万元，包括科技类 4 342.54 万元、技术类 10 259.22 万元、服务类 909.79 万元。

校本部秋季新生现场收费方式调整。6 月，学校学生自助缴费平台正式启用支付宝缴费方式。至此，学校可以提供包括银行代扣、柜台缴费、自助万事通柜员机缴费、工行网银、支付宝第三方缴费等多渠道缴费方式，实现学校收费系统与银行、支付宝系统的实时对接，通过收费系统与教务系统的对接完成学生缴费—注册—选课的联动机制，可以为学生提供更便捷的服务。经过对各种缴费方式运行效果的评估，参考其他高校的经验、做法，经过学校党政联席会议研究，于 2015 年秋季开始，停止校本部新生报到现场收费，其他校区收费方式暂不调整。

【高水平大学建设专项资金使用情况】 2015 年广东省财政厅下达学校高水平大学建设预算 29 864 万元，包括 2015 年广东省高水平大学建设专项资金（第一批）25 000 万元、2015 年高水平大学生生均综合定额提标经费 4 864 万元。学校原则上决定预算按照 6∶3∶1 比例在学科组团、平台、专项之间进行分配，其中学科组团 60% 额度放在学校人才资金池统筹支付。学校采用“额度控制、动态调整”的弹性机制对高水平大学建设专项资金预算进行管理，对各预算单位实施绩效管理，奖优罚劣。年底制定《暨南大学高水平大学建设专项资金管理办法》。

截至 12 月 31 日，高水平大学建设预算 29 864 万元，预算支出 3 774.61 万元，支付率 12.64%，包括第一批建设专项预算 25 000 万元，预算支出 1 801.94 万元，支付率 7.21%；生均经费提标资金 4 864 万元，预算支出 1 972.67 万元，支付率 40.56%

【南校区建设资金保障工作】 截至 2015 年底，共筹集拨付南校区建设资金 15.25 亿元，包括财政资金 7.7 亿元，学校自筹资金 7.55 亿元。其中，2015 年拨付 23 354.93 万元，包括财政资金 14 824.93 万元、社会捐赠拨款 1 930 万元、自筹经费拨款 6 600 万元。此外，完成南校区各类建设项目共 76 份合同的财务会签审核工作，做好南校区一期第二批建设项目的前期财务工作。

（财务与国有资产管理处供稿）

审计工作

【概况】 审计处是对学校与资源利用有关的业务活动及其内部控制的适当性、合法性和有效性进行审查、评价，并提供相关咨询的学校内部职能机构。审计处在学校领导下，有计划有重点地开展各项审计工作，旨在完善管理控制、防范风险、提高教育资金使用效益，促进学校事业目标的实现。审计处下设财务审计科和基建审计科，截至 2015 年底有工作人员 8 人。

【财务审计】 接受组织部门委托，完成领导干部任期经济责任审计 3 项，开展 2 项，按计划完成财务收支审计 2 项，专项审计 1 项；完成科研经费结题审签 108 项。根据审计情况，完成管理建议书 2 份。结合学校中层干部换届工作，组织召开学校首次中层干部离任经济责任审计动员会，"以审促建"。

【基建审计】 完成基建修缮项目招标文件审核 43 份，合同审核 80 份，工程款支付审核 33 份，基建修缮项目工程结算审计 67 份。其中，结算审计项目送审价合计 6 254.2 万元，包括审定价合计 5 498.95 万元，审减额 755.25 万元，审减率 13.73%。

（审计处供稿）

国际暨港澳台交流与合作

【概况】 国际交流合作处 / 港澳台侨事务办公室是负责全校国际交流合作及港澳台侨事务的职能部门，下设国际交流科、出访科和国际合作项目管理科，另设海外及港澳台培训中心。国际交流合作处 / 港澳台侨事务办公室的功能和职责是为学校领导相关决策提供咨询；为学校的国际及港澳台侨交流合作搭建平台；为各类交流合作项目的开展做好服务；对外成为宣传暨南大学、弘扬民族文化的窗口。

2015 年，暨南大学继续拓展对外交流，与境外 30 所大学、机构签署 32 份合作协议；共接待国外及港澳台地区人员来访近 3 000 人次；因公出访 1 717 人次；聘请海外高端人才 42 人、长期外国文教专家 59 人、短期外国文教专家 535 人；派出校院级短期交换生 200 余人，接收友校交换生 30 余人；主办或承办了 30 场国际会议及两岸三地学术会议。

【校际交流与合作】 2015 年，暨南大学与境外 30 所大学、机构签署 32 项合作协议，其中新签协议 20 项，合作单位包括：阿联酋地平线大学、埃及艾因·夏姆斯大学、韩国东亚大学、法国雷恩政治学院、中国台湾辅仁大学、韩国中央大学、法国巴黎狄德罗大学、韩国外国语大学、西班牙海梅一世大学、乌拉圭奥特大学、中国台湾世界华语文教育学会、美国诺威治大学、印度尼西亚国民大学、美国西弗吉尼亚大学、日本立命馆大学、俄罗斯喀山国立技术大学、韩国崇实大学、越南胡志明人文社科大学、越南河内国家大学、埃及开罗美国大学；续签及增签协议 12 项，合作单位包括：智利边境大学，中国台湾台北教育大学、暨南国际大学、台北大学、铭传大学，英国伯明翰大学，法国巴黎第七大学，日本兵库县立大学，越南河内第二师范大学，全美国际教育协会。

派出 313 名学生赴境外进行短期交流学习，其中免学费交换生 232 名，含本科生 174 人、研究生 58 人，分别前往日本同志社大学、兵库县立大学、关西国际大学、广岛修道大学，韩国建国大学、汉阳大学、全南大学、梨花女子大学，文莱大学，英国伯明翰大学，法国图卢兹商学院、里昂天主教大学，瑞典林雪平大学、克里斯蒂安斯塔德大学，西班牙巴利阿里群岛大学、阿尔卡拉大学，荷兰泽兰德大学，波兰新松奇商业学院，俄罗斯人民友谊大学，乌克兰基辅国际大学，南非罗德斯大学，美国圣地亚哥州立大学、威斯康星大学欧克莱尔分校、圣道大学，加拿大圣玛丽大学，澳大利亚格里菲斯大学、西悉尼大学，中国台湾清华大学、台北大学、台中教育大学、东吴大学、“中央大学”、高雄大学、中兴大学、义守大学、中原大学、暨南国际大学、高雄师范大学、金门大学等40所姊妹高校交流学习。同时，接受来自美国纽约州立大学、菲律宾圣路易斯大学等12所姊妹大学的近40名交换生来校学习。

组织学生赴英国、美国、俄罗斯、日本、韩国、南非、中国香港、中国台湾等地参加寒暑期课程、境外实习、文体表演及创意赛事等活动。

接待国外及港澳台人士来访近3 000人次，包含各国驻穗高级外交官、高等学校与科研机构领导人、国际知名学者等，例如：新西兰驻穗总领事陈立恩、智利驻穗总领事龙啸天、秘鲁驻穗总领事席尔瓦、墨西哥驻穗代总领事利马斯、古巴驻穗总领事苏亚雷斯、泰国驻穗总领事梅碧珍、马来西亚驻穗总领事马卡姆、印度尼西亚驻穗总领事琇翡、老挝驻穗总领事巩银赛亚星、伊朗驻穗总领事萨拉利扬、英国伯明翰大学校长伊斯特伍德、越南河内国家大学校长冯春雅、印度尼西亚苏迪曼将军大学校长伊格博尔、澳大利亚科廷科技大学副校长柯尔克、中国香港教育局局长吴克俭、中国台湾世界华语文教育学会秘书长董鹏程、诺贝尔化学奖得主西德尼·奥尔特曼、英国皇家科学院院士彼得·塞德勒等。

【因公派出】 办理因公出国和赴港澳台手续1 717人次，其中赴境外参加学术会议586人次，较上年增长59.8%；其他出访形式还包括学术交流、合作科研、短期讲学、培训学习等。有14批次系校领导出国访问团组，包括校长胡军率团赴越南、老挝、柬埔寨访问，应邀访问土耳其、埃及和阿联酋；副校长林如鹏访问俄罗斯、吉尔吉斯斯坦和塔吉克斯坦；校党委书记蒋述卓访问英国、法国和荷兰，出访澳大利亚、新西兰；副校长叶勤率团访问瑞典、德国和荷兰；副校长宋献中参访毛里求斯、马达加斯加和南非；副校长刘洁生访问印度、斯里兰卡和泰国；副校长叶文才访问俄罗斯、芬兰；副校长饶敏访问柬埔寨、缅甸和斯里兰卡等。

【海外引智】 利用国家海外引智政策，开展海外引智工作。学校现有国家重点引智项目34项，其中包括高等学校学科创新引智基地（“111计划”）项目3项、高端外专项目6项、“领军人才”项目7项。全年聘请海外高端人才42人，长期外国文教专家59人，短期外国文教专家535人。

学校敦聘诺贝尔生理学及医学奖得主、英国剑桥大学教授约翰·格登，诺贝尔化学奖得主、美国耶鲁大学教授西德尼·奥尔特曼为名誉教授。至此，学校共敦聘5名诺贝尔奖获得者为名誉教授。

牵头的“免疫功能调控的分子机制研究”创新引智基地获国家“111计划”审批立项，成为学校第3个获批该立项的引智基地。该引智基地共有22位海内外专家参与，包括3位美国国家科学院院士及耶鲁大学、得克萨斯大学等高校的7位学术骨干。

由姚新生院士牵头的“中药创新药物发现与中药现代化”创新引智基地（“111计划”）项目于2013年正式启动，本年度共聘请11位外籍专家来校进行合作研究、讲学等。由苏国辉院士牵头申报的“中枢神经损伤与修复”创新引智基地（“111计划”）项目于2014年正式启动，本年度共邀请13位外籍专家来校工作。

【港澳台交流合作】 通过学者交流互访、申请合作科研、共同举办两岸会议、开展陆港澳台四地学生间交流活动、承办各类国情事务培训班等方式，加强与港澳台地区的交流与合作。举办“香港文化节——嘉年华会回忆”“2015年暨南大学优秀港澳台侨学生领袖研习营”“香港特别行政区中级管理人员国家事务研习课程班”“暨南大学2015年优秀学生访港、访澳团”“粤台学子中华情”交流活动和广东优秀台湾学子岭南行等活动，并承接广东首个粤港学子联合创业项目落户学校。香港教育局局长吴克俭、澳门卫生局局长李展润、台湾世界华语文教育学会秘书长董鹏程、台湾东吴大学校长潘维大、台湾铭传大学校长李铨、台湾亚洲大学副校长林峰田等来校访问。国际商学院牵头珠海校区3个学院的26名师生赴台参加为期23天的台湾实习营活动，教务处组织两批骨干教师赴台湾清华大学和“中央大学”进行各为期10天的培训。

【合作办学及境外办学】 学校注重引进优质教育资源，开展多种形式合作办学。与英国伯明翰大学合作共建的“暨南大学—伯明翰大学联合学院”项目取得实质性进展，在双学位联合培养等问题上取得共识；多次举行高层级会谈，就有关问题进行磋商，并实地考察办学条件。该合作项目对于借鉴国外知名院校的教育质量评估体系和管理机制、整合优质教育资源、提升学校国际化办学水平具有重要意义。

推动学校特色专业“走出去”。2015 年，学校与南非罗德斯大学孔子学院合作办学进入第七年，新任中方院长张军教授上任，实现行政管理工作顺利交接。该校首次开设等同于研究生阶段的汉语荣誉学位课程及面向全校的公选课“解读中国”。与该校召开 2 次理事会，并共同参加世界孔子学院大会，就推进建设模范孔子学院等议题达成共识。学校艺术学院、体育学院师生受邀赴南非参加该校中国周活动，在罗德斯大学、周边中小学及社区举行书画讲座展示及武术表演。

【国际会议】 学校不断拓展国际科研合作平台、壮大国际科研合作团队，共举办 30 场国际/双边/两岸学术会议，包括：“冷战时期美国与亚太地区军事关系”国际学术研讨会，2015 年第九届亚太听力言语语言国际大会，GRE 亚洲顾问委员会 2015 年度会议，第二届欧华高峰论坛，“华侨华人与世界反法西斯战争”国际学术研讨会，“第一届国际环境污染与健康”国际会议，第一届“改革、转型与增长”国际论坛，2015 年第二届亚太地区益生菌与人类健康学术研讨会，2015PEG 浮游生物生态会议，肿瘤多药耐药靶点、诊断与治疗国际研讨会，2015 国际脑功能与健康研讨会暨神经再生高峰论坛，“第一届转化神经科学及胶质细胞”研究会议，“中国药企走向海外”专题研讨会，水资源与生态环境可持续发展国际研讨会，“中国会计学会对外学术交流专业委员会暨 China Journal of Accounting Studies 2015 年第二次学术研讨会”，2016 年英语教学国际研讨会，第一届被动采样技术全球性监测水体污染物研讨会，婆罗洲华人国际学术研讨会，“中印（尼）海洋合作：机遇与挑战”国际学术研讨会，中澳双语研究学术研讨会，2015 都市休闲与旅游国际论坛，第二届中日动脉硬化研讨会，“全球化时代的日语教育·日本学研究”国际学术研讨会，马华文学国际学术研讨会，“两岸四地”第七届当代诗学论坛·代际经验与诗学呈现国际学术研讨会，儿童保护论坛（珠海）暨海峡两岸少年及家事法研讨会，“模式蛙与发育和再生”研讨会，“两岸四地”商业领袖论坛暨校企协同育人与创新创业研讨会，“全球视野下澳门、香港与海上丝绸之路”学术研讨会。

【新增“111 计划”项目 1 项】 11 月，教育部和国家外国专家局联合发布了《关于高等学校学科创新引智计划新建基地立项的通知》（教技函〔2015〕58 号），学校申报的“免疫功能调控的分子机制研究”创新引智基地正式获批立项。这是学校继“中药创新药物发现与中药现代化”创新引智基地、“中枢神经损伤与修复”创新引智基地以来获批的第 3 个“111 计划”，也是学校在“十三五”开局之年获批国家级重大项目之一。

“免疫功能调控的分子机制研究”创新引智基地由学校国家杰出青年科学基金获得者、教育部“长江学者”特聘教授、“973”首席科学家及“863”项目牵头人、生物医学转化研究院院长尹芝南教授担任国内学术骨干的牵头人，由 3 位美国国家科学院院士：Richard A. Flavell、Michael Karin、James D. Marks 担任海外学术大师。同时邀请美国耶鲁大学、得克萨斯大学、基尔大学的 7 位专家担任海外学术骨干。该引智基地共计有 22 位海内外专家参与，共同完成该项目的研究。

“免疫功能调控的分子机制研究”创新引智团队将围绕 Gamma-delta T 细胞的分子调控机制，尤其是肠道微生物如何影响 Gamma-delta T 细胞功能、Gamma-delta T 细胞在肿瘤微环境中的功能分化及调控以及如何对免疫负调因子进行有效干预，从而在恢复 Gamma-delta T 细胞抗肿瘤免疫功能等方面进行深入的研究。通过该研究，有望更进一步明确 Gamma-delta T 细胞的功能调控机制，为更好地将 Gamma-delta T 细胞用于人体免疫细胞治疗癌症方面奠定理论基础。

【学校与英国伯明翰大学校长签署共建国际教育中心备忘录】 9 月 7 日，英国伯明翰大学校长大卫·伊斯特伍德爵士、助理副校长乔·弗兰普顿教授、伯明翰大学广州中心总监郑颖宜一行 9 人来访学校南校区。校长胡军和副校长宋献中会见代表团。广州市科技创新委员会副主任詹德村受广州市副市长王东的委托，代表广州市政府出席会谈。会上，胡军和大卫·伊斯特伍德签署两校共建联合学院的协议。这标志着两校正式开启合作设立“暨南大学—伯明翰大学联合学院”的进程。

【国家外国专家局局长张建国莅校调研外专工作】 9 月 11 日上午，国家人力资源和社会保障部副部长、外国专家局局长张建国一行来校调研外国专家工作情况，并就高层次海外引智及国际化办学等调研课题与学校人员进行座谈。广东省副省长温国辉，国家外国专家局副局长张亚力，广东省政府副秘书长李贻伟，国家外国专家局教科文卫专家司司长聂飙、教科文卫专家司巡视员刘懋洲、国家外国专家局办公室副主任李勇，广东省外国专家局局长劳帜红、副巡视员杨佩军等出席座谈会。校领导胡军、刘洁生、宋献中、叶文才，姚新生院士、苏国辉院士、尹芝南教授等参加座谈和调研。

校长胡军向调研组介绍学校近年来在师资队伍建设、学科建设、人才培养、科学研究和国际交流方面的成绩，表示学校将以广东省高水平大学建设为契机，加大海外引智力度。宋献中副校长代表学校做国际化发展和海外引智工作情况汇报。姚新生院士、苏国辉院士、尹芝南教授分别代表“中药创新药物发现与中药现代化”创新引智基地、“中枢神经损伤与修复”创新引智基地和生物医学转化研究院发言，汇报上述单位在海外人才引进、国际学术交流与合作、青年人才的成长、科研成果等方面的情况。

张建国表示暨南大学特色明显，国际化发展程度较高，希望学校今后在外专“千人计划”等方面取得突破。温国辉表示，省委、省政府高度重视暨大的发展，省府有关部门将围绕高水平大学建设在人事制度改革等方面给予学校更多支持。张亚力希望学校进一步发挥侨校自身优势，加快高层次人才引进工作，做好高等学校学科创新引智基地的建设。

座谈会结束后，张建国一行参观学校校史馆，实地考察两个创新引智基地。

【学校位列“大学国际化水平”排名前列】 12月15日，“大学国际化水平排名（2015）”在西南交通大学发布，在参评的115所“985工程”建设大学、“211工程”建设大学以及教育部直属高校中，学校跻身总榜单第13名。同时发布的6大单项排名中，学校“来华留学生”和“教师国际交流”等两项排名优势明显，分列第9位和第6位，其他单项排名“文化交流”为第15位，“科研国际化”“国际显示度”均居第29位。

“大学国际化水平排名（2015）”由西南交通大学高等教育研究所发布。该排行榜已连续发布三年，受到社会各界，特别是高校的广泛重视，得到了教育部、国家外国专家局等国家主管部门和《中国青年报》、中青在线等主流媒体的关注。

2015年与学校新签署合作协议的境外高校及其他机构一览表

序号	国家/地区	签署单位	签署时间
1	中国台湾	暨南国际大学	2月17日
2	英国	伯明翰大学	3月20日
3	越南	河内第二师范大学	3月28日
4	越南	胡志明人文社科大学	3月30日
5	越南	河内国家大学	3月31日
6	韩国	崇实大学	4月7日
7	俄罗斯	喀山国立技术大学	4月12日
8	中国台湾	铭传大学	4月23日
9	日本	立命馆大学经济学院	4月24日
10	美国	西弗吉尼亚大学	4月28日
11	法国	巴黎第七大学	5月6日
12	中国台湾	台北大学社会科学学院	5月20日
13	印度尼西亚	印度尼西亚国民大学	5月27日
14	美国	诺威治大学	6月2日

（续上表）

序号	国家 / 地区	签署单位	签署时间
15	中国台湾	世界华语文教育学会	6 月 10 日
16	乌拉圭	奥特大学	7 月 16 日
17	西班牙	海梅一世大学	7 月 16 日
18	中国台湾	台北教育大学	9 月 1 日
19	英国	伯明翰大学	9 月 7 日
20	智利	智利边境大学	9 月 7 日
21	日本	兵库县立大学	10 月 1 日
22	日本	兵库县立大学经济学部、经营学部、会计研究科、经营研究科、政策科学研究所	10 月 1 日
23	美国	全美国际教育协会	10 月 8 日
24	韩国	韩国外国语大学	10 月 8 日
25	法国	巴黎狄德罗大学	10 月 9 日
26	韩国	中央大学	10 月 28 日
27	中国台湾	辅仁大学	10 月 30 日
28	法国	雷恩政治学院	11 月 12 日
29	韩国	东亚大学	11 月 19 日
30	埃及	艾因・夏姆斯大学	11 月 26 日
31	阿联酋	地平线大学	11 月 30 日
32	埃及	开罗美国大学	12 月 28 日

（国际交流合作处 / 港澳台侨事务办公室供稿）

对外联络工作

【概况】 2015 年 7 月，董事会办公室、校友会办公室、驻香港办事处、驻澳门联络处合并为对外联络处。新成立的对外联络处专门负责学校对外联系与合作，在校董工作、校友工作、驻港、驻澳等方面做了大量工作，发挥着学校与社会各界交流沟通的桥梁作用。

【董事会工作】 暨南大学第七届董事会由 83 位董事和 9 位永远名誉董事组成，原国务委员、中央外事工作领导小组办公室主任戴秉国担任董事长。

联系校董。1 月 7 日和 20 日，学校分别在澳门和香港举行 2015 年校董迎春座谈会。学校董事会副秘书长马有恒，董事廖泽云、刘晓航、唐志坚、李沛霖出席澳门校董迎春座谈会。学校董事会副董事长霍震寰，副秘书长陈永棋、蔡冠深，永远名誉董事方润华，董事何世柱、王敏刚、陈经纬、林光如、石汉基、李秀恒、龚中心、李文俊出席香港校董迎春座谈会。校领导胡军、林如鹏等出席座谈会。校长胡军向校董们汇报学校一年来的建设发展情况。校董们对学校的工作以及南校区的建设提出建议和意见。在港澳期间，胡军一行拜访著名慈善家陈瑞球和学校董事会董事马有恒、戴德丰、郑家纯。

1 月 16 日，受胡军校长委托，学校原副校长陆大祥赴香港拜访裕华国货董事长、学校董事会副董事长余国春，汇报学校工作。1月23日与27日，应校董李文俊的邀请，受校长胡军委托，学校董事会办公室主任吴璇凤赴香港分别出席百仁基金第六届董事局就职典礼和港台青年交流促进会第六届理事会就职典礼。1月28日，香港华懋集团执行董事、学校董事会董事龚中心及龚因心来校访问，参观学校粤港澳中枢神经再生研究院。2月3日，校领导胡军、林如鹏赴东莞拜访学校董事会董事梁志斌、叶惠全，汇报学校的发展情况。3月1日，应学校董事会副董事长余国春的邀请，受校长胡军委托，吴璇凤出席“文化中国·四海同春”香港活动。3月18日，校长胡军赴澳门拜访学校董事会副董事长马有恒，出席“文化中国·四海同春”澳门活动。3月27日，学校举行“石景宜刘紫英伉俪挑战杯奖励金”颁奖仪式，石景宜博士夫人刘紫英女士，汉荣书局有限公司董事长、学校董事会董事石汉基及副校长叶勤等出席仪式并为获奖团队颁奖。4月27—30日，应学校董事会副董事长、校友总会会长马有恒的邀请，学校退休老领导周耀明、伍国基、饶芃子、关汉夫、黄旭辉、赖江基、张永安、纪宗安、杨珍妮等赴澳门进行为期4天的参观访问。5月14日，香港星光集团主席、学校董事会董事林光如来校访问，参观信息科学技术学院的实验室。5月23日，香港华懋集团执行董事、学校董事会董事龚中心来校参观访问。6月5日，亚洲金融集团（控股）有限公司董事长、学校董事会董事陈有庆，香港裕华国货董事长、学校董事会副董事长余国春，长江制衣厂有限公司董事总经理、学校董事会副秘书长陈永棋，香港裕华国货董事副总经理李润基来校访问，并参观学校南校区校园以及图书馆、食堂。6月17—20日，应四洲集团主席、学校董事会董事戴德丰的邀请，校领导胡军、饶敏率学校第五届优秀学生访港团一行43人赴港交流学习，并举行暨南大学优秀学生访港团5周年庆典暨访港同学会青年创业项目启动仪式。7月7日，学校董事会副董事长、校友总会会长马有恒，澳门特区行政长官办公室主任兼行政会秘书长、学校董事会董事柯岚来校访问，参观校史馆和图书馆。8月4日，校长胡军赴澳门拜访学校董事会副董事长马有恒，汇报董事会议的筹备情况。8月24日，中国完美公司董事长、学校董事会董事古润金，完美公司总裁胡瑞连到南校区参观访问。9月24日，祈福集团董事长、学校董事会董事彭磷基与祈福医院副院长张涛到南校区参观访问。9月29日，校领导蒋述卓、林如鹏，裕华国货董事长、学校董事会副董事长余国春，东莞新世纪房地产开发有限公司董事长、学校董事会董事梁志斌等赴北京，向原国务委员、学校董事会董事长戴秉国汇报工作。10月12日，中惠熙元集团董事长、学校董事会董事叶惠全到南校区参观访问。

校董捐赠。7月19日，在广州泮溪酒家举行暨南大学优秀学生访港团五周年纪念暨青年创业项目启动资金捐赠仪式。四洲集团主席、学校董事会董事戴德丰，国务院侨办文化司副司长梁智卫，西藏自治区侨办党组书记格桑，校长胡军出席本次活动。戴德丰代表四洲集团向学校教育发展基金会捐赠人民币50万元，专门用于资助访港同学会开展青年创业项目相关工作。7月20日，学校举行经纬集团捐赠暨经纬粤港澳经济研究中心揭牌仪式。香港经纬集团主席、学校董事会董事陈经纬，广东省副省长招玉芳，国务院侨办文化司副司长梁智卫，校领导胡军、林如鹏、宋献中参加活动。陈经纬校董向学校捐助2 000万港币，设立暨南大学“经纬粤港澳经济研究中心”。11月13日，在学校南校区举行暨南大学校董捐赠及揭牌仪式。原国务委员、学校董事会董事长戴秉国，国务院侨办副主任何亚非，国务院侨办文化司司长雷振刚，校董余国春、马有恒、李国华、彭磷基、古润金、梁志斌、叶惠全、方小榕，校董代表霍启文，校领导胡军、蒋述卓、林如鹏、宋献中、饶敏、张荣华，原副校长陆大祥等出席仪式。校董共向学校捐款5 000万人民币、2 000万港币，用于支持学校发展。分别是：副董事长霍震寰捐赠人民币1 500万元，支持南校区体育场馆的建设；副董事长余国春捐赠人民币500万元，支持南校区食堂建设；副董事长马有恒捐赠1 000万港币，设立“马万祺博士后高水平科研成果奖励金”；校董李国华捐赠1 000万港币，支持学校医学学科发展；校董彭磷基捐赠人民币2 000万元，支持南校区建设；校董古润金捐赠人民币1 000万元，支持南校区建设。在捐建项目揭牌仪式上，南校区六栋建筑获新名。食堂被命名为“裕华堂”，图书馆被命名为“惠全楼”，门诊楼被命名为“李国华楼”，学生宿舍T3栋被命名为“完美楼”，学生宿舍T4栋被命名为“志斌楼”，学院楼B1栋被命名为“祈福楼”。

【校友会工作】 2015年，校友会办公室在提高校友服务工作、推动校友组织建设、加强与社会各界的合作、为学校建设筹资等方面做了大量工作，推动学校与社会各界开展实质性的深入合作。

推动各地校友会建设，参加校友组织活动。

在校友总会的指导及协助下，2015 年共成立了 9 个校友组织，包括：中山校友会、英国校友会、缅甸校友会、柬埔寨校友会、老挝校友会、印度校友会、深圳旅游学院同学会以及医学院深圳同学会、澳门新闻学院同学会。香港校友会、饶平校友会完成换届。上海校友会、厦门校友会分别在 10 月、12 月举办成立 30 周年庆典活动。校党委书记蒋述卓于春节期间，利用“文化中国·四海同春”访问演出机会，慰问澳大利亚（悉尼）校友会、澳大利亚（墨尔本）校友会、新西兰校友会；10 月，利用公务出访机会参加荷比卢校友会庆祝母校建校 109 周年联欢会。校友总会参与各地校友会、校友组织的活动，包括：香港校友会 4 月举行的年会，澳门校友会 5 月举行的庆祝学校建校 109 周年暨成立 29 周年联欢晚会，上海校友会、厦门校友会的 30 周年庆典，饶平校友会换届大会，广州校友会及校友组织的各种活动。

依托学院力量，营造院校联动的校友工作环境。10 月，召开校友工作会议，公布 2015 年各学院校友活动专项基金的分配情况、布置校友数据库建设工作以及学校 109 周年校庆日。各学院积极组织 81 级校友返校参加“相约三十年”等校庆系列活动。外国语学院开展校友导师制度、生命科学院设立“校友爱”基金、经济学院校友联谊会发起和骞投资等。

利用校友资源，共谋发展。5 月，在南校区图书馆湖边广场举行“根系暨南”2015 年植树活动暨绿色使者及微信支付平台上线启动仪式。“经典国球·辉煌暨南——国家乒乓球队暨南行”活动在邵逸夫体育馆举行。国家乒乓球队受校友总会会长马有恒邀请，到访学校，并与暨南师生、校友对话，切磋球技。9 月，“中国梦·暨南情——中国跳水梦之队暨南行”活动在曾宪梓科学馆举行。国家跳水队一行受校友总会会长马有恒先生邀请到访学校，与暨大师生、校友交流，并在广东省奥林匹克中心进行跳水表演。11 月，在学校大礼堂隆重举行 110 周年校庆启动仪式暨 109 周年校庆的首场学术活动——“面向 21 世纪海上丝绸之路华商管理论坛”。

升级信息手段，搭建校友高效交流平台。在“暨南大学校友会”“暨南大学基金会”两个微信公众号上，共发布 110 期共 268 条微信新闻，内容包括学校头条、校友动态、暨南公益、暨南人物等。利用校友互联网企业，重新打造网络数据化平台，建立全新校友网络数据平台，导入近 20 万校友数据，为全球 102 个校友组织、28 个学院和研究生院，提供全方位的数据信息服务。《暨南校友》增加电子版。

【教育发展基金会工作】 2015 年初，基金会顺利通过了省民政厅的年检。基金会全年筹资金额保持稳步增长的态势，截至 12 月 31 日，基金会到账资金 6 838.22 万元，合同金额 1.1 亿元。

借助学校 110 周年校庆的契机，继续依托南校区建设平台，争取校董、校友及社会各界的大额捐赠。获得马有恒校董 1 000 万港币捐款、陈经纬校董 2 000 万港币捐款、李国华校董 1 000 万港币捐款、余国春校董 500 万人民币捐款、马龙佳集团郑年锦先生 600 万人民币捐款、广州注册会计师协会 240 万人民币捐款、和信公司价值 430 万人民币的实验设备、青海大漠红枸杞有限公司 100 万人民币捐款、深圳市新浩爱心基金会 100 万人民币捐款、王宽诚教育基金会 100 万人民币捐款、刘宏裕校友 100 万人民币捐款、郑银土先生 100 万人民币捐款、暨南投资 100 万人民币捐款、深圳市永胜电力器材有限公司 90 余万人民币捐款等。

【外派机构工作】 暨南大学香港办事处（以下简称“驻港办”）成立于 1986 年，是暨南大学的派出机构，其主要工作职责是：加强与香港地区校董的联系，与热心华侨教育事业人士保持往来，争取支持赞助，并物色增聘董事人选；协同学校有关部门，筹办学校重大的活动和董事会议；接待到港访问学校领导，安排拜访在港的校董或召开座谈会和学术交流会议；办好暨南大学教育基金会的募捐、储存、运用以及日常开支、账目结算等事宜；协助香港校友会开展各项会务工作；协助在港的招生工作；协助学校财务与国有资产管理处办理香港有关银行事务；参加香港各界的重大社交活动，积极宣传学校办学宗旨，广交朋友，争取各界人士关心支持。

暨南大学驻澳门联络处（以下简称“驻澳办”）成立于 1995 年，2001 年 5 月 30 日正式在澳门注册，主要职责是配合学校完成在澳门的各项工作，宣传学校办学宗旨、拓展澳门生源、联络服务校董、广泛团结校友、推动学校与澳门各界教育文化交流与合作。

宣传推广工作。2015 年，驻港办、驻澳办积极加强与中联办、特区政府等有关部门、香港和澳门校董及校友、教育界的联络与沟通；主动联系港澳 500 多所中学，寄发招生宣传资料；全年到港澳各中学和教育机构举办“内地升学讲座”共 42 场，宣传学校招生新政策，联络并安排 9 个来自香港的中学或社团组织访问交流团共约 560

人参观暨南大学；组织澳门劳工子弟中学200多名学生参观暨南大学，加深港澳师生对学校的了解；配合学校在港澳做好各层次的招生工作，协助招生办召开港澳地区招生工作总结座谈会，努力提高港澳生源质量。驻港办继续联系香港中旅社、香港考试评核局等单位摆放学校招生宣传资料；在《东方日报》《头条日报》《都市日报》《Am730》《星岛日报》《学友社—升学指南》等香港主流报刊上刊登学校招生广告，并与香港电讯盈科续订“雅虎香港”的广告协议，方便考生查看学校的相关资讯。

联络接待工作。协助学校董事会办公室处理在香港和澳门的董事会及基金会事务。如与学校董事会办公室陪同校领导拜会香港和澳门校董，召开学校董事迎春餐会，举办澳门校董春茗团拜会等。加强与香港校友组织及香港各界的联络。如出席香港校友会举办的暨南大学香港校友会第十四届理事会、第七届监事就职典礼等活动；联系中央人民政府驻香港特别行政区联络办公室（以下简称“中联办”）和国务院侨办驻香港亚文公司，配合完成专项工作，并及时通报学校情况；代表学校向轩辕教育基金会主席及罗文春先生的家属转交学校的唁电并致送花圈。为学校与香港各级机构搭建合作平台。陪同京港学术交流中心邹重华博士及林丽娟女士访问学校，探讨招收香港副学士学生到学校就读相关事宜；联系由香港专业进修学校60位来自商科、会计及旅游专业的师生组成的学术交流团访问校本部，了解内地商贸经济发展及学生学习生活等情况；陪同研究生院、招生办就学校在港招生及报名手续、副学士攻读研究生等问题拜访京港中学交流中心和香港管理学院。加强与澳门校友会联络，参与澳门校友组织的各种活动，如协助和参与澳门校友会5月30日举办的29周年会庆。为学校与澳门各界搭建交流平台，如促成澳门卫生局局长、仁伯爵综合医院院长一行6人访问学校，并就双方医疗合作、医生职业培训、人才交流、澳门招生宣传等方面达成初步的合作意向；促成澳门金沙中国与学校的合作交流并签订双方合作协议，为澳门学生实习与就业提供更多更好的平台和渠道。接待因公访澳的学校领导、教职工和学生，学校全年共接待20批近140人次。

【2015年对外联络工作总结暨马有恒校友工作奖励基金表彰大会召开】 12月30日上午，2015年对外联络工作总结暨马有恒校友工作奖励基金表彰大会在校友楼四楼会议室举行。校党委书记林如鹏出席会议并讲话。新一届对外联络工作委员、荣获2015年度“马有恒校友工作奖励基金”的集体代表和先进个人以及各学院的校友工作人员参加会议。对外联络处处长梁燕汇报2015年对外联络处工作。林如鹏高度赞扬对外联络处在校友工作上取得的成绩，并充分肯定学校对外联络工作委员会在挖掘校友资源、收集校友信息等方面发挥的巨大作用，并就未来对外联络工作提出具体要求。会上，林如鹏为获得2015年度“马有恒校友工作奖励基金”的2个先进集体和10个先进个人颁发证书。

【全球53地校友会会长、秘书长回校参加首届联席会议】 11月15日，由校友总会主办，广州校友会承办的暨南大学首届全球校友会会长、秘书长联席会议在校友楼召开。来自海内外各地53个校友会约160名校友代表欢聚一堂，共同庆贺母校109周年校庆。校友总会会长马有恒，副校长林如鹏，原副校长、广州校友会老会长黄旭辉，广州校友会常务副会长肖胜方，副会长陈誉萍、梁上燕、崔颖、刘宏裕出席会议。

大会由对外联络处处长梁燕主持。马有恒会长将校友总会的会旗正式授予本次承办联席会议的广州校友会。林如鹏在会上展望110周年校庆，希望各地校友会要结合各自的特点开展、组织相应的活动，做好校友工作，让世界各地的暨南人共同欢庆万众瞩目的110周年校庆。

暨南大学第七届董事会名单

董事长

戴秉国

副董事长

何厚铧　崔世安　朱小丹　任启亮　刘　谦　刘建超　周　波　陈云贤　王志民　仇　鸿　陈斯喜　孙　达　曾宪梓　余国春　霍震寰　马有恒　胡　军

秘书长
胡　军（兼）
副秘书长
陈永棋（兼）　蔡冠深（兼）　林如鹏（兼）
董　事（以下按姓氏笔画排序）
马儒沛　王　军　王敏刚　王赓武　方小榕　方文雄　孔健岷　古润金　石汉基　叶惠全　朱孟依
任克雷　刘人怀　刘艺良　刘宇新　刘泽彭　刘皇发　许智明　许慕韩　李　鲁　李文俊　李秀恒
李沛霖　李国华　李思廉　杨华根　杨孙西　杨　钊　杨国强　何世柱　佀志广　宋　海　张　力
陈本显　陈永棋　陈有汉　陈有庆　陈经纬　林光如　林如鹏　周泽荣　郑家纯　赵　广　赵　阳
柯为湘　柯　岚　钟立雄　钟阳胜　贺一诚　徐　婷　唐志坚　黄　屏　黄智隐　龚中心　梁仲景
梁志斌　彭磷基　程金中　曾智明　蒙德扬　雷振刚　蔡冠深　廖泽云　廖雅彦　廖锡麟　颜开臣
戴国坤　戴德丰

永远名誉董事
王华生　方润华　陈学忠　陈焜旺　郑裕彤　郭全强　唐翔千　符易亨　薛君度

注：周波自 2015 年 10 月 21 日起任副董事长
仇鸿自 2015 年 10 月 21 日起接替王志民任副董事长
孙达自 2015 年 10 月 21 日起接替陈斯喜任副董事长
马有恒自 2015 年 3 月 6 日起任副董事长
刘艺良自 2015 年 7 月 27 日起被聘为董事
徐婷自 2015 年 4 月 16 日起接替刘晓航任董事

暨南大学教育基金会第三届理事会名单

理事长
曾宪梓
副理事长（以下按姓氏笔画排序）
马有恒　杨孙西　余国春　胡　军
秘书长
林如鹏
副秘书长
刘宇新　廖泽云
常务理事（以下按姓氏笔画排序）
叶惠全　李国华　陈永棋　林光如　钟立雄　梁仲景　曾智明　黎　晹

暨南大学各地校友会一览表（104 个）

中国大陆					
校友总会	浙江校友会	九江校友会	莆田校友会	台山校友会	安徽校友会
北京校友会	金华校友会	广西校友会	漳州校友会	汕头校友会	MBA 联谊会
上海校友会	温州校友会	海南校友会	建阳（时期）校友会	潮州校友会	MPACC 校友联谊会

（续上表）

中国大陆					
天津校友会	黑龙江校友会	贵州校友会	广州校友会	揭阳校友会	饶平校友会
南京校友会	重庆校友会	福建校友会	深圳校友会	梅州校友会	惠州校友会
无锡校友会	成都校友会	泉州校友会	珠海校友会	韶关校友会	东莞校友会
苏州校友会	万县校友会	厦门校友会	江门校友会	湛江校友会	2+2（3）联谊会
常州校友会	江西校友会	永春校友会	茂名校友会	中山校友会	省侨联国际校友会
广州华侨学生补习学校暨大华文学院（广东）校友会	暨南大学广东侨办系统校友联谊会	暨南大学企管系在职研究生同学会	广东法学校友联谊会	经济学院校友联谊会	暨南大学优秀学生访港同学会
文学院公共关系同学会	深圳旅游学院同学会	医学院深圳同学会			

中国港澳台地区			
台湾校友会	香港校友会	香港校友联合会	澳门校友会
香港社会学同学会	香港法学同学会	香港管理学院同学会	香港新闻传媒同学会
香港医学院同学会	香港经济学院同学会	香港同学会	香港国际学院同学会
澳门新闻学院同学会	澳门药学同学会	澳门医学院同学会	澳门研究生同学会
澳门生科院同学会	澳门管理学院同学会		

国外			
美国南加州校友会	日本校友会	菲律宾校友会	澳大利亚（墨尔本）校友会
美国美东校友会	法国校友会	印度尼西亚校友会	新加坡校友会
美国北加州校友会	加东校友会	新西兰校友会	马来西亚校友会
美国三藩市校友会	澳大利亚（悉尼）校友会	加拿大加西校友会	泰国校友会
温哥华校友会	印度尼西亚苏南校友会	印度尼西亚雅加达校友会	美国美东校友会
荷比卢校友会	印度尼西亚棉兰校友会	印度尼西亚泗水校友会	印度尼西亚巨港校友会
英国校友会	缅甸校友会	柬埔寨校友会	老挝校友会
印度校友会			

广东省暨南大学教育发展基金会理事会名单

理事长

林如鹏

副理事长

陈为刚　王信源　陈日云　夏黎明　张　毅　陈誉萍

秘书长

梁　燕

理　事

王力东　孙　彧　安　衡　夏　旖　宁雪峰

（对外联络处供稿）

实验室与设备管理

【概况】　实验室与设备管理处是负责全校实验室条件保障与物资采购工作的职能部门，下设实验室管理科、采购中心（副处级，挂靠实验室与设备管理处）、设备维修科3个科室。主要职责包括全校实验室的规划、建制、建设，实验室相关管理制度的建立与完善，协助人事部门做好实验技术队伍的建设，教学科研仪器设备包括贵重仪器设备的管理，仪器设备与相关物资的采购与供应，教学科研仪器设备的维修、维护及管理。

【实验室建设与管理】　2015年，学校共有各类实验室88个，其中国家级工程研究中心1个，省、部级设置的研究中心13个，重点实验室13个。有国家级实验教学示范中心2个、省级实验教学示范中心20个、校级实验教学中心5个。

10月30日，完成2014—2015学年实验室数据信息统计情况表并上报广东省教育厅。根据统计情况，截至8月31日，全校教学、科研仪器设备共59 746台（件），总价值94 008.12万元。其中单价40万元以上的精密贵重仪器176台（件），总价值17 789.17万元；新增教学科研仪器设备6 426台（件），总价值11 225.04万元。2014—2015学年，全校开设教学实验项目共31 408项，人时数达3 011 227。

【物资采购与管理】　完成采购总预算人民币22 919.32万元，实际成交金额22 223.44万元，节约695.88万元，节约率3.04%。其中，组织招标采购活动83次，招标总预算人民币20 261.75万元，中标总金额19 649.84万元，节约611.91万元，节约率3.02%；协议供货及其他方式采购总预算人民币2 657.57万元，实际成交金额2 573.60万元，节约83.97万元，节约率3.26%。启用国务院侨办政府采购计划管理系统，完成2015年政府采购信息填报工作，理顺学校政府采购信息上报渠道。启动学校高水平大学建设物资采购工作，完成高分辨三重四级杆组合离子阱静电场轨道阱三合一质谱仪、高分辨核磁共振谱仪等一大批高、精、尖仪器设备的招标采购工作。

【南校区实验课开课】　3月，学校物理实验中心正式在南校区开课，成为学校第一个进驻南校区实验楼开展实验教学活动的实验室。9月，南校区化学实验中心正式开课，有效地解决了南校区化学基础实验课开课的难题；10月，计算机数字逻辑实验室在南校区教学楼开课。9月起，南校区D组团教学实验楼正式全面启用。

【学校开展“双试点建设”推动设备共享】
学校第一批加入广东省科研设施与仪器向社会开放平台，成为广东省4所试点高等院校之一。同时，学校的贵重仪器设备共享平台加入全国高等学校仪器设备和优质资源共享系统。该系统由国家发改委、财政部、教育部三部委联合发起，属于“211工程”公共服务体系建设项目之一。截至12月31日，全校共有251台单价10万元以上的设备纳入共享平台，全年共收入仪器测试费166.56万元。

【学校新增3个广东省实验教学示范中心项目】　7月，根据《广东省教育厅关于公布2015年广东省本科高校教学质量与教学改革工程立项建设项目的通知》学校有三项省级实验教学示范中心建设项目获批，分别为临床医学虚拟仿真实验教学中心、生物医学工程实验教学中心、药学虚拟仿真实验教学中心。

【学校建立实验室准入制】　为规范学校实验室安全准入制度，提高实验室安全风险的防控能力，学校构建实验室安全培训及考试系统，并正式开展实验室安全培训与考试工作。安全培训与考试对象为进入实验室工作或学习的人员。考试成绩未通过者，不予颁发合格证，不得进入实验室操作。截至12月31日，各相关学院基本完成本科生、研究生和新入职教师的实验室安全培训与考试工作。

2015 年暨南大学实验室基本情况

序号	单位	实验室个数	实验室使用面积（平方米）	教学实验（2014—2015 学年）			教学科研仪器设备（单价 1 000 元以上）			
				实验个数	实验人数	实验人时数	数量（台/件）	价值（万元）	其中 10 万元以上	
									数量（台/件）	价值（万元）
1	第一临床医学院	3	2 346	860	17 351	48 773	1 405	4 672. 6	56	3 331. 27
2	电气信息学院	5	3 756	98	182	74 334	1 893	2 044. 58	29	874. 1
3	法学院/知识产权学院	1	150	2	200	5 000	171	147. 69	0	0
4	翻译学院	0	0	0	0	0	199	132. 18	0	0
5	公共管理学院/应急管理学院	0	0	0	0	0	187	120. 85	1	12. 04
6	管理学院	1	720	11	389	18 726	1 675	1 687. 18	15	509. 9
7	国际关系学院/华侨华人研究院	0	0	0	0	0	153	82. 19	0	0
8	国际商学院	1	250	3	171	4 860	405	201. 4	0	0
9	华文学院	1	1 590	47	520	11 000	2 375	1 730. 2	17	385. 14
10	环境学院	1	1 723	3	560	515 600	1 079	1 258. 05	16	526. 91
11	经济学院	1	400	127	1 510	26 923	886	556. 29	0	0
12	理工学院	11	10 956	173	1 279	252 112	5 823	8 627. 92	122	4 157. 36
13	人文学院	1	796. 8	11	215	2 450	380	268. 7	1	10. 41
14	社会科学部/马克思主义学院	0	0	0	0	0	113	62. 91	0	0
15	深圳旅游学院	1	1 529	127	1 372	135 649	146	109. 74	0	0
16	生命科学技术学院	19	17 933. 4	1 139	1 364	794 471	8 771	18 715. 51	311	11 146. 93
17	体育学院	0	0	0	0	0	391	486. 4	12	178. 87
18	外国语学院	0	0	0	0	0	259	160. 71	1	14. 8
19	文学院	1	75	23	120	2 158	818	350. 53	0	0
20	新闻与传播学院	1	1 148	86	1 829	128 120	1 245	1 852. 35	23	552. 03
21	信息科学技术学院	12	5 354	674	8 585	305 889	5 435	8 350. 26	44	4 979. 38
22	药学院	9	5 349	168	420	344 688	3 123	7 050. 53	104	4 336. 42
23	医学院	11	5 370. 9	234	1 509	180 525	4 988	6 104. 51	74	2 434. 51
24	艺术学院	1	1 477	20	350	2 850	790	1 499	18	603. 44

（续上表）

序号	单位	实验室个数	实验室使用面积（平方米）	教学实验（2014—2015 学年）			教学科研仪器设备（单价 1 000 元以上）			
				实验个数	实验人数	实验人时数	数量（台/件）	价值（万元）	其中 10 万元以上	
									数量（台/件）	价值（万元）
25	珠海校区其他单位	0	0	0	0	0	3 774	2 672. 56	22	733. 01
26	信息技术研究所	0	0	0	0	0	317	257	3	43. 79
27	粤港澳中枢神经再生研究院	1	2 600	0	0	0	493	1 771. 96	30	1 248. 32
28	生物医学转化研究院	1	2 000	38	48	109 500	124	110. 11	0	0
29	光子技术研究院	1	300	0	0	0	473	1 435. 85	26	924. 88
30	产业经济研究院	0	0	0	0	0	172	123. 3	0	0
31	大气环境安全与污染控制研究所	1	503	0	0	0	159	997. 42	11	879. 15
32	国际学院	0	0	0	0	0	76	35. 35	0	0
33	教育学院	1	220	2	1 270	14 804	145	91. 33	0	0
34	实验技术中心	1	3 439	27 562	1 091	32 795	344	4 467. 69	32	4 261. 69
35	图书馆	0	0	0	0	0	898	1 194. 92	15	582. 28
36	网络与教育技术中心	1	2 862	0	0	0	4 630	9 626. 28	131	5 475. 68
合计		88	72 848. 1	31 408	40 335	3 011 227	54 315	89 056. 05	1114	48 202. 31

（实验室与设备管理处供稿）

总务后勤工作

【概况】 总务后勤管理处是履行学校后勤保障服务、协调、监督、管理的职能部门。下设办公室、公费医疗管理办公室、能源管理办公室、房地产管理科、修缮工程管理科、食堂管理中心、交通服务中心、动力保障与维修中心、物业管理中心、课室管理中心及教工住宅加建电梯临时办公室 11 个部门。有在编在岗职工 68 人，合同工 315 人。

12 月学校获得广东省教育厅颁发的“广东省节能型示范高校”的称号。9 月，学校总务后勤管理处获“广东省教育后勤工作先进集体”荣誉称号。食堂管理中心第五食堂获评 2014 年广东省食品安全示范学校食堂。

【校园综合管理】 加强安全教育领导和管理工作，切实落实安全工作责任制。开展突发事件风险隐患排查和整改工作，开展电梯安全隐患排查整治工作。认真开展登革热防控等卫生防疫工作。做好校园防汛工作的应急预案，对潜危树木进行整改。

【课室与场地管理】 教学大楼排课总计194 865

课时，课室借用总计 1 752 课时，教师求助 1 102 次，环境设施维修 1 094 次，技术部自主维修 253 次，失物招领 1 441 台件。教学大楼举行的大型考试合计 9 场，BEC 考试 5 场，本科教学课程竞赛 5 场，大学生创业创新大赛 4 场。接待会议共计 547 场次，为学校增加 446 100 元收入。放映电影 46 场次，观影师生 11 566 人次，票房共计 314 240 元。

【食堂管理】 12 月 18 日，清真餐厅开始供应早餐，满足少数民族师生的饮食需求。食堂管理中心到兄弟高校调研学习，对大宗物资供应商进行实地考察，做好 2016 年食堂大宗物资招标方案，提高服务质量。加强与学生会、膳委会的交流，与学生会生活部共同举办膳食文化周系列活动。开展食堂从业人员培训，提高餐饮从业人员的食品安全意识，提升食堂管理中心食品安全管理水平。

【房地产管理】 验收腾退房 27 套（间）次，维修 33 套（间）房屋；安置调整教职员工和各类引进人才及博士后共 31 人的住房；核实全校已购房住户 4 329 户信息，每月核查住户清洁费 4 329 户，房租变动合计约 72 525.73 元、清洁费约 1 195.00 元，更正 34 户产权变更资料并通知相关部门收取物业管理费，追收部分住户拖欠的房租和清洁费共计约 10.3 万元；审核发放 4 位引进人才购房补贴约 491 万元；为出境、出站、调离、报到等人员的资料核实后有效证明盖章约 1 122 份。跟进石牌校区土地使用权登记办理进度，查询并明确“原九办”名下的房屋产权资料。

完成第十三批（2015 年）住房货币分配工作，发放金额 1 201 184.00 元，每月汇储额 82 244.00 元。完成职称满三年、升四年人员的住房货币补贴的调整，共计约 80 275.00 元。协助小区物业绿化修缮等工作，就住户装修引发的矛盾投诉协助物业公司进行沟通调解。审核丹田物业管理费共计 1 050 余万元，丹田代收并返还学校垃圾处理费共计 41 205 元。制订学校党政机关办公用房初步整改方案，收集 26 个学院（中心、所）公用房使用情况自查表。

【修缮工程管理】 引进人才周转房维修工程于 9 月开工，对校本部的周转公寓楼进行房屋楼面、墙面、天棚修复及改造安装。合同价为 4 371 370.01 元。

校本部自来水管网改造与道路改造项目于 11 月开工，主要建设内容为人行道翻新改造、路面加铺沥青混凝土，包括南门口道路改造与真如路 A 段。合同价为 3 124 186.55 元。

【能源管理】 推进能源监控平台建设。校本部在第一期能源监管平台基础上，进行第二期升级改造和完善，共安装 3 454 个电表、2 个水表。电表包括一级表 23 块，覆盖 23 个变压器；二级表 91 块，覆盖 51 个楼栋，包括宿舍区 20 栋，教学办公区 31 栋；三级表 3 340 块，其中 12 栋宿舍和 2 栋教工宿舍共 2 611 个房间，教学科研办公区 729 个房间。目前，能源管理平台基本功能已实现，并独立运行半年，系统运行正常，数据采集稳定，基本实现单位用户耗能数据的采集、统计、查询信息化。

完成 2014 年度暨南大学包括四大校区、信息技术研究所、华侨医院和资产经营有限公司的能耗统计。整理分析 2014—2015 年度和每个季度校本部水电燃气支出和回收情况。填报 2014 年学校校本部能源管理利用状况年报，以及 2015 年各季度的能源利用状况季报。参加节能培训和考核，3 月通过广东省万家企业节能考核的现场审查会。

【公费医疗管理】 优化公医医药费报销流程。3 月，实行新的公医医药费报销流程，压缩审批作业环节，实现教工和学生的分流作业，缩减报销等候时间，加强公医审核、复核工作力度。

规范审批标准。对《公费医疗经费管理办法》《学生医保专项资金管理办法》《教工医疗困难补助金管理办法》及《学生医疗困难补助金管理办法》等内部制度进行修订细化，在审批环节中增加提交收费清单并存档的制度要求，加强预算管理，规范公费医疗经费、教工体检及健康教育经费管理。

推动信息化三期工程的启动工作。将校门诊部、华文学院、珠海校区及南校区纳入全校的公医信息系统，实现全校公医信息的数据共享。

【物业管理】 保质保量完成树木安全管理、绿化维护、校园卫生清洁、会场布置、除“四害”等日常工作。对校园各景点进行绿化升级改造，共完成校本部运动广场（商业中心北面）、明湖等 15 处景观改造，并对南校区办公楼等 6 处进行绿化修饰，在南校区两桥之间湖面种植水生植物。

【动力保障与维修】 全年安全无事故完成全校供电 5 000 余万千瓦时、供水 400 余万吨。完成土建装修与水电维修工程项目共 900 单，工程总额约 60 万元。完成专项维修、水电安装与装修工程 150 项，工程总额约 600 万元。完成全校的电梯、中央空调以及学生宿舍热水供应的运行管理工作。完成全校办公区 3 000 台分体空调的清洗、维护工作。做好汛期强排站工作，保障全校水电与网络的正常运行。

【交通服务】 全年共出车7 600台次，行驶里程686 000千米，创造产值409万元。全年安全生产无事故，连续五年被广州市公安局交警支队评为道路安全先进单位。

（总务后勤管理处供稿）

基建工作

【概况】 基建处是学校基本建设的职能管理部门，负责按照学校事业发展总体规划、修建性详细规划和不同时期教学科研发展需要，根据学校建设资金筹措情况，制订学校（石牌校区、南校区）的基本建设规划和计划，并按照建设规划（计划）按期保质保量地建设学校所需的教学科研及其他各类用房。基建处下设综合科、规划计划科、工程管理科3个科室。在岗工作人员17人。

2015年是学校南校区建设承上启下的一年。配合南校区代建单位广州市重点公共建设项目管理办公室（以下简称“市重点办”）积极推进南校区一期工程首批项目资金支付、收尾、验收及质保工作。在市重点办不再代建的情况下，启动南校区一期二批项目的建设工作。南校区一期二批工程项目建筑面积约14.56万平方米，总投资估算69 671.51万元（含中央基建基数500万元及自筹资金69 171.51万元）。南校区一期二批项目有：学生宿舍（T11、T12栋）及学生服务中心（W2栋）工程，学生宿舍（T5、T10栋）工程，体育馆及主体育场、东片区体育设施工程，F实验室组团工程，学生二、三食堂及周边配套设施工程等。

【南校区代征地及被征地村经济发展留用地土地完成划拨手续】 4月20日，广州市国土资源和房屋管理局函复学校，同意调整南校区《国有建设用地划拨决定书》等用地界址线。南校区《国有建设用地划拨决定书》《建设用地批准书》中用地界址线由主体建设用地扩大至涵括代征道路、代征绿地，总用地面积818 019平方米，其中净用地面积645 825平方米，代征绿化面积68 567平方米，代征道路面积103 627平方米。

6月7日，广州市国土资源和房屋管理局核发南校区两个被征地村经济发展留用地《国有建设用地划拨决定书》《建设用地批准书》，明确曾边村经济发展留用地面积为59 167平方米，市头村经济发展留用地面积为56 066平方米。

至此，南校区所有用地均已办妥建设用地手续，征地时对两个被征地村的承诺全部兑现。

【推进南校区首批建设项目收尾验收工作】 南校区一期首批工程项目竣工交付使用后，基建处配合并督促市重点办推进工程项目的中央资金支付、收尾、验收及质保工作。

完成2014年未完工项目及新增工程量项目的施工。学院楼B组团及实验楼D组团工程竣工，实现大楼整体交付使用；完成图书馆工程24小时阅览室内吊顶、包柱方案，天面园林绿化，中庭大堂包柱，东西侧架空层防水的优化及施工；完成教学楼工程南、北门装饰装修；完成市政工程新增加工程量施工，包括二纵路北段和四横路路面施工及路灯安装、曾边大道沟盖板及路沿石修复；完成景观雕塑项目最后一组雕塑《浪漫》的安装。

推进各项验收检测，工程项目通过部分专项验收。学生宿舍T1－4栋工程通过电梯验收、卫生学验收；学生宿舍T1－3栋通过消防验收；学生一食堂通过规划验收；门诊楼、游泳池及附属用房工程、次体育场及西片区体育设施工程通过质量验收；河涌工程通过完工验收；弱电工程（教学楼、图书馆等单体，能源监控平台，校园监控系统及室外其他弱电系统）、绿化工程、雕塑工程通过内部验收，实现整体移交；一期首批全部项目通过白蚁防治专项验收；完成南校区一期建设项目永久用电F1、F2、F3分期的报装、委托施工及验收，实现南校区永久供电容量达20 350千瓦，解决南校区一期建设项目永久用电问题。

【南校区一期工程二批建设项目进入全面建设阶段】 根据学校事业发展总体规划及资金筹措情况，制订建设计划，启动南校区一期二批建设项目。其中，南校区学生宿舍（T11、T12栋）及生活服务中心（W2栋）工程、学生宿舍（T5、

T10栋）工程完成前期报建及招投标工作；学生宿舍（T11、T12栋）及生活服务中心（W2栋）工程于9月开工建设；其他项目也按照拟订的计划推进建设工作。

暨南大学南校区一期工程二批建设项目进展情况

序号	项目名称	建筑规模	建筑面积（平方米）	投资额（万元）	进展状态
1	学生宿舍（T11、T12栋）、学生服务中心（W2栋）	T11：地上14层；T12：地上14层；W2：地上3层	37 144.2，其中 T11：17 154.4；T12：17 154.5；W2：2 835.3	概算14 274.77，其中 T11：6 432.86；T12：6 390.66；W2：1 451.25	完成前期报建及招投标；9月动工建设；完成桩基础及主体十层板施工，完成边坡支护施工；通过桩基子分部验收
2	学生宿舍（T5、T10栋）	T5：地上14层；T10：地上18层	39 481.6，其中 T5：17 124.4；T10：22 357.2	概算14 219.68，其中 T5：6 400.52；T10：7 819.16	完成前期报建及招投标；12月31日完成施工评、开标
3	体育馆、主体育场及东片区体育设施	含体育馆、标准田径场篮球场、网球场，其中体育馆：地上4层	体育馆：8 883	估算12 578	7月，体育馆开展项目前期调研，完成勘察设计任务书编制；8月开始勘察设计招标；10月15日，在广州公共资源交易网发布勘察设计招标公告；11月30日，完成设计方案招标
4	学生二、三食堂及周边配套设施工程		22 125	估算9 913	完成项目用户需求书编制；先后组织建筑专家、学校老干部对建设方案进行意见咨询；筹备项目建筑设计方案征集竞赛
5	F实验室组团		37 956	估算18 186	初步确定项目进驻使用单位，完成用户需求征集及细化

（基建处供稿）

安全保卫工作

【概况】 保卫处是学校党委和校行政直属职能部门，下设户籍证件科、信息安全科、消防科、治安科、调查研究科、治安警察队、学校政治保卫部、综治办、610办挂靠保卫处。有正式职工29人，校卫队员146人，车场管理员37人。其主要职能是围绕学校中心工作，认真贯彻上级部门的各项方针政策，维护学校稳定、校园安全（治安安全、消防安全、交通安全）及良好的校园秩序（治安秩序、交通秩序、教学生活秩序），为学校的教学、科研、生活提供良好的校园环境。

【校园治安】 学校治安情况稳定，未发生重大刑事案件。日常接待群众报案78起。审批师生使用公共场所申请130份。为公安机关提供监控录像及其他破案线索45次。为学生追回失物（手机、电脑、书包、钱包等）13起。协助及主动调解职工纠纷共7起。对中小学及幼儿园开展安全防范检查8次。整治校园不文明养犬行为，处理违规遛放犬只12起。参加学校活动及对外活动安全保卫172场次，派出保卫人员613人次。与相关部门联系协调、准备材料申报校内大型活动3次。协助社区民警制作防诈骗宣传图片1期。

【消防安全】 根据《广东省教育厅关于印发2015年全省教育系统突发事件风险隐患排查和整改工作实施方案的通知》《广东省教育系统夏季消防检查工作方案的通知》文件精神，在全校范围内“开展安全生产检查督查活动”“安全生产回头看活动”，提高校内各单位的消防安全意识。进行联合消防检查8次，应急疏散消防演练8次。9月份，针对“天津大爆炸”事件，集中对招待所、设备处仓库、华南快速路桥底、文雅阁学生宿舍进行4次全面检查，整改消防隐患，并加大巡查力度。

【校园交通管理】 邀请学生参观校警队队员执勤；请学生当义务执勤员，协助校警队员维持交通秩序；向师生发放交通安全知识材料。

本年共清理车辆446辆，锁车221辆，列入黑名单468辆，保障学校内外各类活动158场次，场地使用清理车辆9 480台次，安排活动用大巴车进位停放250辆。办理机动车证6 161张。制订校内行驶电动车查扣方案，分别在4月、6月、9月、10月集中开展4次交通整治月活动，设置电动车禁行标志牌20多个，联系公安、交警等部门分时段在学校各门口和路段对电动车进行联合执法，日均拦截电动车180多台，减少超标电动车在校园行驶情况。

【户证管理】 结合实际情况量化服务标准，提出“微笑服务、贴心服务、温馨服务”。办理毕业生户口迁移证1 684个，学生户口迁入1 562人；办理各年级暂缓毕业生户口迁出1 041人；办理外籍学生签证、居留许可324人次；办理副处级以上人员因私出境215人次；办理教工集体户口迁入86人、迁出37人，代发教工户口本1 700个。

【治安综合治理】 推进中国高等教育学会保卫学专业委员会高校保卫科学2013—2015课题研究，完成“非大陆生源的大学生安全教育‘进课本进课堂’研究——以侨校暨南大学为个案”结题。增强与兄弟院校保卫学术业务交流，到华南理工大学、华南农业大学保卫处进行实地调研，邀请内蒙古8所高校、福建华侨大学等保卫处人员到学校进行交流访谈。

（保卫处供稿）

离退休工作

【概况】 离退休工作处下设党政办公室、离休科、退休科，老人进修学院办公室、学校关心下一代工作委员会秘书处挂靠离退休工作处。现有工作人员14名。截至12月31日，全校离退休人员共计2 719名，包括离休人员106名、退休人员2 613名。2015年新增退休人员64名、去世人员55名。离退休工作处党委现有18个党支部（其中离退休教工党支部17个、在职教工党支部1

个），共有 880 名党员。

老人进修学院上半年开设 25 个课程班，下半年开设 24 个课程班，参加学员共计 1 100 余人。11 月 26 日下午，澳门理工学院长者书院校长林韵薇带领 67 名长者学员来校参观访问，与学校老人进修学院交流。校党委副书记叶勤出席欢迎仪式。

校本部暨南花园 28 栋一楼架空层老人活动中心扩大舞蹈室、乒乓球室，新增了桌球室、书画室，新增面积 283.2 平方米，面积扩大至 730.8 平方米。

【文体活动】 12 月 5 日至 6 日，广东省高校第二十六届老年乒乓球比赛在邵逸夫体育馆举行，共有 21 个院校参加比赛。校党委副书记叶勤、原校长周耀明出席开幕式。学校参赛队员获得团体总分第一名、甲组女单第一名、女双第一名等 16 个奖项。

2015 年，对退休人员的秋游活动进行调整，出游形式为一日游，对不能参加出游的退休人员给予一定的现金补贴。3 月 18 日，组织离休干部从化世外桃源一日游；9 月 23 日，组织离休干部到广州美术馆参观纪念抗战历史展览等一系列活动；11 月 11 日至 13 日，分三批组织退休教职工参观二龙山风景区、鹤之洲湿地公园；11 月 24 日，组织离休干部到广东惠州双月湾疗养 3 天。

【2015 年老年节系列活动】 10 月，学校以“尊老敬老——弘扬中华民族传统美德”为主题，开展一系列活动。学校工会委员会和离退休工作处在学校大礼堂联合举办《诱狼》电影招待会。2015 年，对祝寿会进行改革，由往年的全校离退休人员集体祝寿会改为委托各学院自行组织。

（离退休工作处供稿）

图书馆

【概况】 全校共有各类印刷型文献 368.9 万册，比 2014 年增加 3.3%。其中校本部和南校区图书馆现有印刷型文献 288.5 万册、电子图书 206 万种、电子期刊 4.3 万种。校本部和南校区图书馆有正式职工 83 人、合同工 40 人（其中南校区 17 人）。

2015 年，图书馆完成了各部主任换届、南校区图书馆建设与运行、高水平大学建设服务、数字图书馆建设、馆舍空间改造、校园阅读推广等工作，不断提升服务质量和管理水平。凝练发展方向，提出新的任期目标，以“提高服务水平，增强馆域氛围；拓展数字资源，凸显馆藏特色；厚植科研实力，推进文化传承”为目标，以“书香暨南，悦享人生”为理念，创设“暨南书悦会”阅读推广品牌，进一步完善与教学、科研发展相适应的文献资源保障体系，满足全校师生的多样化信息需求。优化馆舍布局，完成新印民国文献库的建设工作以及校本部二楼新书区和报纸区的迁移及自习区的增设等工作。图书馆开馆时间提前至早上 7 点。成立古籍部和服务推广部。推出南校区图书馆学习空间网上预约模式，读者可在网上自由预约使用个人研修室或学术讨论室。

2015 年共支出文献购置费 1 845.5 万元，比上一年度增长 15.8%，支出明细见下表（注：2015 年正常经费 1 800 万元，超出的约 1.3 万元从高水平专项经费中支付）。

2015 年暨南大学校本部图书馆文献资源购置情况

文献类型	种数	册数	支出金额（万元）
中文图书	56 356	111 732	565.6
外文图书	2 922	2 975	103.9
港台图书	2 746	3 537	62.8
中文期刊	2 502	4 065（份）	89.0
中文报纸	151	360（份）	

（续上表）

文献类型	种数	册数	支出金额（万元）
外文期刊	54	—	41.8
港台期刊	43	—	
境外报纸	24	—	
中文数据库	28	—	247.8
外文数据库	28	—	690.4
合计	62 024（图书）	118 244（图书）	1 801.3
高水平专项经费（数据库）	2	—	23.6
文科专款（外文图书）	472	473	20.5

此外，全年接受中文赠书 7 601 种 / 9 225 册，外文赠书 392 种 / 656 册，港台赠书 362 种 / 484 册；中外文赠刊 290 种 / 2 522 册。前往购书中心等现场选书 14 次（其中赴省外选书 4 次），共选购图书 17 465 种，实订 10 825 种。举办港台原版图书展，共收到荐购 379 份，下订 554 种。举办外文原版图书展，共计荐购 171 份，下订 427 种。受理日常荐购，订购中文图书 1 562 种、外文及港台图书 870 种、期刊 29 种。完成古籍普查 13 190 条，草拟完成《暨南大学图书馆古籍普查登记目录》前言与编例、《特藏室十三五规划》、《特藏室业务发展规划》、《暨南大学图书馆古籍整理与保护概要》，填写“中华古籍保护计划‘十三五’规划预研调查表”，审订修改《中华再造善本》简介等。审阅大型新印古籍订购单 14 份。完成《广州大典》专用柜及图书的接收、上架。

【读者服务】 2015 年，图书馆（含南校区）全年共接待读者 194.8 万人次，比去年增加 27.3%。外借图书 36.1 万册，比去年减少 5.8%。图书馆网站浏览量（PV）36.9 万次；数据库入口点击次数 93.8 万次；半坡校外访问系统全文下载 30.2 万篇；试用数据库 70 个。

馆际互借借入 57 册，借出 156 册，五校区通借 / 通还借出 9 758 册，借入 6 150 册，其他校区还回 16 463 册，还回其他校区 8 159 册；办理通用证 1 585 个，临时阅览证 229 个，代收各类押金 457 人次；个人研修间使用 15 450 人次（其中南校区 14 829 人次），教师专区和博士学位论文撰写专区 13 007 人次，学术讨论室 15 175 人次（其中南校区 3 595 人次），电子阅览室接待读者 4 352 人次；完成 2 848 篇博硕士学位论文的审核及 MARC 数据转换工作。

完成各类查新课题 266 项，其中校内课题占 30%；文献传递：传入 631 篇 / 册，传出 197 篇 / 册。收录及他引证明 1 716 人次 / 8 008 篇 / 引用 33 377 次；协助人力资源开发与管理处 2011—2014 年职聘考核正高 A 类论文审核约 2 500 篇；协助研究生院 2016—2017 年硕导岗位选聘外文论文审核约 2 300 篇；读者培训 62 场 / 2 864 人次；文检课 8 门，共 217 学时。自助打印复印 101.5 万张；累计发布图书催还、新书推荐各类短信 11.8 万条。

此外，完成校本部公共检索区电脑、自助打印复印扫描一体机、检索机等设备的更新。引进多媒体电脑供读者欣赏音视频及进行音视频编辑和 3D 动画设计。

【服务学科建设】 11 月 16 日，组织召开高水平大学学科组团资源建设协调会，图书馆、发展规划处、科学技术研究处、社会科学研究处、财务与国有资产管理处及学校高水平大学 13 个学科团队负责人 30 余人参加会议，共建资源平台。随后成立学科服务小组，逐一对 13 个学科团队进行现场调研，开展嵌入式学科服务。举办“ESI 助力高水平学科进入世界排名前 1%”讲座。此外，为新闻学院编制《新闻学学科评估报告》，为教育学院编制《各高校继续教育学院（网络学院）办学情况分析》。

【宣传推广工作】 成立服务推广部，设计并启用馆徽。将宣传月、世界读书日活动升级为“暨南书悦会”，开展多项活动推广图书馆服务，受到《广州日报》《羊城晚报》、网易新闻、暨南大学新闻网等媒体的多次关注和报道。继续开展“毕业季”和“新生入馆教育”活动。编印《图书馆简报》4 期、《侨情简报》10 期。发放《侨情综览2013》。在入馆处和总台上方设置了液晶屏，实时播报各类信息。

【华侨华人文献信息工作】 对原有华侨华人数据库结构进行优化调整，增加专题数据库数据13 654条；荐购中外文图书327种。对馆藏民国时期华侨华人研究著作进行较为全面、系统的摸底与普查，结果显示，学校馆藏民国时期华侨华人研究专题文献较为丰富，在国内高校处于领先地位。发行《侨情简报》10期，约50万字；编辑出版年度工具书《侨情综览2013》约100万字。

【数字图书馆建设】 图书馆计算机设备更新换代完成。先后更新二楼检索区电脑一体机139台、各楼层检索终端机32台、自助打印复印机7台（其中1台为彩色打印机）、多媒体电脑配3D显示器8台、视频编辑及3D动画设计的工作站2台、歌德电子书借阅机5台（其中南校区3台）、电子书阅读器50台。

发布试用数据库70个，完成25个数据库的续订。完善馆藏图书全文数据库，完成3.8万册电子书的安装、发布和资源整合。制作并上传随书光盘949张。审核毕业论文2 848条。引入半坡数字图书馆远程访问系统，实现校内外电子资源访问入口的统一，方便读者在校外使用本馆电子资源。完成国际论文投稿指南系统规划。

【南校区图书馆工作】 2015年，南校区图书馆入馆读者总计33万人次，外借图书3.5万册，学习空间（研修室和讨论室）使用申请总计1.8万人次。自助还书机、自助打印复印扫描一体机、检索机、多功能阅览桌、窗帘、绿化、标识、中央空调、电梯、报告厅等硬件设施投入使用，新生教育、学习空间网上预约、读者培训、“暨南书香节”和“暨南书悦会”等多项读者服务相继开展，同时为赴南校区授课的教师提供教师专用间供午休备课等使用。暨南书悦会期间推出“真人图书馆”活动。

截至2015年底，南校区图书馆藏书40余万册、期刊1 500余种、报纸140余种。拥有50台新款Amazon Kindle电子书阅读器免费外借，引入3台电子书借阅机，读者通过客户端扫描二维码，可借阅正版电子图书2 000余种。开通与校本部、华文学院、珠海校区和深圳旅游学院之间的通借通还服务。实行周一至周五通过校车接送新书刊及通借通还图书的物流方式，实现各校区之间图书的无障碍流通，南校区读者足不出校就能借阅其他校区馆图书。

（图书馆供稿）

网络与教育技术中心

【概况】 6月，网络与教育技术中心同原学校信息办公室合并，在原有职能基础上，进一步负责数字化校园、校园卡相关业务。合并后中心在职36人，其中正高职称者5人、副高职称者9人，博士7人、硕士22人。

为进一步加强数字校园建设，根据2015年第22次校长办公会议决办通知要求，网络与教育技术中心提出数字校园发展方案并通过专家论证。

12月22—25日，副校长张荣华一行8人前往华中、华东有关高校开展调研，从制度保障、重点工作、重要系统等层面全面了解兄弟院校对信息化工作的思考与举措。

11月27日，召开暨南大学“十三五”信息化发展规划研讨会，邀请广东省教育厅信息中心、中山大学、华南理工大学等多所兄弟院校信息化部门领导和专家参与研讨，针对学校信息化建设成效，以及“十三五”规划初步方案提出建议。

【校园网建设与维护】 2015年校园网出口由16.83G扩充至21.3G，包括中国电信5.1G、中国联通2.6G、中国移动1.6G、长城宽带1G、教育网IPv4出口10G、教育网IPv6出口1G。在对用户分类分流、带宽控制的基础上持续进行校园网出口流量的优化工作。

对教育学院、体育馆、经济学院、教学大楼、药学院以及科学馆等楼栋进行无线优化和扩容升级，安装更换AP 111个。校园无线网络用户群体不断壮大，高峰期在线用户数突破12 000人次，流量高达3Gb / s。校园网用户向移动互联模式迁移趋势基本形成。

优化邮件过滤系统，减少垃圾邮件。优化邮件系统多出口访问，提高多出口兼容性。整理南校区邮件群发列表，支撑南校区教学管理。网络支撑系统建设，升级 Portal 服务器，提高终端系统兼容性。

继续做好南校区网络规划与建设工作，做好在建楼栋的综合布线规划与工程实施工作；做好南校区新启用楼栋的网络接入工作，组织专项网络测试工作，在使用前期做好故障排查与隐患清除工作。

【校园卡建设管理及推广应用】 应用支付宝圈存功能，给师生充值校园卡带来便利。在南校区建设校园卡异地备份系统，实现校园卡交易流水保存五年的要求，提高校园卡系统安全性。推进水控系统建设，使用校园卡系统建设规划中配套专项经费对石牌校区学生宿舍进行水表更换，超过六成宿舍已完成工程实施。校园卡系统数据同步到数据中心，解决以往通过人工同步数据的弊端。往返南校区的校车安装使用车载刷卡系统，满足车载刷卡需求。

【构建网络与信息安全体系】 实施网络与信息安全体系建设第一阶段项目——网络与信息安全体系建设框架设计。项目成果包括以安全策略、安全管理、安全技术和安全运维为基础的体系框架设计，以及安全域划分和规划路线设计。

初步建立防护体系。设置“多校区信息安全体系建设”专项经费，采购总预算超过 800 万元的基础网络安全设备部署于重要网络节点上，包括网络防火墙、入侵检测设备、统一日志存储系统，提升学校五校区网络与信息安全的管理和防护水平。

【数字校园体系建设与服务】 截至 12 月 31 日，数据中心机房（含通信机房）数量共 5 个，面积超过 1 300 平方米，除因学校三次整体停电之外，实现了无间断运行。目前数据中心承载的物理服务器总数为 376 台，其中 2015 年新增 96 台；虚拟服务器总数为 448 台，其中 2015 年新增 135 台，归属二级单位管理的虚拟服务器数量为 137 台。DNS 等网络支撑系统、宣传部新闻中心、招生心理测评系统、总务处后勤管理系统等一批重要应用部署在虚拟化平台上运行。

发挥数据中心对学校信息化应用的支撑作用。南校区模块化机房正式投入生产，为数据中心提供绿色空间，实现负载能力扩容接近两倍，为新闻与传播学院国家社科基金重大项目的 12 台高性能计算服务器提供托管服务；整合行政楼机房 1 个，包括服务器和存储等设备共 86 台，保障原有应用正常运行；华为虚拟桌面平台正式上线运行，发布虚拟桌面 155 个，分配瘦终端 99 个，完成一个多媒体教室从使用普通电脑到部署虚拟桌面的改造，减少电力支出和电脑购置维护等经济成本；学校整体信息安全防护体系建成，防火墙和网站应用防护系统等安全设备陆续投入使用，数据中心安全防护能力得到根本性改善。

开展“数据化管理与面向用户服务”的信息化建设。“高水平大学教师数据采集与共享服务平台”项目以服务教师和提升效率为目标，推动跨部门协同创新，确立数据采集与共享机制，明确相关业务部门和参与单位职责；坚持统筹规划、整体设计、标准先行等手段，推动采集和共享平台的建设，实现面向教师的“一表通”服务。

提升服务质量。开展面向用户的培训、咨询和技术支持等综合服务。引入支付宝在线支付手段，简化校园网新生开户流程；主动监控软硬件平台和应用系统运行状况，发现故障并进行处置；倾听用户的心声，集中力量解决最常见最集中的技术问题；开展常规培训，不定期开展面向师生的信息化培训和交流；制作教程提供知识库服务，针对关键应用系统制作使用手册和视频教程，发布到 MyNET 知识库，以便于师生学习；面向全校师生提供基于电话、电邮、QQ、QQ 群等多种渠道的技术支持，重点建设联系全校信息员的 QQ 群，并提供上门技术服务。

【教育技术】 管理维护网络教学平台。平台现有注册账号 40 488 个，涵盖本科生、研究生和成人教育学生。现有课程 6 300 多门，其中活跃课程 2 000 多门。

完成广东省教育厅 2015 年度教育技术教学改革研究项目、广东省教育科学研究“十二五”规划教育信息技术研究专项立项组织、校内遴选和相关申报工作。完成广东省“英课”项目，即“青年教师信息化新课堂”试验课程实施情况总结自查工作。完成教育技术“创新工程”第 11 批项目立项工作，共立项 22 项，包括重点项目 2 项，一般项目 20 项，为学校在线课程建设做培育。完成教育技术“创新工程”第 10 批中期检查工作，20 个项目通过中期检查。进行教育技术“创新工程”第 10 批结题工作，30 个项目通过了结题。支持各部处和职能部门的工作，制作完成各类会议 PPT 31 个。

12 月 8 日，印发《暨南大学第二期在线开放课程建设方案》，使学校的在线开放课程建设和发展更加系统、全面。

建设南校区外语发射台与石牌校区外语调频闭路播放系统，为学校外语听力教学和听力考试提供良好的支撑平台。完成卫星宽带多媒体教学系统的维护和管理，保证该系统正常运行和安全播放。开展视频资源建设，共收集视频节目文件2 386个，容量2TB，时长约1 481小时。

【视频制作】 完成各类课程课堂录像的拍摄与制作，“开启‘智慧生活’的大数据”“汉字的奇妙世界”“知识创业及行动——大学生创业基础”3门中国视频公开课在教育部中国大学MOOC爱课程网上线。完成省级精品视频公开课、微课程的拍摄与制作。完成“来华留学英语品牌授课课程”24节课程的拍摄与制作。拍摄各类教学竞赛课程、申报课程、教学公开课等200多节。

拍摄制作2015年毕业典礼纪念片《奔跑吧，暨南人》、2015年迎新生专题片《新精彩》、“国家乒乓球队暨南行”暖场片、《中国梦之队》等专题片13部；完成“国家乒乓球队暨南行”、暨南大学110周年校庆年启动仪式暨“一带一路”华商管理论坛等网络视频直播21场；完成暨南学子首位“亚洲百米飞人”苏炳添师生见面会等70多场学校重大会议、活动、名人讲座的拍摄与制作。

【暨南大学网络安全与信息化领导小组成立】 11月，学校发文成立暨南大学网络安全与信息化领导小组，下设暨南大学网络与信息安全工作办公室，并专门开会研究落实信息安全工作经费保障。网络安全与信息化领导小组统筹领导全校网络安全与信息化工作的顶层设计，完善工作机制，办公室具体负责校园网信息安全和管理方面的工作。

【第一批MOOC课程建设启动】 4月3日，学校召开第一批MOOC课程建设启动会，正式启动学校MOOC课程的实质性建设。副校长张荣华出席会议，要求教务处、网络与教育技术中心为学校MOOC的建设与发展做好规划、管理工作，为各项目组做好组织、协调、服务工作。各MOOC课程建设团队要与相关职能部门密切合作，做好第一批MOOC课程建设。

（网络与教育技术中心供稿）

实验技术中心

【概况】 实验技术中心是学校公共服务体系的组成部分，负责管理和使用大型分析仪器设备，为学校教学科研提供测试服务。实验技术中心下设办公室、业务室、检测一部、检测二部。现有工作人员19人，其中正高职称1人、副高职称7人、中级职称11人，具有博士学位者5人、硕士学位者14人。

实验技术中心有标准实验室2 500平方米，有近场光学显微镜、原子力显微镜、透射电子显微镜、扫描电子显微镜、场发射透射电子显微镜、场发射扫描电子显微镜、激光共聚焦显微镜、流式细胞仪、毛细管电泳仪、元素分析仪、电感耦合等离子体发射光谱仪、电感耦合等离子体发射光谱—质谱联用仪、气相色谱仪、气相色谱—质谱联用仪、离子色谱仪、高效液相色谱仪、红外光谱仪、紫外可见分光光度计、傅立叶变换吸收光谱仪、液相色谱—质谱联用仪、单晶衍射仪、核磁共振波谱仪、原子吸收光谱仪、高分辨质谱仪等28台（套）大型精密分析测试仪器。

实验技术中心的主要任务是利用大型测试仪器为学校提供保姆式和自助式的测试服务。2015年，实验技术中心测试任务比2014年增长11%，在学校各院系、直属单位中，有100多个科研项目、800多位研究生和本科生的毕业论文利用中心的测试分析仪器开展科学研究工作。

11月，参加高校实验室间比对项目“无机粉末的透射电镜选区电子衍射分析”，通过能力验证比对工作。

（实验技术中心供稿）

学报编辑部

【概况】 学报编辑部为暨南大学直属单位。负责编辑出版暨南大学主办的两种学术期刊：《暨南学报》（哲学社会科学版）（CN44－1285/C）、《暨南大学学报》（自然科学与医学版）（CN44－1282/N）。《暨南学报》（哲学社会科学版）为月刊，每月月底出刊；《暨南大学学报》（自然科学与医学版）为双月刊，双月月底出刊，邮局统一发行。编辑部设主编室、副主编室、文科编辑室、理科编辑室、办公室。目前在编13人，包括主编1人、副主编2人、文科编辑4人、理科编辑4人、编务1人、办公室1人。工作人员中，正高职称4人、副高职称3人、中级职称5人，博士学位3人、硕士学位8人，博士生导师2人、硕士生导师2人。

组织多次学术交流。12月4—6日，召开"第二届名栏建设与高校学术期刊发展高峰论坛"，邀请教育部社科司出版处处长田敬诚和国内"985"高校的文科学术期刊主编出席。12月，邀请南京大学中国社会科学研究评价中心（CSSCI）主任王文军对期刊评价体系进行解读，具体分析《暨南学报》（哲学社会科学版）在CSSCI评价体系中的地位，并指出了该刊的优势与不足，对该刊的发展提出了建议。12月，邀请中国人民大学书报资料中心编辑刘江来校，对《暨南学报》（哲学社会科学版）历史栏目的组稿提出了指导性意见。

【《暨南学报》（哲学社会科学版）】 2015年，《暨南学报》（哲学社会科学版）共出版12期期刊，刊登论文216篇，共1 968页，按计划完成出版任务。主要学科栏目有文学、法学、经济管理、语言学、历史、哲学、新闻。其中推出重点专题：纪念抗日战争胜利70周年研究专题、台港澳及海外华文文学研究——女性文学专题、台港澳及海外华文文学研究——马华报纸文艺副刊专题、中国古代小说专题研究、司法制度研究、知识产权研究等。除学科栏目外，还设有学人风采、学术动态系列。

责任编辑加强与校内外知名专家学者联系，就学术前沿和热点开展选题策划和组稿。2015年度刊发的文章，属于国家基金、省部基金的项目已经超过50%，教授为第一作者和独立作者的文章超过50%，同时还刊发"长江学者""珠江学者"的专稿或专栏。

《暨南学报》（哲学社会科学版）入选《中文社会科学引文索引》（CSSCI）（2014—2015）来源期刊、全国中文核心期刊、中国人文社会科学核心期刊、全国高校精品社会科学期刊、教育部名栏建设期刊。

【《暨南大学学报》（自然科学与医学版）】 2015年，《暨南大学学报》（自然科学与医学版）共出版6期期刊，刊登论文98篇，共558页，按计划完成出版任务。内容涉及生命科学、医学、药学等。2015年，其所刊论文被以下国内重要数据库收录：中国科学引文数据库（CSCD）、中国生物医学文献数据库、中国学术期刊光盘版、中国期刊网、万方数据——数字化期刊群、台湾中文电子期刊服务——思博网。被以下国外检索刊物收录：美国《化学文摘》（CA）、美国《剑桥科学文摘》（CSA）、英国《动物学记录》（ZR）、英国《食品科技文摘》（FSTA）、俄罗斯《文摘杂志》（РЖ）。

《暨南大学学报》（自然科学与医学版）是北京大学图书馆2014年版《中文核心期刊要目总览》综合性科学技术核心期刊；中国科学院国家科学图书馆中国科学引文数据库（CSCD）收录刊源，国家科技部《中国科技论文统计源期刊》收录刊源。

12月，在教育部科技发展中心组织的2015年度"中国科技论文在线优秀期刊"评选活动中，《暨南大学学报》（自然科学与医学版）获"中国科技论文在线优秀期刊"二等奖 。

（学报编辑部供稿）

信息技术研究所

【概况】 暨南大学信息技术研究所主要从事计算机软件技术、计算机系统集成、计算机网络工程、自动控制、建筑智能化系统、机电一体化及微电子高新技术产品的研究与开发和建筑智能化系统质量检测、建筑实体检（监）测、安全技术防范系统工程质量检测、建筑节能检测、机具检测、建筑材料检测、信息安全检测和软件评测等相关技术服务，同时承担暨南大学教学和科研任务，也是暨南大学信息科学技术学院的学生实习基地。

信息所下设管理工作部、软件研究开发中心、工程研究设计中心、工程质量检测中心以及广东暨通信息发展有限公司（以下简称“暨通公司”）和广州市盛通建设工程质量检测有限公司（以下简称“盛通公司”）。信息所是广州智能工程研究会理事单位；暨通公司是中国建筑业协会智能建筑分会理事单位，是广东省高新技术企业；盛通公司是公安部授权的从事安全技术防范检测单位、广东省信息安全等级测评机构和广州市建设工程质量检测监管信息网联网检测系统单位、广州市建设工程质量监督站地基基础实体质量监督抽检入库单位，是广东省高新技术企业和广州市科技小巨人企业。信息所和两家公司均已通过 ISO 9001：2008 标准质量体系认证。

信息所现有职工 175 人，其中具有博士学位者 2 人、硕士学位者 26 人，高级职称 20 人、中级职称 25 人，获政府特殊津贴专家 2 人，计算机系统集成高级项目经理 8 人、项目经理 8 人、高级系统架构师 1 人、一级注册建造师 8 人、注册电气师 2 人、造价师 1 人、软件测试工程师 2 人、软件测试高级工程师 1 人。

2015 年，信息所产品研发及实验场所面积 1 000 平方米，建立室内环境空气质量检测实验室、放射性检测实验室、光学实验室、风机盘管实验室等 17 个实验室。

【资质认证】 2015 年，信息所和两家公司获得的资质证书有：国家保密局颁发的涉及国家秘密的计算机信息系统集成（乙级）、安防监控单项、软件开发单项 3 项资质证书；国家建设部颁发的建筑智能化系统集成专项工程设计（甲级）资质证书；广东省建设厅颁发的建筑智能化工程专业承包（一级）资质证书和安全生产许可证、广东省安全技术防范系统（设计、施工、维护）一级资格证书；国家工业和信息化部颁发的计算机系统集成（二级）资质证书；ISO 14001：2004 环境管理体系认证证书；OHSAS 18001：2007 职业健康安全管理体系认证证书；广东省质量技术监督局颁发的计量认证证书（CMA）；中国合格评定国家认可委员会颁发的试验室认可证书（CNAS）；广东省建设厅颁发的建设工程质量检测机构资质证书；广东省信息网络服务协会颁发的计算机信息系统安全服务等级证书；广州市信息化办公室颁发的信息化系统评测资格证书等。

【科研活动】 2015 年，信息所和两家公司完成项目合同额 1.7 亿元。

暨通公司承担的大型项目包括：武汉华星光电技术有限公司第 6 代 LTPS（Oxide）LCD / AMOLED 显示面板生产线项目安保系统、广州地铁坑口 BT 融资建设工程建筑智能化安装工程、广州市天河区人民法院庭审智能化（三期）系统建设项目、广州市荔湾区人民法院监控系统改造项目、长隆野生动物世界防恐数字监控系统工程、暨南大学附属第一医院中心实验室等部门安防建设项目等。全年完成项目合同额 1.2 亿元。

盛通公司承担的检测项目有：吴川市和湛江市等市县的“平安城市”社会治安视频监控系统建设项目、广州地铁指挥中心智能化工程检测项目、地铁九号线沿线城市道路交通优化工程基坑监测服务项目、广州市轨道交通二十一号线及十四号线一期工程质量检测项目、广州市新广从路快速化改造工程质量检测项目、广州市菠萝山保障性住房项目建筑节能和室内环境检测项目等。全年完成项目合同额 3 966 万元。公司被广州市地下铁道总公司授予 2014 年度广东省十项工程劳动竞赛广州轨道交通工程赛区优秀检测单位。

信息所承担国务院侨务办公室办公自动化系统的技术改造、升级和维护工作，确保国务院侨办办公自动化系统安全、稳定运行。

信息所承担的广东省前沿与关键技术创新专项资金（省重大科技专项）“面向电力行业的大数据可视化展示技术”项目，获批经费 240 万元；广东省协同创新与平台环境建设专项资金“建筑工程质量检测技术公共服务平台”项目，获批经费50万元；配合广东省计算中心申报2015年度广东省公益研究与能力建设专项“大型设施设计虚拟展示关键技术的研发”，获批经费50万元；配合信息科学技术学院申报“广东省网络安全检测与防护工程技术研究开发中心”项目，获批经费100万元。

盛通公司主编广东省标准《城市轨道交通智能化系统质量检测规范》，进入统稿阶段；参编广东省标准《广东省智能建筑工程施工与检测验收规范》，进入初审阶段；参编国家行业标准《智能建筑工程质量检测规程》，进入统稿阶段。

信息所完成“一种玻璃瓶瓶底模号识别装置”“一种玻璃瓶瓶身压力检测装置”“一种玻璃瓶瓶底缺陷检测装置”“一种玻璃瓶瓶身缺陷检测装置”“一种玻璃瓶瓶口横裂纹及纵裂纹检测装置”“一种地铁轨道高速图像检测系统”6项发明专利的申请工作。

【信息所召开第七届第一次职工代表大会】 5月13日，信息所召开第七届第一次职工代表大会。应参加会议的代表人数为50人，实到人数49人。大会表彰2014年度先进集体、先进工作者、工会积极分子。

（信息技术研究所供稿）

实验动物管理中心

【概况】 实验动物管理中心作为学校的公共服务平台，主要承担暨南大学的医学实验动物学教学、教学和科研用实验动物供应、动物实验技术服务、基因修饰模式动物进口和保种服务、实验动物管理监督、实验动物生物安全管理等职责。目前，实验动物管理中心在编专业人员10人，其中高级职称2人、中级职称6人、初级职称2人，博士生5人（在站博士后1人）、硕士生2人。合同制员工26人，其中硕士生2人、本科生16人、中技以上本科以下学历者8人。2015年组织10名新员工参加广东省实验动物学会举办的实验动物人员从业资格培训及考试，有9人获得实验动物从业资格证。

完成2015年“医学实验动物学”36学时（2学分）本科生180人和研究生16人的教学任务，完成“实验动物学”（全英）本科生48人的课程教学任务。

2015年，共提供合格教学实验动物10 147只，动物脏器约471千克。供应合格科研动物共计10 641只。

接收动物实验185台，包括校内实验176台、校外技术服务实验9台。动物实验技术培训1～2次/周，全年共计培训90余次，累计培训师生400余人次。

为学校各使用单位直接从美国杰克逊实验室等引入基因修饰模式动物，全年共引进38个品系。

负责为学校各使用单位按照国家标准GB14922.1—2001《实验动物寄生虫学等级及监测》、GB14922.2—2001《实验动物微生物学等级及监测》和参考美国杰克逊实验室标准提供病原微生物监测（19种病毒、14种细菌、6种体内外寄生虫）、非无菌动物的剖腹净化和无菌（悉生）动物保种服务。全年共监测4次（1次/季度），剖腹取胎代乳成活156只，净化9个小鼠品系，保种孵育1 823只，提供使用基因修饰动物工程小鼠1 100余只。

根据学校生命医药学术研究的特殊需求，在广东首次建立特色树鼩种群，并实现树鼩的自繁自养，为利用树鼩进行替代灵长类的实验研究提供独特的模式动物平台。在广东省首次建立无菌小鼠平台，截至2015年底，自繁无菌小鼠28只。

2015年，引进暖通空调和药理学专业硕士各1人，在站博士后进修1人，发表学术论文近10篇，其中SCI论文6篇、专利3项。

（实验动物管理中心供稿）

· 党建与思想政治工作 ·

党建与干部工作

【概况】 党委组织部的主要工作职责是围绕“选干部配班子、建队伍聚人才、抓基层打基础”这一主线，开展党建与干部工作：做好全校的党建工作规划，组织开展党建研究，抓好基层党组织建设，指导基层党组织有计划地开展各项活动；协助学校党委做好党员队伍的教育、管理和监督工作，抓好基层党组织的班子建设，指导基层党组织做好党员发展工作。贯彻执行党的干部路线和干部政策，抓好领导班子和干部队伍的选拔培养与建设，负责全校干部的考核、考察、选拔、任免、调配、换届与日常管理工作。组织部下设干部科和组织科，机关党委挂靠党委组织部，设有机关党委办公室，现有专职干部11人。

学校党委下设24个基层党委、56个党总支、441个党支部，其中学生党支部215个。截至12月31日，学校共有党员9 443人。其中在职教工党员2 754人，占全校在职教工的29.16%；35岁以下专业技术人员党员671人、副高以上职称教师党员839人、离退休党员968人。学生党员4 511人，包括本科生党员1 142人、研究生党员3 369人。组织关系保留在学校的暂缓就业毕业生党员1 200人。全年共发展党员657名，包括发展本科生党员411名，发展研究生党员219名，发展教职工党员27名，其中35岁以下教职工党员15名。

【党建工作】 推进基层党建品牌项目建设。组织召开基层党建品牌项目建设经验交流会，总结“党建品牌项目”建设情况，并对获得立项的党建品牌项目在经费方面给予滚动支持。

开展基层书记述职评议工作。结合学校中层干部任期届满考核工作，对全校31名基层党委和校直属党总支书记集中开展述职评议活动。全校31名基层党委，从履职尽责基本情况、存在的主要问题及原因、下一步工作思路与主要措施等三个方面，对基层书记履职以来开展党建工作情况进行述职评议。学校对党建述职民主评议考核评定为优秀等级的12个基层党组织进行表彰奖励，并根据考核结果对领导干部进行动态调整。

加大党建理论研究工作。选送3个党建研究项目申报省高校党建研究会2015年年度课题立项，全部获得一般课题立项支持，分别是公共管理学院/应急管理学院卢文刚副教授主持的“加强中青年教师培养和思想政治建设研究——基于广州地区高校的分析”、管理学院李莹主持的“高校学生党员培养教育管理机制研究——基于社会主义核心价值观教育长效机制的视角”、社会科学部彭文平主持的“基于人才培养视角下的高校党建工作路径研究——以侨校暨南大学为例”。将2015年党建研讨会31篇获奖优秀论文结集，命名为“固本与聚气——新形势下高校党建工作研究”，由中央党校出版社正式公开出版。获省高校党建研究会2015年年会多项奖项，其中，公共管理学院/应急管理学院党委卢文刚的论文《新媒体时代广东高校港澳生网络舆情治理：现状与改善对策》荣获一等奖；社科部党总支刘文艺的论文《网络社会青年大学生马克思主义信仰现状的实证研究》和党政办公室陈龙的论文《受众研究视域下的高校舆情事件应对机制与策略》荣获三等奖；管理学院党委杨远香、丁艳平的论文《试论新形势下如何创新学生党支部建设》和珠海校区党工委文李黠的论文《社会主义核心价值观背景下探索新生党员教育管理的新模式》荣获优秀奖。组织部还获得本次年会论文评选活动优秀组织奖。

举办基层党组织负责人和办公室主任主题培训班。4月20—26日，委托延安干部培训学院，举办全校基层党组织负责人“坚定理想信念，增强党建主业意识”主题培训班，对基层党委和校直属党总支书记进行系统的理想信念专题教育。11月29日—12月5日，组织新一届学院党政办公室主任赴井冈山开展“弘扬井冈山精神，服务高水平大学”主题培训，通过实地参观考察、现场教学、专题辅导报告、分组讨论、访谈教学、学唱红歌、观看演出等教学形式，体悟井冈山精神，切实提升干部素质。

【干部工作】 开展校内外调研。4月，完成五个校区31个基层单位的走访调研，系统了解各校区、各学院和直属单位的工作实际，提出基层党组织设置调整方案，为干部换届工作奠定基础。

开展中层领导班子和领导干部届满考核工作。5月中下旬，开展中层领导班子届满考核业绩述职评议，主要考核领导班子围绕学校中心工作，服务大局，开拓创新，促进本单位科学发展的能力和取得的具体工作实绩，以及履行党政管理干部任期目标责任书的情况。组织各基层单位领导干部任期民意测评，届满干部面对本单位全体教职员工进行现场述职，群众现场填写“暨南大学干部届满任期民意测评表”，获得领导班子和领导干部届满考核群众评分；5月20—21日，召开全校中层领导班子届满考核现场述职会议，60个中层领导班子代表分别进行述职，与会校领导、校长助理，校党委委员、纪委委员，全校副处级以上领导干部，各民主党派、侨联会、无党派人士联谊会主要负责人，学校教代会（工代会）各代表团团长等对各述职领导班子进行现场评议，完成领导班子考核全部评分环节，并完成中层正职领导相互评分；经分管或联系校领导评议后完成全部评分环节。各中层领导班子和领导干部考核数据报学校党委常委会讨论审定考核等级。

修订出台《暨南大学党政干部选拔任用工作实施办法》。根据中共中央2014年修订的《党政领导干部选拔任用工作条例》精神，结合学校实际，修订出台《暨南大学党政干部选拔任用工作实施办法》（暨党发［2015］8号），为换届工作及此后学校干部选拔任用工作提供制度依据。

加强干部监督管理。一是按照党中央加强从严、规范干部管理工作以及中组部、国务院侨办对领导干部个人有关事项填报和抽查工作的要求，完成309名中层干部个人有关事项信息的年度报告工作，并按10%比例进行随机抽查。随机抽查工作由国务院侨办统一委托中组部干部监督局进行信息查询；党委组织部专项工作小组工作人员根据查询反馈信息进行逐条核实，对于填报信息与反馈情况有出入的信息，敦促相关干部逐一进行核实、说明或重新填报，最后将查询核实情况连同处理意见、跟进情况一并上报国务院侨办人事司。二是按照中纪委、中组部干部监督工作精神和国务院侨办的统一部署，学校自2015年开始实行副处级以上拟任干部“逢提必查”。2015年，共完成约60名拟提拔任用干部个人有关事项的委托重点查询、信息核实、跟进处理和报告工作。三是根据中组部和国务院侨办对领导干部个人有关事项报告的要求，在2014年底专项清理工作的基础上，对领导干部在企业占股和兼（任）职情况进行跟进处理，督促个别有此类情况的领导干部办理企业退股和辞职手续，并对拟任职、新任职干部相关情况进行了解和规范。

配合国务院侨办完成校级领导干部年度考核和“一报告两评议”活动。根据国务院侨办的工作安排，学校召开领导班子2014年度考核暨“一报告两评议”大会，对学校领导班子及班子成员年度工作、学校干部选拔任用工作及2014年新提拔任用的处级干部进行了考核测评和民主评议。

加强干部队伍建设。2015年，共有34名科级领导岗位干部和62名科级非领导岗位干部晋升或调整。进行管理学院院长校内外公开招聘工作，完成报名情况汇总和面试答辩工作。完成2014—2015学年党政管理干部年度考核，并会同财务与国有资产管理处，完成企业化运作单位的年度考核工作。

【党校工作】 根据学校党校培训计划，采取学校党校和基层分党校联合办班的形式，在上半年和下半年分别举办了第75、76期发展对象学习班，共有1 155名学员参加了培训学习，包括学生入党积极分子1 130人，教职工入党积极分子25人。

对新一届中层干部开展岗前培训。采取专题报告、自学与分组讨论相结合的形式，邀请中共中央党校党建部蔡志强教授和厦门大学副校长、厦门大学高等教育发展研究中心副主任邬大光教授分别作“加强党性修养，推进三严三实”和“高水平大学与领导力建设——大学底蕴与管理中的科学”的专题辅导报告；结合2015年发展战略研讨会，中层正职围绕“高水平大学建设与新一届中层领导干部的责任担当”主题进行学习研讨；安排人力资源开发与管理处等16个机关职能部处的部处长进行业务讲解，对全校300多名处级干部开展集中培训。

【“三严三实”专题教育】 学校党委按照上级党组织的要求和有关文件精神，研究制订《暨南大学关于在处级以上领导干部中开展“三严三实”专题教育实施方案》，于6月4日召开“三严三实”专题教育动员大会。8月29日，国务院侨办党组对学校“三严三实”专题教育进行专项巡视，提出巡视意见和工作指示。针对巡视意见，学校党委统筹专题教育安排，落实规定动作，从严从实积极推进校院各级党组织开展“三严三实”专题教育。落实基层党委书记带头讲党课，要求和督促全校28个二级党组织负责人为本单位教职工党员或学生党员讲一次党课。组织开展“严以修身”“严以律己”“严以用权”三个专题学习研讨，邀请党建专家作专题辅导报告，组织班子成员开展学习研讨交流，并将“三严三实”专题教育与学校高水平大学建设相结合，把“三严三实”与高水平大学建设纳入学校2015年发展战略研讨会研讨主题，进一步强化学院和机关部处负责人从严从实意识和责任担当意识。

落实组织生活会和专题民主生活会。在全校党支部中以“深化‘三严三实’专题教育，查摆问题促发展”为主题，组织召开一次专题组织生活会，并结合专题组织生活会开展2015年度党员党性分析和民主评议党员工作。认真查摆领导班子及成员“不严不实”问题。强化问题意识，通过班子自己找、召开座谈会征求意见等形式，重点查找领导班子践行“三严三实”方面存在的突出问题，对教育实践活动、“四风”整改落实情况的意见建议等。经归纳整理，共收集到15类66条意见建议，并将征求到的意见和建议由学校党政正职向班子成员如实反馈。针对查摆出来的问题，开展“不严不实”大扫除，列出整改清单，明确整改负责领导、整改举措和责任单位，深入研究解决学校改革发展面临的新情况新问题。

学校党委组织6个检查组，对校内各单位开展“三严三实”专题教育情况进行督导检查，推动二级党组织开展“三严三实”专题教育。

【干部换届工作】 本次干部换届根据不同岗位的特点，采取考察上岗、公开推荐、竞争上岗、组织调整等四种方式进行。组织部部长、纪检与监察办公室主任、审计处处长、人力资源开发与管理处处长、财务与国有资产管理处处长5个岗位采取考察上岗的方式，学校领导、机关部处、直属单位正职干部，学院院级党政正职干部等79人参加了推荐会；14个学院院级行政领导岗位和部分教学科研直属单位19个领导岗位采取本单位全体正式在岗教职工公开推荐的方式，共约1 048人次参加了公开推荐投票；学校机关部处、直属单位正副职和学院院级机关正职45个岗位采取竞争上岗的方式，报名人数167人，并由校领导、校党委委员和正处级干部共约50人组成评委组，对每个岗位的人选进行独立的无记名投票。同时，为最大限度地落实群众对干部选拔任用的知情权、参与权、选择权和监督权，组织部对竞争上岗的岗位、时间、地点网上公布，确保每一场竞聘该单位的群众都能全程参与，进行无记名评议和投票。据统计，约700人参加了群众民意测评投票。至9月，基本完成学校中层干部换届工作。

在此次换届中，120名干部到新岗位上岗工作（包括轮岗和新提拔）。经过此次换届，副处级以上管理干部中，45岁以下的中青年干部达35.2%；副高级以上职称达55.7%，其中正高职称达36.1%；具有硕士以上学位的达72.4%，其中具有博士以上学位的达37.8%。

【大学生党员引领行动】 学校党委围绕“立德树人”，实施以“十佳主题党日活动”、“十佳学生党支部”、“十佳优秀本科生党员”、“十佳优秀研究生党员”、“十佳学生党支部书记”、十佳青苗工程“育苗计划”先进基层党组织创建和评选活动为载体的大学生党员引领行动。经基层党组织推荐申报、专题会议投票评选、组织核查、公示等程序，评选出62个先进典型，并在“七一”大会上进行表彰奖励。该项目获得广东省委组织部和广东省委教育工委重点实施“书记项目”备案入库。

【建党94周年庆祝大会召开】 7月1日下午，学校举行庆祝中国共产党成立94周年大会。校领导、离退休老领导以及学校中层干部，各基层党组织负责人，学校各民主党派代表，参加入党宣誓的新党员共1 000余人参加大会。大会对暨南大学“党建旗帜工程”六个“十佳”先进典型进行了表彰。会上，300多名新党员进行入党宣誓。

【2015年高陂村扶贫工作】 2015年开春以来，学校筹措和投入到户生产帮扶资金10余万元；筹措30万元扶贫专项资金，20万元用于高陂村村委会办公场所改造项目，10万元入股水电站，其股权收益用于成立高陂村教育发展资金。根据帮扶户的实际情况和意愿，实施“一户一法”，调整制定不同的帮扶措施和脱贫增收项目。学校组织两次大型慰问活动，各帮扶单位不定期赴高陂村慰问帮扶农户，到户资助慰问金及慰问品价值10余万元。6月30日暨南大学附属第一医院组织医疗队赴高陂村开展送医送药活动，为100余名村民开展义诊，免费发放了价值5 000余元的药品。按照政策，全年为高陂村13户贫困户家庭的15名残疾人发放工资22.32万元。

经过学校努力，扶贫工作取得阶段性成效，村民人均纯收入、村集体收入都有了大幅提高，村基础设施和民生社会事业稳步发展。

（党委组织部供稿）

宣传工作

【概况】 党委宣传部（以下简称“宣传部”）是负责学校意识形态工作和对内对外宣传的职能部门。宣传部与新闻中心合署办公，是“一套人马，两块牌子”，下设机构因工作需要于12月调整为理论教育科、新闻科、校刊编辑室、网络宣传科、综合科。宣传部的主要工作职能是：负责学校意识形态工作和对内对外宣传，服务并服从于学校的党政中心工作，为学校的改革和发展提供强有力的思想保证，营造良好的舆论氛围。学校文化素质教育办公室挂靠宣传部，负责学校文化素质教育的日常事务及“百年暨南文化素质教育讲堂”工作。2015年，宣传部有职工13人。

【思想理论工作】 坚持以中国特色社会主义理论体系为指导，制订全校理论学习计划，引导干部师生进行理论学习，重点围绕“三严三实”教育活动、四个全面战略思想、学习贯彻党的十八届五中全会精神等主题开展思想政治教育，举办6场“暨南学习论坛”，编印4期思想政治教育内部刊物《领导内参》，组织开展纪念世界反法西斯战争和抗战胜利70周年活动。开展2015年教师思想政治状况调查，掌握教师思想状况。为学校党委理论学习中心组成员或学校基层党组织发放《习近平用典》《香港科大还有什么好说的?》《领导干部“三严三实”学习读本》《中共中央关于制定国民经济和社会发展第十三个五年规划的建议》《中国共产党纪律处分条例》等学习资料。

组织学校党委理论学习中心组学习。3月1—2日，学校党委理论学习中心组会议深入学习《十八大以来习近平同志为总书记的党中央治国理政述评》《推进法治中国建设的政治纲领》《关于进一步加强和改进新形势下高校宣传思想工作的意见》、大学综合改革方案等，并听取广东省保密局督查处饶青处长所作的保密专题报告。8月26—27日，学校党委理论学习中心组会议深入学习习近平在全国统战工作会议上的讲话和保密工作相关文件。中心组成员结合学习体会和学校实际谈对“四个全面”战略布局、“三严三实”基本要求、“一带一路”战略构想以及高校宣传思想工作的看法，并进一步全面讨论学校高水平大学建设的若干重大问题等内容。举办6场“暨南学习论坛”，邀请知名专家马陆亭、郇大光、蔡志强、王珺等到校作专题报告。

起草制定《中共暨南大学委员会关于进一步加强和改进新形势下宣传思想工作的实施办法》《暨南大学关于校园文化、学术活动及场馆使用的管理规定》《暨南大学师德建设长效机制实施细则》，推进宣传思想工作的规范化和制度化建设。

【对外宣传】 对外宣传主要围绕学校教学科研中心工作开展宣传报道，在海内外媒体刊登报道600多篇（次），编印1期《媒体暨大》，汇编校外媒体对学校的主要报道。在10月份由《光明日报》发布的《中国大学海外网络传播力报告(2015)》中，暨南大学在112所“211工程”大学中排名第22位。3月，新闻网手机版正式上线，学校系广东首所推出新闻网手机版的高校。新闻中心和网络与教育技术中心联合制作2015届毕业典礼纪念片《奔跑吧，暨南人》和2015年开学典礼迎新片。学校的新浪官方微博粉丝超过13万，是国内高校最有影响力的官方微博之一。

围绕高水平大学建设、科研创新、教学改革、人才培养、就业创业等核心议题，在媒体宣传报道学校。结合"高端主流媒体引领"宣传计划，深挖资源突出学校高水平建设的"四重宣传"。加入《南方日报》、广东省教育厅推出的"创新驱动 高校争先——创建高水平大学　推动广东改革发展"全媒体策划。6月，《南方日报》要闻版推出专访校长胡军的深度报道，推介学校特色、优势学科、创建高水平大学的思路举措。与《南方日报》、《广州日报》、中国新闻社广东分社等媒体合作，联合推出110周年校庆的相关策划。在《中国教育报》发稿4篇。其中，6月，学校博士后改革报道在《中国教育报》头版头条刊发，为学校十多年来首次。策划报道"暨南双星"苏炳添、莫有雪世锦赛摘银，国家乒乓球队莅临暨大，图书馆冠名"满珍楼"，药学院人才团队建设，广东省首个粤港学子创业平台，学校学子用蚯蚓净化垃圾在世界舞台获得认可等题材，从各个方面展现学校办学特色、办学实力、办学成绩、校园文化，进一步提升学校形象。

加强手机新闻网、微博、微信微媒体的建设、维护和管理。官方微博紧密联系社会主义核心价值观和"中国梦"的主题，开展"随手拍"系列活动，"随手拍最美家乡""随手拍最美暨南园""随手拍最美家乡人""随手拍最美暨南人"四个系列共收到投稿作品千余组，微博话题阅读量合计达800多万人次。在《南方周末》高校微信榜（国内权威微信排行榜）排名中，暨大官方微信综合排名和微信影响力WCI指数多次位居全国前列。阅读量破万的作品有6篇。微信团队以"房地产式"广告语讲述暨南大学"五大极致体验"的微信推文，达14万阅读量，被《南方都市报》等媒体报道《暨大学生哥"脑洞大开"像卖楼盘一样宣传学校》。在"今日头条"新闻App平台开设暨南大学头条号，结合社会热点将校内新闻、校园动态进行转化发布。

【校内宣传】　加强新闻网、校刊、官方微博、官方微信、网络电视台（JNUTV）、广播台、宣传橱窗等宣传阵地和平台的建设与更新维护，推进全媒体融合。配合学校重要工作和活动高水平大学建设做宣传。围绕学校中心工作特别是高水平大学建设精心策划，挖掘教学、科研、人才实力，报网联动，推出"迈向高水平"系列报道和专栏，在校园里营造高水平建设的浓郁氛围。

共编印校报18期（第617～634期）。校报以高水平大学建设为宣传轴心，围绕学校教学科研中心工作，对深入推进"三严三实"专题教育及师生关心的热门话题进行策划报道。开设"建设高水平大学"专栏，在头版头条等重要位置刊登了多篇深度报道。在头版策划推出学校人事、教务、财务、国际交流、研究生教育、南校区、创业学院等工作的深度报道，关注各校区、各职能部门的重点工作。品牌栏目"暨南人""暨南学子"先后深度报道十余个杰出的人物或团队。6月，2014年度中国高校校报好新闻评选结果揭晓，在全国645所高校报送的3 032篇作品中，学校校报选送的5件作品全部获奖，其中一等奖2项，二等奖1项。10—12月，承办第四届广东省高校优秀校报展示活动，学校校报获一等奖。

完善学校新闻发布平台及工作制度。联袂各院系（部处），围绕学校中心工作打造暨南大学要闻精品和系列推送。2015年，新闻网编发学校首页要闻643条、校园时讯302条、学事荟萃131条。对校内重大事件直播态报道。

改进传统宣传阵地建设。对学校本部广播台设备进行改造，保障播音质量；指导成立南校区广播台。审批管理校内横幅，配合重要会议、活动等制作横幅。设计制作相关橱窗与展览，参与制作大学城10周年成就展及画册，呈现学校近年来的办学实力和所取得的成绩，整理制作新生训练营画册；围绕南校区建设、全国"两会"、纪念世界反法西斯战争和抗战胜利70周年、"三严三实"教育、十八届五中全会等主题出版宣传橱窗8期。

加强学校宣传工作"三个队伍"建设。进一步做好学校新闻秘书团队（教工）和新闻社团队（学生）建设工作，组建并完善网络宣传与舆情信息工作团队。4月，举办2015年全校宣传工作业务培训会，邀请资深媒体为各部处、院系负责新闻宣传工作的秘书进行新闻采写业务培训。12月，举办新闻秘书座谈会，邀请新闻秘书对新闻宣传工作建言献策，并分享高水平大学建设和110周年校庆选题。

【文化素质教育】　在校本部举办"百年暨南文化素质教育讲堂"28期（第222～249期），先后邀请摩罗等校内外专家学者莅校演讲，讲题涉及文化、环境保护、国际关系、历史、教育学、艺术、语言学、社会学、天文、哲学等各个领域。积极推进高雅艺术进校园，组织芭蕾舞剧2场，承办音乐会1场、话剧3场。“讲堂”延伸至南校区，在南校区开设“博雅大讲坛”。9月，由广西师范大学出版社正式出版演集《闻道》（第四辑）。文化素质教育专题网站——“忠信笃敬网”获第十五届全国多媒体课件大赛高教文科组二等奖、2015年广东省计算机教育软件评审活动暨第十九届全国教育教学信息化大奖赛广东省初赛高等教育组三等奖，并入围2015全国高校名站名栏评选活动。指导珠海校区、深圳旅游学院分基地工作，为两校区师生直播部分重要讲座，为珠海校区推荐主讲人中科院哲学系教授孟建伟，资助深圳旅游学院举办校园文化活动。

开展中华优秀传统文化教育。落实暨南大学中华优秀传统文化教育方案。组织申报教育部、《光明日报》开展的“礼敬中华优秀传统文化”系列活动，学校“中国文化节”被评为特色展示项目；在学生处、华文学院、文学院、国际学院等单位活动材料基础上，整合提炼申报材料《浸润中国风　盛载华夏情——暨南大学开展中华传统文化教育的理念与实践》，荣获教育部第八届高校校园文化建设优秀成果评选二等奖。

【110周年校庆宣传工作启动】　在110周年校庆倒数一年之际启动宣传计划，着手校庆LOGO、宣传主题、媒体合作拟定、校庆第一号公告发布等工作。

确定110周年校庆标识和宣传主题方案。3月10日—5月30日，宣传部面向全体师生、海内外校友及社会各界人士举办“暨南大学110周年校庆标识”征集活动，评选出1件中标作品和10件入围作品。11月15日，学校举办110周年校庆启动仪式，现场公布110周年校庆LOGO和主题词为“逐梦高水平，暨情创未来”。

起草发布110周年校庆第一号公告。11月18日，学校在《人民日报（海外版）》、《南方日报》、香港《大公报》、学校校报刊登《暨南大学110周年校庆公告（第一号）》，同时在暨南大学新闻网，暨南大学官方微博、官方微信，校友会官方微信等多平台发布。

围绕110周年校庆，做好对内对外宣传的前期筹划工作，持续推进与《南方日报》《广州日报》、中新社广东分社等媒体的合作。启动与南方日报社联合推出“寻访世界暨南人，讲述家国好故事”全媒体报道计划。

【暨南大学新闻网手机版正式上线】　3月，学校正式上线新闻网手机版，成为广东首所推出新闻网手机版的高校。新闻网手机版内容实现立体化和全媒体化，突出新闻性与多媒体属性，除要闻时讯、媒体暨大、学者视角、学事荟萃、深读暨南等内容形态，还设有焦点图片，并链接理论学习、数字校报、百年讲堂多个网站的内容，形成全媒体化的移动互联网传播体系。新闻网手机版采用多屏优化技术、轻App理念为用户提供流畅的浏览体验。

【学校组建网络宣传与舆情信息工作团队】　12月，因工作需要，学校调整宣传部下设机构，设立网络宣传科，有2名专职人员。负责学校网络舆情监测、舆情及应急处置协同。宣传部在此基础上引入学生队伍，由网络宣传科带领，组建网络宣传与舆情信息工作团队。

【南校区开设“博雅大讲坛”】　2015年，百年暨南文化素质教育讲堂工作正式延伸至南校区，学校党委宣传部、文化素质教育办公室和教务处共同举办开设南校区“博雅大讲坛”。10月29日，中山大学社会学与人类学学院、生命科学学院跨学科博士生导师张鹏作客“博雅大讲堂”第一讲，作题为“猿猴为什么没有进化成人”的讲座；11月5日，中国科学院院士、暨南大学粤港澳中枢神经再生研究院院长、香港大学医学院教授苏国辉作题为“自强不息成长路”的讲座；12月14日，九三学社中央委员、全国政协委员许进作题为“大学生参政议政”的讲座。

2015年“百年暨南文化素质教育讲堂”讲座信息一览表

主讲人/举办单位	职衔	题目/活动名称	讲座时间	地点
摩　罗	中国艺术研究院研究员	西方殖民史背景下看中国革命的逻辑与成果	3月12日	曾宪梓科学馆国际会议厅
王雪梅	中山大学环境科学与工程学院副院长、教授	三角地区雾霾成因及治理	3月26日	
庄礼伟	暨南大学国际关系学院教授	美国婴儿潮一代的精神遗产——从克林顿夫妇谈起	4月2日	
章东磐	著名独立民间学者	从历史影像中解读抗日战争	4月9日	
马陆亭	教育部国家教育发展研究中心研究员	从家庭迈向社会：我们在大学收获什么？	4月17日	
曾振伟	暨南大学艺术学院教授	色彩与美丽人生	4月23日	
广州芭蕾舞团	—	《葛蓓莉亚》	4月29—30日	学校礼堂
白　钢	复旦大学思想史研究中心秘书长、教授	世界语言与文明	5月7日	曾宪梓科学馆国际会议厅
何亚非	国务院侨务办公室副主任	全球治理与中美关系	5月14日	
王五一	澳门理工学院教授	理性与灵性	5月21日	
程映虹	美国德拉华州立大学历史系教授	什么是日本军国主义意识形态	5月28日	
智利驻广州总领馆	—	纪念智利诗人巴勃鲁·聂鲁达音乐会	6月3日	
朱　进	北京天文馆馆长	我们为什么要仰望星空	6月11日	
孟建伟	中国科学院大学哲学系教授	弘扬科学精神与人文精神	6月18日	
赵全胜	美国美利坚大学教授	日本内部外交政策辩论与中美日关系	9月17日	
李　淼	中山大学天文与空间科学研究院院长、教授	《三体》中的物理学	10月15日	
共青团中央	—	话剧《英雄24小时》	10月17日	学校礼堂
广东省作协	—	在大海里放下我们的心——诗·歌·人生暨第二届东荡子诗歌奖颁奖典礼	10月24日	

（续上表）

主讲人/举办单位	职衔	题目/活动名称	讲座时间	地点
张　鹏	中山大学人类学系教授	猿猴为什么没有进化成人	10月29日	南校区教学楼201
苏国辉	中国科学院院士、暨南大学粤港澳中枢神经再生研究院院长、香港大学医学院教授	自强不息成长路	11月5日	
仲呈祥	中国传媒大学影视艺术学院院长、教授	我国当前影视艺术的思考	11月9日	曾宪梓科学馆国际会议厅
罗　援	军事科学院少将	国家周边安全和软实力建设	11月23日	
佛山粤剧院	—	话剧《康有为与梁启超》	12月1—2日	学校礼堂
欧阳康	华中科技大学原党委副书记、教授	中国价值观的世界意义	12月4日	曾宪梓科学馆国际会议厅
朱传界	中国人民大学物理系教授	爱因斯坦的梦想：统一场论	12月10日	惠全楼多功能厅
许　进	九三学社中央委员、全国政协委员	大学生参政议政	12月14日	南校区教学楼201
沈志华	华东师范大学历史系教授	回看上世纪50—60年代中朝关系	12月18日	曾宪梓科学馆国际会议厅
葛剑雄	复旦大学教授、全国政协常委	海上丝绸之路的历史地理背景与前景	12月22日	

（党委宣传部供稿）

统一战线工作

【概况】 党委统战部是在学校党委直接领导下开展统一战线工作的职能部门，恪守“四宽”（宽广的视野、宽阔的胸怀、宽容的人格、宽松的环境）、“三用”（用力、用情、用心）、“两满意”（领导满意、统一战线对象满意）的工作原则，做好学校党委在统战工作方面的参谋和助手。主要职责是为学校党委贯彻执行中央和省委关于统一战线的方针、政策以及具体开展统战工作提出规划和建议；支持和指导党外代表人士特别是各级人大代表和政协委员做好参政议政工作；负责联系学校统一战线各界人士，及时反映他们的意见和建议；支持和协助各民主党派基层组织独立自主地开展工作；做好党外知识分子和归国留学人员工作；加强对党外干部的培养和选拔；负责民主党派和非党知识分子的政治安排；加强统一战线方针政策宣传教育；开展海外及港澳台的统战工作；负责统一战线理论研究工作等。党委统战部有职工3人。

2015年，学校的统一战线以凝心聚力促校园和谐，围绕中心谋学校发展为工作己任，努力提高统战工作的能力和水平，做好思想建设、制度建设、组织建设、党外代表人士队伍建设、推动参政议政和港澳台侨统战工作，为学校的建设发展做好各项服务工作。一是学习贯彻中央和省委统战工作会议精神。5月28日，党委统战部召开统一战线各组织负责人座谈会，组织学习中央统战工作会议精神。6月10日，学校党委召开中央统战工作会议精神传达贯彻会，校党委书记蒋述卓出席并讲话。9月21日，学校统一战线贯彻广东省委统战工作会议精神，认真学习广东省委书记胡春华和省委常委、统战部部长林雄的重要讲话。二是组织政治学习，加强统战成员思想建设。3月23日，党委统战部邀请全国人大常委、广东省人大常委会副主任、民革广东省委主委、副校长周天鸿教授为统战成员作专题报告。4月29日，召开国务院侨办“一带一路”培训班精神传达会。8月3日至7日，举办2015年统一战线暑期学习班，结合国家提出建设“一带一路”的战略构想，实地考察广西沿海的几个港口城市，并与广西民族大学进行了对口交流。三是加强基层统战工作建设。1月20日，附属第一医院党委召开医院系统内统一战线各组织负责人座谈会。医院党委书记查振刚向统战成员通报医院的近期工作及相关情况。1月22日，经济学院召开党外人士代表座谈会，学院领导刘少波、张志、郑少智、刘金山与学院各民主党派、侨联等组织的代表9人座谈，与会党外人士针对学院发展提出意见建议。12月23日，医学院党委在番禺组织开展民主党派与无党派教工的联谊活动，增进共产党员、民主党派组织成员和无党派人士之间的交流，丰富统一战线成员的文化生活，增强党外人士的认同感和归属感。

11月23日，广东省政协副主席唐豪莅校考察，走访学校省政协外事侨务委员会所属委员叶文才、陆大祥、洪岸、朱义坤、孙晗笑、李虹等人。广东省政协外侨委副主任、广东出入境检验检疫局原局长李延辉，省政协外侨委副主任、海关总署广东分署特派员刘广平，省政协常委、省新闻出版广电局（省版权局）巡视员黄玲参加活动。副校长林如鹏等接待唐豪一行9人，介绍学校情况。唐豪肯定学校近年来取得的成绩，认为暨南大学“历史悠久，特色明显，贡献很大，前景广阔”，对广东经济社会发展和港澳地区繁荣稳定都有重要贡献。

8月25—30日，学校与中山大学、广州中医药大学等高校第二次承办“粤台学子中华情”暑期交流活动，副校长林如鹏出席活动开幕式。来自台湾昆山科技大学的王美惠副教授，台北大学、东吴大学、政治大学等台湾11所高校的22名学子来到暨南大学，和9名学校学生志愿者一起，以“海上丝绸之路新起航”为主题，开展一系列与“一带一路”有关的暨南大学驻地活动。粤台学子聆听国际关系学院/华侨华人研究院副院长陈奕平教授作“一带一路：多边合作谋共赢”的讲座，参加“五步拳”的体验教学，参观学校校史馆。暨南大学驻地粤台学子考察参观台企光宝电子、南海神庙、阳江南海Ⅰ号、开平碉楼、阳江核电站等地，了解海上丝绸之路史迹、侨乡文化和前沿科技。学校邀请在粤工作的5名台胞和学子们餐叙交流。

10月10日至14日，党委统战部承办2015年中山市港澳政协委员、社团负责人国情研修班，来自中山市的港澳地区政协委员、社团负责人40多人参加研修学习。校领导蒋述卓、林如鹏，中山市委常委、统战部部长梁丽娴等出席活动。培训期间，社科部主任程京武教授、国际关系学院/华侨华人研究院副院长陈奕平教授、特区港澳经济研究所谢宝剑博士分别作“中国传统文化精髓与应用”“当代国际格局的变动与中国的战略选择”“港澳商会在港澳与内地合作中的新机遇与新趋势”等方面的专题讲座。

【民主党派、无党派和侨联工作】 暨南大学有民盟、民建、致公党、九三学社4个基层委员会，民革、民进、农工党3个总支，台盟小组1个，共有成员660人，其中具有副高职称以上成员480人，占全体民主党派成员的73%。民主党派中央常委1人，民主党派省委会主委1人、副主委2人；无党派知识分子联谊会共有理事85人、常务理事24人，全部具有副高以上职称。归国华侨联合会共有会员555人，下设主要由归国留学人员组成的“海归小组”，有成员25人。

学校有6位党外人士担任各级人大代表，13位党外人士担任各级政协委员。其中全国人大常委1人、全国人大代表2人，广东省人大常委会副主任1人，广东省政协常委2人。

1月6—7日，无党派知识分子联谊会会长、原副校长陆大祥率20多位理事前往清远英德市横石塘镇仙桥小学开展支教助学活动，为仙桥小学的8位老师和12名品学兼优、家庭困难的学生颁发支教金、助学金。

4月21日，学校侨联会与黄埔区侨联会缔结为友好侨联，建立友好合作关系，共同推动侨联事业创新发展，广东省侨联戴文威副主席到会祝贺。4月24日，侨联会成功举办第十届“美食节”，近百名会员参与，名誉主席林伟农赞助2万元活动经费。10月17日，侨联会组织医疗队到清远华侨茶场开展一次“关爱侨区暖侨心”义诊活动，送去价值5 000元的药品，接诊300多人次。

【参政议政】 在十二届全国人大三次会议上，全国人大常委、广东省人大常委会副主任、民革广东省委主委、副校长周天鸿建议完善对人大代表履职情况的监督程序，制定具体的量化标准。全国人大代表、台盟广东省委副主委、台盟暨大小组组长、审计处副处长卢馨向全国人大会议提交《关于规范税收授权立法意见和建议》等建议，获众多媒体的转载和跟踪报道。

广东省政协十一届三次会议表彰2014年的33件优秀提案，广东省政协委员、民建暨大总支副主委、经济学院杨森平教授的提案《关于减轻我省中小微企业税费负担的提案》获“优秀提案奖”，广东省委常委、常务副省长徐少华作出批示，要求重点办理。广东省政协委员、民革暨大总支主委、医学院副院长柏志全教授参与的省政协重点提案《关于改革我省盐业体制的提案》，获“优秀提案奖”。

广东省政协委员、无党派知识分子联谊会副会长兼秘书长、法学院院长朱义坤教授在广东省常务副省长徐少华参与的小组讨论会上，作题为“在广东自贸区设立粤港澳大学生创业园”的发言，被《南方日报》《广州日报》《深圳特区报》、南方网、金羊网、环球网、新民网等众多媒体予以转载。广东省政协委员、民盟暨大基层委员会主委、附属第一医院张爱民副主任医师在即席发言大会上“抢麦”成功，面向众多媒体现场阐述建议。广东省人大常委、致公党暨大基层委员会主委、经济学院杨英教授向十二届广东省人大三次会议提交《拓展社保基金保增值空间的建议》等4个建议，并接受广东电视台专访，采访内容在广东电视台“两会”特别节目中播出。广东省人大网“代表日志”栏目以“杨英：新常态下如何看GDP增长”为题介绍其主要观点。农工党暨大总支原主委陈永良教授撰写的《关于执行中央八项规定省下的钱应用于改善民生的建议》被农工党广东省委会采纳，整理为大会发言，提交广东省政协。《南方日报》《广州日报》《羊城晚报》《信息时报》等主流媒体进行了报道，陈永良教授获农工党广东省委会表彰奖励。

8月，学校致公党暨大基层委员会副主委王凤新入选成为“广东党外人士建言献策专家库”成员。11月，无党派知识分子联谊会副会长兼秘书长朱义坤教授、副会长梅林海教授受聘为“广州市政府决策咨询专家”。

【统战理论研究】 1月，国际关系学院/华侨华人研究院周聿峨教授等撰写的《香港“恋殖归英”现象研究》获2014年全国统战理论政策研究创新成果二等奖，同时，该文获2014年全省统战理论政策研究创新成果特别奖；公共管理学院颜昌武副教授撰写的《民主党派的角色定位和党际甄别》一文荣获2014年全省统战理论政策研究创新成果一等奖；经济学院冯邦彦教授撰写的《〈离保法案事件〉与澳门政治生态演变分析》文获2014年全省统战理论政策研究创新成果二等奖；特区港澳经济研究所赖文凤副教授撰写的《香港与台湾关系：历史演进及发展趋势》一文获2014年全省统战理论政策研究创新成果三等奖。

12月，在第十五届广东省高校统战理论研讨会上，党委统战部部长庄汉文研究员的《发挥统一战线在协调推进“四个全面”战略布局中的优势作用》，特区港澳经济研究所陈恩教授的《蔡英文新两岸政策探析》、国际关系学院/华侨华人研究院周聿峨教授的《“太阳花学运”的思考与启示》、文学院王元林教授的《从中华民族的向心力到凝聚力：基于侨生大学教育的思考》、公共管理学院白锐副教授的《暨南大学港澳生政治认同问题的研究报告》和卢文刚副教授的《新形势下广东省社会组织统战工作：意义、现状、问题及对策》6篇论文获“优秀论文奖”。党委统战部获第十五届广东省高校统战理论研讨会“优秀组织单位”和2015—2016年度《广东高校统战》“信息工作优秀单位”称号。

【中共广东省委常委、统战部部长林雄莅校调研】 11月9日，广东省委常委、统战部部长林雄莅临暨南大学，看望学校党外代表人士，并召开党外代表人士队伍建设专题调研座谈会。省委统战部副部长陈升东，研究室主任苏少峰，干部处处长张宏斌，办公室副主任林健、王冠东，校长胡军，校党委书记蒋述卓出席会议。胡军代表学校致欢迎词，蒋述卓汇报学校党外代表人士队伍建设情况。学校各民主党派、侨联会、无党派知识分子联谊会负责人参加座谈会并发言。

林雄认为学校党政重视统战工作，成绩显著。这是与暨南大学自身的办学优势、历史传统、侨校特色密切相关的。针对学校统战工作提三点具体意见：一是抓住机遇，主动作为。二是与时俱进，创新工作理念和方式。三是党外代表人士要加强自身修养，不仅要在学术领域有所成就，还要不断提升自己的政治把握、参政议政、合作共事、解决问题、组织协调5种能力，有所作为。

【中国侨联、广东省侨联第七期友好社团负责人研讨班在学校举办】 11月29日至12月4日，学校承办中国侨联、广东省侨联第七期友好社团负责人研讨班，来自美国、墨西哥、英国、巴西、法国、委内瑞拉、德国、比利时、波兰、荷兰、挪威、葡萄牙、肯尼亚、澳大利亚、新西兰、斐济、阿联酋、新加坡、菲律宾和中国香港、中国台湾等21个国家和地区的42个友好社团60多位负责人参加研讨学习。校党委副书记、副校长叶勤出席开班典礼和结业典礼。中国侨联副主席、广东省侨联主席王荣宝给研讨班作广东省侨情与侨联工作专题报告，学校经济学院冯邦彦教授、国际学院唐书泽教授、省公安厅出入境管理局政委申勇强、省侨办调研宣传处处长朱江等作广东经济形势、食品与健康、出入境知识、《广东省华侨权益保护条例》解读等方面的专题讲座。研讨班全体学员出席第六届（广州）华人文化艺术节开幕式并观看文艺演出。12月2日至4日，赴珠海市横琴新区出席第二届世界广府人恳亲大会活动，并赴韶关市南雄珠玑巷开展寻根之旅。

【民建暨大总支换届并升格成立基层委员会】 6月，经过酝酿协商，民建暨大总支召开换届并升格成立基层委员会会议，杨森平、王文刚、陈海权、杨春华（女）、宋耀红（女）、陈红辉、廖健琦、赵君、冯海波、王黎（女）、陈林11位同志当选民建暨大第一届基层委员会委员，杨森平当选为主委，王文刚、陈海权、杨春华当选为副主委。陈林、杨春华、廖健琦、陈红辉分别当选为第一至第四支部主委。

暨南大学民主党派、无党派和归国华侨联合会负责人名单

民革暨南大学总支

主任委员：柏志全

副主任委员：朱丽娜　屈　洋　吕来清　王宁霞

民盟暨南大学基层委员会

主任委员：张爱民

副主任委员：梁玉霞　星　亮　叶　农　吴金平　王　玮

民建暨南大学基层委员会

主任委员：杨森平

副主任委员：王文刚　陈海权　杨春华

民进暨南大学总支

主任委员：樊锁海

副主任委员：洪　岸　王彤歌

农工党暨南大学总支

主任委员：赵仓焕

副主任委员：李　虹　谢光辉　王一飞

致公党暨南大学基层委员会

主任委员：杨　英

副主任委员：徐建平　王凤新　彭雪梅　郑建华

九三学社暨南大学基层委员会

主任委员：孙晗笑

副主任委员：梁仲莲　张　涛　袁　鸿　费建林

台盟暨南大学小组

组长：卢　馨

副组长：邱　青

暨南大学侨联会

主席：李　虹

常务副主席：沈洁薇

副主席：刘　誉　尹芝南　王立伟　朱红英　陈汉芳

无党派知识分子联谊会

会长：陆大祥

常务副会长：李招忠

副会长：朱义坤　梅林海　王　璠　刘　誉

秘书长：朱义坤（兼）

（党委统战部供稿）

纪检监察工作

【概况】　纪检与监察办公室是学校党风党纪、政风政纪监督检查机构，是协助学校党政领导加强党风廉政建设的职能部门。主要工作包括：党风廉政建设工作、纪检监察信访举报工作、案件检查工作、案件审理工作、执行党纪政纪工作、法律法规宣传教育工作等。

纪检与监察办公室下分纪律检查工作（对外可称“中共暨南大学纪律检查委员会办公室”）和监察工作（对外可称“暨南大学监察处”）。2015年，在编在岗人员7人。

【党风廉政建设工作】　认真贯彻上级会议精神，做好党风廉政建设工作部署。年初，学校党委理论学习中心组会议传达学习上级会议精神。学校党委召开2015年广东省教育纪检监察暨教育审计工作会议精神传达会，回顾总结2014年纪检、监察及审计工作，研究部署2015年党风廉政工作任务。会后，学校纪委印发《2015年学校纪委工作要点》，对全年党风廉政建设和反腐败工作做出部署。

【反腐倡廉宣传教育工作】　组织开展纪律教育学习月活动。组织召开“守纪律、讲规矩、作表率”主题纪律教育学习月活动，对党员干部进行理想信念教育、党纪教育、廉洁自律教育、保密教育等。全校参加教育学习的教工党员、干部2 557人，占党员、干部总数的96.67%。其中处级以上干部307人，占处级以上干部人数的96.24%；科级干部550人，占科级干部人数的97.86%；参加学习的学生党员4 933人，占学生党员人数的92.77%。活动期间，学校各单位通过自行购买《广东省纪委2015年反腐倡廉教育读本》、编印《纪律教育月专题学习手册》、编辑纪律教育学习月电子书籍、通过微信平台推送学习资料，共向全校党支部、全校副处级以上领导干部、重要部门和关键岗位的副科级以上干部发放各类材料400余份；组织不同形式的全校学习2场，3 317人次参加学习；收到“廉洁图书读后感”投稿作品96篇；全校400余人参加“保密工作专题讲座及保密技术演示观摩活动”；共收到各单位不同形式的信息稿27篇、心得体会717篇。学校纪委在廉建网开设纪律教育学习专栏，报道各单位学习动态。

廉洁文化进校园工作。5月，广东省委教育工委、省教育厅、省教育纪工委组织“廉洁诚信”反腐倡廉文艺作品创作交流及展演展览活动，学校选送文艺作品12件、文艺节目6个，全部获奖。9月，组织开展“廉洁读书月”及“读后感征文”活动，共收到各单位报送的廉洁图书读后感征文96篇，其中1篇在全省评比中获奖。10—12月，纪检与监察办公室会同机关党委、机关纪委、机关工会联合举办2015年纪律教育学习月机关教职工廉政书签设计比赛。比赛以“制廉政书签，扬清风正气”为主题，共收到参赛作品24件。比赛开通网络和微信投票平台进行优秀作品评选。共评选出一、二、三等奖及优秀奖12名，优秀组织奖1个单位。10月15日，学校组织开展“保密工作专题讲座及保密技术演示”观摩活动。广东省委保密办副主任、广东省国家保密局副局长梁伟培应邀到校，作题为“认清严峻形势，切实做好保密工作”的专题报告；张远文主任带队的保密技术演示小组作保密技术演示。这次演示活动，是广东省保密技术演示首次走进高校。

执行党员干部培训规划，开展廉政授课。4月，学校机关“新荷讲堂”开班。学校纪委副书记、纪检与监察办公室主任欧传峰为学校机关培养对象和教工预备党员作题为“廉洁与幸福——高校机关的自律红线”的主题讲堂第一讲。4月、10月，欧传峰分别为学校第75、76期教工党员发展对象学习班学员讲授题为“遵守党的纪律，做清正廉洁的楷模”的党课。12月，纪检与监察办公室副主任陈耀忠给新一届中层干部作有关纪检监察业务知识岗前培训，将纪律和规矩挺在前面。

【案件查处工作】 纪委、纪检与监察办公室坚持依法依纪办案，按照办案工作“二十四字”方针，认真做好信访举报、案件检查工作，做到有访必受，有线索必核，有案必查。本年度，纪委、纪检与监察办公室共收到来电、来信、来访和网络举报等各类信访举报件（含上级交办）38件，其中检举控告类27件、业务范围外11件。检控件中，学校纪检监察部门初核15件，已了结13件，有2件在整理完成初核报告阶段。其余12件检控件根据情况做调查了解4件，转有关部门处理6件，视情况存档备查2件。业务范围外的11件中，督促协调有关部门处理1件，按管理权限分别转有关部门处理8件，视情况作存档备查2件。全校纪检监察机构新立案案件2件。

发挥案例的警示作用，收集、整理十八大以来中纪委、教育部先后通报的数十起涉及高校各级领导干部违纪违法案例，对被通报的违纪现象进行归纳、分析，针对学校工作实际，梳理风险点，提出整改建议，并将材料汇编印发给学校领导，校纪委委员，机关部处、直属单位正职领导及学校基层纪委书记，让学校主要领导干部清醒认识当前反腐败形势，统一思想和行动。提醒、督促学校各部门、各单位以案为鉴，认真吸取教训，对当前工作中存在的管理薄弱环节和廉政风险点进行全面自查和清理，对可能发生的违纪苗头，从早从快进行整改和纠正，避免问题进一步扩大。

调整线索分类标准，利用好监督执纪的“四种形态”，将咬耳扯袖、督促提醒常态化，增加谈话函询类。2015年，纪委负责人谈话15人次，纪委函询1人次。

5月，根据中央纪委驻中央统战部纪检组关于对反映领导干部问题线索大起底要求，学校纪委对反映学校正副司局级干部、现职正处级干部的信访举报情况进行全面清理和报送。6月，学校纪委会同组织部、人力资源开发与管理处完成对1995年1月1日至2014年10月31日期间学校外逃党员和国家工作人员的排查工作，并向广东省教育纪工委报告排查情况。12月，根据广东省教育纪工委要求，对依法受刑事责任追究人员相关党纪政纪处分情况进行排查。

广东省教育纪工委对全省高校案件统计工作进行量化考核，学校2014年度案件管理统计工作获满分100分。

【行政监察工作】 履行招投标监督职能。密切关注日常基建工程、后勤修缮、物资采购等招投标工作，督促相关职能部门依法依规开展工作。派专人重点监督招标金额较大的基建招标项目，全年共计派员6人7次，计5个工作日，涉及金额约1.2亿元。10月，根据省纪委、省教育厅有关文件中关于“建立健全物资（设备）采购工作的决策、执行和监督三分离工作机制”的要求，结合监督工作实际，向学校提出“撤销挂靠实验室与设备管理处的采购中心，设立学校直属管理的招标采购中心（正处级）”的建议。12月，学校发文正式成立招标采购中心。对南校区学生宿舍、体育场馆2个工程建设项目派专人跟进招投标情况，做好相关资料的收集。派员参与招投标监督6次，对1次随机抽取（摇珠）过程派员监督并进行了全过程录音录像。

继续做好招生录取执法监察工作。监督、巡查学校“两校联招”、艺术类、体育类以及研究生、本科生和成人教育等招生考试工作，及时受理考试及录取结果的投诉举报。1月，学校2015年高水平运动员、艺术特长生招生考试工作启动。校党委副书记、纪委书记叶勤带队，重点巡查艺术类西安、郑州及广州考点的招考工作。纪检与监察办公室副主任陈耀忠带队，对高水平运动员各测试现场进行巡考；此外，纪委副书记、纪检与监察办公室主任欧传峰陪同副校长张荣华分别参加3月外招生艺术类专业考试、5月“两校联招”考试的巡考工作。7月，欧传峰副书记对学校普通高考招生录取现场进行巡查。根据省考试院、省教育纪工委的统一安排，6月6—9日，学校纪委派出由欧传峰副书记带队的4人巡视小组，前往江门考区，对“广东省2015年普通高考和2015年6月普通高中学业水平考试”进行巡视。10月24—25日，陈耀忠一行4人，赴清远市开展2015年成人高考巡视工作。12月26—27日，陈耀忠赴广州中医药大学开展2016年全国研究生入学考试巡视工作。

加强对学校“三重一大”事项的监督。配合学校党政办公室，大力推进办公用房清理整改工作。配合学校组织部做好民主生活会、“一报告两评议”、干部换届及领导班子届满考核工作。欧传峰副书记参与干部考察工作；带队完成经济学院、管理学院、公共管理学院/应急管理学院、法学院等4个单位领导班子成员的届满考核工作；派出2人参与完成9个单位领导班子成员的届满考核工作；派出4人参与完成“一报告两评议”工作；派出4人参与完成2015年度各基层党委民主生活会工作。组织做好2015年度校级党员领导干部民主生活会机关部处、直属单位征求意见座谈会工作。全年分6批次给70位拟提拔干部出具《廉政意见书》。配合人力资源开发与管理处做好临时工转合同工、岗位聘任及人员招聘等工作，负责岗位聘任争议申诉的受理及应聘学校岗位人员的招考监督工作。

2015年，纪委负责人参加学校重大投资项目审核会议4次，处级领导干部面试会11次，招生工作领导小组会议4次，教育收费管理领导小组会议2次，资产经营有限公司第二届董事会会议3次，人才引进场地协调会4次，办公用房整改工作会议4次，列席校长办公会议23次。

【纪检监察队伍建设】 按照“转职能、转方式、转作风”要求，重视队伍建设，通过培训交流、学习调研等方式，推动作风转变，强化责任担当，提高履职能力。

通过培训交流、挂职锻炼等，促进业务水平提高。办领导积极参加上级部门组织的培训，提高管理水平。4月，纪委副书记、纪检与监察办公室主任欧传峰参加2015年广东省教育系统纪检监察领导干部“三转”专题培训班。10月，欧传峰副书记以“纪检监察干部要做‘三严三实’的表率”为题，给全办工作人员上党课。11月，学校组织部派熊媛媛副主任到井冈山干部学院，参加国务院侨办青年干部“加强党性修养，践行三严三实”专题研修班。1月，1人继续借调省纪委，开展案件调查工作。3月，接受河南省委组织部委任河南中医学院纪检监察干部1名，挂职担任纪检与监察办公室副主任，促进高校纪检监察部门沟通交流。6月，5人参加国家教育行政学院组织开展的教育系统廉政教育与廉政文化专题网络培训。

加强与兄弟院校的交流学习。3月，广东工业大学纪委到学校调研交流。4月，纪委副书记、纪检与监察办公室主任欧传峰带领工作人员一行4人，到华东师范大学、同济大学纪委开展业务调研。11月，甘肃中医药大学到学校调研人才培养模式、科研管理、学科建设、纪检监察等方面工作，欧传峰副书记参加调研座谈会。12月，桂林电子科技大学一行人员到校调研，做好对口接待。

（纪检与监察办公室供稿）

机关党委工作

【概况】 机关党委在学校党委的直接领导下，负责加强机关党的基层组织建设，围绕学校的中心工作，保证、监督、协调机关各部处及直属单位完成各项工作任务。其属下34个党支部、1个党总支，共有606名党员。机关党委有专职干部2人。

机关党委参加学校各项活动获奖情况：机关党委荣获2015年届满考核优秀中层领导班子；基层党组织党建述职民主评议考核优秀；学校党委十佳青苗工程“育苗计划”先进基层党组织称号；总务后勤管理处党总支机关党支部、宣传部党支部获学校党委十佳“立德树人”主题党日活动表彰；机关党委“创三型机关，促科学发展”党建品牌、党委宣传部“提升文化软实力，建设知行合一先锋学习型党组织”党建品牌、学生社区中心“学生社区党员时事热点座谈会”党建品牌项目通过学校党委中期建设审核，并获得滚动经费支持；机关党委8位党员撰写的党建论文入选《固本与聚气——新形势下高校党建工作研究》论文集；机关工会获评为模范教工之家，3人获学校工会先进工作者称号，10人获学校工会活动积极分子称号。

机关代表队获教职工新年晚会最佳表演奖，获校运会女体团体第一名、男子团体第二名、体育道德风尚奖，羽毛球代表队获教职工羽毛球赛第四名，乒乓球队获教职工乒乓球比赛第三名，获教职工“五一”环校跑优秀组织奖，教职工篮球赛问鼎六连冠，教职工足球赛荣获季军。

【党建工作】 围绕创建“三型”机关的党建目标，持续开展机关作风建设检查，举办第三期机关“新荷培养计划”系列活动，组织开展第三期“机关教工党支部与学生党支部结对共建”活动，推进群众路线教育实践活动常态化。

机关党委扎实开展“三严三实”专题教育活动。除组织党员干部参加学校党委安排的动员会和党课学习外，结合工作实际，做好4个关键动作：一是各党总支、党支部书记带头讲“三严三实”专题党课；二是各党支部开展“三严三实”专题学习研讨；三是召开“三严三实”专题民主生活会和组织生活会；四是强化整改落实和立规执纪，推动机关践行“三严三实”制度化、常态化、长效化。机关党委副书记参加学校“理想信念”专题延安培训班，了解掌握党务新知识，进一步规范发展党员工作。学生处4位同志参加教育部和广东省思想教育工作业务培训，提升了党员的业务能力和工作能力。

完成党建质量工程工作。学习贯彻学校党风廉政建设会议精神，开展纪律教育学习月活动。举行“聚高校改革正能量，扬机关服务新风尚——机关作风建设大家谈”演讲比赛，构建干部素质高、服务质量优、工作效率高的服务型机关。组织各党总支、党支部和党员干部开展讨论交流学习、观看主题影片，推介专题电子书目，宣传热点时政、文件精神。

做好思想政治工作。开展行之有效的常规工作的同时，及时开展应急工作，慰问困难、患病住院党员和教职工41人，组织青年教工参加各类青年联谊活动，做好有关专项思想政治工作。机关教工之家组织4次主题月活动。

【组织工作】 机关和直属单位联合分党校共培训21名教工党员发展对象，共指导15名学生党员发展对象完成党校培训课程。

机关党委按照新修订的《暨南大学党员工作程序》《暨南大学党员公示办法》的有关规定，把材料审核工作前移，对预备党员进行党委层面考察，预备党员每季度至少参加党委组织的专题活动1次。全年发展新党员4人，预备党员转正9人，办理党组织关系88人次。全年共收缴党费148 045.9元。

成立4个征求意见调查组分赴机关各单位召开领导班子党员领导干部民主生活会共30场，征求党内外干部群众意见和建议。指导5个支部、1个党总支的换届或支委改选、补选工作。

【2015年机关作风建设系列活动】 推进机关作风建设和执行力建设，组织2轮、20余次“机关作风建设检查月”活动，强化机关工作纪律；结对共建支部找准结合点和切入点，开展党建活动40余场，形成党建新模式的长效良性循环；推出“新荷培养计划新入职人员宣传”电子宣传推介。

（机关党委供稿）

工会工作

【概况】 2015年，学校工会和广大工会干部在学校党委和上级工会的领导下，在学校行政的支持和广大教职工的积极参与下，从服从学校全局工作出发，围绕学校教学科研中心工作，团结、服务广大教职工，维护和发展教职工的合法权益，以改革创新的精神，增强学校工会组织的凝聚力和吸引力。

校工会委员会下设27个二级工会组织（其中，体育学院工会于2015年10月成立），设有工会办公室、提案工作委员会、教职工生活福利委员会、经费审查委员会、文体工作委员会、女教职工委员会、青年教职工工作委员会等机构，有专职工会干部7人（不含兼职），校财务处委派会计1人。全校已有25个二级工会教工之家，遍布校本部、南校区、珠海学院、深圳旅游学院、华文学院等所有校区。

5月14—15日，召开学校第八届教职工代表大会暨第十二届工会会员代表大会第一次会议。4月底，除近三年内新成立或者进行过换届选举的5个二级工会外，其他21个二级工会全部完成换届选举。

以青年教职工工作委员会为抓手，与相关职能部门和各学院密切配合，发挥各分委会的自主性，先后开展学术沙龙、青蓝名家大讲堂、亲子运动会、新入职教职工联谊以及“走进”系列活动。

组织开展针对女教职工自身特点的联谊活动；依托“广东省高校女性发展研究中心”的研究平台，开设“文化女性课堂”。

做好教职工慰问及扶贫济困工作。10月，学校工会下发《关于做好教职工婚育病困等慰问工作的通知》，要求各二级工会根据实际情况制定本单位标准，在教职工遇有结婚、生育、患病住院、直系亲属去世、个人或家庭特殊困难等情况时给予慰问。在二级工会慰问基础上，学校工会逐步建立起相应的帮扶信息数据库，对家庭有特殊困难、罹患重大疾病的教职工予以慰问。与学校人力资源开发与管理处、学校党委组织部、离退休处配合，在节假日做好学校病困教师慰问工作。向广州市残疾人福利基金会捐赠1万元，用于扶助农村贫困残疾人家庭项目。按照与地震受灾地区签订的捐赠协议，继续向四川汶川县、雅安市雨城区、宝兴县地震灾区拨出教师关爱学生奖教金17万元整，奖励地震灾区优秀教师共计145名。

加强附属学校工作。8月，经过一年的筹备，在整合原附属中学、附属小学资源基础上，暨南大学附属实验学校获天河区教育局批准成立。附属中学中考成绩再创新高，全校219名考生，平均分665.4分，比去年提高31分，高出广州市平均分132.9分；最高分762分（如含加分，最高分为765分）；733分以上（华师附中高中录取分数线）21人，比去年增加12人（占比近10%，同比提高4%）；750分以上7人，比去年增加5人（占比3%，同比提高1.7%）；700分以上95人（占比43%，同比提高16%）；达示范性高中录取控制线164人（占比75%，同比提高13%）；有10位同学为广州市物理单科状元。

附属实验学校和附属幼儿园的换届工作完成，提拔任命新一届附属实验学校、附属幼儿园的领导班子成员。

工会工作获多项表彰。12月，学校工会被中华全国总工会授予“全国模范职工之家”荣誉称号；程炎明被授予“全国优秀工会工作者”称号。12月，广东省总工会对在2014年度劳动竞赛中获奖的先进集体和优秀个人进行表彰，曾在2014年广东省高校青年教师教学大赛中分别获得人文社会学科、自然科学基础学科以及自然科学应用学科第一名的学校教师王春超、刘绘、杜彬被授予广东省五一劳动奖章。

【教职工文体活动】 开办现代筝、瑜伽、舞蹈、形体、书法、钢琴、吉他、声乐、合唱、跆拳道、太极拳等系列培训班。先后举办“五一”环校跑、羽毛球、乒乓球、足球、篮球、运动会等体育比赛活动。7月13—14日，第三届亚洲国际合唱节在香港新界乡议局大剧院演奏厅举行，学校教工合唱团成员代表组成的“暨南和声”合唱组获室内流行组金奖。12月，学校代表队参加2015年广东省教科文卫工会教职工羽毛球比赛，获得本科院校与高校附属医院组第五名。12月31日晚，在学校礼堂举行献礼建校110周年暨迎新年晚会。

【学校第八届教职工代表大会暨第十二届工会会员代表大会第一次会议】 3月底，学校党委下发《暨南大学党委关于做好暨南大学第八届教职工代表大会、第十二届工会会员代表大会第一次会议筹备工作的通知》，成立以副校长饶敏为主任的“双代会”筹备工作领导委员会；对新一届“双代会”的机构设置和成员组成及产生办法做明确规定。全校各二级工会按程序，选举出新一届“双代会”代表333人，成立16个代表团（含离退休特邀代表团），提名校工会委员及各专门委员会委员候选人71人。

5月14日下午，暨南大学第八届教职工代表大会、第十二届工会会员代表大会第一次会议预备会议在礼堂召开，会议表决通过新一届“双代会”表决办法（草案）；听取并通过会议筹备工作领导委员会代表资格审查组组长欧传峰作的《“双代会”代表资格审查报告》；听取并通过会议筹备工作领导委员会副主任、秘书组组长程炎明作的《“双代会”筹备工作报告》；表决通过本次“双代会”主席团成员建议名单。当天下午，会议主席团全体成员在校工会三楼会议室召开第一次会议，表决通过饶敏担任本次“双代会”主席团主席，程炎明、龚红月担任主席团执行主席，程炎明兼任主席团秘书长；审议通过《暨南大学第八届教职工代表大会暨第十二届工会会员代表大会工会委员会、提案工作委员会、教职工生活福利委员会、工会经费审查委员会、教职工文体工作委员会、女教职工委员会、青年教职工工作委员会委员选举办法》。

5 月 15—16 日，暨南大学第八届教职工代表大会、第十二届工会会员代表大会第一次会议在曾宪梓科学馆国际会议厅举行，全体校领导以及本届“双代会”正式代表、特邀代表、列席代表近 400 人出席会议。开幕式上，中山大学、华南理工大学、华南师范大学等十余所兄弟院校工会发来贺信贺电，校党委书记蒋述卓致开幕词，广东省总工会党组副书记、巡视员郭泽宇致贺词，校长胡军作《校长工作报告》，副校长饶敏作《学校工会工作报告》，发展规划处副处长张桂国作《关于〈暨南大学学术委员会章程（修订稿）〉的说明》《暨南大学高水平大学建设基本设想的说明》。教代会提案工作委员会、工会经费审查委员会分别向大会提交《提案工作报告》和《学校工会经费审查报告》。会议还对 2014 年度工会工作先进集体、提案承办工作先进单位、提案工作优秀组织奖获得者、优秀提案奖获得者进行表彰。

15 日下午，各代表团对上述报告进行认真讨论并酝酿通过暨南大学第十二届工会委员会候选人名单以及各专门委员会候选人名单。在 16 日上午的会议闭幕式上，全体正式代表表决通过大会选举办法以及监票员、计票员建议名单并投票选举出暨南大学第十二届工会委员会委员和各专门委员会委员。学校新一届工会委员在科学馆 215 室召开第一次全体会议，选举产生新一届校工会常委，选举饶敏为校工会主席、侯宏伟为校工会常务副主席、沈洪涛为校工会兼职副主席、匡迎辉为校工会副主席。

【暨南大学附属实验学校成立】 经过一年的筹备，在整合原附属中学、附属小学资源基础上，暨南大学附属实验学校获天河区教育局批准成立。8 月 19 日，天河区教育局正式下发暨南大学附属实验学校办学许可证；12 月 15 日，学校正式成立暨南大学附属实验学校，下设中学部和小学部，撤销附属小学和附属中学。

暨南大学第十二届工会委员会名单

第十二届工会委员会主席

饶　敏

第十二届工会委员会常务副主席

侯宏伟

第十二届工会委员会副主席

沈洪涛（兼）　匡迎辉

第十二届工会委员会常务委员会委员（按姓氏笔画排序）

王玉娟　邓永忠　匡迎辉　孙　彧　李　霆　邱向欢　沈洪涛　张　志　张国林　陈利国　林晓灵　查振刚　侯宏伟　饶　敏　夏　泉

第十二届工会委员会委员（按姓氏笔画排序）

王玉娟　邓永忠　叶志海　匡迎辉　朱政辉　庄汉文　刘远忠　孙　彧　杨先顺　李　霆　邱向欢　沈洁薇　沈洪涛　沈晓梅　张　志　张安国　张国林　陈文新　陈利国　林晓灵　查振刚　段开成　侯宏伟　饶　红　饶　敏　夏　泉　徐义雄　黄旭明　谢　恬

第十二届工会经费审查委员会委员（按姓氏笔画排序）

毛　铮　张　震　陈耀忠　林明亮　戴　霞

第十二届工会教职工文体工作委员会委员（按姓氏笔画排序）

邓钧元　杜宝荣　李淑芬　沈洁薇　甄　艺

第十二届工会女教职工委员会委员（按姓氏笔画排序）

匡迎辉　李泽楷　何金爱　沈晓梅　张建敏　周　敏　徐咏梅　彭梅蕾

第十二届工会青年教职工工作委员会委员（按姓氏笔画排序）

王　兵　朱圭铭　刘金山　陈　莹　陈填烽　易佘胤　翁　健　蒋　杰　蒋建国

第八届教职工代表大会提案工作委员会委员（按姓氏笔画排序）

冉　丽　刘永连　李秀玉　肖海滨　陈文新　徐　芳　彭　蕾

第八届教代会教职工生活福利委员会委员（按姓氏笔画排序）

田金奎　何　雯　郑婕慧　查海燕　赖佳玲

附属学校办学情况

附属学校负责人名单（2015 年 12 月任命）

附属实验学校

校长：陈宏伟

副校长兼中学部部长：罗元香

副校长兼小学部部长：龚定琦

中学部党支部书记：张新淮

中学部副部长：毛旺民　张代琴

小学部党支部副书记（主持工作）：黄　芳

小学部副部长：陈米娜　梅　翔

附属幼儿园

园长：王艳艳

党支部书记：陈卓萍

副园长：李丽芬　陈毓慧

附属实验学校、幼儿园基本条件

名称	教职工数（人）	占地面积（平方米）	建筑面积（平方米）	学生数（人）
附属实验学校	92	16 230	14 070	2 081
幼儿园	30	3 734	3 800	445

附属实验学校、幼儿园专业教师队伍情况

单位：人

名称	专业教师	高级教师（特级）	一级教师	二级教师
附属实验学校	92	35（中教高级）	17（中教一级）	1（中教二级）
		35（小教高级）	2（小教一级）	
幼儿园	30	16（幼教高级）	8（幼教一级）	

附属实验学校、幼儿园办学规模

单位：个

名称	各级（班）数		总数
附属实验学校	7（初一级）	4（高二级）	25
	5（初二级）	4（高三级）	
	5（初三级）		
	5（一年级）	4（四年级）	24
	5（二年级）	3（五年级）	
	4（三年级）	3（六年级）	
幼儿园	3（小小班）	4（中班）	16
	5（小班）	4（大班）	

注：附属学校办学数据统计时间截至2015年11月5日。

（工会委员会供稿）

共青团工作

【概况】 共青团暨南大学委员会在学校党委和共青团广东省委的领导和指导下，团结带领全校团员青年，通过多种形式的爱国主义教育，有效提高青年学生的思想素质、政治觉悟和理论水平，为学校人才培养工作服务；巩固和加强共青团自身建设，通过健全和规范团组织生活，开展多种多样的团员意识教育、主题团日活动、团员政治理论学习、团员骨干培训及其他有关工作，营造积极向上的校园氛围；利用团刊、网站、微博、微信等宣传阵地，向团员青年宣传党的方针政策、国内外形势、学校发展和学生学习生活动态以及其他社会信息，把握舆情导向，形成和保持健康向上的校园舆论氛围；组织各种富有教益、为学生所欢迎的学术文化活动，丰富青年学生的校园文化生活，营造丰富多彩、多元共融的校园文化氛围；以科技学术活动为中心，以“挑战杯”竞赛为龙头，开展丰富多彩的学生课外学术科技活动，拓展素质教育内涵，构建校园创新文化；开展“三下乡”社会实践活动、社会调研青年志愿服务活动、社区服务活动和就业创业见习基地建设，开展“展翅计划”大学生就业创业能力提升行动，提高大学生综合素质，引导青年学生全面发展，成长成才。

2015年，学校团委以培养学生“志存高远，崇尚学术，渴求知识，至臻学业，多面发展”为工作抓手，实施“青年学子菁英”领航计划，开展弘扬和培育社会主义核心价值观以及纪念抗日战争胜利70周年主题教育活动，发挥组织青年、引导青年、服务青年、维护青年合法权益的职能，推进思想引领和成长服务两大战略任务，进一步做好共青团和青年工作，推进团组织建设、青年学生思想教育、学术科技创新和就业创业、社会实践、志愿服务和校园文化建设。校团委现有职工5人。

【基层团组织建设与团干培养】 坚持以党建带团建，推进和创新团组织建设，开展“五四红旗团组织”创建工作，创建学习型团组织，完成团内统计工作，指导基层团组织召开团代会、完成换届等工作。以党的十八大和十八届四中、五中全会的召开为契机，在学校范围内广泛开展弘扬和践行社会主义核心价值观主题教育活动和纪念抗日战争胜利70周年活动，加强青年学生思想教育引领。例如，举办学校团干部学习党的十八大精神座谈会和专题报告会、学习广东省委书记胡春华“五四”讲话精神，号召基层团支部开展“纪念抗日战争暨世界反法西斯战争胜利70周年”

主题团日活动，并举办团支部风采大赛，举行两场“永远跟党走·与信仰对话”专场报告会，坚定广大青年对中国特色社会主义的道路自信、理论自信、制度自信。加强舆论宣传阵地建设，重视新媒体的应用，完善舆情调研机制。改版优化学校团委官网，加大对青年论坛、微博、微信等新媒体的管理，坚持“以青年之责任办青年之报纸”的视角办好《暨南青年》。注重重要信息和舆情的收集、分析和报告，完善舆论预警和应急处理机制，加强调研部门队伍建设，把握学生对各类重大事件的反应。

高度重视大学生骨干培养，继续开办暨南大学大学生骨干培养学校第六期培训班，以精英培养模式开展教学，进一步提高人员选拔标准和课程质量。通过以理论学习、课题研究、社会实践、对外交流，志愿服务等为主要内容的“五个一”式系统培训，提高大学生骨干的思想政治素质、理论水平和创新实践能力，引领、培养优秀团员骨干青年。

【“三下乡”活动】 2015年寒暑期，学校共组织110支校级重点团队，奔赴各地开展理论政策宣讲、深化改革观察、科普惠农、医疗卫生、教育帮扶、文化艺术、生态环保、创新创业等实践服务活动。学校团委被共青团中央学校部、全国学联秘书处评为2015年全国大中专学生志愿者暑期“三下乡”社会实践活动先进单位。

7月，学校承办“情义两地行”粤港大学生志愿服务合作营。来自学校和香港地区高校的近100名青年学生深入梅州市平远县和兴宁市开展教育关爱、医疗卫生等志愿服务活动。此次活动由广东省青年联合会、香港民政事务局、广东省学生联合会、香港志愿者协会、广东青年志愿者协会共同主办，广东省政府副秘书长李贻伟，团省委书记、省青年联合会主席曾颖如等领导嘉宾出席活动分享会。

【青年志愿者工作】 学校拥有特色志愿服务项目70余项，涵盖20多个领域，覆盖全校近半数学生。开展广西百色革命老区百名贫困留守学生捐资助学活动，在校内募集资金45 000余元，资助90名受助贫困学生。赴广州至灵学校和康复实验学校开展以“我是你的安徒生”为主题的义演义唱活动。3月至4月，集中开展“学雷锋行动月”系列活动。11月，以“益路同行·心系未来”为主题，启动学校第八届志愿者文化节。参报2015年“益苗计划”广东志愿服务组织成长扶持行动暨志愿服务项目大赛，经评审委员会评审，学校“和一群集公益网络教学（Teach for Guizhou ~ 云支教）”“健康直通车”“爱书小屋—赤脚主题图书馆”3个项目入选省级持续扶持项目，每个项目获得约2万元资金支持；“你身边的孔子学院——在穗外籍人士子女汉语教学及中华文化推广”“志愿者支教服务——城乡儿童‘虫洞计划’”2个项目入选省级培育成长项目，每个项目获得约1万元资金支持。首次开展“春蕾计划”优秀、创新公益项目评选、资助活动，评选出优秀公益项目36个、创新公益项目10个，每个项目资助2 000元，用于公益团队建设和日常志愿服务活动的开展。

2015年，校青协开辟启慧学校、中山三院、鹭江老人院3个常规化志愿服务基地，定期开展特殊学生、患病儿童和孤寡老人的探访慰问等活动。在原有志愿服务管理体制的基础上逐步摸索线上“志愿时”系统管理、线下人手一本公益证的双重认证管理模式，完善志愿服务作为学生第二课堂的各项管理、认证程序。

【学术科技与创新创业】 2015年，在第十四届“挑战杯”全国大学生课外学术科技作品竞赛中，学校报送的6件参赛作品全部获奖，共荣获1项一等奖、2项二等奖、3项三等奖和1项“累进创新金奖”以及“校级优秀组织奖”。其中，光子技术研究院的《光纤矢量扭转传感器》获得一等奖。

在第十三届“挑战杯”广东大学生课外学术科技作品竞赛中，学校共荣获7项特等奖、5项一等奖、10项二等奖和7项三等奖，并捧得“优胜杯”。

4月，广东大学生科技创新培育专项资金（“攀登计划”专项资金）首批立项项目名单公布。学校申报的23个学生科技创新项目全部获批立项，其中重点项目4项、一般项目19项，共获得专项资助资金48.5万元。

举办暨南大学第十六届大学生学术科技节，面向全校本科生和研究生开展竞赛、讲座、展览和论坛四大类活动。作为学术科技节的首场活动，暨南大学第六届“挑战杯”大学生课外学术科技作品竞赛决赛暨全校“挑战杯”备赛作品大展示同时举行，本届竞赛参赛作品近500件。

组织开展两次“挑战杯”竞赛等学生课外学术科技创新创业竞赛项目的立项申报工作。第一次共收到申报立项项目400余项，确定257项给予立项资助，合计资助金额50余万元；第二次共收到申报立项项目300余项，确定178项给予立项资助，合计资助金额近40万元。全年参与学生近4 000人。

在各校区举办“挑战杯”面对面宣讲交流会，制作“挑战杯”宣传和指导手册，邀请获奖作品的指导老师和参赛同学分享经验，为师生解读和宣传“挑战杯”竞赛。

【青年联合会工作】 1月21日，学校青年联合会召开第一届第六次常委（扩大）会议。校党委副书记、副校长叶勤出席并讲话。校青联常委、各学院分管共青团工作的领导和团干部参加会议。3月9日，团广东省委副书记、省青联副主席张志华一行莅临学校就粤港澳青年学生工作开展专项调研。学校团委、学生处、学生就业指导中心等部门同志以及来自国际学院、新闻与传播学院、理工学院的10名港澳学生代表出席了座谈会，就学习、考研、实习、就业、创业、文化交流、学生社团以及在校生活提出了建议和意见。2015年，在广东省青联主办的“青年同心圆计划”系列活动中，校青联选派30名志愿者与来粤实习的香港大学生结对，邀请他们来校参观、交流。

【共青团系统总结表彰大会】 5月4日，学校举行暨南大学纪念五四运动96周年暨共青团系统总结表彰大会。校党委副书记、副校长叶勤出席并讲话，肯定过去一年学校团建工作，并对新一年工作寄予厚望。

会上，叶勤宣读学校获得团省委表彰名单，校团委书记成品兴作《学校共青团工作报告》，总结回顾学校各级团组织一年来的主要工作，并表彰2014—2015年度暨南大学“五四红旗团组织”。

【学校首批全国“研究生支教团”成员赴宁夏支教】 学校于2014年9月获批成为第十七届研究生支教团组织实施单位。2015年上半年，校团委联合附属中学为支教团成员提供全科教学实习的岗位，提升志愿者教学水平。首批支教团成员于7月赴宁夏狼皮子梁学校开展为期一年的支教工作。10月，校党委副书记、副校长叶勤率相关负责同志看望慰问学校支教团成员，并发放慰问金和慰问品。

（校团委供稿）

·人　物·

在校两院院士

中国科学院院士：苏国辉　陈星旦
中国工程院院士：刘人怀　姚新生　陈志南　詹启敏　钱清泉

学校高端人才及各类人才工程入选教师名单

类别	姓名
长江学者特聘教授（6人）	叶文才、何庆瑜、尹芝南、马建峰、冯帅章、程国赋
长江学者讲座教授（4人）	Seeram Ramakrishna、Mark Richard Rosenzweig、黄铭洪、于强
“千人计划”入选者（12人）	周振、刘奋勇、麦耀华、胡晓农、李晓江、廖化新、李凯、王玉强、黄国全、石磊、尹良红、陈功
“青年千人计划”入选者（5人）	李向平、曹耀宇、丁郁、陈达、訾佳辰
国家杰出青年科学基金获得者（12人）	曾永平、叶文才、尹芝南、刘奋勇、潘景轩、吴军、丁克、冯帅章、黄国全、李朝晖、苏开乐、鞠振宇
“新世纪百千万人才工程”国家级人选（14人）	李卫、苏冬蔚、何庆瑜、蔡冬青、王一飞、叶文才、江仁望、程国赋、尹芝南、刘增合、陈安平、吴军、冯帅章、周振
万人计划（科技创新领军人才）（2人）	关柏鸥、丁克
万人计划（青年拔尖人才）（4人）	张弓、陈填烽、陈光慧、庄莉
863项目负责人（1人）	张成武
973首席科学家（2人）	尹芝南、刘奋勇
国家自然科学基金青年科学基金获得者（6人）	游静、张弓、高昊、师蕾、曾力希、李向平

（续上表）

类别	姓名
“新世纪优秀人才支持计划”获得者（40人）	程国赋、刘泽寰、王国庆、刘增合、关柏鸥、熊盛、庞素琳、苏冬蔚、黄亚东、江仁望、冯新焕、孙华妤、彭国华、林如鹏、周立兵、陈填烽、高昊、江正瑾、王兵、黄世清、蒲若茜、支庭荣、王英、何凌云、朱义坤、欧锦文、李朝晖、陈安平、汪勇、王元林、翁健、蔡宇、何蓉蓉、张晓琦、张振江、白卫滨、李云飞、白杨、马民、张冬梅
国家高端外专项目获得者（4人）	Seeram Ramakrishna、Crommen Jacques Auguste Joseph、Andrea Erika Münsterberg、Martin Reaney
国家高端外专（团队）项目获得者（2个）	Brett Kirk、Crommen Jacques Auguste Joseph
中宣部“四个一批”项目获得者（2人）	程国赋、鞠海龙
教育部创新团队负责人（1人）	叶文才
会计名师（1人）	宋献中
广东省“珠江人才计划”引进创新团队负责人（4人）	尹芝南、廖化新、马建峰、刘奋勇
“百名南粤杰出人才培养工程”培养对象（4人）	周振、曾永平、丁克、李卫
广东省“珠江人才计划”领军人才（7人）	Henri Dumont、邓慧杰、李凯、SUSAN P. C. COLE、Seeram Ramakrishna、苏国辉、Alexander A. Potapov
863青年科学家项目获得者（5人）	陈填烽、武征、张弓、吴宝剑、刘明贤
珠江学者特聘教授（7人）	王聪、程国赋、苏冬蔚、黄亚东、高昊、王兵、关柏鸥
珠江学者讲座教授（4人）	况熙、王常勇、冯应谦、马彦源
“广东特支计划”科技创新领军人才（4人）	关柏鸥、李朝晖、游静、黄亚东
“广东特支计划”百千万工程领军人才（2人）	周立兵、吴军
“广东特支计划”科技创新青年拔尖人才（14人）	郭团、金龙、黄正旭、刘明贤、高庆生、陈填烽、张弓、高昊、何蓉蓉、高伟、吴宝剑、石智、曲宜波、李建平
“广东特支计划”百千万工程青年拔尖人才（7人）	齐绪峰、麦文杰、师蕾、王磊、刘双乾、田海妍、张文娟
“广东特支计划”宣传思想文化领军人才（3人）	鞠海龙、支庭荣、徐义雄
“广东特支计划”青年文化英才（3人）	汤景泰、陈林、麦尚文
“广东特支计划”教学名师（1人）	朱义坤

（续上表）

类别	姓名
广东省宣传文化人才专项获得者（7人）	林如鹏、王春超、刘金山、程国赋、鞠海龙、陈志平、闫月珍
广东省丁颖科技奖获得者（5人）	欧阳东、叶文才、丁克、吴军、李卫
广东省杰出青年基金获得者（18人）	何蓉蓉、刘明贤、王晓刚、张冬梅、陈填烽、高昊、武创、麦文杰、石智、齐绪峰、吴宝剑、戴毅、陆小云、高庆生、赖俊祚、卢惠辉、王磊、朱帮助
广东省高端外专项目获得者（3人）	Martin Reaney、Raoul R. Nigmatullin、Kurunthachealam Kannan
广东省高端外专（团队）项目获得者（2个）	André Maurice Elie Goffinet、Gary Edward Pickard
广东省高校“千百十工程”国家级培养对象（6人）	关柏鸥、庞素琳、李扬秋、莫测辉、王玮、翁健
广东省高校“千百十工程”省级培养对象（48人）	刘少波、林小涛、李志杰、欧阳健明、孙晗笑、蔡铭泽、陈利国、李卫、杨宇峰、王一飞、苏冬蔚、李扬秋、洪岸、刘颖、庞素琳、张耀辉、李弘剑、傅京燕、黄亚东、刘增合、莫测辉、江仁望、蒲若茜、陈孝银、吴晓萍、刘金山、熊盛、袁定胜、温碧燕、刘朗夏、翁健、周立兵、姜仕军、冯新焕、王元林、王兵、赵静蓉、王伯光、刘华、季煜华、陈安平、顾乃华、陈填烽、张弓、李立华、汪勇、马民、王英
广东省优秀青年教师（24人）	陈林、黎文靖、金龙、王春超、赵永亮、白卫滨、何留民、高庆生、李杰、麦文杰、马栋、曲宜波、陶锋、陈光慧、王进、刘涛、郭瑞、方俊彬、肖佳、李敬娜、刘红艳、蔡亚平、郑贤、朱丽红
广州市珠江科技新星（32人）	郭团、孙雪松、师蕾、张冬梅、王英、李立华、李杰、郭军、何蓉蓉、程凌浩、叶锦韶、王国才、禹艳红、王磊、吴秀丽、孟辉、金龙、齐绪峰、朱建华、李敏一、戴毅、吴宝剑、何留民、赖俊祚、卢惠辉、马栋、申丽、袁晓辉、肖佳、朱丽红、田海妍、陆小云
“孔雀计划”入选者（2人）	林丹、邓惠娟
“鹏城学者计划”入选者（2人）	刘梦赤、David Simmons
暨南杰出青年学者第一层次（39人）	刘宗华、高庆生、陈清亮、焦延鹏、朱小红、翁健、汪勇、郭团、王兵、曲宜波、张冬梅、王英、石智、王春超、黎文靖、赵永亮、陈林、饶品贵、闫月珍、刘华、鞠海龙、廖焕国、赵静蓉、李云飞、魏莹、王进、陈伟军、关柏鸥、李朝晖、邓玉辉、江正瑾、周立兵、陈填烽、苏冬蔚、张弓、陈安平、彭国华、张振江、曾昭聪

（续上表）

类别	姓名
暨南杰出青年学者第二层次（32人）	江仁望、姜仕军、麦文杰、陈志平、叶德珠、赵春利、尹居良、顾乃华、欧锦文、江伟、邓绍根、张小欣、张振谦、冯新焕、金龙、孙雪松、杜慧勤、潘红卫、李立华、何蓉蓉、吴宝剑、杨德明、陈联俊、汤文平、陈光慧、傅京燕、王鹏、刘明贤、孟辉、师蕾、马栋、白卫滨

暨南大学2014—2015学年高级职称人员名单

国际学院

正高职称人员：

唐书泽 王立伟

副高职称人员：

刘羽帆 邓永忠 罗飞 蒲华林

文学院

正高职称人员：

蒋述卓 陈伟明 陈广恩 宋剑华 曾昭聪
王银田 黄汉平 刘绍瑾 熊焰 冀满红
刘增合 徐国荣 姚新勇 刘正刚 傅莹
王进驹 闫华 王元林 甘于恩 王列耀
郭声波 张廷茂 苏桂宁 赵维江 张海沙
马建春 聂巧平 赵静蓉 程国赋 陈才俊
吴宏岐 夏泉 叶农 刘永连 李云飞
刘新中 陈义华 赵灿鹏 张小贵

副高职称人员：

张坤 李民 全秋菊 倪列怀 王先岳
李淑蘋 赵利峰 曾光光 屈文军 张春晓
周娟 吴青 杨俊华 钟奇 廖健琦
张维缜 陈文源 杨秋 闫秋红 高然
张家梅 胡伟 张振谦 徐林 周正庆
曾肖 盛永生 罗执廷 朱巧云 侯兴泉
李亚萍 李志学 赵善德 马莎 张永春
崔世平 蔡亚平 邵笑 黄勇 花宏艳
程刚 龙杨志

外国语学院

正高职称人员：

程倩 蒲若茜 宫齐 罗家如 王琢
廖开洪 赵君 梁瑞清 张洪岩

副高职称人员：

刘春英 黎燕 李海辉 詹乔 陈竞
彭帆 罗晓红 谭维 戴灿宇 李知宇
刘德珍 朱桃香 王宝锋 邹红英 夏伟
胡慕辉 陈林 李锦 王东 陈湛
王全智 陈龙 陈蕾蕾 张春 王进
陈华生 李亦玲 张祖梅 马利红 刘雪清
颜方明 任秀玲 许双如 朱湘军 罗宏斌
汤琼 杨才英 张立平 裴霜霜 韩征瑞
李香 肖淳端 陈凤川 林维燕 兰静
谭岸青 王琼 杨红波

新闻与传播学院

正高职称人员：

林如鹏 杨先顺 蒋建国 支庭荣 张晋升
蔡铭泽 刘琨瑛 申启武 林爱譽 刘家林
喻季欣 范以锦 李异平 薛国林 侯东阳
陈伟军 谭天 谢毅 星亮 彭伟步
邓绍根 阳翼 刘涛

副高职称人员：

邱一江 王玉玮 李苗 朱磊 陈娟
谷虹 李洁 莫智勇 肖伟 张岚
汤景泰 张蕾 陈致中 陈喆 陈强
曾凡斌 张潇潇 陈韵博 张建敏 黄雅塑

艺术学院

正高职称人员：

曹宝麟 陈志平 蔡显良 李学武 谢光辉
张铁林 曾振伟 李杰

副高职称人员：

丁政 朱圭铭 刘弋珩 王和松 杨小玲
王桢 张弢 段婷婷 周斌仲 李鹏飞
罗丹 胡杨 叶志海

经济学院

正高职称人员：

苏冬蔚　刘少波　刘金山　龚唯平　陈安平
覃成林　彭国华　蒋　海　杨　英　廖家勤
田存志　王斌会　高艳荣　雷钦礼　傅京燕
杨仕辉　吴　江　郑少智　沈肇章　尹居良
刘德学　陈　恩　陈红蕾　舒建玲　梅林海
沈　军　王　聪　陈雪梅　代　明　陈章喜
牛德生　冯海波　杜金岷　王　兵　叶德珠
王春超　谭政勋　杨森平　朱　芳　陈光慧
柳向东　赵永亮

副高职称人员：

张小康　萧松华　林志平　郑建华　黄文青
陈戎杰　蔡　彤　莫　扬　余　英　吴建新
陈思玲　王　军　张　珺　吴宗祥　刘景章
张华嘉　王洪光　左　正　徐林清　唐玉华
李艳虹　夏　帆　张　萃　杨亚平　黎平海
李　英　陈　鹭　伍海军　夏京文　刘新荣
蒲华林　萧　端　张方方　刘　沛　周泳宏
刘鸿钧　赖文凤　林　桦　程　丹　李　勋
郭海华　彭先展　程玉鸿　王　鹏　姜永宏
时旭辉　桂文林　程　静　钟　韵　周四清
魏　朗　丁　岚　黄建军　叶柳儿　王贤彬
郑　贤　陈少凌　杨广仁　谢宝剑

管理学院

正高职称人员：

胡　军　宋献中　郝英奇　梁明珠　王惠芬
李相银　罗绍德　陈海权　王　玮　夏洪胜
左小德　刘国常　石本仁　孔小文　张耀辉
刘汉民　江　伟　潘　定　胡玉明　易余胤
温碧燕　刘耀中　丁友刚　张传忠　李爱梅
戴良铁　王国庆　叶茂林　卫海英　林福永
黄文锋　沈洪涛　谭　跃　黎文靖　王　霄
王丹丹　卢　馨　苏晓华　刘　益　肖继辉
白　华　杨德锋　徐咏梅　欧锦文　饶品贵
傅云新

副高职称人员：

佟　瑞　朱　滔　廖卫华　董毅华　石水平
胡东波　潘敏虹　姚　琼　屈　援　樊　莹
张　珊　张建斌　王　华　孙先锦　张彩虹
谭小平　王新华　梁新弘　魏　莹　文　彤
陈　思　叶生洪　胡欣悦　汪会玲　杨从杰
王　虹　罗淑贞　张　泳　翁作敏　文　吉
黄伟力　郭淳凡　郭葆春　罗其安　汤勇力
杨东进　黄微平　朱　锋　吴战篪　毛　铮
王丹舟　黄力平　吴三清　李进一　吴　菁
周　宏　刘　潇　朱　瑜　杨建华　张计划
杨荣彦　孙　彧　苏月中　郑江波　汤　胤
刘红艳　杨德明　胡矗明　山　峻　易　兰

法学院 / 知识产权学院

正高职称人员：

李　莉　李健男　乔素玲　梁玉霞　朱义坤
刘文静　徐　瀛　周显志　廖焕国　李伯侨
刘　颖　杨春华　贾学胜　郭宗杰

副高职称人员：

高　轩　戴　霞　胡鹏翔　张从容　方赛迎
张南鸣　吕国民　占美柏　闫庆霞　沈仲衡
胡陆生　程　荃　王爱华　张晓杰　张晓薇
陈一勤　赵克祥　黄志勇　沈太霞　宋耀红
杜宝庆　谢　恬　杨　萌　彭玉勇

国际关系学院 / 华侨华人研究院

正高职称人员：

潮龙起　张应龙　陈奕平　鞠海龙　吴金平
庄礼伟　张振江　王子昌　廖小健　曹云华
陈　文

副高职称人员：

陈绍方　代　帆　侯松岭　李皖南　张明亮
许　梅　郭又新　邓应文　石沧金　程晓勇
李爱慧　张小欣　骆　莉　文　峰　何新华
唐　翀

公共管理学院 / 应急管理学院

正高职称人员：

蔡立辉　庞素琳　林毓铭　胡辉华　胡　刚
董建新

副高职称人员：

白　锐　洪　凯　许先国　颜昌武　周云帆
何宇青　李伟权　梁茂春　余世喜　胡涤非
张　旺　卢文刚　唐　攀　陈玉梅　杨　君
王子成　龚　晶

理工学院

正高职称人员：

狄红卫　刘人怀　金腊华　叶　勤　胡长鹰
钟金钢　晏日安　焦延鹏　陈振强　容建华
袁　鸿　马宏伟　陈向军　周长忍　李取生
陈长缨　李　卫　陈星旦　潘涌璋　薛江红

潘　涛　李明玉　王　璠　莫测辉　李　玲
曾　戎　张　军　欧阳东　余　岭　李　红
欧仕益　吴希阳　陈　哲　罗丙红　刘彭义
徐加初　李　华　黄雪松　屠　美　乐　松
李立华　汪　勇　麦文杰　彭喜春　林志丹
侯林涛　谢伟广　钟伟荣　吴建中　傅　亮
罗云瀚　赵剑豪
副高职称人员：
余晓敏　黄世清　饶华新　刘　绘　潘燕环
吴起星　李春生　孟庆霞　郭葆锋　黄富荣
王立立　钟永春　李雪艳　张　宁　胡翠英
梁国栋　唐　坚　刘毓湘　虞　兵　张　杰
鲁　路　周　华　张治国　陈　伟　张春林
胡　辉　唐振方　王玉娟　宁志华　陈志刚
王　瑛　崔　妮　张　伟　盛克苏　亦如瀚
包惠燕　孟　辉　张广文　郑冬琴　李爱军
赵　卫　余健辉　刘　英　黄才欢　李媛萍
方俊彬　刘明贤　李　真　李仕萍　尹　浩
王　超　焦　睿　尤德强　陈晓波　李　洁
聂振华　卢惠辉　于　涛　田金环

信息科学技术学院

正高职称人员：
王晓明　樊锁海　刘红霞　杨天奇　项世军
杨恢东　邓玉辉　潘久辉　易清明　陆尧胜
伍超标　郑力明　彭青玉　翁　健　黄君凯
高凌云　赵逸才　杨　亮　王会进　张　卫
周继鹏　刘伟平　谭满春　张传林　陈芝得
刘　波　陈平炎　柳　宁　赖俊祚　刘双乾
陈清亮
副高职称人员：
孙玉霞　范荣强　黄　穗　石　敏　张　震
刘巨森　黄伟英　陈舜儿　王卫东　邓婉玲
朱小红　张培爱　雷兆宜　陈庆容　李全国
胡　彦　陈展荣　黄红斌　张庆丰　张树群
刘崇春　吕东建　黄颖强　何明昕　王小良
安聪沛　孟小华　余宏华　张多英　苏继红
许　明　蒋志华　叶世绮　罗　志　周德华
蔡　喆　刘春光　全渝娟　卢建朱　杜志华
黄　战　杜宝荣　范旭乾　李敬娜　胡代强
邱　青　谭晓青　龙　舜　李　燕　孙　恒
何振宇　李　展　黄　波　杜慧勤　崔　林
黄秀姐　徐　毅　黄健沨　魏凯敏　宋婷婷
邹先霞　杨仁桓

生命科学技术学院

正高职称人员：
周天鸿　刘洁生　李爱芬　周立新　蒋笃孝
朱伟杰　何庆瑜　杨宇峰　欧阳健明　吴晓萍
李任强　李宏业　姜仕军　邢飞跃　王朝晖
林小涛　刘大岭　孙雪松　聂湘平　敖宁建
袁定胜　江天久　蔡继业　黄耀熊　唐　渝
谢秋玲　姚冬生　吕颂辉　李弘剑　曹佐武
王一飞　汪　炬　杨　扬　徐石海　段舜山
闫道广　陈志南　白　燕　尹平河　刘泽寰
陈　瑶　徐明芳　孟建新　刘朗夏　郑文杰
薛　巍　魏　星　罗溦葱　向军俭　洪　岸
谭绍早　黄亚东　罗　曼　汤顺清　王　艳
蔡冬青　黄　峙　刘正文　邓　宁　熊　盛
陈填烽　李志杰　张其中　杨培慧　韩博平
李毅群　何贤辉　杨　骏　李贵生　杨维东
张成武　刘　杰　刘春元　张　弓　晏光荣
张渊明　高庆生　王永飞　王　通　刘宗华
季煜华　邝志和　石　智　李　娟　齐绪峰
胡晓农　刘宏光　马　义　唐　勇　徐　宁
欧阳东云
副高职称人员：
梁郁强　牟善松　张修峰　林秋奇　董宏坡
顾继光　张金梅　周艳晖　叶长鹏　韦桂峰
曾祥凤　项　琪　曹丽伟　曲爱兰　何学佳
崔　淼　马三梅　郑婵卿　谢琪璇　刘琦晖
钱三旗　蒲含林　杨　芳　黄浪欢　芦春斌
许忠能　余榕捷　张齐好　何康明　钟汉权
邹飞雁　廖小建　王　宏　陈洁梅　曾向潮
利奕成　彭　辉　何留民　任　哲　钱垂文
高学娟　肖　佳　武　征　蔡怀鸿　程龙球
谢德明　曾　山　周正红　欧林坚　雷腊梅
桑　敏　傅小波　朱　毅　谢新媛　苏志坚
肇静娴　毛　萱　钟前则　黄伟建　刘　忠
龚映雪　柯　渔　林蒋海　冉艳红　骆育敏
朱嘉明　黄柏炎　李沁华　章　群　邹　奕
江　涛　乔永民　马　栋　禹艳红　王小莺
陈小佳　王小冬　赵建刚　贾红玲　王晓刚
郭　瑞　许德麟　胡　韧　查显丰　刘秋英
谢瑜珊

医学院

正高职称人员：
陆大祥　李扬秋　王自能　费　嘉　徐云生
林　晨　柏志全　曹　勇　唐　亮　吴　静

陈景亮　郭国庆　杨雪松　陈孝银　雷　蕾
刘　誉　马　民　陈建苏　戚仁斌　罗焕敏
卢晓晔　张　洹　刘　静　宇　丽　潘三强
赵国平　胡巢凤　赵月萍　杨钦河　王华东
沈伟哉　江振友　夏潮鎏　阮奕文　张玲敏
黄世光　王志伟　陈　静　陈利国　常　青
李富荣　何冬梅　张毅敏　李泽楷　李　茁
赵璐晴　朱林燕　荆春霞　蒋建伟
副高职称人员：
曾　红　王　辉　潘红卫　傅江南　何文芳
池桂波　林　熙　陈万群　陈青山　吴秋莲
陈　文　王跃春　杜　彬　黎俏梅　秦佳佳
林春兰　李仲购　郑　辉　蔡　玲　马绍斌
唐　勇　肖　飞　刘革修　高　勤　袁　洁
张嘉晴　杨巧红　杨　光　傅岳武　李　菁
山艳春　林汉生　张海伟　陈少华　李恩庆
张　军　徐　颖　吴秀丽　翁　文　苏才琼
朴正根　孙　立　谢思明　程少冰　黄华梅
肖文辉　程　欣　董晓梅　吴赤蓬　唐　昭
刘卫军　胡　萍　方梅霞　刘红杰　姚　平
廖继东　夏苏建　陈幼华　陈忠平　刘凯珊
杨力建　王鹏程　何斯纯　游惠民　周永红
章佩芬　王达安　严玉霞　林白霜　曹长姝
武晓艳　周卓妍　袁　洁　林春兰　朱丽红
唐树杰　赵要武　魏　伟　林琛莅　李洪英
王　广　黄秀艳　王志鹏　许戈阳　赵要武

第一临床医学院

正高职称人员：
王宁霞　黄　力　刘灵慧　刘升明　冯　烈
王向宇　陈湛华　尹良红　李小玲　温旺荣
李玮璟　卓育敏　朱康儿　洪　丰　黄　君
陈伟菊　潘运龙　何扬子　赖仁发　李雅兰
俞锐敏　孟宪璋　刘育勇　查振刚　梁　红
王玉霞　宋元宗　赵仓焕　王小平　蒋亚斌
陈　栋　王晓白　谢杏美　李恒国　柳国胜
梁蔚波　罗羽宏　曹明溶　陈卓铭　徐　萌
李自成　高友山　吴晓松　徐安定　肖小敏
杨见权　刘宏伟　贾艳滨　周　毅　周　全
刘斯润　张　涛　王秀河　罗　新　王晓玉
徐　浩　陈盛亭　王存川　席亚鸣　潘集阳
张爱东　徐建平　李志忠　姜海平　付耀高
罗良平　林宏生　钟敬祥　邓列华　陈友鹏
张　宏　缪　缙　李　辉　汤绍辉　彭雪梅
黄立安　陈　洁　丁　勇　郭　黎　蒋光愉
张玉生　周　清　龚　瑾　杨　方　蒋学风
张　红　林绍强　胡友主　林永新　陈克恩
曾慧兰　钟　健　孔卫东　朱耀魁　李珉珉
蔡香然
副高职称人员：
周佩如　陈　新　赖祥青　李　力　钟　梅
王仲红　刘源强　冷　楠　李华斌　张桂娟
王　妤　张志东　贾海英　肖燕青　程云华
陈　轲　彭小兰　黎　清　刘宁湘　肖丽玲
李　卫　孟　晶　巫少荣　陈祖辉　叶　涛
王海东　蔡启德　郭良君　郑绮宜　李宇同
聂　林　王玉苹　林敏婵　罗更新　陈凤平
吴　昊　康举龄　李丽莎　王凤新　罗　璐
石晓蓝　罗静兰　刘　宁　王　林　徐宏贵
张爱民　邝　荔　卢育洪　郑顺利　丁泓文
王　平　张　清　单光华　周阳海　卢筱华
王加辉　钟　兴　郭　军　梁泳怡　闭思成
王兵彦　朱晓峰　陈韶华　韦宏成　谢　明
陈克家　罗晓青　王国普　李瑞满　陆　红
陈　铁　孙丽琼　郭泽雄　赖睿佳　费建林
劳学军　瞿利军　韩　莉　张静辉　黄　霈
陈　新　赵长鹰　谢光辉　谢　波　黄　卫
李　平　林　洪　卢红艳　龚晓兵　周鸿科
陈　斌　练　兵　金　泓　项永生　李俊杰
王　红　卢冬霞　马洪明　董高宏　黄新智
李静铭　杜天民　罗思瑾　聂立红　梁旭竞
沈　媛　张　洁　潘　锐　吴　义　刘跃平
张学利　王永安　张民杰　何金爱　徐谊朝
杨庆生　张　涛　李进义　马淑媛　张文斌
王　晶　李震东　陈玉兵　王志新　欧阳辉
谢　黎　柳永刚　石绮屏　高　明　凌雪英
苏运钦　黄新可　卢婉娴　骆春柳　钱玉秀
张　艳　王　颖　边　宁　帅翰林　毕　伟
李俊峰　刘湘宁　任　洁　刘　娜　史长征
陈　超　汪志刚　黄洁微　黄海玲　赖彩永
王　亮　王奕鸣　米雪松　江向武　林清然
侯利环　黄果花　叶　刚　陈贤梓　刘　莲
高　飞　杨景哥　杨艳东　刘璠娜　贾建军
宋　媛　弓　健　孟　宇　罗斯敏　许典双
罗惠娟

药学院

正高职称人员：
周光雄　张晓琦　许　华　王玉强　叶春玲
聂　红　孙晗笑　陈卫民　李药兰　于　沛

姚新生 吕俊华 于荣敏 郑 青 吴 军
蔡 宇 江仁望 高 昊 江正瑾 叶文才
蔡绍晖 陈河如 宋丽艳 栗原博 李 沙
张荣华 王 英 程国华 师 蕾 吴宝剑
訾佳辰 周海波 何蓉蓉 孙平华 丁 克
张冬梅

副高职称人员：

张 伟 唐金山 王 磊 王国才 徐立朋
黄 丰 姚志红 姚成灿 李 霆 朱建华
田海妍 李敏一 钟 玲 杨 丽 吕艳青
戴 毅 王 峰 赵 文 熊爱华 李满妹
韩 海 张 英 徐珍霞 张建萍 马志国
宿 凌 胡 丹 申 丽 靳艳丽 张在军
赵慧男 单璐琛 郭嘉亮 张婷婷 李怡芳
陈国栋

华文学院

正高职称人员：

班 弨 郭 熙 曾毅平 张 军 刘 华
李 军 丁雪欢 孙玉卿 宗世海 邵 宜
张金桥 赖章荣 周 静 王汉卫 王茂林
王衍军 李 莹

副高职称人员：

王功平 熊玉珍 马新钦 黄小黎 胡建刚
彭 靖 姚 蓓 张训涛 刘红红 马 跃
谢晓华 金 颖 张 礼 蔡 丽 刘晓梅
匡小荣 高鸿辉 谭学功 田 蔚 童盛强
何修文 李志红 温宗军 陈建用 何红卫
张 卓 师玉梅 杨万兵 李世云 莫海斌
苏宝华 刘玉红 陈鹏勇 李 莹 杨海明
李香平 刘 慧 李丹丹 崔英超 干红梅
伍丽梅 李计伟 谢益民 杨 锋 张彦军
李小凤 司徒方民

珠海校区

正高职称人员：

王志伟 王 博 李从东 钱清泉 孙华妤
苏保河 吕新广 张江河 熊 剑 王 森
罗立群 马至融 杨少华 武建华 王香平
危 磊 黄元亮 钟瑞栋 林勤保 张鸿巍
付永钢 王 玉

副高职称人员：

张安国 张润敏 张家文 裴 艳 徐焱军
渠秀芳 孙世良 杜 萍 谢工曲 张 勤
林学军 姜文良 戴 红 曹海峰 杨 丹
施佳胜 陈岩峰 杜艳红 郑文芳 刘凤霞
胡 波 雷 彬 刘秉国 王林燕 杨学军
李建国 熊江霞 刘新东 吴广庆 严冬松
潘 冰 杨 兢 夏 芸 卜国琴 窦庆萍
陶晓慧 曹玲惠 陈惠章 孔 锐 张 冰
彭海生 高胜林 谢勇君 邱 桔 刘晓翔
范兆斌 施 雯 陈 晖 黄上国 郭江凌
李 军 彭维湘 刘治江 苏晓艳 张朝华
陈 勤 冯 晖 王为民 张宇明 周昌波
张新征 周 密 吴伟东 胡文芝 杨廷钫
任英杰 姜丽群 曹海峰 白中红 杨雨丹
殷炼乾 曾 宁 王文峰 张元标

深圳旅游学院

正高职称人员：

董观志 章 牧 汪传才 李广明 刘森林
景秀丽

副高职称人员：

钟 尹 巨 鹏 易小力 李 舟 朱明芳
赖俊勇 吴克祥 张含宇 何建伟 黄 向
吴池业 郑天翔

教育学院

正高职称人员：

唐燕儿 韩兆洲

副高职称人员：

廖仕湖 曾 牧

社会科学部

正高职称人员：

陶季邑 程京武 秦 珊 刘 钢 柏元海
李招忠

副高职称人员：

黄颖黔 张声海 郭海宏 金 焱 卢 宁
林子华 魏传光 杜应娟 李 静 赖松龄
张龙平 陈联俊 吴 昱 田 明

体育部

正高职称人员：

彭国雄 张 军 李淑芬 沈维克 徐 泽

副高职称人员：

叶敬春 吴 欣 钮力书 陈红辉 范燕薇
龙 明 段晓莉 马祥房 宋 力 潘 冬
吴延年 麦雪萍 章舜娇 万文君 赵 军
潘 民 余 清 黄智武 郑中中 卢大学

王文刚　陈灵芝　刘上行　黄念南　梁　伟
邓民威　王平远

信息技术研究所
正高职称人员：
刘　明
副高职称人员：
陈　峰　文张斌

产业经济研究院
正高职称人员：
顾乃华　朱卫平　苏启林　郑英隆　李　杰
副高职称人员：
周　浩　余壮雄　陶　锋　陈　林　郑筱婷
陈贵梧

光子技术研究所
正高职称人员：
关柏鸥　冯新焕　李朝晖　程凌浩　郭　团
金　龙　李　杰　李向平
副高职称人员：
李建平　梁　浩　武　创

粤港澳中枢神经再生研究院
正高职称人员：
苏国辉　周立兵　Seeram Ramakrishna
副高职称人员：
曲宜波　徐　颖　师玲玲　任超然　孙　鑫

环境学院
正高职称人员：
曾永聘　蔡全英　赵　玲　郭　英
副高职称人员：
叶林顺　秦华明　叶锦韶　曹　刚　龙　焰
李　慧　李彦文　石　雷　张　娜　宋　琳
欧桦瑟　黄　青　何宝燕

生物医学转化研究院
正高职称人员：
尹芝南　杨万才　高云飞

大气环境安全与污染控制研究所
正高职称人员：
周　振　王伯光
副高职称人员：
张春林　高　伟　李　雪　黄正旭

学校党政机关
正高职称人员：
饶　敏　梁　燕　曹利军　邱丹阳　黄跃雄
蒋　杰　贾海涛　闫月珍　何万宁　方　丽
龚红月　庄汉文　江秋奋
副高职称人员：
王力东　沈镇林　侯大铭　嵇玉梅　卢　远
黄楚玉　庄友明　白卫滨　郑婕慧　林明亮
雷静霞　杨年立　陈小玲　方晓英　易　俊
陈为刚　刘红云　李　琼　周玉宇　何广坚
姜煜东　蓝毅梅　吴　春　郑勇杰　李华东
陈　燕　黄少云　刘素敏　林　佳　徐　辉
李雪燕　石少兰　李雄云　蒋冬玉　李电容
杨春霞　周　跃　张新淮　唐海平　杨世俊
张视君　任　炜　丘碧微　邓有华　罗元香
武瑞恒　王　巍　黄荣华　陈宏伟　毛旺民
卜立君　陈志坚　程　霞　郭文毅　齐传刚
张代琴　龙　泉　许　玲　陈建军　王　研
王瑞玲　黄　苏　侯晓莉　赵晓玲　李祁平
陈碧清　景海燕　张　敏　王　华　徐　云
王　桃　王景周　陈咏梅　涂桂芳　李海鹰
李朝晖　冉　丽　朱　鹏　陈慧仪　陈　龙
童　锋　潘启亮　徐　瑛　龙　倩

学校直属单位
正高职称人员：
朱丽娜　孙升云　范俊军　史小军　陈　剑
敖杰男　董　军　罗志欢
副高职称人员：
王亚希　黄楚喜　朱淑华　周红春　吴　芸
谢舒潇　林秀曼　赵海霞　甘　泉　唐福星
洪爱华　李国强　唐海兰　梁志红　胡跃生
钟　超　索　茜　何程玉　曹大萌　商保平
晏礼庆　李　战　潘雅琴　张将星　曾　庆
严群超　黄书强　张焕明　林秀曼　易淑琼
赖新强

2015 年新聘讲座教授

序号	姓名	工作单位	校内聘任单位	授予日期
1	钱　江	同济大学	国际关系学院/华侨华人研究院	2015－01－01
2	易　庆	美国克利夫兰医学中心	生命科学技术学院	2015－01－01
3	于　强	新加坡基因组研究院	肿瘤研究所	2015－01－01
4	周　政	香港大学	管理学院	2015－01－01
5	孙艺风	香港岭南大学	外国语学院	2015－01－01
6	石孟泽	加拿大多伦多大学	管理学院	2015－01－01
7	许智文	香港理工大学	经济学院	2015－01－01
8	黄铭洪	香港浸会大学	环境学院	2015－01－01
9	HYUN JEONG (JENNY) KIM	美国华盛顿州立大学	管理学院	2015－01－01
10	陈家旭	北京中医药大学	医学院	2015－01－30
11	任　艺	美国佛罗里达州立大学	粤港澳中枢神经再生研究院	2015－02－01
12	Mei Liu	美国堪萨斯大学	大数据决策研究所	2015－03－01
13	陈　新	美国伊利诺伊大学	管理学院	2015－03－13
14	刘　宏	新加坡南洋理工大学	国际关系学院/华侨华人研究院	2015－03－13
15	Kim H. J.	美国华盛顿州立大学	管理学院	2015－03－13
16	吴丰昌	中国环境科学研究院	环境学院	2015－03－18
17	杨继红	广州广播电视台	新闻与传播学院	2015－03－20
18	王泰兴	广东电视台	新闻与传播学院	2015－03－20
19	吴　甦	美国堪萨斯大学	经济学院	2015－05－01
20	刘梦赤	加拿大卡尔顿大学	深圳旅游学院	2015－05－01
21	杨　彤	香港城市大学	信息科学技术学院	2015－06－01
22	De-Quan Li	美国休斯敦贝勒医学院	医学院	2015－07－01

2015 年新聘名誉教授

序号	姓名	职务/职称	授予日期
1	侯一钊	美国艺术科学院院士、加州理工学院应用数学系主任	2015－03－17
2	John Bertrand Gurdon	英国剑桥大学癌症和发育生物学研究所所长，教授	2015－09－09
3	Rita Dove	美国弗吉尼亚大学教授	2015－09－18

（续上表）

序号	姓名	职务/职称	授予日期
4	David Janes Craik	澳大利亚昆士兰大学研究员	2015-11-10
5	Sidney Altman	美国耶鲁大学教授	2015-12-10

2015年新聘客座教授

序号	姓名	职务/职称	授予日期
1	陈俊丰	新加坡南洋理工大学教授	2015-04-09
2	Mark D. Partridge	美国俄亥俄州立大学教授	2015-04-17
3	高世英（Ko Sai Ying，Thomas）	澳大利亚维奥康集团董事长	2015-04-23
4	朱献伦（Zhu，Xian-Lun Cannon）	香港中文大学教授	2015-04-30
5	罗晓斌	深圳凯拓生物科技有限公司首席执行官	2015-05-18
6	蒋　丰	日本新华侨报总编	2015-05-27
7	范江霖	日本山梨大学大学院综合研究部医学分子病理学教研室主任，教授	2015-05-29
8	Phillip Chung-Ming Yang	美国斯坦福大学心血管磁共振成像（MRI）实验室主任，教授	2015-05-29
9	李湄珍	香港大学社会科学学院副院长，讲座教授	2015-06-17
10	Douglas G. Hayes	美国田纳西大学教授	2015-09-27
11	Roberto Valdeón	西班牙奥维耶多大学教授	2015-10-09
12	MARIANNE LOUISE HéLèNE FILLET	比利时列日大学教授	2015-10-09
13	GOVERT WILLEM SOMSEN	荷兰阿姆斯特丹自由大学教授	2015-10-09
14	刘瑞武	美国加州大学戴维斯分校副教授	2015-10-22
15	Deborah Kerstetter	美国宾夕法尼亚州立大学教授	2015-11-25
16	Peter Newman	美国宾夕法尼亚州立大学教授	2015-11-25
17	Anthony S. Wexler	美国加州大学戴维斯分校教授	2015-12-03
18	孙艺风	香港岭南大学教授	2015-12-22

2015 年新聘兼职教授

序号	姓名	职务 / 职称	授予日期
1	魏世忠	河南科技大学教授	2015－01－16
2	林　祁	华侨大学教授	2015－01－16
3	莫高义	南方报业传媒集团党委书记	2015－03－19
4	张东明	原南方报业传媒集团总经理，高级编辑	2015－03－19
5	王更辉	南方日报总编辑，高级编辑	2015－03－19
6	曹　轲	南方都市报党委书记	2015－03－19
7	段功伟	南方报业传媒集团社委，高级记者	2015－03－19
8	刘红兵	羊城晚报报业集团党委书记	2015－03－19
9	刘海陵	羊城晚报总编辑，高级记者	2015－03－19
10	张惠建	广东广播电视台台长，高级编辑	2015－03－19
11	陈一珠	广东广播电视台总编辑	2015－03－19
12	王桂科	广东省出版集团董事长，高级经济师	2015－03－19
13	刘　超	广州市刑事科学技术研究所所长，教授	2015－03－24
14	胡炳杰	广州市卫生和计划生育委员会副主任，副教授	2015－03－24
15	刘文彬	广东省产业研究院秘书长，经济师	2015－03－25
16	曾湘泉	中国人民大学教授	2015－04－09
17	刘恩岐	西安交通大学实验动物中心主任，教授	2015－05－29
18	张　军	复旦大学经济学院院长，教授	2015－06－12
19	万亚坤	中科院上海药物研究所教授	2015－06－23
20	鲁幼勤	中建材（合肥）水泥通用设备科技有限公司总经理，高级工程师	2015－06－28
21	袁宝珠	中国食品药品检定研究院细胞资源储藏及研究中心主任，教授	2015－09－28
22	孟晓苏	汇力投资基金管理有限公司董事长	2015－10－13
23	陈景文	大连理工大学教授	2015－10－28
24	刘元法	江南大学学术委员会办公室主任，教授	2015－11－02
25	陈　俊	中山大学附属第三医院主任医师	2015－11－11
26	蔡林涛	中国科学院深圳先进技术研究院生物医药与技术研究所所长，研究员	2015－11－16
27	乔国强	上海外国语大学英美文学研究中心主任，教授	2015－11－20
28	王　杰	上海交通大学人文学院院长，教授	2015－11－20
29	盛　斌	南开大学研究生院副院长，教授	2015－12－03

（续上表）

序号	姓名	职务/职称	授予日期
30	李楚源	广州医药集团有限公司董事长，高级工程师	2015-12-03
31	冯　强	深圳华大基因研究院副院长	2015-12-09
32	黄汉升	福建师范大学党委书记，教授	2015-12-10
33	向　阳	广州润都股权投资管理有限公司董事长	2015-12-15
34	廖　果	暨南大学岭南传统医药研究中心研究员	2015-12-16
35	谭建湘	华南师范大学教授，国家体育总局重点研究基地常务副主任	2015-12-16

（人力资源开发与管理处供稿）

2015年博士后进站人员

序号	姓名	合作导师	流动站	培养方式	进站时间
1	胡胜全	王玉强	中药学	国家资助	2015-01-08
2	阳小燕	潘运龙	临床医学	国家资助	2015-01-26
3	周述波	林如鹏	新闻传播学	国家资助	2015-01-26
4	Saurav Bera	谭绍早	生物医学工程	国家资助	2015-01-26
5	Balamurugan Srinivasan	李宏业	生物学	国家资助	2015-01-26
6	刘玉贤	刘正文	生态学	国家资助	2015-01-26
7	王保成	尹芝南	生物学	国家资助	2015-04-13
8	Ehsan Soley Maninejadian	尹芝南	生物学	国家资助	2015-04-14
9	廖慧君	王华东　李富荣	中西医结合	校自筹（创新实践基地）	2015-05-07
10	习会峰	马宏伟	力学	国家资助	2015-05-07
11	宋　伟	王伯光	生态学	国家资助	2015-05-07
12	杨　平	李取生	生态学	国家资助	2015-07-06
13	Ilya A. Kanaev	蒋述卓　蒲若茜	中国语言文学	国家资助	2015-07-07
14	刘作珍	李健男	工商管理	国家资助	2015-07-07
15	肖自辉	郭声波　詹伯慧	中国史	国家资助	2015-07-07
16	张晓影	姜仕军	生态学	国家资助	2015-07-07
17	胡　楠	尹良红	临床医学	校自筹（创新实践基地）	2015-07-07
18	穆罕默德	尹芝南	临床医学	省自筹	2015-07-07

（续上表）

序号	姓名	合作导师	流动站	培养方式	进站时间
19	尹令格	韩兆洲	统计学	省自筹	2015－07－23
20	李　丽	姜仕军	生态学	省自筹	2015－07－23
21	张　华	聂湘平	生态学	省自筹	2015－07－23
22	陈敏锋	张冬梅	中西医结合	省自筹	2015－07－23
23	卜冬蕾	刘春元	生物医学工程	省自筹	2015－07－23
24	郭思佳	栗原博	中药学	省自筹	2015－07－23
25	曹　婷	叶文才	中药学	工作站联合招收	2015－07－23
26	李　杰	罗焕敏	中西医结合	校自筹（创新实践基地）	2015－07－23
27	施之琪	姚新生	中西医结合	工作站联合招收	2015－07－23
28	付建武	姚新生	中西医结合	工作站联合招收	2015－07－23
29	姜志辉	叶文才	中药学	校自筹（军人）	2015－07－28
30	易湘茜	姚新生	中药学	工作站联合招收	2015－09－21
31	王怡飞	尹芝南	生物学	省自筹	2015－10－14
32	Imtyaz Hussain	李明玉	生态学	省自筹	2015－10－14
33	何　果	张传林	统计学	省自筹	2015－10－14
34	马炳涛	蒋述卓	中国语言文学	省自筹	2015－10－14
35	杨　波	史小军	中国语言文学	省自筹	2015－10－14
36	田　频	姚新勇	中国语言文学	省自筹	2015－10－14
37	陈　凯	雷钦礼	应用经济学	省自筹	2015－11－04
38	张应进	曹云华	政治学	省自筹	2015－11－04
39	吴朝希	王一飞	生物学	省自筹	2015－11－04
40	何　江	郑文杰	生物学	省自筹	2015－11－04
41	陈　伟	洪　岸	生物学	省自筹	2015－11－04
42	陈伟庆	赵维江	中国语言文学	省自筹	2015－11－04
43	王传喜	高　昊	中西医结合	省自筹	2015－11－04
44	李　宁	李富荣　王华东	中西医结合	校自筹（创新实践基地）	2015－11－04
45	梁少瑜	吴正治　罗焕敏	中西医结合	工作站联合招收	2015－11－04
46	田登科	王一飞	生物医学工程	校自筹（创新实践基地）	2015－11－04
47	廖　锐	王存川	临床医学	省自筹	2015－12－17
48	陈晓涌	关柏鸥　郭　团	生物医学工程	省自筹	2015－12－17

（续上表）

序号	姓名	合作导师	流动站	培养方式	进站时间
49	艾尚乐	朱卫平	应用经济学	省自筹	2015－12－17
50	潘雪华	陈填烽	生物学	工作站联合招收	2015－12－17
51	刘　松	尹良红	临床医学	校自筹（创新实践基地）	2015－12－17
52	黄石书	李志忠	临床医学	校自筹（创新实践基地）	2015－12－17
53	于向荣	周　全	临床医学	工作站联合招收	2015－12－25
54	郑　妮	王玉强	中药学	工作站联合招收	2015－12－30
55	田　野	高　昊	中药学	工作站联合招收	2015－12－30

2015 年博士后出站人员

序号	姓名	合作导师	流动站	培养方式	出站时间
1	李　斌	李爱梅　凌文铨	工商管理	省自筹	2015－12－17
2	冯高飞	王一飞	生物医学工程	企业联合	2015－12－17
3	黄石秀	张振江	政治学	省自筹	2015－11－16
4	王彩云	郭　熙	中国语言文学	省自筹	2015－11－04
5	任　娜	曹云华	政治学	国家资助	2015－10－14
6	王媚莎	宋献中	工商管理	省自筹	2015－10－14
7	李海波	姚新生	中药学	企业联合	2015－09－22
8	张兴旺	吴宝剑	中药学	省自筹	2015－09－21
9	陈伟庆	张廷茂	世界史	省自筹	2015－09－21
10	董　栋	薛　巍　王一飞	生物医学工程	企业联合	2015－09－21
11	陈曦子	林如鹏	新闻传播学	国家资助	2015－07－20
12	廉永红	陈利国	中西医结合	国家资助	2015－07－22
13	林　欣	刘少波	应用经济学	校自筹	2015－07－22
14	冯　军	江正瑾	中西医结合	企业联合	2015－07－22
15	赵冰心	陈卫民	中西医结合	国家资助	2015－07－07
16	鞠海龙	林如鹏	新闻传播学	校自筹	2015－07－07
17	史　新	苏冬蔚　施安平	应用经济学	企业联合	2015－07－07
18	张传江	鞠海龙	政治学	省自筹	2015－07－07
19	张在军	韩怡凡	中药学（香港理工大学）	香江学者	2015－07－07

（续上表）

序号	姓名	合作导师	流动站	培养方式	出站时间
20	孟　鹤	姚新生	中西医结合	企业联合	2015-07-07
21	穆祯强	栗原博	中西医结合	企业联合	2015-07-07
22	段丽红	吴正治	中西医结合	校自筹（基地）	2015-07-07
23	李路军	吴正治	中西医结合	省自筹	2015-06-10
24	Franja Pajk	韩博平	生物学	省自筹	2015-06-10
25	秦盛莹	闫道广	生物学	省自筹	2015-05-26
26	芦北极	查振刚　王贵清	临床医学	企业联合	2015-05-26
27	王晓东	苏启林	应用经济学	省自筹	2015-05-05
28	马淑贞	王列耀	中国语言文学	国家资助	2015-05-05
29	江　坤	叶文才	中西医结合	企业联合	2015-03-09
30	陈岳文	叶文才	生物医学工程	国家资助	2015-01-20
31	王　玉	李从东	工商管理	省自筹	2015-01-20
32	谢敏玉	魏中林	中国语言文学	省自筹	2015-01-08

（研究生院供稿）

现任全国、广东省、广州市（区）、珠海市人大代表

一、第十二届全国人大代表

周天鸿（常委）　卢　馨

二、第十一届广东省人大代表

周天鸿（副主任）　杨　英（常委）　胡　军

三、第十四届广州市人大代表

徐　瑄

四、第八届广州市天河区人大代表

赵维江（常委）　林如鹏　朱丽娜　杨润政

五、第八届珠海市人大代表

刘治江

现任广东省、广州市（区）政协委员

一、第十一届广东省政协委员

陆大祥（常委）　樊锁海（常委）　李招忠　柏志全　张爱民　杨森平　洪　岸　李　虹　徐建平　叶文才　孙晗笑　邱　青　朱义坤

二、第七届广州市天河区政协委员

赵仓焕

现任民主党派中央委员、广东省委员会委员及负责人

周天鸿　中国国民党革命委员会第十二届中央常委，第十二届广东省委员会主委
柏志全　中国国民党革命委员会广东省第十二届委员会委员
朱丽娜　中国国民党革命委员会广东省第十二届委员会委员
王宁霞　中国国民党革命委员会广东省第十二届委员会委员
张爱民　中国民主同盟广东省第十四届委员会常委
梁玉霞　中国民主同盟广东省第十四届委员会委员
叶　农　中国民主同盟广东省第十四届委员会委员
赵维江　中国民主建国会广东省第八届委员会委员
樊锁海　中国民主促进会广东省第七届委员会常委
洪　岸　中国民主促进会广东省第七届委员会委员
贾海涛　中国民主促进会广东省第七届委员会委员
赵仓焕　中国农工民主党广东省第十二届委员会委员
杨　英　中国致公党第十四届中央委员，第十一届广东省委员会副主委
孙晗笑　九三学社广东省第七届委员会常委
叶文才　九三学社广东省第七届委员会常委
卢　馨　台湾民主自治同盟第九届中央委员，第七届广东省委员会副主委
邱　青　台湾民主自治同盟第七届广东省委员会常委

（党委统战部供稿）

2015 年逝世人员

（副处级以上干部、副高职称以上教师）

序号	姓名	单位	职称 / 职务	生卒年月	在校工作时间
1	夏鼎湘	总务后勤管理处	副处级干部	1930. 9—2015. 1	1958. 5—1991. 3
2	李素梅	理工学院	副教授	1941. 6—2015. 2	1978. 9—2001. 9
3	邓世雄	理工学院	副教授	1934. 9—2015. 2	1960. 9—1970. 8 1978. 8—1995. 5
4	杨　文	组织部	副厅级干部	1920. 4—2015. 2	1958. 5—1968. 10 1978. 4—1979. 6
5	杜一平	组织部	正处级干部	1930. 6—2015. 3	1964—1968. 12 1978. 4—1990. 11
6	李　琦	广东省原九办	处级干部	1921. 9—2015. 3	退休后转入学校
7	李焕华	统战部	副厅级干部	1913. 11—2015. 4	1978—1985. 5
8	陈立光	经济学院	正处级干部	1934. 5—2015. 4	1958. 8—1964. 9 1978. 9—1998. 3

（续上表）

序号	姓名	单位	职称 / 职务	生卒年月	在校工作时间
9	梁　晞	理工学院	副教授	1934. 3—2015. 4	1959. 9—1972. 1 1978. 5—1995. 3
10	马济贤	理工学院	副教授	1945. 10—2015. 4	1999. 3—2005. 11
11	李文献	理工学院	副教授	1939. 11—2015. 4	1979. 3—2000. 3
12	翁锡辉	统战部	正处级干部	1932. 3—2015. 5	1979. 12—1993. 3
13	李文初	文学院	教授	1936. 9—2015. 5	1965. 8—1970. 7 1978. 7—2001. 4
14	黄德鸿	管理学院	教授	1916. 9—2015. 5	1959. 1—1970. 3 1978. 7—1999. 10
15	利锦光	医学院	副高	1926. 12—2015. 5	1979. 1—1988. 12
16	沈克澄	文学院	副教授	1932. 10—2015. 5	1962. 9—1970 1978. 9—1993. 3
17	林丕泰	文学院	副教授	1936. 10—2015. 5	1964. 7—1970. 1 1978. 8—1996. 12
18	梁荣麟	理工学院	副教授	1930. 10—2015. 5	1962. 9—1970. 7 1978. 8—1992. 3
19	林　剑	理工学院	副厅级干部	1935. 8—2015. 6	1981. 8—2002. 9
20	潘文熙	理工学院	教授	1929. 11—2015. 6	1979. 5—1993. 3
21	王　坚	总务后勤管理处	副处级干部	1933. 7—2015. 7	1960. 7—1970. 10 1978. 11—1994. 1
22	官希浩	经济学院	副教授	1931. 4—2015. 7	1978. 6—1990. 3
23	林汝群	理工学院	副教授	1934. 8—2015. 7	1958. 10—1999. 5
24	罗勤英	附属第一医院	副主任技师	1929. 8—2015. 8	1979. 6—1987. 7
25	冼我权	医学院	教授	1931. 7—2015. 8	1981. 8—1993. 3
26	肖　泉	国际关系学院 / 华侨华人研究院	副教授	1934. 3—2015. 8	1979. 7—1994. 6
27	李龙潜	文学院	教授	1930. 7—2015. 9	1979. 6—1994. 3
28	吴　宣	经济学院	副高	1935. 3—2015. 9	1980. 10—1993. 3
29	张家珍	医学院	高级实验师	1939. 11—2015. 9	1987. 8—2000. 3
30	郭松根	总务后勤管理处	正处级干部	1929. 10—2015. 10	1960. 3—1970. 9 1978. 6—1991. 3
31	徐顺生	文学院	副教授	1939. 4—2015. 10	1963. 7—1971. 7 1978. 8—1999. 7

（续上表）

序号	姓名	单位	职称/职务	生卒年月	在校工作时间
32	刘绪宏	理工学院	副教授	1935. 12—2015. 10	1980. 4—1996. 9
33	吴振新	经济学院	副教授	1933. 5—2015. 11	1982. 7—1988. 5
34	王健初	基建处	高级工程师	1925. 3—2015. 11	1985. 1—1987. 3
35	郑道亨	理工学院	副教授	1936. 5—2015. 12	1963. 8—1968. 12 1978. 9—1996. 9
36	姜贯中	医学院	副厅级干部	1922. 6—2015. 12	1978. 6—1985. 6
37	范允平	理工学院	副教授	1938. 8—2015. 12	1960. 9—1970. 3 1978. 8—1999. 5
38	方　辉	国际关系学院/ 华侨华人研究院	副高	1928. 8—2015. 12	1979. 10—1988. 2

（人力资源开发与管理处供稿）

· 表彰与奖励 ·

2014—2015 学年暨南大学受各级政府部门表彰的先进集体、先进个人及获教学科研成果奖情况

一、先进集体

（一）药学院被人力资源社会保障部、教育部评为“2014 年度全国教育系统先进集体”。

（二）学生处在国务院侨务办公室 2014、2015 年“文化中国·四海同春”外访任务中表现突出，受国务院侨务办公室表扬。

（三）总务后勤管理处交通服务中心被广州市公安局评为 2014 年交通安全先进单位。

（四）心理健康教育中心被中国心理卫生协会大学生心理咨询专业委员会评为“2010—2015 年度大学生心理健康教育工作优秀机构”。

（五）我校被广东省教育厅、广东省公安厅评为“2012—2014 年度广东省高等学校‘平安校园’创建考评优秀学校”。

（六）审计处被中国内部审计协会评为“2011—2013 年度全国内部审计先进集体”。

（七）我校被评为“2015 年度全国毕业生就业典型经验高校”。

（八）网络与教育技术中心在教育部教育管理信息中心举办的第十四届全国多媒体课件大赛、广东省教育厅举办的 2014 年广东省计算机教育软件评审活动中分获组织奖。

（九）我校团委工作，获得以下表彰：

1. 2014 年 8 月，我校在由团省委、省教育厅、省科技厅、省科协、省学联共同举办的第八届广东大学生科技学术节中获得 3 项一等奖、2 项二等奖、1 项三等奖和优秀组织奖；

2. 2014 年 12 月，我校团委被团中央学校部、全国学联秘书处评为 2014 年全国大中专学生志愿者暑期“三下乡”社会实践活动“先进单位”；

3. 2015 年 5 月，我校被省委宣传部、省文明办、省教育厅、团省委、省学联授予 2014 年广东省大中专学生志愿者暑期“三下乡”社会实践活动“优秀组织奖”，3 支团队被授予“优秀团队”称号；

4. 2015 年 5 月，我校被共青团广东省委员会授予“广东省五四红旗团委”荣誉称号；

5. 2015 年 5 月，我校药学院中医药研究团队在由共青团广东省委员会、广东省青年联合会联合主办的第十七届广东青年五四奖章评选中，荣获广东青年五四奖章集体奖（提名奖）。

（十）我校学生处工作，获得以下表彰：

1. 在 2013、2014 年“我的中国梦——立志修身博学报国”主题系列教育活动中获优秀组织奖；

2. 在广东省首届大学生“廉洁、诚信”主题辩论赛中获优秀组织奖。

二、先进个人

（一）尹芝南获中国侨联颁发“第五届中国侨界（创新人才）贡献奖”。

（二）王春超、李卫、喻季欣、高昊、樊锁海 5 人被授予“广东省 2015 年南粤优秀教师”称号，宫齐被授予“广东省 2015 年南粤优秀工作者”称号。

（三）王潇潇被教育部高校辅导员培训和研修基地评为“2014 年广东高校辅导员年度人物”。

（四）赵仓焕在国务院侨务办公室外访任务中因表现突出获国务院侨务办公室表扬。

（五）刘益在援疆工作中因表现突出被中共喀

什大学委员会组织部授予“优秀援疆干部”称号。

（六）曹应华被广州市公安局授予“2014年道路交通安全先进管理干部”荣誉称号。

（七）郑良娟被授予2014年度广东省高校“后勤服务之星”。

（八）张将星被中国心理卫生协会大学生心理咨询专业委员会评为“大学生心理健康教育工作优秀工作者”。

（九）刘金山、李舟、刘潇潇、高玉芬、郭宁、王伟、张敏被省委宣传部、省文明办、省教育厅、团省委、省学联授予2014年广东省大中专学生志愿者暑期“三下乡”社会实践活动“先进个人”称号。

（十）赵海霞在教育部教育管理信息中心举办的第十四届全国多媒体课件大赛中，谢舒潇在广东省教育厅举办的2014年广东省计算机教育软件评审活动中获评先进个人。

（十一）附属学校获奖情况：

1. 杨妃璠、程霞、董军、夏芳、王斐然、王巍、葛金胜被广州市天河区教育局评为“先进工作者”；

2. 王香洁的论文被国家体育总局体育文化发展中心评为参会优秀论文。

三、教学科研成果奖

（一）李富荣的成果《基于纳米关键技术在疾病诊断和治疗上的系列研究与应用》获广东省科学技术二等奖。

（二）陈林的成果《中国外资准入壁垒的政策效应研究》获安子介国际贸易研究奖二等奖。

（三）林爱珺的成果《知情权的法律保障》获吴玉章人文社会科学优秀奖。

（四）吴军获丁颖科技奖。

（五）《暨南学报（自然科学与医学版）》获教育部科学技术司评“第五届中国高校优秀科技期刊奖”。

（六）王春超、杜彬、刘绘获全国高校青年教师教学竞赛二等奖，并获第二届广东省高校青年教师教学竞赛一等奖。

（七）田明获广东思政课教学基本功比赛一等奖。

（八）第十四届全国多媒体课件大赛获奖情况：

1. 一等奖1项：

黄柏炎、方堃、黄胜新、黄瑜梅、陈毓超的课件“动物生物学网络课程”。

2. 二等奖1项：

苏宝华、莫海斌、李莹、谢远太的课件“《实践课堂——演播室节目创作》专题学习网站”。

3. 三等奖2项：

（1）李泽楷、杨巧红、梁荫基、刘培芝、陈毓超的课件“外科护理学网络课程”；

（2）刘绘、赵海霞、刘冠、黎景培的微课程“《大学物理》—伯努利方程”。

4. 优秀奖9项：

（1）刘绘、陈伟、赵海霞的课件“《大学物理》多媒体课件”；

（2）马三梅、王永飞、李宏业、杨维东、李雨蒙的课件“文献检索与利用网络课程”；

（3）邹先霞、潘久辉、王传胜、黄穗、刘冬的课件“数据库系统原理网络课程”；

（4）黄柏炎、谢舒潇、林秀曼的课件“蝴蝶世界（移动课件）”；

（5）孙玉霞、邓玉辉、谢俊杰、周继鹏的课件“软件测试教学模拟实训系统”；

（6）张军、赵海霞、陈哲的多媒体课件“光学原理与应用网络课程”；

（7）王春超、黎景培、黄雅、谢雨萌的微课程“《宏观经济学》—财政政策的乘数效应与挤出效应”；

（8）汤小湄、谢雨萌、黎景培、梁静、刘冠的微课程“《妇产科学》—异位妊娠”；

（9）杜彬、刘冠、谢雨萌、黎景培的微课程“《病理学》—良恶性肿瘤的区别”。

5. 最佳人气奖1项：

王春超、黎景培、黄雅、谢雨萌的微课程“《宏观经济学》—财政政策的乘数效应与挤出效应”。

（九）第十八届全国教育教学信息化大奖赛获奖情况：

1. 一等奖1项：

黄柏炎、谢舒潇、林秀曼的移动终端“蝴蝶世界（移动终端课件）”。

2. 二等奖3项：

（1）刘绘、赵海霞、刘冠的微课程“《大学物理》—伯努利方程”；

（2）刘绘、陈伟、赵海霞的多媒体课件“《大学物理》多媒体课件”；

（3）张军、赵海霞、陈哲的课件“光学原理与应用网络课程”。

3. 三等奖5项：

（1）汤小湄、谢雨萌、黎景培的微课程“《妇产科学》—异位妊娠”；

（2）杜彬、刘冠、谢雨萌的微课程“《病理学》—良恶性肿瘤的区别”；

（3）王春超、黎景培、黄雅的微课程“《宏观经济学》—财政政策的乘数效应与挤出效应”；

（4）黄柏炎、方堃、黄胜新的精品开放课程“动物生物学”；

（5）孙玉霞、邓玉辉、谢俊杰、周继鹏的教育教学工具类软件系统“软件测试教学模拟实训系统”。

（十）2014年广东省计算机教育软件评审活动获奖情况：

1. 一等奖2项：

（1）苏宝华、莫海斌、谢远太的多媒体课件“《实践课堂——演播室节目创作》专题学习网站”；

（2）黄柏炎、谢舒潇、林秀曼的移动终端“蝴蝶世界（移动终端课件）”。

2. 二等奖2项：

（1）邹先霞、潘久辉、王传胜的课件“数据库系统原理网络课程”。

（2）李泽楷、杨巧红、梁荫基的课件“外科护理学网络课程”。

3. 三等奖1项：

孙玉霞、邓玉辉、谢俊杰、周继鹏的教育教学工具类软件系统“软件测试教学模拟实训系统”。

4. 优秀奖3项：

（1）刘绘、陈伟、赵海霞的课件“《大学物理》多媒体课件”；

（2）张军、赵海霞、陈哲的多媒体课件“光学原理与应用网络课程”；

（3）马三梅、王永飞、李宏业、杨维东、李雨蒙的课件“文献检索与利用网络课程”。

（十一）统战理论政策研究创新成果奖4项：

1. 周聿峨等的论文《香港“恋殖归英”现象研究》荣获全国统战理论政策研究创新成果二等奖；

2. 颜昌武的论文《民主党派的角色定位和党际甄别》获2014年全省统战理论政策研究创新成果一等奖；

3. 冯邦彦的论文《〈离保法案事件〉与澳门政治生态演变分析》获2014年全省统战理论政策研究创新成果二等奖；

4. 赖文凤的论文《香港与台湾关系：历史演进及发展趋势》获2014年全省统战理论政策研究创新成果三等奖。

（十二）其他获奖情况：

1. 王元林的论文《关于开展丘逢甲诞辰150周年纪念活动的建议》获广东省政府参事室授予优秀议政奖；

2. 区向丽、罗立新、綦珊的作品在广东省第四届大学生艺术展演活动中获“艺术表演类一等奖”，汤擎阳的作品在广东省第四届大学生艺术展演活动中获“艺术作品类一等奖”，叶志海、王红主的论文在广东省第四届大学生艺术展演活动中获“艺术教育科研论文音乐类一等奖”，李杰、周斌仲的论文在广东省第四届大学生艺术展演活动中获“艺术教育科研论文美术类三等奖”；

3. 石水平、谭云栈的论文获评“2014年全国MAPcc优秀教学案例及优秀学位论文”。

（人力资源开发与管理处供稿）

暨南大学第六届本科课程全英语教学竞赛获奖名单

一、个人奖

（一）特等奖

（空缺）

（二）一等奖（3人）

人文社科组

李　静（社会科学部）

自然科学组

杜慧勤（信息科学技术学院）

张正浩（电气信息学院）

（三）二等奖（7人）

人文社科组

陈少凌（经济学院）

韩　晴（管理学院）

高　丽（新闻与传播学院）

自然科学组

陈　龙（理工学院）

郭　军（第一临床医学院）
许德麟（生命科学技术学院）
张嘉晴（医学院）

（四）优秀奖（7 人）

人文社科组
张　洁（深圳旅游学院）
刘新荣（经济学院）
殷炼乾（国际商学院）
自然科学组
王　超（理工学院）
黄　峤（生命科学技术学院）
江仁望（药学院）
吴祖剑（信息科学技术学院）

二、优秀组织奖（2 个，排名不分先后）

经济学院　信息科学技术学院

暨南大学第三届本科课程新任教师教学竞赛获奖名单

一、个人奖

（一）特等奖（2 人）

人文社科组
朱文亮（文学院）
自然科学组
张田甜（药学院）

（二）一等奖（4 人）

人文社科组
陈贤凯（法学院 / 知识产权学院）
王　蕾（外国语学院）
自然科学组
刘宏光（生命科学技术学院）
朱思祁（理工学院）

（三）二等奖（8 人）

人文社科组
杨本建（经济学院）
李方君（管理学院）
林文亿（公共管理学院 / 应急管理学院）
付佩宣（华文学院）
黄　赞（管理学院）
自然科学组
程冬琴（信息科学技术学院）
徐繁荣（理工学院）
赵冰心（生命科学技术学院）

（四）优秀奖（8 人）

人文社科组
李志敏（新闻与传播学院）
胡玉娜（体育学院）
陈志帅（艺术学院）
李　春（翻译学院）
陈中飞（经济学院）
自然科学组
于　涛（理工学院）
张还添（第一临床医学院）
张文娟（医学院）

二、优秀组织奖（3 个，排名不分先后）

文学院　理工学院　信息科学技术学院

第三届“暨南大学本科教学校长奖”获奖名单

一、教育教学奖

（一）杰出教学贡献奖

（空缺）

（二）教学贡献奖（9 人）

综合奖
沈洪涛（管理学院）
蔡显良（艺术学院）
熊　剑（国际商学院）
肖小敏（第一临床医学院）
专项奖（课程建设）
朱淑华（网络与教育技术中心）
朱明芳（深圳旅游学院）
专项奖（实践教学与创新人才培养）
李　杰（艺术学院）
全渝娟（信息科学技术学院）

邹红英（外国语学院）

（三）青年教师教学奖（4人）

综合奖

刘　绘（理工学院）

专项奖（课程建设）

赵剑豪（理工学院）

专项奖（实践教学与创新人才培养）

文　彤（管理学院）

郑晓君（新闻与传播学院）

二、教学管理奖

（一）优秀教学管理个人奖（4人）

余丽琳（管理学院）

易　晖（教务处）

李婉君（国际关系学院/华侨华人研究院）

贺　璞（教务处）

（二）优秀教学管理集体奖（3个）

管理学院本科教学管理团队

信息科学技术学院本科教学管理团队

华文学院华文教育系

（教务处供稿）

“5A卓越引领计划”获奖名单

暨南大学第二届“暨南好班长”获奖名单（10人）

国际学院

陈思艾

管理学院

刘佳希

法学院/知识产权学院

陈立远

国际关系学院/华侨华人研究院

韩敬涛

理工学院

张光正

生命科学技术学院

冯媚然

医学院

李天夫

国际商学院

罗　娜

电气信息学院

聂　禾

深圳旅游学院

殷思琪

暨南大学第三届“5A卓越班集体”获奖班级（10个）

管理学院

2012级市场营销班

法学院/知识产权学院

2012级法学班

国际关系学院/华侨华人研究院

2013级国际政治班

理工学院

2012级工程力学班

信息科学技术学院

2013级通信工程班

生命科学技术学院

2013级应用化学班

医学院

2013级临床医学深圳班

国际商学院

2013级金融工程班

深圳旅游学院

2012级旅游管理班

环境学院

2012级环境科学班

第四届“优秀学子奖励计划”获奖名单

一、暨南之星标兵奖

ELLEN JOVITA ZAMAN（洪仪伦，华文学院）
谢舒媛（管理学院）
张锦达（生命科学技术学院）
谢思婷（经济学院）
林　润（国际关系学院 / 华侨华人研究院）
荆　涛（外国语学院）
SINGH SATYA PRAKASH（国际学院）
聂　禾（电气信息学院）
李嘉维（艺术学院）
彭君麟（环境学院）

二、学术之星标兵奖

杨天剑（理工学院）
王颖薇（生命科学技术学院）
魏子贤（理工学院）
冯天雅（生命科学技术学院）
张　暖（国际学院）
黄俊文（经济学院）
黄文清（医学院）
卓子荣（国际商学院）
杨德天（管理学院）
黄　扬（人文学院）

三、学习之星标兵奖

李雨蒙（生命科学技术学院）
邹世豪（理工学院）
周天骥（医学院）
罗意琳（环境学院）
吴余劲（新闻与传播学院）
周玉品（华文学院）
庾美容（深圳旅游学院）
张艺嘉（人文学院）
Vimala Thiyagarajan（国际学院）
严旨昱（管理学院）

四、领袖之星标兵奖

张鹏展（公共管理学院 / 应急管理学院）
李珠茜子（新闻与传播学院）
葉鋭添（管理学院）
张　润（经济学院）
孙心悦（华文学院）
李剑培（生命科学技术学院）
龙殿波（医学院）
郝杰克（翻译学院）
刘发谦（国际学院）
陈维荣（法学院 / 知识产权学院）

五、道德之星标兵奖

吴远星（公共管理学院 / 应急管理学院）
管文杰（理工学院）
袁悦晴（外国语学院）
叶　鑫（国际商学院）
卢　爽（经济学院）
潘　楠（法学院 / 知识产权学院）
黄慕真（管理学院）
郭婷婷（经济学院）
龙志钰（国际学院）
林永魏（深圳旅游学院）

六、公益之星标兵奖

黄坤铭（环境学院）
陈　铭（经济学院）
叶佩君（管理学院）
李俊鹏（理工学院）
李营营（信息科学技术学院）
刘佳盛（国际关系学院 / 华侨华人研究院）
吴昊旸（文学院）
张巍巍（人文学院）
林　谆（医学院）
陈斯烁（国际商学院）

七、进取之星标兵奖

朱焕钊（国际关系学院 / 华侨华人研究院）
郭运健（华文学院）
伍煜政（理工学院）
李　贺（国际学院）
何　杰（信息科学技术学院）
黄舒仪（经济学院）
蓝　欣（公共管理学院 / 应急管理学院）
孙昭宇（法学院 / 知识产权学院）
黄　鼎（管理学院）

田　亚（药学院）

八、自强之星标兵奖

吕怡静（信息科学技术学院）
莫勒德尔·杰恩斯（管理学院）
林凯基（理工学院）
王志伟（管理学院）
唐万婵（外国语学院）
邱珈珈（环境学院）
赵一鸣（医学院）
黄明星（人文学院）
吴晓敏（国际商学院）
黄佩琴（药学院）

九、体育之星标兵奖

苏羽晴（管理学院）
姜南瑾（国际学院）
石梅芳（体育学院）
金向阳（体育学院）
何梓琪（经济学院）
曾　亮（法学院/知识产权学院）
李绍程（经济学院）
李丝丝（体育学院）
刘晓东（新闻与传播学院）
王龙天（公共管理学院/应急管理学院）

十、艺术之星标兵奖

苏力坦·马木提（管理学院）
丁博瑞（管理学院）
孙梁杰（新闻与传播学院）
杜涵韵（国际商学院）
李婧怡（信息科学技术学院）
于　越（药学院）
TITO SANTACROS（刘智多，华文学院）
霍卓浩（理工学院）
AHMED ELIZA（国际学院）
王　芷（艺术学院）

2015年暨南大学获奖毕业生名单

暨南大学2015届优秀本科毕业生名单（95人）

国际学院
陈嘉茵　邓文骏　施丹妮　于芳竹
文学院
程梦影　万　千　李　盛　陈梓婷　卢玉敏
周伟峰　钟玉平
外国语学院
陈姝含　陈晓玲　许琬玲
新闻与传播学院
王子嘉　刘紫琦　星　辰
艺术学院
王　峰　吴天泽　李　童　林文强
经济学院
吴贤杰　郭晓敏　张佳銮　钟　男　侯讷敏
吴楚然　李　凤　冼秀棣
管理学院
夏嘉荣　马慧敏　萧兴华　王彬彬　黄券霖
何靖茵
公共管理学院/应急管理学院
孙　莉
法学院/知识产权学院
吴江美　麦施慧
国际关系学院/华侨华人研究院
周晓丽　谭杏英　霍伟东
理工学院
陈沛荣　林源宝　马凯捷　陈睿鹏　陈学漳
王文慧　陈　林　罗紫韵　廖　顺
信息科学技术学院
许荷东　沈礼锋　林　楠　林少鑫　钟珮文
生命科学技术学院
谢　莹　张　琳　方雅宁　林哲栋　陈俊强
医学院
张承铎　吴家丽　陈声波　林淑君
药学院
庄晓吉　谭艳滢　罗　超　蔡倩君　杨韩慰
华文学院
陈艺彤　李秋颖　刘秋群　张斯佳
人文学院
李伟杰　张凯文　郑名芷

翻译学院

谭杰茜

国际商学院

陈芮琪　樊洛明　高秋丽　刘慧茹　吕宜坤

刘永樑

电气信息学院

彭妙霞　王韵陶　倪嘉科　郑　延

深圳旅游学院

汪卓群　黎　娇　陈炫宇　吴金润

体育学院

樊　旭　吴朝锋

环境学院

林学聪　李婷玉

暨南大学第17届“有作为，有贡献”毕业生名单（57人）

国际学院

彭路璐　朱玮炜　龚翊禺　周子琦

文学院

陈燕霆　吴　媛

外国语学院

万梦斐　王建义

新闻与传播学院

苏　颖　刘紫琦　郭嘉悦　李　哲

艺术学院

庄晨晖　庄文迪　李　童

经济学院

高慧翀　周小雪　张瑞明　蔡志强　张志君

朱静维

管理学院

陈　磊　林志桦　张仙良　林苗苗　林泽彬

公共管理学院/应急管理学院

李欣卉　姚宇晴

法学院/知识产权学院

麦施慧

国际关系学院/华侨华人研究院

李丽颖　李　倩

理工学院

马凯捷　陈睿鹏

信息科学技术学院

李　尧　林　楠　刘　璐　钟珮文

生命科学技术学院

陈晓燕　张　琳　郑斯淇

医学院

招淑珠　张承铎

药学院

梁淑燕

华文学院

唐书森

人文学院

周秋璇

翻译学院

李晓明

国际商学院

高秋丽　樊洛明　杨　洋

电气信息学院

王韵陶

深圳旅游学院

王　伟　刘颐菲　袁森林

体育学院

孙中省　林　凯

环境学院

周俊烽　林学聪

（学生处供稿）

暨南大学2015届优秀研究生毕业生名单（80人）

产业经济学院

罗莉娅

管理学院

李耀洵　官全龙*　岑永嗣　杨　扬　黄　珍

曹策俊　许美思　刘　勇　郑　丽　彭　元

黄丽君　华　涛　陈　璐

华文学院

李　琳*　黄晓燕　李　爽　刘　琳

生命科学技术学院

刘　宁　陈庆昌　陈烁娜*　杨丽聪*

李英华*　黄育华　阳小燕*

经济学院
胡国强* 常启辉 陈 定 何意銮 程灵云
张 杭 黄梦云 傅德福 于夕然 胡 婧
刘月婷 孙 雪
外国语学院
何 力 陈慕羽
文学院
汪 荣* 晏 洁* 孙 丽 汪 欢
韩周敬 王 苹
第二临床医学院
陈宇翰
第一临床医学院
梁俊杰 张还添* 黎 哲 汤慧君 朱翠萍
公共管理学院/应急管理学院
张丽雅 冯敏红
光子技术研究所
张学兵
理工学院
杨培华 江 炜 李文清 彭 琦
社会科学部
洪志雄
新闻与传播学院
刘晓伟* 刘方远 张 维 郑春欣 吴 侠
黄荟云
药学院
冯晓琳* 冯 颖 刘道路 刘红明
国际关系学院/华侨华人研究院
姜瑞民
医学院
赵昌林* 施庆颜 井立鹏
信息科学技术学院
陈 欣 刘宏武 邱 娟
法学院/知识产权学院
孙仙冬 郑泳彬 李倩雯
环境学院
詹晓静

注：带＊的为博士研究生，其他为硕士研究生。

（研究生院供稿）

2014—2015 学年暨南大学获奖学金学生名单

黄乾亨奖学金（24 人）

国际学院
张乔波
文学院
张学海
外国语学院
蔡燕月 赵耕平
新闻与传播学院
谢 敏
艺术学院
李嘉维
经济学院
李思语
管理学院
李红黎
公共管理学院/应急管理学院
鲁小雯
法学院/知识产权学院
俞 飚
国际关系学院/华侨华人研究院
黄日升
理工学院
王怡玲
信息科学技术学院
陈裔良
生命科学技术学院
梁瑞钰
医学院
余 俊
药学院
张少宝
华文学院
郑敏霞
人文学院
刘子琪
翻译学院
吴书颖
国际商学院
刘 博
电气信息学院
许 强

深圳旅游学院
罗海媛
体育学院
卢隆泉
环境学院
谢绮彤

78 级中文校友奖学金（10 人）

文学院中国语言文学系
孙依依　董　雅　王　丹　刘嘉敏　许艾琪　杜格格　李晓妍　陈馥琳　林秀瑜　梁翠琴

第十届梁奇达暨南教育奖（8 人）

文学院
陈燕霆
管理学院
曹策俊（硕士研究生）
法学院 / 知识产权学院
麦施慧
理工学院
马凯捷　杨培华（硕士研究生）
医学院
王晓钰（博士研究生）
电气信息学院
王韵陶
环境学院
林学聪

2015 年顺丰奖学金（19 人）

国际学院
陈三妹
外国语学院
赖玉丽
新闻与传播学院
张佳丽　宋亚南
艺术学院
盛　凯
经济学院
许晓君
管理学院
蔡晓英　刘　莉
公共管理学院 / 应急管理学院
盘　金
理工学院
李俊鹏　张润雅　赵　伟
信息科学技术学院
李　宇
生命科学技术学院
黄秋月
医学院
王　辉
华文学院
丁　俊
电气信息学院
莫敏华
体育学院
吴建国
环境学院
侯昌成

2015 年南航十分关爱奖学金（20 人）

外国语学院
赵文婧
艺术学院
解伟伟

经济学院
刘卓蓉
管理学院
李艳华
公共管理学院/应急管理学院
何天凤
法学院/知识产权学院
刘佳佳
国际关系学院/华侨华人研究院
杨丽莎
理工学院
吴园园
信息科学技术学院
杨亚萍
生命科学技术学院
张　瑜
医学院
张佩玲
药学院
李晓影
华文学院
苏洁华
人文学院
周晓天
翻译学院
梁潘燕
国际商学院
吴钰冰
电气信息学院
吴钰茹
深圳旅游学院
刘振宇
体育学院
潘灿丽
环境学院
刘珊珊

曾宪梓教育基金会第五期“优秀大学生奖励计划”（35人）

国际学院
温晓敏　严　迪
文学院
徐　洋
外国语学院
凌艳芬
新闻与传播学院
肖　勇　王沁柠
艺术学院
张云涵　艾雨霏
经济学院
欧丽霞　毛文秀
管理学院
郑佳虹　方　滢
公共管理学院/应急管理学院
赵　珍
法学院/知识产权学院
饶艳军
国际关系学院/华侨华人研究院
郭庆淳
理工学院
高艺敏　田地芳
信息科学技术学院
吴莹堆　邹月明
生命科学技术学院
罗小嫣　李亚迪
医学院
刘家柳　盛爱群
药学院
雷彭雅洁
华文学院
钱强文
人文学院
黄远锋　蔡钟海
翻译学院
黄银桂
国际商学院
刘琳琳　吴爱娣
电气信息学院
马学明　聂　禾
深圳旅游学院
张欢庆　罗贝煌
体育学院
张毛毛

（学生处供稿）

· 2015 届毕业生 ·

2015 届本科毕业生名单

2015 年春季毕业并获授学士学位的全日制本科学生名单

（共 123 人，其中珠海校区 31 人）

（一）法学学位共 2 人

1. 法学专业（共 1 人）

阮锦骥

2. 知识产权专业（共 1 人）

林杰缘

（二）工学学位共 21 人，其中珠海校区 12 人

1. 包装工程专业（共 2 人，其中珠海校区 2 人）

李智豪* 罗立威*

2. 电气工程及其自动化专业（共 2 人，其中珠海校区 2 人）

罗玉冰* 周成晟*

3. 电子信息工程专业（共 2 人，其中珠海校区 1 人）

江泽林* 周 欢

4. 化学工程与工艺专业（共 1 人）

何恒胜

5. 计算机科学与技术专业（共 8 人，其中珠海校区 4 人）

李 智* 袁子键* 陈文达* 陈家乐*
冯梓豪 李子坚 李璟辉 王登丰

6. 软件工程专业（共 4 人，其中珠海校区 3 人）

尹志翔* 吴文强* 姚国亮* 龚俊宝

7. 土木工程专业（共 1 人）

伍兆杰

8. 信息工程专业（共 1 人）

陈伟贤

（三）管理学学位共 26 人，其中珠海校区 9 人

1. 电子商务专业（共 1 人）

梁佩文

2. 工商管理专业（共 7 人，其中珠海校区 3 人）

丁继坤 张耀荣 陈 琳 张嘉铿 刘少斌*
芦剑锋* 陈德宏*

3. 工商管理（走读班）专业（共 3 人，其中珠海校区 3 人）

徐俊杰* 廖加杰* 林黄靖*

4. 会计学专业（共 3 人）

关文浩 简海旻 郑嘉威

5. 会计学（CGA）专业（共 1 人）

黄健暉◎

6. 旅游管理专业（共 1 人）

哈沈汝

7. 人力资源管理专业（共 2 人）

姚佳林 曾建文

8. 市场营销专业（共 4 人，其中珠海校区 2 人）

孙嘉宏 潘嘉欣 周妙龙* 黎青海*

9. 行政管理专业（共 3 人，其中珠海校区 1 人）

李宝玲 廖惠欣 卢湘湘*

10. 应急管理专业（共1人）
刘一冀

（四）经济学学位共18人，其中珠海校区3人

1. 国际经济与贸易专业（共5人，其中珠海校区1人）
付玉志* 黄少君◎ 王绵绵◎ 李詠儿
朱明月
2. 国际经济与贸易（走读班）专业（共1人，其中珠海校区1人）
邱彬彬*
3. 金融学专业（共7人）
谭伟鹏◎ 余铎暐◎ 邝子栋◎ 钟俊杰◎
李玲玲◎ 吕伟智 陈景光
4. 金融学（金融工程）专业（共1人，其中珠海校区1人）
王　苑*
5. 经济学（投资经济）专业（共3人）
胡　禛 王伟刚 董伟路
6. 统计学专业（共1人）
黄冠环

（五）理学学位共17人

1. 环境科学专业（共1人）
潘方甜
2. 生物技术专业（共4人）
王　贵 杜鸿德 陈廷华 张子农
3. 生物科学专业（共3人）
徐庶婧 杨　沛 王思雨
4. 数学与应用数学专业（共1人）
谭　璐
5. 信息与计算科学专业（共1人）
林伟鹏
6. 药学专业（共3人）
黄炳智◎ 夏素雯 郭伟豪
7. 应用化学专业（共3人）
李晓妮 黄光豪 顾耀文
8. 应用物理学专业（共1人）
谭祥胜

（六）文学学位共26人，其中珠海校区7人

1. 播音与主持艺术专业（共1人）
黄匡翘
2. 动画专业（共1人）
张　帆
3. 对外汉语专业（共1人）
杜倩仪
4. 翻译专业（共3人，其中珠海校区3人）
钱　庚* 邓力豪* 张媛媛*
5. 广播电视新闻学专业（共3人）
许倩薇 张家欣 陈子弘
6. 广告学专业（共6人，其中珠海校区1人）
李颖瑶* 林佳谊 何家明 吴俊鸿
郑若瀚 赵　鹏
7. 汉语言文学专业（共1人，其中珠海校区1人）
谢欣樺*
8. 新闻学专业（共1人）
江冬妮
9. 新闻学（国际新闻）专业（共2人）
罗夏雯 刘子杰
10. 音乐学（音乐艺术表演）专业（共1人）
邓紫薇
11. 英语（商务管理）专业（共4人，其中珠海校区2人）
何一平* 黄政杰* 梁詠珊 杨永刚
12. 英语（语言文学）专业（共2人）
陈玟妏 林健涵

（七）医学学位共13人

1. 护理学专业（共2人）
陈思昊 张日雄
2. 口腔医学专业（共5人）
余子龙 陈奕帆 张佳媛 郭文杰 李凯明
3. 临床医学专业（共4人）
杨冠香 郑健锋 赵志良 叶宏世
4. 针灸推拿学专业（共1人）
庄文俊
5. 中医学专业（共1人）
叶彩莹

注：带*的为珠海校区学生，带◎的为国际学院全英教学学生。

2015 年春季毕业并获授学士学位的全日制本科留学生名单

（共 17 人）

（一）教育学学士学位共 2 人

华文教育专业（共 2 人）

CHAYAPORN NUNTATERM

MARY GRACE LAGAS YOUNG

（二）经济学学士学位共 11 人

1. 国际经济与贸易专业（共 8 人）

EDGAR◎

Cagri Celik◎

STEPHANIE CHANG RAMOS◎

IRVAN SOMBUK◎

Alonso Vicente Siem Low◎

EDGAR CAMILO DIAZ MORENO◎

Ricky Lodewyk

Melissa He Luo

2. 金融学专业（共 3 人）

Anace Boari◎

JEFFERY SUGIARTO◎

Fernando Fangestu◎

（三）文学学士学位共 3 人

汉语言（商贸汉语）专业（共 3 人）

SERGIY TYSHCHENKO

NURUL FARHANA BINTI JAAFAR

tran thi tuyet nga

（四）医学学士学位共 1 人

临床医学专业（共 1 人）

MARGARETHA GREACEANA WIJAYA◎

注：带◎的为国际学院全英教学学生。

2015 年春季获辅修双学位的全日制本科学生名单

（共 2 人，其中珠海校区 1 人）

经济学学位共 2 人，其中珠海校区 1 人

1. 金融学专业（共 1 人）

王思雨

2. 金融学（金融工程）专业（共 1 人，其中珠海校区 1 人）

彭梓欣*

注：带＊的为珠海校区学生。

2015 年春季结业的全日制本科学生名单

（共 1 人）

理学学位（共 1 人）

药学专业（共 1 人）

李　东

2015 年夏季第一批毕业并获授学士学位的全日制本科学生名单

（共 3 383 人，其中珠海校区 468 人，深圳旅游学院 240 人）

（一）法学学位共 109 人，其中珠海校区 24 人

1. 法学专业（共 39 人）

麦施慧　吴江美　吕　阳　梁淑仪　洪敏青

兰赛纳　张舒晴　宋　佳　罗宇清　莫少荣

陈亚银　黄智标　夏　雨　储节红　宋　岚

解昊亮　彭申惠　钟福英　郑威龙　陈北娟

周林颖　余　羽　蓝燕兰　卢嘉丽　张之锦

刘译乔　刘定莲　何晨悦　李至侨　朵秋雨
陆　巧　张舒雯　朱芳德　麦楚莉　陈振东
姚靖雯　唐洁明　陈立仕　黄子毅

2. 法学（律师）专业（共24人，其中珠海校区24人）

陈　虹*　刘佳琳*　庞　婧*　陈子科*
巫文敏*　汤肖红*　龙定坤*　刘庆玲*
张凯文*　张小欢*　刘丹晨*　闫若婷*
秦晓姣*　李伟杰*　林　媛*　胡嘉乐*
杨晓峰*　蔡诗敏*　黄一欣*　刘　萌*
乐　开*　谢　怡*　郑佩玲*　王采宁*

3. 国际政治（国际关系）专业（共28人）

高晴文　李　倩　刘　畅　李丽颖　廖宝成
王泽端　潘莲莲　黄馥雯　陈景成　李丰田
何诗棋　周雨慧　李　婷　周晓丽　霍伟东
谭杏英　陈嘉琦　吴晓玲　陈振华　柯卓华
张佳熠　周生辉　刘丹琪　张明悦　叶　佳
关乐怡　汤梓灵　彭家杰

4. 知识产权专业（共18人）

胡淑君　郑皓莹　张君萍　何煜臻　钟月华
张梦妮　吴璟瑶　陈颖怡　蔡沁园　张中涵
张　弛　刘至卉　解　淳　李村穗　陈授贤
吴美玉　杨小雨　区婉YING

（二）工学学位共622人，其中珠海校区151人

1. 包装工程专业（共22人，其中珠海校区22人）

邓蔓菁*　张秋环*　郑杰钦*　冯美钰*
邱晓燕*　吴伟雷*　陈洪标*　林成威*
梁晓圆*　何颖欣*　区靖雯*　蔡梓霖*
麦启文*　李赞滔*　叶思远*　王幼娟*
吴李静*　李海娟*　王　超*　李慧贞*
朱　梅*　郑　延*

2. 材料科学与工程专业（共21人）

杨桂玲　郑坚文　许国光　骆顺昌　陈睿鹏
林燕欢　李启荣　梁昆宇　崔思远　刘　桦
周世裕　詹俊华　韦俊强　何世灿　林炎群
刘　佳　刘晓榆　王浩宇　杨　凯　姚志鹏
黄耀基

3. 电气工程及其自动化专业（共33人，其中珠海校区33人）

潘星宇*　吴锦河*　王东伟*　梁恒铸*
罗发富*　施国安*　杨　清*　吴发昌*
邓婉婷*　嵇一泰*　郑卓祺*　郭泽锋*
李炳奎*　邱奕培*　卢立志*　陈朝森*
吴德其*　黄大州*　陈达鹏*　谢嘉炜*
冯坚文*　冯志荣*　黄一钊*　李晓明*
睢丽质*　盛茗珉*　施家炜*　刘恩豪*
夏麟顗*　邹　曼*　周晓炜*　王　赫*
王韵陶*

4. 电子科学与技术专业（共18人）

丁志鹏　钱桂杰　冯达安　梁梓豪　罗泽辉
罗　洲　林　清　汤伟健　王晓升　郑乐乐
林淑柳　叶泽仁　陈焕鹏　孙晓媚　顾志浩
张建勇　罗　雄　邵琢瑕

5. 电子信息工程专业（共50人）

林　楠　钟珏鑫　卓奕涛　何雪兰　林坤洪
全建泽　何　孟　廖煜槟　谢岳鹏　蔡　彬
翁炜煜　王　晓　张玉君　傅玉林　吴铵安
尹　茜　黄颖源　蔡舒晴　梁杰聪　曾俊程
蔡　晖　黄凯恩　梁华滔　苏淡武　杨礼嘉
陆潮东　丁文博　崔梓松　陈东桥　余宇铿
黄　锐　张伟健　罗肖强　郑　烨　林少鑫
黄　宁　张文辉　孙义英　郑　扬　何　粤
文　牛　李竺珊　王　力　张晓娜　黄　硕
褚昆昆　张大翩　刘　格　殷　浩　邝凯平

6. 电子信息科学与技术专业（共21人，其中珠海校区21人）

邱松德*　骆冠潮*　刘杰莹*　林　敏*
邓文妙*　严佰鑫*　田绍宏*　郑贵滔*
岑家俊*　李银扬*　陈浩龙*　徐春广*
范梓灵*　郑舜婕*　唐莹莹*　冯金文*
李海平*　周　雨*　孙敏茜*　张天尧*
张　旭*

7. 高分子材料与工程专业（共12人）

丘威平　黄　城　谭志勇　陈志东　李颖瑜
梁嘉欣　许　璐　王雪薇　王雨靓　李静祺
曹　琳　高孙文彬

8. 工程力学专业（共20人）

罗文峰　程晓文　林朝广　陈锦雄　洪楚贤
刘焕林　温宇立　张惠民　杨思泉　林秋彬
夏勇涛　吴家颖　沈一帆　吕　曼　姜志浩
徐经纬　薛　钺　李俊江　毛召应　雷　佳

9. 光电信息工程专业（共19人）

林兆恆　郑立华　姚曼虹　刘荣杰　胡惜锋
梁松毅　蔡建颖　许德源　郭志标　郑思锋
罗家声　陈学漳　李　可　严成章　程　鑫
汪一川　王雪莹　孙鸿基　陈　晖

10. 化学工程与工艺专业（共22人）

黄益斌　曾秀梅　刘桐乔　陈丹静　许威杰
冯菲怡　林哲栋　林剑锋　林　健　陈俊强
陈俊斌　林敏玲　王炜豪　陈　翔　石　朴
程　玥　谢泳锋　崔明垒　梁祺森　贺艳锦
杨晓玲　沈　佳

11. 环境工程专业（共19人）

吴晓玲　陈思琴　劳嘉泳　谢姗苡　李柏易
林颖仪　王伟珊　郑晓真　雷远红　郭 威
蔡育宾　叶 梅　高心怡　宋 佳　李姣莹
杨曜天　廖真源　胡德明　李婷玉

12. 计算机科学与技术专业（共47人）

骆 玲◎　吴凌宇◎　陈思远◎　植栋辉◎
黄学振◎　杨 锋◎　杨小梨◎　林俊逸◎
李楚捷◎　朱剑锋◎　江 瀚◎　肖明慧◎
张伊荻◎　刘晗林◎　刘 吉◎　段少惠◎
黄 芳◎　王沛亨◎　刘 景　周志奋
汤中伟　邓舜光　卢宇鸿　吴文斌　李柏坚
林炜钊　黄晓燕　庄宝焰　徐晓婷　周武超
林婉婷　吴家丽　林 莹　林烈峰　宋 坚
潘希希　陈 茜　郭毅豪　袁绍祥　胡皓翔
陈 珮　谢恒翔　赵昱帆　戴 露　李昱颖
陈俐圆　马昆钰

13. 建筑学专业（共19人）

严雪丹　何健豪　郑清喜　黄丽勉　沈洁璇
薛梦琦　冯子睿　朱道康　黄立君　范颖琦
王 珏　王文慧　张子轩　陈劲心　雷嘉惠
黄坚洪　吴启东　许守智　陈细明

14. 软件工程专业（共51人，其中珠海校区25人）

郑 户*　欧杰威*　郭凯瑞*　张友璇*
温国昌*　苏 岚*　吴东鹏*　倪嘉科*
罗新健*　林锋英*　刘威雄*　陈锦和*
郑静纯*　赵崇海*　肖尔平*　何炬江*
李维聪*　张 亮*　刘宇梁*　林志城*
蔡昆池*　黄俊邦*　许齐卫*　吴 智*
罗玉娟*　钟珮文　范晓敏　李斌泉　林柏杨
王煜榕　林志耿　蔡弘宇　区敏燕　周扬威
李碧霞　李辉成　梁湘国　许春豪　杨锡坤
张雅倩　黄 飞　王文龙　徐胤翀　亢明双
范雷蕾　贺 洁　陈晓昭　孙宇文　李 倩
吴嘉荣　朱昌裕

15. 生物医学工程专业（共23人）

林显焕　郑斯淇　方雅宁　梁丽婵　吴柏杨
徐芳芳　郑佳富　魏夏云　吴俊灵　胡家慧
钟 玲　叶焕东　马添翅　孙 瑜　刘 岩
樊泽培　王瑞君　蔡佳锡　孙梓灵　钟旭飘
严欣欣　潘 望　林越威

16. 食品科学与工程专业（共23人）

李庆洋　张咏瑜　余植楷　陈湘琪　吴丽强
劳晓芬　林家辉　吴 震　林演晖　林夏瑜
古颖怡　杨彩燕　罗紫韵　周浩辉　杜文凤
陶 昕　赵倩竹　杨 佳　董 芬　肖 红
王佳伟　刘乾月　郑 莹

17. 食品质量与安全专业（共45人）

陈嘉茵◎　蔡香香◎　利嘉祥◎　麦婉莹◎
何施恩◎　廖思茵◎　张逸桦◎　邱志德◎
杨 锐◎　林晓华◎　龚翊禺◎　麦嘉琪◎
孔致欣◎　阮荣勇◎　黄书轩◎　江 漪◎
严惠怡　杜佳快　李艺莹　卢惠敏　莫诗燕
洪晓敏　李凯微　林进贤　余蔓玲　何文晶
罗宇曜　毛 欣　单慧子　曹 敏　张雨杉
鲜傲霜　袁 野　周康宁　廖 顺　胡雅斯
任 毅　梁皓翔　苏雅媛　陈敏桥　谭綺媚
黄秀仪　林翠燕　陈咏春　蔡綺林

18. 通信工程专业（共25人）

李振生　黄文亮　莫诗情　何韵倩　陈嘉隽
方泽彬　刘茂荣　杨少青　谷 扬　姜乔木
许耀宇　任 翘　梁俊南　吴乔靖　黄诗瑶
严伟旗　邱浚原　马海玥　李新怀　周晓燕
郭婧杨　张 瑜　张 璐　潘世乐　梁婉笙

19. 土木工程专业（共27人）

周 杨　吴腾飞　江远坚　吴创勤　黎迪全
肖玉婷　梁宏娟　周志伟　王志勇　苏子威
黄建华　谢晓杰　刘海炀　黄椿棚　黄国军
唐熙顺　陈叔华　张力天　廖艺玲　李绪银
谭雪飞　汤妮莎　陈 林　麦志成　殷啟聪
蓝星乐　袁冠荣

20. 网络工程专业（共17人）

谢嘉楠　许志聪　陈 骋　卓奕俊　林晓艺
许广宝　林 越　张嘉昕　彭泽文　董 侠
潘杨文　黄东浪　张羽翔　陈艳娜　钱 怡
徐天石　欧阳翠莹

21. 信息安全专业（共26人，其中珠海校区26人）

彭妙霞*　邓 珊*　李泮琳*　许序跋*
吴贯鸣*　黄树豪*　陈泽智*　麦满钟*
王旭娟*　李小娴*　赖清泉*　王静君*
黄 萍*　谭启辉*　梁国深*　袁喜伦*
林志荣*　沈秋碧*　林 凤*　王安妮*
刘春男*　刘 颖*　杨 博*　陈秋依*
王旭娴*　卿哲嘉*

22. 信息工程专业（共38人）

胡婉洋　赵 欣　潘莎莎　徐亦可　邹星辰
谢杰钊　李 婵　胡泽帆　陈焕雄　冼瑞仪
卢 峰　肖 迟　黎贵文　庄健植　林柏颖
黄锦俊　蔡思莹　苏建来　张嘉文　钟贵清
姚丽婷　钟 杰　丘文强　蔡炜梁　杨 睿
黄旋鑫　余楚倩　钟家荣　张桂添　王浛成
韩 裕　封岳滨　冯行行　李贺莉　冯美瑜

熊　琦　冯梦婷　沈敏剑

23. 自动化专业（共 24 人，其中珠海校区 24 人）

廖佳琪*　高伟楠*　吴桂乐*　郑凯升*
赵爽楷*　陈汉升*　冯永豪*　彭译娇*
何伶珍*　廖兆健*　罗育浩*　缪威迪*
刘国栋*　梁崇硕*　陈林沛*　王敏海*
叶奕洲*　甘罗建*　甘　地*　乔　凯*
薛慕寒*　钟佳琪*　杨　潇*　周欣汶*

（三）管理学学位共 916 人，其中珠海校区 98 人，深圳旅游学院 184 人

1. 财务管理专业（共 78 人，其中珠海校区 34 人）

钱万程　卢欣欣　郑绘娟　陈咏霖　曾丽燕
郑洁玲　覃宝莹　林鮀生　麦焕尧　黄耀瑶
谢小红　吴倩霞　王　瑶　赵路路　吴　越
王金京　刘　旭　洪杰鹏　宋茂森　王少坤
武婧雯　许雪莹　黎燕婷　李宜桓　李　桢
林逸舟　沈小桃　温颖芳　陈颖萱　云绮梅
钟浩明　宁彩虹　段茂玲　巫东航　李崔璨
陈祥宇　邓　琳　李　湾　唐可汗　梁　言
江雅琪　黄世恩　郑嘉琪　吕冰虹　刘　清*
周梓皓*　谢婉婷*　朱　喆*　李　涵*
易韵怡*　黄佩薇*　陈树泽*　陈　威*
陈　扬*　王　珂*　陈丹妮*　黄硕丰*
钟文丽*　黄翠云*　区颖瑶*　张觉慧*
袁丽清*　陈静萍*　麦少庞*　余苑凌*
碧　贤*　刘永樑*　袁　懿*　何佳玲*
魏　绮*　罗曼璐*　李　瑾*　陈佳骏*
郭浩儿*　陈音如*　袁素娴*　毋　昱*
林俊英*

2. 电子商务专业（共 82 人，其中深圳旅游学院 54 人）

麦玮琪　蔡俊熙　林汉茂　张紫丹　莫岚兰
肖　炜　黄博超　何召伟　梁怡妍　林泽彬
黄薛澎　唐子媚　王　霓　林苗苗　缪京健
张　帆　李燕华　黄晓迎　吴美琪　邓惠梅
吴伟顺　张仙良　罗逸丰　卢嘉和　谭俊健
郭锦雯　叶毅荣　汤振富　俊　星▲
吴泽杭▲　张正慧▲　李夏楠▲　安　迪▲
张晓庆▲　吴巧媚▲　卢小艳▲　庄璐蔚▲
黄国俊▲　关　澄▲　陈　丽▲　陈诗婷▲
张芷蕙▲　陈嘉媛▲　彭弘伟▲　张家曼▲
陈　智▲　徐子杰▲　龙一申▲　毛贞露▲
高　帆▲　田　宁▲　刘　通▲　熊亚恒▲
雷雨昕▲　张　雪▲　黄红兰▲　邹　洁▲
叶　蔚▲　吴金润▲　刘家辉▲　宗博文▲
袁森林▲　龙日舜▲　王誉龙▲　林永锋▲
魏子杰▲　陈亦冲▲　刘育滔▲　卢伟标▲
江东妹▲　黄志强▲　傅　晓▲　熊艺颖▲
赵　耀▲　许圣彤▲　章　婷▲　王思宇▲
张懿知▲　张　铭▲　董嘉琛▲　杜和颖▲
熊亿权▲

3. 工商管理专业（共 121 人，其中珠海校区 25 人）

邓　洁　梁翠婷　何婷婷　陈　磊　崔嘉莹
陈静怡　邓睿娴　孙永涛　王梦宇　严　玥
李　江　程星铭　苏　军　黄　娟　刘　强
陈　翔　郑　斌　何诗云　刘　畅　廖燕翔
吴启翔　何嘉宝　梁文瑶　马慧敏　黄基祥
陈晓婷　谢文俊　黄诗览　陈小燕　林杰崚
陈良贤　林天桦　贾振宇　陈　铭　郭黎明
卫　锋　何　荣　喻　浩　温倩婷　黄俊龙
黄雅榕　施美嘉　陈淑玲　严焕深　黄嘉莹
李淑华　禤瑞莹　林嘉威　吴秋莹　关仲彬
周毓沛　叶　倩　甘玮滢　马碧玉　吴丽琼
黄逸伦　刘俊彦　冯子聪　冯树燊　胡凌子
陈伟华　高　峰　刘紫蔚　罗梓静　冯志华
卢俊南　雷善雯　潘宇玲　何思瑶　李　杰
梁国烽　郑梓欣　夏嘉荣　陈嘉杰　吴家声
郭颖欣　谭泳超　刘志颖　陈梅芳　张　蕙
李宇晴　陈金贤　陈龙彪　屈思岑　陈烈棋
张晓欣　容达强　李婷英　赵安妮　赖冠宇
林妙玲　陈嘉玮　吴婉玲　陈家敏　卢澔邦
陈翔舸　李诗翎*　商梓璐*　杨　熙*
夏海燕*　邱飞旋*　黄　永*　刘慧茹*
姜薇依*　赖彦君*　陈晓虹*　高青梅*
李文韬*　黄靖昊*　黄纯欢*　黄利定*
张泽鑫*　杨　洋*　郭　萌*　周颖欣*
李玉兰*　吴静雯*　雷伟诗*　方文锋*
卢文标*　黎敢华*

4. 工商管理（走读班）专业（共 5 人，其中珠海校区 5 人）

王嘉雯*　陈　姗*　连静汶*　黄慧贤*
蔡德鸣*

5. 会计学专业（共 86 人）

马长龙　陈淑芳　郭兰青　黄舒雅　罗思婷
陈焕森　梁靖炜　彭　程　朱海琦　邓露诗
李殷婷　王　颖　欧阳素卿　陈晓玲　戚孟德
黄彩萍　梁　斐　高剑桥　刘乔治　李　吉
王　睿　罗绮华　黄嘉俊　林焕星　李晓琳
洪晓岚　陈佩莹　陈健朗　黄淑桦　董春妮
谢文芳　黄丽华　洪佩丹　陈学瑶　谭炯亮
陈丽姬　傅　斐　张丽梅　虞路漫　王嫣然

韩雪晴 桂 钦 郭枫晚 廖可馨 段 磊
王思洁 雷恬恬 王 锦 李 娟 姜鲁梅
黄信康 吕桂恒 谭小泳 曾子芸 彭健壮
叶思颖 罗 颜 潘欣仪 吴俊颖 叶德鏘
张碧欣 孙美仪 冯海媚 周展廷 邓倩仪
梁艳霞 罗 美 吴颖欣 吴少莹 冼美怡
陈彩娟 雷 蕾 黄 欢 陆丽阳 谢冬梅
林 靖 黄雅珠 林俊威 陈敏仪 蔡雅如
尹嘉慧 马孝麟 甘梓妍 冯伟根 叶振豪
李楚阳

6. 会计学（ACCA）专业（共 44 人）

余磊磊 黄券霖 蔡跃子 李仪莹 尹嘉林
张欣桐 林思烁 张国辉 陈玥明 程沛怡
任岚清 郑利恒 梁惟扬 王 申 欧子珊
王寒玉 张慕洁 郑彦真 全 野 吕 程
郑宝珠 徐 璐 李俊龙 杨诗卉 毛文彦
朱 笛 傅 瑶 陆丽梅 钟丹琳 黄晓驹
翟小凤 张紫茵 江颖渝 劳倩琳 陈星宇
林冠彪 魏平平 梁 莉 罗 日 钟锴淳
崔静雨 肖 宇 汪伟杰 吴自豪

7. 会计学（CGA）专业（共 57 人）

方 婷◎ 于芳竹◎ 柴晶晶◎ 简宇佳◎
王艺臻◎ 唐颖妍◎ 尧民萃◎ 张倩维◎
李慧莹◎ 容家霖◎ 方祺茵◎ 廖 倩◎
单铸锋◎ 陈 捷◎ 谭晓媚◎ 冯玉仪◎
郭嘉雯◎ 林泳仪◎ 陈冠西◎ 彭 梅◎
廖雪莹◎ 庄奕佳◎ 蒋 宁◎ 王婉竹◎
王雪莹◎ 梅诗妍◎ 刘子莹◎ 蔡晓铨◎
徐 正◎ 谭琳潞◎ 于亚光◎ 黄 彦◎
张 挚◎ 陈浩林◎ 马诺尧◎ 李程琳◎
黄颖淇◎ 梁倍诚◎ 夏蜀奇◎ 何李香祎◎
冯雨朦◎ 魏珮琪◎ 黄 霖◎ 谭玮琪◎
杨颖桦◎ 陈梦莎◎ 陈怡琳◎ 李晋轩◎
罗汎菁◎ 张佩仪◎ 陈晓文◎ 罗颖思◎
温巍杰◎ 梁兆熙◎ 李 璇◎ 朱洁怡◎
梁静妍◎

8. 会计学（注册会计师）专业（共 48 人）

盖慈航 林 峰 赵艳云 陈元彪 周 觅
马铭垫 胡梦妮 崔泳梅 王彬彬 郑怡琪
罗英嘉 陆剑萍 吴翔真 陈露冰 李伟珊
李怡心 梁韵晖 莫茵茵 李少玲 盛何萍
骆 珊 陶 然 倪海霞 蒋程全 周 颖
何陈丽 谌 佳 方 欢 刘妍君 冼静雯
李颖怡 钱佳薇 王佳彤 翁诗靖 李秋红
邱 洁 叶嘉明 周贤妹 李燕红 邓丽玲
陈小花 杨 茜 杨斐然 徐雨婷 张世尊
汪星月 张玮洁 陈扬帆

9. 旅游管理专业（共 74 人，其中深圳旅游学院 45 人）

谭谨仪 杜韵诗 郭逸虹 易 明 冯晓君
李嘉颖 庞 轩 王丽丽 叶少冰 冼韵诗
林碧春 黄玉婷 陈育敏 陈 瑛 林惠贤
曾令纬 舒 畅 聂冰玥 王钰莹 林哲纬
黄雅婷 李紫欣 黄惠珊 邱惠丽 梁詠欣
梁慈凌 徐盼盼 陈恩倩 李婉瑶 王 阳▲
王 伟▲ 钱嘉韵▲ 廖 莹▲ 黄敏华▲
李诗诗▲ 杨馥铨▲ 郑慧敏▲ 王英杰▲
秦 琴▲ 徐 媛▲ 赵翔宇▲ 孙天艺▲
邓 宁▲ 黄淑妮▲ 周亚芳▲ 李凝卉▲
张芸蕾▲ 杨彩霞▲ 吕舜宇▲ 吴涛佳▲
方洁萍▲ 黄文婷▲ 吴思思▲ 李 璇▲
郑会燃▲ 梁启新▲ 郑伟彬▲ 王坚鑫▲
蔡树亮▲ 曾 淳▲ 徐振宇▲ 洪 洁▲
李泓佳▲ 陈 虹▲ 瞿 意▲ 黎 娇▲
郑志越▲ 杜一玢▲ 樊伟红▲ 胡荆云▲
吴雪洁▲ 徐志豪▲ 刘紫曦▲ 许宛榆▲

10. 旅游管理（高尔夫管理）专业（共 26 人，其中深圳旅游学院 26 人）

李诗婷▲ 巫园骏▲ 邱梓杭▲ 叶敬源▲
魏敏莹▲ 柳晗宇▲ 田朋飞▲ 戴 蕾▲
刘 璐▲ 张芮瑜▲ 代兰花▲ 王安平▲
苏晓祥▲ 陈开仪▲ 邱 珅▲ 黄杰荣▲
邓春艳▲ 冯少雅▲ 颐 菲▲ 石理嘉▲
杨文睿▲ 高煜阳▲ 王 玥▲ 李 娟▲
陈炫宇▲ 杨 静▲

11. 旅游管理（酒店与会展管理）专业（共 34 人，其中深圳旅游学院 34 人）

王晓纯▲ 许芷君▲ 黄靖怡▲ 冯秀霞▲
张燕敏▲ 钟楚欣▲ 林 晴▲ 蔡文炫▲
李思颖▲ 王贝尔▲ 李品峤▲ 李 佳▲
温 锐▲ 黄浩斐▲ 陈殷哲▲ 陈 霞▲
罗翠云▲ 单淑欣▲ 陈晓敏▲ 徐伟怡▲
陈俞霖▲ 陈光耀▲ 梁伟浩▲ 王 奇▲
苏盛轩▲ 韩 宇▲ 张 宇▲ 刘 鑫▲
徐亚伟▲ 李 娟▲ 江绮琳▲ 郑鹏翔▲
林梅兰▲ 陈宇婷▲

12. 旅游管理（旅游规划与景观设计）专业（共 25 人，其中深圳旅游学院 25 人）

沈海莉▲ 张立楠▲ 黄倩桃▲ 黄瑞欣▲
林丹虹▲ 莫燕华▲ 胡斐珮▲ 陈虹娜▲
罗少文▲ 黄少婷▲ 王敏楠▲ 俞仁芳▲
汪卓群▲ 朱美伶▲ 梁嘉惠▲ 李坤毅▲
郭陈清▲ 陈倩倩▲ 马坤彬▲ 梁伟健▲
陈煦斌▲ 黄少栋▲ 张健浩▲ 苏 杭▲

张轶凡▲

13. 人力资源管理专业（共33人）

梁依桐　杨冠群　刘佳冰　陈嘉慧　石诗韵
张桂楠　黄　晨　谢嘉东　陈碧桃　黄晓星
张贵妮　倪晶晶　过　非　姚黎霜　陈楚言
陈子平　古泳仪　林秀晶　孙媚媚　郑　尔
曾苏燕　郭婉盈　林悦云　何靖茵　黄嘉雯
蔡坤铭　林子暄　黄嘉敏　陆建峰　黄佳盈
石惠儿　赖佩谊　陈柏文

14. 市场营销专业（共60人，其中珠海校区20人）

邱广千　黄丽萍　黄玉君　莫晓莹　邓国浩
谭杏贞　潘芷欣　陈紫泳　陈丽纯　贤　俐
陈颖琪　周展弘　陈荔珊　黎　馨　陈壬道
陈泽武　冯艳红　萧兴华　郑跃慧　王　伏
朱晓燕　齐冰峰　邓　祎　尚　琳　王林娜
杨嵘婧　张伟立　赵雅仙　林东成　潘国章
苏洁雯　卢德鈺　何浩祥　黄子轩　阮文涛
黄畅康　郑宛欣　黄振洲　欧阳颖诗
梁嘉仪　岑正辉*　陈子晴*　黄月养*
吕宜坤*　陈枫莹*　柯景雯*　马　文*
刘薇玲*　邬国林*　曾晓媛*　陈浩娜*
蔡雪花*　林秋璇*　陈惠玩*　许耿伟*
张煜采*　李志杰*　季蓓蓓*　方　泓*
黄淑芬*

15. 物流管理专业（共23人）

林煖桃　李秀媛　张舒媛　肖鹏程　温佳佳
张家容　卢淑娜　罗汝珊　何思婷　叶　丹
吴秀枝　徐永杰　魏　珊　陈晓红　罗文欣
林康华　庞子扬　鄢　强　曾　锋　曾欢欢
卢逸笙　陈健晴　黄立康

16. 信息管理与信息系统专业（共20人）

谭斯雅　谭斯茹　陈国强　张晓华　叶文兴
黄曼斯　许德省　罗子敏　关海燕　纪旭贵
陈倩莹　黄伟杰　陈欢颜　陈金玲　李　响
邱天石　方志强　陈雪倩　陈紫莹　王丹霓

17. 行政管理专业（共30人）

郭嘉浩　杨志焜　李　圆　沈群策　孙　莉
林文威　罗　鑫　徐慧敏　梁玉婷　姚映羽
卢晓颖　谢逢时　孙　萍　朱超然　郭思宇
马竞宇　张晓燕　黄恩裕　徐　俊　李建华
陈鹏宇　叶倩恩　方绮萍　陈俊通　罗佩欣
钟诗敏　马进成　何佩珮　林伟丰　马世臻

18. 行政管理（城市管理）专业（共14人，其中珠海校区14人）

陈海琪*　刘　海*　陈慧慧*　吴佳群*
梁健敏*　源文婷*　梁　栩*　冯颖欣*
黎燕梅*　刘桂香*　戴科伟*　张　意*
张焕森*　丁　宏*

19. 应急管理专业（共56人）

廖路娇　李晓婷　苏洁仪　肖绮华　梁　圣
黄文懿　李思量　袁白雪　岑焕诗　翁昭惠
王妍佳　张昊明　曾　纬　詹观影　杨银姬
房志峰　周靖炫　唐美芳　马　飞　李俊颖
林慧敏　谢宇萍　何达臻　梁绮敏　吴尧都
廖红萍　黄静韵　蔡　琦　姚宇晴　林　霖
冯志勇　阮杰伦　李欣卉　黄　瑞　黄源河
李春怡　徐　晖　方　冰　陈明珠　赖威华
蔡裕岚　黄国良　王婉辉　黎嘉威　黄丹洲
林岳鹏　马铭楷　林浩贤　彭嘉敏　徐荣昌
陈伟彬　庄沐林　郑树炎　孔伟杰　袁兆辉
刘付俊杰

（四）教育学学位共24人

1. 华文教育专业（共2人）

刘润梅　苏国良

2. 体育教育专业（共22人）

张　龙　凌苏免　周贵强　易琨皓　吴朝锋
宁传雨　赵美玲　王长鑫　孙中省　林　凯
吴小勇　苗更新　高　梦　樊　旭　郭家铭
陈首价　黄中原　刘持毅　刘营睿　陈建明
吴礼杰　黄骏华

（五）经济学学位共544人，其中珠海校区101人

1. 财政学专业（共28人）

汪静怡　林思敏　张哲慧　李天珍　刘晓玲
梁　衡　梁燕玲　寇瑞珍　漆文军　郑嘉莉
潘　荔　黄晓婷　黄伟强　陈　森　吴经迪
陈小丹　楚　誉　杨志凌　许诗园　黄佳颖
温荣治　刘安旎　林旻瑾　张雪莲　孙　奥
周思达　李德源　欧阳朝霞

2. 国际经济与贸易专业（共152人，其中珠海校区33人）

吴静娜*　陈蕴琪*　黎乙锂*　梁子伸*
宁茵茵*　陈芮琪*　蓝丹如*　叶惠雯*
徐艺博*　黄少梅*　鞠　锐*　张发云*
宁　红*　饶文斌*　钟健诚*　洪明莉*
李子阳*　林裕健*　何小琅*　黄奕青*
罗雁翔*　魏　然*　陈杉林*　朱　迪*
阮麟齐*　俞星瑶*　何　昕*　张晨宇*
吴雨澄*　姚尚恒*　郑　雯*　谭颖君*
刘煒杰*　吕宛庭◎　张　珂◎　董玉莹◎
王　珩◎　王凌颖◎　付雅文◎　徐万兴◎
袁依楣◎　吴乙高◎　王　颖◎　刘丽芹◎
黄　华◎　施坤鑫◎　张　简◎　关颖怡◎

夏　日◎　杜卓明◎　陈家源◎　李嘉峻◎
何淑贤◎　李　渊◎　容嘉敏◎　何昭恺◎
叶炜帆◎　陆文俊◎　聂智权◎　陈则霖◎
暨衍坤◎　林协华◎　袁綺琪◎　陈冠豪◎
张嘉华◎　吴詠盈◎　雷舒雯◎　陈小丽◎
林韵怡◎　钟耀扬◎　沈凯雯◎　袁永恒◎
陈思雅◎　席潇然◎　黄　颖◎　刘志强◎
李志国◎　余嘉欣◎　谢小薇◎　黄浩辉◎
史习德◎　高振哲◎　许自耀◎　陈冠彦◎
张梓欣◎　马　骁◎　吴森豪◎　张嘉浚◎
纪欣宁◎　庄鸿任　毛一彬　黄卓君　蔡学芬
李　娜　李新晨　石绮琪　曾丽婷　李丽君
王荣如　叶凯莹　房　苑　李思欣　龙小琴
刘昱君　钟　男　刘　云　董慧敏　李　爽
马　响　赵燎燎　管　弦　王安琪　陈艺琦
林雨萌　阮晓莹　李敏钰　袁传昕　吴惠晴
梁晓霞　陈斯联　茹耀莹　刘觉晖　崔倩婷
陈晓宜　夏思琪　郭　贞　罗宗扬　林子超
周誉舒　纪　扬　刘紫欣　湛文迪　罗斯予
裴　飞　徐莎莎　沈　时　马菁菁　孙　悦
孙钰琳　杨耀笙　曾振鸿　曾至健　苏伟胜
许智浩　陈德仪　苏凯恩　张峰旗　焦爱萍
陈贵东　邝嘉明　李展邦　魏腾宇

3. 国际经济与贸易（二沙班）专业（共10人）

高慧翀　徐骏杰　张志君　马俊杰　蔡志强
周小雪　张瑞明　陈志贺　姚佳男　郭泽林

4. 国际经济与贸易（国际商务）专业（共17人，其中珠海校区17人）

陈晓燕*　罗燕婷*　吴景康*　郭凤媚*
黄海滨*　曾　浩*　刘　颖*　刘紫侨*
谢天添*　严伟霞*　李开生*　黄伟鹏*
张　捷*　郑济弦*　黄洁仪*　梁文静*
姚沁茹*

5. 金融学专业（共163人）

戴琳娜◎　邹富萍◎　方梓淳◎　何启航◎
李　烁◎　颜静铷◎　刘年浩◎　蔡佳怡◎
黄　娴◎　黎妙然◎　梁韵怡◎　赵训鹏◎
杨永俊◎　陈美珊◎　邱桂芬◎　吴　蔚◎
赖文欣◎　邓苑菁◎　林嘉仪◎　李宏宇◎
赖　欣◎　黄　炎◎　罗　琛◎　成启源◎
李秀雯◎　李昊恬◎　朱玮炜◎　王书旗◎
刘宇豪◎　潘谷雨◎　郭晶晶◎　徐萍娜◎
李梓源◎　黄玮嘉◎　彭路璐◎　袁志伟◎
刘云鹏◎　黄景宽◎　毛亮云◎　林　欢◎
曾　丰◎　陈梦希◎　刘　迈◎　马洪亮◎
吴綺寧◎　梁惠缘◎　黄健宏◎　陈景华◎
陈晓彤◎　黎东盛◎　陈舒欣◎　邓余波◎
伍建斌◎　郑伟烽◎　黄锦泉◎　梁卓轩◎
黄晋怡　李圆圆　熊　燚　杨经宇　邓智雯
刘倩婷　关霭玲　梁倩莹　杨　萃　黄晓雯
陈红璇　袁雨禾　郑　鑫　刘　畅　赵天予
丁炜坤　胡骥琛　文姝婷　吴彦君　陈晓霞
吴思杰　张　晔　邓海玲　郭丹铃　周柔璇
赖婉珊　苏秀榕　刘逸夫　赖元钊　陈嘉荣
叶　超　侯讷敏　俞　哲　李　妍　王宇凡
董　琦　戴弘毅　朱家炜　陆紫昊　徐旭薇
李梦芝　边　侠　冯俊业　黄有志　梁嘉伟
冯剑辉　陈南昌　周志能　何晓盈　吕倩仪
钟志承　林颖思　骆永强　邓汉强　蔡劲成
李志豪　李庚融　何嘉进　陈志浩　张伟俊
廖建文　劳嘉仪　郑　强　李敏华　金光遥
杨永贤　梁泰铭　徐朗轩　谢惠敏　刘翠珊
丛雪鎣　张英琪　黄楚珊　黄子峰　潘惠敏
黄家伟　张雪莹　梁韵玲　许裕生　陈佩菁
梁裕彬　吕瑞瑜　杨昊健　廖昶堤　黄家保
林晓楠　蒋宏宇　黄丽华　麦嘉伟　叶雅诗
梁健全　叶　峥　陈欣欣　苏华鑫　吴嘉盛
陈雅雯　陈　术　黄嘉宝　卢志欣　于金珍
陈帼华　吴宇红　曾绮雯　何丽莎　张源源
上官春子　上官春子

6. 金融学（金融工程）专业（共50人，其中珠海校区50人）

武　劼*　马　茜*　卢爱婷*　卢　璐*
刘燕衡*　蒋　丽*　吴苑丽*　何晓婷*
黄华栋*　唐雨露*　陈　欢*　刘昊宸*
邹小怡*　陈紫莹*　谢宇硕*　赵天悦*
黄敏维*　高秋丽*　李　偲*　郑丽霞*
周茜茜*　周　洁*　梁擎超*　王宇琨*
左正人*　樊洛明*　丁佳伟*　任涵璐*
贺姝玥*　侯泽宇*　赵　璇*　袁驰道*
干阳明*　罗时佳*　张玉洁*　庄　青*
蔡维娜*　陈明锟*　蔡英豪*　李　颖*
杨　俊*　王鹏程*　胡雪歌*　张笑笑*
毛雪敏*　邓晓雯*　杨晨誉*　李　唯*
陈硕慈*　钟　艳*

7. 经济学（投资经济）专业（共59人）

黄谷恩　杨凤梅　尚　亮　李　甘　黎德颖
郑　鑫　潘晓燕　黄怡媛　赵筱逸　林均涛
陈海滨　林伟瑜　刘雅芬　祝晓珍　姚雨和
蔡若茜　王蕾娜　仇宗悦　许晓雁　谢隆昌
汪苑兴　张佳銮　章晓君　刘永豪　江映琳
吴贤杰　刘　祺　张真榕　熊劲松　郭晓敏
杨正东　丁权胜　曹　越　吴　正　李韶荣

施有為　冯耀展　黄德恩　庄龙泉　杨嘉诚
冯富荣　陈健钧　罗小敏　吕　燊　邝颂然
黄　璐　李聪莉　王明润　吴德怀　王家豪
黄艳敏　钟思敏　邓振承　张其丰　郑伟哲
黄　迪　幸祺岳　周志荣　游文旺

8. 统计学专业（共34人）

谢燕玲　包文航　李彤殷　曾维环　罗建娇
易姿韵　王志成　叶日办　徐培秋　廖建聪
谭晓慧　黄海珊　蓝　青　王皓天　汪乐尘
李　凤　杨　涵　侯丽芬　陈香均　陈李雪
白诗雨　唐双华　吴　峥　孙　旭　李楚昊
徐　放　周娇娇　张菘淋　苏梦媛　马　皓
樊晓萌　王紫钰　彭诗雅　鄺卫豪

9. 统计学（精算学）专业（共30人）

程婧寅　冼秀棣　冯骏骅　杨子宏　刘楚贤
李靖怡　黎紫英　吴楚然　詹承宗　李思愉
冯　静　廖　阳　李　炜　何嘉伟　朱浩正
刘　聪　李　煜　林佳桦　陈昕瑜　黎智聪
朱其森　蔡远飞　林舒妍　朱静维　陈　健
史呈超　吴敏丽　梁立明　苏嘉楠　赖凯楠

10. 国际经济与贸易（走读班）专业（共1人，其中珠海校区1人）

甘家兴*

（六）理学学位共272人

1. 环境科学专业（共18人）

陈　唯　陈　燕　林晓纯　曾　嵘　林学聪
彭　煜　周俊烽　朱迪雅　尹晓君　蔡冬乐
马家业　林泽钊　殷银有　王惜若　池梦洁
穆晓倩　于晓溪　张　可

2. 生态学专业（共22人）

钟秋宏　李乐庭　黎颂恩　郭宇星　陈　洁
何嘉美　赖晨熙　陈松辉　梁烨鹃　郑仙福
莫君韦　陈庆鑫　张怡婕　李晓旭　蒲东朝
俸新园　马晓萌　陈可心　阙永芳　王同胜
陈　玲　李杨也先

3. 生物技术专业（共41人）

郑子豪　陆笑霜　袁晓敏　孙　晶　张文煜
陈佳璇　李金超　曾榆翔　陈云飞　龚卓鹏
罗彦彰　陈文燕　梁静娴　郭妙琴　陈锡贤
刘　伟　张俊豪　樊婉婷　蒋琪琪　王素燕
李颖梁　潘国平　郭成斌　陈淑敏　李智毅
黄建婷　杜　烨　张琼花　吴家佳　张　崧
王雪婷　王子熙　朱智伟　吕　蕾　沈虹宇
杜　兰　曾　浩　吴志健　陈　思　唐雅倩
杜若兰

4. 生物科学专业（共23人）

梁颖明　周华送　谢　莹　陈翰砚　林灿平
洪振华　黄丽娟　谢　真　唐远辉　陈晓燕
刘东星　胡龄尹　赖小娟　崔　宇　张　琳
刘羿辰　张　坤　顾鑫硕　樊静静　王　玮
霍　然　阿尔达克·努苏甫汗　旦增卓嘎

5. 数学与应用数学专业（共11人）

方定斌　陈婉君　郑　晶　倪梓宇　庄子炜
朱伟航　李照樾　许荷东　熊庆玲　舒烈凯
石城川

6. 信息与计算科学专业（共17人）

杨婷雯　王志传　吴国秋　蔡智斌　张镇桂
马学平　陈晴琳　李文桦　何培林　沈礼锋
方丽柔　李晓辉　梁承政　黄书圣　王咪咪
闫自超　郝　蒙

7. 药学专业（共48人）

周嘉怡◎　李朋朋◎　颜奕曦◎　陈焕钧◎
张继清◎　高嘉瑜◎　王　捷◎　张景森◎
罗劲雄◎　段昌豪◎　高　宏◎　李品全◎
顾方雅◎　阳周作◎　陈　珊◎　罗维中◎
余林健　梁永盛　冼文彬　许荣煌　李怡斯
许琳珂　俞雅雪　陈畑橘　马嘉霓　吴茜茜
黄志星　刘境超　李敏娟　何怡霏　洪基伟
何伟佳　庄晓吉　闫　浩　韩翌璇　王　哲
王永鹏　吴丽华　林雅华　敖舒婷　陈佩珊
许丽珊　吴奕善　叶家希　张奇峰　刘梓健
李嘉阳　梁颖茵

8. 应用化学专业（共39人）

张朗棋　陈小曼　梁洁贤　成　金　林静芸
黄碧月　陈　嘉　魏润峰　邓梦尹　李耀基
郑子杰　陈泽智　朱文广　彭健华　杜永亮
叶华超　彭楚茵　张家慧　邱韶童　邹艾一
阙曼妮　李艺竹　颜　开　赵　宏　佘　攀
秦　涛　吴丽萍　李　灵　潘梦琳　宋家诚
张恒树　徐　凯　赵　桓　方　丹　李云涛
黄昀钦　潘嘉宾　陈思坷　陈恒昌

9. 应用物理学专业（共33人）

叶泽民　罗浩强　戴耀逊　陈沛荣　黄基霖
林源宝　叶志勇　朱秋蓉　刘小慧　王慧婷
陈志荣　关佩玲　冯键铖　万达明　邱若谷
李潘旸　马凯捷　黎凯中　王　萍　黄小珊
杜　相　钟　影　金早晨　范　东　陈寒阳
张德来　杨　杰　牟　鹏　文劲夫　尹小龙
杨欣东　王树州　朱杰辉

10. 中药学专业（共20人）

陈冬梅　黄　玮　梁淑燕　林英斌　罗　超
谭艳滢　郭炳海　陈苗丽　黎梓清　温嘉宝
蔡倩君　杨韩慰　吕伟彬　张　欣　杨　坤
程　涛　曹斯琦　王瑶章　张　偶　何婉君

（七）历史学学位共22人

历史学专业（共22人）

蓝 进　刘 业　张国红　张朝晖　郑诗涵
吴泽文　刘嘉瑜　袁晓纯　谢美霞　温庞勋
李美怡　钟玉平　黎明慧　卢玉敏　周伟峰
吴 媛　聂 欢　孙佩瑶　江福洲　姚 洵
陈 霞　崔 瑜

（八）文学学位共612人，其中珠海校区94人，深圳旅游学院56人

1. 播音与主持艺术专业（共16人）

袁 馨　穆金健　葛少奇　宋思迪　曹 熙
黄蕴瑶　余文欣　方昊樟　冯咏倩　洪 毅
钟嘉慧　李 哲　马 瑞　罗 涵　袁维维
张 睿

2. 导演（影视编导）专业（共21人）

任天然　胡志成　杨舒涵　鲜耀龙　徐 敏
张 浩　谢思达　刘文炜　陈思吉　李 童
朱林轲　文靖博　邱天舒　蔡欣雷　廖粟涵
邓劼偲　胡恩畅　彭良程　刘瑞麒　王 行
庄文迪

3. 动画专业（共8人）

林文强　李东林　古杏婷　王友鹏　匡贝贝
梁冠荣　谭健彬　林怡秀

4. 对外汉语专业（共41人）

陈秋平　周登香　陈 颖　练黎铭　韦圣石
张 华　董佳慧　李秋颖　侯焕芸　刘秋群
郑婵惠　叶潇潇　谢静妍　郑 楠　陈冰慧
谢微霄　林佳兰　李 伟　黄婉琪　邓毓瑜
王 臻　郭佳丽　罗媚方　王 蕾　胡正舟
孟 楠　刘宋妮　胡金成　宿涵程　周雪濛
江 浩　张 玮　范 哲　艾力娅　徐 晴
禹 思　邢 玮　何思颖　胡 敏　刘映荷
李天目

5. 翻译专业（共46人，其中珠海校区46人）

胡君妍*　徐钰瑨*　陈芝亮*　卓巧巧*
谭杰茜*　刘柳余*　蒋淑娴*　唐 敏*
何婉靖*　林影彤*　邓静君*　张舒婷*
梁淑彬*　邓燕芬*　林涵镔*　梁倩敏*
唐诗旖*　吴世羽*　冯 媛*　杜宇飞*
马天默*　邓衣云*　吕君茹*　朱燕敏*
李晓明*　郭文舒*　孙佩婷*　陈曼宇*
李青兰*　徐丹妮*　苏芷琪*　刘 辰*
王天宇*　王风刘馨*　朱雨珂*　肖棠心*
赵 原*　楚天舒*　王以恒*　李杰威*
陈宝仪*　李卓欣*　谢慧鸣*　张坚瑜*
何颖怡*　叶焕良*

6. 广播电视新闻学专业（共44人）

连婷芳　崔德宇　陈天任　林镜有　王云帆
李佩仪　刘紫琦　李国欣　陈宇曦　陈佩儿
蔡奕欣　叶颖琪　方晓彤　李颖超　周虹岑
冉 杰　蒋 南　隋 啸　杨悦颖　邹薏颖
冼丽影　张艺伟　张 芮　黄伊莉　冯嘉怡
王雨岚　康群群　王伟鹏　石 磊　梁泳仪
许嘉琪　欧婉姗　冼凯滢　张啟业　孙浩峰
伍银焕　林芷莹　谭丽琪　徐依依　禤嘉雯
林培婷　萧亦薰　罗梓慧　乔林西子

7. 广告学专业（共40人）

刘梦萍　易思明　潘正航　陈路菁　林 童
邓 敏　林文燕　李思洁　黄雨君　郭立宇
罗欣仪　谢焕文　刘佩玲　武永乐　陶天康
张牧轩　向依凌　陈文颖　林晓珊　黄玮铮
于 磊　勾一茗　郑家敏　黄 道　尹晓欣
梁黛灵　温 绮　黎淑垣　余敏诗　陈慧欣
吴嘉伟　杨佩欣　李弘硕　黄艳芳　黄迪斯
陈月惠　黄树基　梁颖琦　马璟暘　麦静霖

8. 广告学（网络与新媒体）专业（共20人，其中珠海校区20人）

胡 韵*　沈丽婷*　聂峰涛*　谭 湘*
陈培仪*　傅翩翩*　杨菁怡*　赖彩红*
蔡良清*　刘嘉杰*　钟敏婷*　徐 晋*
李惠施*　廖欣琪*　杨致图*　伍丽芬*
顾江楠*　赵 彬*　金 宇*　陈美美*

9. 汉语言专业（共32人）

陈玉倩　许里菁　王海珊　韩淑怡　曾徐凤
欧 华　刘 静　姚灼凌　杨淑娟　刘琳琳
卢颖彤　李 璇　梁洁琳　古 妃　廖文娟
成世连　王 晶　孙 阳　钱 宇　雷蓝地
李 玮　孙麒惠　金美莲　戴一萍　王 晶
吴丽丽　赵晓玲　成玉雪　陈艺彤　刘家琛
杨济宇　杨晓迪

10. 汉语言文学专业（共1人，其中珠海校区1人）

苏照财*

11. 汉语言文学（编辑与出版）专业（共13人，其中珠海校区13人）

邹纪元*　江政萤*　倪丹虹*　刘红秀*
余嘉欣*　聂婧雅*　周 曦*　邹 盟*
张 蓉*　周 娴*　龚煜婷*　陈贤聪*
千 洋*

12. 汉语言文学（高级文秘）专业（共14人，其中珠海校区14人）

吴俐璐*　曾倩莹*　郑名芷*　周秋璇*
张 敏*　刘 暖*　谢媚梦*　方凯欣*

陈迪莎* 卢敏华* 吴立华* 何宇洁*
钟冰芬* 邓湉静*

13. 汉语言文学（基地班）专业（共37人）
赵中波 常兆鑫 程朝骏 林育佳 张 弛
刘淑怡 郭超梅 陈燕霆 彭国泰 范晖帆
邱梓枞 李 楠 谭碧珠 王名颖 马 煜
李嘉玉 陈竺羿 朱妙芬 万 千 廖 怡
胡佳宝 徐月如 李 杨 周红红 程梦影
熊 超 王艺萌 王艳芳 黄玲玲 司晨阳
王仲斌 李 乾 王俊雅 杨潇月 刘国华
李 盛 王星懿

14. 汉语言文学（师范）专业（共6人）
冼家昌 张辽艺 蓝思蕊 陈春玲 齐小开
黄少君

15. 美术学（中国书画鉴赏）专业（共11人）
任光照 王金鑫 李东姣 吴天泽 祝文彬
王 峰 李世杰 梁念慈 崔明波 李 婷
聂华欣

16. 日语专业（共42人）
王以勒 李彩茵 余晓思 谭敏聪 劳志雁
陈洁玲 盘秋燕 许琬玲 吴 鸣 刘 爽
罗丽明 罗绮雯 陈伟涛 闫馨月 郑 淑
俞香姬 唐 俊 韩健韵 蔡炫株 李灵娟
苏嘉仪 黄家美 赖 彭 黄芝霖 陈萃彤
丁喜凤 闻 静 黄彬红 黄燕瑜 徐采莹
吴詠琳 曾桂森 何嘉欣 林家妤 丛配雪
王志丹 何嘉欣 钟艳华 刘兆然 何秋兰
冯约菡 钟艳鸿

17. 戏剧影视文学专业（共13人）
郑瑞颀 柯洋溢 吴阳岚 吴学岚 梁 颖
陈梓婷 官舒虹 何凯琦 陈郅馨 莫雅仪
曹 琳 江映帆 王 炯

18. 新闻学专业（共56人）
曾 晖 段思棋 王子嘉 张桂苏 吴筱岚
安佳璐 陈泽云 郑庭濒 吴 瑕 马 平
黄欢欢 胡 阳 吴 瞬 张意珠 张楚敏
庄耿鹏 梁欣仪 杨燕芳 张培超 钟嘉欣
丁贝贝 范敏超 唐 婕 魏孜苓 高 跃
李季蔚 朱柳颖 张申申 白雅文 郭雅莉
傅宇博 严艺文 肖 颖 陈芳珍 许铭露
周楚天 庄楚锐 梁靖丹 高琪佩 林 珑
刘信廷 李晓静 张 妙 陈凯穗 吕 颖
陈颜梅 郑仰芝 万晓华 苏 颖 魏雨珂
杨 磊 梁诗涵 刘婷婷 陈 喆 陈晓薇
刘越晗

19. 新闻学（国际新闻）专业（共22人）
罗莎莎 林思琪 林翠薇 黄嘉成 梁洁仪
柳加慧 曾思颖 文 蕙 彭晓琳 李惠兰
许铃雪 刘 月 彭程程 林永康 李国坚
兰忠伟 彭瑜立 庄芷君 吴永怡 陈慧怡
苏丽凤 陈可欣

20. 音乐学（音乐艺术表演）专业（共6人）
范美琳 彭逸众 李 煌 李明珠 庄晨晖
曾 琴

21. 音乐学（作曲与电脑音乐制作）专业（共3人）
吴欲飞 柯咏恩 刘艺豪

22. 英语（商务管理）专业（共102人，其中深圳旅游学院56人）
李嘉欣▲ 谢馥灵▲ 李国栋▲ 谢露露▲
秦 昊▲ 许成成▲ 邱婕文▲ 俞思颖▲
俞 超▲ 孙 迪▲ 张杨阳▲ 柯思变▲
杨芷莹▲ 姜志远▲ 刘房英▲ 黄锐辉▲
黄露茵▲ 袁灶欢▲ 江虹霖▲ 陈小玲▲
曾美玲▲ 罗钧恒▲ 陈燕虹▲ 黄纯铃▲
何炜欣▲ 陈颖仪▲ 杨礼圣▲ 关海英▲
郭紫君▲ 冒 娟▲ 戴子燕▲ 刘翠翠▲
孙凌云▲ 王 喆▲ 袁潇雨▲ 张雨虹▲
何汶蓬▲ 丰 超▲ 黄婷玉▲ 张 迪▲
范吉洋▲ 王秀红▲ 何嘉文▲ 廖绮丽▲
卓佳颖▲ 陈 婕▲ 梁皓仪▲ 邓淑欣▲
刘甜甜▲ 王飘逸▲ 王楚岩▲ 王玉蓉▲
程鑫伟▲ 高 荟▲ 黄雅婷▲ 李 斌▲
罗紫瑄 静 文 袁颖珊 吴星星 崔 旋
万梦斐 郭小绿 李晓吉 陆小雁 黄丹霞
林晓桐 陈晓玲 林秋霞 何柳清 庞舒元
凌华慧 招嘉丽 方家颖 黄詠诗 许玉霞
翁曼青 许淑兰 陈丽婷 钟慧芬 李宝婷
李志旺 陈玉君 李怡仁 戴承轩 梁丽冰
马婉琪 陈倩楠 莫菀婷 欧阳晓莹 赖静静
黄静雯 刘志成 杜月明 何梦婷 林曼淇
潘丽常 朱凯楹 潘铭嘉 刘佩欣 陈 婷
袁秀维

23. 英语（语言文学）专业（共18人）
王建义 卓敏仪 叶家嘉 杨 琳 王天淇
李思韵 刘利华 陈姝含 邱彬彬 潘 超
杨昕月 郑洁瑶 梁宇皓 马晓端 陈嘉琪
冼颖思 居力都斯·努尔布拉提苏 敏玛拉

（九）医学学位共262人

1. 护理学专业（共29人）
周雯嫣 张巧贤 曾绍梅 林洁娜 陈伟伟
陈泽涛 江敏华 宁亚男 黄 洁 刘代亚美
邹林义 朱 芳 邓琳琳 兰玉玲 韩 钰
杨 涛 郭杏玲 黄家颖 黎洁莹 刘美琼

毛润星　谢伟新　郑诗萍　谢玉婷　何淑欣
陈梓澎　阮詠欣　梁伟奇　龙天赐

2. 口腔医学专业（共 36 人）

黄亮维　赖逸群　郭蔺竹　伍志荣　应　悦
程耀东　黄荣彩　丘佳玉　冯　怡　冼雪红
梁永照　谢倩宁　吴嘉文　纪焕中　何锐文
林逸心　包集华　吴家顺　李冰纯　李竹君
唐　邓　周羽洁　钟海燕　苏　瑜　田重阳
桑朝磊　王　峥　陈　睿　范毅杰　杨锦鸿
陈骐安　邝启俊　缪挺君　刘孝威　孙维钊
张家榕

3. 临床医学专业（共 141 人）

林嘉伟◎　郑弘毅◎　任　晖◎　林南生◎
梁协稠◎　陆倩仪◎　李健楠◎　周子琦◎
郑存静◎　贺堉仲◎　田雨可◎　卢伟权◎
施丹妮◎　李子祥◎　江文廸◎　蔡海琪◎
邓斯敏◎　邓文骏◎　吴槵慧◎　余信亨◎
杨开达◎　苏芳怡◎　张涵瑜◎　陈嘉文
黄保元　卢羡骏　陈泽寧　何祖耀　梁伟明
陈景谦　陈曼燕　盛安娜　李纯科　何洪山
郑燕君　王超仁　龙灝贤　黄骏盛　周嘉瑩
欧阳文俊　龙海恩　陈冠名　陈　珺　吴天可
梁颖羲　刘肖华　李铂淳　陈俍菁　黄文俊
江嘉俊　翁再临　张嘉仪　彭伊嫱　刁茂辉
郭健欣　赖文正　张建滨　陈婉贤　方丁玲
廖润平　侯仲鸣　郑倩莹　区綺珊　薛雅仪
卢秀敏　李文龄　曾海鹏　招淑珠　张穗浩
张逸铠　黄大桂　邓肖君　徐　奕　何浩辉
梁卫明　谭卉君　蔡赞怡　李艺玲　蓝　波
陈暖暖　李巧佳　麦鸿成　袁琼茹　郑攀攀
彭树森　马　瑜　郭少威　肖　磊　黄金祥
管雪琴　付欣睿　蔡　珂　张承铎　曹　阳
朱容萱　王子鸣　王　尧　曾　雪　雷媛媛
邹　丹　徐　曦　吕　顺　陈　曦　陈　晨
刘彩君　李　亚　陈泳添　江立基　岑伟杰
刘兆康　陈晓韵　冯　欣　姜静茹　罗津奇
李舒婷　吴家丽　黄建娴　黎建乐　王　圳
肖榆俊　陈声波　张杰生　仇艺晴　苏锦珍
凌诗琪　杨思聪　梁海彬　林敏仪　梁日英
丁培堃　洪森聪　吴燕云　卢怡洁　黄　婷
杨仙鸿　丁　娥　赵思佳　李舒缓　文振超
王晨羽　阿布都卡地尔·艾麦尔依力

4. 针灸推拿学专业（共 16 人）

萧文瑋　林淑君　陈海鹏　何素琪　黎　瑜
陈洪周　邓湘绮　卢永坚　赵国强　陈　超
朱茂君　杨敏光　蒋雪峰　林腾麟　张家俊
郑宏业

5. 中医学专业（共 40 人）

傅锦辉　吴秉霑　朱海基　张修铭　陈小冰
许华冲　谭志濠　林炳新　梁嘉丽　林月娥
王晓晴　利铸均　黄　菊　黄法森　郑颖慧
张　晗　王　群　何马可　文康旭　毕丽虹
凌健爱　陈晓彤　朱圣芳　颜思思　黄惇祺
叶嘉欣　黄施琪　黄子彬　谭子君　潘俊豪
李佩如　伍庭丰　卢嘉瑜　邱冠琦　朱建铭
曾仕兴　余詠鈺　李灿坤　金子豪　杨梓彤

注：带 * 的为珠海校区学生，带▲的为深圳旅游学院学生，带◎的为国际学院全英教学学生。

2015 年夏季第一批毕业并获授学士学位的全日制本科留学生名单

（共 122 人，其中珠海校区 1 人）

（一）工学学士学位共 3 人

食品质量与安全专业（共 3 人）

ANITA DWIJAYANTI◎
FIORENTY OCTAVIA SUGIWAN◎
JESSICA◎

（二）管理学学士学位共 9 人，其中珠海校区 1 人

1. 财务管理专业（共 1 人）

LUONG MY LINH

2. 工商管理专业（共 3 人）

WEI CHENGFENG
ER CHIU YAN
SAW LIN PHYU

3. 工商管理（走读班）专业（共 1 人，其中珠海校区 1 人）

ZHOU YINGLIANG*

4. 会计学（CGA）专业（共 2 人）

Yang jian xing◎
Cheung Eileen Dawn◎

5. 旅游管理专业（共 1 人）

LIU CHEUN NIN

6. 人力资源管理专业（共 1 人）

Chantal Foeng Mie Cheng

（三）教育学学士学位共71人

华文教育专业（共71人）

LALITA SIRATANON
PATTHAWEE SIKHANDAKANAGA
KOAY HUEY MIN
LOW SIM YEE
THILAKONE CHANTHILATH
SENGTHANOUSINH INTHOU ONE
SOUKHAVONG MANIVONE
VIENGSY SANTIPHONG
Priyada Wongkom
PONGSAKORN JANJAM
Pathama Jutatipatai
Nittaya Iampoom
KAWISSARA PU-APICHATDAMRONG
PANISA UDOMWIRODSIN
TIDATIP KHUMJUANG
KAJITTRI WATTANANUSAK
JITTIPAT THANADCHANG
TANYARAT KLAYSANG
SUANDI
YEHEZKIEL CHRISTOFEN TANG
JENNY
JULIUS PHEN
LOVENIA
ROSEZALIA GUNAWANTY
LIONY CHEN CHEN APRILYA
KATHERINE KRISTINA
GO ESTHER TRICIA LIM
SOFIA ONG LIM
RECTO ALYSSA JANINE ANTONIO
YANTO FU
KIM MARGARET SOLIS
KANCHANA CHATMALEE
PHAPASSORN TUNTIKEAT
Oranee Sathitsilporn
SISKA KUMARA
JIMME
LENY VALEN
FAM SE KIUN
Merlina Sari
Evi Lestari
SUNATA
PREEYAPORN ITTIPHISIT
KOTOMANANTSOA RONNY CHAN YUN MOON
Rahayu raphita sari
VERONICA
Anita Kristi
Arika hutabarat
SOE SAN
HAN NWE OO
MYO KYAW MYINT
NUTTIDA POOMPET
TRUONG THANH LAN
HENG MENG TONG
ABIGAIL FAITH NAQUIMEN DALIGDIG
NIKKI ANGELINE DELA FUENTE CAMAY
JOSEPH LABAHAN TRAJANO
Kiing Sing Eek
IRA SRIWATY
SHEILA MAE ONG ALCANTARA
MARY TECRISA HIDALGO FORTEZA
JOED SUSPER NECESARIO
TING FANG TING
SILVIA
Kanchaporn Siriwat
VINSENSIA AMELIA CAHYADI
SHEMY ANGGRENI
Meitriana Putri
NU PHYU
HTOO SAW NAING
ARIFIN
SUSI SUSANTI

（四）经济学学士学位共21人

1. 国际经济与贸易专业（共17人）

SU MIN HTET◎
Hellen Megahana Lioe◎
KEK WON PIN◎
BOB SANDY RAHARDJO◎
EKAWATI MUI◎
STEPHANIE WISEN◎
FERA HERLINA◎
YOLANDA NOVTIAN◎
HANNY◎
VICKY WIRONTONO SUSENIO◎
FELIX TANJAYA◎
ALBERTUS MAGNUS ADITYA PEKERTI◎
STEFANNY FRANSISCA DHARMAWI◎
SONIA ADITYA ZULKARNAEN◎
TJONG KITTY PIET SAN

Dante L. Pineda
DAO HONG MINH

2. 金融学专业（共3人）

Fransisca◎
Yohanna hernin gan◎
CINDY OKTAVIANI◎

3. 经济学（投资经济）专业（共1人）

LIN LI THOMAS BENNY

（五）文学学士学位共12人

汉语言（商贸汉语）专业（共12人）

GAVRIK IGOR
CINDY LIE
Walailak Chaunklin
DO THI THU HANG
LYDIA SEFANIA WIJAYANTI
HENRIE SENDJAJA
TEDDY HOWARD
KANOGWAN SANHARN
WIYADA WANDEE
PENJIRA SAMANMA
Siwakorn Nuamnual
SERLY KURNIATI HARIYANTO

（六）医学学士学位共6人

1. 临床医学专业（共5人）

LOO PIN PIN◎
DAVID DJUANDA◎
Yvonne Chan◎
BORIS◎
BEH GIM SI

2. 中医学专业（共1人）

JOVITA

注：带＊的为珠海校区学生，带◎的为国际学院全英教学学生。

2015 年夏季第一批获授辅修双学位的全日制本科学生名单

（共392人，其中珠海校区32人）

（一）法学学位共23人

法学专业（共23人）

李健楠 刘年浩 刘觉晖 郑嘉莉 侯丽芬
肖绮华 陈姝含 傅宇博 许诗园 黄玲玲
喻 浩 陈瑞衍 王凌颖 黄文懿 张意珠
冯咏倩 严惠怡 林演晖 黄曼斯 张 捷
孙佩瑶 李昱颖 吴小勇

（二）管理学学位共15人

工商管理专业（共15人）

叶家嘉 肖明慧 邱彬彬 沈敏剑 洪楚贤
胡惜锋 王文龙 陈 洁 王艺萌 易琨皓
孙宇文 刘家琛 王家豪 张其丰 黄燕瑜

（三）经济学学位共314人，其中珠海校区32人

1. 国际经济与贸易专业（共37人）

谢馥灵 孙天艺 邓 宁 黄淑妮 周亚芳
黄文婷 郑伟彬 蔡树亮 洪 洁 瞿 意
许芷君 钟楚欣 温 锐 王 奇 魏敏莹
张芮瑜 苏晓祥 黄杰荣 王敏楠 叶 蔚
宗博文 杜和颖 邱婕文 杨芷莹 刘房英
袁灶欢 陈小玲 杨礼圣 关海英 郭紫君
刘翠翠 张雨虹 何汶蓬 樊伟红 高煜阳
王玉蓉 徐亚伟

2. 金融学专业（共239人，其中珠海校区32人）

胡君妍＊ 黄靖昊＊ 张觉慧＊ 陈子晴＊
许耿伟＊ 李志杰＊ 梁健敏＊ 丁 宏＊
庞 婧＊ 龙定坤＊ 钟冰芬＊ 邓蔓菁＊
蔡梓霖＊ 麦启文＊ 王幼娟＊ 王 赫＊
孙敏茜＊ 张 旭＊ 林 凤＊ 杨 博＊
薛慕寒＊ 徐钰嬰＊ 邓静君＊ 林涵镔＊
梁倩敏＊ 唐诗旖＊ 邓衣云＊ 徐丹妮＊
龚煜婷＊ 郑 延＊ 王旭娴＊ 朱雨珂＊
刁茂辉 周嘉怡 林夏芬 严雪丹 郑清喜
陈 超 王天淇 陈思远 孙永涛 何诗云
廖燕翔 何嘉宝 梁文瑶 陈 铭 罗汝珊
洪晓岚 杨斐然 郑跃慧 王 伏 陈育敏
陈 瑛 林泽彬 李建华 陈嘉慧 倪晶晶
林秀晶 何靖茵 钟锴淳 杨银姬 林慧敏
梁绮敏 黄静韵 蔡 琦 姚宇晴 阮杰伦
李春怡 方 冰 蔡裕岚 黎嘉威 林岳鹏
马铭楷 潘 超 杨昕月 梁宇皓 马晓端
冼颖思 盘秋燕 韩健韵 李灵娟 陈泽云
郑庭濒 黄欢欢 胡 阳 吴 瞬 梁欣仪
范敏超 李季蔚 白雅文 许铭露 周楚天

庄楚锐　高琪佩　郑仰芝　陈路菁　李思洁
陈天任　冉　杰　蒋　南　胡佳宝　李　杨
熊　超　张国红　张朝晖　苏　颖　袁晓纯
侯焕芸　刘秋群　叶潇潇　谢静妍　谢微霄
李　伟　罗媚方　胡正舟　孟　楠　周雪濛
韩淑怡　姚灼凌　李　璇　廖文娟　钱　宇
雷蓝地　李　玮　戴一萍　张舒晴　黄智标
何煜臻　张梦妮　刘　畅　黄馥雯　李丰田
张佳熠　夏勇涛　沈一帆　宋　佳　李姣莹
李艺莹　莫诗燕　余蔓玲　李庆洋　张咏瑜
陈湘琪　吴丽强　劳晓芬　吴　震　林夏瑜
杨彩燕　罗紫韵　陶　昕　杨　佳　董　芬
王佳伟　谭志勇　许春豪　范雷蕾　黄书圣
闫自超　黄伟杰　莫诗情　郭婧杨　张　瑜
张　璐　徐晓婷　胡皓翔　陈　珮　卓奕俊
彭泽文　陈艳娜　郑子杰　陈泽智　彭楚茵
曾秀梅　刘桐乔　陈丹静　冯菲怡　林　健
陈俊强　程　玥　陆笑霜　陈佳璇　陈锡贤
王素燕　郭成斌　陈淑敏　周华送　林灿平
黄丽娟　张　坤　黎颂恩　郭宇星　陈松辉
郑仙福　蒲东朝　朱智伟　谢泳锋　崔明垒
梁祺森　宋家诚　贺艳锦　林洁娜　宁亚男
冼文彬　何怡霏　何伟佳　韩翌璇　林英斌
谭艳滢　温嘉宝　吕伟彬　程　涛　曹斯琦
王瑶章　孙　迪　齐冰峰　唐可汗　邢　玮
赵晓玲　袁　野　郑　莹　陈雪倩　陈紫莹
赵　桓　黄昀钦　沈　佳　唐雅倩　李杨也先
吴丽华　陈　晖　程鑫伟　郭家铭　张伊荻
段少惠　苏敏玛拉　任　毅　王同胜　林家好
兰忠伟　黄骏华

3. 经济学（投资经济）专业（共38人）

黄炳智　冯　怡　李朋朋　张继清　蔡香香
杨　锐　余晓思　许琬玲　郑　淑　刘信廷
梁　颖　胡金成　江　浩　张　玮　许里菁
王海珊　杨淑娟　兰赛纳　李　婷　陈　燕
叶　梅　杜文凤　林柏杨　林　楠　朱文广
阙曼妮　方雅宁　王瑞君　王雪婷　梁颖明
顾鑫硕　王　哲　罗　涵　司晨阳　邓琳琳
成玉雪　陈艺彤　刘营睿

（四）文学学位共40人

1. 新闻学专业（共24人）

张　珂　王　颖　黄　华　张　简　高晴文
骆　玲　冼韵诗　李思韵　郑洁瑶　谢美霞
郑婵惠　范　哲　曾徐凤　梁洁琳　王　晶
陈嘉琦　袁晓敏　严欣欣　黄　洁　李　湾
杨晓玲　林　凯　彭良程　叶　佳

2. 英语（商务管理）专业（共16人）

邱志德　彭路璐　陈明珠　黄蕴瑶　郑瑞颀
黄婉琪　徐　晴　雷远红　欧阳翠莹　邓梦尹
吴丽萍　张文煜　黄　玮　蔡倩君　贺　洁
陈例圆

注：带＊的为珠海校区学生。

2015年夏季第一批结业的全日制本科学生名单

（共6人，其中珠海校区1人，深圳旅游学院1人）

（一）法学专业（共2人）

张东海　徐意婷

（二）工商管理专业（共1人）

黄应浩

（三）国际经济与贸易专业（共1人）

张伯睿

（四）旅游管理（酒店与会展管理）专业（共1人，其中深圳旅游学院1人）

朱智鸿▲

（五）市场营销专业（共1人，其中珠海校区1人）

陈伟玄＊

注：带＊的为珠海校区学生，带▲的为深圳旅游学院学生。

2015 年夏季第二批毕业并获授学士学位的全日制本科学生名单

（共 666 人，其中珠海校区 123 人，深圳旅游学院 26 人）

（一）法学学位共 21 人，其中珠海校区 4 人

1. 法学专业（共 14 人，其中珠海校区 2 人）

王雅轩　黎晓道　余诗琦　袁崇博　郭昱含
陈耀暉　郭嘉欣　麦嘉宝　李铚皓　何少莹
余森心　郭伟信　洪杰敏*　郭晓霖*

2. 法学（律师）专业（共 2 人，其中珠海校区 2 人）

王子硕*　谢典森*

3. 国际政治（国际关系）专业（共 2 人）

吴逸夫　杨卓伦

4. 知识产权专业（共 3 人）

李深华　陈家富　林嘉怡

（二）工学学位共 120 人，其中珠海校区 47 人

1. 包装工程专业（共 9 人，其中珠海校区 9 人）

李　胜*　左其森*　杜志青*　张志翔*
邹冬英*　何依繁*　刘　竞*　韩善辉*
刘　威*

2. 材料科学与工程专业（共 1 人）

赖立竞

3. 电气工程及其自动化专业（共 16 人，其中珠海校区 16 人）

马怡宁*　李瑞虹*　黄雅齐*　黄万杰*
苏龙才*　何玮婷*　陈平应*　杨朝健*
余泓圻*　蔡滨滨*　谭靖琦*　吴志坚*
纳海宇*　史　然*　葛　政*　蒋博彦*

4. 电子科学与技术专业（共 3 人）

何钰炫　昆　哲　周王培

5. 电子信息工程专业（共 10 人，其中珠海校区 1 人）

李　杨*王　江　孔　翰　陈栩荣　郑家逸
叶灼楷　刘岩峰　陆　城　艾昱东　聂　毅

6. 电子信息科学与技术专业（共 4 人，其中珠海校区 4 人）

杨城根*　郑　超*　宋裕锋*　黄嘉玲*

7. 高分子材料与工程专业（共 1 人）

张曦辉

8. 工程力学专业（共 2 人）

马延鋆　陈宝发

9. 光电信息工程专业（共 4 人）

陈明达　梁　徽　胡　斌　林家伟

10. 化学工程与工艺专业（共 3 人）

王俊杰　谭啟明　唐展华

11. 环境工程专业（共 2 人）

谢海鹏　张雅琪

12. 计算机科学与技术专业（共 14 人，其中珠海校区 2 人）

苏安介*　王志海*　陈嘉桦◎　赵广辉◎
欧阳浩南◎　冯璞璞　李国锋　司徒信
容玉锢　陈灿荣　庄锴炜　曹立志
黎　婋　李雪夫

13. 建筑学专业（共 4 人）

李坤城　吴志鹏　黄秉涛　区旭键

14. 软件工程专业（共 7 人，其中珠海校区 4 人）

杨　铁*　陈锦基*　李钊敏*　王培根*
潘楚湖　莫伟达　梁小薇

15. 生物医学工程专业（共 4 人）

邝坚荣　张　硕　郭　鑫　龙颖妍

16. 食品科学与工程专业（共 1 人）

陈炳标

17. 食品质量与安全专业（共 9 人）

李影雯◎　唐沅詒◎　管浪宇◎　吴佩欣◎
丁雅媛◎　梁坚成◎　但倩誉　彭　聪
黄琬珍

18. 通信工程专业（共 5 人）

张润想　梁振华　刘　璐　温　栋　陈　超

19. 土木工程专业（共 4 人）

郑　磊　冯伟康　林震豪　欧阳伟恆

20. 网络工程专业（共 3 人）

吴瑛韵　卢晓山　蔡亚伦

21. 信息安全专业（共 9 人，其中珠海校区 9 人）

王伟聪*　李一帆*　翁　澈*　黄康英*
徐　婵*　鞠孜敬*　田　原*　赵仁豪*
张可欣*

22. 信息工程专业（共 3 人）

肖庆昌　黄兆宇　陈逢隆

23. 自动化专业（共 2 人，其中珠海校区 2 人）

张力军*　段志远*

（三）管理学学位共162人，其中珠海校区33人，深圳旅游学院18人

1. 财务管理专业（共8人，其中珠海校区1人）

郑笑波　林慧欣　李明耀　伍辉雄　朱泳茵
陈亮斌　罗伟业　王雪松*

2. 电子商务专业（共4人，其中深圳旅游学院2人）

刘　梦　叶子龙　谢鉴江▲　张嘉越▲

3. 工商管理专业（共30人，其中珠海校区11人）

瞿欢子　李沿欣　赵国裕　关文杰　邝诗敏
何嘉健　区建业　饶啟扬　周晓琳　马伟俊
莫芳桦　黄志豪　麦志培　李嘉俊　蔡书钦
陈宏镒　黄俊杰　冯宇文　王泰木尔
陈小慧*　肖　华*　何昌炜*　王　燊*
王馨梅*　赵晨阳*　陈凯强*　郑国成*
樊德其*　邱世怡*　黄嘉威*

4. 工商管理（走读班）专业（共5人，其中珠海校区5人）

邝德强*　梁振雄*　张健燊*　刘祥麟*
黄俊杰*

5. 会计学专业（共14人）

李　悠　王亦凡　徐刚权　张　锦　吴子君
李敏宣　施莹莹　陈美欣　修浣婷　杨鸿鹏
卢紫欣　蔡伟历　袁嘉慧　姚嘉玮

6. 会计学（ACCA）专业（共4人）

方碧珊　郎　骁　林志桦　朱瑜敏

7. 会计学（CGA）专业（共15人）

陈志美◎　邝皓男◎　吴经纬◎　罗冠宇◎
吴子祥◎　冼浩宏◎　杨　岚◎　陆丽华◎
黄宇威◎　何月明◎　林子豪◎　李冬桐◎
陈颖怡◎　陈梓峰◎　叶祖怡◎

8. 会计学（注册会计师）专业（共2人）

仲　屹　臧浩然

9. 旅游管理专业（共17人，其中深圳旅游学院9人）

杨瑞银　石雨秋　汪　泉　李思远　张嘉莉
梁俊华　林远清　周泳佳　陈　霜▲　刘　鹏▲
李培龙▲　庞　然▲　李纬光▲　林俊颖▲
吴　维▲　金仙香▲　李敏鑫▲

10. 旅游管理（高尔夫管理）专业（共4人，其中深圳旅游学院4人）

何柄葵▲　白木一▲　郑　冠▲　李　曦▲

11. 旅游管理（酒店与会展管理）专业（共1人，其中深圳旅游学院1人）

潘倩虹▲

12. 旅游管理（旅游规划与景观设计）专业（共2人，其中深圳旅游学院2人）

张品莹▲　李嘉丽▲

13. 人力资源管理专业（共4人）

汤良炜　陈怡青　庄伟豪　麦嘉杰

14. 市场营销专业（共29人，其中珠海校区12人）

袁倩鹏　陈朗然　李欣明　黄伟恒　苏登泽
陈铭基　陈长正　蔡惠立　陈威豪　谭润生
麦桂章　陈志伟　黎俭烽　罗冠麟　刘坤亮
冯家翔　谈倢君　陈志伟*　朱庭远*
黄子阳*　尚俐晓*　王　蕾*　周嘉敏*
谢美程*　黄嘉丽*　程嘉漪*　鲍静雯*
婉　雯*　林梓华*

15. 物流管理专业（共2人）

孙婉婷　李雯茜

16. 信息管理与信息系统专业（共5人）

梁海泉　钟奇珍　梁欣怡　刘　航　王嗣淇

17. 行政管理专业（共9人）

冯俊杰　黄宇华　王慧欣　钟伟麟　郭嘉麟
黄加欣　邝慧明　廖伟濠　郑炜琪

18. 行政管理（城市管理）专业（共4人，其中珠海校区4人）

陈文俊*　司徒佩华*　周小枝*　关　伟*

19. 应急管理专业（共3人）

李信楷　李自然　徐展科

（四）教育学学位共7人

1. 华文教育专业（共2人）

袁图孟巴雅尔　留峻杰

2. 体育教育专业（共5人）

吴振兴　李龙飞　张楠杭　董文跃　林伟俊

（五）经济学学位共97人，其中珠海校区23人

1. 财政学专业（共5人）

赖林青　林锦荣　吴雪莹　黄佳佳　林爱芳

2. 财政学（税务）专业（共1人）

刘　媛

3. 国际经济与贸易专业（共24人，其中珠海校区6人）

徐　沁*　黄文越*　金美慧*　施颖露*
陈雯仪*　孔智恒*　李弘杰◎　冯甜安琪◎
梁盈莹◎　戴　诗◎　刘京融◎　庄晓榆◎
冯嘉耀◎　罗世杰◎　黄静雅◎　何　炎◎
黄子欣◎　刘夏泽◎　曾根绿◎　纪欣怡◎
林　浩　王皓琳　邓旨君　郭静仪

4. 国际经济与贸易（国际商务）专业（共3人，其中珠海校区3人）

徐怡君* 张静雯* 吴少欣*

5. 国际经济与贸易（走读班）专业（共4人，其中珠海校区4人）

黎美玲* 蔡清景* 李嘉瑶* 许子浩*

6. 金融学专业（共28人）

刘志诚◎ 李晓明◎ 张　璐◎ 陈功垠◎
董文婧◎ 钟至诚◎ 李雨珊◎ 陈彦如◎
杨鹏嘉◎ 吴凯玲◎ 朱耀明 谢静怡
李嘉圆 叶　茂 关毅仔 胡　悦 张佳栋
张普州 黄旭东 苏煜伟 谢泽羽 梁　鋆
潘嘉成 周舜雯 杨淑怡 孙御霖 林敏雯
辜妙丽

7. 金融学（金融工程）专业（共10人，其中珠海校区10人）

麦雪琴* 黄玉婷* 林　锐* 丁美琪*
许　晴* 杨秀桃* 胡馨誉* 钟　扬*
房立敏* 黄明珠*

8. 经济学（投资经济）专业（共12人）

庄伟勤 邓庭枫 陈铖君 韩睿学 李思雨
孙泽圣 沈博文 彭灿荣 李荣富 梁毅坚
周慧森 冯家乐

9. 统计学专业（共5人）

陈立明 蓝大林 卢思颖 宋　昆 高可章

10. 统计学（精算学）专业（共5人）

罗梦飞 陆一哲 杨树蔚 黄志强 李坚成

（六）理学学位共58人

1. 环境科学专业（共2人）

梁自鹏 林　靖

2. 生态学专业（共2人）

张洁敏 黎子廷

3. 生物技术专业（共3人）

张雪莹 章东佳 刘西羽

4. 数学与应用数学专业（共6人）

李荣灿 周楚迪 陈恩昭 莫嘉仪 付　颖
王瀚林

5. 信息与计算科学专业（共9人）

严耀明 罗　蔚 陈贵东 罗洋深 李　尧
江　天 李　瑞 赵　娇 黄　杰

6. 药学专业（共15人）

冯宝诗◎ 关天宙◎ 吴宝宝◎ 潘凯颖
蒙　宁 苏詠茵 冼家豪 余嘉雯 杨智杰
黄演毅 张达荣 卢　达 江紫君 黄加辉
欧阳基球

7. 应用化学专业（共9人）

王若昱 梁苑兴 梁庆润 汪蕴卓 刘敬玄
鲁焕林 赵智泉 杨　洋 林建兴

8. 应用物理学专业（共9人）

周　旭 丁少龙 苏培荣 邱玉龙 肖杰龙
宁　威 沈文倩 许　皓 冼光亚

9. 中药学专业（共3人）

李子醇 周雅诗 濮嘉利

（七）历史学学位共7人

1. 历史学专业（共2人）

王　震 何博道

2. 历史学（师范）专业（共5人）

袁振健 余志峰 吴文轩 黄杙恒 陈炽辉

（八）文学学位共182人，其中珠海校区16人，深圳旅游学院8人

1. 播音与主持艺术专业（共13人）

郭真如 李　卓 彭莎利 星　辰 冯明智
陈丹丹 孙皓辰 郭嘉悦 柯俊希 顾　婕
钱淑华 吴越彬 谭翠瑜

2. 动画专业（共21人）

乔　森 袁　帅 王龚薇 庞　敏 梁绮琳
梁智祺 文卓君 李雪华 郑黎明 杨笑婵
尹　深 黎卓颖 黎红霞 张文凯 胡志斌
王　柯 孙平静 刘　田 涂　莎 李昭韵
汤詠晞

3. 对外汉语专业（共9人）

王冰俏 刘天凡 徐雨嫣 郭哲骅 张斯佳
姚明冶 高飘飘 刘德志 杨　璐

4. 翻译专业（共7人，其中珠海校区7人）

祁雪娇* 杜敏聪* 罗柏清* 高　莹*
张妙然* 孙伯恩* 麦曦玟*

5. 广播电视新闻学专业（共10人）

林嘉恩 吴泳怡 刘　旭 萧雅梨 张嘉辉
蔡展宏 陈祖谦 陈　曦 吕思清 陈凯羚

6. 广告学专业（共26人，其中珠海校区1人）

黄毅旗* 王媛媛 陈鸿毅 黎韫仪 成　超
李雅琛 刘少芬 潘世豪 李明司 陈嘉嘉
潘嘉皇 王舒欣 潘洁仪 向韵怡 卢斯婷
黄曼宜 孙紫商 司徒锦斌 邓伟业 文汉枝
谭浩翔 廖雅仪 黎嘉敏 陈韵文 余传滨
高沛婷

7. 广告学（网络与新媒体）专业（共1人，其中珠海校区1人）

程嘉淇*

8. 汉语言专业（共8人）
林晓晴　戴　震　何智敏　梁慧枫　唐书森
王青园　罗文君　陈家荣
9. 汉语言文学专业（共2人，其中珠海校区2人）
赵子光*　黄淘沙*
10. 汉语言文学（编辑与出版）专业（共4人，其中珠海校区4人）
李翠红*　刘晓君*　祝　婧*　毛雨泽*
11. 汉语言文学（高级文秘）专业（共1人，其中珠海校区1人）
江佩仪*
12. 汉语言文学（基地班）专业（共3人）
郑　路　李　乔　王　鑫
13. 汉语言文学（师范）专业（共5人）
郭琬羚　蔡湘琦　吴嘉欣　梁雅莹　吴思敏
14. 美术学（中国书画鉴赏）专业（共2人）
陈　浩　狄　骞
15. 日语专业（共6人）
吴子泓　徐　帅　邓泳珊　李师然　蔡　悦
黄梓旗
16. 戏剧影视文学专业（共1人）
邓文姗
17. 新闻学专业（共3人）
赵　曜　袁钰旻　蔡秋伟
18. 新闻学（国际新闻）专业（共17人）
范显慧　林敏儿　卢宇恆　卓成谦　赵艷红
温菁莉　夏德宜　郑海怡　罗悦轩　罗婉彤
余承思　林逸帆　任德华　刘婷婷　余颖欣
邓卓儿　张洁仪
19. 音乐学（音乐艺术表演）专业（共2人）
林　静　释莲淼
20. 英语（商务管理）专业（共37人，其中深圳旅游学院8人）
梁国铮▲　李秀愉▲　蓝瑞雪▲　翟晹曦▲
蔡　洁▲　王梦豪▲　郑　忱▲　陈国军▲
邱禄池　殷川婷　杨睿智　邓晓庄　邵　滢
陈海韵　梁辉书　黄晓珊　萧振盛　王嘉敏
文贞贞　黎俊明　杨振威　陆荣升　文莹莹
张巧仪　鄢锦伦　许宗杰　方浩健　梁淑贤
梁美嘉　吴雅文　黄艳君　郑子艳　马士岚
石宇涵　莫杰谚　刘玟盈　吴意湄
21. 英语（语言文学）专业（共4人）
黄浩志　戴昭元　何君雄　徐小童

（九）医学学位共12人

1. 口腔医学专业（共2人）
石佩凌　马伟哲
2. 临床医学专业（共4人）
庄鑑斌　董铭津　林翠佩　白　蒙
3. 针灸推拿学专业（共1人）
周海升
4. 中医学专业（共5人）
陈　扬　巫孝和　黄永恒　林汉瑜　王幸宁

注：带*的为珠海校区学生，带▲的为深圳旅游学院学生，带◎的为国际学院全英教学学生。

2015年夏季毕业并获授学士学位的全日制本科学生名单

（共1人）

管理学学位共1人

会计学（CGA）专业（共1人）
陈伟峰

2015年夏季第二批毕业并获授学士学位的全日制本科留学生名单

（共88人，其中珠海校区2人）

（一）工学学士学位共3人

1. 光电信息工程专业（共1人）
KYAW NAING HTWE
2. 计算机科学与技术专业（共1人）
Reynald Beewie Liengkie◎
3. 食品质量与安全专业（共1人）
Nanda Ayu Yulistyanita◎

（二）管理学学士学位共6人

1. 工商管理专业（共1人）
Aung Kyaw Zin

2. 会计学（CGA）专业（共2人）
Abdul Rasyid◎
WILLIAM AN PUTRA NGADIMAN◎
3. 市场营销专业（共1人）
WIN MIN OO
4. 物流管理专业（共2人）
leon to ye zov
THU YA AUNG

（三）教育学学士学位共10人

华文教育专业（共10人）
NERA NAUTIKA VALENTINA
SUPREEYA PROMVISED
SOULIPHONE ANOUVONG
SOMNEUK MEUANSANITH
NHOYPHOSY SOUPHAPHONE
Sutheemon Laoniyomthai
KIRISY DERSSY FLYNOT JACKRIS
KOTOMANANTSOA SIXTINE CHAN
Kong Yuan Xi
NYAN LIN TUN

（四）经济学学士学位共12人，其中珠海校区1人

1. 国际经济与贸易专业（共11人，其中珠海校区1人）
KIM JIN HYOK*
Abdulmajid Hussein Dubaish Gaamel◎
Ekim Isik Ganimgil◎
Genesis estefania cantillo rodriguez◎
Kachaganov Erkin◎
WEE YI TAO◎
Ahmed sulaiman nasser AL－Lamki◎
Wu Lin Andres Jungui◎
AHMED KHALED YAHYA AL－SHAHARE◎
Park Jae Seong◎
SONNY THJAIYAHDI◎
2. 金融学专业（共1人）
LIU SHUO

（五）理学学士学位共3人

1. 药学专业（共2人）
AYA OSAMA KHALFALLA BAKHIET◎
Abdulrahman Ali Saleh Almansob◎
2. 中药学专业（共1人）
TO THAI LAM

（六）文学学士学位共53人，其中珠海校区1人

1. 翻译专业（共1人，其中珠海校区1人）
AOKI HITOMI*
2. 汉语言（汉语言文化）专业（共1人）
RYU AYA
3. 汉语言（商贸汉语）专业（共49人）
NGUYEN THANH NHUNG
SOEHARTONO
Abrilina Balandina
MYO THEINGYI MAW
Dip Jimmy
Ringgo Morris
Jodi Kalim
KENNY FAMINGGO
MUKHAMEDKHODJAEV OYATULLA
Mungalova Larisa
hasan erdal
Luis Chiman Zhuang Yan
Jasmin Karen Li Chong
YOO SEONGJAE
VU THI MAI HIEN
YUDHISTIRA DWI PUTRA SOETOWI
Fili May Limasi
CHA JAE KYUNG
Aratchaporn Piboonkulsamrit
KIM JUNG MI
CLARA ALEXANDER ENDGE
JESSICA STEPHANIE KURNIAWAN
TANRIANA
SHOKU CHOSHUN
KRIS DAYANTI
HENRY HARTANTO
JEANNE WIJAYA
MELISSA
RIANDY CUDORI
TAN ER WIN
AIRIN TRIFANNY
PAULA ARETHA
CHOI LIANG ALAN VICTOR
FRETTY SURYANI
TRAN THI TUYET NGAN
LOLYSHERLY
KIM NAHYUN
SHIRLEY CHANG
ELAINE JUWANTY
KEVIN JATMIKO
VUONG XAO TIEN
FENG TSUI CINDY FUNG
TRAN THAI SON PHUONG
VINCENT HARTANTO TAN
BILLTON SHIENDY

LOJA ORELLANA PAOLA ESTEFANIA
BAYARMAGNAI SUMIYAJARGAL
NGUYEN THUY DUONG
TEDRIK HANS
4. 英语（商务管理）专业（共2人）
FENG WEI JIE
NING XIN MIN

（七）医学学士学位共1人
临床医学专业（共1人）
Stephanie Xu◎

注：带*的为珠海校区学生，带◎的为国际学院全英教学学生。

2015年夏季第二批获授辅修双学位的全日制本科学生名单
（共49人，其中珠海校区10人）

（一）法学学位共2人
法学专业（共2人）
冯明智　顾　婕

（二）管理学学位共1人
工商管理专业（共1人）
黄中原

（三）经济学学位共30人，其中珠海校区10人
1. 金融学专业（共22人，其中珠海校区10人）
周梓皓*　刘佳琳*　林　媛*　谢媚梦*
黄嘉玲*　徐　婵*　郭浩儿*　谢　怡*
王天宇*　肖棠心*　杨睿智　黄晓珊
郭哲骅　高飘飘　梁慧枫　黄兆宇　陈　唯
陈炳标　王嗣淇　章东佳　王梦豪　莫芳桦
2. 经济学（投资经济）专业（共8人）
杨　畅　林晓晴　李潘旸　刘　璐　容玉钿
王　鑫　王青园　胡　敏

（四）文学学位共16人
1. 新闻学专业（共8人）
罗紫瑄　陈荔珊　郑　尔　何凯琦　傅翩翩
曾美玲　李世杰　林曼淇
2. 英语（商务管理）专业（共8人）
郭健欣　李文龄　陈小丹　岑焕诗　郭真如
彭莎利　李　灵　孙美仪

注：带*的为珠海校区学生。

2015年夏季第二批毕业的全日制本科学生名单
（共1人）

通信工程专业（共1人）
郑浩贤

2015年冬季毕业并获授学士学位的全日制本科学生名单
（共39人，其中珠海校区5人，深圳旅游学院2人）

（一）法学学位共4人
1. 国际政治（国际关系）专业（共2人）
余忠平　吴泳期
2. 知识产权专业（共2人）
李健汶　蔡惟惟

（二）工学学位共4人，其中珠海校区1人
1. 材料科学与工程专业（共1人）
钟晓烽
2. 软件工程专业（共1人）
孙海超
3. 生物医学工程专业（共1人）
刘啸宇
4. 信息安全专业（共1人，其中珠海校区1人）
姜晓婧*

（三）管理学学位共13人，其中珠海校区1人，深圳旅游学院2人

1. 财务管理专业（共1人）
刘志杰
2. 电子商务专业（共1人）
洪泽槟
3. 会计学（CGA）专业（共3人）
蓝政鸿◎　陈俊杰◎　黄　璜◎
4. 旅游管理（高尔夫管理）专业（共1人，其中深圳旅游学院1人）
朱玉芳▲
5. 旅游管理（酒店与会展管理）专业（共1人，其中深圳旅游学院1人）
龚　泽▲
6. 人力资源管理专业（共1人）
欧挥裕
7. 市场营销专业（共3人）
何锦富　陈毅坚　陈润冰
8. 行政管理（城市管理）专业（共1人，其中珠海校区1人）
刘嘉豪*
9. 应急管理专业（共1人）
麦可欣

（四）教育学学位共2人

体育教育专业（共2人）
陈　怡　古　锋

（五）经济学学位共8人，其中珠海校区3人

1. 国际经济与贸易专业（共3人，其中珠海校区3人）
王梦蕾*　李　莹*　邹家亮*
2. 金融学专业（共2人）
何佳玲◎　陈皓熙◎
3. 金融学（含保险方向）专业（共1人）
张嘉麟
4. 经济学（投资经济）专业（共1人）
黄浩贤
5. 统计学专业（共1人）
韩　阳

（六）理学学位共3人

1. 药学专业（共2人）
林　琳　梁洁珠
2. 应用物理学专业（共1人）
潘永隆

（七）文学学位共5人

1. 广告学专业（共1人）
蔡甜珂
2. 新闻学专业（共1人）
魏芸芸
3. 新闻学（国际新闻）专业（共1人）
贝天裕
4. 音乐学（作曲与电脑音乐制作）专业（共1人）
刘圣超
5. 英语（商务管理）专业（共1人）
高振家

注：带*的为珠海校区学生，带▲的为深圳旅游学院学生，带◎的为国际学院全英教学学生。

2015年冬季毕业并获授学士学位的全日制本科留学生名单

（共7人）

（一）管理学学士学位共1人

工商管理专业（共1人）
DUONG HAI SON

（二）经济学学士学位共2人

国际经济与贸易专业（共2人）
PASTORY LINA GABRIEL◎
KEVIN SUNGKARTO◎

（三）文学学士学位共3人

汉语言（商贸汉语）专业（共3人）
LISA MUTIARA
ASWIN HADINATA
HAN YEO WOOL

（四）医学学士学位共1人

临床医学专业（共1人）
MIRA KUMARI◎

注：带◎的为国际学院全英教学学生。

2015 年冬季获授辅修双学位的全日制本科学生名单

（共 7 人）

（一）法学学位共 2 人

法学专业（共 2 人）

邓　琳　孙皓辰

（二）经济学学位共 1 人

金融学专业（共 1 人）

麦可欣

（三）文学学位共 4 人

英语（商务管理）专业（共 4 人）

林昊玺　朱静维　宋　岚　高　梦

2015 年冬季获辅修证书的全日制本科学生名单

（共 42 人）

姓名	（辅修）学院	（辅修）专业
梁诗涵	法学院/知识产权学院	法学
陈子平		
龚翊禹		
李　渊		
李坤城	管理学院	工商管理
刘　辰	国际商学院	金融学
廖　到		
钱淑华	经济学院	经济学
孙中省		
金早晨		
王若昱		
包集华	经济学院	国际经济与贸易
李师然	经济学院	金融学
李云涛		
方　丹		
杨　璐		
陈伟伟		
崔　宇		
姜志浩		
李丽颖		
王　臻		

（续上表）

姓名	（辅修）学院	（辅修）专业
刘天凡	经济学院	金融学
赵　曜		
万梦斐		
卓敏仪		
刘艳秋		
兰玉玲	外国语学院	英语
柯俊希		
谢　真		
颜　开		
王　蕾		
莫杰谚	新闻与传播学院	新闻学
朱凯楹		
何梦婷		
吴天泽		
周　娴		
张　蓉		
江政萤		
曾绍梅		
郭佳丽		
徐小童		
杨　琳		

2015 年冬季毕业的全日制本科学生名单

（共 2 人，其中珠海校区 1 人）

（一）电气工程及其自动化专业（共 1 人，其中珠海校区 1 人）

王　锐*

（二）国际经济与贸易专业（共 1 人）

莫环梦◎

注：带＊的为珠海校区学生，带◎的为国际学院全英教学学生。

2015 年冬季毕业的全日制本科留学生名单

（共 1 人）

国际经济与贸易专业（共 1 人）

YE MIN TUN

2015年冬季结业的全日制本科学生名单

（共10人）

（一）电子信息工程专业（共1人，其中珠海校区1人）

马洪波*

（二）广告学专业（共1人）

黄泓昆

（三）国际经济与贸易专业（共2人）

曾嘉琪　Carlos Jou Chan

（四）金融学专业（共3人）

谭胜聪　张永帅　周婉珊

（五）生物技术专业（共1人）

容溥澄

（六）食品质量与安全专业（共1人）

黄欣荣

（七）药学专业（共1人）

高　文◎

注：带◎的为国际学院全英教学学生。

（教务处供稿）

2015届研究生毕业生名单

2015年夏季授予博士、硕士学位人员名单

（共2 713人）

一、博士学位（共158人）

（一）科学学位博士（共132人）

1. 经济学博士（共27人）

政治经济学（2人）

王小斌　王　宇

国民经济学（2人）

罗嘉庆　王志勇

区域经济学（1人）

桑曼乘

财政学（2人）

易　茜　冯　辉

金融学（11人）

牛冬梅　陈威伊　詹学斯　卢已立（LU YILI）

刘辛元　杜鹤群　朱民武　马　超　叶晓东

付　辉　胡国强

产业经济学（6人）

谷　雨　赵　霞　尹　硕　徐友光　虞　力

齐玮娜

统计学（2人）

陈楚祥　蔡火娣

数量经济学（1人）

尹今格

2. 法学博士（共7人）

国际关系（7人）

刘鸿文　杨进兴　潘星容　张将星　郑建成

刘　鹏　李泽莹

3. 文学博士（共28人）

文艺学（12人）

卢天玉　朱华英　朱圭铭　李文浩　宋音希

杜晓杰　邓桂英　方　群　梁建先　辛暨梅

曹　桦　李　永

语言学及应用语言学（1人）

李　琳

汉语言文字学（4人）

赵　越　黄年丰　陈波先　黄高飞

中国古代文学（3人）

赖晓君　裴雪莱　谷　卿

中国现当代文学（2人）

汪　荣　晏　洁

新闻学（5人）

罗映纯　陈　映　贾　毅　吴　夺　陈思民

传播学（1人）

刘晓伟

4. 历史学博士（共6人）

中国史（3人）

刘　祥　杜云南　童　锋

历史地理学（1人）

梁姗姗

专门史（1人）

陈　子

世界史（1 人）

曹　雨

5. 理学博士（共 19 人）

水生生物学（3 人）

李彦文　李　丹　孙　显

神经生物学（1 人）

韩　齐

遗传学（3 人）

张　毅　娄国峰　查庆兵

细胞生物学（3 人）

赵宝寅　曹文强　李英华

生物化学与分子生物学（7 人）

周美云　饶　磊　付晓艳　钟文彬　王力先

秦秀英　杨丽聪

生态学（1 人）

陈烁娜

生物医学工程（细胞与组织工程）（1 人）

徐　斌（XU BIN）

6. 工学博士（共 9 人）

工程力学（5 人）

李　勇　杨　飞　赵玉萍　罗庆姿　刘述伦

生物医学工程（生物材料与纳米技术）（2 人）

柯长洪　吴朝希

生物医学工程（生物医学信息技术）（2 人）

朱思祁　孙丹丹

7. 医学博士（共 29 人）

生物医学工程（生物医药工程）（2 人）

袁经权　石　涛

病理学与病理生理学（4 人）

韩新佳　魏　燕　王晓钰　史　蕾

内科学（5 人）

黄　卫　黄建伟　朱丽花　刘思初　管保章

神经病学（2 人）

李　牧　蔡　川

外科学（2 人）

张还添　杨景哥

妇产科学（1 人）

张　昭

中西医结合基础（1 人）

赵昌林

中西医结合临床（3 人）

龚享文　廖　锐　卢素红

中药学（9 人）

周鹏飞　蔡　賓　王传喜　鄢　黎　冯晓琳

谭蕊蓉　蒯雨青　陈敏锋　王　芳

8. 管理学博士（共 7 人）

会计学（1 人）

阙　英

旅游管理（1 人）

谢祥项

技术经济及管理（2 人）

王　伟　张汉华

工商管理（组织行为与人力资源管理）（2 人）

徐嘉莉　李晓宇

工商管理（财务管理）（1 人）

周　卉

（二）专业学位博士（共 26 人）

临床医学博士（共 26 人）

临床医学博士（内科学）（8 人）

寗肇基　黄馨瑩　胡　波*　潘寳全

吕学文*　邓晓芳*　陈　佳*　何　纲*

临床医学博士（儿科学）（2 人）

徐小红*　杨秀芳*

临床医学博士（神经病学）（2 人）

尹小健*　谭泽锋*

临床医学博士（皮肤病与性病学）（4 人）

梁宇鸣　李永娴　林哲正　刘赛君*

临床医学博士（影像医学与核医学）（1 人）

郭　斌*

临床医学博士（临床检验诊断学）（1 人）

余广超*

临床医学博士（外科学）（4 人）

蔡　念　高晓天*　卢冠铭*　任亦星*

临床医学博士（妇产科学）（1 人）

帅翰林*

临床医学博士（眼科学）（1 人）

陆美婵

临床医学博士（肿瘤学）（2 人）

赵建夫*　金　玲*

二、硕士学位（共 2 555 人）

（一）科学学位硕士（共 1 348 人）

1. 哲学硕士（共 8 人）

美学（8 人）

胡翔龙　曹晓旭　庞晓菲　肖文荣　林蔚轩

彭晓嘉　张吕坤　赵志清

2. 经济学硕士（共 240 人）

政治经济学（3 人）

陈运广　谭　薪　周　佩

经济思想史（3 人）

夏　彤　陈　震　龚道全

西方经济学（10人）

吴　丹　霍艳莲　舒智伟　任　彪　朱　飞
叶宇平　聂惠明　陈　全　罗佑军　唐文狮

世界经济（3人）

熊竞邦　张薇薇　王慧仃

人口、资源与环境经济学（3人）

陈乔叶　胡　丽　谢　俊

国民经济学（23人）

林典如　王　景　罗琲儿　何意銮　关国瑞
李顺飞　阮泽伟　叶方方　程玉坤　邢　泷
宿晓翩　王晓晓　贾　媛　张呈磊　邹贻庭
吴鹏辉　龚　洁　艾兴勇　刘灿妍　张东彪
周久妹　程元生　周明佳

区域经济学（28人）

黄小雅　张　杭　谢智安　刘万琪　谢丽文
张大威　李克桐　龚　平　程灵云　张亚斌
赵　皋　赵玉英　曾　坤　曾纪斌　段蕊蕊
贾梦丽　孟俊华　宋德斌　费能云　蔡　丽
种照辉　程　琳　吴　蒙　陈昭哲　李　青
罗婉婷　曹　翠　李秋妍

财政学（22人）

王冰玉　吴文标　卢孙博　蔡　岳　张金海
周名润　高瑞元　袁晨新　胡雅妮　王　奎
蔡　晶　刘志华　朱远方　余　涛　宁　扬
黄朝阳　唐芬芬　刘伟健　张静伟　安　竹
孙小燕*　吴德红*

金融学（52人）

梁嘉燊　谭晓微　周　超　任明珠　陈纯纯
黄幼霞　刘　慧　孙心怡　宋　琳　刘国鹏
何流闻　巩宿裕　卢秀静　李志华　郑　飞
王　阳　刘　栩　梁　莹　徐莹敏　梁广林
方斯雅　陈琛桦　魏乐乐　苏李欣　陈　菲
薛　帆　付　蓉　黎　齐　张光明　黄雪梅
彭淑娴　廖　静　邓南文　周锦江　刘　斐
陈治鹏　何标新　吴敏红　钟书琰　招韵健
彭幼霞　叶仕良　王田田　宋　伟　李　薇*
张雪洁*　陆明光*　张钟敏*　蔡　雅*
唐冬柳*　李忠伟*　贺嘉俊*

产业经济学（33人）

敖莹莹　吴俊杰　陈嘉伟　王耿佳　赵丽镔
杨小金　罗光帆　郑　越　潘洁云　李双双
孙大卫　戴　鹏　温璐茜　李　红　罗莉娅
李莹莹　赵乾乾　刘　凯　徐跃峰　闫苗苗
胡超凡　唐杨柳　韦锦祥　汤丽荣　汤秀梅
张敬卫　夏　扬　刘会恒　罗益泽　夏　婷
耿　磊　谢秀梅　丁庆庆

国际贸易学（30人）

陈　定　黄　艳　李博文　冉笑影　范春华
王麟凤　张　姗　郑巧淑　蒋建林　纪远营
李景清　郑永丹　李凌玮　纪德章　郑　怡
殷仲冬　朱洁然　张　恒　聂　楠　尹楚洁
李存龙　刘　婷　冯会芳　张　玉　李　芳
梁均健　陈裕浩　尹灵秀　黄　芬　庄淑淳*

劳动经济学（3人）

何　炜　张　晔　丘汉伟

统计学（18人）

范珺东　李燕京　吴　敏　黄梦云　丁　宸
陈茉莉　高莉菁　刘若溪　叶桂芳　方　媛
祝雨露　常启辉　戈　龙　徐佳妮　戚元臻
陈晓丹　刘　敏　甘雯雯

数量经济学（9人）

李　曈　田　霖　张炎焱　许　彬　何卫平
梁淇俊　梁裕珩　周思聪　陈天然

3. 法学硕士（共98人）

法学理论（2人）

钟　玲　罗　骁

宪法学与行政法学（3人）

唐亮亮　王德龙　蒋都都

刑法学（3人）

彭　群　王　引　郑泳彬

民商法学（24人）

黄春洁　黄晶煌　邓明锋　陈珠妹　何思榆
成　琳　张智敏　刘小刚　高俊飞　罗世敏
李　乾　朱远建　李忠鲜　邓柳铃　蓝　静
谢艳媚　马　盛　陈乔珠　苏丽学　吴　昊
陈　玲　施燕丽　刘颖玲　王慷溉

诉讼法学（4人）

何　杰　孟伟涛　唐方恒　陈　海

经济法学（13人）

宋亚博　张　祎　牟娇娇　牛　斌　罗艳辉
梁曼淳　余亚君　刘默然　孙仙冬　孙兰兰
欧阳军丽　罗　旭　朱伟光

国际法学（6人）

林　芳　王晓燕　林森枬　钟宇菲　石　哲
陈慧青

国际政治（3人）

李　祺　姚蒙蒙　姜瑞民

国际关系（22人）

卜一村　张　博　朱鸿飞　孙佳伟　黄　楠
李彭彭　王　看　周启强　赵翠翠　胡　杰

徐庆栖 南雪芹 吕振纲 程 琳 饶佳琪
高婷珊 罗艺琳 谭志林 柴丽芳 张丽娜
张 琳* 李 胜*
外交学（5人）
黄丽娟 柯世池 尹 昱 邵 娜 蒙晓云
政治学（国际政治经济学）（1人）
侯志萍
马克思主义中国化研究（1人）
周顺泉
思想政治教育（11人）
林家達 葉影紅 劉卓英 张婉媚 耿 雅
于 玺 彭 丹 任 科 洪志雄 邓双全
韩 莉

4. 教育学硕士（共33人）

应用心理学（33人）
闵芸芸 张 祥 周琼瑜 何柳莹 崔汝博
赵 强 徐金菁 杨 鹏 臧思雨 曹玺勇
李伏岭 杨亚中 王嘉庆 于 凯 李晓萍
赵 丹 何 阳 彭子宁 李雅雪 华 涛
钱姝婷 张 珺 蔡 擎 马 莉 邓善怡
陈贤纯 李小莹 刘翠莎 王凌娟 彭 元
黄丽君 王 静* 陈玉钗*

5. 文学硕士（共237人）

文艺学（20人）
祝华轶 章昕颖 孙黎明 余 晨 许益玲
席钦钦 何剑锋 吴慧鹏 饶秋晔 任梦莹
李宗秀 田 旭 郭海燕 杜梦娜 杨飞飞
龚卫锋 陈灵芝 陈高丰 陈 婕 周 飞
语言学及应用语言学（30人）
余诗卉 王 玺 曾婷婷 李培蕾 张秀华
甘志斌 吴 梅 贺娟萍 汪蓓蓓 罗筱晓
刘 莉 袁 芳 黄晓燕 李银萍 阮 运
郭 萍 饶 晶 程 芳 高梦舒 郭 畅
丁丽静 侯雅丽 袁晓倩 阮明慧 陈 丹
杨雨蒙 王 敏 汤 卉 刘代阳 谭丽芝
汉语言文字学（30人）
何耀坤 王 锋 李 玲 张晓琪 孙 丽
许素辉 周思仪 罗凤莹 袁 泉 韩苗苗
邓 琼 刘小宛 刘文俊 冯 盼 姚 慧
苏琳琳 刘彩凤 石卿媛 骆 妮 李 菲
何桂榕 邱国栋 周 庭 文 丽 姚 媛
李清华 申居瑛侦 黄 宁 路遥遥 孙英儒
中国古典文献学（1人）
曾丽意
中国古代文学（16人）
黄晓凌 陈婷婷 蔡瑜清 庄黄倩 周 玥
胡培心 李雁雪 陈月雄 杨亚蒙 朱 洁
李大强 刘慧宽 孙 晨 毛毛绮 刘晓婷
刘 华
中国现当代文学（21人）
吴佩婵 彭 婉 李博泓 申楚云 覃 雯
韩 雪 程 珮 袁 苑 钟 慧 冯静静
陈 征 刘 欢 龙静颖 罗诗冰 谢小芬
工卓妍 吴瀛苗 王 苹 张婧婧 刘汉波
吴兴男
中国少数民族语言文学（9人）
张 波 沈 莉 欧阳美玉 马海布吉
何秀萍 冉竞华 曾令俐 蒋明富 马 松
比较文学与世界文学（7人）
张立蓉 朱仙鲜 杨 雪 申东宁 卢梦琦
温素娜 马笑梅
英语语言文学（7人）
常海兰 李卉芳 唐 英 李楚翘 肖莹晶
张 露 秦佳曦
日语语言文学（3人）
封 云 白国霖 李广微
外国语言学及应用语言学（14人）
王金萍 郑贞霞 曾丽燕 赵瑞楠 刘 敏
江 琳 梁怡然 范 静 张 芬 刘文姣
陈慕羽 胡小璐 吴月珍 徐一飞
新闻学（43人）
刘宇洁 韩依民 苏白洁 吴 侠 李丹青
许 诺 张 维 王志福 徐露萍 侯 娟
岑卓妍 李心宇 白晨晖 邹小玲 李金泳
孔晓欣 李 茵 梁 坤 周嘉雯 杨 珂
黄晓丹 王红丽 伍中梅 王 萍 严 艳
徐 燕 陈律言 易 念 崔小远 池 敏
蒋昱思 张晓思 张艺奕 张 犇 林兆均*
黄 艳* 郑铿志* 杜丽贞* 冯 璐*
骆丽华* 刘遐昶* 郑岁华* 陈斑斑*
传播学（34人）
刘小青 刘方远 史靖文 罗晓艺 高崇文
贺 纯 郝美津 黄慧玲 劳杰灵 李海艳
葛思贤 冯 琼 杨伟龙 杨志慧 陈竽秀
许 越 张君瑶 胡抗抗 金琬君 陈曾珍
周亚琼 刘晓彤 刘 爽 焦何结 王 潜
杨慧媛 化麦子 王蕊洁 姚婷婷 龙 宇
罗欢贻 陈子晞* 汪 颖* 梁加文*
广告学（1人）
林 青*
广播电视学（1人）
于志强*

6. **历史学硕士（共56人）**

中国史（45人）

申志锋　侯雪浩　杜　贺　程露晞　梁　艳
赖佳敏　刘艳艳　赵　诚　陈亚楠　王　亮
汪　欢　吕　峰　李标福　熊丽丽　陈　斌
易　娜　郭慧芳　李蒙蒙　周孝雷　魏云锋
刘英英　董丽娟　李　彬　江振刚　郭佳佳
崔文超　韩周敬　丁书云　夏文明　田建阳
周　剑　乔志华　程亚琼　赵　静　许起山
童　萌　刘　宝　何镇喜　黄　磊　邓志坚
方玲玲　巫惠红　李志慧　张秋菊　平兆龙

世界史（11人）

尹蒙蒙　刘　源　李小亭　王淑玉　吕相文
夏文强　沈小宁　叶秋霞　钟立勤　曾超颖
杨博雯

7. **理学硕士（共278人）**

基础数学（5人）

王丽君　梁淑瑜　王战青　谭泉光　赵隽安

计算数学（2人）

谢　昊　冯志宏

应用数学（10人）

肖金旺　李树卿　邱　娟　喻　依　李文芳
田文秀　刘桂松　邹远洋　张　琼　周　璇

运筹学与控制论（2人）

钟晓雯　常丽娜

理论物理（1人）

刘　恋

凝聚态物理（2人）

欧阳明　熊　康

光学（8人）

郭　扬　甘焕标　田正文　王　芳　余　力
黄诚诚　刘平宇　马　骁

无机化学（14人）

黄嘉敏　邓志勤　刘　莹　傅元婷　徐　猛
陈庆昌　姜文庭　李玉宝　郑楚萍　薛俊发
曾利兰　谭颖宁　纪盛滨　罗钻娣

分析化学（8人）

文情情　黄玲燕　张绍连　汤　利　邓　涛
胡晓丽　林利添　罗金梅

有机化学（8人）

林志强　卢章秀　刘　芬　肖金龙　徐晓文
邱少玲　王长城　鞠志冉

物理化学（13人）

陈　杰　朱梅梅　廖俊招　顾红红　周小明
焦洪鹏　余文丹　林沃荣　钟小超　温才裕
曾　腾　刘　宁　欧阳文鹏

高分子化学与物理（5人）

张劲林　郑倩倩　刘　源　雷炳荣　黄　劼

动物学（2人）

邹　诚　邹　颖

生理学（1人）

孟　龙

水生生物学（26人）

张　敏　欧瑞康　张晓燕　乔　磊　何思思
邵中宝　马长江　王　善　雷学青　张　玲
杜蒙蒙　曹洁茹　林剑华　王艳杰　孙莹蓓
向昆仑　韩留玉　蔡　雨　麦杰晖　王正鲲
麦晓蓓　何文祥　黄海塘　黄晓云　刁丽红
郭伟龙

微生物学（15人）

郜星晨　魏金梅　王　婷　贺　凤　杨延旭
吴媛珍　张　靓　肖青青　戴金凤　张灿辉
张楚秋　邱玉信　刘小芸　龙允麟　佘栋宇

神经生物学（2人）

杨昇炎　黄育华

遗传学（6人）

方红豆　黄　涛　刘雨婷　梁　睿　谭　萱
崔泽凯

细胞生物学（11人）

顾　炜　王鹏珍　白鑫雷　焦金霞　刘　鹏
肖虎松　黎　月　张晓钰　陈卓莹　徐　艳
郭永龙

生物化学与分子生物学（27人）

吴英姿　翁惠文　蒋海兰　王　青　金　坚
方世雄　廖声友　贺玉娇　丰茂晓　许　伟
刘艳梅　李　红　刘红梅　王娟娟　王东波
李　明　苏慧慧　郑文静　刘粤丹　杨全利
蓝彩凤　韩俊隆　薛有求　朱碧莹　胡　阳
庄满娇　柏艳阳

生物物理学（1人）

黄媛媛

生态学（5人）

郭菲菲　汪亚俊　杨　雪　廖和平　薛　丹

统计学（9人）

钟　聂　杨　飞　代洪祥　邹　立　白　朋
陈　芳　胡小娟　冯志伟　马小芳

环境科学（5人）

牛海玉　库培佳　陈沛君　李　星　王　兰

免疫学（9人）

叶思祺　周志伟　谭湘鹏　周　单　侯小凤

吕成定 罗镇明 龚隆财 梁家杰

药物化学（31 人）

刘 正 谭子铖 吕霜霜 尹 蕾 白向阳
吴 扬 张泽明 李墨娇 李 敏 李志强
孔 昊 昂 松 许男徽 耿志忠 胡玉泉
吴月华 肖胜伟 冯瑞冰 李 盼 郭宝剑
高静静 高加索 周兴栋 赵 琴 余绍福
刘 青 陈 艳 刘 国 唐 维 李小叁
吴辉苏

药剂学（6 人）

温少红 邵长丽 冯晓飞 周甜甜 梁文莉
王 晨

生药学（2 人）

邹惠亮 程 淼

药物分析学（3 人）

韦卓纯 赵祥龙 冯 颖

微生物与生化药学（10 人）

杨恩泽 卓翠琴 黄爱博 余 君 蔡翠赞
连孟洋 纪洵敏 韦丕金 丁 清 陈茂芸

药理学（15 人）

张宇琛 陈 敏 曹玲芳 左 玲 巢传琦
付文娟 刘 婷 闫 慧 马锦锦 李晓晓
胡坚杨 邓树荣 刘广泉 王潇雄
丘羽翔（EFISIEN HIU）

中药学（14 人）

王丽珊 朱秀珍 胡丽萍 刘道路 宁 杰
孙小慧 吴泳樟 刘红明 段倩倩 吴肖蒙
陈立嘉 罗 芮 王洁芳 谭亚芳

8．工学硕士（共 160 人）

固体力学（2 人）

詹杰子 陈 木

工程力学（10 人）

江上洋 王朝阳 莫玉珍 谢旭华 谷昊伟
赵 展 艾立燎 周 鑫 张一帆 陈虹文

光学工程（29 人）

李玉茹 王 皓 张学兵 周婧娟 何 军
郭昊淞 孙 绮 刘凌晖 毛培玲 何 炜
胡能鹏 刘 甫 张 宁 杜 发 金岩冰
陈凌君 杨 冰 李毓钦 郑淑孟 周 俊
罗 瑛 龙小丽 黄华才 林 猛 张凯晗
江 炜 林宏文 袁 强 田 壮

材料物理与化学（4 人）

赵佩佩 付业云 周小雁 刘艺竹

材料学（10 人）

陆雪飞 曾 龙 李 娜 张霞只 王 闯
徐保峰 张 聪 李彩荣 吴敏铭 孙健翔

材料加工工程（1 人）

卢丁山

物理电子学（5 人）

高安旗 杨培华 涂程威 徐志成 谌 冰

电路与系统（1 人）

陈明敏

微电子学与固体电子学（5 人）

阳 斌 周 浩 赵彩光 王伟胜 梁论飞

电磁场与微波技术（1 人）

关 卿

通信与信息系统（15 人）

陈文韬 黄锐志 霍永津 翟浩田 韩 照
刘 波 李 姗 张 博 吴华炳 冯江鹏
谢玮欣 王 强 白 洋 冷 昕 李 旭

信号与信息处理（5 人）

熊兼海 李晓东 宋贤媛 邓松波 曾杰麟

计算机系统结构（4 人）

褚伟龙 陈 欣 黄立锋 佘庆彬

计算机软件与理论（3 人）

乐 凯 彭远浩 黄晓理

计算机应用技术（7 人）

肖胜笔 覃大胜 刘 莎 石文娟 周 锐
廖倩文 王开杰

结构工程（5 人）

赵政就 黄万禧 陈志钊 陈东辉 刘荃铭

应用化学（5 人）

刘爱洁 柏海华 廖华中 刘 露 刘惠娣

环境科学（8 人）

刘芷辰 郝 迪 刘海豪 柳 蓉 谢登科
张东梅 陈藜藜 陈艳芳

环境工程（17 人）

马嘉雯 詹晓静 朱 迪 邵基伦 罗方舟
周丽珍 赵 倩 刘 涛 杨雷峰 王雄科
廖 娟 邓庭进 谢 芳 杨秋婵 徐智敏
李文聪 廖丽萍

生物医学工程（2 人）

陀伟为 邱 涛

食品科学（21 人）

叶丽君 冼钰茵 李少艇 熊 婧 陈苗苗
吴泰钢 万分龙 孙元奎 张振华 李文清
李 玛 杨婷婷 赵金利 艾 茜 刘 爽
许 良 邓 曦 杜章斌 彭 英 陈燕芬
罗忠明

9. **医学硕士（共75人）**
人体解剖与组织胚胎学（3人）
程一森　黄丽婷　张丹丹
免疫学（2人）
颜宇辉　黄鸿兴
病原生物学（1人）
刘　骏
病理学与病理生理学（9人）
冼麗芳　郑媛媛　陳建勇　张婵娟　赵严冬
李海莹　罗小鹏　黄文彦　韦花媚
内科学（5人）
李海瑞　朱锦灿　李剑萍*　刘　燕*
钟　绿*
儿科学（2人）
陈苑琪　何伟仪
皮肤病与性病学（2人）
李水秀　马月瑭
影像医学与核医学（2人）
吴英宁*　万　娜*
外科学（7人）
蒋　笑　邵明涛　吴　帆　叶永恒　卜晨峰
张　健*　陈建帆*
妇产科学（2人）
陈宇毅*　崔艳萍*
眼科学（3人）
王雯婕　刘　庆　张　瑾
耳鼻咽喉科学（1人）
陈家军*
麻醉学（1人）
吴志镇*
口腔基础医学（1人）
张　莉
口腔临床医学（2人）
罗子源　李　娟
流行病与卫生统计学（10人）
黄凯芝　李　鹤　张思恒　李　洋　古羽舟
梁文凯　郑庆偲　周薇薇　东　方　龙其穗
劳动卫生与环境卫生学（3人）
李　曼　陈家劲　张蕴蕊
儿少卫生与妇幼保健学（2人）
井立鹏　黄伟煌
中医内科学（2人）
林丽娟　黄妍丽
中医骨伤科学（1人）
刘　政
中医妇科学（1人）
吴　倩
针灸推拿学（1人）
何华香
中西医结合临床（4人）
邓凯恩　魏瑞伟　陈瑞雪　陆文松
药理学（3人）
李梦佳　蔡　靓　朱玮玮
中药学（1人）
易若男
护理学（4人）
陈　淼　梁　敏　刘艳飞　赖秀华

10. **管理学硕士（共163人）**
管理科学与工程（7人）
曹策俊　陈　诚　陈　璐　赵　菊　丁　闻
黄景鑫　兰　叶
会计学（35人）
曹莎莎　谢文丹　梅安察　涂柳娟　沈梦姣
钱晶晶　邱野陶陶　顾　云　汪　璐　霍　达
李耀淘　袁子琪　许宁翔　岑永嗣　冯汝婷
杜　娟　黄炜炜　上　婷　李姗姗　胡　纯
宋天乐　邓文龙　龙盼盼　郑　伟　王　翔
宋方方　李叶梅　赵　耿　刘新亮　王洁玲
程　欣　李珍珍　张力芳　罗　娜　王胜男
企业管理（52人）
冼宇熙　鹿洪蕾　陈　茜　梁家琪　孙凛楠
符必勇　谭燕菲　陈家淳　徐　莹　肖　嘉
卢茵昕　许美思　萧　仪　胡希茜　叶晓文
黄　璐　卢泽旋　郑一爽　刘晓婷　黄江文
李春兰　谢宁慧　杨　丽　高　丹　诸周成
胡　月　杨永丽　万　刚　熊礼洋　郑　丽
邢广东　曹　双　赖雁云　张　溢　詹惠清
张　皓　汪任安　张滨滨　王洪玲　胡方玲
杨　欢　罗　静　江　娟　蒲伟权　汪立文
李　安　沈源清　李亚男*　朱琦莹*
刘　洋*　梁翠颜*　罗小容*
旅游管理（18人）
赵思佳　申艾青　刘佛清　王　倩　杨　扬
刘宇华　龙　慧　杨艳荣　李剑桥　袁　苏
童梦诗　王　刚　黄　鸯　蒋　璐　刘　枫
吴梦颖　刘　勇　高　萍*
技术经济及管理（11人）
李春燕　胡哲帅　钟　琼　尹晓玲　徐　希
邓美靓　汪柳希　邹　波　张　谦　王晶晶
李　明

工商管理（财务管理）（9人）

陈慧娟　羊　敏　纪贞羽　黄　蝶　姚　晋
吴　婷　黄　珍　黄艺庭　张　颖

行政管理（17人）

冯敏红　黄洁慧　李菲菲　周　颖　罗　斐
杨　津　赖俊淇　陈世斌　曾　丽　钟慧娟
谢　景　程　龙　时　华　赵俊源　张　彬
王夏芳　王　婷

教育经济与管理（6人）

程燕燕　佟朝坤　王　璐　孟思前　钟梦玲
王利梅

社会保障（5人）

张丽雅　丘宗礼　孙　晶　卢建平　刘祝悦

土地资源管理（3人）

陈绮桦　欧阳婧超　赵子亮

（二）专业学位硕士（共1 207人）

1. 金融硕士（共78人）

于凯丰　朱丽农　林绮红　苏新英　舒明哲
罗家翔　李　双　刘文奇　刘贝贝　李　昌
魏妮娜　张梦雪　郭　腾　蔡　敏　李　锐
刘　聪　李慧睿　丘敏舟　阮清娴　彭　雨
傅德福　李文杰　张慧敏　林伟华　胡　婧
康静丽　王　玉　杨　雪　黄青玲　韩　冰
张　蓉　凌端平　邱鹏华　金　晶　张吉智
魏　培　苏　倩　唐嘉馨　张泽君　梁振杰
吴家泳　詹浩舒　李　煜　林佩贤　姚耀文
刘书源　潘锐荣　李文彪　包冬青　蔡桂珍
温三元　伍飞宁　陈锦萍　黄立衡　王晓琳
饶　婵　余智慧　丁彩伦　曾　悦　俞纯月
周继峰　袁　栋　李　昕　周　婷　段相逢
张波涛　孟　菲　祝　凯　杜　鹏　杨　宵
胡　耿　黄叶影　林宏灿　龚晓宇　邓　波
邵子倍　刘玉芬　霍彦宇

2. 应用统计硕士（共23人）

朱　亮　童　飞　成俊生　叶宏丽　葛舒琦
苏玉艳　闫炳硕　高　磊　刘志翔　钟小鹏
黄伦云　汤志军　陈浩云　麦杨明　李　苏
杨舒雯　区芷诵　钱樟颖　胡晓峰　王　宇
黄俊煌　周　劼　王　倩

3. 税务硕士（共16人）

檀伟伟　徐振宇　康　吉　谢卓彬　潘　柳
周龙龙　邹　幂　渠　津　杨　鹏　刘　辰
高文娟　汪　婷　李炎熹　胡健勋　郑少彬
冯子祺

4. 国际商务硕士（共20人）

盛　莲　黄得沛　汤　佳　闫梦晓　罗　丹
张娟娟　侯兴云　贺嘉琳　刘月婷　周　燕
马晓军　彭　澎　周慧敏　熊　泉　姚　雪
蒋　理　伍晨阳　彭智锋　陈家辉　易美君

5. 资产评估硕士（共20人）

张文博　余惠琴　于夕然　张　琪　黄小山
王立菲　王秋璞　张　珺　陈冠宁　郑秋生
谢燕操　林　彤　林　焜　孙　雪　王　娜
司会娜　张梦含　许冠碧　杨　帆　余　超

6. 法律硕士（共57人）

龚雪珂　吕宁斯　温金燕　刘信慧　燕　飞
宋国康　梁诗偲　蔡　利　刘冠中　孙雅昆
张　倩　杨　斐　廖强强　郭秀梅　徐　航
宋灵芬　赵　艳　张玥玥　高浚洋　张晓英
何辉英　庞　立　刘之秋　占永杰　鲁国军
李冬梅　李孟君　蔡雨谛　曹慧兰　胡倩仪
严妙婷　李倩雯　徐　翔　李　俊　张玉平
朱嘉佳　戴欣昱　李　洋　胡灵芝　曹艳丽
刘立新　刁　兴　刘　珂　程志欣　陈艺怡
舒斌华　王妍婕　姚妍妍　唐浩洋　陈林洲*
黄建钧*　何丽莎*　杨　慧*　王　勇*
张部军*　张艳华*　黄均园*

7. 汉语国际教育硕士（共90人）

孙彩昭　李　爽　吴文雅　王根荣　欧　帅
刘熹蒨　龙　婷　胡馨丹　曹　霞　申怡畅
崔倩倩　肖　娟　罗　金　段　然　刘亚群
薛　阳　李　腊　许　敏　朱　颖　孙　梦
董燕南　陈珏铭　何　婷　贺龙菲　张　勤
李　婷　沈　媛　骆含宇　熊　玮　王　薇
丁小青　熊海霞　钟静雯　康婵媛　沈　咪
何微微　刘　璐　陈丽娟　郝静静　苏　芮
丁　汀　李馥薰　肖小妹　刘　琳　周　亮
李小芳　高　杰　田　谦　孙　伟　张　楠
詹许君　张陆芳　倪慧君　薛博楠　黄慧琴
周美岑　李欣欣　莫　露　赵仕骏　邹演枚
郎霄峰　周勤涛　刘金桃　张百艳　丁　炜
熊　桑　付艳群　谢璐芸　安　宏　陈秋月
王　冰　潘子助*
邱美萍（YULIANA）
卡　璐（CLINE CAROL JEAN）
李元硕（LEE WON SUK）
杨迤雰（NEO YEE FENG）
张慧云（WILIYANTI THEN）
陈财财（ALBERT SURYA WIBOWO）
莉　丽（LELLY HANDAYANI DACHI）
戴茜茜（DEASY ANASTASIA PUTRI）

吴战勇（NG TJHAN JUNG）
谢宁星（CHUTAPORN DAHA）
唐玲玲（SIRIPA THANGPITAKPAISAL）
姜荣彩（HARYONO CANDRA）
林雪芬（JENNY AGUSTINA LIAU）
曾小丽（PRISCILIA CHANDRAWIRA）
黄莉娌（FENY）
王文伟（WANG WENWEI）
余月明（JAMIWATI ESTER）
田益玲（HENY SURIANTI）

8. **翻译硕士（共52人）**

伍定强 卢 婷 金 静 陶 珺 陈宏明
郭艳芬 车家媛 杨柳青 张媛媛 顾任飞
刘 媛 刘美娟 胡素芬 余 堃 谢文君
汪牧奇 刘洁丽 刘贞珠 李昕冉 刘潇婕
谢予薇 吴丹铖 鲁锡华 赖 沁 游雅婕
张曼玲 栾伟霞 王秋瑶 王 婷 唐 婷
张映英 王静辉 黄永琳 余小丹 俞惠娴
李白茹 张 琦 王海云 蓝世莲 曹 欣
周 宇 黄 姿 李 敏 郭文文 曹素玲
卞 琛 程立雪 陈丽丽 范雨舟 刘婷玉
张 蓉 何 力

9. **新闻与传播硕士（共144人）**

徐 丽 董思敏 高 雅 钱敏敏 林昭绚
郑 贞 李雅娟 尹 航 温 柔 任 飞
邓悦敏 付梦雯 董 达 崔泽然 程 澄
杨 熠 周 杨 葛俊易 姚 憋 陈 吉
丁再李 章 娟 崔钰喆 曹 丹 王继周
张珍珠 程 杰 朱彦卓 常梦柯 程 伟
覃爱媚 邓 鸽 蒋艳林 周彩春 胡殷英
刘 虹 文琼瑶 李 敏 陈哲敏 高帧玲
吴思源 张梦莹 李 静 贺梦雯 江东波
龙淼辰 宋环宇 王巧莉 李晓丹 张 锐
叶融冰 李 悦 李振丹 孙 莉 向 容
赵雪薇 刘 萍 林 冉 邹雨茉 陈梦轶
钱 艺 陈 毅 徐亚彤 白 蕾 李 梅
张志鹏 丁 玲 许深淼 张 帅 周丹婧
付 翔 陈 琳 王 晓 王潇其 肖 乐
伍嘉瑶 张 荣 袁乙千 王 颖 李丽莎
黄嘉伟 陈嘉瑜 陈 诗 王治城 谢晓璐
李晓丹 陈彦萱 黄荟云 林舒妍 黄群好
沈莉蓉 林祎韵 郑春欣 毛祥宇 范 璐
王怡晗 李 玲 屈中治 李染梦 王 萌
邹 晔 李江南 辛蔼玲 宋琳琳 李 振
李 源 丁 方 郑旭龙 邹碧霄 殷 明
傅 鹏 余世姣 张俊琳 马笑天 戴维嘉
娄瑞楠 王星榆 左 馨 高 雪 闻 杰
张妍雯 刘丹丹 程胜涛 严仪瑾 黄驿翔
黄晓玲 郭心华 张军华 邱妙淇 蔡博瀚
李元源 杨 毅 罗 蓝 张光照 王 侃
曾眉妮 林超杰 崔金浩 杨柳青 徐 爽
朱雅琳 陈 滢 杜雨潇 杜梦怡

10. **工程硕士（共119人）**

工程硕士（光学工程）（6人）
陈在俊 董 佳 马 悦 陈晓丹 尹 君
詹婷婷

工程硕士（材料工程）（10人）
符青云 罗学仕 张 天 林丽敏 秦小鹏
周 健 耿帅峰 李志南 彭 琦 张银华*

工程硕士（电子与通信工程）（15人）
肖 建 张 平 陈丽丽 刘宏武 王毅旭
黎国辉 梁婉文 张金发 黄焰文 王慕兰
何 军 关文斌 戴 翰 卢石权 邵思力

工程硕士（计算机技术）（18人）
余 良 何 杰 刘复源 刘顶顶 刘金超
李诗旸 张慧敏 刘孝成 钟慧彬 张庆洋
江俊晖 侯 旻 王 超 张 彤 杨福藤
苏志勇* 梁 超* 梁志标*

工程硕士（软件工程）（2人）
乐 进* 何永贤*

工程硕士（建筑与土木工程）（6人）
龚 鹏 丁立魁 罗沐鑫 严寅中 张少飞
乔素丽

工程硕士（环境工程）（8人）
朱 莉 雷永康 何晓卫 韩 昊 吴耕晨
卫 昆 何 婷 贾光林

工程硕士（生物医学工程）（3人）
梁伟文 林卉恒 亓花蕾

工程硕士（食品工程）（7人）
马超婕 李克亚 文 明 周欣欣 黄湛艳
崔常乐 李小龙

工程硕士（制药工程）（3人）
吴 旖* 陈金兰* 陈桂江*

工程硕士（生物工程）（10人）
王 干 唐鹊辉 马冬磊 王怀玲 黄汗青
邹沐平 刘西西 段勤勇 潘奔奔 舒辉萍*

工程硕士（工业工程）（31人）
王晓刚 金柱青 胡 晨 时 亚 周达恒
吕甘甜 陈科旺 杨 锦 罗 勇 刘姿萌
方琳娜 吴婷婷 陈华超 徐 尧 刘艳秋

郭姜尚　焦占军　黄　艺　李　崇　段　旭*
谢晓竹*　邹军峰*　蔡惠强*　张　扬*
洪　涛*　谢华贵*　李　明*　陈坚生*
邵　佳*　曾宏亮*　谢荣伟*

11. 临床医学硕士（共188人）

临床医学硕士（内科学）（38人）
林佳憓　黄德绪　左璨粲　梁德明　朱翠萍
禤倬振　孙丽敏　柏小芬　秦恋岸　曾丽娟
胡　渊　许俐娴　沈　超　潘霞明　王淑香
刘瑞瑛　林嘉欣　姚帼君　黄易莎　潘昭杰
陈　磊　王　彧　李小斌　李文峰　张　茹
王斐斐　曹述任　苏美萍　张田田　陈丽君
韩馥缦　陈文标　肖靖华*　林小堃　汤慧君
丁　力　刘志威　陈求真*

临床医学硕士（儿科学）（3人）
马艳立　陈钦标　杜　妮

临床医学硕士（神经病学）（10人）
周　强　郭叶群　刘博会　杨　焱　朱培培
井　珍　张　丰　余　亮　曾思琳　何炳接*

临床医学硕士（精神病与精神卫生学）（4人）
甘丽好　王　冰　刘　滔　宋伟东

临床医学硕士（皮肤病与性病学）（4人）
方治翔　何　咏　杜芙蓉　廖婉婷

临床医学硕士（影像医学与核医学）（14人）
曾欣欣　程　勇　章文涛　吴　艳　尹邵丽
李振宇　陈　蒙　崔　盟　莫艳平　贾天利
方　进　郑小丽　李　萌　江　强

临床医学硕士（临床检验诊断学）（6人）
林豪芸　周桃玉　陈　崇　鄭學湖　王彦双
卢金平

临床医学硕士（外科学）（51人）
黄鸿翔　赵　蕾　周　权　何凯元　林懋全
陈建璋　黄　潞　李子艺　段　军　刘大晟
李　鑫　胡　雷　刘园桐　余钧雷　赵孝开
郑德奎　陈志斌　朱晓霜　祁应才　陈　波
洪余德　刘　兴　李　康　刘　磊　郑旭华
唐天华　丁伟龙　林泽鑫　王狄克　梁俊杰
刘德豪　潘京华　刘增钦　饶展鹏　李江璇
张琴琴　黄永良　侯文进　鲁　凡　赵元元
谭　亮　许荐军　廖友华　刘千里　池繁武
朱德君　孙志成　甄潮辉　周日兴　李　方
刘　力

临床医学硕士（妇产科学）（14人）
黄德侠　马晓铃　杨欣影　淦虹霞　朱小华
陈元芳　邱　迪　黎　哲　张文恒　蔡如玉
王　琳　刘梦媛　刘常为　金芬品

临床医学硕士（眼科学）（10人）
余国成　江明明　袁晟辰　刘俊中　潘秉鸿
曹贤芬　潘裕锦　刘　璐　王凡寅　周小娟

临床医学硕士（耳鼻咽喉科学）（3人）
林修贤　彭　玥　荣冬秀

临床医学硕士（肿瘤学）（4人）
陈宇翰　叶荣豪　赵凤芝　曾照成

临床医学硕士（康复医学与理疗学）（1人）
林珍萍

临床医学硕士（麻醉学）（6人）
钟　曌　梁赵佳　郑子豪　石　伟　陈燕军
邹启荣

临床医学硕士（急诊医学）（3人）
陶　珮　苏金沅　郑兴龙

临床医学硕士（中医内科学）（9人）
马玉玲　刘　丽　杨　威　林春梅　蔡兰花
刘　敏　黄帅立　吴杞纳　李长春

临床医学硕士（中西医结合临床）（7人）
崔会营　张金文　陈玲玲　陈声鑫　张文军
尚　芊　曾秀娣

临床医学硕士（全科医学）（1人）
王　祎

12. 口腔医学硕士（共13人）

陈新宇　张德莹　施庆颜　李　平　林　炬
李　安　刘仔龙　杨　倞　陈圳荣　刘慧凤
刘　晓　李嫄婧　戴静桃

13. 中药学硕士（共19人）

蓝康华　徐　珍　袁琦明　张斅琳　莫　霞
邓　景　向　璐　刘　磊　朱锦坤　谭晓明
龚翠莹　李玉婷　黄　欢　唐杨琴　刘永泉
艾云生　姜彩云　徐露珍　余汶徽

14. 审计硕士（共17人）

郭青岭　袁昶达　周　创　王　郁　崔葭萌
陈加喜　黄子豪　苏虹羽　代子康　张温昀
欧阳钊　徐德文　梁欣尧　吴　朋　李伟权
罗俊梅　邓　敏

15. 工商管理硕士（共223人）

工商管理硕士（159人）
杨　洁　黄广兴　梁智峰　宁　波　毛朝晖
姚佑平　谭晓岚　黄凤炼　余瑞晶　姚　艳
翟振金　张显扬　宋　武　徐　铮　王昌红
左　燕　高　杨　伍成模　张　宁　韩　啸
费尼亚（ILYA FEDOROVSKIY）　陈芬兰
刘大伟　张　震　沈海涛　刘　征　李宜臻

张必勇　高　雁　罗枫秋　吴小琴　李嘉辉
胡贞贞　汪大亮　窦　彬　詹祝英　蔡小莉
陈志华　陈晓鹏　黄少华　谷　曼　苏柱宏
徐　莉　姚　英　徐一骞　庄雪汝　钟敏颖
姚婉琪　邵　文　李申博　陈　爽　周公博
龚渝帆　李　强　邓斌熙　陈滨芬　王晨星
刘星辛　颜伟华　高　燕　李洪东　陈　超
陈明明　曹亚林　卢艳霞　江伟彪　杨建明
王思聪　朱白球　刘鹏飞　肖　科　佟思翀
熊丽萍　郭杰文　吴　芳　杨艳华　蔡育萍
贺冠军　朱　剑　张雷鸣　李振华　章　坚
赫　磊　李登道　吴文娟　刘　玲　戴玮安
张　霞　孙　钊　罗斯丁　苏秋晨　陈冬芸
于金保　张小兵　李永雄　王伟华　陶亚君
杨科南　黄　勇　甘团军　刘　悦　杨奕帅
朱思恒　黄艳眉　孙立红　黄艺文　张何平
李冠杰　何素军　王好景　蔡炯福　李庆波
马靖茹　吴有菊　肖炤曼　黄碧峰　张日晖
谭　晶　钟建辉　徐　杨　付小平　施晓东
韦任祥　李福培　孙践求　孙　林　朱湛滢
罗育红　孔令能　蒋科军　张俊德　陈志鹏
李华鹏　张婧炜　郑智毅　邓柏涛　叶　东
蔡建成　吴　娈　孙隆水　王志宏　徐　鹏
刘　毅　江东塔　赵　燕　李春香　孙　爽
邹　瑜　刘　霜　陈　齐　廖爱文
南民柱（NAING MIN KYU）
王冬青（MYO KHINE）
罗斯旺（RIZWAN ASLAM）
凯莫莫温（KHINE MOR MOE WINT）
阿布斗（OSSENI ABDOU-LI MOUAEMINE AYINLA）
吴俊达（WILSAN WIJAYA）
苏　仁（DOLLIE ZAYN ABDULLAH）
蓝　迪（RAFARALAHY ANDRIAMARINA DINA HENINTSOA）

高级管理人员工商管理硕士（64人）

邝丽红*　傅劲锋*　谢幸儿*　鲍治国*
肖　林*　曾友雄*　林伟群*　郑培延*
范　民*　许劲松*　吴　刚*　黄文杰*
梁　鑫*　张锦中*　张文宁*　欧　炎*
吴敏宜*　徐业清*　罗家维*　汪建强*
杜常青*　刘姗姗*　张　涛*　林建荣*
谢学敏*　李玉萍*　赵震宇*　刘文辉*
沈国栋*　疏义杰*　莫丕向*　张小卫*
杨国龙*　陈晓冰*　鹿伟红*　周征红*
黄铁军*　陈晓鸿*　潘志标*　张强俊*
郑建华*　徐燕堃*　姜程钟*　孙敏梅*
龙凤平*　白成凯*　梁　腾*　黄少锋*
何　文*　赵宏波*　杜新生*　许丹青*
张兴金*　刘锦棠*　王慶祥*　夏明军*
余同森*　梁耀璋*　张国光*　肖智青*
吴文志*　邵　磊*　王立军*　王昌引*

16. 公共管理硕士（共42人）

杨　捷　陈珊珊　李　佳　林　静　廖艺雅
孙璟艳　钟雪峰　徐锐鑫　袁　敏　冯海强
时肇阳　李　健　龙柳亭　陈　聪　周吉英
胡　振　李　琳　廖培城　周丽华　朱华亲
杨海洋　吴庆双　陈晓娜　何维喆　郑永仪
陈　炜　刘　丽　梁嘉欣　黄均翠　吴　翀
杜燕华*　孙俊川　李孜博*　范泽雄*
苏　宁*　陈玉弟*　曾赣斌*　黄国杰*
关小琴*　钟　竞*　张施斌*　张冬蕾*

17. 会计硕士（共70人）

詹崇伟　唐　旗*　刘庆飞*　王承蛟*
申　辉*　刘　飞*　钟碧颖*　吴　甄*
彭芷平*　李树燕　林　孜　葛兴华　唐　玲
官小玲　蒋琳琳　宫　倩　付冠群　张义德
王本杰明　骆小浩　张玲慧　罗淑冰
杜婉芬　黄结茹　林泽钦　翟心砚　潘少银
李樱桃　许剑云　陈　洋　陈亚琴　刘翠萍
李雅娴　李思颖　张　婷　张碧菡　吴含卿
王　悦　刘韶珺　何　霖　郭　婷　吴　影
刘亚婧　于晓曼　罗　琦　吕婉清　张　俊
张琼之　杨晓颖　李显杨　林春阳　黄钰菁
张栩源　韦立萍　江　超　罗　甘　曾洪莉
张　徽　彭　澎　周　超　张　彩　张　博
陈青云*　姚嘉敏*　孙清伟*　郭　慧*
张文琛*　周利芬*　李艳敏*　周　湘*

18. 旅游管理硕士（共6人）

刘书静　刘旭华　贺　月　龚胜建　梁会会
尹玲玲

19. 工程管理硕士（共10人）

刘　喆　侯少平　杜文敏　吴洪达　罗　凡
梁允勇　曹文杰　金　鑫　曾卓林　黄文凤

注：带*的为非学历教育研究生。

2015年夏季暨南大学毕业研究生名单

（共2 641人）

一、博士毕业研究生（共173人）

政治经济学（2人）
王小斌　王　宇
国民经济学（6人）
陈雯雯　罗嘉庆　田　涛　张永艳　王志勇
黎日荣
区域经济学（1人）
桑曼乘
财政学（2人）
易　茜　冯　辉
金融学（12人）
牛冬梅　詹学斯　陈威伊　刘辛元　卢已立
杜鹤群　魏　巍　朱民武　马　超　叶晓东
付　辉　胡国强
产业经济学（7人）
刘　畅　谷　雨　赵　霞　尹　硕　徐友光
虞　力　齐玮娜
劳动经济学（1人）
黄　睿
统计学（2人）
陈楚祥　蔡火娣
数量经济学（1人）
尹今格
国际关系（8人）
刘鸿文　杨进兴　许雨燕　潘星容　张将星
郑建成　刘　鹏　李泽莹
文艺学（13人）
卢天玉　朱华英　朱圭铭　綦　珊　李文浩
宋音希　杜晓杰　邓桂英　方　群　梁建先
辛暨梅　曹　桦　李　永
语言学及应用语言学（1人）
李　琳
汉语言文字学（4人）
赵　越　黄年丰　陈波先　黄高飞
中国古代文学（3人）
赖晓君　裴雪莱　谷　卿
中国现当代文学（4人）
汪　荣　晏　洁　贾颖妮　陈庆妃
比较文学与世界文学（1人）
熊　芳
新闻学（5人）
罗映纯　陈　映　贾　毅　陈思民　吴　夺
传播学（1人）
刘晓伟
中国史（4人）
刘　祥　张应进　杜云南　童　锋
历史地理学（1人）
梁姗姗
专门史（1人）
陈　子
世界史（1人）
曹　雨
水生生物学（7人）
李彦文　张华俊　王　垚　张　华　何　宁
孙　显　胡金润
神经生物学（1人）
韩　齐
遗传学（4人）
张　毅　娄国峰　杨鹏辉　查庆兵
细胞生物学（3人）
赵宝寅　曹文强　李英华
生物化学与分子生物学（7人）
周美云　饶　磊　熊春江　钟文彬　王力先
秦秀英　杨丽聪
生态学（1人）
陈烁娜
工程力学（5人）
李　勇　杨　飞　赵玉萍　罗庆姿　刘述伦
生物材料与生物纳米技术（5人）
何　江　许少波　雷　静　柯长洪　吴朝希
生物医学信息技术（2人）
朱思祁　孙丹丹
生物医药工程（1人）
袁经权
细胞与组织工程（1人）
徐　斌
纳米化学与生物纳米材料（1人）
张爱丰
病理学与病理生理学（6人）
韩新佳　魏　燕　王晓钰　李　媛　刘善文
史　蕾
内科学（5人）
陈　洁　张　帆　朱丽花　刘思初　管保章
儿科学（1人）
韩莎莎

神经病学（2人）
李　牧　蔡　川
外科学（2人）
张还添　杨景哥
妇产科学（1人）
张　昭
中西医结合基础（1人）
赵昌林
中西医结合临床（3人）
龚享文　廖　锐　卢素红
中药学（11人）
周鹏飞　王传喜　张　欢　鄢　黎　冯晓琳
谭蕊蓉　蒯雨青　陈敏锋　王　芳　张高小
蔡　賓
内科学（专业学位）（3人）
黄馨瑩　潘寶全　寧肇基
皮肤病与性病学（专业学位）（3人）
梁宇鸣　李永娴　林哲正
外科学（专业学位）（1人）
蔡　念
眼科学（专业学位）（1人）
陸美嬋
管理科学与工程（1人）
周海燕
会计学（1人）
阚　英
旅游管理（2人）
谢祥项　蒲　阳
技术经济及管理（2人）
王　伟　张汉华
组织行为与人力资源管理（3人）
康勇军　徐嘉莉　李晓宇
财务管理（5人）
胡宸玮　黄伟麟　周　卉　高　丽　李晓龙

二、硕士毕业研究生（共2 468人）

美学（8人）
胡翔龙　曹晓旭　庞晓菲　肖文荣　林蔚轩
彭晓嘉　张吕坤　赵志清
政治经济学（3人）
陈运广　谭　薪　周　佩
经济思想史（3人）
夏　彤　陈　震　龚道全
西方经济学（10人）
吴　丹　霍艳莲　舒智伟　任　彪　朱　飞
叶宇平　聂惠明　陈　全　罗佑军　唐文狮
世界经济（3人）
熊竞邦　张薇薇　王慧仃
人口、资源与环境经济学（3人）
陈乔叶　胡　丽　谢　俊
国民经济学（23人）
林典如　王　景　罗琲儿　何意鎏　关国瑞
李顺飞　阮泽伟　叶方方　程玉坤　邢　泷
宿晓翩　王晓晓　贾　媛　张呈磊　邹贻庭
吴鹏辉　龚　洁　艾兴勇　刘灿妍　张东彪
周久妹　程元生　周明佳
区域经济学（28人）
黄小雅　张　杭　谢智安　刘万琪　谢丽文
张大威　李克桐　龚　平　程灵云　张亚斌
赵　皋　赵玉英　曾　坤　曾纪斌　段蕊蕊
贾梦丽　孟俊华　宋德斌　费能云　蔡　丽
种照辉　程　琳　吴　蒙　陈昭哲　李　青
罗婉婷　曹　翠　李秋妍
财政学（20人）
王冰玉　吴文标　卢孙博　蔡　岳　张金海
周名润　高瑞元　袁晨新　胡雅妮　王　奎
蔡　晶　刘志华　朱远方　余　涛　宁　扬
黄朝阳　唐芬芬　刘伟健　张静伟　安　竹
金融学（45人）
谭晓微　周　超　任明珠　陈纯纯　黄幼霞
刘　慧　孙心怡　宋　琳　刘国鹏　何流闻
巩宿裕　卢秀静　李志华　郑　飞　王　阳
刘　栩　梁　莹　徐莹敏　梁广林　方斯雅
陈琛桦　魏乐乐　苏李欣　陈　菲　薛　帆
付　蓉　黎　齐　张光明　黄雪梅　彭淑娴
廖　静　邓南文　周锦江　刘　斐　陈治鹏
何标新　吴敏红　钟书琰　招韵健　彭幼霞
蔡东侨　叶仕良　王田田　宋　伟　梁嘉榮
产业经济学（33人）
敖莹莹　吴俊杰　陈嘉伟　王耿佳　赵丽镔
杨小金　罗光帆　郑　越　潘洁云　李双双
孙大卫　戴　鹏　温璐茜　李　红　罗莉娅
李莹莹　赵乾乾　刘　凯　徐跃峰　闫苗苗
胡超凡　唐杨柳　韦锦祥　汤丽荣　汤秀梅
张敬卫　夏　扬　刘会恒　罗益泽　夏　婷
耿　磊　谢秀梅　丁庆庆
国际贸易学（29人）
陈　定　黄　艳　李博文　冉笑影　范春华
王麟凤　张　珊　郑巧淑　蒋建林　纪远营
李景清　郑永丹　李凌玮　纪德章　郑　怡
殷仲冬　朱洁然　张　恒　聂　楠　尹楚洁
李存龙　刘　婷　冯会芳　张　玉　李　芳

梁均健 陈裕浩 尹灵秀 黄 芬
劳动经济学（3人）
何 炜 张 晔 丘汉伟
数量经济学（9人）
李 曈 田 霖 张炎焱 许 彬 何卫平
梁淇俊 梁裕珩 周思聪 陈天然
金融（84人）
苏新英 舒明哲 罗家翔 于凯丰 林绮红
朱丽农 李 双 刘文奇 刘贝贝 李 昌
魏妮娜 张梦雪 郭 腾 蔡 敏 李 锐
刘 聪 李慧睿 丘敏舟 阮清娴 彭 雨
傅德福 李文杰 张慧敏 林伟华 胡 婧
康静丽 王 玉 杨 雪 黄青玲 韩 冰
张 蓉 凌端平 邱鹏华 金 晶 张吉智
魏 培 苏 倩 唐嘉馨 张泽君 梁振杰
吴家泳 詹浩舒 李 煜 林佩贤 姚耀文
刘书源 潘锐荣 李文彪 包冬青 蔡桂珍
温三元 伍飞宁 陈锦萍 黄立衡 王晓琳
饶 婵 余智慧 丁彩伦 曾 悦 俞纯月
周继峰 袁 栋 李 昕 周 婷 段相逢
张波涛 孟 菲 祝 凯 杜 鹏 杨 宵
胡 耿 黄叶影 林宏灿 龚晓宇 邓 波
邵子倍 刘玉芬 霍彦宇 谢臻旭 舒 琴
李和兴 饶志升 梁亭亭 白泓智
应用统计（23人）
朱 亮 童 飞 成俊生 叶宏丽 葛舒琦
苏玉艳 闫炳硕 高 磊 刘志翔 钟小鹏
黄伦云 汤志军 陈浩云 麦杨明 李 苏
杨舒雯 区芷诵 钱樟颖 胡晓峰 王 宇
黄俊煌 周 劼 王 倩
税务（16人）
檀伟伟 康 吉 谢卓彬 潘 柳 周龙龙
邹 幂 渠 津 杨 鹏 刘 辰 高文娟
汪 婷 李炎熹 胡健勋 郑少彬 冯子祺
徐振宇
国际商务（20人）
盛 莲 汤 佳 闫梦晓 罗 丹 张娟娟
侯兴云 贺嘉琳 刘月婷 周 燕 马晓军
彭 澎 周慧敏 熊 泉 姚 雪 蒋 理
伍晨阳 彭智锋 陈家辉 易美君 黄得沛
资产评估（20人）
张文博 余惠琴 于夕然 张 琪 张梦含
许冠碧 杨 帆 余 超 黄小山 王立菲
王秋璞 张 珺 陈冠宁 郑秋生 谢燕操
林 彤 林 焜 孙 雪 王 娜 司会娜
审计（17人）
郭青岭 袁昶达 周 创 王 郁 崔葭萌
陈加喜 黄子豪 苏虹羽 代子康 张温昀
欧阳钊 徐德文 梁欣尧 吴 朋 李伟权
罗俊梅 邓 敏
统计学（18人）
范珺东 李燕京 吴 敏 黄梦云 丁 宸
陈茉莉 高莉菁 刘若溪 叶桂芳 方 媛
祝雨露 常启辉 戈 龙 徐佳妮 戚元臻
陈晓丹 刘 敏 甘雯雯
法学理论（2人）
钟 玲 罗 骁
宪法学与行政法学（3人）
唐亮亮 王德龙 蒋都都
刑法学（3人）
彭 群 王 引 郑泳彬
民商法学（24人）
黄春洁 黄晶煌 邓明锋 陈珠妹 何思榆
成 琳 张智敏 刘小刚 高俊飞 罗世敏
李 乾 朱远建 李忠鲜 邓柳铃 蓝 静
谢艳媚 马 盛 陈乔珠 苏丽学 吴 昊
陈 玲 施燕丽 刘颖玲 王慷溉
诉讼法学（4人）
何 杰 孟伟涛 唐方恒 陈 海
经济法学（13人）
宋亚博 张 祎 牟娇娇 牛 斌 罗艳辉
梁曼淳 余亚君 刘默然 孙仙冬 孙兰兰
欧阳军丽 罗 旭 朱伟光
国际法学（6人）
林 芳 王晓燕 林森枬 钟宇菲 石 哲
陈慧青
国际政治（3人）
李 祺 姚蒙蒙 姜瑞民
国际关系（20人）
卜一村 张 博 朱鸿飞 孙佳伟 黄 楠
李彭彭 王 看 周启强 赵翠翠 胡 杰
徐庆栖 南雪芹 吕振纲 程 琳 饶佳琪
高婷珊 罗艺琳 谭志林 柴丽芳 张丽娜
外交学（6人）
周 洋 黄丽娟 柯世池 尹 昱 邵 娜
蒙晓云
国际政治经济学（1人）
侯志萍
马克思主义中国化研究（1人）
周顺泉
思想政治教育（11人）
林家達 葉影紅 劉卓英 张婉媚 耿 雅
于 玺 彭 丹 任 科 洪志雄 邓双全

韩　莉

法律（非法学）（20 人）

龚雪珂　吕宁斯　温金燕　刘信慧　燕　飞
宋国康　梁诗偲　蔡　利　刘冠中　孙雅昆
张　倩　杨　斐　廖强强　郭秀梅　徐　航
宋灵芬　赵　艳　张玥玥　高浚洋　张晓英

法律（法学）（29 人）

何辉英　庞　立　刘之秋　占永杰　鲁国军
李冬梅　李孟君　蔡雨谛　曹慧兰　胡倩仪
严妙婷　李倩雯　徐　翔　李　俊　张玉平
朱嘉佳　戴欣昱　李　洋　胡灵芝　曹艳丽
刘立新　刁　兴　刘　珂　程志欣　陈艺怡
舒斌华　王妍婕　姚妍妍　唐浩洋

应用心理学（31 人）

闵芸芸　张　祥　周琼瑜　何柳莹　崔汝博
赵　强　徐金菁　杨　鹏　臧思雨　曹玺勇
李伏岭　杨亚中　王嘉庆　于　凯　李晓萍
赵　丹　何　阳　彭子宁　李雅雪　华　涛
钱姝婷　张　珺　蔡　擎　马　莉　邓善怡
陈贤纯　李小莹　刘翠莎　王凌娟　彭　元
黄丽君

汉语国际教育（89 人）

孙彩昭　李　爽　吴文雅　王根荣　欧　帅
刘熹蒨　龙　婷　胡馨丹　曹　霞　申怡畅
崔倩倩　肖　娟　罗　金　段　然　刘亚群
薛　阳　李　腊　许　敏　朱　颖　孙　梦
董燕南　陈珏铭　何　婷　贺龙菲　张　勤
李　婷　沈　媛　骆含宇　熊　玮　王　薇
丁小青　钟静雯　康婵媛　沈　咪　何微微
刘　璐　陈丽娟　郝静静　熊海霞　苏　芮
丁　汀　肖小妹　刘　琳　李小芳　张　楠
詹许君　张陆芳　黄慧琴　周美岑　李欣欣
莫　露　赵仕驳　邹演枚　刘金桃　张百艳
熊　桑　谢璐芸　陈秋月　王　冰　李馥薰
周　亮　高　杰　田　谦　孙　伟　倪慧君
薛博楠　王文伟　付艳群　安　宏　邱美萍
卡　璐　李元硕　杨迤雰　张慧云　陈财财
莉　丽　戴茜茜　吴战勇　谢宁星　唐玲玲
姜荣彩　林雪芬　郎霄峰　周勤涛　曾小丽
丁　炜　黄莉媤　余月明　田益玲

文艺学（20 人）

祝华轶　章昕颖　孙黎明　余　晨　许益玲
席钦钦　何剑锋　吴慧鹏　饶秋晔　任梦莹
李宗秀　田　旭　郭海燕　杜梦娜　杨飞飞
龚卫锋　陈灵芝　陈高丰　陈　婕　周　飞

语言学及应用语言学（30 人）

余诗卉　王　玺　曾婷婷　李培蕾　张秀华
吴　梅　贺娟萍　汪蓓蓓　罗筱晓　刘　莉
袁　芳　黄晓燕　李银萍　阮　运　郭　萍
饶　晶　程　芳　高梦舒　郭　畅　丁丽静
侯雅丽　袁晓倩　阮明慧　陈　丹　杨雨蒙
王　敏　汤　卉　刘代阳　谭丽芝　甘志斌

汉语言文字学（28 人）

何耀坤　张晓琪　孙　丽　许素辉　周思仪
罗凤莹　袁　泉　韩苗苗　邓　琼　刘小宛
刘文俊　冯　盼　姚　慧　苏琳琳　刘彩凤
石卿媛　骆　妮　李　菲　何桂榕　邱国栋
周　庭　文　丽　姚　媛　李清华　孙英儒
申居瑛侦　黄　宁　路遥遥

中国古典文献学（1 人）

曾丽意

中国古代文学（16 人）

黄晓凌　陈婷婷　蔡瑜清　庄黄倩　周　玥
胡培心　李雁雪　陈月雄　杨亚蒙　朱　洁
李大强　刘慧宽　孙　晨　毛毛绮　刘晓婷
刘　华

中国现当代文学（21 人）

吴佩婵　彭　婉　李博泓　申楚云　覃　雯
韩　雪　程　珮　袁　苑　钟　慧　冯静静
陈　征　刘　欢　龙静颖　罗诗冰　谢小芬
王卓妍　吴瀛苗　王　苹　张婧婧　刘汉波
吴兴男

中国少数民族语言文学（9 人）

张　波　沈　莉　欧阳美玉　马海布吉
何秀萍　冉竞华　曾令俐　蒋明富　马　松

比较文学与世界文学（7 人）

张立蓉　朱仙鲜　杨　雪　申东宁　卢梦琦
温素娜　马笑梅

英语语言文学（7 人）

常海兰　李卉芳　唐　英　李楚翘　肖莹晶
张　露　秦佳曦

日语语言文学（3 人）

封　云　白国霖　李广微

外国语言学及应用语言学（14 人）

王金萍　郑贞霞　曾丽燕　赵瑞楠　刘　敏
江　琳　梁怡然　范　静　张　芬　刘文姣
陈慕羽　胡小璐　吴月珍　徐一飞

新闻学（34 人）

刘宇洁　韩依民　苏白洁　吴　侠　李丹青
许　诺　张　维　王志福　徐露萍　侯　娟
岑卓妍　李心宇　白晨晖　邹小玲　李金泳

孔晓欣 李茵 梁坤 周嘉雯 杨珂
黄晓丹 王红丽 伍中梅 王萍 严艳
徐燕 陈律言 易念 崔小远 池敏
蒋昱思 张晓思 张艺奕 张犇

传播学（31人）

刘小青 刘方远 罗晓艺 高崇文 贺纯
郝美津 黄慧玲 劳杰灵 李海艳 葛思贤
冯琼 杨伟龙 杨志慧 陈竽秀 许越
张君瑶 胡抗抗 金琬君 陈曾珍 周亚琼
刘晓彤 刘爽 焦何结 王潜 杨慧媛
化麦子 王蕊洁 姚婷婷 龙宇 罗欢贻
史靖文

英语笔译（52人）

卢婷 金静 陶珺 陈宏明 郭艳芬
车家媛 杨柳青 张媛媛 顾任飞 刘媛
刘美娟 胡素芬 余堃 谢文君 汪牧奇
刘洁丽 刘贞珠 李昕冉 刘潇婕 谢予薇
吴丹铖 鲁锡华 赖沁 游雅婕 张曼玲
栾伟霞 王秋瑶 王婷 唐婷 张映英
王静辉 黄永琳 余小丹 俞惠娴 李白茹
张琦 王海云 蓝世莲 曹欣 周宇
黄姿 李敏 郭文文 曹素玲 卞琛
程立雪 陈丽丽 范雨舟 刘婷玉 张蓉
何力 伍定强

新闻与传播（145人）

徐丽 董思敏 高雅 钱敏敏 林昭绚
郑贞 李雅娟 尹航 温柔 任飞
邓悦敏 付梦雯 董达 崔泽然 程澄
杨熠 周杨 葛俊易 姚憨 陈吉
丁再李 章娟 崔钰喆 曹丹 王继周
张珍珠 程杰 朱彦卓 常梦柯 程伟
覃爱娟 邓鸽 蒋艳林 周彩春 胡殷英
刘虹 文琼瑶 李敏 陈哲敏 高帧玲
吴思源 张梦莹 李静 贺梦雯 江东波
龙淼辰 宋环宇 王巧莉 李晓丹 张锐
叶融冰 李悦 李振丹 孙莉 向容
赵雪薇 刘萍 林冉 邹雨茉 陈梦轶
钱艺 陈毅 徐亚彤 白蕾 李梅
张志鹏 丁玲 许深淼 张帅 周丹婧
付翔 陈琳 王晓 王潇其 肖乐
伍嘉瑶 张荣 袁乙千 王颖 李丽莎
黄嘉伟 陈嘉瑜 陈诗 王治城 谢晓璐
李晓丹 陈彦萱 黄荟云 林舒妍 黄群好
袁敏嘉 沈莉蓉 林祎韵 郑春欣 毛祥宇
范璐 王怡晗 李玲 屈中治 李染梦
王萌 邹晔 李江南 辛蔼玲 宋琳琳
李振 李源 丁方 郑旭龙 邹碧霄
殷明 傅鹏 余世姣 张俊琳 马笑天
戴维嘉 娄瑞楠 王星榆 左馨 高雪
闻杰 张妍雯 刘丹丹 程胜涛 严仪瑾
黄驿翔 黄晓玲 郭心华 张军华 邱妙淇
蔡博瀚 李元源 杨毅 罗蓝 张光照
王侃 曾眉妮 林超杰 崔金浩 杨柳青
徐爽 朱雅琳 陈滢 杜雨潇 杜梦怡

中国史（45人）

申志锋 杜贺 程露晞 梁艳 赖佳敏
刘艳艳 赵诚 陈亚楠 王亮 汪欢
吕峰 李标福 熊丽丽 陈斌 易娜
郭慧芳 李蒙蒙 周孝雷 魏云锋 刘英英
董丽娟 李彬 江振刚 郭佳佳 崔文超
韩周敬 丁书云 夏文明 田建阳 周剑
乔志华 程亚琼 赵静 许起山 童萌
刘宝 何镇喜 黄磊 邓志坚 方玲玲
巫惠红 李志慧 张秋菊 平兆龙 侯雪浩

世界史（11人）

尹蒙蒙 刘源 李小亭 王淑玉 吕相文
夏文强 沈小宁 叶秋霞 钟立勤 曾超颖
杨博雯

基础数学（5人）

王丽君 梁淑瑜 王战青 谭泉光 赵隽安

计算数学（2人）

谢昊 冯志宏

应用数学（10人）

肖金旺 李树卿 邱娟 喻依 李文芳
田文秀 刘桂松 邹远洋 张琼 周璇

运筹学与控制论（2人）

钟晓雯 常丽娜

理论物理（2人）

刘恋 魏亮

凝聚态物理（2人）

欧阳明 熊康

光学（8人）

郭扬 甘焕标 田正文 王芳 余力
黄诚诚 刘平宇 马骁

无机化学（16人）

黄嘉敏 邓志勤 刘莹 傅元婷 张红丽
徐猛 陈庆昌 王刚毅 姜文庭 李玉宝
郑楚萍 薛俊发 曾利兰 谭颖宁 纪盛滨
罗钻娣

分析化学（11人）

陈伟龙 赵建迪 文情情 黄玲燕 刘雪萍
张绍连 汤利 邓涛 胡晓丽 林利添

罗金梅

有机化学（9人）

林志强　卢章秀　刘　芬　肖金龙　徐晓文　温运明　邱少玲　王长城　鞠志冉

物理化学（13人）

陈　杰　朱梅梅　廖俊招　顾红红　周小明　焦洪鹏　余文丹　林沃荣　钟小超　温才裕　曾　腾　刘　宁　欧阳文鹏

高分子化学与物理（5人）

郑倩倩　刘　源　雷炳荣　黄　劼　张劲林

动物学（2人）

邹　诚　邹　颖

生理学（2人）

孟　龙　邹丽莉

水生生物学（27人）

张　敏　欧瑞康　乔　磊　何思思　邵中宝　马长江　王　善　雷学青　曾海逸　张　玲　杜蒙蒙　曹洁茹　林剑华　王艳杰　孙莹蓓　向昆仑　韩留玉　蔡　雨　麦杰晖　王正鲲　麦晓蓓　何文祥　黄海塘　黄晓云　刁丽红　李政菊　郭伟龙

微生物学（20人）

陈美云　洪　坡　部星晨　魏金梅　张　亮　王　婷　姜苏峻　贺　凤　杨延旭　吴媛珍　张　靓　肖青青　戴金凤　张灿辉　张楚秋　邱玉信　刘小芸　龙允麟　康小龙　余栋宇

神经生物学（2人）

杨昇炎　黄育华

遗传学（9人）

陈　霖　方红豆　黄　涛　刘雨婷　梁　睿　谭　萱　闫海钊　李　珍　崔泽凯

发育生物学（1人）

梅晓龙

细胞生物学（13人）

顾　炜　王鹏珍　刘满华　杨　静　白鑫雷　焦金霞　刘　鹏　肖虎松　黎　月　张晓钰　陈卓莹　徐　艳　郭永龙

生物化学与分子生物学（40人）

翁惠文　翁锐强　蒋海兰　王　青　金　坚　方世雄　廖声友　刘胜烽　贺玉娇　丰茂晓　刘　敏　许　伟　刘艳梅　李　红　刘红梅　王娟娟　王东波　李　明　苏慧慧　刘　凤　郑文静　刘粤丹　杨全利　李亚星　黄清媚　蓝彩凤　韩俊隆　薛有求　李之华　朱碧莹　范小路　胡　阳　杨晓蕾　胡东雄　庄满娇　柏艳阳　林栩銮　徐　璇　胡笑轲　刘赋佩

生物物理学（1人）

黄媛媛

生态学（6人）

郭菲菲　汪亚俊　杨　雪　廖和平　陈德元　薛　丹

统计学（理学）（9人）

钟　聂　杨　飞　代洪祥　邹　立　白　朋　陈　芳　胡小娟　冯志伟　马小芳

环境科学（理学）（5人）

牛海玉　库培佳　陈沛君　李　星　王　兰

生物医学工程（理学）（4人）

谭婵源　陀伟为　邱　涛　邓海钦

免疫学（理学）（9人）

叶思祺　周志伟　谭湘鹏　周　单　侯小凤　吕成定　罗镇明　龚隆财　梁家杰

药物化学（40人）

尹　蕾　白向阳　吴　扬　张泽明　李墨娇　李　敏　李志强　续蓓蓓　孔　昊　谭国联　高瑞涛　昂　松　许男徽　耿志忠　胡玉泉　吴月华　肖胜伟　管希锋　张　昆　邵　凯　冯瑞冰　汪应飞　李　盼　潘　龙　郭宝剑　牛　凯　高静静　高加索　周兴栋　赵　琴　蔡明明　颜瑞佐　余绍福　刘　青　陈　艳　刘　国　唐　维　李小叁　吴辉苏　丘智峰

药剂学（7人）

温少红　邵长丽　冯晓飞　周甜甜　董　晓　梁文莉　王　晨

生药学（2人）

邹惠亮　程　淼

药物分析学（4人）

韦卓纯　周证印　赵祥龙　冯　颖

微生物与生化药学（11人）

杨恩泽　黄爱博　余　君　蔡翠赞　连孟洋　纪洵敏　温家明　韦丕金　丁　清　陈茂芸　卓翠琴

药理学（理学）（14人）

陈　敏　刘爱军　曹玲芳　左　玲　巢传琦　付文娟　刘　婷　闫　慧　马锦锦　李晓晓　胡坚杨　邓树荣　刘广泉　王潇雄

中药学（16人）

陈广明　王丽珊　朱秀珍　胡丽萍　刘道路　宁　杰　孙小慧　吴泳樟　刘红明　段倩倩　吴肖蒙　何水杰　陈立嘉　罗　芮　王洁芳　谭亚芳

固体力学（2人）

詹杰子　陈　木

工程力学（10人）
江上洋　王朝阳　莫玉珍　谢旭华　谷昊伟
赵　展　艾立燎　周　鑫　张一帆　陈虹文
光学工程（30人）
汪　峰　郭昊淞　毛培玲　杨　冰　李毓钦
郑淑孟　周　俊　罗　瑛　龙小丽　黄华才
张凯晗　江　炜　李玉茹　王　皓　张学兵
周婧娟　何　军　孙　绮　刘凌晖　何　炜
胡能鹏　刘　甫　张　宁　杜　发　金岩冰
陈凌君　林　猛　林宏文　袁　强　田　壮
材料物理与化学（4人）
赵佩佩　付业云　周小雁　刘艺竹
材料学（14人）
陆雪飞　黄彧琛　文建华　曾　龙　李　娜
杨柳青　张霞只　王　闯　徐保峰　张　聪
李彩荣　吴敏铭　陈　洋　孙健翔
材料加工工程（1人）
卢丁山
物理电子学（6人）
高安旗　杨培华　涂程威　徐志成　卢　权
谌　冰
电路与系统（1人）
陈明敏
微电子学与固体电子学（5人）
阳　斌　周　浩　赵彩光　王伟胜　梁论飞
电磁场与微波技术（1人）
关　卿
通信与信息系统（15人）
陈文韬　霍永津　翟浩田　韩　照　刘　波
李　姗　张　博　吴华炳　冯江鹏　谢玮欣
王　强　白　洋　冷　昕　李　旭　黄锐志
信号与信息处理（7人）
熊兼海　李晓东　张　洁　宋贤媛　邓松波
曾杰麟　徐　昕
计算机系统结构（7人）
吕小冬　褚伟龙　陈　欣　黄立锋　佘庆彬
韦　炜　韩　朝
计算机软件与理论（3人）
乐　凯　彭远浩　黄晓理
计算机应用技术（10人）
肖胜笔　覃大胜　谭　云　刘　莎　石文娟
周　锐　廖倩文　张亚炬　王开杰　胡　舜
结构工程（5人）
赵政就　黄万禧　陈志钊　陈东辉　刘荃铭
应用化学（5人）
刘爱洁　柏海华　廖华中　刘　露　刘惠娣

环境科学（工学）（8人）
刘芷辰　郝　迪　柳　蓉　谢登科　张东梅
陈藜藜　陈艳芳　刘海豪
环境工程（20人）
龚道程　马嘉雯　詹晓静　朱　迪　耿雪松
邵基伦　罗方舟　周丽珍　赵　倩　索俊昌
刘　涛　杨雷峰　王雄科　廖　娟　邓庭进
谢　芳　杨秋婵　徐智敏　李文聪　廖丽萍
生物医学工程（工学）（1人）
王　璐
食品科学（22人）
鲁昊浩　叶丽君　冼钰茵　李少艇　熊　婧
陈苗苗　吴泰钢　万分龙　孙元奎　张振华
李文清　李　玛　杨婷婷　赵金利　艾　茜
刘　爽　许　良　邓　曦　杜章斌　彭　英
陈燕芬　罗忠明
粮食、油脂及植物蛋白工程（1人）
刘蔓蔓
光学工程（专业学位）（6人）
陈在俊　董　佳　马　悦　陈晓丹　尹　君
詹婷婷
材料工程（专业学位）（9人）
符青云　罗学仕　张　天　林丽敏　秦小鹏
周　健　耿帅峰　李志南　彭　琦
电子与通信工程（专业学位）（15人）
肖　建　张　平　陈丽丽　刘宏武　王毅旭
黎国辉　梁婉文　张金发　黄焰文　王慕兰
何　军　关文斌　戴　翰　卢石权　邵思力
计算机技术（15人）
余　良　何　杰　刘复源　刘顶顶　刘金超
李诗旸　张慧敏　刘孝成　钟慧彬　张庆洋
江俊晖　侯　旻　王　超　张　彤　杨福藤
建筑与土木工程（专业学位）（6人）
龚　鹏　丁立魁　罗沐鑫　严寅中　张少飞
乔素丽
环境工程（专业学位）（8人）
朱　莉　雷永康　何晓卫　韩　昊　吴耕晨
卫　昆　何　婷　贾光林
生物医学工程（专业学位）（3人）
林卉恒　亓花蕾　梁伟文
食品工程（专业学位）（7人）
马超婕　李克亚　文　明　周欣欣　黄湛艳
崔常乐　李小龙
工业工程（19人）
王晓刚　金柱青　胡　晨　时　亚　周达恒
吕甘甜　陈科旺　杨　锦　罗　勇　刘姿萌

方琳娜　吴婷婷　陈华超　徐　尧　刘艳秋
郭姜尚　焦占军　黄　艺　李　崇
生物工程（9人）
王　干　唐鹊辉　马冬磊　王怀玲　黄汗青
邹沐平　刘西西　段勤勇　潘奔奔
人体解剖与组织胚胎学（3人）
程一森　黄丽婷　张丹丹
免疫学（2人）
颜宇辉　黄鸿兴
病原生物学（1人）
刘　骏
病理学与病理生理学（9人）
郑媛媛　张婵娟　赵严冬　李海莹　罗小鹏
黄文彦　韦花媚　冼麗芳　陳建勇
内科学（2人）
李海瑞　朱锦灿
儿科学（1人）
陈苑琪
皮肤病与性病学（2人）
李水秀　马月瑭
外科学（5人）
蒋　笑　邵明涛　吴　帆　叶永恒　卜晨峰
眼科学（3人）
王雯婕　刘　庆　张　瑾
口腔基础医学（1人）
张　莉
口腔临床医学（3人）
李　娟　柯俊羽　罗子源
流行病与卫生统计学（10人）
黄凯芝　李　鹤　张思恒　李　洋　古羽舟
梁文凯　郑庆偲　周薇薇　东　方　龙其穗
劳动卫生与环境卫生学（3人）
李　曼　陈家劲　张蕴蕊
儿少卫生与妇幼保健学（2人）
井立鹏　黄伟煌
中医内科学（2人）
林丽娟　黄妍丽
中医骨伤学（1人）
刘　政
中医妇科学（1人）
吴　倩
针灸推拿学（1人）
何华香
中西医结合基础（1人）
熊婷婷
中西医结合临床（5人）
邓凯恩　魏瑞伟　陈瑞雪　陆文松　郭尚函
药理学（4人）
李梦佳　蔡　靓　朱玮玮　丘羽翔
护理学（4人）
陈　森　梁　敏　刘艳飞　赖秀华
内科学（专业学位）（36人）
林佳憓　黄德绪　左璨粲　梁德明　朱翠萍
孙丽敏　柏小芬　秦恋岸　曾丽娟　胡　渊
许俐娴　沈　超　潘霞明　王淑香　刘瑞瑛
林嘉欣　潘昭杰　陈　磊　王　彧　李小斌
李文峰　王斐斐　曹述任　韩馥缦　林小堃
汤慧君　丁　力　刘志威　禤偉振　姚帼君
黄易莎　张　茹　苏美萍　张田田　陈丽君
陈文标
儿科学（专业学位）（3人）
马艳立　陈钦标　杜　妮
神经病学（专业学位）（9人）
周　强　郭叶群　刘博会　朱培培　井　珍
曾思琳　杨　焱　张　丰　余　亮
精神病与精神卫生学（专业学位）（4人）
甘丽好　王　冰　刘　滔　宋伟东
皮肤病与性病学（专业学位）（4人）
方治翔　杜芙蓉　廖婉婷　何　咏
影像医学与核医学（专业学位）（14人）
程　勇　章文涛　吴　艳　李振宇　陈　蒙
崔　盟　莫艳平　贾天利　方　进　江　强
曾欣欣　尹邵丽　郑小丽　李　萌
临床检验诊断学（专业学位）（6人）
卢金平　周桃玉　陈　崇　王彦双　鄭學湖
林豪芸
外科学（专业学位）（51人）
黄鸿翔　周　权　林懋全　赵　蕾　何凯元
段　军　刘大晟　胡　雷　余钧雷　赵孝开
朱晓霜　祁应才　陈　波　洪余德　刘　兴
李　康　刘　磊　郑旭华　唐天华　丁伟龙
林泽鑫　王狄克　梁俊杰　刘德豪　潘京华
李江璇　张琴琴　黄永良　侯文进　鲁　凡
赵元元　廖友华　刘千里　孙志成　周日兴
刘　力　陈建璋　黄　潞　李子艺　李　鑫
刘园桐　郑德奎　陈志斌　刘增钦　饶展鹏
谭　亮　许荐军　池繁武　朱德君　甄潮辉
李　方
妇产科学（专业学位）（14人）
黄德俠　马晓铃　杨欣影　朱小华　陈元芳
邱　迪　黎　哲　张文恒　刘梦媛　刘常为
金芬品　淦虹霞　蔡如玉　王　琳
眼科学（专业学位）（10人）
余国成　袁晟辰　江明明　刘俊中　曹贤芬

刘　璐　周小娟　潘秉鸿　潘裕锦　王凡寅

耳鼻咽喉科学（专业学位）（3人）

林修贤　彭　玥　荣冬秀

肿瘤学（专业学位）（4人）

赵凤芝　叶荣豪　陈宇翰　曾照成

康复医学与理疗学（专业学位）（2人）

叶　燕　林珍萍

麻醉学（专业学位）（6人）

钟　曌　梁赵佳　陈燕军　邹启荣　郑子豪
石　伟

急诊医学（专业学位）（3人）

陶　珮　郑兴龙　苏金沅

中医内科学（专业学位）（9人）

马玉玲　刘　丽　杨　威　林春梅　蔡兰花
刘　敏　黄帅立　吴杞纳　李长春

中西医结合临床（专业学位）（8人）

崔会营　张金文　陈玲玲　陈声鑫　张文军
尚　芊　曾秀娣　梁世杰

全科医学（1人）

王　祎

口腔医学（13人）

陈新宇　张德莹　施庆颜　李　平　李　安
刘仔龙　杨　倞　陈圳荣　刘慧凤　刘　晓
李嫕婧　戴静桃　林　炬

中药学（19人）

蓝康华　徐　珍　袁琦明　张敩琳　莫　霞
邓　景　向　璐　刘　磊　朱锦坤　谭晓明
龚翠莹　李玉婷　黄　欢　唐杨琴　刘永泉
艾云生　姜彩云　徐露珍　余汶徽

管理科学与工程（7人）

曹策俊　陈　诚　陈　璐　赵　菊　丁　闻
黄景鑫　兰　叶

会计学（35人）

曹莎莎　谢文丹　梅安察　涂柳娟　沈梦姣
钱晶晶　邱野陶陶　顾　云　汪　璐　霍　达
李耀淘　袁子琪　许宁翔　岑永嗣　冯汝婷
杜　娟　黄炜炜　上　婷　李姗姗　胡　纯
宋天乐　邓文龙　龙盼盼　郑　伟　王　翔
宋方方　李叶梅　赵　耿　刘新亮　王洁玲
程　欣　李珍珍　张力芳　罗　娜　王胜男

企业管理（47人）

冼宇熙　鹿洪蕾　陈　茜　孙凛楠　符必勇
谭燕菲　陈家淳　徐　莹　肖　嘉　卢茵昕
许美思　萧　仪　胡希茜　叶晓文　黄　璐
卢泽旋　郑一爽　刘晓婷　黄江文　李春兰
谢宁慧　杨　丽　高　丹　诸周成　胡　月
杨永丽　万　刚　熊礼洋　郑　丽　邢广东
曹　双　赖雁云　张　溢　詹惠清　张　皓
汪任安　张滨滨　王洪玲　胡方玲　杨　欢
罗　静　江　娟　蒲伟权　汪立文　李　安
沈源清　梁家琪

旅游管理（17人）

赵思佳　申艾青　刘佛清　王　倩　杨　扬
刘宇华　龙　慧　杨艳荣　李剑桥　袁　苏
童梦诗　王　刚　黄　鸯　蒋　璐　刘　枫
吴梦颖　刘　勇

技术经济及管理（11人）

李春燕　胡哲帅　钟　琼　尹晓玲　徐　希
邓美靓　汪柳希　邹　波　张　谦　王晶晶
李　明

财务管理（9人）

陈慧娟　羊　敏　纪贞羽　黄　蝶　姚　晋
吴　婷　黄　珍　黄艺庭　张　颖

行政管理（17人）

冯敏红　黄洁慧　李菲菲　周　颖　罗　斐
杨　津　赖俊淇　陈世斌　曾　丽　钟慧娟
谢　景　程　龙　时　华　赵俊源　张　彬
王夏芳　王　婷

教育经济与管理（7人）

程燕燕　佟朝坤　王　璐　孟思前　钟梦玲
王利梅　刘思亮

社会保障（5人）

张丽雅　丘宗礼　孙　晶　卢建平　刘祝悦

土地资源管理（3人）

陈绮桦　欧阳婧超　赵子亮

工商管理（159人）

杨　洁　黄广兴　梁智峰　姚佑平　谭晓岚
黄凤炼　余瑞晶　姚　艳　宁　波　毛朝晖
翟振金　宋　武　徐　铮　王昌红　左　燕
高　杨　伍成模　张　宁　韩　啸　陈芬兰
刘大伟　张　震　沈海涛　刘　征　张必勇
高　雁　罗枫秋　吴小琴　李嘉辉　胡贞贞
汪大亮　窦　彬　詹祝英　蔡小莉　陈志华
陈晓鹏　黄少华　谷　曼　苏杜宏　徐　莉
姚　英　徐一骞　庄雪汝　钟敏颖　姚婉琪
邵　文　李申博　陈　爽　周公博　龚渝帆
李　强　邓斌熙　陈滨芬　王晨星　刘星辛
颜伟华　高　燕　李洪东　陈　超　陈明明
曹亚林　卢艳霞　江伟彪　杨建明　王思聪
朱白球　刘鹏飞　肖　科　佟思翀　熊丽萍
郭杰文　吴　芳　杨艳华　蔡育萍　贺冠军
朱　剑　张雷鸣　李振华　章　坚　赫　磊
李登道　吴文娟　刘　玲　戴玮安　张　霞

孙　钊　罗斯丁　苏秋晨　陈冬芸　于金保
张小兵　李永雄　王伟华　陶亚君　杨科南
黄　勇　甘团军　刘　悦　杨奕帅　朱思恒
黄艳眉　孙立红　黄艺文　张何平　李冠杰
何素军　王好景　蔡炯福　李庆波　马靖茹
吴有菊　肖炤曼　黄碧峰　张日晖　谭　晶
钟建辉　徐　杨　付小平　施晓东　韦任祥
李福培　孙践求　孙　林　朱湛滢　罗育红
孔令能　蒋科军　张俊德　陈志鹏　李华鹏
张婧炜　郑智毅　邓柏涛　叶　东　蔡建成
吴　娈　孙隆水　张显扬　李宜臻　费尼亚
王志宏　徐　鹏　刘　毅　江东塔　赵　燕
李春香　孙　爽　邹　瑜　刘　霜　南民柱
陈　齐　王冬青　廖爱文　凯莫莫温　罗斯旺
阿布斗　吴俊达　苏　仁　蓝　迪
公共管理（34 人）
杨　捷　陈珊珊　李　佳　林　静　廖艺雅
孙璟艳　钟雪峰　叶　蔚　徐锐鑫　袁　敏
冯海强　时肇阳　李　健　龙柳亭　陈　聪
姚允杰　周吉英　胡　振　李　琳　廖培城
周丽华　朱华亲　杨海洋　吴庆双　陈晓娜
何维喆　蔡鑫怿　郑永仪　陈　炜　刘　丽
梁嘉欣　黄均翠　吴　翀　孙俊川
会计（54 人）
詹崇伟　李树燕　林　孜　葛兴华　唐　玲
官小玲　蒋琳琳　宫　倩　付冠群　张义德
王本杰明　骆小浩　张玲慧　罗淑冰　杜婉芬
黄结茹　林泽钦　翟心砚　潘少银　李樱桃
许剑云　陈　洋　陈亚琴　刘翠萍　李雅娴
李思颖　张　婷　张碧菡　吴含卿　王　悦
刘韶珺　何　霖　郭　婷　吴　影　刘亚婧
于晓曼　罗　琦　吕婉清　张　俊　张琼之
杨晓颖　李显杨　林春阳　黄钰菁　张栩源
韦立萍　江　超　罗　甘　曾洪莉　张　徽
彭　澎　周　超　张　彩　张　博
旅游管理（6 人）
刘书静　刘旭华　贺　月　龚胜建　梁会会
尹玲玲
工程管理（10 人）
刘　喆　侯少平　杜文敏　吴洪达　罗　凡
梁允勇　曹文杰　金　鑫　曾卓林　黄文凤

2015 年秋季授予博士、硕士学位人员名单

（共 72 人）

一、博士学位（共 13 人）

（一）科学学位博士（共 7 人）

1. 经济学博士（共 1 人）

区域经济学（1 人）
刘　佳

2. 文学博士（共 2 人）

中国现当代文学（2 人）
贾颖妮　陈庆妃

3. 理学博士（共 1 人）

水生生物学（1 人）
张　华

4. 管理学博士（共 3 人）

管理科学与工程（1 人）
农国平
旅游管理（1 人）
李卫飞
工商管理（财务管理）（1 人）
李晓龙

（二）专业学位博士（共 6 人）

临床医学博士（共 6 人）

临床医学博士（儿科学）（2 人）
吴　瑕*　高薇薇*
临床医学博士（神经病学）（1 人）
王真真*
临床医学博士（外科学）（1 人）
刘春安*
临床医学博士（妇产科学）（1 人）
刘　嘉*
临床医学博士（肿瘤学）（1 人）
刘　津*

二、硕士学位（共 59 人）

（一）科学学位硕士（共 47 人）

1. 文学硕士（共 4 人）

汉语言文字学（1 人）
龚慧枫*
中国古代文学（1 人）
马骁彧

中国现当代文学（1人）
吴　茜
中国少数民族语言文学（1人）
木克迪曼·阿合买提

2. **历史学硕士（共1人）**

中国史（1人）
郑德龙

3. **理学硕士（共20人）**

理论物理（1人）
魏　亮
分析化学（2人）
陈伟龙　赵建迪
有机化学（1人）
温运明
微生物学（1人）
洪　坡
发育生物学（1人）
李名薇
生物化学与分子生物学（8人）
翁锐强　李亚星　郭燕珊　范小路　胡东雄
徐　璇　胡笑轲　刘赋佩
药物化学（2人）
管希锋　邵　凯
药剂学（1人）
董　晓
药物分析学（1人）
周证印
微生物与生化药学（1人）
温家明
中药学（1人）
何水杰

4. **工学硕士（共18人）**

光学工程（1人）
汪　峰
材料学（4人）
黄彧琛　王文兵　杨柳青　陈　洋
物理电子学（1人）
卢　权
通信与信息系统（2人）
何少岩　雷　飞
信号与信息处理（1人）
张　洁
计算机系统结构（2人）
吕小冬　韩　朝
计算机应用技术（1人）
张亚炬
环境工程（2人）
耿雪松　索俊昌
生物医学工程（2人）
谭婵源　王　璐
食品科学（1人）
鲁昊浩
粮食、油脂及植物蛋白工程（1人）
刘蔓蔓

5. **医学硕士（共4人）**

内科学（1人）
刘　锐*
中西医结合基础（1人）
熊婷婷
中西医结合临床（1人）
郭尚函
微生物与生化药学（1人）
徐　波

（二）专业学位硕士（共12人）

1. **金融硕士（共1人）**

梁亭亭

2. **新闻与传播硕士（共1人）**

沈振辉

3. **应用统计硕士（共1人）**

姚珊玮

4. **临床医学硕士（共1人）**

叶　燕

5. **口腔医学硕士（共3人）**

郭剑芬　林绮蕾　何梁伟

6. **审计硕士（共2人）**

吴玉珊　陈　曦

7. **会计硕士（共3人）**

席婧萌　马　振　董　鹏

注：带*的为非学历教育研究生。

2015 年秋季毕业研究生名单

（共 20 人）

一、博士毕业研究生（共 1 人）

区域经济学（1 人）

刘　佳

二、硕士毕业研究生（共 19 人）

审计（2 人）

吴玉珊　陈　曦

会计（3 人）

席婧萌　马　振　董　鹂

材料学（1 人）

王文兵

发育生物学（1 人）

李名薇

生物化学与分子生物学（1 人）

郭燕珊

中国古代文学（1 人）

马骁彧

中国现当代文学（1 人）

吴　茜

中国少数民族语言文学（1 人）

木克迪曼·阿合买提

中国史（1 人）

郑德龙

新闻与传播（1 人）

沈振辉

应用统计硕士（1 人）

姚珊玮

通信与信息系统（2 人）

何少岩　雷　飞

口腔医学硕士（3 人）

郭剑芬　林绮蕾　何梁伟

2015 年冬季授予博士、硕士学位人员名单

（共 339 人）

一、博士学位（共 67 人）

（一）学术型学位博士（共 54 人）

1. 经济学博士（共 12 人）

政治经济学（1 人）

易　顺

国民经济学（2 人）

田　涛　张永艳

区域经济学（1 人）

李淑冰

财政学（1 人）

杨　柳

金融学（1 人）

古致平

产业经济学（3 人）

王　敏　刘　畅　陈秀英

国际贸易学（3 人）

肖　威　赵秀娟　何　晖

2. 法学博士（共 7 人）

国际关系（7 人）

隆美尔（ROMMEL C. BANLAOI）　胡爱清

袁　源　许雨燕　林逢春　叶辉华　隆德新

3. 文学博士（共 9 人）

文艺学（2 人）

匡迎辉　綦　珊

语言学及应用语言学（1 人）

王敏慧（WONG MUN WUI）

汉语言文字学（3 人）

刘　磊　林春雨　谢晓晖

中国古代文学（1 人）

李安竹

新闻学（2 人）

刘　佩　马持节

4. 理学博士（共 5 人）

水生生物学（2 人）

魏小岚　唐金鹏

细胞生物学（1 人）

张惠华

生物化学与分子生物学（2 人）

黎卓键　刘海峰

5. **工学博士（共2人）**

生物医学工程（生物材料与纳米技术）（1人）

焦根龙

生物医学工程（生物医学信息技术）（1人）

何　青

6. **医学博士（共7人）**

生物医学工程（生物医药工程）（1人）

肖高铿

生物医学工程（医学影像与介入放射学）（3人）

陈健新　徐　伊　陈汉威

病理学与病理生理学（1人）

王　媛

儿科学（1人）

韩莎莎

皮肤病与性病学（1人）

石建萍

7. **管理学博士（共12人）**

管理科学与工程（3人）

朱岸青　陈婷婷　叶文晖

企业管理（3人）

许长辉　宋　杰　张进财

旅游管理（1人）

梁江川

工商管理（组织行为与人力资源管理）（5人）

姜岳峰　符纯洁　魏丽珊　张建良　李宗宪

（二）专业学位博士（共13人）

临床医学博士（共13人）

临床医学博士（内科学）（3人）

皇甫长梅*　吳寶群　陈　曦*

临床医学博士（神经病学）（1人）

黄晓芸*

临床医学博士（影像医学与核医学）（1人）

刘晓丹*

临床医学博士（临床检验诊断学）（1人）

吴显劲*

临床医学博士（外科学）（3人）

李建昌*　叶冬平*　李劼若*

临床医学博士（肿瘤学）（3人）

官成浓*　邓语诗　邢　洲*

临床医学博士（麻醉学）（1人）

王　昊*

二、硕士学位（共272人）

（一）学术型学位硕士（共62人）

1. **经济学硕士（共23人）**

国民经济学（2人）

蔡玉坤　杨坤标*

财政学（1人）

羅少婷

金融学（19人）

许志明　陈皇秀　蔡东侨　林瑞东*

尹彦方*　颜世理*　夏　菁*　姚泓冰*

谢佳雁*　丁　莹*　金　鑫*　黄卫琼*

崔振华*　陈斌祥*　张　倩*　陈少飞*

郭嘉丽*　王　越*　刘纬翔*

国际贸易学（1人）

彭　扬*

2. **法学硕士（共3人）**

宪法学与行政法学（1人）

卢杏冰

国际关系（2人）

郑宇林*　谭　玺*

3. **教育学硕士（共3人）**

应用心理学（3人）

温雅文*　陆志文*　王　薇*

4. **理学硕士（共14人）**

概率论与数理统计（1人）

刘　赛

无机化学（2人）

张红丽　王刚毅

生理学（1人）

邹丽莉

水生生物学（1人）

曾海逸

发育生物学（1人）

梅晓龙

生物化学与分子生物学（3人）

汪　林　刘胜烽　杨晓蕾

药物化学（3人）

朱龙军　张　昆　牛　凯

药理学（2人）

胡潔行　卓淑賢

5. **工学硕士（共3人）**

信号与信息处理（1人）

徐　昕

计算机系统结构（1人）

韦　炜

计算机应用技术（1人）
许　薇
6. **医学硕士（共7人）**
影像医学与核医学（1人）
黄树圭*
外科学（3人）
唐　强*　马燕飞*　黄甫达*
中医内科学（1人）
林錦燕
中西医结合临床（1人）
黄春荣
中药学（1人）
童　辉
7. **管理学硕士（共9人）**
企业管理（8人）
何礼东　周国雄　欧阳幸昌　梁雁浩
张　彦*　张嘉丽*　范春凤*　宋　勇*
教育经济与管理（1人）
刘思亮
（二）专业学位硕士（共210人）
1. **金融硕士（共5人）**
白泓智　饶志升　舒　琴　李和兴　谢臻旭
2. **法律硕士（共44人）**
许小东*　梁舒韵*　李　戈*　吴敏哲*
吴绪源*　唐成林*　唐　群*　陈　莹*
陈信行*　雷绮婷*　何冠描*　贾　涛*
陈岘筠*　周竟涛*　余京明*　谢　燕*
石一夫*　蔡建基*　闻　渊*　余　静*
蔡妍珊*　梁伟国*　李健芬*　赖静紫*
薛志杰*　阮健科*　刘艳红*　陈志山*
杨嘉静*　赵　娟*　刘海金*　李　森*
王　媛*　郑新艳*　刘跃华*　孙满庆*
钟国良*　郑金根*　王　惟*　潘　锋*
刘玉国*　朱洪源*　伍永忠*　陈为沛*
3. **汉语国际教育硕士（共18人）**
黄禄晶　邓春来　王小庆　耿姗姗
黄惠妮（LIVANA BONG）　唐凌霞
白玲玲　杨　帆　郑琇兰（TI SIEW LAN）
禹亚云　宋燕燕　杜　潇
李娇红（LI JIAO HONG）
王　倩（WANG QIAN）　王晓婷
于海燕　吴春燕　陈雪寒
4. **新闻与传播硕士（共1人）**
袁敏嘉
5. **工程硕士（共22人）**
工程硕士（电子与通信工程）（2人）
郄会鹏*　陈　辉*
工程硕士（计算机技术）（1人）
郝　亮
工程硕士（建筑与土木工程）（1人）
卢福钊*
工程硕士（生物医学工程）（3人）
吕明月*　钟杏霞*　赵　钊*
工程硕士（食品工程）（2人）
左　洋　陈　琼
工程硕士（制药工程）（4人）
李　平*　叶少婷*　黄少翠*　谢少玲*
工程硕士（生物工程）（1人）
佘婷婷*
工程硕士（工业工程）（8人）
陈永杰*　周长生*　候江涛*　许小杰
刘晓华*　张　洋*　欧绮琼*　郑　蕴*
6. **临床医学硕士（共11人）**
临床医学硕士（内科学）（1人）
岑梅珠*
临床医学硕士（儿科学）（1人）
甘曉暉
临床医学硕士（临床检验诊断学）（2人）
梁家俊　魏竫晖
临床医学硕士（外科学）（1人）
黄炳红
临床医学硕士（妇产科学）（2人）
岑嘉励　鄧月愛
临床医学硕士（麻醉学）（1人）
黃鍇亮
临床医学硕士（中西医结合临床）（2人）
鄧凱茜　鄺兆民
临床医学硕士（护理学）（1人）
李碧茜
7. **口腔医学硕士（共1人）**
黎凱瑩
8. **工商管理硕士（共59人）**
工商管理硕士（17人）
李秀娟　陈冠宪　曾德治　苏海东　朱小红
徐启国　汤小红　王　燕　孙鸿刚　蔡宏容
吴俊哲　刘西翠　李静文　苗　为　朱亚军
张邦樱　杨宗义
高级管理人员工商管理硕士（42人）
王军胜*　吴雄辉*　温淑斐*　易惠红*

杨静波* 方 军* 吴佑全* 陈健文*
邓学强* 邢 文* 梅啟荣* 李万勇*
钟衍权* 袁 斌* 岳新鸿* 郭敏玲*
郑坚雄* 王大樑* 曹晓行* 辜裕新*
朱湘军* 陆远贵* 冯劲松* 秦露露*
陈 刚* 李中华* 李 响* 马先锋*
朱定平* 陈誉萍* 谭小君* 罗晓敏*
杨玉章* 戴礼越* 袁 元* 吴沛泽*
时长文* 桑朝阳* 苏顶超* 刘庆生*
蔡 欣* 何伶俐*

9. 公共管理硕士（共 34 人）

曹 飞 崔淑玲* 欧晓芳 梁靖仪*
陈 莹* 张威凌* 刘钊娟* 季时雨
梁晓蕾* 杨枝安* 廖 丹* 傅霏霏*
钟结平* 邱志雄* 姚允杰 任 跃*
关 颖* 李宁湘* 招伟汉* 曾科辉*
陈 波* 徐国燕* 陈 跃* 彭 霞*
钟 凯* 倪 晔 谭静芬* 黄爱和*
蔡文芬* 李秋玲* 朱 明* 马晓燕
韦燊燊* 魏亚敏*

10. 会计硕士（共 13 人）

林梦茹* 梁淑祺* 钟发胜* 李胜珠*
张 韵* 郑婷婷* 张 慧* 郑俊梅*
徐彦渊* 何志凌* 叶 慧* 李莎莎*
张艳玲*

11. 旅游管理硕士（共 1 人）

李 嘉

12. 工程管理硕士（共 1 人）

傅达基

注：带 * 的为非学历教育研究生。

2015 年冬季毕业研究生名单

（共 131 人）

一、博士毕业研究生（共 54 人）

产业经济学（2 人）
王 敏 陈秀英
医学影像与介入放射学（4 人）
陈健新 高 伟 徐 伊 陈汉威
皮肤病与性病学（1 人）
石建萍
内科学（1 人）
吴賨群
肿瘤学（1 人）
邓语诗
管理科学与工程（4 人）
朱岸青 陈婷婷 李剑敏 叶文晖
企业管理（4 人）
许长辉 陶 红 江 湧 张进财
组织行为与人力资源管理（6 人）
姜岳峰 符纯洁 熊 科 张建良 魏丽珊
李宗宪
财务管理（1 人）
冯敏红
国际关系（5 人）
隆美尔（Rommel C. Banlaoi） 袁 源
林逢春 叶辉华 隆德新
语言学及应用语言学（1 人）
王敏慧（WONG MUN WUI）
政治经济学（1 人）
易 顺
区域经济学（1 人）
李淑冰
金融学（1 人）
古致平
国际贸易学（3 人）
肖 威 赵秀娟 何 晖
生物医学信息技术（1 人）
何 青
水生生物学（2 人）
魏小岚 唐金鹏
细胞生物学（1 人）
张惠华
生物化学与分子生物学（1 人）
刘海峰
生物材料与生物纳米技术（1 人）
焦根龙
文艺学（3 人）
徐 璐 陈 彦 谭 昶
汉语言文字学（3 人）
刘 磊 林春雨 谢晓晖
中国古代文学（1 人）
李安竹

新闻学（3人）
周占武　刘　佩　马持节
生物医药工程（1人）
肖高铿
病理学与病理生理学（1人）
王　媛

二、硕士毕业研究生（共77人）

临床医学硕士（护理学）（1人）
李碧茜
儿科学（1人）
甘曉暉
临床检验诊断学（2人）
梁家俊　魏晖
外科学（1人）
黄炳红
妇产科学（2人）
岑嘉励　鄧月愛
麻醉学（1人）
黄鍇亮
宪法学与行政法学（1人）
卢杏冰
行政管理（1人）
李　帆
公共管理（5人）
曹　飞　欧晓芳　季时雨　倪　晔　马晓燕
工业工程（1人）
许小杰
工商管理（17人）
曾德治　苏海东　朱小红　徐启国　汤小红
王　燕　孙鸿刚　蔡宏容　吴俊哲　刘西翠
李静文　苗　歺　李秀娟　陈冠宪　朱亚军
张邦樱　杨宗义
旅游管理（2人）
李　嘉　傅达基
企业管理（5人）
何礼东　李丽华　周国雄　欧阳幸昌
梁雁浩
汉语国际教育（18人）
黄禄晶　邓春来　王小庆　唐凌霞　禹亚云
宋燕燕　耿姗姗　白玲玲　杨　帆　杜　潇
王晓婷　于海燕　吴春燕　陈雪寒
郑琇兰（TI SIEW LAN）
黄惠妮（LIVANA BONG）
李娇红（LI JIAO HONG）
王　倩（WANG QIAN）
国民经济学（1人）
蔡玉坤
财政学（1人）
羅少婷
金融学（2人）
许志明　陈皇秀
概率论与数理统计（1人）
刘　赛
食品工程（2人）
左　洋　陈　琼
微生物学（1人）
王　伟
生物化学与分子生物学（2人）
汪　林　隗洋洋
计算机应用技术（1人）
许　薇
计算机技术（1人）
郝　亮
药理学（2人）
胡潔行　卓淑賢
中医内科学（1人）
林錦燕
中西医结合临床（2人）
鄧凱茜　酈兆民
口腔医学硕士（1人）
黎凱瑩
针灸推拿学（1人）
陈桂容

（研究生院供稿）

2015 届成人高等教育毕业生名单

2015 年获授学士学位的成人高等教育毕业学生名单

（共 1 270 人）

一、夏季授予学士学位的毕业生（共 413 人）

（一）授予文学学士学位的毕业生共 49 人

1. 汉语言专业（9 人）

王玉娟　林仁卿　斯雅文　刘启璇　刘鼎新
李淑娟　陈子霖　欧阳和平　梁可伟

2. 英语专业（23 人）

吴桂萍　尹凤娟　江彩红　吴娟娟　李华麟
李慧欣　周桂焕　张志芳　梁嘉慧　梁嘉骏
郭文珊　陈小平　陈少丽　赵燕兰　刘明珠
潘晓辉　蔡少彬　蔡锦芳　黎杏仪　卢燕希
霍震东　薛浩燕　姜丽嫦

3. 对外汉语专业（10 人）

颜　佳　郑　重　刘　彦　袁　军　陈　佳
谭蔼萍　尚映虹　肖　丽　赵　民
米娜娃尔·衣不拉音

4. 自学考试商务英语专业（3 人）

柯庆梧　黄韶郴　苏南溪

5. 自学考试新闻学专业（2 人）

彭丽丽　李斐儿

6. 自学考试英语专业（2 人）

邓飞燕　黎颖欣

（二）授予经济学学士学位的毕业生共 9 人

1. 国际经济与贸易专业（3 人）

冯　静　黄　斌　胡嘉慧

2. 金融学专业（5 人）

韩玉龙　周松云　陈　韬　莫运燕　沈映霞

3. 税务专业（1 人）

廖素华

（三）授予管理学学士学位的毕业生共 236 人

1. 工商管理专业（5 人）

郑淑娟　陈志强　彭　敏　刘燊燊　胡　婧

2. 会计学专业（41 人）

刘春好　林泽吟　郑玉昆　江颖茹　张慧斌
黎　娜　何洁枚　梁　霞　张彩凤　杨　蕊
王艳娟　崔瑞雪　盘晓云　李嘉雯　袁艳红
郭倩婷　朱成琨　陈　婷　张桂香　刘　花
刘春群　何登科　朱雪青　叶晓丽　杜海妹
孙　青　李　佩　曾友丽　曾婷婷　潘秋强
卢艳红　廖业琼　王　欣　罗　欢　黄宝玲
陈　妹　许　燕　黄绮纯　杨　燕　曹亚东
王　蓉

3. 人力资源管理专业（2 人）

张颖欣　林鸿如

4. 商务策划管理专业（1 人）

余莉妍

5. 行政管理专业（1 人）

吴晓玲

6. 物流管理专业（25 人）

茹佩芝　吴袁敏　黄　曦　Paulo Lai　王伟立
王晓俊　左翰伟　何仲恒　何胜勤　卓锦平
冼乐怡　倪美娟　高美华　许鸿英　郭华喜
郭榕林　陈婉芳　彭丽珊　曾子健　叶桂婷
刘　昕　欧阳惠敏　谢富桥　罗家亨　马以欢

7. 会展管理专业（1 人）

黎艺成

8. 自学考试公共事业管理专业（4 人）

陈美英　申永明　叶森林　王　宪

9. 自学考试会计专业（87 人）

邓宇婵　潘　蓉　邓桂萍　谢小卡　许　玲
温才洁　唐俊廷　陈爱梅　杨　彦　杨晶晶
杨林燕　刘春香　詹宇华　许梦娜　谭婉君
李　林　陈羽西　何珊珊　洪婉玲　赵　梦
陈　洁　林凤彩　邓高倩　何杰勇　刘宇琼
李炯群　陶进宏　张佩琳　杨穗丹　吴梓明
张　娴　冯舟丹　朱凤银　刘少平　陈晓婷
邱银妹　许子兴　罗梓健　郑龙华　朱榕英
吴佳淳　邹梦妮　叶婷婷　李秋平　潘柳安
刘妙婷　孔小芳　梁雪萍　唐春娟　岑宝芬
邓兴容　邱美玲　吕彩芬　陈礼娜　陈锦远
劳海燕　尹风连　黄飞菲　钟俏华　谢坤玲
黄歆然　翁　蕾　杨丰华　吴敬旭　陈建花
樊威威　郭　菲　蔡明坤　曹　丽　徐冬艳
聂　品　王晓冬　万小兰　叶庆丹　沈方林
黎雪颖　钟惠园　黄晓娣　罗建芳　陈　微
李晓璇　陈威燕　谢文静　凌秋平　倪纷纷
晏旅春　李水华

10. 自学考试会计电算化专业（5 人）

刘晖晖　王哲斯　郑海欣　郑海美　陈彦均

11. 自学考试会展管理专业（1人）
黄景新
12. 自学考试金融管理专业（14人）
劳兰芳 龚席锋 陈 娴 张嘉芸 周 莹
林至荣 叶清德 赵绮珊 张旭铭 陈凯瑶
曾剑珍 罗文泽 魏秀云 陈 玲
13. 自学考试人力资源管理专业（1人）
魏莹儿
14. 自学考试商务管理专业（45人）
许蒙娜 黄 敏 林 琪 张徐杰 廖明珠
陈柳君 何飞燕 廖岚楠 罗慧鸣 伍嘉威
严天送 周 琼 马杰明 吴晓艳 刘 鹏
卢占华 陆城锋 曹嘉琪 陈少娟 张素冰
黄婉雯 郑翠区 朱紫晴 孙文斌 成健美
范肇斌 王 娟 曾逸凤 林翠妍 林丹霞
宋小秋 李维瑜 张林瑶 庞何清 莫嘉琪
邱丹媛 王锦灿 彭泰宗 张秋慧 陈柏丞
杨泽镇 李莉丽 李 丹 林佳鋆 荆小琴
15. 自学考试物业管理专业（3人）
陈 鸿 黄美妮 黄雪梅

（四）授予法学学士学位的毕业生共48人

1. 法学专业（1人）
区佩茵
2. 社会学专业（47人）
阮志伟 何家杰 吴凯恩 陈家卫 吴志雄
叶丽珠 徐丽玲 高志宏 高凯文 梁国顺
陈月芬 陈君诺 陈劲锋 陈惠红 陈燕红
曾雅曦 曾焯振 黄萍萍 黄 瀛 赵美珍
刘倩妍 卢敏仪 邝健辉 罗嘉欣 严信英
严嘉慧 王一鸣 甘沛玲 余丽蓉 李耀东
阮文霞 易雯静 林诗敏 施仪仪 韦家媛
梁妙玲 梁伟尧 梁惠珊 梁凤英 许碧真
许碧琼 陈淑瑜 陈雅慧 黄日劲 黄志豪
杨佩仪 叶蔓莉

（五）授予理学学士学位的毕业生共11人

应用心理学（犯罪心理学方向）专业（11人）
余展强 李国辉 刘凤仪 严展兰 彭嘉维
郑正廉 冼添梅 黄超毅 张 群 陈健辉
Alice Leong

（六）授予工学学士学位的毕业生共21人

1. 食品质量与安全专业（20人）
陳慧明 何鳳儀 林傑熙 李俊浩 梁永賢
李偉楊 李詠妍 盧潔恩 鄧燕瑜 董業堅
黃文煒 黃穎恆 黃敏祺 鄭家俊 梁因賜
廖家俊 楊凱怡 葉景棠 周芷恩 劉偉誠
2. 自学考试计算机信息管理专业（1人）
翁海涛

（七）授予教育学学士学位的毕业生共39人

华文教育专业（39人）
余松阳 林少如 胡惠珠 曾玉仙 司徒怡欣
柯振雯 汤燕雯 杨明丽 阮安妮 徐惠珍
陈爱莲 李秀玲 林景珊 陈亚腾 李翠蓉
古运新 陈进王 黄金花 赵春娟 王 娟
何昀臻 陈意菱 罗接雄 黄汉彬 许惠娟
张春烈 黄愿字 陈尤莉 周小萍 许慈明
黄俊祥 林发枝 杨天建 萧妙情 林明贤
陈美丽 陈秀琴 吴菲菲 张群欣

二、冬季授予学士学位的毕业生（共857人）

（一）授予文学学士学位的毕业生共24人

1. 汉语言专业（3人）
许惜娟 林璨忻 张碧雪
2. 英语专业（8人）
陈 潜 利贵美 谢明娟 丘韵珊 罗小雄
劳其飞 黄嘉瑜 陈美琪
3. 对外汉语专业（1人）
吴 鹏
4. 自学考试商务英语专业（6人）
梁韵瑜 欧阳俊树 王 晖 蔡 南
钟森明 陈苏文姬
5. 自学考试新闻学专业（4人）
李 幸 陈日红 刘秀云 吴丽琼
6. 自学考试英语专业（2人）
陈家舒 黄秋仪

（二）授予经济学学士学位的毕业生共114人

1. 国际经济与贸易专业（56人）
陈丽娟 郑三丽 符钰铃 高瑞凤 黄江胜
古 娟 黄晓珊 郭伟光 林宏应 谢小艳
郑翔年 曾敏婷 张进美 张志虹 伍门琼
梁广林 杨志刚 李敏琴 蔡文秀 马 玮
赵金凤 万 青 韩 毅 郭隆贤 马思伟
吴 敏 吴国珍 陈思旭 张芳霞 彭理明
罗萍柳 陈巧婷 周 恒 陈楚雯 邹素韵
黄鼎敏 余德仁 朱梦渊 吴思凯 黄永坚
农振宇 曾韵诗 曾凯静 袁 君 张 丽
钟 震 吴小慧 许佳莹 吴仙娣 刘彩琼
孙 琳 陈智薇 李苑芬 朱碧文 陆颖红
沈志杰
2. 金融学专业（27人）
吴�潆 冯 达 朱南南 胡迁援 黄燕欢

胡文斌　梁　美　黄维兴　姚　玲　巫惠红
陈镇杰　杨　帆　郭仲德　范　林　杨　婕
陈　植　钟冠钊　蔡煜楠　谭文渊　郑津津
黄　宁　赖华颖　吴伯金　吴尚春　林敏佳
曾　睿　徐沛君

3. 经济学专业（12 人）

张世辉　谭福良　何万杰　龚　萍　陈志明
周　婷　杨健平　颜国民　张云皓　何康文
冯　昭　温绮婷

4. 税务专业（18 人）

易荣江　林若莲　邵智莹　伍素玲　罗珍玉
吴梓泠　李淑贤　冼盛文　冯海婷　黄焕银
李诗雅　刘琼燕　钟苑媚　李楚珊　梁燕萍
张晓森　陈秀薇　王小江

5. 投资学专业（1 人）

邓　帆

（三）授予管理学学士学位的毕业生共 629 人

1. 工商管理专业（56 人）

陈明盛　奚龙基　王亚林　邹月玲　汤云娟
罗洁如　吴翠云　钟绮婷　林培东　吴情霞
陈　兰　黄婷婷　王新倩　周亚娟　廖小枝
何昌华　方楚丹　刘瑜鹤　黄晓鸣　江　明
任雪红　范国霞　吕志君　张锦添　沈秀玲
于雪洁　张冰峰　王光鹏　黄铁柱　刘锦洲
吴冬宏　易栅栅　杨春婵　何嘉斌　罗舒萍
沈博骏　何敏娜　陈素雅　郭仲妍　邓志均
刘志成　朱银美　张　杰　黄伟鹏　吴红云
胡　艳　周文洛　杨　敏　王亚妹　尹健萍
张智皓　罗晓润　张树威　谢云轩　尤敬钰
陈晓君

2. 会计学专业（172 人）

黄晓韵　王少珊　杨婉儿　张宇清　蔡国惠
蓝云乐　欧阳秀珍　张惠玲　刘　敏　胡均衡
宋晴晴　张静文　陈微凤　符翠琼　马婷婷
唐嘉雯　刘锦萍　马红亮　白雪梅　陈子君
张丽萍　冯宝连　刘　俊　温燕芳　宋专华
王少芬　蔡少雁　李慧儿　劳帅杰　黄洁帆
赵淑玲　吴晓娟　李丽娟　张文平　欧阳雯
刘　敏　邓秀科　敖雪芹　赖鹏先　张锦波
陈　婷　李丽虹　王春雨　麦伟玲　刘若冰
唐梦诗　戴华娣　何丽君　林碗冲　马　影
侯虹莉　何冬梅　冯碧燕　冼宝康　杨秀珍
翟晓敏　何少娟　欧阳日红　林景遥　管玉先
林冰馨　吴漫珊　苏玉仪　温盛楠　雷　琴
徐志聪　徐梅芳　郭舒敏　郑咏敏　邱观勇
张　洁　江玲玲　周小芳　陈晓洁　高苗芳
王梅花　陈丽荷　庞凯恩　周婷妹　温新珠
林　淳　王秋双　章　晓　李逸珊　何金林
黄宇琦　何颖幸　张　宁　林凤转　戴　妹
邓思铭　朱洁芳　蔡爱萍　赵宇宏　吴明妍
王慧玲　吴　浩　刘翠玲　谢婷琦　刘洁娜
吴燕玲　谭敏儿　彭秀平　王绮琪　罗家红
杜燕玲　陈铭慧　凌　妍　钱立国　柳正好
梁春洪　刘小茵　邱瑞芳　江雪甜　姚楚吟
唐　菲　叶志启　凌芬芳　刘小妹　秦梓杰
梁明英　李志玲　孔水仙　陈莹莹　邓杰欣
邓小燕　黎东梅　周校飞　赖丽珍　罗湘玲
叶　燕　吴丽娟　张福玲　廖　昕　陈敬梅
曹静宜　黄丝珍　黄熙妍　曹维友　陆燕妮
黄杏嫦　洪早早　陈燕文　刘燕萍　刘　冰
王月玲　伍月益　梁国金　何梓豪　谭晓东
邝美琦　关静文　温　娜　罗映凤　刘炜桃
聂艳霞　刘　丽　崔　洁　庄观静　郭家其
张紫薇　何碧苑　罗瑜虹　王　爽　钟林方
方锐涛　蔡晓玲　雷心喆　庄冬荀　卢小余
曾培珍　刘美卿

3. 人力资源管理专业（56 人）

刘雪霞　王　倩　魏小荣　叶嘉珑　曾楚萍
董振华　徐斯雅　黄焕秀　林晓芬　兰　凤
罗培均　利颖斯　周　丰　陈小慧　陈国伟
王少珊　谢翠霞　朱文龙　魏　韦　周婉玲
郭筠贤　郭　平　郑燕玲　李结怡　邓联梅
李斯欣　黄晓霞　邓晓红　叶萍萍　高智平
肖双双　黄玉婷　谢泽慧　陈素禧　温思兰
胡穗珠　吴　期　雷　洁　柳少群　梁书彤
邓马丽　蒋金萍　李雅静　武文文　钟子豪
梁惠玲　梁丽玲　陆晓敏　梁小仪　陈婉玲
何雪仪　廖建斌　王丽群　黄加其　李　哲
罗晓笙

4. 商务策划管理专业（16 人）

吴红毅　黄伟超　钟　婷　冯晓玲　王　排
李智敏　胡永杰　刘文华　黄颖嘉　易丹妮
周泽如　吴晓萍　叶春阳　林丹霞　廖皑贞
梁敏红

5. 市场营销专业（8 人）

黄炎嗣　黄春英　钟俊平　朱运华　马春春
孙素玉　朱文强　梁文浩

6. 物流管理专业（7 人）

张伟洁　郭炜城　黄小秋　赵汝棠　周志濠
林珍妮　黄民俊

7. 项目管理专业（20人）
洪紫玫 李思 李结明 杨川 石思明
陆小龙 张东文 张若林 曹莉莉 兰晓萍
陈旭祺 陈玉云 王洁 叶丹丹 颜中敏
梅丽娟 陈晓如 邝文华 蔡翠玉 邓婷

8. 行政管理专业（14人）
许艳媚 刘吉 杨柏梁 郭海洁 李燕
钟晓文 饶映 陈晓敏 徐润芳 周奕媛
黄旭 钟智轩 庄嘉琦 张晓群

9. 自学考试公共事业管理专业（5人）
崔杰敏 周梦蕙 陈玉兰 苏良辉 林锦莹

10. 自学考试会计专业（94人）
吴宪泽 张健兰 朱晓静 李田飞 刘欢
陈娜 向荣 王睿 戚英华 谭敏
董小丽 陈冰 王建华 梁慧娟 陈仙
黄怡芳 王新林 石姝芳 唐雪莹 邓桂香
成敏玲 杨金荣 黄东娜 叶建伟 蔡芳丽
王艳 方桂丽 黄楚娟 黄海欣 罗蓓婕
李丽玉 孔慧颖 李春燕 陈梓珊 姜嫚
陈少冰 邵伟 张慧 朱春林 胡伟玲
张春雨 刘姗 徐旭纯 林丹华 陈梦雅
万辉 严小艳 曹海玉 梁敏仪 苏海利
韩日兰 陈海桃 练桂兰 游玉珊 陈敏丽
陈德晶 李继明 李上连 冼杰玲 欧婷妮
王美珍 林泽槟 张洪梅 郑东丽 刘琳
鲁佳丽 张晓纯 林远魏 伍丽坚 冯雪萍
陈海燕 许锐 刘牡丹 蒋剑 虞海平
徐红琴 蒲巧玲 罗清清 蔡美美 王丽君
曾丽兴 谭富先 陈培海 冯锦兰 刘小军
潘国玲 叶海荣 曾小娟 田瑞 杨琼岚
潘华艳 罗翼 陈玉玲 黎俊伟

11. 自学考试会计电算化专业（9人）
张滢 张彩红 梁敏谊 钟翠环 肖丽玲
方舒漫 陈海姗 周翠群 陈嘉敏

12. 自学考试会展管理专业（9人）
范婷 凌秋宇 谢少玲 冯桃 李志萍
林燕珠 陈婷 林晓曼 伍展翔

13. 自学考试金融管理专业（19人）
张钰贤 廖德标 郭琼玉 张盈盈 朱光远
范晓丽 容丽转 任崇 王阳 许于琳
叶永青 刘晓萍 林玲 杨卫东 区健彤
曹绮颖 陈丽丹 沈静媛 容华敏

14. 自学考试人力资源管理专业（20人）
李炜文 王宝怡 郑丽娜 何锦欣 黄桂涛
黄斯 刘凡畅 柳学纯 罗诗渝 马木友
戎怡馨 石彩弟 文倩 伍芳芳 杨家申
游晓君 钟远清 康雪柔 林晓露 吴晓静

15. 自学考试商务管理专业（116人）
钱玉婷 陈嘉欣 邹婷婷 龙麦生 高镇雄
黄亦艺 胡月月 周秀媚 陈炜仪 李佳涛
张盈盈 周小威 伍晓静 袁敏宜 黄志敏
陈黄东 林玉婷 李文苑 罗淑怡 王梅华
钟楚玉 李淑仪 吴家慧 刘柳东 王林立
吴宝宜 谢桂芳 刘静 卢嘉仪 郑绮雯
杨华伟 朱穗玲 张纯清 钟祎婷 林静洁
谭倚汶 李凯莉 岑梓君 陈伟玲 陈晓丽
陈叶云 陈咏然 陈月斐 刁翠媛 杜秀华
符金全 郭丹虹 洪耿忠 洪权煜 胡燕珊
黄春媚 黄丽莹 黄萍 黄文婷 黄玉慧
黄展俊 李惠玲 李秋莹 李舒宁 李英霞
梁思琪 梁伟杰 梁炜健 林塔真 林伟鸣
林晓凤 林烨灵 林玉明 刘长龙 刘健迪
刘秀红 龙晓慧 罗国林 潘文惠 彭南顺
彭奕雄 苏嘉敏 谭智荣 王来冰 王思填
王苏友 王晓伟 吴超敏 吴漫 吴欣欣
谢键滨 杨衡 杨嘉儿 杨静仪 杨小玲
袁丽君 袁润斌 袁雪贞 曾聪颖 张瑰蓝
张瑶 郑家敏 郑佩纯 周梓扬 庄嘉明
庄景熙 卓俊锋 邹铠莹 钟航 侯绮琳
洪敏芳 黄雨斐 屈泳仪 邓昭娟 万思敏
余晓芬 郑树城 陈嘉翔 黄嘉云 唐朋林
欧阳嘉琪

16. 自学考试物业管理专业（6人）
冯美娟 张彦平 孔令晖 冯佳凤 郭淑君
邝司岐

17. 自学考试行政管理学专业（2人）
麦咏怡 刘翔

（四）授予法学学士学位的毕业生共15人

1. 法学专业（8人）
刘旭聪 陈省 林志三 吕曼玉 黄演文
阮敏莲 杨珩 赵嘉旋

2. 社会工作专业（4人）
黄颂源 温建红 劳家杰 邓丽婷

3. 社会学专业（3人）
杨惠生 李子豪 罗嘉敏

（五）授予理学学士学位的毕业生共14人

应用心理学（犯罪心理学方向）专业（14人）
李金光 陈慧仪 邓桂堂 何翠翠 吕嘉瑶
吴嘉丽 李晴峰 周锦雄 曹桂芬 梁美娟
梅楚莹 陈家文 陈淑雯 朱敏

(六) 授予工学学士学位的毕业生共25人

1. 电子信息工程专业（2人）

杨安平 梁竟辉

2. 计算机科学与技术专业（17人）

郑振宇 康 毅 张 琦 杨立挺 高郡文
刘 犇 林海鹏 陈贤进 梁海波 林爱恩
胡 柳 黄舒强 陈锦杰 王彩珠 任 杰
周芝造 张显平

3. 网络工程专业（6人）

袁立灌 刘溢锴 黄灿科 林楚衡 陆 俊
吴刘新

(七) 授予医学学士学位的毕业生共21人

护理学专业（21人）

朱羿玲 郑婷婷 曹 凤 戎珊珊 邓雅晴
曾惠平 李兴琴 汪艳惠 胡艳花 王 韵
王静瑜 李 妍 邓 甜 陈江杰 阮 焱
朱 丹 李小娟 张 甜 林扬柳 李 影
李 萍

(八) 授予教育学学士学位的毕业生共15人

华文教育专业（15人）

苏圣弼 姚佩佩 黄怀中 叶新泉 吕佑建
钟伟礼 李国勝 陈贞燕 蓝增珍 王凤翔
陈家仁 李佩璇 方优珍 许燕娟 戴美霞

2015年毕业的成人高等教育学生名单

（共2 930人）

一、夏季本科毕业生（共479人）

(一) 电气工程及其自动化专业共2人

刘再轩 周 鹏

(二) 法学专业共5人

练碧村 黄悦文 何 娜 谭嘉杰 区佩茵

(三) 工商管理专业共22人

邱宗英 彭绍杰 黄永锋 杨晓营 卢光辉
郑淑娟 黄婵婵 黄紫苑 陈志强 彭 敏
曾馨颉 张 茂 刘燊燊 邓 皓 陈燕云
徐雪忠 朱铃芳 胡 婧 余海涌 杜媛媛
向 菲 顾 鹏

(四) 国际经济与贸易专业共11人

陈文慧 冯 静 杨 俊 黄诚义 潘 俊
黄 斌 罗 利 胡嘉慧 高素娟 钟美婷
秦志江

(五) 汉语言文学专业共1人

许 莉

(六) 护理学专业共5人

李愉珠 林水珠 肖玉妍 高育京 王芳微

(七) 会计学专业共153人

梁嘉艳 梁嘉庆 梁文敏 郑宗源 罗展华
包桂瑗 冯洁仪 叶康英 司徒敏超 刘春好
张远妃 梁王永 吴梅玲 何璐君 黄英儿
吴德芳 冯敏珊 孙雅翠 陈志威 彭 玲
张 玲 阮欢谊 吴晓晓 王 蕾 梁金凤
冯 苓 吴锦燕 张丽娟 胡 群 李丽白
黄泽璇 吴梅鸿 张婷婷 林泽吟 郑玉昆
余 婵 江颖茹 黄伊林 张慧斌 黎 娜
钟结琪 黄欢欢 刘翠华 何洁枚 梁 霞
张彩凤 林楚洪 尤兆珺 李小翠 华祖颖
黄小涛 许平梅 高桂钏 宋雁飞 刘 宁
杨 蕊 王艳娟 宋丹萍 张玉玲 李 智
崔瑞雪 黄 宁 盘晓云 李 涛 周 鸾
苏玉平 林慧华 刘金芝 赵 倩 陈忠莲
黄敏敏 林银梅 周 慧 周静怡 单结文
吴巧计 祝秋香 陈玲玲 唐小珠 李玉琴
李嘉雯 林先琪 卓宇婷 袁艳红 丁 蕙
郭倩婷 陈凤侨 郑慧珠 李 茵 朱成琨
潘艳湫 黎碧文 李 智 杨丽青 潘绮文
李春燕 陈丽娟 洪晓琪 何海坚 李敬霞
陈 婷 张桂香 刘 花 刘春群 何登科
夏 玫 朱雪青 成亮亮 叶晓丽 杜海妹
孙 青 李 佩 曾友丽 曾婷婷 潘秋强
卢艳红 廖业琼 张腊枚 王 欣 罗 欢
黄宝玲 陈 妹 凌素萍 许 燕 黄绮纯
郭海茹 孙雪霞 陈娟霞 刘小丽 刘金兰
赖燕秋 郭巍霞 杨 燕 曹亚东 苏春玲
李晓丹 甘柳燕 严 静 刘 苑 陈锐波
邓润群 蔡 敏 陆丽萍 李春丽 李艳冰
丘金霞 王 蓉 伍 燕 周 沙 彭招连
罗丽斯 黄明惠 周洁玲

(八) 计算机科学与技术专业共6人

蔡传进 张祖强 杨 恒 曾天林 黎明志
窦玉姣

(九) 金融学专业共24人

陈梦珊 张迎丽 张 颜 王冠女 陈美琼

刘　钊　李成龙　何建娣　韩玉龙　周松云
巫惠红　陈　韬　莫运燕　李建魁　张毅忠
沈映霞　王　珂　谭　鹭　张丽丽　冯向飞
徐小燕　蔡木耿　巫琳琳　陈大潭

（十）经济学专业共 2 人

陈世俊　符颖贤

（十一）人力资源管理专业共 18 人

周晓娟　傅冬梅　王　语　罗艳萍　池桂遥
蔡　捷　林秀丽　张颖欣　张秋露　黄会娟
林鸿如　陈文静　陈日红　黄笑媚　陈秋灵
余少君　张彩琼　陈凯华

（十二）商务策划管理专业共 9 人

余莉妍　张乐天　莫纯宇　张小曼　黎灿雄
黄树彬　廖晓辉　马馥兰　阮维林

（十三）市场营销专业共 1 人

李蔚莲

（十四）税务专业共 12 人

麦丽华　何嘉慧　张小燕　蔡海媚　廖素华
姚伟娴　麦嘉莉　郑秋霞　王翠娟　梁慧坤
蓝彩霞　熊　莹

（十五）投资学专业共 8 人

詹曼丽　曾贤林　江伟维　周明汉　李志刚
罗育文　谭识佳　张宇行

（十六）网络工程专业共 5 人

王佐权　黎友荣　苏嘉斌　林伟强　唐　力

（十七）物流管理专业共 1 人

张宗明

（十八）项目管理专业共 1 人

吴伟郁

（十九）行政管理专业共 3 人

罗丽婷　李晓波　吴晓玲

（二十）英语专业共 6 人

陈　榛　黄浩玲　左金琼　潘春燕　吴桂萍
邓宝怡

（二十一）对外汉语专业共 10 人

颜　佳　郑　重　刘　彦　袁　军　陈　佳
谭蔼萍　尚映虹　肖　丽　赵　民
米娜娃尔·衣不拉音

（二十二）汉语言专业共 9 人

王玉娟　林仁卿　斯雅文　刘启璇　刘鼎新
李淑娟　陈子霖　欧阳和平　梁可伟

（二十三）华文教育专业共 39 人

余松阳　林少如　曾玉仙　司徒怡欣
胡惠珠　徐惠珍　陈爱莲　李秀玲　林景珊
陈亚腾　柯振雯　汤燕雯　杨明丽　阮安妮
李翠蓉　古运新　陈进王　黄金花　陈意菱
罗接雄　黄汉彬　许惠娟　张春烈　黄愿字
陈尤莉　周小萍　许慈明　黄俊祥　林发枝
杨天建　萧妙情　林明贤　陈美丽　赵春娟
王　娟　何昀臻　陈秀琴　吴菲菲　张群欣

（二十四）会展管理专业共 1 人

黎艺成

（二十五）社会学专业共 47 人

阮志伟　吴志雄　叶丽珠　何家杰　吴凯恩
陈家卫　徐丽玲　高志宏　高凯文　梁国顺
陈月芬　陈君诺　陈劲锋　陈惠红　陈燕红
曾雅曦　曾焯振　黄萍萍　黄　瀛　赵美珍
刘倩妍　卢敏仪　邝健辉　罗嘉欣　严信英
严嘉慧　王一鸣　甘沛玲　余丽蓉　李耀东
阮文霞　易雯静　林诗敏　施仪仪　韦家媛
梁妙玲　梁伟尧　梁惠珊　梁凤英　许碧真
许碧琼　陈淑瑜　陈雅慧　黄日劲　黄志豪
杨佩仪　叶蔓莉

（二十六）食品质量与安全专业共 20 人

陳慧明　何鳳儀　林傑熙　李俊浩　梁永賢
李偉楊　李詠妍　盧潔恩　鄧燕瑜　董業堅
黃文焯　黃穎恆　黃敏祺　鄭家俊　梁因賜
廖家俊　楊凱怡　葉景棠　周芷恩　劉偉誠

（二十七）物流管理专业共 25 人

吴袁敏　茹佩芝　黄　曦　Paulo Lai　王伟立
王晓俊　左翰伟　何仲恒　何胜勤　卓锦平
冼乐怡　倪美娟　高美华　许鸿英　郭华喜
郭榕林　陈婉芳　彭丽珊　曾子健　叶桂婷
刘　昕　欧阳惠敏　谢富桥　罗家亨　马以欢

（二十八）应用心理学（犯罪心理学方向）专业共 11 人

余展强　李国辉　刘凤仪　严展兰　彭嘉维
黄超毅　郑正廉　冼添梅　张　群　陈健辉
Alice Leong

（二十九）英语（语言文学方向）专业共 22 人

尹凤娟　江彩红　吴娟娟　李华麟　李慧欣
周桂焕　张志芳　梁嘉慧　梁嘉骏　郭文珊
陈小平　陈少丽　赵燕兰　刘明珠　潘晓辉
蔡少彬　蔡锦芳　黎杏仪　卢燕希　霍震东
薛浩燕　姜丽嫦

二、夏季专科毕业生（共 126 人）

（一）财务管理专业共 2 人

刘施娜　黎缙桦

（二）电子商务专业共 2 人

陈智明　李素瑶

(三) 工商企业管理专业共 15 人

刘伙灯　陈思燕　池颖儿　黎少凤　沈俊灏
熊　珍　徐志根　林秀姿　管　睿　廖志伟
曹颖杰　黄　洪　许琳莉　陈思仰　梁　昊

(四) 国际经济与贸易专业共 23 人

梁倩雯　陈萍玲　林瑜玲　罗凯利　黎祖开
黄招文　冯旭萍　王伟唯　韦永兰　王婷婷
闫海珍　何华香　陈冬冬　张玉连　彭子连
张嘉乂　曾荣生　孙鹏飞　饶双凤　魏　玉
周　尧　蔡燕东　钟宝敏

(五) 会计学专业共 57 人

黎建燊　蔡曼华　潘洁鹏　黄　悦　张春桂
陈婉莲　赖叶芬　谢三蓉　陈苑芝　潘恺昕
钟姬娥　黄海怡　邓　静　梁柳莺　吴冬瑜
王晓爽　黄　敏　段晓玲　崔江连　高淑仪
李建媚　黄　攀　何春磊　刘彩虹　沈秋香
杨雪英　赵金凤　李晓珊　杨兴娟　卢建玲
李兰霞　陈秋娜　黎财凤　彭小妹　王景红
孙　苗　钟惠坚　朱若慧　李娟芬　方荣霞
卢建美　邓锦芳　吴　婷　蔡翠霞　陈连英
何建彩　张秀清　陈王芳　肖苑云　唐　诗
温依玲　廖　琪　李粤婷　丘演云　彭珊珊
余小霞　刘光婷

(六) 计算机科学与技术专业共 1 人

曾秋燕

(七) 计算机网络技术专业共 4 人

陈晓锐　郭蒙召　苏迪尔　郑旭东

(八) 旅游管理专业共 1 人

周丽君

(九) 人力资源管理专业共 7 人

林婉妍　胡　娟　成丽霞　甘园园　洪燕儿
李　艳　黄美娟

(十) 商务管理专业共 2 人

郑悦涛　卢育纯

(十一) 商务英语专业共 8 人

黄健林　高雪莹　屈文勇　陈　璇　吴奕丰
谭莉纹　谢梓佳　杨　艳

(十二) 市场营销专业共 2 人

卢嘉怡　邝韵倩

(十三) 社会学专业共 1 人

李綺柳

(十四) 英语（语言文学）专业共 1 人

罗佩君

三、冬季本科毕业生（共 1 320 人）

(一) 电气工程及其自动化专业共 6 人

杨　陌　陈金扬　吴会龙　山　峻　张春阳
潘向泉

(二) 电子信息工程专业共 3 人

杨安平　魏文军　梁竟辉

(三) 对外汉语专业共 1 人

吴　鹏

(四) 法学专业共 14 人

刘旭聪　陈珽珽　陈　省　林志三　吕曼玉
黄演文　王晓慧　潘燕玲　阮敏莲　杨　珩
齐文辉　孙亚新　赵嘉旋　李志斌

(五) 工商管理专业共 158 人

陈明盛　奚龙基　万锦辉　郑香玲　王亚林
邹月玲　汤云娟　陈伯灵　黄景波　罗洁如
吴翠云　钟绮婷　李志成　林培东　周嘉良
吴情霞　陈　兰　谭学举　关　浪　付永建
黄婷婷　王新倩　王敬鸿　曹锦发　任治家
周亚娟　廖小枝　何昌华　张钊平　方楚丹
揭英君　刘瑜鹤　谢伟锋　王伟雄　刘美欣
左　英　曾　玲　梁耀鹏　高慧斌　丘阳娇
黎柏华　项珍妹　曾翠霞　蓝　蓝　罗　洁
黄晓鸣　李进康　黄国荣　张　亮　陈洁钿
李雨虹　张广峰　林少玲　林少梅　刘佳冰
李兰社　罗文婷　李群兴　庾佩君　郭映婷
谭健洪　陈玉冰　陈月婷　何敏仪　江　明
李艳红　林子冠　陈炫焜　叶应坤　王珊妹
曾伟勋　陈　苹　罗晓润　张树威　张　勇
贺氏益　何洁洪　朱振强　陆凤钗　朱建军
陈海通　梁柏煊　周镜清　罗晓敏　梁楚君
谢云轩　尤敬钰　汤元浩　梁丽仪　陈晓君
张丽雅　廖楚其　任雪红　范国霞　黄婉明
吕志君　张锦添　沈秀玲　于雪洁　王庆丰
张冰峰　王光鹏　李　星　黄铁柱　刘锦洲
吴冬宏　陈　宁　谢　宇　易栅栅　杨春婵
何嘉斌　何雄俭　罗舒萍　林琼萍　沈博骏
谢裕妹　何敏娜　洪瑜潞　李建文　陈素雅
郭仲妍　邓志均　刘志成　朱银美　余海龙
何滔华　朱嘉明　陈平波　张　杰　黄伟鹏
吴红云　胡　艳　何莉娣　周文洛　杨　敏
黄庆榕　赖素芳　王亚妹　黄映玲　李俊怡
陈照腾　梁佩欣　关志毅　蔡　业　陈丽萍
杨海明　郑盛峰　尹健萍　黄楚仪　孙思思
雷玉萍　何清华　唐健宇　钟智豪　张智皓
韩岳强　肖　文　鄞玉琨

(六) 公共安全管理专业共 1 人

吴秦岳

(七) 国际经济与贸易专业共 89 人

蓝木轩　陈绮云　黄晓珊　林宏应　曾敏婷

张志虹　伍门琼　马思伟　陆文浩　吴　敏
吴国珍　蔡巧燕　陈思旭　彭理明　张芳海
林衍欣　陈丽娟　梁婉妍　郑三丽　符钰铃
高瑞凤　张　娟　黄江胜　古　娟　郭伟光
谢小艳　郑翔年　李沙沙　张进美　梁广林
杨志刚　李敏琴　蔡文秀　郑倩怡　马　玮
赵金凤　万　青　韩　毅　郭隆贤　王　静
罗飞露　张芳霞　罗萍柳　刘聪慧　詹必新
吴仙娣　刘彩琼　吴伟滔　孙　琳　陈智薇
李苑芬　秦梓东　徐镇钊　朱碧文　欧伟娜
陈丽萍　朱镜均　陆颖红　何笑华　代金凤
佘亭亭　黄亦雯　沈志杰　黄凤仪　赵晓莉
陈巧婷　周　恒　潘健滨　陈楚雯　邹素韵
黄鼎敏　张德兴　余德仁　朱梦渊　吴思凯
黄永坚　农振宇　曾韵诗　曾凯静　覃带英
袁　君　邓统宇　张　丽　钟　震　吴小慧
徐嘉颖　郭敬青　林秋秋　许佳莹

（八）汉语言专业共 3 人

许惜娟　林璨忻　张碧雪

（九）护理学专业共 63 人

唐　亮　朱羿玲　符青青　杨　艳　梁燕燕
张　云　郑婷婷　曹　凤　黄　敏　蔡月霞
戎珊珊　王新星　周亮红　吴珠娟　邓雅晴
曾惠平　李兴琴　汪艳惠　胡艳花　王　韵
王静瑜　李　妍　梁盈莹　邓　甜　陈江杰
阮　焱　林少欣　朱　丹　严梦琪　陈　娜
李小媚　雷艳秀　刘迪娴　郑青云　赖容芳
欧梅珍　方　芳　尹淼淼　刘小霞　张纯芳
杨晋杰　王瑛惠子　李　曈　张　甜　陈宝宝
龙　婷　林扬柳　袁四凤　李　影　胡丽红
方思琦　杨　艳　黄　甜　曾友平　雷　琼
吴小青　林少鸿　吴　倩　李　萍　王　平
李至辉　杨　芳　李　钦

（十）华文教育专业共 15 人

苏圣弼　姚佩佩　黄怀中　叶新泉　吕佑建
钟伟礼　李国勝　陈贞燕　蓝增珍　王凤翔
陈家仁　李佩璇　方优珍　许燕娟　戴美霞

（十一）会计学专业共 432 人

黄晓韵　许小玲　王少珊　曾丽平　肖　晨
朱巧玲　邓明燕　蒋杏梅　池志钊　李金喜
张　艺　黄　琳　杨婉儿　黄少红　罗洁君
张宇清　陈伟玲　蓝云乐　欧阳秀珍　张惠玲
刘　敏　胡均衡　宋晴晴　张静文　陈微凤
符翠琼　马婷婷　唐嘉雯　刘锦萍　马红亮
白雪梅　陈子君　张丽萍　冯宝连　张博文
肖彩珍　杨　园　黄育杏　张永飞　刘　俊
温燕芳　刘燕凤　宋专华　郑文燕　王少芬
赖丽君　陈碧贞　蔡少雁　朱曼怡　李慧儿
劳帅杰　曾映婷　贾　珍　黄洁帆　赵淑玲
吴晓娟　梁想娣　李丽娟　张文平　叶文娜
欧阳雯　杨东旭　刘　敏　郑淑贞　邓继意
谭　政　张　燕　邹晓霞　吴嘉菲　王彩岚
胡　泉　刘苏文　曾婵芳　聂思思　张嘉舟
蔡国惠　黄智威　冯欣欣　邓晶晶　杨土荣
张红娟　吴壹花　戚翠微　林淑玲　肖　慧
陈文婷　夏　雪　黄碧美　方佳舒　黄先柳
周曼香　胡慧丽　张锦波　杨玉兰　方嘉芝
周燕妮　陈　婷　李丽虹　林桂生　李小荼
王春雨　麦伟玲　邓　寅　刘若冰　唐梦诗
戴华娣　洪小妹　刘执妹　谭慧琳　廖思思
潘晓君　潘婉雯　陈东梅　陈素勤　梁志熙
林雪菲　翟晓敏　何少娟　欧阳日红　陈志平
谢锦云　余淑芬　申飞妹　谢　霏　袁淑君
宋小琴　邹莹莹　龙媛嫔　安　宇　苏锡标
巫爱华　曾汉娥　陈巧群　龙素云　庾耀华
谢秋平　陈玉凤　黎志文　苏　杨　洪伟霞
施小琴　何丽君　林碗冲　马　影　史凤磊
吴滔滔　侯虹莉　彭桂权　薛小琴　何冬梅
冯碧燕　陈艳萍　尚佳丽　欧阳丽萍　冼宝康
梁婵娟　杨秋凤　李思云　孙志平　程嘉茵
郭照均　王巧宁　林燕媚　彭　曼　杨桂香
杨秀珍　沈　丹　陈碧媛　陈依林　陈彩桥
曾志媛　邹双凤　邓秀科　陈彩娇　林景遥
管玉先　林冰馨　吴漫珊　苏玉仪　温盛楠
周海燕　雷　琴　吉曼丽　徐志聪　曾　珍
徐梅芳　郭舒敏　郑咏敏　邱观勇　曾芬芬
江玲玲　周小芳　陈晓洁　王梅花　陈丽荷
庞凯恩　林素君　谭江丽　周婷妹　程秀葵
林　淳　郑俊浩　王秋双　李春桃　章　晓
周德兰　何素梅　李逸珊　何金林　黄宇琦
张　宁　宋兰兰　吴晓琳　黄艺巧　曾锥谊
谢建琼　马燕妃　谭　英　危佳妮　敖雪芹
赖鹏先　朱　娟　林凤转　戴　妹　邓思铭
朱洁芳　蔡爱萍　赵宇宏　吴明妍　李竞活
王慧玲　严转姬　甘　泉　吴　浩　刘翠玲
刘洁娜　吴燕玲　谭敏儿　杨碧禄　彭秀平
王绮琪　罗家红　杜燕玲　陈铭慧　陆　颖
毛燕平　梁春洪　麦健敏　刘小茵　陈耀莲
江雪甜　姚楚吟　黄建娣　李连凤　黄丽娟
邓业宏　胡水娣　陈　莹　曾　静　刘小妹

秦梓杰 谭宜前 赖莹莹 陈婉萍 杨凤娇
高苗芳 温新珠 邱 帆 陈 芳 丁珠卿
王锦欣 邓木珍 王静平 何颖幸 谢婷琦
凌 妍 钱立国 柳正好 邱瑞芳 唐 菲
叶志启 凌芬芳 梁明英 刘凤群 李志玲
孔水仙 陈莹莹 邓杰欣 邓小燕 王晓绵
黎东梅 周校飞 赖丽珍 罗湘玲 叶 燕
吴丽娟 张福玲 吴婕筠 廖 昕 劳健好
陈敬梅 曹静宜 张彩山 黄晓琦 黄丝珍
苏浩杰 祝 亢 谢昌国 黄熙妍 曹维友
陆燕妮 陈美连 纪梦岚 陈春秀 黄杏嫦
洪早早 陈泽梦 陈燕文 刘燕萍 刘文霞
雷春梅 罗进引 余祖祥 何婷婷 吴晓燕
张梦琦 莫洁华 蔡如意 张 敏 刘 冰
王月玲 蔡晓芬 游华英 洪雪婷 邓艳容
曾路路 华倩贻 黄志明 郭晓冰 林青云
谢伟桃 朱瑞琼 李淑芳 钟海玉 李文连
赖衍娟 吴 冰 邹海欣 谭晓东 吴冬娥
彭少娜 刘桂丹 戴悦怀 徐 莹 梁木飞
卢艺娟 林玉琴 温 娜 罗映凤 刘金升
陈仲群 黄佩芬 刘炜桃 聂艳霞 毛 梅
钟 莹 郑少香 甘清莹 周楚明 黄锦珊
陈妙华 杨秋婷 朱君清 曾静雯 邹采应
杨伟曼 李绿琦 黎彩君 刁美威 蔡少曼
张 洁 伍月益 冯丽贤 梁国金 何梓豪
邝美琦 梅淑贞 张倩雯 关静文 王梓帆
罗艳卿 许哲豪 苏静敏 黄雪莹 谭 萍
黄桂婵 郭巧雯 程慧莲 刘玉萍 范子薇
陈金凤 郭颖妍 孔静仪 廖念慈 许桂花
张颖欣 徐珠桂 蔡丽君 刘 丽 于海芹
崔 洁 庄观静 郭家其 张紫薇 何碧苑
谭金花 罗瑜虹 王 爽 廖 敏 钟林方
方锐涛 蔡晓玲 雷心喆 范铜山 许文成
陈文丽 庄冬荀 卢小余 曾培珍 陈 斯
吴小宁 刘美卿

（十二）计算机科学与技术专业共29人

黄贤锐 李石传 陈嘉敬 郑振宇 康 毅
张 琦 杨立挺 高郡文 刘 犇 朱志军
林海鹏 邓周顺 陈贤进 罗卓凡 彭俊钧
丘银加 梁海波 林爱恩 胡 柳 陈楚欣
黄舒强 周芝造 张显平 陈锦杰 王彩珠
汤秀娟 任 杰 容仁恒 黎 晓

（十三）金融学专业共53人

麦允莹 吴篛潆 林军华 冯 达 朱南南
周燕琪 李孟红 黄艳芬 李刘陈 林健珠
胡迁援 黄燕欢 胡文斌 梁 美 叶丽珍
林松辉 赖盈菖 梁成据 李 钊 黄维兴
陈世雄 曹向然 何秀玲 徐英翔 姚 玲
巫惠红 陈镇杰 杨 帆 郭仲德 范 林
杨 婕 陈 植 钟冠钊 蔡煜楠 谭文渊
郑津津 黄 宁 黄仲能 赖华颖 吴伯金
吴尚春 林敏佳 叶鳗茳 曾 睿 李 敏
林思强 徐沛君 林 露 林霞娟 唐 慧
冯雨兰 吴冠杰 谭建博

（十四）经济学专业共15人

张世辉 曾志坚 谭福良 罗晓欣 何万杰
龚 萍 陈志明 周 婷 杨健平 颜国民
张云皓 何康文 冯 昭 冯钰安 温绮婷

（十五）人力资源管理专业共149人

温 静 陈晓秀 江 敏 朱惠珍 黄泳钊
郑 悄 翟俊杰 黎敏红 叶嘉珑 刘雪霞
朱冬恩 王 倩 何倩雯 魏小荣 曹云燕
叶晨威 朱秋琼 张 秀 颜思静 曾梓航
陈秋萍 焦伟青 陈杰雄 陈建平 陈海栓
赵 蕾 林建清 曾楚萍 董振华 凌萌蓉
陈丽君 郭 琼 张志茂 黄莉花 徐斯雅
罗焕娣 何惠丝 陈丽红 周佩琼 朱涵娟
曾带文 莫淑娟 梁丽玲 陆晓敏 陈婉玲
刘嘉瑜 张暖兴 黄加其 袁艳丽 梁显斌
李文勇 张春连 冯惠霞 徐向东 吕鸿杰
陈敏斯 陆璐仪 陈晓红 杨 艳 钟子豪
古碧欣 李慧勋 梁惠玲 梁小仪 何雪仪
廖建斌 陆 贤 王丽群 任永杰 李 哲
黄健儿 邵碧慧 周达明 罗晓笙 冯凌兰
龙超仪 区伟健 梁素静 叶嘉欣 梁颖昕
黄焕秀 林晓芬 兰 凤 罗培均 利颖斯
周 丰 陈小慧 林淑芝 陈国伟 王少珊
谢翠霞 朱文龙 魏 韦 周婉玲 郭筠贤
郭 平 郑燕玲 陈少玲 陈雪晖 李结怡
梁兆青 邓联梅 王朝间 李斯欣 黄晓霞
邓晓红 叶萍萍 高智平 肖双双 周小春
黄玉婷 曾炘莲 林达宇 谢泽慧 罗晓莹
陈素禧 袁 瑜 温思兰 胡穗珠 杨声泽
吴 期 雷 洁 柳少群 郭 纯 梁书彤
邓马丽 蒋金萍 王建华 许姗姗 李秀云
李雅静 林桂英 冯晓娟 王建华 陈 雁
黄婉婷 廖艳娟 冯丽花 冯泽涛 武文文
高东浩 钱倩茹 陈瑞洁 邱小红 梁裕娜
谢银璇 郭 晟 苏 伟 范金焕

（十六）商务策划管理专业共50人

王 慧 廖 虹 谢 欣 谭 彬 王家宾

黄玉盛　刘志斌　池绮媚　洪武彬　郑札鸿
许恒钧　曾丽红　杨小玲　刘宇恩　刘丹妮
伍蔼茵　陈　蓉　曹　薇　吴红毅　黄伟超
钟　婷　汤志超　冯晓玲　王　排　刘　森
李智敏　胡永杰　许肇芬　史晓玲　刘文华
陈志和　黄颖嘉　易丹妮　冯玉存　周泽如
吴晓萍　黎　娟　叶春阳　陈　寅　谢绮云
林丹霞　廖皑贞　胡晓敏　陈国荣　梁敏红
康　旭　吴敬民　詹茂生　黄艳丽　张艳芳

（十七）社会工作专业共 7 人

罗　筱　黄颂源　温建红　劳家杰　吴清泓
邓丽婷　欧育善

（十八）社会学专业共 3 人

杨惠生　李子豪　罗嘉敏

（十九）市场营销专业共 26 人

罗静严　余林丽　张静慧　王锦亮　黄炎嗣
叶　力　曾顺雄　黄春英　陈少虹　何秀芳
钟俊平　朱运华　马春春　孙素玉　贺　洋
朱文强　杨丹妮　谭校添　梁文浩　江德泉
罗　盈　黄子键　廖冬梅　邝小珍　钟　靖
骆胜财

（二十）书法学专业共 1 人

林　晔

（二十一）税务专业共 28 人

易荣江　林若莲　巫美华　邵智莹　伍素玲
罗珍玉　吴梓泠　辜美静　孔德香　李淑贤
冼盛文　冯海婷　黄焕银　李诗雅　刘琼燕
钟苑媚　李楚珊　梁燕萍　张晓森　陈秀薇
王小江　曾凯琳　林晓燕　王媛媛　陈雪珍
黄洁华　邓丽荣　何丽玲

（二十二）投资学专业共 11 人

徐　况　曾昭汝　许秀彬　徐海军　黄少敏
邓　帆　杨志强　黄志彬　林鸿鑫　郭晓荣
张旭生

（二十三）网络工程专业共 14 人

薄纲定　张林峰　袁立灌　刘溢锴　黄灿科
丁速滨　林楚衡　陆　俊　薛志雄　吴刘新
黄林彬　钟岸青　钟　鑫　邓书斌

（二十四）物流管理专业共 9 人

张伟洁　郭炜城　林晓静　杨文锋　黄小秋
赵汝棠　周志濠　林珍妮　黄民俊

（二十五）项目管理专业共 33 人

陈伟峰　洪紫玫　李玉敏　李　思　李结明
杨　川　石思明　陆小龙　张东文　张若林
曹莉莉　兰晓萍　陈旭祺　罗军太　关德亮
黄志强　陈玉云　王　洁　田国杰　叶丹丹
刘芳毅　颜中敏　陈志财　梅丽娟　陈晓如
邝文华　黄宇轩　蔡翠玉　梁达广　杨广厚
陈燕芳　邓　婷　董颖霖

（二十六）行政管理专业共 29 人

许艳媚　关美华　刘　吉　黄焕清　杨柏梁
郭海洁　李　燕　钟晓文　饶　映　陈晓敏
严　俊　徐润芳　唐嘉伟　姚　高　吴　涛
陈梅洲　周奕媛　廖碧燕　黄　旭　钟智轩
庄嘉琦　谭　清　方玲玲　陈　红　张　洁
陈旋利　钟建玲　张晓群　邓水香

（二十七）应用心理学（犯罪心理学方向）专业共 14 人

李金光　陈慧仪　邓桂堂　何翠翠　吕嘉瑶
吴嘉丽　李晴峰　周锦雄　曹桂芬　梁美娟
梅楚莹　陈家文　陈淑雯　朱　敏

（二十八）英语专业共 64 人

李　玲　麦慧君　冼璐琪　庄　勇　叶智圣
黄　涌　宋韦婕　潘彦廷　张少银　陈海敏
黄锦薇　陈　潜　利贵美　黄立铃　王　涛
方加朋　黄泽娜　葛旭海　万丽欢　崔　睿
谢明娟　何达权　邝艳仪　黄晓娜　丘韵珊
杨雪香　潘文娟　徐晓慧　黄静雅　丁　杨
徐婉珍　古仕娣　王晓丹　江冬梅　韩远霞
黄淑芝　杨镇球　吴焰焰　何燕萍　薛莹颖
刘焕枝　叶钰平　黄尚蓉　郑　谊　高　薇
陈桂英　罗丽青　余健平　潘绍杰　罗小雄
曾俊杰　陈水仙　秦小青　劳其飞　田　力
刘惊妙　刘　涛　胡铭淇　马康荣　陈少红
张雪娟　梁光明　黄嘉瑜　陈美琪

四、冬季专科毕业生（共 1 005 人）

（一）财务管理专业共 25 人

苏炳云　曾碧荣　刘慧娟　谭永浩　罗小燕
麦文玲　刘佩珊　钟文霞　吴芷妍　苏晓丽
何凤仙　郭文意　陈秀清　欧雨晴　祝锦崇
郑燕婵　黄艳红　杨晓霞　吴玉雅　陈满秀
林怡怡　李小君　徐　杭　刘秀华　杨文珠

（二）电气工程及其自动化专业共 4 人

刘久梓　熊　川　曹彦加　王　晓

（三）电子商务专业共 21 人

梁双养　梁亦媚　赖萍静　刘国亮　陈雍毅
曾丽霞　朱健龙　李成凤　毛书桃　罗飞艳
曾芷龙　何曼华　徐　欣　陈佩怡　苏楚君
朱惠琴　沈　静　刘美平　罗小燕　史月兰
魏燕贤

(四) 电子信息工程专业共 1 人

黄焕松

(五) 翻译 (中英翻译) 专业共 1 人

趙珮雯

(六) 工商企业管理专业共 203 人

陈志勇 卢燕珍 刘娅群 冯思瑜 潘洁桃
曾美施 王嘉敏 潘凤群 陈丽眉 林壮珠
胡显提 郭丹莉 钟 恒 李建航 戴 定
尹 珍 伍爱弟 万喜之 黎惠芬 易柱森
罗慧华 陈桂洪 韦宝意 列满荣 梁嘉豪
李安娜 刘冬梅 陈春丽 向 可 牛露露
林玉莹 赵丽锋 罗云丽 陈桂芳 简 超
韦 静 姚敏芳 张 萍 肖玲苑 毕武旭
谭秀萍 梁慧菡 赖细妙 钟辛霞 梁志兰
何旭雯 何振鹏 廖剑锋 黄惠敏 熊 璐
周莺莺 黄凯艳 林晓旋 潘倩雯 沈伯勇
张佳佳 赵烨华 谭美云 游 娟 汤 杰
吴国彩 邵 乐 刘雨平 何启彬 古敬银
杨舒惠 刘仁乾 罗燕君 徐达仁 徐慧汶
杜雨珊 杨丽霞 周珠娟 张晓坍 杨 骏
王福强 李广辉 陈晓虹 谢慧敏 巫婉妮
陈嘉敏 巫婉婷 陈丽莉 粟军忆 陆路军
王 欢 赖长安 周 亮 罗 豪 陈海强
徐焕君 李 鑫 秦文钰 钟铭莲 高婷婷
余可源 曾艺源 周 明 翟伟燕 何春水
陈泽坚 林志宇 罗浩桦 黄文浩 李广麟
曾丽丽 吴海容 梁剑锋 赖火强 钟钰燕
林泽成 张俊杰 黄锦堂 赖海珊 陈绮华
吴俊标 李伟峰 曾佳宝 蔡苑婷 刘永强
骆庆昌 李晓君 黄智峰 高铭鑫 李家烈
钟智翔 谭深华 尤嘉威 周俊毅 赵剑波
肖丹霖 向慧琼 孙金鹏 杨家德 曾令沐
周凤鸣 黄辉鹏 单水浩 王 渊 韦飞扬
唐贵房 廖国媛 林丹苗 梁燕彬 李鹏飞
陈喜明 冯嘉丽 高敏凌 何文俊 韩文森
张馨云 王天强 冼雪珠 陈占才 陈丽纯
潘柳仪 许燕霞 黄 辉 罗增城 王晓颖
杨 德 罗超旋 杨庚岱 陆文峰 林少敏
郑卫江 黎嘉全 吴韵峰 陈锐樑 何逸东
曾颖欣 邓启鹏 伍绮婷 何雅伦 岑树恒
何雅权 潘杏枝 梁健文 黄灼媚 周家腾
陈秋娴 曾海飞 严维娟 李小艳 李清梅
岑结莹 何景扬 万乾平 周庆坚 杨漪莹
谭嘉敏 陈斯亮 何燕玲 何建华 区阳广
郑跃鸿 张建明 陈泽成 邓锦红 何子轩
刘兆祥 黄培芝 刘结莹

(七) 国际经济与贸易专业共 53 人

杨 婷 施玉琼 余文轩 李泳恩 徐 若
阳双丰 利文智 霍彦琪 陈敏华 麦倩韵
彭铖倩 张桂坚 徐晓燕 张嘉莹 杨 婷
陈家咏 谭敏怡 陈嘉琪 汤展超 戴杰茵
李欣颖 陈敏玲 温利秀 张 琴 吴玉玲
黎 湛 魏红亮 梁 侃 周河君 谢彩月
沈霞清 周凤连 林珠爱 张燕玲 罗丽萍
吴松霖 王苏贤 童晓文 徐秀敏 张雪红
郭奕霓 黄柳旁 谢韵婷 方诗媚 罗玉云
张 森 谢文圣 徐烽焱 冯 震 施 震
黄嘉禧 谢俊威 姚裕玲

(八) 护理学专业共 31 人

刘思琴 占佳琳 邹 静 林绮青 杨 楠
黄智君 王伟英 李粤华 姚燕芬 罗 稔
吴春讦 何诗妍 陈 敏 曾盈莹 林嘉曼
李连玉 张一蕾 李淑娴 谢燕丽 赵梦珠
陈琼珍 吴满珍 袁秀兰 杨思兰 叶 虹
邓梨丹 黄丹丹 高莉文 朱丽莲 黄秀婷
巫方明

(九) 会计学专业共 409 人

陈碧霞 冼楚云 林晓菁 黄梓欣 罗成艳
李培清 黄美妹 黄允萍 姚嘉丽 周梦娜
何月弟 梁淑娟 戎泽敏 杨 菁 熊 凤
禹 静 黄芳梅 梁华春 刘博秀 伦康发
叶素婷 廖美娇 陈文苑 王 颖 谢惠玲
曾 龙 罗 丛 郑万坤 陈文杏 陈锦惠
曾建宜 吴秀荷 李 莎 梁小英 杨晓梅
肖 敏 陈正萍 袁金凤 龚瑞活 张丽楚
旋宝芳 曾松秀 杨彩玉 赖学玲 黄运娇
何勇敏 丁丽珠 陈 霞 叶凤银 李燕玲
蓝彩芳 刘 敏 黄连英 张海英 敖 慧
钟亚兰 吴淑瑶 林益群 周丽云 陈 佳
陈 芳 郑燕宣 黄玉珍 龙晓林 吴巧枝
林冬妹 谢梓玲 陈淦凤 何瑞玲 林 恺
仇 锐 许玉茹 林海燕 吴泽玲 冯灵萍
王 平 谢彩珍 蒋春梅 翁华敏 何小琴
王春映 冯燕宁 郭慧敏 陈雨洵 黄丽华
蓝嘉敏 许惠敏 陈盈妙 柯晓静 林韵悦
林晓娟 陈 璐 巫秀红 洪 星 梁敏仪
欧紫灵 吴少燕 何小婷 蔡茵茵 张丽丽
龙妙转 赖东红 聂小燕 陈少妹 陈俊霞
何 英 邱洪珍 罗燕英 朱运香 吴春红
潘妙妍 刘玉玲 郑惠嫦 姚华荣 林晓微

廖华媚　徐代娜　郑春娥　吴妙如　林家敏
蔡晓鹏　祁　娅　李小芳　苏燕明　蓝婷婷
冯小平　陈璐婷　陈青梅　黄健宜　刘　赞
吕　冰　邓艳珠　胡玉芳　李丽璇　龚月桂
赖海燕　吴文贞　吴育君　陈丽群　王莲红
陈　雯　温丽平　潘思萤　姚海珊　黄小妹
余冰梅　林集花　肖燕玲　李影飘　熊安琦
杨笑莹　张景媚　黄　瑜　李翠玉　宋凤飞
劳润媚　王小利　郭春梅　陈映娜　陈翠桃
林小斌　朱静宜　周三妹　石泳择　钟文婉
袁秋霞　蔡晓仪　范秀君　陆挠君　李秋绿
黄宝玲　陈立芬　吴丽琴　李诗怡　谢丽媚
张晓梅　刘小妮　黎晓君　许妮娜　李元林
陈艳霜　徐艳丽　蓝曼晓　廖琼娣　陈雪娇
欧冬微　欧阳静　吴怡平　周丽茵　招琳琳
梁金妹　赖翠琴　朱馥敏　李卓君　黄瑶瑶
邓惠珍　黄晓君　王云华　郑佳娜　刘文玲
熊湘莲　崔建妍　蒙钟莹　何丽婵　李燕娜
李广萍　王思敏　杨春相　程艳颜　黄秋婷
韦秀虹　黄晓菲　陈华萍　冯喜妹　叶东兰
周思雅　黄思敏　朱理芳　禤　红　冯晓敏
黄秋如　郑秀兰　向茂萍　欧敏静　李　燕
胡丽萍　陈晓斯　邓琼梅　温金敏　李俏玲
陈洁纯　黄娴玲　林　超　廖燕春　郑弘丽
马玉红　丘进娣　陈晓环　许少辉　吴丽容
黄　琪　李晓玲　周朋燕　罗珑茜　王怡秀
陆思平　施　双　符水娇　杨启霞　许晓琼
吴晓春　冯玉婷　王丽娜　陈清月　梁倩文
冯先金　李　娴　潘清兰　蔡欣欣　邓雪欣
梁晓惠　罗　琴　何结芬　李玉颜　宋学如
连伟华　方静欣　黎振天　易晓霞　麦　春
蒋丽香　黄彩霞　朱　丹　陈　静　张桂娟
邓宝迎　黄晓虹　何学兰　刘婷婷　翁海珊
方瑞霞　黄碧云　周赛凤　陈燕华　王艳霞
黎雪萍　李晓红　梁甄桃　刘婉婷　邓雪珍
林嘉娜　韦钊兰　钟小燕　刘丽华　叶巧婷
徐平霞　刘慧琼　刘春萍　梁海芬　韦雅茹
刘　丹　邹春红　梁沛琪　曾国常　梁芷妍
董嘉仪　朱文清　林利文　张淑玲　李畅花
冯小霞　劳洁嫦　刘嘉敏　林莲花　郭小萍
卓晓雪　李彩红　刘海平　崔青平　莫春宏
张雪妮　徐新美　林　洁　郑珠琴　霍燕梨
彭雯燕　徐丹琪　曹传任　陈小云　康晓雪
赵丽娟　宋海敏　康少利　毛玉婷　廖满霞
陈　芳　黄碧燕　梁莹娟　黄晓玲　欧文锋
曾敏婷　林淑芬　李锦佳　李　斌　谢倩婷
林丽沙　秦丽珊　陆燕桃　钟玉华　余芝圻
张梓颖　李婵娟　李宁宁　戴美娟　郭钰莹
邓钰婷　黎泳仪　黄墡铭　王云玉　钟艳娟
钟锦萍　林爱枝　刘英华　蔡翠谊　陈　慧
赖玉芬　吴兰兰　张淑君　陈敏怡　刘光美
闭燕梅　张亚莹　陆芷茵　张嘉颖　周洁娴
何丽佳　任桂艳　骆　婷　林燕婷　刘燕惠
郑宝玲　赖思婷　冯雪霞　陈楚云　陈少曼
周焕珊　何家俊　王诗咏　陈智莉　何结玲
何燕珊　徐锦清　刘沛怡　何敏仪　何家颖
何丽珠　劳泳雯　林少锦　关俊杰　何钰莹
刘敏莉　曾培雯　邓茵茵　王友之　陈妙君
陆证羽　黄丽玉　劳楚韵　何映红

（十）计算机科学与技术专业共6人

覃振桂　江勇兵　付志远　郭翠萍　熊西宇
林丽萍

（十一）计算机网络技术专业共18人

杨炜城　王玉龙　林　欢　胡志慧　彭凯华
吴林树　刘少雄　黄　文　周培耀　李土贵
关杰仁　张大富　周　洋　曾小文　潘锦聪
张立杰　曾宪浪　刘满兴

（十二）人力资源管理专业共125人

何丽欣　陈丹纯　邓　芳　霍敏静　邱国恒
朱小曼　韦红霞　伍茵欣　蓝家文　罗丽娟
林华钊　宋柯贤　李映霞　曹灵素　李　婷
吴锐燕　刘芳霞　方晓薇　胡静仪　林剑镔
林小苑　魏穗娜　黄市珍　邱婷婷　庄小敏
郝楚倩　陈　静　吴晓敏　杨远红　沈　茜
邓诗韵　龚　倩　吴春梅　黄泽君　蒋春苗
陈瑞莹　余少勉　张　芳　谭　鹏　程银燕
缪燕钗　蔡柱娣　罗梓君　雷文静　钟世娟
李　洁　何宇琪　卢　娟　陈思敏　尤日优
江汉龙　温俊杰　林伟俊　郭经伟　雷晓雯
薛桥柳　陈　健　赖家荣　梁伟琳　杨春玲
温赛花　梁彩珍　黎静莹　曾晓敏　孙雯雯
李敏冰　梁　丰　邓宝莹　黄志鹏　李会玲
徐国良　邓泽华　江惠敏　杨施华　林晓丽
钟慧娴　石　彬　陈穗敏　林韵冰　梁美诗
李静君　张慧雯　高汉娣　钟雅键　谭小冬
蒋　娜　邱小霞　陈璧辉　欧梨娜　徐嘉岚
祝蜜峰　刘海风　李芷媚　潘江梅　周妙甜
陆秀丽　柯少萍　宋雪萍　池东莹　邵燕玲
罗涧妹　陈凤群　陈小婵　詹美兰　卢小亭
罗嘉雯　张丽君　林丽绵　叶　静　曾　婷

李燕玉　黎惠静　邹海英　蔡礼珍　陈学妙
曹小花　张少茵　林长宽　甘慧萍　黄杰玲
卫雪仪　汤素华　张秀燕　牟秋明　颜欣欣

（十三）商务管理专业共 14 人

方浩蓉　张燕红　谷　艳　杨　君　郑斯丹
汤韵瑶　魏莹莹　李柳坤　黎珊珊　韦春柳
卓晓思　文燕平　岑香华　骆丹峰

（十四）商务英语专业共 45 人

龙丽花　李晓茵　姚思敏　马桂花　徐　仙
屈静霞　谭少瑜　刘晓燕　林嘉欣　马素瑜
温小婷　张彩霞　陈丽雯　黄丽旋　黄　芳
邢小玉　陈　清　黄丽贞　丘春梅　李　婷
张杰旋　林郁欣　陈穗红　韦金妹　刘　莎
蔡银妹　冯源源　乔金昇　刘燕丽　杨苗燕
钟秀娟　周英媛　冯晓仪　李结仪　林倩妃
詹启萍　冯瑞媚　苏明珠　黎雪芳　欧　颖
赖恩梅　李皓东　黄瑶珠　徐子湄　谢张丽

（十五）市场营销专业共 48 人

陈洪凤　郭际杨　钟静如　严彩菲　程东海
范锡超　刘满霞　曾嘉文　杨锡鹏　陈创贤
王佳娴　骆丽红　姚璐岚　李乡山　张少珊
陈丽湘　冼钊浩　陈红苑　张诗曼　刘文婷
高丽芳　石约微　徐秀霞　钟彩苑　范蝶映
唐　雪　刘炼坤　唐贤俊　董浓均　吴沅仟
李　慧　陈振飞　刘文师　黄志坚　郑琼娜
陈浪平　庞思婷　林　丰　刘　鸩　罗汉杰
廖剑锋　黎庆铿　邓劭璇　陈　艳　杨志鹏
陈艳芸　李海瑶　张晋荣

（十六）英语（语言文学）专业共 1 人

阮静妤

（教育学院供稿）

· 统计资料 ·

2015年在职教职工基本情况统计表

单位：人

人员及分布		数量
总人数		4 749
其中：女性		2 449
专任教师	总数	1 960
	高级	1 272
	中级	581
	初级	66
	未定职级	41
行政人员	总数	782
	高级	55
	中级	246
	初级	170
	未定职级	311
教辅人员	总数	336
	高级	75
	中级	177
	初级	83
	未定职级	1
科研机构人员	总数	357
	高级	122
	中级	143
	初级	83
	未定职级	9
工勤人员		89

（续上表）

人员及分布	数量
校办企业职工	58
附属中小学幼儿园教职工	120
其他附设机构人员	1 047

注：数据来源为《2015—2016学年初高等教育基层统计报表》，统计时间截至2015年9月20日。

2015年在校本科生统计表

单位：人

序号	学院	总人数	内招生	外招生
1	国际学院	1 645	697	948
2	文学院	534	365	169
3	外国语学院	770	317	453
4	新闻与传播学院	1 180	682	498
5	艺术学院	365	320	45
6	经济学院	1 730	1 046	684
7	管理学院	2 666	1 533	1 133
8	公共管理学院 / 应急管理学院	421	337	84
9	法学院 / 知识产权学院	364	263	101
10	国际关系学院 / 华侨华人研究院	129	93	36
11	理工学院	1 521	1 181	340
12	环境学院	107	85	22
13	信息科学技术学院	1 331	1 188	143
14	生命科学技术学院	963	865	98
15	医学院	1 689	847	842
16	药学院	400	276	124
17	华文学院	1 382	374	1 008
18	人文学院	1 048	823	225
19	翻译学院	443	398	45
20	国际商学院	1 917	1 294	623
21	电气信息学院	1 503	1 458	45
22	深圳旅游学院	1 507	1 302	205
23	体育学院	144	104	40
合计		23 759	15 848	7 911

注：1. 数据来源为《2015—2016学年初高等教育基层统计报表》，统计时间截至2015年9月20日。
2. 内招生指内地学生，外招生指港澳台侨学生和外国留学生。

2015 年各培养单位在校研究生统计表

单位：人

序号	研究生培养单位	合计	博士生			硕士生		
			小计	内招生	外招生	小计	内招生	外招生
1	国际学院	17	0	0	0	17	0	17
2	文学院	641	203	122	81	438	411	27
3	外国语学院	173	0	0	0	173	168	5
4	新闻与传播学院	572	72	52	20	500	486	14
5	艺术学院	11	0	0	0	11	10	1
6	经济学院	1 222	177	126	51	1 045	960	85
7	管理学院	1 837	218	119	99	1 619	1 500	119
8	公共管理学院 / 应急管理学院	250	0	0	0	250	249	1
9	法学院 / 知识产权学院	319	0	0	0	319	283	36
10	国际关系学院 / 华侨华人研究院	211	119	40	79	92	66	26
11	理工学院	452	52	52	0	400	397	3
12	环境学院	142	0	0	0	142	142	0
13	信息科学技术学院	335	20	18	2	315	313	2
14	生命科学技术学院	995	183	180	3	812	810	2
15	医学院	442	61	51	10	381	311	70
16	药学院	486	82	82	0	404	388	16
17	第一临床医学院	829	98	47	51	731	528	203
18	第二临床医学院	95	0	0	0	95	95	0
19	华文学院	363	19	14	5	344	228	116
20	国际商学院	40	0	0	0	40	11	29
21	电气信息学院	19	0	0	0	19	19	0
22	深圳旅游学院	16	0	0	0	16	16	0
23	社会科学部	37	0	0	0	37	16	21
24	产业经济研究院	155	64	43	21	91	91	0
25	光子技术研究所	65	0	0	0	65	65	0
合计		9 724	1 368	946	422	8 356	7 563	793

注：1. 数据来源为《2015—2016 学年初高等教育基层统计报表》，统计时间截至 2015 年 9 月 20 日。
2. 内招生指内地学生，外招生指港澳台侨学生和外国留学生。

2015 年教育学院在校学生人数统计表

单位：人

学习形式	在校学生数				
	总计	一年级	二年级	三年级	四年级及以上
总计	9 970	2 502	3 351	3 050	1 067
总计中：女生	7 112	1 850	2 270	2 260	732
一、函授	2 298	644	848	384	422
(一) 本科	1 859	446	675	316	422
其中：女生	1 210	308	363	251	288
高中起点本科	1 091	199	313	157	422
专科起点本科	768	247	362	159	0
(二) 专科	439	198	173	68	0
其中：女生	339	140	140	59	0
高中起点专科	439	198	173	68	0
二、业余	7 672	1 858	2 503	2 666	645
(一) 本科	4 817	1 137	1 430	1 605	645
其中：女生	3 286	807	937	1 098	444
高中起点本科	1 452	237	290	280	645
专科起点本科	3 365	900	1 140	1 325	0
(二) 专科	2 855	721	1 073	1 061	0
其中：女生	2 277	595	830	852	0
高中起点专科	2 855	721	1 073	1 061	0

注：数据来源为《2015—2016 学年初高等教育基层统计报表》，统计时间截至 2015 年 9 月 20 日。

（党政办公室信息科供稿）

· 2015 年大事记 ·

一月

5 日　学校召开“系主任决策与执行力建设”赴英培训团汇报会。校领导胡军、蒋述卓、宋献中、张荣华与各院系、相关职能部处负责人参加会议。

7 日　由华文学院编写的《华文》教材（初中柬埔寨版）专家审稿会在校召开，国务院侨办文化司司长雷振刚、华文教育发展中心副主任邱立国出席会议。

△ 学校在澳门举行 2015 年校董迎春座谈会，学校董事会副秘书长马有恒，董事廖泽云、刘晓航、唐志坚、李沛霖，校领导胡军、林如鹏出席座谈会。

11 日　暨南大学教育发展基金会理事会换届会议在广州从化召开，会议审议基金会五周年（2010—2014）工作报告，通过理事会理事候选人名单，副校长林如鹏连任理事长。

12 日　学校 2014 年科技工作会议召开，总结学校 2014 年科技工作情况，介绍国家科技政策。校领导蒋述卓、刘洁生、叶文才出席会议并讲话。

15 日　“重大工程灾害与控制”教育部重点实验室建设通过专家组验收。副校长刘洁生参加验收会。

△ 学校 2015 年外事工作会议召开，副校长宋献中出席会议，广东省外事办公室出国人员管理处负责人在会上解读因公出访新政策。

16 日　国务院侨办在学校召开“一报告两评议”和校级领导干部 2014 年年度考核会议。国务院侨办人事司副司长王志民，校领导胡军、蒋述卓等出席会议。同日，学校校级领导班子和党员领导干部民主生活会召开。

19 日　学校党委召开基层党委书记会议。校党委书记蒋述卓主持会议并传达第二十三次全国高校党的建设工作会议及上级有关党建工作文件精神，总结学校党委 2014 年工作，部署学校党委 2015 年工作。

20 日　学校在香港举行 2015 年校董迎春座谈会，学校董事会副董事长霍震寰，副秘书长陈永棋、蔡冠深，永远名誉董事方润华，董事何世柱、王敏刚、陈经纬、林光如、石汉基、李秀恒、龚中心、李文俊及校领导胡军、林如鹏出席座谈会。

21 日　学校召开 2014 年就业工作总结暨 2015 年就业创业工作部署会议，对 2014 年就业工作先进集体和个人进行表彰，校领导胡军、叶勤出席会议并讲话。

22 日　南沙开发区管委会与学校共建暨南大学中国（广东）自由贸易试验区研究院框架协议签约暨揭牌仪式在广州南沙举行。广州市委常委、南沙开发区管理委员会主任丁红都，南沙区区长袁桂扬，南沙开发区管理委员会副主任李自根、曾进泽，校领导胡军、宋献中出席仪式。

△《华文教师证书》考试题库平台鉴定会在华文学院召开，国务院侨办文化司副司长汤翠英、副校长林如鹏出席会议。

23 日　学校 2014 年文科科研工作会议召开，总结学校 2014 年人文社会科学研究工作。校领导胡军、林如鹏出席会议。

24 日　寒假开始。

△ 由暨南大学牵头组建的先进耐磨材料协同创新中心揭牌仪式和第一次理事会议在学校举行，校长胡军出席活动。

26 日　学校纪委召开扩大会议，学习贯彻十八届中央纪委五次全会精神，校党委副书记、纪委书记叶勤主持会议。

27 日　广东省分子免疫与抗体工程重点实验室（培育基地）通过广东省科技厅组织的验收。

月底，校长胡军、校党委书记蒋述卓等校领

导分别慰问教师代表和离退休老党员代表，代表学校提前向教职工致以新春的慰问和祝福。

本月　2014年暨南大学十大新闻评选结果揭晓，南校区正式启用、学校4个学科进入ESI排名前1%等入选。

△ 经济学院陈安平教授、药学院吴军教授、文学院刘增合教授入选2014年国家“百千万人才工程”。

△ 生命科学技术学院薛巍教授获聘国务院学位委员会生物医学工程学科评议组成员。

△ 信息科学技术学院王晓明教授和国际学院唐书泽教授获第七届广东省高等学校教学名师奖。

△ 学校新闻网入选全国高校百佳网站，并获最佳新闻宣传奖。

△ 学校印发《暨南大学马万祺博士后高水平科研成果奖励办法》。

二月

3日　全国人大港澳基本法委员会研究室副主任潘小达到法学院调研港澳学生教育管理工作。副校长饶敏介绍学校面向港澳台办学的基本情况。

4日　学校与开平市中心医院共建医学研究生培养基地签约挂牌仪式在广东省开平市举行，副校长林如鹏、开平市副市长林国宁出席仪式。

13日　2015年留校本科学生新春茶话会在学生宿舍20栋“学生之家”举行，校党委副书记、副校长叶勤代表学校向寒假期间留校过年的本科学生送上新春的问候。

本月　学校董事会董事兼副秘书长、校友总会会长马有恒向学校捐赠1 000万港元，设立“马万祺博士后高水平科研成果奖励金”。

△ 学校获2014年全国统战理论研究优秀成果二等奖1项，2014年广东省统战理论政策研究创新成果特别奖、一等奖、二等奖、三等奖各1项。

三月

1日　暨南大学成人高等教育2015级新生开学典礼在邵逸夫体育馆举行。副校长饶敏出席并致辞。学校共录取2015级成人教育内地新生2 366人，其中高中起点本科168人，专科起点本科1 193人，高中起点专科1 005人。

1—2日　学校党委理论学习中心组会议召开。校领导胡军、叶勤、周天鸿、刘洁生、林如鹏、宋献中、饶敏、张荣华、叶文才，校长助理王志伟，相关部处领导出席会议。

2日　2014—2015学年第二学期开始。

3日　学校召开2015年新学期工作会议。校长胡军介绍当前我国高等教育的发展形势和国内著名高校开展综合改革的主要情况，布置学校2015年党政重点工作。校领导叶勤、刘洁生、林如鹏、饶敏、张荣华及副处级以上干部等参加会议。

8日　暨南大学2015年春季研究生开学典礼在曾宪梓科学馆国际会议厅举行。校领导胡军、刘洁生、林如鹏、饶敏、张荣华出席。副校长林如鹏主持典礼。学校2015年春季共招录354名研究生，其中在职人员攻读硕士学位301人。

10日　以学生艺术团为班底的2015年国务院侨办“文化中国·四海同春”大洋洲艺术团结束演出任务返回国内。艺术团由国务院侨办秘书行政司司长赵昆和校党委书记蒋述卓率领，历时16天，在澳大利亚、新西兰等国的五个主要城市演出。

12日　100%枸杞汁防治肾虚及肾病临床观察专项研究基金成立及捐赠仪式在学校举行，副校长林如鹏出席仪式。基金由青海大漠红枸杞有限公司向学校捐赠100万元设立。

13—14日　“十三五”抗体药物发展战略研讨会暨全国抗体药物协同创新中心组织会议在广州召开。校长胡军、广东省教育厅副厅长王斌伟、哈尔滨医科大学校长杨宝峰出席开幕式，胡军校长与陈志南院士分别代表核心协同单位、协同中心主任与国内46家高校、科研院所和企业等协同单位签署《抗体药物协同创新中心框架协议书》。

18日　校长胡军在澳门陪同国务院侨办副主任何亚非拜访全国政协副主席、学校董事会副董事长何厚铧，次日陪同何亚非副主任会见学校董事会副秘书长、校友总会会长马有恒。

△ 印度尼西亚驻广州总领事Ratu Silvy Gayatri一行访问国际关系学院/华侨华人研究院，就双方开展具体合作事项进行会谈。副校长宋献中会见来宾。

23日　学校敦聘美国艺术与科学院院士、加州理工学院应用与计算数学系终身讲席教授Charles Lee Powell和系主任侯一钊教授为名誉教授，校长胡军出席仪式并颁发聘书。

25日　深圳旅游学院院务委员会2015年会议在深圳召开，国务院侨办副主任、深圳旅游学院院务委员会主任任启亮，深圳市副市长吴以环，校领导胡军、饶敏，华侨城股份公司董事长、深圳旅游学院院长刘平春出席会议。

26日　暨南大学与广州增城市人民政府、增城经济技术开发区共建华侨创新创业园签约仪式在广州举行。广州市委常委、增城市委书记、增城经济技术开发区管委会主任欧阳卫民，增城市市长罗思源，校领导胡军、宋献中出席仪式。

△ 暨南大学与冠昊生物科技股份有限公司共建的“WE创空间”及创业训练营、创新创业孵化基地揭牌，正式启动，这是学校在广东省内率先搭建起的大学生“众创”平台。

27日　学校党委召开保密委员会扩大会议，校领导蒋述卓、宋献中出席会议。

△“中国联通杯”暨南大学第十六届大学生学术科技节在图书馆大厅开幕。

27日至4月5日　校长胡军率团访问越南、老挝、柬埔寨，先后到访越南河内国家大学、河内第二师范大学、胡志明市师范大学、越南人文与社会科学大学及老挝国立大学，拜访中国驻胡志明市总领事柴文睿、中国驻老挝大使馆关华兵大使。访问期间，与河内第二师范大学、越南人文与社会科学大学签署合作备忘录。

本月　学校有24位教师入选广东省高等学校新一届本科教学指导委员会。

△ 学校2014年书记项目“大学生社区党建旗帜工程”获广东省委组织部和广东省委教育工委通报表彰。

四月

3日　学校召开第七届学术委员会第八次会议。

△ 学校召开第一批MOOC课程建设启动会，首批建设“新闻事业与经营管理”等五门课程。副校长张荣华出席会议。

16日　华文学院举行“东南亚泼水节”活动。副校长饶敏，泰国、波兰、德国等20个国家驻广州总领事馆的50多位外交官出席活动。

23日　广东省高水平大学建设工作会议在广州召开，会议由中共中央政治局委员、广东省委书记胡春华主持，省长朱小丹、副省长陈云贤参加会议。校长胡军在会上作《抢抓机遇，凝心聚力，全力推进高水平大学建设》的发言。

△ 台湾铭传大学校长李铨到校访问。校长胡军会见客人，两校签署学术交流协议书及学生交换协议。

24日　学校举行人文社科实施“宁静致远工程”项目（第二批）签约仪式。副校长林如鹏出席会议并讲话。

25日　“创新·创业·共赢”暨南大学经济学院建院35周年暨校友联谊会2015年年会在广东清远举行。校领导胡军、宋献中，校董、经济学院校友联谊会会长叶惠全出席活动。

26日　著名诗人、1978级中文系校友汪国真逝世。

29日　厄瓜多尔高等教育委员会大学和工艺学校常设委员会主席Marcelo Cevallos Vallejos、亚马逊大学校长Julio Vargas Burgos一行到校访问，校领导胡军、叶文才会见来宾。

30日　校工会委员会举行教职工环校跑活动，2 000多名教职工在校本部旭日运动场和南校区运动场参加活动。

本月中下旬，校领导率队分三组到国内重点大学调研高水平大学建设和综合改革工作。

本月　学校引进的外国专家Mard D. Partridge获批高端外国专家项目，Brett Kirk获批高端外国专家（团队）项目，Crommen Jacques auguste joseph获批高端外国专家（团队）备选项目。

△ 饶芃子教授获中国比较文学学会“中国比较文学终身成就奖”。

△ 2014中国高校通用就业能力排行榜系列榜单发布，暨南大学通用就业力在总榜单和“211工程”学校TOP 50榜单中均排名第11。

△ 学校被广东省教育厅、广东省公安厅评为2012—2014年度广东高校创建“平安校园”优秀学校，获授“广东省安全文明校园”牌匾。

五月

4日　暨南大学纪念五四运动96周年暨共青团系统总结表彰大会在学术报告厅举行。校党委副书记叶勤出席并为获奖集体和个人颁奖。

△ 学校举行2014—2015学年先进班集体及优秀学生表彰大会。校领导蒋述卓、叶勤、刘洁生、宋献中、饶敏、叶文才出席并颁奖。

8 日　学校图书馆冠名为“满珍楼”捐赠命名仪式在校本部图书馆举行，香港陈瑞球先生向学校捐赠 1 000 万元。香港慈善家陈瑞球，校领导胡军、林如鹏参加仪式。

△ 学校承办的第 38 期海外华人文化社团中华才艺（武术）培训班开班。校党委副书记叶勤参加开班仪式。

9 日　“根系暨南”2015 植树活动暨绿色使者及微信支付平台上线启动仪式在南校区举行。副校长刘洁生及校友代表和师生共 200 多人参加植树活动。

12 日　秘鲁驻广州总领事戴维・加马拉・席尔瓦、秘鲁圣佩德罗大学校长何塞・鲁伊兹、秘中友谊基金会主席罗兆雄先生一行到校访问，校长胡军会见代表团。

△ 经济学家、经济学院黄德鸿教授去世，享年 100 岁。中国古典文学研究专家、文学院李文初教授同日病逝，享年 78 岁。

13 日　澳门特区卫生局局长李展润，卫生局副局长兼澳门仁伯爵综合医院院长郭昌宇一行到校访问并座谈。校领导胡军、林如鹏、叶文才会见来宾。

14 日　国务院侨办副主任何亚非莅校，在百年暨南文化素质教育讲堂作题为“全球治理与中美关系”的专题讲座。校长胡军主持讲座。

△ 学校第 3 个“本科教学日”，教务处以“新时期人才培养需瞄准创新”为主题，开展以教师和学生为主体的系列活动。

14—15 日　暨南大学第 8 届教代会、第 12 届工代会第一次会议召开。校长胡军作学校工作报告，发展规划处负责人介绍学术委员会章程及高水平大学建设基本情况。校领导胡军、蒋述卓、叶勤、刘洁生、林如鹏、宋献中、饶敏、叶文才以及本届双代会正式代表等近 400 人参加会议。

15 日　“经典国球　辉煌暨南——国乒暨南行活动”在邵逸夫体育馆举行。应马有恒先生邀请，国家乒乓球队领队黄飚、总教练刘国梁、女队主教练孔令辉率运动员马龙、丁宁、许昕、刘诗雯等到校，与师生互动交流，进行友谊比赛。

17 日　暨南大学第 18 届学生代表大会第一次全体会议召开。

△ 第 14 届国际文化聚暨南活动开幕。活动以“一带一路”为主题，校领导蒋述卓、叶勤出席开幕式。

18 日　香港特区教育局局长吴克俭一行到校访问，就粤港两地教育及青少年合作事项进行交流。广东省港澳办副主任韩建清、广东省教育厅港澳台办副主任周国平陪同。校长胡军会见吴克俭一行，校领导林如鹏、宋献中及香港学生代表参加交流。

23 日　2015 年暨南大学国际土风舞大赛举行。

25 日　台湾东吴大学校长潘维大一行到校访问，校长胡军会见客人。

25—31 日　副校长宋献中率团访问印度尼西亚与新加坡，到访印度尼西亚大学、建国大学、国民大学和国立新加坡大学、南洋理工大学，与印度尼西亚国民大学签署合作备忘录，拜访福清同乡会并看望雅加达、新加坡校友和国际汉语志愿者学生。

29 日　校长胡军接受南方日报记者专访，阐述“高水平大学建设”蓝图与实践。

△ 医学院承办的第一届（广州）传染病与公共卫生国际研讨会召开。副校长刘洁生出席会议。

30 日　暨南大学第 32 次研究生代表大会召开。

△ 澳门校友会在澳门举行庆祝母校成立 109 周年、校友会成立 29 周年活动。校董、校友总会会长马有恒，澳门中联办文教部副部长浦海龙，副校长林如鹏及澳门校友 1 000 多人参加活动。

△ 马来西亚国际教育协会主席 Mohamad Nizar Mohamad Najib 一行到校访问，副校长林如鹏会见来宾。

本月　医学院中医学专业入选教育部卓越医生（中医）教育培养计划改革试点项目。

△ 心理健康教育中心获 2010—2015 年度“全国大学生心理健康教育工作优秀机构”称号，张将星被评为“大学生心理健康教育工作优秀工作者”。

△ 法学院 / 知识产权学院获批主持国务院侨办重大委托课题“中华人民共和国华侨权益保护法（草案）”。

△ 学校创行团队在 2015 创行（Enactus）世界杯中国站比赛中以“绿动未来”项目夺得全国总冠军，10 月，代表中国在南非约翰内斯堡参加创行世界杯赛，夺得三等奖。

△ 学校获第 13 届“挑战杯”广东大学生课外学术科技作品竞赛特等奖 7 项、一等奖 5 项并获“优胜杯”。

△ 大数据决策研究所成立，直属学校管理。

六月

1日　遗传学专家、原副校长林剑去世，享年80岁。

2日　“孝敬父母走进暨南大学”刘一祯公益音乐会在礼堂举行，空政文工团歌唱家刘一祯及歌唱家吕继宏、佟铁鑫等现场演出。

3日　智利作曲家、钢琴家路易斯·萨格里耶和双簧管演奏家何塞·路易斯·乌尔捷达做客百年暨南文化素质教育讲堂，以音乐和诵诗的方式纪念智利诗人聂鲁达。智利驻广州总领事龙啸天、校党委书记蒋述卓参加活动。

4日　学校党委召开2015年学校中层干部换届动员大会暨“三严三实”专题教育动员大会。校领导胡军、蒋述卓、刘洁生、林如鹏、宋献中、饶敏出席。

△ 校党委印发《暨南大学党委关于对我校党政管理干部进行换届的通知》，决定自6月起启动党政管理干部换届工作。

4—5日　学校承办的全国临床/口腔医学专业学位研究生教育政策与业务培训会在广州召开。教育部学位与研究生教育发展中心主任助理赵瑜，全国医学专业学位研究生教指委秘书长段丽萍、副秘书长汪玲，学校副校长林如鹏参加会议。

5日　中国侨联副主席、校董陈有庆，全国政协常委、学校董事会副董事长余国春，全国政协常委、校董陈永棋，香港裕华国货有限公司董事、副总经理李润基一行莅校访问。校领导胡军、林如鹏会见校董，并汇报学校发展情况。

9日　暨南学子、经济学院2013级研究生苏炳添师生见面会在校举行。此前苏炳添在美国尤金百米短跑比赛中跑出9.99秒的好成绩。

10日　台湾世界华语文教育学会秘书长董鹏程到校访问。校领导胡军会见客人。

10—19日　副校长刘洁生率团访问印度、斯里兰卡和泰国，参访学校合作伙伴印度教育在线集团开办的印度加尔各答大学卓墨提校区，庆祝双方合作十周年结成的友谊，参加印度校友会成立大会，会见中国驻印度加尔各答总领事王雪峰，访问泰国曼谷 Srinakharinwirot University，并为暨南大学在斯里兰卡的海外招生处授牌。

15—24日　副校长叶勤率队访问瑞典、荷兰和德国三国，访问瑞典林雪平大学、荷兰鹿特丹伊拉斯谟大学两所姊妹大学，拜访德国菲得利女皇基金会，回顾双方三十年友好合作历程，会见杨华根校董并参加荷兰荷比卢校友会成立一周年庆祝大会。

17—20日　应校董戴德丰邀请，校领导胡军、饶敏率第五届优秀学生访港团一行43人赴香港交流访问。

18日　第五届四海书院结业典礼在南校区举行。副校长林如鹏出席典礼并致辞。第五届四海书院546名同学参加典礼。

19—21日　首届亚太语言文化生态国际会议暨暨南大学应用语言学研究院揭牌仪式在华文学院举行。

20日　越南河内国家大学校长冯春雅到校访问，校领导胡军、宋献中会见代表团，两校校长签署校际合作协议。

23日　老挝驻广州总领事本班·巩银赛亚星、副领事索邦·根塔布里到校访问，校长胡军会见来宾。

△ 学校印发《暨南大学学术委员会章程（修订）》，该章程正文6章35条，规定学术委员会为学校最高学术机构，统筹对学术事务的决策、审议、评定和咨询等职权。

24日　暨南大学网络（空间）安全学院成立，与信息科学技术学院实行“一套人马、两块牌子”的运作模式。7月，网络（空间）安全学院更名为网络空间安全学院。

25日至7月4日　副校长林如鹏率团访问俄罗斯、吉尔吉斯斯坦、塔吉克斯坦，访问吉尔吉斯斯坦国立民族大学、塔吉克斯坦国立语言学院、俄罗斯圣彼得堡航空航天大学，就高等教育国际合作、华文教育、华侨华人发展现状等与当地知名大学、华人社团、传媒机构进行洽谈交流。

26日　教育部下发《中华人民共和国教育部高等学校章程核准书（第64号）》，核准发布《暨南大学章程》，《暨南大学章程》内容包括序言和主体8章，77条，共9 700多字。

△ 学校第十届学位评定委员会第十七次全体会议召开，会议由校长、学位评定委员会主席胡军主持，审批2015年夏季申请博士、硕士、学士学位人员名单及2016—2017年科学学位博士生导师名单等。

27日和28日上午　学校先后在邵逸夫体育馆举行2015年本科生、研究生毕业典礼暨学位授予仪式。校领导胡军、叶勤、刘洁生、宋献中、饶敏、张荣华、叶文才，原副校长陆大祥出席活动，并与学位评定各分委员会主席为2015年获得学位的硕士、博士及本科毕业生颁发证书。仪式由副校长叶勤主持。2015年，学校共有本科毕业生3 911名、硕士及博士毕业生2 500名。

27日下午，珠海校区举行2015年本科生毕业典礼暨学位授予仪式，校领导胡军、叶勤及主礼教授团出席并为毕业生颁发证书。

28日下午，深圳旅游学院举行2015年本科生毕业典礼暨学位授予仪式。校领导胡军、饶敏，深圳市教育局副局长范坤，深圳旅游学院院长刘平春出席并为毕业生颁发证书。

29—30日　校领导胡军、叶勤率队赴广东省清远市阳山县黄坌镇高陂村扶贫点，开展以“扶贫济困、与爱同行”为主题的扶贫济困慰问和送医送药活动。

30日　广东省政府办公厅印发《关于公布广东省高水平大学重点建设高校和重点学科建设项目名单的通知》，暨南大学等7所在粤高校入选广东省高水平大学重点建设高校。

本月　QS全球教育集团发布2016年QS亚洲大学排名，暨南大学并列第195名，该排行综合考察大学的科研、教学、毕业生就业、国际化、学术影响力等9个指标。

△ 学校获批临床医学博士、硕士专业学位授权点及中医硕士专业学位授权点。至此，学校共有博士专业学位授权点1个，硕士专业学位授权点23个。

△ 学校获批国家社科基金2015年度项目22项，并列全国第14位，广东第2位。其中重点项目5项，并列全国第4位，广东第1位。

△ 学校入选“2015年度50所全国毕业生就业典型经验高校”。

△ 2014年“广东特支计划”入选人员名单公布，学校曾永平教授等22人入选相关层次人才项目。

△“海外华裔青少年华文水平测试”项目正式获国务院侨办批准立项，第一、二阶段立项经费370万元。

△ 学校体育代表团获得广东省第九届大学生运动会甲组、乙组团体总分第三名，共获得40枚金牌、37枚银牌、30枚铜牌。奖牌总数位居全省第二。

△ 暨南大学地方研究总院成立，挂靠科技处。

七月

1日　学校党委在礼堂举行庆祝中国共产党成立94周年大会。校长胡军代表学校党委作报告，与校领导叶勤、刘洁生、宋献中、饶敏为受表彰的“党建旗帜工程”六个“十佳”先进典型颁发奖牌与证书。

6日　2014—2015学年第二学期期末考试开始。

7日　学校董事会副董事长、校友总会会长马有恒，澳门特区行政长官办公室主任兼行政会秘书长、校董柯岚莅校参观访问。校党委书记蒋述卓、副校长林如鹏汇报学校近年来工作情况。

9日　广东省人大常委会副主任肖志恒、省人大法制工作委员会主任委员金正佳到校调研地方立法研究评估与咨询服务基地工作。校党委副书记、副校长叶勤陪同调研。

△ 学校与延安干部培训学院共建签约暨马克思主义新闻人才培养基地揭牌仪式大会在延安召开。广东省委宣传部副部长郑广宁、延安市委副书记薛占海、副校长林如鹏、延安干部培训学院院长黑树林参加仪式。

11—20日　学校举行2015年大学生暑期“三下乡”社会实践活动暨“展翅计划”就业创业能力提升行动启动仪式。校党委副书记、副校长叶勤出席并讲话。

16—20日　由国务院侨办主办、学校承办的海外华人文化社团中华才艺（茶文化）培训班在深圳旅游学院举行。副校长饶敏出席开班、结业典礼。

18日　2015年暨南大学优秀港澳台侨学生领袖研习营开营。中央政府驻澳门联络办广东联络部主任张春昉，校党委副书记、副校长叶勤出席并向研习营营员代表授旗。

△ 暑假开始。

△ 2015年中国文化之旅夏令营开营仪式举行。

19日　暨南大学优秀学生访港团五周年纪念暨青年创业项目启动资金捐赠仪式在广州举行。戴德丰校董向学校捐赠50万元，资助访港同学会开展青年创业项目。

20日　经纬集团捐赠暨经纬粤港澳经济研究中心揭牌仪式在行政办公楼举行。全国政协经济委员会副主任、香港经纬集团主席、校董陈经纬向学校捐赠2 000万港元，设立暨南大学“经纬粤港澳经济研究中心”，支持粤港澳区域经济研究。陈经纬先生与广东省副省长招玉芳，国务院侨办文化司副巡视员梁智卫，校领导胡军、林如鹏、宋献中出席仪式。

25日　由国务院侨办政策法规司、暨南大学主办的“华侨华人与世界反法西斯战争”国际学术研讨会在校召开。国务院侨办副主任何亚非，国务院侨办政策法规司司长董传杰，校领导胡军、林如鹏出席开幕式。

31日　暨南大学网络空间安全学院揭牌，为广东高校首个网络安全学院。广东省委宣传部副部长、省网信办主任黄斌，校长胡军，广东省委宣传部网络综合调研处处长余世才、广东省公安厅总工程师郭宏伟、广州市公安局总工程师佐剑辉出席仪式。

本月　新闻与传播学院林如鹏团队的“提升中国政治话语体系的国际影响力研究”项目和资源环境与可持续发展研究所张捷团队的“我国重点生态功能区市场化生态补偿机制研究”项目获批2015年度国家社科基金重大项目。

△ 学校与信永中和会计师事务所广州分所共建的实践基地入选全国首批十家会计硕士专业学位示范性联合培养实践基地。

八月

19日　由广州市社科联、暨南大学、南方日报社共同主办的第二期“广州新观察”圆桌会议在校举行。南方日报社总编辑王更辉，校领导胡军、林如鹏，广州市社科联主席曾伟玉，佛山市政府副秘书长钟美恃出席开幕式。

26—27日　学校党委召开理论学习中心组会议，围绕“四个全面”战略布局、“三严三实”基本要求、“一带一路”战略构想进行专题学习，讨论学校高水平大学建设问题。

31日　学校召开新学期工作会议，校长胡军、校党委书记蒋述卓布置高水平大学建设和新学期党政工作。校领导叶勤、刘洁生、林如鹏、宋献中、饶敏、张荣华、叶文才，校长助理王志伟出席会议。

△ 2015—2016学年第一学期开始。

本月　光子技术研究所李朝晖教授获批2015年度国家杰出青年科学基金项目。

△ 医学院中医学专业通过教育部中医学类专业教指委的专业认证。

△ 2015年度国家自然科学基金项目评审结果公布，学校在站博士后获批11项，资助经费209万元。

△ 经济学院学子苏炳添、莫有雪与队友组成的国家队参加北京世界田径锦标赛4×100米接力获银牌，创造新的亚洲纪录。

△ 学校武术队在2015年全球华人中华才艺（体育）大赛获5金2银3铜。

九月

6—18日　校长胡军、校党委书记蒋述卓等全体校领导带领相关职能部门负责人深入各校区、学院，就高水平大学建设展开调研，宣讲高水平大学建设的总体构想。

7日　英国伯明翰大学校长大卫·伊斯特伍德、助理副校长乔·弗兰普顿、广州中心总监郑颖宜一行到南校区访问。校领导胡军、宋献中会见客人。

△ 教师节前夕，校长胡军、校党委书记蒋述卓代表学校走访慰问教师代表，送上教师节祝福。

7—8日　智利边境大学第一副校长爱德华多·鲁道夫·阿尔弗雷多·卫斯一行到校访问，校领导宋献中、叶文才会见来宾。

8日　在第31个教师节来临前夕，中共中央政治局委员、广东省委书记胡春华到暨南大学看望慰问教师代表，调研高水平大学建设工作，代表省委、省政府向学校教职员工以及全省广大教师致以节日祝贺。省领导林木声、陈云贤参加调研和慰问。胡春华看望了姚新生院士、周振教授，并参观学校校史展、华侨华人研究院、新闻与传播学院、学科建设和创新成果展、光子技术研究所等，听取胡军校长有关工作情况汇报。

10日　暨南大学庆祝教师节暨表彰大会在曾宪梓科学馆国际会议厅召开。校领导胡军、蒋述卓、刘洁生、林如鹏、饶敏、张荣华、叶文才出席，会议由刘洁生主持。

11日　国家人力资源和社会保障部副部长、外国专家局局长张建国一行来校调研外国专家工作情况，并就高层次海外引智及国际化办学等调研课题与学校人员座谈。广东省副省长温国辉，国家外国专家局副局长张亚力，广东省外国专家局局长劳帜红等参加座谈会。校领导胡军等参加座谈和调研。

11—27日　印度喀拉拉邦渔业与海洋大学副校长克里希纳·皮莱·派德玛库玛一行到校访问，副校长刘洁生会见来宾。

13日　学校2015年新生开学典礼先后在校本部、深圳旅游学院、珠海校区和南校区举行，为期一周的本科新生训练营同时开营。校领导胡军、蒋述卓、叶勤、刘洁生、林如鹏、宋献中、饶敏、张荣华、叶文才在四地参加开学典礼及新生训练营开营仪式。

17日　暨南大学教育发展基金会第二届理事会第二次会议在校召开，副校长、基金会理事长林如鹏主持会议。

17—26日　副校长宋献中率团访问毛里求斯、马达加斯加、南非，访问南非开普敦大学，参加暨南大学与南非罗德斯大学共建的孔子学院"中国文化周"系列活动和孔子学院理事会会议，与毛里求斯和马达加斯加两个海外招生点负责人座谈交流。

18日　广东省委统战工作会议在广州召开，校党委书记蒋述卓代表学校参会，并作题为"全力构建侨校特色'大统战'工作格局"的典型交流发言。

19日　中国知识产权法学研究会2015年年会在广州召开。最高人民法院副院长陶凯元、中国法学会副会长张文显、校长胡军参加开幕式。

22—29日　副校长叶文才率队访问俄罗斯、芬兰，到访俄罗斯人民友谊大学、莫斯科新大学、圣彼得堡大学和芬兰坦佩雷大学。

23日　粤港澳中枢神经再生研究院主办的2015国际脑功能与健康研讨会暨神经再生高峰论坛召开。诺贝尔生理学与医学奖获得者、英国剑桥大学约翰·戈登教授，校领导胡军、刘洁生出席开幕式。胡军敦聘约翰·戈登教授为学校名誉教授。

△ 学校在体育部基础上，成立体育学院。

△ 普利策文学奖获得者、美国弗吉尼亚大学Rita Dove教授获聘为学校名誉教授。

24日　国务院侨办副主任任启亮在广州会见广东省副省长陈云贤，双方就暨南大学高水平大学建设事宜进行商谈。国务院侨办文化司司长雷振刚，广东省教育厅厅长罗伟其，校领导胡军、林如鹏陪同会见。

△ 学校第十届学位评定委员会第十八次全体会议召开，会议由校长、学位评定委员会主席胡军主持，审核通过2015年秋季申请博士、硕士学位人员名单。

△ 暨南大学"新浩创新基金"成立暨捐赠仪式举行。深圳市新浩爱心基金捐赠100万元设立暨南大学"新浩创新基金"，支持学生创新项目。

26日　第十二届广州大学生电影节在礼堂开幕。副校长林如鹏出席开幕式并致辞。

27日至10月17日　由副校长张荣华带队的骨干教师创新人才培养模式研究海外培训团（第三期系主任海外培训团）赴英国培训和学习。培训地点主要设在威斯敏斯特大学，培训团还走访了牛津大学、帝国理工大学、爱丁堡大学等院校。

28日　"中国梦 暨南情——中国跳水梦之队暨南行"活动在曾宪梓科学馆国际会议厅举行。受马有恒先生邀请，国家跳水队教练员任少芬率跳水梦之队队员吴敏霞、何姿、陈若琳等到校，与学生互动交流。

29日　广东省高水平大学建设目标责任书签署仪式在广州举行，广东省副省长陈云贤出席仪式并讲话，校长胡军代表暨南大学与广东省教育厅厅长罗伟其签署责任书。

△ 校党委书记蒋述卓、副校长林如鹏赴北京向学校董事会董事长戴秉国汇报工作，学校董事会副董事长余国春、校董梁志斌同行。

本月　学校6位教师获评"南粤优秀教师"，1位教师获评"南粤优秀教育工作者"。

△ 学校获批中国文联"中国文艺评论基地"。

△ 由周振教授团队自主设计、暨南大学为第一完成单位的"PM 2.5在线源解析质谱监测系统"获2015年度中国仪器仪表学会科学技术一等奖。

△ 学校在教育部主办的第八届全国大学生创新创业年会中获6项大奖，项目入选数及获奖数均列全国第一。

十月

8日　国务院侨办、国家卫生计生委、教育部联合发布《关于共建暨南大学医学院的意见》，指出将加快把医学院建成海内外知名的一流医学院。学校医学院跻身国家部委共建的国内重点医学院校之一。

10—11 日　2015 年发展规划战略研讨会在校召开。会议以“深化机制体制改革，扎实推进高水平大学建设”为主题，主要讨论《高水平大学建设与综合改革方案（2015—2017）》、博士后工作改革办法以及高水平大学建设等事宜。

12 日　校长胡军在深圳会见华侨城集团总经理段先念，商谈校企合作共建事宜。

12—21 日　校党委书记蒋述卓率团访问法国、荷兰和英国，访问法国巴黎第七大学、法国瓦岱勒国际酒店管理学院、荷兰蒂尔堡大学、英国伯明翰大学和西英格兰大学哈特伯雷学院，会见法兰西校友筹备会成员，18 日参加学校在伦敦进行的海外高层次人才招聘宣讲。中国驻荷兰大使馆教育参赞孟庆瑜陪同在荷兰的访问。

15 日　河源市人民医院挂牌成为暨南大学附属河源医院。河源市委副书记黄建中、副市长朱蔚蔚，校领导胡军、刘洁生出席仪式。此前，学校批准同意河源市人民医院为暨南大学非直属附属医院。

16 日　印尼苏迪曼将军大学校长艾哈迈德·伊格博尔到校访问，副校长刘洁生会见客人。

18 日　学校在英国伦敦举办海外高层次人才招聘宣讲，理工学院等 6 个学院负责人参加招聘。19 日，在曼彻斯特举办招聘宣讲会。

24 日　黄德鸿教授百年诞辰纪念会举行。与会家属、嘉宾及学生深情追忆了黄德鸿教授的生平及学术贡献、精神品质、学术思想、教育理念。

25 日至 11 月 3 日　教务处组织本科教学核心团队理科组 30 位骨干教师赴台湾培训学习，在台湾“清华大学”集中培训，走访了台湾交通大学、暨南国际大学及高雄师范大学。

28 日　高水平大学学科组团目标管理责任书签署仪式举行。校长胡军代表学校与 13 个学科组团负责人签约。

△ 国家发改委价格监督检查与反垄断局副局长卢延纯、广东省发改委价格监督检查与反垄断局局长陈波一行到校，调研、指导省发改委与学校共建广东省反垄断执法合作基地建设工作。

△ 由暨大粤港学子联合自主打造的创新创业实践平台——四洲紫菜生活馆开业，该平台为广东省首个在校粤港学子联合创业项目。

29 日至 11 月 1 日　校长胡军率团访问台湾，与台湾辅仁大学签署校际合作协议，出席姊妹校台湾艺术大学 60 周年校庆活动。31 日晚，与台湾中国文化大学校长李天任、东海大学校长汤铭哲、中原大学校长张光正、暨南国际大学校长苏玉龙、台湾世界华语文教育学会秘书长董鹏程以及台湾教育界知名人士会面，就两岸大学深化合作进行了交流。

30 日　马来西亚雪隆华校董事会联合会总会主席叶新田到校访问，洽谈华文教育合作事宜。副校长张荣华会见客人。

本月　学校印发《暨南大学全面深化博士后工作改革办法（试行）》。

十一月

4 日　厄瓜多尔瓜亚基尔大学校长 Cassis Martinez Hector Roberto 一行到校访问，校长胡军会见客人，双方签署校际合作协议。

5 日　学校图书情报委员会 2015 年会议召开。副校长、学校图书情报委员会主任委员饶敏出席。

6 日　学校与广东省依法治省工作领导小组办公室共建“法治广东智库”签约仪式举行。校领导胡军、林如鹏、饶敏，广东省依法治省工作领导小组办公室常务副主任陈岸明出席仪式。

6—8 日　“一带一路”中医传承与创新暨肿瘤多药耐药治疗国际学术研讨会在校召开。广东省中医药管理局副局长柯忠、广东省中西医结合学会秘书长金世明、副校长张荣华出席开幕式。

7 日　“中国与印尼全面战略伙伴关系：机遇与挑战”国际学术研讨会在校召开。印度尼西亚驻广州总领事 Ratu Silvy Gayatri、副校长饶敏出席开幕式。

7—8 日　第二届华文教育国际学术研讨会在华文学院举行。副校长林如鹏出席并致辞。

△ 广东省委常委、统战部部长林雄莅校看望党外代表人士，并召开党外代表人士队伍建设专题调研座谈会。校领导胡军、蒋述卓参加座谈会。

10 日　学校纪委召开 2015 年第四次扩大会议，学习贯彻《中国共产党廉洁自律准则》和《中国共产党纪律处分条例》。校党委副书记、纪委书记叶勤主持会议。

11 日　《自然》（*Nature*）期刊执行主编尼克·坎贝尔博士到校访问，作题为“《自然》、开放获取与你”的专题讲座。副校长林如鹏会见来宾。

12 日　广东省委常委、宣传部部长慎海雄莅校视察，现场调研新闻与传播学院马克思主义新闻人才培养情况，并主持高校落实意识形态的工作责任制座谈会。校领导胡军、蒋述卓、林如鹏陪同并参加座谈会。

△ 物联网与物流工程研究院揭牌暨国家“千人计划”入选者黄国全教授团队敦聘仪式在珠海校区举行。校领导胡军、刘洁生出席仪式。

13 日 暨南大学校董捐赠及捐赠项目揭牌仪式在南校区举行。原国务委员、学校董事会董事长戴秉国，国务院侨办副主任何亚非，校领导胡军、蒋述卓、林如鹏、宋献中、饶敏、张荣华，原副校长陆大祥出席仪式。马友恒捐赠 1 000 万港元设立“马万祺博士后高水平科研成果奖励金”；李国华捐赠 1 000 万港元支持医学学科建设；彭磷基捐赠 2 000 万元、霍震寰捐资 1 500 万元、古润金捐赠1 000 万元、余国春捐赠 500 万元，四位校董合计捐资 5 000 万元支持南校区建设，胡军代表学校接受捐赠。南校区六栋建筑被正式冠名，食堂命名为“裕华堂”，图书馆命名为“惠全楼”，门诊楼命名为“李国华楼”，学生宿舍 T3 栋命名为“完美楼”，学生宿舍 T4 栋命名为“志斌楼”，学院楼 B1 栋命名为“祈福楼”。

△ 体育学院揭牌暨苏炳添、莫有雪颁奖仪式在邵逸夫体育馆举行。校领导胡军、宋献中、张荣华，广东省体育局副局长刘克军出席。

14 日 暨南大学第七届董事会第二次会议在广州召开。会议听取并审议《暨南大学工作报告》《暨南大学第七届董事会工作报告》《建校 110 周年校庆筹备工作报告》。原国务委员、学校董事会董事长戴秉国，国务院侨办主任裘援平、副主任何亚非，中央政府驻香港联络办副主任仇鸿，中央政府驻澳门联络办副主任孙达，学校董事会副董事长余国春、马有恒、陈永棋，校领导胡军、蒋述卓、叶勤、刘洁生、林如鹏、宋献中、饶敏、张荣华、叶文才出席会议。

15 日 暨南大学 110 周年校庆启动仪式在礼堂举行。学校董事会副董事长、校友总会会长马有恒，校董叶惠全，南方报业传媒集团总编辑、南方日报社社长、校友张东明，校领导胡军、蒋述卓等与来自全世界数十个国家和地区的校友和师生近 2 000 人参加活动。

△ 暨南大学首届全球校友会会长、秘书长联席会议在校友楼召开。校友总会会长马有恒，副校长林如鹏，原副校长黄旭辉及各地校友会负责人出席会议。

16 日 澳大利亚科廷科技大学副校长 Brett Kirk 到校访问，洽谈共建联合实验室及联合培养博士生事宜。副校长宋献中会见客人。

18 日 《暨南大学 110 周年校庆公告第一号》在《人民日报·海外版》《南方日报》《大公报》刊登，同时在校报、新闻网、官方微博、微信等多平台同步发布。

19 日 学校印发《关于启动建校 110 周年校庆筹备工作的通知》，将于翌年 11 月举行建校 110 周年庆典，公布建校 110 周年校庆筹备委员会、校庆办人员组成名单。

19—21 日 暨南大学第四十二届田径运动会举行。

20 日 由国务院侨办主办、学校承办的 2015 海外华人文化社团中华才艺（书画）培训班开班。副校长叶勤、广东省文联主席许钦松出席开班仪式。

23 日至 12 月 1 日 校长胡军率团赴土耳其、埃及、阿拉伯联合酋长国，访问土耳其中东科技大学、科克大学，埃及开罗大学、艾因夏姆斯大学，阿联酋沙迦美国大学、迪拜美国大学、迪拜地平线大学等 7 所高校，与两所学校签订合作备忘录。中国驻土耳其大使郁红阳、中国驻埃及大使宋爱国分别会见访问团。

24—25 日 第二次全国高校统战工作会议在北京召开，校党委书记蒋述卓参加会议，并接受人民网独家视频访谈，介绍了学校近年来做好党外代表人士队伍建设的成功经验。

29 日 暨南大学第八届中国文化节开幕。

本月 “免疫功能调控的分子机制研究”创新引智基地获“高等学校学科创新引智计划”立项。

△ 刘奋勇教授领衔的“新型抗病毒核酸分子研究团队”、马建峰教授领衔的“移动云计算安全团队”入选广东省第五批创新创业团队。

△ 经济与社会研究院成立，直属学校管理。光子技术研究所更名为光子技术研究院。

十二月

2 日 经济与社会研究院揭牌，校长胡军出席并为研究院揭牌，向长江学者特聘教授、国家杰出青年基金获得者冯帅章教授颁发院长聘书。副校长宋献中出席揭牌仪式。

8 日 马来西亚韩江学院执行顾问陈国平、董事长黄赐兴先生一行到校访问，校领导胡军、宋献中会见来宾。

△ 学校召开国家社科基金工作会议，对优秀科研单位、组织服务先进个人以及优秀咨询专家进行表彰。校领导胡军、蒋述卓、林如鹏、宋献中出席会议。

9 日　伊朗驻广州总领事阿里礼萨·萨拉利扬、领事阿弗辛·雷米等一行到校访问。校领导胡军、宋献中会见来宾。

10 日　墨西哥驻广州代总领事何塞·利马斯一行到校访问。副校长宋献中会见来宾。

11 日　学校与广州医药集团战略合作签约暨“暨南大学白云山中一现代中药研究院”揭牌仪式在校举行。校领导胡军、刘洁生、叶文才，广州医药集团董事长李楚源、总经理陈矛出席仪式。

△ 第三届本科课程新任教师教学竞赛决赛举行。副校长林如鹏出席并致辞。

14 日　美国 *Science* 杂志国际协作、运营与出版全球总监 Bill Moran 到校访问，作题为“科学职业生涯定位”的报告。副校长宋献中会见客人。

15 日　学校敦聘诺贝尔化学奖获得者、耶鲁大学 Sidney Altman 教授为名誉教授。校长胡军出席敦聘仪式并颁发聘书。

18 日　学校在曾宪梓科学馆国际会议厅召开干部大会。国务院侨办党组成员江岩，广东省委组织部副部长郑庆顺，广东省委教育工委书记、省教育厅厅长罗伟其，学校领导班子成员出席会议。江岩宣读国务院侨办党组关于校级领导干部任免通知：林如鹏任党委书记；夏泉任党委常委、副书记、纪委委员、纪委书记；洪岸任副校长；张宏任党委常委、副校长；蒋述卓、叶勤不再担任校领导职务。会议由胡军主持。

22 日　“侨梦苑”揭牌仪式暨“侨梦苑”创新创业交流会在广州增城举行。国务院侨办主任裘援平、副主任谭天星，广州市市长陈建华，校领导胡军、林如鹏、洪岸出席活动。学校牵头的“国家分子医学转化科学中心·广州中心”项目和“抗流感病毒鼻腔喷雾器产业化”项目落户增城侨梦苑，陈志南院士、刘奋勇教授受聘为“侨梦苑”智库专家。

△ 国家自然科学基金委副主任高文院士、信息科学部常务副主任秦玉文一行来校调研，副校长叶文才陪同调研。

26—27 日　医学院举办《中国病理生理杂志》创刊 30 周年座谈会，副校长张荣华出席并讲话。该杂志 1985 年由学校病理生理学专家李楚杰教授主持创办。

31 日　原国务委员、暨南大学董事会董事长戴秉国，国务院侨办主任裘援平向学校发来新年贺词，对全体师生员工、校董、校友致以新年祝福和问候。

△“展百年画卷，逐暨南新梦”——献礼建校 110 周年暨迎新年晚会在礼堂举行。

本月　西南交通大学发布大学国际化水平排名（2015），在参评的 115 所国内重点高校中，暨南大学位居第 13 名。

△ 招标采购中心成立，正处级建制，直属学校管理。

△ 张弓、陈填烽和陈光慧三位教师入选 2014 年“万人计划”青年拔尖人才。

△ 学校工会委员会被中华全国总工会授予“全国模范职工之家”荣誉称号，程炎明被授予“全国优秀工会工作者”称号。

△ 经广州市天河区教育局批准，学校成立暨南大学附属实验学校，隶属工会委员会管理，下设小学部、中学部，同时撤销附属中学、附属小学。

·附　录·

暨南大学2015年度十件大事

1. 暨南大学入选广东省高水平大学重点建设高校，胡春华视察暨南大学

6月30日，广东省公布高水平大学重点建设高校和重点学科建设项目名单，暨南大学等7所高校入选广东省高水平大学重点建设高校。学校以“一个中心，双轮驱动，三个重点”为总体建设思路，力争到2020年，建成一批国内一流、国际上有重大影响的重点学科，汇聚一批具有突出创新能力和发展潜力的学术团队，打造一批产学研深度融合的创新平台和基地，培养一批具有拔尖水平的创新人才，产出一批具有重大影响的标志性成果，实现学校国内一流、世界知名的高水平大学办学目标。

9月8日，中共中央政治局委员、广东省委书记胡春华视察暨南大学，看望慰问姚新生、周振等教师，并到华侨华人研究院、新闻与传播学院、光子技术研究所等单位调研，听取校长胡军有关工作汇报。胡春华肯定学校办学历史和成就，鼓励学校推进高水平大学建设，为广东实施创新驱动发展战略提供科技与智力支撑。

2. 学校第七届董事会第二次会议召开，原国务委员、学校董事会董事长戴秉国，国务院侨务办公室主任裘援平等领导出席

11月14日，学校召开第七届董事会第二次会议。会议听取并审议《暨南大学工作报告》《暨南大学第七届董事会工作报告》《建校110周年校庆筹备工作报告》，围绕如何更好地推进学校高水平大学建设、“十三五”规划及110周年校庆等进行座谈，共商学校未来发展大计。2015年，多位校董为学校捐赠近亿元。

3. 国务院侨办领导莅校宣布暨南大学校领导任免决定，林如鹏任党委书记，夏泉任党委副书记、纪委书记，洪岸、张宏任副校长

12月18日上午，学校在曾宪梓科学馆国际会议厅召开干部大会，宣布国务院侨办党组关于暨南大学校级领导干部的任免决定。林如鹏任暨南大学党委书记；夏泉任暨南大学党委常委、副书记、纪委委员、纪委书记；洪岸任暨南大学副校长；张宏任暨南大学党委常委、副校长。因任职年龄原因，免去蒋述卓暨南大学党委书记、常委、副校长职务；免去叶勤暨南大学党委副书记、常委、副校长、纪委书记职务。

4. 全校中层干部换届工作完成，实现干部队伍革命化、知识化、年轻化和专业化

学校党委顺利完成中层干部换届工作。根据不同岗位的特点，干部换届采取考察上岗、公开推荐、竞争上岗、组织调整等四种方式进行，组织部部长等5个岗位采取考察上岗的方式，14个学院院级行政领导岗位和部分教学科研性质的直属单位约19个领导岗位采取本单位全体正式在岗教职工公开推荐的方式，学校机关部处、直属单位正副职和学院院级机关正职约45个岗位采取竞争上岗的方式。换届后，中层干部队伍实现了革命化、知识化、年轻化和专业化。

5. 学校科研团队获2015年度国家科技进步二等奖。科研工作取得重大突破，高水平、标志性成果的产出持续增多，为国家、为广东实施创新驱动发展战略提供科技和智力支撑

理工学院李卫教授领衔的“节材耐磨损钢铁材料制造技术研发与工业应用”研究团队获得2015年度国家科技进步二等奖。李卫教授为该成果第一完成人，暨南大学为第一完成单位。这是

学校继2009、2011、2012年获国家科学技术奖后再次获得该奖项。该项目研究历时十余年，是学校理工学科建设领域取得的重大突破，也是学校牵头联合行业企业，进行产学研合作和协同创新取得的标志性重大成果。

2015年学校自然科学领域获批各类项目经费4.64亿元，创历史新高。其中，刘奋勇教授领衔的“新型抗病毒核酸分子研究团队”、马建峰教授领衔的“移动云计算安全团队”获得广东省“珠江人才计划”引进创新创业团队4 000万元的资助。青年人才项目方面，新增国家自然科学杰出青年基金获得者（李朝晖）和优秀青年基金获得者（李向平）各1人，广东省自然科学杰出青年基金获得者4人，广东省科技创新领军人才1项（关柏鸥），广东省科技创新青年拔尖人才9项，珠江科技新星9项。新增中枢神经再生教育部国际合作联合实验室（苏国辉院士），实现零的突破。

是年，国家社科基金重大重点项目亦获丰收。获批国家社科基金重大项目5项，重点项目5项。其中，第1批、第2批国家社科基金重大项目4项，立项数居全国第13位，另有国家社科基金重大委托项目1项。重点项目5项，立项数居全国第5位，广东省第1位。此外，蒋述卓教授获评广东省第二届“优秀社会科学家”；29项成果获广东省第六届哲学社会科学优秀成果奖，获奖数量居广东省第2位。

6. 学校启动实施“暨南千人引智计划”，坚持培养与引进并重，大力引进海外高层次人才和高水平创新团队，打造人才高地，取得新的重大突破

学校实施“暨南千人引智计划”，面向海内外公开招聘杰出人才。2015年先后引进长江学者特聘教授、国家杰出青年科学基金获得者冯帅章；国家杰出青年科学基金获得者苏开乐；国家“千人计划”入选者胡晓农、黄国全、石磊、麦耀华等。学校申报的“免疫功能调控的分子机制研究”创新引智基地获批“111计划”立项，标志着引智水平进入更高层次。

人才培养上，三位年轻教师张弓、陈填烽、陈光慧入选中组部2014年“万人计划”青年拔尖人才（张弓、陈填烽入选自然科学类，陈光慧入选哲学社会科学、文化艺术类）。李朝晖获2015年“国家杰出青年基金”。陈安平、吴军、刘增合3人入选“2014年国家百千万人才工程”。刘奋勇教授领衔的“新型抗病毒核酸分子研究团队”、马建峰教授领衔的“移动云计算安全团队”入选广东省“珠江人才计划”引进第五批创新创业团队。曾永平教授等22人入选“广东特支计划”相关层次的人才项目等。

7.《暨南大学章程》获教育部核准发布

6月26日，教育部下发《中华人民共和国教育部高等学校章程核准书（第64号）》，核准发布《暨南大学章程》（以下简称《章程》）。作为统领学校办学的纲领性文件，《章程》涵盖两个核心问题，即“办什么样的大学”“如何办好大学”。核准的《章程》内容由序言和8章共77条构成。

8.“暨南双星”苏炳添、莫有雪代表中国在世界田径赛上创造奇迹，苏炳添入选新华社“2015年中国十佳运动员”

8月23日，暨大学子苏炳添以9秒99的好成绩跑进2015年北京田径世锦赛百米决赛，并以10秒06的成绩获得第九名，成为第一个进入世界大赛百米决赛的亚洲人，创造中国男子百米选手在世界大赛中的最好名次。8月29日，暨大学子苏炳添、莫有雪领衔的中国队在该次田径世锦赛男子4×100米接力决赛中摘得银牌，创造中国田径历史上4×100米接力项目的最佳战绩，也创造亚洲田径历史上该项目的最佳成绩。

12月27日，新华社公布2015年度中国十佳运动员评选名单，苏炳添入列并居榜首。12月23日，苏炳添入围“2015CCTV体坛风云人物年度评选”提名奖，获最佳男子运动员、年度突破奖提名，并与莫有雪、谢震业、张培萌团队入围最佳组合奖和年度突破奖提名。

9. 学校学生在全国乃至世界高水平的创新创业、学术科技类比赛中屡获佳绩，就业竞争力在全国居于前列

9月，在第八届全国大学生创新创业年会上，学校5个项目参会，共获6项大奖，项目入选数及获奖数均位列全国第一。这是学校继第六、七届年会获奖后连续第三次登上全国年会最高领奖台。11月，学校学子第十四届“挑战杯”全国大学生课外学术科技作品竞赛决赛中，获一等奖1项、二等奖2项、三等奖3项和1项“累进创新奖”金奖，参赛的6份作品全部获奖。此外，学校创行团队凭借“绿动未来”项目夺得创行世界杯中国区总冠军，并代表中国参加2015年南非创行创新公益世界杯赛，进入全球24强，获得三等奖。

2015年，在ATA（NASDAQ：ATAI）考试测

评研究院与《光明日报》联合发布的“2014 中国高校通用就业能力排行榜系列榜单”上，学校通用就业力在总榜单和“211 工程”学校 TOP50 榜单中均排名第十一，在中南区院校中排名第二。学校入选“2015 年度全国毕业生就业典型经验高校”。

10. 体育学院、网络空间安全学院等多个新学院或研究院成立，国务院侨办、国家卫计委、教育部三方共建医学院，学校学科布局进一步优化

7 月，整合学校网络空间安全领域的优势资源，成立广东首个网络空间安全学院。10 月，《国务院侨办、国家卫生计生委、教育部关于共建暨南大学医学院的意见》（国侨文发〔2015〕195 号）一文下达，学校医学院成为国家部委共建的国内重点医学院校之一，跻身国内高等医学教育第一方阵，医学学科也成为学校高水平大学建设的重要力量。11 月，体育学院成立；物联网与物流工程研究院揭牌，国家“千人计划”入选者黄国全团队入驻学校。

2015 年海内外主要媒体新闻报道索引

龙岗区政府将与暨南大学共建研究院……………………………… 深圳市人民政府网站 2015-03-26
暨南大学设立国内首个大学生“众创”平台 ………………………… 中国国际广播电台 2015-03-26
暨大国内首设大学生“众创”平台 ………………………………………《南方日报》2015-03-27
暨南大学设立国内首个大学生“众创”平台 …………………………………… 中国侨网 2015-03-27
暨南大学大学生众创平台启动 ……………………………………………《人民日报》2015-03-27
暨大设立大学生众创平台 …………………………………………………《香港商报》2015-03-27
暨大征集110周年校庆标识 ………………………………………………《羊城晚报》2015-03-27
暨大艺术学院联袂举办书画精品展 ………………………………………《新快报》2015-03-29
华工暨大同济　有望落户龙岗 …………………………………………《深圳特区报》2015-03-30
暨大创客“暴走”大学城 …………………………………………………《信息时报》2015-03-30
暨南大学设立国内首个大学生“众创”平台 ……………………《中国社会科学报》2015-03-31
暨南大学设立国内首个大学生“众创”平台 …………………………《中国青年报》2015-04-01
为了“星星的孩子”暨大校园爱心义卖 ………………………………《珠海特区报》2015-04-03
来这里创业不用掏钱 ……………………………………………………《南方都市报》2015-04-03
华工暨大等知名高等学府年内有望落户深圳龙岗 ……………………《羊城晚报》2015-04-04
暨大师生优秀作品展免费参观6天 ………………………………………《新快报》2015-04-04
走进暨大校园打造书画大观　师生翰墨传承中华国粹 ………………《新快报》2015-04-04
暨大舆情研究中心系列：解决“停车难”不应涨费了事 ……………《信息时报》2015-04-08
“创业相对论”中国高校论坛走进暨大 ……………………………………… 新浪新闻 2015-04-12
暨南大学校友梅州援建小学 ………………………………………………《羊城晚报》2015-04-14
“千部医术视频助力基层医疗”在暨大附一院正式启动 …………………… 腾讯新闻 2015-04-14
暨大学生郭真如《非你莫属》告捷　成功求职 ……………………………… 天津卫视 2015-04-16
中大第2暨大第11华工第18 ………………………………………………《南方日报》2015-04-16
香港电影金像奖颁奖　暨大学子蔡洁红毯惊艳………………………………… 腾讯新闻 2015-04-20
全国MTA联盟成立仪式在我校深圳旅游学院举行 ……………………………… 凤凰网 2015-04-21
暨大舆情研究中心系列：房价下调时预购房者不足两成 ……………《信息时报》2015-04-22
暨大教授饶芃子获比较文学终身成就奖 ……………………………《广州日报》2015-04-24
胡春华主持召开全省高水平大学建设工作会议 ………………………《南方日报》2015-04-24
粤3年投50亿建高水平大学 ………………………………………………《南方日报》2015-04-25
广东3年内将投50亿元建设高水平大学 ……………………………………《新快报》2015-04-25
暨南大学又添新伙伴　铭传大学………………………………………………… 广东卫视 2015-04-27
诗人汪国真患肝癌离世　同学赞其执着谦和 …………………………《羊城晚报》2015-04-27
诗人汪国真患肝癌离世　同学赞其执着谦和 ……………………………《新快报》2015-04-27
忆汪国真：来暨大3个月就会讲粤语 ……………………………………《信息时报》2015-04-27
暨大百余侨生　省内多地考察 ……………………………………………《信息时报》2015-04-27
汪国真，一位来自暨南大学的才子 ………………………………………《广州日报》2015-04-27
“既然选择了远方　便只顾风雨兼程”………………………………………《南方日报》2015-04-27
汪国真母校暨南大学举办追思朗诵会……………………………………………… 人民网 2015-04-28
暨大校友师长共忆汪国真　经典诗作勾起无数回忆 ……………………《信息时报》2015-04-28
暨大举办汪国真追思会：诗人已去　青春不朽………………………………… 新华网 2015-04-28
“凋零的是花，不是春天” …………………………………………………《广州日报》2015-04-28
暨南大学举办汪国真追思朗诵会 ……………………………………………《南方日报》2015-04-28
暨大举行汪国真追思会　校园诗歌遇冷状况已改观 ……………………《南方日报》2015-04-30
丘树宏暨大讲授“诗意人生” ………………………………………………《南方日报》2015-04-30
广州暨南大学为尼泊尔地震灾区募捐………………………………………………… 中新网 2015-05-01

改造见效 暨大不再成“威尼斯” ……………………………………………………《南方日报》2015－05－06
暨大学生定制网店助力珠海单亲妈妈 ……………………………………………《羊城晚报》2015－05－07
暨大校友倡议设立“经英基金” …………………………………………………《南方日报》2015－05－08
暨南大学图书馆“满珍楼”命名仪式举行 ………………………………中国国际广播电台 2015－05－08
海外华人文化社团中华才艺（武术）培训班开班 …………………………………… 中新社 2015－05－08
“港澳暨海外文献出版传媒中心”在暨南大学揭牌 ………………………………… 中新社 2015－05－08
香港慈善家捐资助学 暨大图书馆冠名“满珍楼” ………………………………… 中新社 2015－05－09
暨大博士后“月薪”过万 ……………………………………………………………《广州日报》2015－05－09
暨大图书馆命名为“满珍楼” …………………………………………………《南方都市报》2015－05－12
暨大附属第一医院为百岁老护士庆祝护士节 ……………………………………《南方都市报》2015－05－13
为百岁护士过节 ………………………………………………………………………《南方日报》2015－05－13
护士要帮病人度过艰难时期 …………………………………………………………《信息时报》2015－05－13
暨大百岁老护士创办4所护士学校 89岁护士掩护患者身中弹片 …………………《羊城晚报》2015－05－13
“港澳暨海外文献出版传媒中心”在暨大揭牌 ………………………………《中国社会科学报》2015－05－13
19岁独闯羊城的小护士——罗稔 ………………………………………………………39健康网 2015－05－13
暨大附一院举行“纪念国际护士节暨表彰大会” ……………………………………《家庭医生》2015－05－13
“郁文奖学金”再奖暨南学子 九年来三百学子受惠 ………………………………… 中新社 2015－05－14
九年捐资逾百万“郁文奖学金”再奖暨南学子 ………………………………………《香港商报》2015－05－15
暨大一日痛失两名教授 ………………………………………………………………《南方日报》2015－05－15
乒乓国手访暨大 神器饭铲现江湖 ……………………………………………………《南方都市报》2015－05－15
暨大舆情研究中心系列：经济压力是生二胎最大困扰 ………………………………《信息时报》2015－05－15
国乒队与暨大学子 切磋球技笑谈青春 ………………………………………………《南方日报》2015－05－16
国乒队访暨大掀“国球风暴” …………………………………………………………《羊城晚报》2015－05－16
暨大掀起“国球风暴” …………………………………………………………………《信息时报》2015－05－16
国乒与暨大学子友赛 ……………………………………………………………………《大公报》2015－05－16
刘国梁、孔令辉、丁宁、刘诗雯等“国球”大腕悉数来到暨南大学切磋球艺谈
人生 ……………………………………………………………………………………《新快报》2015－05－16
暨南大学学生光着脚丫做公益 ………………………………………………………《中国教育报》2015－05－18
马有恒邀国乒访暨大 ……………………………………………………………………《澳门日报》2015－05－18
高校国球风暴 ……………………………………………………………………………《香港商报》2015－05－18
暨南大学近年不会扩招 …………………………………………………………………《羊城晚报》2015－05－18
暨大计划在粤招收2 200人………………………………………………………………《南方日报》2015－05－18
暨大：学分靠前即可转专业 ……………………………………………………………《信息时报》2015－05－18
暨大珠海校区心理剧复赛举行 …………………………………………………………《珠海特区报》2015－05－19
陈瑞球10年捐暨大2 000万 …………………………………………………………………《大公报》2015－05－19
九年捐资百万，“郁文奖学金”再奖暨大学子……………………………………《南方都市报》2015－05－19
寻访梅州籍大学校长——王越 …………………………………………………………《梅州日报》2015－05－20
海外华人文化社团中华才艺武术培训班在暨大结业……………………………中国国际广播电台 2015－05－20
海外华人文化社团中华才艺（武术）培训班在暨大结业 ………………………………中国侨网 2015－05－21
《华文教师证书》承办单位培训班在暨大开班 …………………………………………中国侨网 2015－05－21
暨大师生舞动五洲风情 …………………………………………………………………《信息时报》2015－05－25
暨大举办国际土风舞大赛迎接110周年校庆…………………………………………中国侨网 2015－05－25
舞动“五洲风情” ………………………………………………………………………《新快报》2015－05－25
象牙塔内的精英组织 创行ENACTUS把“公益＋创新”玩得漂亮 ………………《新快报》2015－05－28
暨大舆情研究中心系列：购买收藏不如逛逛博物馆 ………………………………《信息时报》2015－05－29

苏炳添就读暨大导师称其努力认真　上课训练两不误 ……………………《南方都市报》2015－06－01
苏炳添：学习勤奋，还是暖男一枚 ……………………………………………《新快报》2015－06－01
他是“暖男”添哥 ………………………………………………………………《信息时报》2015－06－01
飞人是暨大学子 ………………………………………………………………《南方日报》2015－06－01
也是读书郎　经贸研究生　本科论文优 ……………………………………《广州日报》2015－06－01
苏炳添百米跑破10秒　身穿暨大校服接受央视专访 ……………………………央视体育 2015－06－02
暨大校长谈创新驱动：多门学科直接服务广东转型升级 ………………………《南方日报》2015－06－03
歌声传递孝道“孝敬父母”公益音乐会走进暨大 ………………………………………人民网 2015－06－03
“演艺界十大孝子”刘一祯在暨南大学唱传孝道之歌 ………………………中国国际广播电台 2015－06－03
唱传孝道之歌　刘一祯公益音乐会走进广州暨大…………………………………………中新社 2015－06－03
刘一祯暨大举行公益音乐会　唱传孝道之歌……………………………………………光明网 2015－06－03
“中国演艺界十大孝子”刘一祯走进暨南大学唱传孝道之歌 ……………………中青在线 2015－06－03
“皇阿玛”张铁林常去的暨大食堂…………………………………………………《广州日报》2015－06－03
娱乐圈大腕走进暨大　唱响“孝敬父母”之歌 ……………………………………《新快报》2015－06－04
黄德鸿：“学者”的意义…………………………………………………………《光明日报》2015－06－04
暨南大学这条微信，打败了98.5%的广告公司！内有彩蛋 ………………………《南方日报》2015－06－04
亚洲“飞人”＋硕士“学霸” ………………………………………………………《羊城晚报》2015－06－06
亚洲新“飞人”暨大苏炳添：“我就是要继续挑战纪录” ………………………《光明日报》2015－06－08
聚焦大学生创业：暨南大学大四学生创业　三个月获百万级投资…………………中央电视台 2015－06－08
暨大学子苏炳添返乡记 ……………………………………………………………《中山商报》2015－06－08
苏炳添百米突破10秒　荣归母校暨南大学 ………………………………中国国际广播电台 2015－06－09
暨大红了！亚洲飞人苏炳添回母校送“战袍” …………………………………《南方都市报》2015－06－09
“亚洲飞人”苏炳添：不要把困难挫折看太重 ……………………………………………人民网 2015－06－10
乖乖仔想做伟大的运动员 …………………………………………………………《信息时报》2015－06－10
“广州飞人”苏炳添师生见面会……………………………………………………《广州日报》2015－06－10
苏炳添：“答辩比百米比赛更难” …………………………………………………《新快报》2015－06－10
暨大刮起“苏旋风” ………………………………………………………………《南方都市报》2015－06－10
“飞人”来了！暨大刮起“苏旋风” ………………………………………………《南方日报》2015－06－10
苏炳添赠暨大“破十”战袍　称愿意留校服务 ……………………………………《羊城晚报》2015－06－10
“亚洲飞人”苏炳添在暨大与师生见面…………………………………………《香港商报》2015－06－10
暨大优秀生访澳收获丰 ……………………………………………………………《澳门日报》2015－06－11
广东高校“抢建”创业学院，暨大创业学院亲自“示范”创业 …………………《南方都市报》2015－06－12
暨南大学博士后待遇比肩副教授 …………………………………………………《中国教育报》2015－06－13
蔡显良莅临我市作“百家千场”书法讲座 ……………………………………………茂名新闻网 2015－06－14
暨大学生哥“脑洞大开”像卖楼盘一样宣传学校 …………………………………《南方都市报》2015－06－17
“赢在创新”暨南大学本科创新大赛第五季总决赛举行……………………………《南方日报》2015－06－18
“赢在创新”比赛成为暨南大学创新的“永动机” ………………………中国国际广播电台 2015－06－19
暨南大学创新风潮涌动　“赢在创新”进入第五季 ……………………………………中国侨网 2015－06－19
暨大创新大赛助学生圆梦 …………………………………………………………《澳门日报》2015－06－20
华侨最高学府暨南大学今年将招收1 900名港澳台侨学生 ……………………中国国际广播电台 2015－06－21
广州暨南大学今年仍将招收约1 000名香港学生 ………………………………………中新社 2015－06－21
暨南大学今年省内招生2 200人……………………………………………………《南方日报》2015－06－21
暨大今年招港澳台及海外生1 900人………………………………………………《深圳特区报》2015－06－21
暨南大学：跨校区转专业有成绩限制 ……………………………………………《信息时报》2015－06－21
暨南大学多招百人增5专业 …………………………………………………………《广州日报》2015－06－21

多所高校端午忙着“抢生源”，高考状元报读暨大奖励 4 万元 ……………《羊城晚报》2015－06－21
暨南大学省内增招近百人　新增 5 个专业 ……………………………《新快报》2015－06－21
戴德丰资助暨大优秀生访港 ……………………………………………《大公报》2015－06－23
暨大扩大省内招生，放宽转专业条件 ……………………………《南方都市报》2015－06－24
暨大舆情研究中心系列：十大广州老字号品牌年轻人仅知道一半 ………《信息时报》2015－06－25
工程力学：不是建筑胜似建筑 ………………………………………《羊城晚报》2015－06－26
广东高水平大学建设 7 校入选 ………………………………………《南方日报》2015－07－03
暨南大学接棒 MBA 华南联盟会旗 ……………………………………《新快报》2015－07－05
第二届粤港澳传媒高峰论坛在暨南大学举行 …………………… 中国国际广播电台 2015－07－06
传媒大佬暨大“论剑” ……………………………………………《南方都市报》2015－07－06
2015 暨南大学国际暑期学校开学 ……………………………………《南方都市报》2015－07－06
暨大助建全国最大“沙漠人参”产学研基地 ……………………………《南方日报》2015－07－06
暨南大学助建北疆最大肉苁蓉产学研基地……………………………………… 中新社 2015－07－07
假期回国修北美学分成留学生首选 ……………………………………《新快报》2015－07－07
暨南大学助建北疆最大肉苁蓉产学研基地助当地农户致富……………… 中国国际广播电台 2015－07－08
延安干部培训学院与暨南大学校校共建签约仪式暨马克思主义新闻人培养基地揭牌仪式在
　我市举行 ……………………………………………………………《延安日报》2015－07－10
暨大助建全国最大“沙漠人参”产学研基地新疆挂牌 ……………………… 新华社 2015－07－10
省领导广大暨大调研立法 ……………………………………………《广州日报》2015－07－11
暨大新闻实践基地落户延安 …………………………………………《南方日报》2015－07－12
广州暨南大学新闻实践基地落户延安…………………………………………… 中新社 2015－07－12
暨大“传媒领袖讲习班”开讲 …………………………………………《香港商报》2015－07－13
广州暨南大学举办第八期“传媒领袖讲习班” ……………………………… 中新社 2015－07－13
暨大文理科投档线均位居省内高校第三 ………………………………《中山商报》2015－07－13
暨大附属第二人民医院“造”首届医学本科生毕业 ……………………《南方日报》2015－07－14
暨大附属第二人民医院首届临床本科班毕业 ……………………………《深圳商报》2015－07－14
国侨办国内司司长、暨大校长视察云南藏区“侨爱工程” ……………… 中国侨网 2015－07－29
暨大成立广东首家网络空间安全学院………………………………………… 人民网 2015－07－31
广东高校首家网络空间安全学院在暨南大学成立………………………………… 中新社 2015－07－31
暨大成立广东首个网络空间安全学院 …………………………………《羊城晚报》2015－07－31
广东高校首家网络空间安全学院在暨南大学挂牌成立………………… 中国国际广播电台 2015－07－31
暨大成立广东首家网络空间安全学院 …………………………………《南方日报》2015－07－31
高冷又神秘　揭秘广东第一家网络空间安全学院 ………………………《广州日报》2015－07－31
暨大设立广东首家网络空间安全学院 …………………………………《广州日报》2015－08－01
暨大网络空间安全学院成立　明年预计招生百余名 ……………………《南方都市报》2015－08－03
纪录侨爱　暨大“我是记者”拍摄藏区牧民新生活 ……………………… 中国侨网 2015－08－06
暨南大学成立广东首家网络空间安全学院………………………………… 中国教育新闻网 2015－08－06
第二期“广州新观察”圆桌会议在暨南大学举行 …………………………… 中新社 2015－08－19
“广州新观察”聚焦：“互联网＋”产业转型升级 ………………………… 南方网 2015－08－19
“广州新观察”圆桌会议聚焦“互联网＋”背景下产业转型升级 ……… 中国国际广播电台 2015－08－19
圆桌会议聚焦：“互联网＋”背景下产业如何转型升级？ ………………《香港商报》2015－08－20
田径世锦赛男子 4×100 米中国队勇夺银牌　暨南双星扬威 ……………《羊城晚报》2015－08－20
“暨南双星”田径世锦赛上同道接力创造历史 ……………………………… 中新社 2015－08－29
“暨南双星”同道接力创造历史 ………………………………………《中国青年报》2015－08－30
暨大双星：苏炳添有望读博士　莫有雪是个萌萌大男孩 …………………《羊城晚报》2015－08－30

双星摘银刷爆暨大“朋友圈” ……………………………………………………《广州日报》2015－08－31
暨大老师“揭秘”苏炳添 ……………………………………………………………《南方日报》2015－08－31
中国男子接力队暨大占了两位 ……………………………………………………《南方都市报》2015－08－31
校史专家夏泉讲述抗战时期的暨大：困守“孤岛”冒险办学 ………………《深圳特区报》2015－09－01
《赤子丰碑》演绎南侨功勋……………………………………………………《人民日报·海外版》2015－09－04
胡春华赴暨南大学慰问教师代表并调研 ……………………………………………《广州日报》2015－09－09
胡春华赴暨南大学看望慰问教师代表并调研…………………………………………… 广东卫视 2015－09－09
胡春华赴暨南大学看望慰问教师代表并调研 ……………………………………《南方日报》2015－09－09
暨大华文学院与智利边境大学洽谈华文教育合作…………………………………… 中国侨网 2015－09－10
暨南大学广东淘宝村调研团时隔一年再访军埔 …………………………………《揭阳日报》2015－09－11
微店网 CEO 受聘暨南大学新生入学教育讲师 ……………………………………… 中国网 2015－09－14
爽！暨大军训“新生之夜”欢享自助餐 ……………………………………………… 南方网 2015－09－16
京沪穗知识产权法院设立以来受理案件逾万………………………………………… 中新社 2015－09－19
中国知识产权法学研究会 2015 年年会在广州举行 ………………………… 中国国际广播电台 2015－09－19
陶凯元出席中国知识产权法学研究会年会并讲话 ……………………………《人民法院报》2015－09－20
厉行知识产权法治　保障创新驱动发展 …………………………………………《南方日报》2015－09－20
暨南大学 5 500 余名本科新生参加新生训练营…………………………………………… 中新社 2015－09－20
暨大学生不军训　学的是 16 式暨南拳 ……………………………………………《羊城晚报》2015－09－20
暨南大学举办别开生面的 2015 年新生训练营 ……………………………… 中国国际广播电台 2015－09－21
中国知识产权法学研究会 2015 年年会在广州举行 ………………………………………… 人民网 2015－09－21
暨南大学以自创的特色拳法训练代替新生军训……………………………………… 广州电视台 2015－09－23
诺奖大师戈登教授暨大开讲 …………………………………………………………《广州日报》2015－09－23
诺奖大师约翰·戈登受聘为广州暨南大学名誉教授……………………………………… 中新社 2015－09－23
海内外专家学者齐聚暨大　探讨神经科学新进展……………………………… 中国国际广播电台 2015－09－23
第三期广州新观察圆桌会议在暨南大学举行………………………………………………… 中新社 2015－09－23
“克隆教父”约翰·戈登受聘暨大客座教授……………………………………………《南方日报》2015－09－24
暨南大学的“再生”实验 ……………………………………………………………《南方都市报》2015－09－24
暨南大学成立“新浩创新基金”助力创新教育 ……………………………… 中国国际广播电台 2015－09－25
京东集团与暨南大学等华南 20 所院校开展校企合作 ……………………………………… 中新社 2015－09－25
广东与国务院侨办共同推进暨大高水平建设 ……………………………………《羊城晚报》2015－09－26
推进暨大建成高水平大学 ……………………………………………………………《广州日报》2015－09－26
爱心基金捐资 100 万鼓励暨南大学创新 ……………………………………………《南方都市报》2015－09－27
中国跳水梦之队走进暨南大学与学子面对面……………………………………………… 中新社 2015－09－28
中国跳水梦之队造访暨南大学并进行跳水表演……………………………………… 中国国际广播电台 2015－09－28
暨大再添一“冠军学生”——跳水小将陈艾森 ……………………………………《羊城晚报》2015－09－28
奥运跳水名将到访暨大 ………………………………………………………………《香港商报》2015－09－28
新浩捐资百万设立“新浩创新基金” …………………………………………………《深圳特区报》2015－09－29
国家跳水队访暨南大学 …………………………………………………………………《大公报》2015－09－29
中国跳水队到访暨南大学　吴敏霞欲四上奥运 ……………………………………《广州日报》2015－09－29
新浩设立暨南大学“新浩创新基金” …………………………………………………《深圳商报》2015－09－30
“跳水冠军是被‘扔’出来的” ………………………………………………………《新快报》2015－09－30
暨大舆情研究中心系列：七成热爱国内游 …………………………………………《信息时报》2015－10－01
首批“中国文艺评论基地”落户暨大 ………………………………………………《南方日报》2015－10－09
天河区与暨大附一院签订共建医疗联合体协议……………………………………… 家庭医生在线 2015－10－13
暨南大学领导赴宁夏探访慰问研究生支教团…………………………………………… 中国青年网 2015－10－19

2015 年广东大学生广告节在穗启动 …………………………………………… 中新社 2015－10－19
2015 广东大学生广告节启动 …………………………………………………… 人民网 2015－10－19
寻根之旅暨大营营员学诗歌排话剧　体验汉语表现力………………………… 中国侨网 2015－10－20
“寻根之旅”暨大营进行初级刀、功夫扇和南拳课 …………………………… 中国侨网 2015－10－20
“互联网金融论道”在暨南大学举行　探讨互联网金融人才培养 ………………… 中国网 2015－10－20
暨大秋令营举办互动讲座　营员了解岭南文化乐趣多………………………… 中国侨网 2015－10－21
暨大华文学院举办华文教育系十周年座谈会活动……………………………… 中国侨网 2015－10－21
寻根之旅暨大营开展初级剑、少林棍和双节棍课……………………………… 中国侨网 2015－10－21
寻根之旅暨大营举办中外青少年歌舞联谊晚会………………………………… 中国侨网 2015－10－21
南都携手暨南大学附属穗华口腔医院举办《健康有约大讲堂》 …………《南方都市报》2015－10－21
作家薛忆沩暨南大学开讲“‘异类’文学之路” ……………………《南方都市报》2015－10－22
暨大舆情研究中心系列：仅两成有车族非常关注油价涨跌 ……………《信息时报》2015－10－22
青运会“百米飞人”大战　莫有雪如愿折桂 ……………………………………… 中新社 2015－10－22
第四期广州新观察圆桌会议聚焦社会治理……………………………………… 中新社 2015－10－24
黄德鸿百年诞辰纪念会召开 ……………………………………………《广州日报》2015－10－25
暨大师生缅怀著名经济学家黄德鸿 ……………………………………《信息时报》2015－10－25
著名经济学家黄德鸿百年诞辰纪念活动昨日在暨大召开 ………………《新快报》2015－10－25
黄德鸿教授百年诞辰纪念会在暨南大学召开………………………………………中新社 2015－10－25
广东省电子商务协会政策法律委员会在暨南大学成立……………………………中新社 2015－10－27
著名作家薛忆沩做客暨大　畅谈“异类”的文学之路 …………………《广州日报》2015－10－28
斯人已逝“工业精神”长留南粤 ………………………………………《南方都市报》2015－10－28
暨南大学学生用蚯蚓净化垃圾获认可 ……………………………………《光明日报》2015－10－28
暨南大学大学生创新创业实践基地揭牌………………………………… 中国国际广播电台 2015－10－28
粤电商协会政策法律专委会在广州暨南大学成立 …………………《中国经济导报》2015－10－28
暨大“绿动未来”团队用蚯蚓净化垃圾获世界认可 ……………… 中国国际广播电台 2015－10－28
第二届东荡子诗歌奖颁奖典礼在暨南大学举行 ……………………《南方农村报》2015－10－29
暨大实践基地学生在“温室”中创业 ……………………………………《新快报》2015－10－29
用蚯蚓净化垃圾　暨大赢得“世界杯” ……………………………………《新快报》2015－10－29
广州暨南大学大学生创新创业实践基地揭牌………………………………………中新社 2015－10－29
广东首个粤港学子联合创业项目落户暨大 ……………………………《中国青年报》2015－10－31
四洲集团助力粤高校　探索校园“互联网＋零售服务”商业实践 …………《文汇报》2015－11－02
暨大舆情研究中心系列：近七成支持专车需有许可证 …………………《信息时报》2015－11－04
意华商与暨大华侨华人研究院座谈　推动海外教育 ……………………………中新社 2015－11－05
暨大新章程规定招生比例自主调节 ………………………………………《羊城晚报》2015－11－05
老导演谢飞：让优质国产电影走进校园 …………………………………《广州日报》2015－11－09
如约巴士暨大再开专线（图） ……………………………………………《羊城晚报》2015－11－10
暨大舆情研究中心系列：广州年轻市民情迷双十一近九成受访者又欲“剁手”
……………………………………………………………………………《信息时报》2015－11－10
暨南大学举行体育学院成立揭牌暨苏炳添、莫有雪颁奖仪式……… 中国国际广播电台 2015－11－13
“中国文艺评论基地”暨南大学揭牌 ……………………………………《南方日报》2015－11－13
暨南大学校董“组团”捐款贺暨大 109 周年校庆 ……………… 中国国际广播电台 2015－11－13
广州暨南大学校董组团捐款贺 109 周年校庆……………………………………中新社 2015－11－13
暨大珠海校区：培养物联网一流人才和团队 …………………………《珠海特区报》2015－11－13
暨大 109 周年校庆　校董“组团”捐赠 5 000 万人民币＋2 000 万港币 ………《南方日报》2015－11－13
暨南大学举行体育学院成立揭牌暨苏炳添、莫有雪颁奖仪式 ……… 中国国际广播电台 2015－11－13

“中国文艺评论基地”落地暨南大学……………………………………《中国经济导报》2015－11－13
暨大体育学院挂牌　将申报体育学硕士点　…………………………………《信息时报》2015－11－14
暨大重奖苏炳添莫有雪50万元……………………………………………《羊城晚报》2015－11－14
暨大109周年校庆　校董“组团”捐款　……………………………………《新快报》2015－11－14
暨大6校董捐6千余万贺校庆　……………………………………………《南方都市报》2015－11－14
暨南大学将迎110周年校庆　相关活动正式启动……………………………………中新社 2015－11－15
暨南大学举行110周年校庆启动仪式　制作世界暨南人地图　……………《南方日报》2015－11－15
暨南大学校董“组团”捐款近7 000万　贺暨大109周年校庆　………《中国青年报》2015－11－15
暨南大学举行体育学院揭牌暨苏炳添、莫有雪颁奖仪式　……………《中国青年报》2015－11－15
暨南大学110周年校庆　校庆LOGO和主题词亮相　……………………《广州日报》2015－11－16
寻访世界暨南人　讲述家国好故事　……………………………………《南方日报》2015－11－16
说出你的“暨南人故事”　…………………………………………………《信息时报》2015－11－16
港澳六校董向暨大捐款7千万　…………………………………………《香港商报》2015－11－16
暨大今日109岁华诞　……………………………………………………《羊城晚报》2015－11－16
如约巴士共推出17条校园线路……………………………………………《南方日报》2015－11－16
明年110周岁　暨大全球征故事　…………………………………………《新快报》2015－11－16
广州暨南大学体育学院揭牌成立……………………………………………………中新社 2015－11－16
暨大培养来自160个国家和港澳台地区人才近30万　……………………………中新社 2015－11－16
暨南大学明年　庆祝110岁生日　…………………………………………《深圳特区报》2015－11－16
苏炳添：暨南大学培育了自己顽强拼搏、永不放弃的精神……………………中新社 2015－11－16
暨南大学110周年校庆LOGO和主题词正式亮相　…………………………《中国青年报》2015－11－16
暨大人看过来！110周年校庆LOGO长这样…………………………………《羊城晚报》2015－11－16
逐梦高水平　寻访世界暨南人……………………………………………………人民网 2015－11－16
暨南大学“中国学”硕士留学生走进羊城创意园　…………………………《羊城晚报》2015－11－17
“暨南书悦会”在暨大图书馆举办…………………………………………《羊城晚报》2015－11－17
暨大网络空间安全学院参与承办省首届“强网杯”网络安全大赛　………《南方日报》2015－11－17
分享“一带一路”暨南智慧，发表“暨南共识”　……………………………………奥一网 2015－11－18
“一带一路”2015暨南大学共识……………………………………………………奥一网 2015－11－18
暨南大学110周年校庆公告（第一号）　…………………………………《人民日报·海外版》2015－11－18
暨大教授提取远征军遗骸DNA　为后人提供匹配数据　…………………《广州日报》2015－11－20
暨南大学109周年校庆　校董“组团”捐款7 000万助建校　………………《大公报》2015－11－23
世锦赛银牌得主苏炳添、莫有雪为暨大体育学院揭牌　……………………《大公报》2015－11－23
“中国文艺评论基地”在暨大揭牌…………………………………………《羊城晚报》2015－11－24
海外华人少年军集结活动在暨大开启华文旅生活……………………………………中国侨网 2015－11－30
暨大北极光歌唱大赛唱响30年　珠海三甲出炉　……………………………………南方网 2015－12－02
暨南大学开辟全国转化医学第一块“试验田”　……………………………《中国科学报》2015－12－03
暨大入选教育部“111计划”　………………………………………………《信息时报》2015－12－05
粤侨学子中华情　广东高校侨生交流活动在暨大开幕……………………………中新社 2015－12－06
“两岸四地”第七届当代诗学论坛暨大举行……………………………………《信息时报》2015－12－07
暨大同学跳起了竹竿舞　…………………………………………………《珠海特区报》2015－12－09
暨南大学代表团访秘鲁和智利　深化与拉美高校合作……………………………中新社 2015－12－09
暨大华文学院华文教育系举办第三届微型教学大赛………………………………中国侨网 2015－12－10
蒋述卓：校领导班子成员中2名为民主党派人士……………………………………人民电视 2015－12－11
2015年都市休闲与旅游国际论坛——创新城市中的休闲旅游发展趋势　……《深圳特区报》2015－12－12
暨大舆情研究中心系列：近七成广州市民不识大额存单　…………………《信息时报》2015－12－14

羊城晚报和暨南大学“一带一路”海外联合采访启动 ……《羊城晚报》2015-12-14
生态稻鸭米现场展示 大学生助力斗门幸福村居建设…… 珠海电视台 2015-12-14
校企合作，暨大学生推动生态农业发展 ……《珠海特区报》2015-12-14
《康有为与梁启超》研讨会在暨大举行……《羊城晚报》2015-12-15
两岸四地商业领袖齐聚暨大 校企协同创新创业…… 中国台湾网 2015-12-16
华裔青少年“中国寻根之旅”暨南大学冬令营开营 …… 中国侨网 2015-12-17
“两岸四地”商业领袖齐聚暨大 校企协同把脉创新创业……《珠江晚报》2015-12-17
“微创”拉动校园“微商” ……《珠海特区报》2015-12-17
林如鹏接任暨南大学党委书记 ……《南方日报》2015-12-19
林如鹏任暨大党委书记 ……《广州日报》2015-12-19
暨南大学领导班子调整 ……《羊城晚报》2015-12-19
林如鹏任暨南大学党委书记 ……《信息时报》2015-12-19
暨大“新闻人”林如鹏任党委书记 ……《新快报》2015-12-19
新华网广东频道携手暨南大学新闻与传播学院共建实习基地…… 新华网 2015-12-19
暨大一天新晋四名校领导 ……《南方都市报》2015-12-19
暨大珠海校区学生推广无公害稻米 ……《南方都市报》2015-12-22
暨大学子助力稻鸭米创新模式推广…… 大粤网 2015-12-23
广州新观察第六期圆桌会议在暨大召开…… 中新社 2015-12-23
暨大舆情研究中心系列：广州“奶爸”购买力大过“奶妈” ……《信息时报》2015-12-23
广州新观察第六期圆桌会议在暨大召开 ……《中国社会科学报》2015-12-24
没有琴弦 用激光演奏一曲圣诞歌 ……《南方都市报》2015-12-25
“华文教育专业建设高峰论坛”在暨大华文学院举行 …… 中新社 2015-12-25
暨南大学本科生创新大赛第六季总决赛亮点纷呈…… 中新社 2015-12-25
寻根暨大营书法国画课：一书字铿锵 一画水墨香…… 中新社 2015-12-28
寻根之旅暨南大学营开启深圳文化考察 赏中华风采…… 中新社 2015-12-29
2015 中华文化大赛优胜者冬令营（暨大营）闭营 …… 中新社 2015-12-29
寻根之旅暨南大学营开设腰鼓、民歌和民族舞蹈课…… 中新社 2015-12-29
“医疗惠侨”第二站 暨大附一院专家团队远赴南非义诊 …… 大粤网 2015-12-29
无弦之音奏响圣诞之乐 ……《新快报》2015-12-29
激光竖琴、净化废气、单车导航——暨大举办创新大赛 ……《羊城晚报》2015-12-29

· 索　　引 ·

说　明

一、本索引采用主题分析方法编制，主题词（标目）以年鉴正文中出现的专业名词、机构名、名词词组等为主，按汉语拼音字母排列。

二、年鉴正文中的栏目题用黑体字标明，分目、条目题和其余主题词用宋体字排印。

三、主题词（标目）后面的数字表示内容所在的页码，数字后面的拉丁字母 a、b 分别表示在版面上自左至右的栏别。同一主题的内容在正文中多次出现的，在主题词后面用不同的页码标明。主题词是图表标题的以“（表）”标明。

四、本卷年鉴中的特载、专文、重要文件、学校大事记等内容不在标引范围内。

·后　　记·

《暨南大学年鉴》（2016）是暨南大学年鉴编辑部组织编写的第十部学校年鉴，在校内各单位的大力支持下，即将付梓。在这本年鉴的组稿编写过程中，各单位指定了专门的撰稿人，全体撰稿人和编辑部人员一起为学校年鉴的编纂工作付出了大量辛勤的劳动，在此谨致以衷心感谢。

各单位撰稿人、材料提供人名单如下（排名不分先后）：

刘　昊（党政办公室）	刘骏骁（教务处）	郑　桦（研究生院）
高　康（学生处）	罗　颖（招生办公室）	邢少璟（科学技术研究处）
赵　珣（社会科学研究处）	肖艳芳（发展规划处）	邬晓瑜（人力资源开发与管理处）
李昕冉（国际交流合作处）	刘毓洁（对外联络处）	赵　越（财务与国有资产管理处）
刘　敏（总务后勤管理处）	王　睿（实验室与设备管理处）	任　跃（基建处）
邵桂花（审计处）	黄　欢（保卫处）	赵　媚（离退休工作处）
邓雯妍（组织部）	佘晓敏（宣传部）	杜明灿（校刊编辑室）
李晓娟（统战部）	李　磊（纪检与监察办公室）	孟祥磊（校团委）
曹玲莎（学生就业指导中心）	曾　庆（心理健康教育中心）	吴　芸（网络与教育技术中心）
欧云付（实验技术中心）	邢会杰（实验动物管理中心）	李　宾（图书馆）
徐文华（学报编辑部）	肖海滨（工会委员会）	孙玉环（机关党委）
陈安娜（南校区）	郑桂华（珠海校区）	李洁麟（华文学院）
李静雯（国际学院）	吴　平（文学院）	马　娟（外国语学院）
苏　柯（新闻与传播学院）	王诗雨（艺术学院）	彭梅蕾（经济学院）
钟响阔（管理学院）	陈慧瑛（法学院/知识产权学院）	孙家佳（公共管理学院/应急管理学院）
田金奎（理工学院）	谢　煊（国际关系学院/华侨华人研究院）	李绪丽（信息科学技术学院）
李苏梅（生命科学技术学院）	黄雅訸（医学院）	昌　伟（第一临床医学院）
王雪菲（药学院）	张照熙（环境学院）	戴小峰（人文学院）
夏少云（翻译学院）	吕庆文（国际商学院）	李学英（电气信息学院）
岳文言（体育学院）	范雨舟（深圳旅游学院）	栗万里（教育学院）
崔小妮（创业学院）	黄笑莹（四海书院）	陈贵梧（产业经济研究院）
王正鲲（生物医学转化研究院）	区小莹（信息技术研究所）	杨婷婷（粤港澳中枢神经再生研究院）
陈　达（光子技术研究院）	江水清（大气环境安全与污染控制研究所）	
梁　庆（资产经营有限公司）	彭文平（马克思主义学院）	

在年鉴的编辑过程中，我们力求做到资料翔实、数据准确，由于牵涉面广、文字工作量大，疏漏之处，敬请读者不吝指正。

《暨南大学年鉴》编辑部

2016年12月